Rechneraufbau und Rechnerstrukturen

Von
Walter Oberschelp,
Gottfried Vossen

10., überarbeitete und erweiterte Auflage

Oldenbourg Verlag München Wien

Prof. Dr. Gottfried Vossen lehrt seit 1993 Informatik am Institut für Wirtschaftsinformatik der Universität Münster. Er studierte, promovierte und habilitierte sich an der RWTH Aachen und war bzw. ist Gastprofessor u.a. an der University of California in San Diego, USA, an der Karlstad Universitet in Schweden, an der University of Waikato in Hamilton, Neuseeland sowie am Hasso-Plattner-Institut für Softwaresystemtechnik in Potsdam. Er ist europäischer Herausgeber der bei Elsevier erscheinenden Fachzeitschrift Information Systems.

Prof. Dr. Walter Oberschelp studierte Mathematik, Physik, Astronomie, Philosophie und Mathematische Logik. Nach seiner Habilitation in Hannover lehrte er als Visiting Associate Professor an der University of Illinois (USA). Nach seiner Rückkehr aus den USA übernahm er den Lehrstuhl für Angewandte Mathematik an der RWTH Aachen, den er bis zu seiner Emeritierung im Jahr 1998 inne hatte.

Bibliografische Information Der Deutschen Bibliothek

Die Deutsche Bibliothek verzeichnet diese Publikation in der Deutschen Nationalbibliografie; detaillierte bibliografische Daten sind im Internet über <http://dnb.ddb.de> abrufbar.

© 2006 Oldenbourg Wissenschaftsverlag GmbH
Rosenheimer Straße 145, D-81671 München
Telefon: (089) 45051-0
www.oldenbourg-wissenschaftsverlag.de

Lektorat: Margit Roth
Herstellung: Anna Grosser
Umschlagkonzeption: Kraxenberger Kommunikationshaus, München
Gedruckt auf säure- und chlorfreiem Papier
Druck: Oldenbourg Druckerei Vertriebs GmbH & Co. KG
Bindung: R. Oldenbourg Graphische Betriebe Binderei GmbH

ISBN   3-486-57849-9
ISBN 978-3-486-57849-2

Inhaltsverzeichnis

II   Rechnerarchitektur (Globale Konzepte)   223

Auszug ...

... aus dem Vorwort zur 1. Auflage (Juni 1985)

Der vorliegende Text gibt eine Einführung in die logischen, insbesondere die mathematischen und organisatorischen Probleme beim Entwurf von Rechenanlagen. Zugrunde liegen Erfahrungen der Autoren aus einer Vorlesung mit Übungen an der RWTH Aachen im Sommersemester 1983 und erneut 1984 (Informatik IIb) für Studenten im zweiten Fachsemester Informatik. Vorausgesetzt wurden beim Studenten einerseits gewisse Grundkenntnisse über theoretische Konzepte der Informatik, z.B. über unbeschränkte Registermaschinen und endliche Automaten, andererseits Vertrautheit mit einer anwendungsorientierten Programmiersprache (PASCAL). Auf eine der Aachener Studiensituation entsprechende Erfahrung im Umgang mit mathematischen Basistheorien (Analysis, lineare Algebra, Graphentheorie) sowie mit Aussagenlogik, Mengenlehre und mathematischer Beweistechnik allgemein wird an einigen Stellen zurückgegriffen. Die Darstellung versucht auch, gewisse technologische Informationen zu geben, doch dienen diese zur *Motivation* der Begriffsbildungen; sie sind nicht "offizieller" Bestandteil. Der Standpunkt des Textes ist der einer anwendungsnahen, technologie-motivierten *logischen* Begriffsbildung gemäß der behaviouristischen Technik, Dinge durch ihr Verhalten zu beschreiben.

In vergleichbaren Ansätzen muß stets die Entscheidung zwischen einer Top-Down-Darstellung (vom Gesamtrechner herunter auf die Bit-Ebene) oder dem umgekehrten Bottom-Up-Zugang getroffen werden. Wir entschieden uns für ein gemischtes Vorgehen: Im *ersten* Teil stehen die Bestandteile von Rechnern im Vordergrund, entwickelt bottom-up vom Bit zum fertigen Modul (Kapitel 1 - 6). Die Diskussion dieser *lokalen* Konzepte unterscheidet grundlegend zwischen asynchronen Schaltnetzen und Schaltwerken mit Delays und versucht, die logische Bedeutung dieser Unterscheidung bis in den Geräte-Entwurf durchzuziehen. An mehreren Stellen werden Phänomene behandelt, welche im weiteren Studium wichtig sind: Komplexitätsanalysen und das Effizienzproblem werden z.B. durch Hervorhebung des Überdeckungsproblems vorbereitet (Kapitel 3), im VLSI-Kapitel wird die Schwierigkeit und die praktische Relevanz einer unteren Aufwandsabschätzung (Area-Time-Tradeoff) am Beispiel des Sortierproblems erläutert. Der *zweite* und der *dritte* Teil behandeln *globale* Rechnerkonzepte, im Prinzip im Top-Down-Approach. Wir wollten durch schrittweise Verfeinerung von den Strukturprinzipien konkreter Rechner die Darstellung herunterziehen auf die mittlere Ebene der Bauelemente, welche das Ziel des ersten Teils war. Der Problematik der Typenvielfalt konkreter Rechner sind wir nicht ganz ausgewichen.

Im Mittelpunkt des zweiten Teils der Vorlesung hat das *von Neumannsche* Konzept des SISD-Zentralprozessors gestanden, exemplifiziert an einem Einblick in die Maschinensprache des Z80. Es ist klar, daß Beispiele für einzelne Prozessor-Architekturen einem schnellen Veralterungsprozeß unterliegen und in kurzer Zeit höchstens noch historisches Interesse genießen; andererseits muß ein Text der vorliegenden Art auch der momentanen Situation Rechnung tragen. Daneben haben wir versucht, einen Strang "zeitlos gültiger" Überlegungen durchzuziehen, wobei die zugehörige Mathematik so konkret wie möglich dargestellt wurde. Dies gilt insbesondere für die Scheduling-Probleme in Kapitel 10 und für die Klassifikation von Verbindungsnetzwerken in Kapitel 12. Diese bringen die Überleitung zum Teil III:

Wir wollen mit diesem Text auch den Anspruch erheben, in den abgehandelten Fragenkreis die Grundkonzepte für *Parallel-Rechner*-Architekturen zu integrieren. Wir gestehen, daß aus Zeitgründen — es standen nur drei Vorlesungswochenstunden zur Verfügung — der Stoff des letzten Teils de facto zu kurz gekommen ist; insofern gibt das Ende dieses Textes (Kapitel 12 - 14) eher ein Ideal als eine Vorlesungswirklichkeit wieder. Der Student kann aber hoffentlich solche deskriptiven State-of-the-Art-Darstellungen leichter durch Eigenlektüre zur Kenntnis nehmen, als dies bei der Behandlung komplexer Strukturprobleme möglich ist.

Es ist unsere Überzeugung, daß in Zukunft der Informatiker, welcher vollen Gebrauch von seiner Hardware machen möchte, mehr und mehr auch die problemnahe Mathematik von Entwurfsalgorithmen kennen und teilweise auch beherrschen sollte. Insofern soll dieser Text werben für das "Aachener Konzept", Informatik in vollem Kontakt mit der — vor allem diskreten — Mathematik zu belassen. Schon in der hier protokollierten Grundvorlesung kann man die Grundlinien eines Durchblickes entwerfen, welcher in einer zukunftsorientierten Informatikausbildung erzielt werden muß und der uns — selbstverständlich neben praktischer Tätigkeit — unverzichtbar erscheint.

... aus dem Vorwort zur 3. Auflage (Juli 1988)

Nachdem 1987 eine zweite Auflage unseres Buches erschienen war, die sich auf die Korrektur einzelner kleiner Fehler beschränken mußte, wird mit der vorliegenden Auflage versucht, den Text an die weiter fortgeschrittene technische Entwicklung so gut wie möglich anzupassen. Das gesamte Schriftbild ist zudem neu in LATEX gesetzt und durchgegliedert worden, so daß sich ein völlig neuer Satzspiegel ergibt.

Von den Änderungen ist der sehr grundsätzlich angelegte Teil I am wenigsten betroffen. Neu ist hier lediglich eine Ergänzung über Verdrahtungsprobleme im VLSI-Entwurf in Abschnitt 6.3.

In Teil II finden sich die gravierendsten Änderungen dieser Neuauflage. Zunächst sollte mit einer neuen Reihenfolge der Kapitel der Gedankengang im Sinne einer Entwicklung vom allgemeinen Prinzip zum konkreten Rechner klarer herausgearbeitet werden: Kapitel 7 und 8 sind unabhängig von konkreter Hardware zu lesen, der grundlegende Organisationsplan eines von Neumann-Rechners steht vor der Realisierung von Daten in den rechnerspezifischen Datenstrukturen. Auf die Diskussion des Befehlssatzes eines konkreten Rechners (Kapitel 9) folgt dann eine Beispielsammlung anderer kommerziell verfügbarer Einprozessor-Rechner-Architekturen (Kapitel 10) und schließlich (Kapitel 11) eine Diskussion der System-Software, welche die Abläufe im Rechner organisiert.

Als inhaltliche Änderung springt vor allem die Ablösung des Rechners Z80 durch den 32-Bit-Mikroprozessor WE32100 ins Auge. Diese Änderung ist motiviert einerseits durch den Versuch, die technologische Realität in der Diskussion der Maschinenbefehle zu beachten. Andererseits zeigt sich in der Wahl eines Prozessors, der nicht unbedingt als Marktführer, sondern eher als ein "neutrales" Modell anzusehen ist, die prinzipielle Einheitlichkeit in den Entwürfen moderner Mikroprozessoren: Wer die Arbeitsweise eines solchen Prozessors verstanden hat, hat alles Wesentliche verstanden und braucht beim Übergang zu einem anderen Prozessor nicht grundlegend neu hinzuzulernen.

Die wichtigsten Neu-Einfügungen in Teil II sollen kurz aufgelistet werden: Der Abschnitt 7.5 über die E/A-Einheit wurde völlig neu aufgenommen, die Komplement-Darstellungen in 8.1.2 und die Darstellung von Gleitkomma-Zahlen in 8.2 wurden stark erweitert. Selbstverständlich mußte die Beschreibung der Maschinenbefehle (Abschnitte 9.1 und 9.2) völlig neu formuliert werden. Ein Abschnitt über RISC-Architekturen (9.4) wurde neu eingefügt; die Beschreibung der VAX-Familie in 10.4 wurde wesentlich erweitert, und auch der Abschnitt 11.1 über System-Software und die Beschreibung von UNIX (in 11.2) wurden ausführlicher. Schließlich wurde ein Abschnitt 11.4 über Assembler, Linker und Lader neu eingefügt.

Teil III wiederum ist nicht grundlegend geändert worden. Neben zusätzlichen Informationen über Multicomputer- und Multimikroprozessor-Systeme, insbesondere den Transputer (Kapitel 13.5 und 13.6), sind besonders die Schichten des ISO-Referenz-Modells wesentlich detaillierter erläutert worden.

... aus dem Vorwort zur 6. Auflage (April 1994)

Nachdem in der vierten und fünften Auflage nur geringfügige Änderungen vorgenommen wurden, ist die vorliegende 6. Auflage das Resultat einer eingehenden Durchsicht und einer Analyse, welche den Stellenwert und das Selbstverständnis unseres Buches selbstkritisch hinterfragt hat. Angesichts der atemberaubenden Weiterentwicklung der Hardware- und Rechnertechnologie könnte man ein Buch über Rechneraufbau und Rechnerstrukturen, dessen Kern vor einem Jahrzehnt geschrieben worden ist, bestenfalls als "klassisch", aber jedenfalls als hoffnungslos veraltet ansehen. In der Tat sind die Angaben, welche in früheren Auflagen über den Stand der Rechnertechnologie gemacht wurden, größtenteils nur noch von historischem Interesse. Das Gleiche gilt für viele Literaturangaben, deren Hinzuziehung heute nicht mehr lohnt. Andererseits hat uns die Akzeptanz, die unser Werk insbesondere im Hochschulunterricht für Informatik-Studierende offensichtlich hat, ermutigt, eine Neuauflage zu erstellen und auch für die weitere Zukunft auf dieses Buch zu setzen. Es hat sich nämlich gezeigt, daß neben dem vielen Neuen doch bereits ein stabiler Wissenskern für unsere Thematik existiert und daß klar erkennbare Grundprinzipien, die man als langfristige "Bildungsinhalte" ansehen könnte, herausgearbeitet werden können. In einem Wissensbereich, der sich nicht einer Stabilität erfreuen kann, die sich wie in der Mathematik über Jahrzehnte, Jahrhunderte oder gar über Jahrtausende erstreckt, muß ein besonders sorgfältiger Abgleich zwischen der Fixierung essentieller Grundgedanken und der Entrümpelung obsoleter Konzepte vorgenommen werden. Diese Auflage soll ein erster Schritt in diese Richtung sein und unserem Buch zu weiterer Stabilität verhelfen. Es ist uns insbesondere klar geworden, daß wir Abschied nehmen müssen von dem Anspruch, die jeweils neuesten Produkte der Technologie in der jeweils neuesten Auflage darstellen zu können. Eine solche Aufgabe kann nur ein Kompendium mit einer Loseblatt-Sammlungstechnik bei mehrmaligem jährlichen Update erfüllen — ein solches Vorhaben liegt jenseits unserer Absichten und unserer

Kompetenz. Andererseits erheben wir den Anspruch, die grundlegenden Paradigmen der Rechnertechnik in einer überschaubaren und sachgerechten, zeitlich stabilen Darstellungsform zu präsentieren.

Die in der Unterrichtstätigkeit der Autoren gesammelten Erfahrungen, daß ein charakteristisches Beispiel fester im Bewußtsein sitzen bleibt als ein möglichst allgemein gehaltenes Theorem, daß das Studium der Wirkungsweise einiger typischer Maschinenbefehle auf einem (möglicherweise exotischen) Rechner mehr zeigen kann als eine vollständige und auf den neuesten Stand gebrachte Befehlsliste für die letztgültige Prozessor-Version, ist für uns in noch stärkerem Maße eine Ermutigung geworden, den bisherigen Stil des Buches beizubehalten. Wir verstehen diesen Entschluß nicht als eine Alibi-Entscheidung, uns auf das bequeme Ruhekissen der zeitlosen, jeder Aktualität entkleideten Grundstukturen zu legen. Stattdessen haben wir viele Herausforderungen neuer Trends und Hinweise, die sich aus unserer Forschungs- und Lehrtätigkeit ergaben, verinnerlicht und verarbeitet. Als Autoren, die in der Tradition der Mathematik groß geworden sind, auch dort wissenschaftlich arbeiten und diesen Ursprung keineswegs verleugnen wollen, haben wir keine Profilierungsängste im Hinblick auf mathematische Vollständigkeit. Wir fühlen uns also nicht berufen und ausersehen, statt eines technologischen Werkes ein bloß abstrakt-logisches oder gar ein phänomenologisches Buch zu verfassen. Nach unseren Erfahrungen sind eine konsequente gedankliche Strukturierung der Phänomene in Verbindung mit möglichst charakteristischen Beispielen, welche die Modellierungskraft der Strukturen belegen und zu kreativen eigenen Anwendungen anregen, die beste Garantie, einen langdauernden und möglichst zeit-invarianten Bildungserfolg zu erzielen. Wir versprechen also unserem Leser keine aktuelle Enzyklopädie, sondern eine repräsentative und lebendige Auswahl von Ideen und Techniken in einer sachgerechten Strukturierung.

Als Konsequenz aus diesen Überlegungen haben wir uns entschlossen, die aktuellen Statusbeschreibungen unseres Buches zu historischen Exkursen umzufunktionieren gemäß der Devise, daß Geschichte nicht so schnell altert wie die Gegenwart und daß geschichtliches Wissen als Hilfe zur Gegenwartsbewältigung vollgültig neben das (natürlich unentbehrliche) aktuelle Wissen der täglichen Neuigkeiten zu treten hat. Wir verzichten keineswegs auf die Schilderung der Grund-Prinzipien und -Funktonsweisen auch der modernsten Hardware, halten uns aber mit Typ- und Versions-Angaben stark zurück. Ferner sind die teilweise sehr umfangreichen Literaturhinweise dahingehend gestrafft worden, daß nur noch Referenzen gegeben werden auf historisch besonders wichtige und weiterführende Arbeiten sowie auf Quellen, in denen besagtes aktuelles Wissen sprudelt. Dem übersichtlichen Update der Referenzen, so daß eine wirkliche Hilfe zur vertieften Beschäftigung mit unserer Materie und zu einem Überblick über den aktuellen Stand der Technik gegeben ist, wird auch in kommenden Auflagen große Aufmerksamkeit gewidmet werden. Wir sind gespannt darauf, wie unser Buch im Jahr 2000 auszusehen hat.

Als wichtige Änderungen gegenüber den früheren Auflagen sind folgende Punkte besonders zu erwähnen:

Gestrichen wurde Kapitel 1.5 über Boolesche Differentiation, da der eigentliche Witz dieser schönen Technik erst in einem Spezialtext über diskrete Funktionen und ihre Differentiation sichtbar werden kann. Kapitel 2 enthält mit der Einfügung eines Top-Down-Entwurfes für einen Multiplexer eine systematische Verbreiterung hinsichtlich der Gestaltungsmöglichkeiten für lokale Bausteine. Kapitel 3 wurde nur geringfügig korrigiert. Ob in einer späteren Auflage der lang ersehnte Beweis für P $\neq$ NP dargestellt werden kann? Kapitel 4 wurde im Abschnitt über lineare Schaltkreise stark modifiziert. Der Aspekt der fehlerkorrigierenden Codes tritt gegenüber den neueren und spektakuläreren kryptologischen Codes heute etwas in den Hintergrund – trotzdem wollten wir auf die Anwendungshinweise für die Schieberegister-Technik nicht vollständig verzichten.

Als wichtigste Änderung, welche sich in der Gliederung niederschlägt, ist die Verlagerung des früheren Kapitels 8 (Darstellung von Daten im Rechner, Rechnerarithmetik) in den Teil I (Kapitel 5) anzusehen; hier werden nämlich ausschließlich lokale Konzepte behandelt.

Kapitel 6 über PLAs wurde entsprechend seiner Bedeutung für die Bausteintechnik bedeutend erweitert. Der Gedanke der Universalität vorgefertigter Hardware wird hier – auch in Verbindung mit dem in Abschnitt 2.1 neu eingeführten universellen Multiplexer – besonders herausgearbeitet. Neu ist ferner ein Abschnitt über die Faltung von PLAs.

Von einer weitgehenden Revision von Kapitel 7 (VLSI-Schaltungen) wurde zunächst noch abgesehen. Die grundlegenden Komplexitätsresultate der Theorie von Thompson und Ullmann (Abschnitt 7.2) sind zwar im Rahmen der konstruktiven Weiterentwicklung der VLSI-Technik in den Hintergrund getreten; auch ist das §3-Ebenen-Modell nicht mehr aktuell. Wir kennen aber keine überzeugendere Behandlung der grundlegenden Problematik, den Informationsfluß in seiner logischen und mathematischen Eigengesetzlichkeit sachgerecht zu modellieren. Die Entwicklung der Verdrahtungstechnik mit teilweise konkurrierenden Paradigmen ist noch in vollem Gange, so daß eine zeitstabile Neufassung von Abschnitt 7.3 noch nicht durchführbar ist. Abschnitt 7.4 über systolische Netze wurde noch einmal erweitert, um die Modellierungstechnik dezidierter hardware-orientierter Parallel-Algorithmen im besonders wichtigen Anwendungskontext der Matrix-Multiplikation zu unterstreichen; hier wird bereits eine Brücke geschlagen zu den ebenfalls immer wichtiger werdenden parallelen Algorithmen auf unspezifischer Hardware (vgl. Kapitel 12 und 13).

Kapitel 8 über den Organisationsplan eines von Neumann-Rechners wurde einer besonders sorgfältigen Durchsicht unterzogen. Am Beispiel des Prozessors WE32100 wurde in Kapitel 9 aus bereits genannten Gründen festgehalten. Allerdings wurde der Abschnitt über das RISC-Konzept in das darauf folgende Kapitel verlagert. Dieses Kapitel 10 wurde grundlegend revidiert. Es wird auch in künftigen Neubearbeitungen als eine historische Übersicht konzipiert sein, welche aus der geschichtlichen Entwicklung heraus den Lernprozeß hinsichtlich des gegenwärtigen Standes und die Spekulation über die Zukunft ergänzt. Kapitel 11 blieb im wesentlichen unverändert.

Hingegen wurde Kapitel 12 in vielfacher Hinsicht verändert: Obwohl die PRAM auch heute noch als ein nur schwer realisierbares Rechnerkonzept gilt, wurde sie dennoch als wichtiges und modellierungsstarkes Konzept eingeführt und angewendet. Durch die Hereinnahme der prinzipiell wichtigen Matrix-Multiplikations-Technik von Dekel, Nassimi und Sahni werden aber auch die Möglichkeiten und Grenzen heutiger Parallelrechner mit festem Verbindungsnetz verdeutlicht. Die Theorie der Superkonzentratoren mußte trotz ihrer mathematischen Attraktivität stark gestrafft werden, da die Bedeutung dieser Verbindungstechnik im Vergleich zu der kaum aufwendigeren Technik der Permutations-Verbindungsnetze nachgelassen hat. Demzufolge wurde die Darstellung dynamischer Permutationsnetze und der Äquivalenzsatz von C.P. Krüskal und M. Snir ebenso aufgenommen wie die grundlegenden Ideen des Beneš- und des Clos-Netzes.

Auch Kapitel 13 mußte der neuen Entwicklung angepaßt werden. Es scheint, daß bei der Weiterentwicklung spezieller Parallelrechner-Architekturen die erste Sturm- und Drang-Periode vorüber ist und wir bereits deutlich merkbar auf eine geschichtliche Entwicklung zurückblicken können.

Kapitel 14 erhebt nunmehr von der Überschrift her nur noch einen spezielleren Anspruch: Die Thematik der verteilten Systeme muß einem spezielleren Text vorbehalten bleiben. Die technologische Weiterentwicklung der Rechnernetze hat selbstverständlich zu Anpassungen und Änderungen geführt, die teilweise ebenfalls zu historisierenden Passagen führen.

Der frühere Anhang zur Technologie von Rechenanlagen wurde gestrichen bzw. in die jeweiligen historischen Passagen eingearbeitet.

... aus dem Vorwort zur 7. Auflage (August 1997)

Das im Vorwort zur sechsten Auflage ausführlich diskutierte Problem, einen vernünftigen Ausgleich zwischen aktueller Information und zeit-robuster gedanklicher Strukturierung zu finden, hat auch die vorliegende Auflage geprägt.

Neben einer Reihe von Ergänzungen, die im Teil I besonders im Abschnitt 2.2 ihren Niederschlag gefunden haben, und einigen (teilweise nicht unerheblichen) Korrekturen wurden in Teil II die Kapitel 9 und 10 völlig umgestaltet. Wir haben uns dabei vom Prozessor WE32100 abgesetzt und stattdessen einen RISC-Prozessor mit einer gewissen Zukunftsperspektive als Basisbeispiel eingeführt: den PowerPC. Dieser sicherlich nicht als *der* Marktführer anzusprechende Prozessor scheint uns aber angesichts der Durchsichtigkeit des RISC-Konzeptes und angesichts der lobenswerten Transparenz sowohl der Architektur wie auch der hierfür zur Verfügung stehenden Dokumentation zur Zeit das optimale Veranschaulichungsobjekt zu sein. Obwohl wir wissen, daß der Prozessormarkt zur Zeit von anderen CISC-Prozessoren beherrscht wird, sind wir dann aber doch auch bei einer besonders detaillierten Schilderung des WE32100 geblieben.

Die Ära der „General-Purpose-Großrechner" ist im wesentlichen vorbei. Auch die Euphorie des reinen Parallelrechners scheint abzuklingen. Der Transputer ist nicht mehr erhältlich, das Paradigma der engen Kopplung von Rechnern scheint angesichts der Weiterentwicklung des verteilten Rechnens zu verblassen. Die hiervon betroffenen Kapitel sind aber außer einigen Kürzungen nicht wesentlich verändert worden, weil die dort dargestellten Grundideen und historischen Lösungen uns noch von erheblicher konzeptioneller Bedeutung zu sein scheinen; ihre Relevanz ist für uns weiterhin darstellenswürdig, auch dann, wenn von der Anwenderseite z.B. anspruchsvolle Parallelitätskonzepte wie Semaphore usw. als mental kaum beherrschbar und damit als irrelevant apostrophiert werden. Die „brutale" Parallelität, wie sie etwa in der Bildverarbeitung oder im Number Crunching benutzt wird, ist zwar ein wichtiges Thema, scheint aber aus der Sicht paralleler Architekturen keine besonderen Herausforderungen zu stellen und wird nach wie vor nicht behandelt.

Weitere Änderungen in Teil III stehen in Zusammenhang mit dem Versuch, in Kapitel 14 mit der rasanten Entwicklung der Rechnernetz-Technik Schritt zu halten. Die

Darstellung des ISO-Referenzmodells wurde abgespeckt; besonders die höheren Ebenen dieses Konzeptes haben ihre Relevanz als Standardisierungsinstanz verloren und werden von konkreten Anwendungen unmittelbar wahrgenommen. Bei der Darstellung von Netzcomputern wollen wir noch eine gewisse Saturierung der Entwicklung abwarten.

... aus dem Vorwort zur 9. Auflage(Oktober 2002)

Für die neunte Auflage war es an der Zeit, wieder einmal eine gründliche Überarbeitung breiter Teile des Stoffes vorzunehmen, um insbesondere auch der nach wie vor schnell fortschreitenden Entwicklung von Rechner-Hardware Rechnung zu tragen. Mehr als fünfzehn Jahre nach Erscheinen der Erstauflage ist festzustellen, dass viele Grundprinzipien des Aufbaus von Rechnern immer noch gültig sind, manche Entwicklungslinien dagegen, wenngleich sie zunächst viel versprechend erschienen, heute keine Bedeutung mehr haben; manches kommt auch wieder. Beispielhaft erwähnen wir das von Neumannsche Architekturkonzept, dass auch heute noch die Grundprinzipien des „programmgesteuerten Universalrechners" definiert. Datenflussmaschinen dagegen sind ein Beispiel für eine heute unbedeutende Spezies von Rechnern. Mikroprozessoren wie der Zilog Z80 schließlich werden heute als eingebettete Systeme wieder eingesetzt, natürlich in einer Erscheinungsform, die heutigen Möglichkeiten in der Herstellung von Schaltkreisen entspricht.

Im ersten Teil wurde das Konzept der OBDDs eingefügt. Weitere Entwicklungen im Bereich der programmierbaren Logik, z.B. FPGAs, wurden berücksichtigt. Die theoretischen Überlegungen zum VLSI-Entwurf mussten dagegen trotz ihrer gedanklichen Attraktivität weitgehend eliminiert werden.

Wir haben den zweiten Teil neu organisiert. Beibehalten haben wir die zunächst grundlegende Einführung in das Von-Neumann-Prinzip; dieses wird illustriert an den beiden wichtigen Ausprägungen der RISC- und der CISC-Rechner. Sodann behandeln wir in einem eigenen Kapitel die heute anzutreffenden Maßnahmen zur Leistungssteigerung von Prozessoren, welche sich zum Teil in Hardware und zum Teil in Software ausdrücken; in diesen Bereich gehören etwa die algorithmischen Tricks der Sprungvorhersage und der Spekulation. Ständig im Umbruch sind die Beispiele für (alte und neue) Prozessoren, einen Schwerpunkt bilden die *Mikro*prozessoren.

Vorwort zur zehnten Auflage

Mit dieser zehnten Auflage wird unser Buch 20 Jahre alt. Für ein Lehrbuch der Informatik ist dieses „Alter" eher ungewöhnlich, und so sind wir schon ein wenig stolz, es erreicht zu haben. Unser Buch hat dabei immer wieder von unterschiedlichen Einflüssen profitiert: von den Gesprächen mit Kollegen, von den Vorlesungen, die wir über die Jahre hinweg zum Thema des Buches gehalten haben. Zahlreiche Hinweise auf inhaltliche Aktualisierungen sind z. B. immer wieder von Prof. Dr. Alex Orailoglu vom CSE Department der University of California in San Diego, Kalifornien, gegeben worden. Auch das Feedback von Lehrenden sowie von diversen Studentengenerationen, die nach unserem Buch gelernt haben, war uns wichtig. Unser Buch hat in diesen 20 Jahren auch manche neue Entwicklung der Informatik erlebt, und wir freuen uns ganz besonders, dass diese „runde" Auflage in dem Jahr erscheint, das die Bundesregierung zum „Informatikjahr" bestimmt hat.

Es lohnt sich, die dem Buch voran gestellten Auszüge aus den Vorworten früherer Auflagen zu lesen. Darin spiegelt sich die von uns Autoren erlebte Geschichte der Thematik dieses Buches und sicherlich auch ein wenig die Geschichte des gesamten Faches Informatik in den letzten 20 Jahren.

Die zehnte Auflage war dankenswerter Weise auch für den Oldenbourg-Verlag Anlass, eine Jubiläumsausgabe herauszubringen, die sich insbesondere durch die Beigabe einer DVD auszeichnet. Wir liefern unseren Lesern darauf diverses Zusatzmaterial, darunter Vorlesungsmitschnitte zu ausgewählten Themen, ein Interview mit den beiden Autoren, einen aktualisierten Foliensatz und verschiedenes andere. Die Vorlesungsmitschnitte entstammen der Vorlesung Informatik IV (Rechnerstrukturen) im Sommersemester 2005 an der Universität Münster und wurden im Mai 2005 in Münster aufgenommen. Für die Bereitschaft, für die zehnte Auflage den üblichen Produktionsrahmen eines Lehrbuches zu verlassen, danken wir unserer Lektorin Margit Roth sowie unserem Verleger Johannes Oldenbourg.

Inhaltlich waren in der Vergangenheit eher die ungeraden Auflagen von größeren Überarbeitungen gekennzeichnet, aber dies ist mit der zehnten Auflage anders. Eingeflossen sind vor allem die Erfahrungen von G. Vossen aus der bereits genannten Vorlesung im Sommer 2005, als deren Folge sich insbesondere die in Teil I des Buches vorgenommene Umstrukturierung des Stoffes ergab. Auch W. Oberschelp konnten aus Vorlesungen und Vorträgen, die er nach seiner Emeritierung gehalten hat, weitere Ergänzungen beitragen.

Im ersten Kapitel wurde die Darstellung Boolescher Funktionen allein über NAND-oder NOR-Schaltungen ergänzt, die Ausführungen über OBDDs wurden aus den Kapiteln 1 und 2 entfernt und in das Komplexitätskapitel (jetzt 4) integriert. Das über die Jahre stark gewachsene Kapitel 2 wurde in zwei Kapitel (2 und 3) aufgeteilt, die inhaltlich voneinander abgegrenzte Themen behandeln. Die Kapitel 5-7 wurden an etlichen Stellen ergänzt, manche Teile wurden aber auch gekürzt: Verschlankung und Aktualisierung sind immer während Aufgaben für ein lebendiges Buch!

In Teil II sind die Auswirkungen der Überarbeitung geringer, aber dennoch sichtbar. Die Kapitel 8-10 wurden an vielen kleineren Stellen aktualisiert. Neu in Kapitel 11 ist die Herausstellung des Prinzips der *Spekulation*, welches hier am Beispiel der Out-of-Order-Ausführung von Befehlen illustriert wird. Wir nutzen gerade an dieser Stelle aus, dass dieser Auflage eine DVD beiliegt, denn während der Text den zentralen Algorithmus von Tomasulo nur andeuten kann, enthält die DVD zwei ausführliche Beispiele, welche die Arbeitsweise dieses Verfahrens anschaulich illustrieren.

Die Überarbeitung der weiteren Kapitel ist dann wiederum eher lokaler Natur. Dies gilt auch für Teil III.

Wir können mit der zehnten Auflage auch ein Versprechen einlösen, welches wir bereits im Vorwort der letzten Auflage gegeben, aber bisher nicht gehalten hatten: die Bereitstellung von Musterlösungen! In zahlreichen Kapiteln findet sich jetzt zu Beginn der Übungen ein Hinweis, dass zu manchen der Aufgaben im Internet Musterlösungen erhältlich sind. Diese richten sich naturgemäß an *Dozenten* und weniger an Studierende (die die Aufgaben ja erst einmal selbst lösen sollen). Interessierte Dozenten bitten wir daher, sich unter

www.rechneraufbau-und-rechnerstrukturen.de

zu registrieren und insbesondere eine gültige Email-Adresse *einer Bildungseinrichtung* anzugeben; an diese (und nur an solche) werden die Musterlösungen dann als pdf-Datei versandt. Wir hoffen, dass uns unsere Leser dieses späte Einlösen unseres Versprechens aus dem Jahre 2003 nachsehen.

An dieser Auflage haben ungewöhnlich viele Helfer auf unterschiedliche Weisen mitgewirkt. Die Filmaufnahmen wurden vom Service-Punkt Film des Zentrums für Informationsverarbeitung der Universität Münster gemacht; wir danken hier vor allem den Studierenden Ximena Rodriguez und Ingo Barth für die Aufnahmen, das anschließende Schneiden sowie für Nachbearbeiten, dass von Peter Kemper und Ralf Farke geleitet und regelmäßig kontrolliert wurde. Beim Interview hatte sich unser Münsteraner Kollege Prof. Dr. Heinz Lothar Grob vom Institut für Wirtschaftsinformatik spontan bereit erklärt, uns Fragen zu stellen und mit uns zu diskutieren. Die Vorlesung im Sommersemester 2005 wurde betreut von Joachim Schwieren und Stephan Hagemann, die an unterschiedlichen Stellen sowohl in der Vorlesung, bei den parallel stattfindenden Übungen und bei der Bearbeitung dieser Neuauflage immer wieder gefordert waren und stets prompt und kompetent reagierten. Die Musterlösungen wurden von einer Reihe von Studierenden, die wir an dieser Stelle nicht einzeln nennen können, angefertigt und von Gunnar Thies in LATEX übertragen. Stefan Reimers hat die meisten der neuen Abbildungen dieser Auflage erstellt, zahlreiche ältere überarbeitet, den Foliensatz aktualisiert und die Webseite zum Buch überarbeitet. Dr. Peter Westerkamp sowie Carolin Letz haben Teile der letzten Auflage gelesen und wichtige Hinweise für deren Überarbeitung gegeben. Marianne Kuckertz in Aachen und Barbara Wicher in Münster waren für organisatorische Hilfen zur Stelle, was den beiden Schreibern das Leben immer wieder erleichtert hat. Allen diesen Personen sei an dieser Stelle für ihre Mitwirkung bei den Vorbereitungen zu dieser Auflage herzlich gedankt.

Aachen und Münster, im Februar 2006

Walter Oberschelp
Gottfried Vossen

Teil I

Bausteine und Lokale Grundkonzepte

In diesem ersten Teil werden wir uns mit der Frage nach den Bausteinen, aus denen ein Rechner besteht, beschäftigen. Wir werden theoretische Hilfsmittel vorstellen, mit welchen sich Komponenten entwerfen lassen, die vorgegebene Probleme lösen können. Der Entwurf wird dabei aus rein *logischer* Sicht betrieben: Ein Rechner erscheint uns zunächst als eine „Black Box", die durch ein bestimmtes Verhalten charakterisiert ist. Gesucht sind nun Bausteine, mit denen sich diese Black Box so ausfüllen lässt, dass das nach außen sichtbare Verhalten erklärbar wird.

In Kapitel 1 behandeln wir zweiwertige Schaltfunktionen, insbesondere Boolesche Funktionen. Für diese entwickeln wir Schaltnetze als Realisierungsmöglichkeit, und wir zeigen die Universalität dieses Konzeptes auf.

In Kapitel 2 behandeln wir Standardbausteine zur Realisierung Boolescher Schaltungen. Am Addierer zeigen wir exemplarisch die Entwicklung von Schaltnetzen: Durch erhöhten Hardware-Aufwand lassen sich Schaltnetze beschleunigen.

Mit Methoden zur Optimierung und zum Test von Schaltnetzen werden klassische Techniken des Rechnerentwurfs in Kapitel 3 behandelt. Vereinfachung und Fehlerdiagnose von Schaltnetzen müssen möglichst optimal bewerkstelligt werden, wobei auch der Einfluß physikalisch bedingter Fehlerquellen (Hasards) nicht verschwiegen werden darf.

In Kapitel 4 werden OBDDs eingeführt als alternative Darstellung Boolescher Funktionen und es wird deren Komplexität betrachtet. Dabei wird der heutige Kenntnisstand über „schwierig" zu lösende Probleme skizziert — auch am Beispiel von Überdeckungsproblemen.

Zentrales Thema in Kapitel 5 ist die Einführung von Speicherbausteinen, welche dann auf (getaktete) sequentielle Maschinen führt. Als wichtige Anwendung derartiger Schaltwerke skizzieren wir u. a. zwei für jeden Rechner fundamentale Problemkreise: das Rechnen selbst und die Sicherung von Daten gegen technische Defekte.

In Kapitel 6 behandeln wir die Grundlagen der Darstellung von Daten (positive und negative Integer- bzw. Real-Zahlen oder allgemein Zeichenketten) in einem Rechner für die Zwecke der Rechnerarithmetik.

Kapitel 7 beschreibt zunächst PLAs und PALs als universelle, einheitlich formatierte Bausteine, die für eine automatisierte Herstellung sehr gut geeignet sind und die daher vielfache Verwendung in Rechnern finden, z. B. im Zusammenhang mit Mikroprogrammierung. Sodann werden komplexe Logik-Bausteine, insbesondere solche mit schneller Rekonfigurierbarkeit (FPGAs) beschrieben. Schließlich werden Möglichkeiten und Probleme der VLSI (Very Large Scale Integration) behandelt.

Kapitel 1

Schaltfunktionen und ihre Darstellung

1.1 Zahlendarstellungen

Maschinenmodelle wie der (hier als bekannt vorausgesetzte) endliche Automat verarbeiten Worte über einem fest gewählten (Input-) Alphabet Σ, d. h. Aneinanderreihungen von Symbolen aus Σ, für deren Länge a priori keine Begrenzung festgelegt wird, die also *variable Länge* haben dürfen. Für eine Beschäftigung mit den *realen* Rechnern zugrunde liegenden Konzepten ist diese idealisierte Sicht nicht sinnvoll; wir machen daher hier die generelle Voraussetzung, dass wir zu vorgegebenem Alphabet Σ nur Worte *fester Länge* über Σ betrachten. (Genauer bedeutet dies, dass wir zusätzlich zu einem Σ eine Wortlänge $n \in \mathbf{N}$ festlegen und nur Elemente von Σ^n betrachten.)

Wir wollen uns zunächst mit Zahlensystemen und den Alphabeten beschäftigen, auf denen sie basieren. Sei dazu $b > 1$ eine beliebige natürliche Zahl; dann heißt $\Sigma_b := \{0, \ldots, b-1\}$ Alphabet des b-adischen Zahlensystems.

Beispiel 1.1 (a) Dem *Dezimalsystem* liegt das Alphabet $\Sigma_{10} = \{0, 1, 2, \ldots, 9\}$ zugrunde. Dieses „klassische" Alphabet der indo-arabischen Kultur wird jedem Leser bestens vertraut sein. Worte über diesem Alphabet sind z. B. 123, 489, 2046. Feste Wortlänge, etwa $n = 4$, erreicht man offensichtlich durch „führende Nullen": 0123, 0489, 2046.

(b) $\Sigma_2 = \{0, 1\}$: Dual- oder Binäralphabet
$\Sigma_8 = \{0, 1, 2, 3, 4, 5, 6, 7\}$: Oktalalphabet
$\Sigma_{16} = \{0, \ldots, 9, A, \ldots, F\}$: Hexadezimalalphabet
Man beachte, dass Σ_{16} streng genommen das Alphabet $\{0, \ldots, 15\}$ bezeichnet; anstelle der „Ziffern" 10, 11 usw. werden jedoch generell, d. h. in allen Alphabeten Σ_b mit $b > 9$, „neue" Symbole A, B usw. (hier also $A, \ldots, F$) verwendet.

Diese Basen $b = 2$, 8 bzw. 16 spielen in der Informatik eine besondere Rolle, wie sich bald zeigen wird. Das gleiche gilt für $b = 256$, auf welcher der ASCII-Code (American Standard Code for Information Interchange) basiert (vgl. Kapitel 6).

(c) Von geringerer Bedeutung sind heute die Basen $b = 12$ („Dutzend", „Gros"), $b = 20$ (franz. „vingt") und das babylonische $b = 60$ (Zeit- und Winkelrechnung). $\square$

Die Bedeutung solcher Basen und der ihnen entsprechenden Alphabete erhellt der folgende Satz:

Satz 1.1 *(b-adische Darstellung natürlicher Zahlen)* Sei $b \in \mathbf{N}$ mit $b > 1$. Dann ist jede natürliche Zahl z mit $0 \le z \le b^n - 1$ (und $n \in \mathbf{N}$) eindeutig als Wort der Länge n über Σ_b darstellbar durch

$$z = \sum_{i=0}^{n-1} z_i b^i$$

mit $z_i \in \Sigma_b$ für $i = 0, \ldots, n-1$. Als vereinfachende Schreibweise ist dabei die folgende Ziffernschreibweise üblich (wobei streng genommen Wert und Schreibweise einer Zahl nicht identifiziert werden dürften):

$$z = (z_{n-1} z_{n-2} \ldots z_1 z_0)_b.$$

Auf den Beweis dieses Satzes wollen wir an dieser Stelle verzichten (vgl. Aufgabe 1.1); als einfache Folgerung hieraus, die uns im Folgenden noch beschäftigen wird, notieren wir:

Korollar 1.2 *(Dualdarstellung natürlicher Zahlen)* Sei $n \in \mathbf{N}$. Dann ist jede natürliche Zahl z mit $0 \le z \le 2^n - 1$ eindeutig darstellbar in der Form

$$z = \sum_{i=0}^{n-1} z_i 2^i$$

mit $z_i \in \Sigma_2 = \{0, 1\}$ $(i = 0, \ldots, n-1)$.

Zu $b > 1$ und festem $n \in \mathbf{N}$ gibt es b^n Worte der Länge n über Σ_b, wobei man feste Wortlänge (d. h. alle b^n Worte sind gleich lang) durch „führende Nullen" erreicht (vgl. Beispiel 1.1).

Beispiel 1.2 (a) $b = 10$ („Dezimalsystem") Die Darstellung von $z = 2046$ lautet dann gemäß Satz 1.1

$$z = 2 \cdot 10^3 + 0 \cdot 10^2 + 4 \cdot 10^1 + 6 \cdot 10^0$$

und in Ziffernschreibweise $z = (2046)_{10}$.

(b) $b = 2$ („Dualsystem") Die Darstellung von $z = 87$ lautet dann gemäß Satz 1.1 (bzw. Korollar 1.2)

$$z = 1 \cdot 2^6 + 0 \cdot 2^5 + 1 \cdot 2^4 + 0 \cdot 2^3 + 1 \cdot 2^2 + 1 \cdot 2^1 + 1 \cdot 2^0$$

und in Ziffernschreibweise $z = (1010111)_2$. In diesem Beispiel ist $n = 7$. Mit Dualzahlen der Länge 7 sind somit die Zahlen von 0 bis $2^7 - 1 = 127$ darstellbar. □

Man beachte, dass bei Verwendung der Ziffernschreibweise die Klammerung sowie die explizite Angabe der Basis b im Folgenden häufig entfallen werden, wenn aus dem Zusammenhang hervorgeht, welches b gemeint ist.

Aus der in Satz 1.1 angegebenen Summendarstellung lässt sich die Ziffernschreibweise offensichtlich leicht gewinnen; da der Stellung jeder Ziffer dabei jeweils eine bestimmte Potenz der Basis entspricht, spricht man von solchen b-adischen Zahlendarstellungen auch als von *Stellenwertsystemen*.

Es sei darauf hingewiesen, dass natürliche Zahlen auch völlig anders dargestellt werden können, etwa wie folgt:

Satz 1.3 *(Polyadische Darstellung natürlicher Zahlen)* Es sei $(b_n)_{n \in \mathbf{N}}$ eine Folge natürlicher Zahlen mit $b_n > 1$ für alle $n \in \mathbf{N}$. Dann gibt es für jede natürliche Zahl z genau eine Darstellung der Form

$$z = \sum_{i=0}^{N} z_i \prod_{j=0}^{i-1} b_j = z_0 + z_1 b_0 + z_2 b_1 b_0 + \ldots + z_N b_{N-1} \cdot \ldots \cdot b_0$$

mit $0 \le z_i < b_i$ für $i = 0, \ldots, N$. (ohne Beweis)

1.2 Boolesche Algebra

Von den in Beispiel 1.1 angegebenen Basen für Zahlensysteme spielt die Basis $b = 2$ eine besondere Rolle: Die beiden Elemente 0 und 1 von Σ_2 spiegeln einerseits das in der Natur häufig anzutreffende „Prinzip der Zweiwertigkeit" wieder, welches sich in Gegensätzen wie „ja — nein", „wahr — falsch" oder „hoch — tief" findet. Dieses Prinzip liegt auch der auf Aristoteles zurückgehenden (klassischen) Aussagenlogik zugrunde („tertium non datur"). Andererseits sind 0 und 1 leicht technisch realisierbar, wenn man sie als zwei wohl unterschiedene Zustände versteht wie z. B. „es fließt Strom — es fließt kein Strom", „es liegt eine Spannung an — es liegt keine Spannung an" usw. Daher wollen wir uns zunächst mit diesem Alphabet $\Sigma_2 = \{0, 1\}$ näher beschäftigen, für welches wir von nun an die Bezeichnung B verwenden (zur Erinnerung an den englischen Mathematiker George Boole, der sich Mitte des vorigen Jahrhunderts zuerst mit dieser „Struktur" aus mathematischer Sicht beschäftigte). Dabei wollen wir 1 als Wahrheitswert W (wahr) und 0 als Wahrheitswert F (falsch) interpretieren.

Wir notieren zunächst zwei mathematische Tatsachen über B:

(1) Erklärt man auf B zwei zweistellige Operationen „$\oplus$" und „$\cdot$" durch

$$0 \oplus 0 = 1 \oplus 1 = 0,$$

$$1 \oplus 0 = 0 \oplus 1 = 1,$$

$$0 \cdot 0 = 0 \cdot 1 = 1 \cdot 0 = 0,$$

$$1 \cdot 1 = 1,$$

so ist $(B, \oplus, \cdot)$ ein Körper der Ordnung 2 (häufig auch als Galoisfeld GF(2) bezeichnet) mit dem Nullelement 0 und dem Einselement 1.

(2) Erklärt man auf B drei Verknüpfungen wie folgt: Seien $x, y \in B$:

$$x \cup y := \text{Max}(x, y)$$

$$x \cap y := \text{Min}(x, y)$$

$$\overline{x} := 1 - x$$

so ist $(B, \cup, \cap, ^-)$ eine *Boolesche Algebra*, d. h. ein distributiver, komplementärer Verband, in welchem es ein kleinstes (0) und ein größtes (1) Element gibt.

Die wichtigsten, in einer Booleschen Algebra geltenden Gesetze lauten:

(a) *Kommutativgesetze:* $x \cup y = y \cup x$, $x \cap y = y \cap x$

(b) *Assoziativgesetze:* $(x \cup y) \cup z = x \cup (y \cup z)$, $(x \cap y) \cap z = x \cap (y \cap z)$

(c) *Verschmelzungsgesetze:* $(x \cup y) \cap x = x$, $(x \cap y) \cup x = x$

(d) *Distributivgesetze:* $x \cap (y \cup z) = (x \cap y) \cup (x \cap z)$, $x \cup (y \cap z) = (x \cup y) \cap (x \cup z)$

(e) *Komplementgesetze:* $x \cup (y \cap \overline{y}) = x$, $x \cap (y \cup \overline{y}) = x$

(f) $x \cup 0 = x$, $x \cap 0 = 0$, $x \cap 1 = x$, $x \cup 1 = 1$

(g) *de Morgansche Regeln:* $\overline{x \cup y} = \overline{x} \cap \overline{y}$, $\overline{x \cap y} = \overline{x} \cup \overline{y}$

(h) $x = x \cup x = x \cap x = \overline{\overline{x}}$

Es sei bemerkt, dass es sehr viele nicht triviale Beispiele für Boolesche Algebren gibt, insbesondere solche mit unendlicher Grundmenge B. Wir haben es hier lediglich mit dem allereinfachsten Beispiel zu tun:

Satz 1.4 Für $B = \{0, 1\}$ liegt eine Boolesche Algebra vor.

Beweis: Wir wollen den Beweis nicht vollständig führen, sondern lediglich die Beweismethode exemplarisch für (c) erläutern und den Rest dem Leser überlassen. Da B nur zwei Elemente besitzt, reicht es, eine Liste mit allen möglichen Belegungen der in der Gleichung vorkommenden Variablen mit diesen beiden Werten anzulegen; sodann rechnen wir mit Hilfe der Definitionen der vorkommenden Operationen die linke bzw. rechte Seite aus und vergleichen, ob jeweils der gleiche Wert für entsprechende Belegungen herauskommt. Für $(x \cup y) \cap x = x$ erhalten wir die in Tabelle 1.1 zusammengefaßten Resultate.

Tabelle 1.1: Zum Beweis von Satz 1.4 (c).

Argumente			linke Seite	rechte Seite
x	y	$x \cup y$	$(x \cup y) \cap x$	x
0	0	0	0	0
0	1	1	0	0
1	0	1	1	1
1	1	1	1	1

Die Gleichheit der beiden rechten Spalten beweist die Behauptung. $\triangledown$

Die in Satz 1.4 angegebenen Rechenregeln werden wir noch häufig benutzen; wir wollen jedoch die Tatsache, dass wir dabei in der zweielementigen Booleschen Algebra

Tabelle 1.2: Boolesche Addition, Multiplikation und Negation.

x	y	$x+y$	$x \cdot y$	$\overline{x}$
0	0	0	0	1
0	1	1	0	1
1	0	1	0	0
1	1	1	1	0

rechnen, nicht mehr explizit erwähnen und uns stattdessen das Rechnen dadurch etwas erleichtern, dass wir für $\cup$ und $\cap$ die vertrauteren Symbole $+$ und $\cdot$ verwenden. Wir bezeichnen diese auch wieder als Addition bzw. Multiplikation in B (und $^-$ als Komplement) und geben ihre Funktionstafeln in Tabelle 1.2 noch einmal gesondert an.

Digitale Rechenanlagen arbeiten nun im Gegensatz zu Analogrechnern mit endlich vielen, sogar nur zwei verschiedenen Spannungswerten. Daher ist das Dualsystem zur Darstellung von Ein- bzw. Ausgabedaten für einen solchen Rechner naheliegend, aber auch für die rechnerinterne „Codierung" von Daten und Befehlen. Nun wird man aus Gründen der besseren Lesbarkeit Eingabedaten lieber als Dezimalzahlen angeben und ebenso Ausgabedaten dezimal erhalten. Dazu muss der Rechner also in der Lage sein, eingegebene Dezimalzahlen in Dualzahlen zu konvertieren, sodann intern damit zu rechnen und schließlich rekonvertierte Dualzahlen auszugeben. Hierbei spielen somit Umwandlungen von Zahlen zu einer Basis b in Zahlen zu einer Basis b' eine Rolle, auf welche wir kurz eingehen wollen:

Für im Dualsystem arbeitende Rechner sind Multiplikationen mit 2 bzw. Divisionen durch 2 besonders einfach — durch Stellenverschiebung („shiften") — realisierbare Operationen; daher ist für die Umwandlung von $b = 10$ nach $b' = 2$ das Divisionsrestverfahren („analytische" Konvertierung), für die Umwandlung von $b = 2$ nach $b' = 10$ das Verfahren der fortgesetzten Multiplikation und Addition („synthetische" Konvertierung) günstig. Wir wollen dies exemplarisch erläutern:

Beispiel 1.3 (a) Konvertierung dezimal $\rightarrow$ dual: Man dividiert die gegebene Dezimalzahl mit Rest durch die Basis und wendet die gleiche Operation solange auf den jeweiligen Quotienten an, bis man das Divisionsergebnis 0 erhält. Die gesuchte Dualdarstellung ergibt sich dann durch „rückwärtiges" Lesen der Reste:

$$49 : 2 \;=\; 24 \text{ Rest } 1$$
$$24 : 2 \;=\; 12 \text{ Rest } 0$$
$$12 : 2 \;=\; 6 \text{ Rest } 0$$
$$6 : 2 \;=\; 3 \text{ Rest } 0$$
$$3 : 2 \;=\; 1 \text{ Rest } 1$$
$$1 : 2 \;=\; 0 \text{ Rest } 1$$

Hieraus folgt: $(49)_{10} = (110001)_2$.

Ein richtiges Resultat ist offensichtlich auch durch das im folgenden Beispiel demonstrierte Vorgehen erzielbar:

$$
\begin{aligned}
115 &= 1 \cdot 2^6 + 51 \\
51 &= 1 \cdot 2^5 + 19 \\
19 &= 1 \cdot 2^4 + 3 \\
3 &= 0 \cdot 2^3 + 3 \\
3 &= 0 \cdot 2^2 + 3 \\
3 &= 1 \cdot 2^1 + 1 \\
1 &= 1 \cdot 2^0 + 0
\end{aligned}
$$

Hieraus folgt: $(115)_{10} = (1110011)_2$

(b) Konvertierung dual $\rightarrow$ dezimal:

$$
\begin{aligned}
(1010110)_2 &= 0 \cdot 2^0 + 1 \cdot 2^1 + 1 \cdot 2^2 + 0 \cdot 2^3 + 1 \cdot 2^4 + 0 \cdot 2^5 + 1 \cdot 2^6 \\
&= 0 + 2 + 4 + 0 + 16 + 0 + 64 \\
&= (86)_{10}
\end{aligned}
$$

Die Konvertierung kann für große Zahlen aufwändig werden.   □

Für spezielle Paare von Basen sind auch einfachere („lokale") Verfahren möglich, zum Beispiel wenn es sich bei b und b' um Zweierpotenzen handelt. Ist etwa $b = 2$ und $b' = 8 = 2^3$ (bzw. $b' = 16 = 2^4$), so kann man je drei (bzw. vier) Dualziffern lokal in eine Oktalziffer (bzw. Hexadezimalziffer) umwandeln und umgekehrt.

Beispiel 1.4

$$
\begin{aligned}
(110010111)_2 &= (627)_8 \\
&= (197)_{16}
\end{aligned}
$$

$$
\begin{aligned}
(110001011001)_2 &= (6131)_8 \\
&= (C59)_{16}
\end{aligned}
$$

$$
\begin{aligned}
(A9F)_{16} &= (101010011111)_2 \\
&= (5237)_8
\end{aligned}
$$

$$
\begin{aligned}
(716)_8 &= (111001110)_2 \\
&= (1CE)_{16}
\end{aligned}
$$

□

Angemerkt sei an dieser Stelle, dass Digitalrechner zwar intern im Dualsystem arbeiten, das Oktal- bzw. Hexadezimalsystem aufgrund der engen „Verwandtschaft" zum Dualsystem jedoch häufig dazu benutzt werden, die Inhalte von Registern eines Rechners darzustellen. Solche Zellen enthalten im Allgemeinen 0-1-Folgen (im Folgenden auch häufig Bit^1-*Folgen* genannt) einer festen Länge n (der so genannten *Wortlänge* des betreffenden Rechners). Da n recht groß sein kann (z. B. $n = 64$), ist eine Zusammenfassung von drei bzw. vier Dualstellen zu einer Oktal- bzw. Hexadezimalstelle etwa bei der Angabe von Registerinhalten häufig sinnvoll, da sie die Lesbarkeit vereinfacht.

1.3   Schaltfunktionen und Boolesche Funktionen

Wir wollen nun auf Rechner selbst zu sprechen kommen, und zwar aus einer „logischen" Sicht, d. h. wir wollen die Frage diskutieren, wie sich ein Rechner oder genauer die Elemente eines Rechners verhalten. Aus der Sicht eines Benutzers erscheint ein Rechner in starker Idealisierung und Vereinfachung als eine „Black Box", die zu einem bestimmten Input (I) einen eindeutig bestimmten Output (O) liefert:

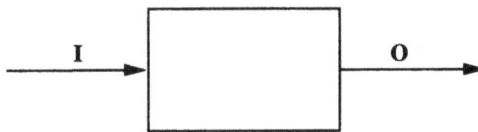

$$I \longrightarrow \boxed{} \longrightarrow O$$

Dabei hängt die Art, *wie* der Output vom Input bestimmt wird, offensichtlich vom Aufbau des Rechners ab; ferner arbeitet der Rechner *deterministisch*, d. h. er reagiert in eindeutiger Weise auf einen bestimmten Input. Unter der bereits erwähnten Annahme, dass Input und Output aus Daten und genauer (mittels oben erläuterter Konvertierungen) aus Dualfolgen bestehen, lässt sich diese Benutzersicht, welche die Black Box durch ihr *Verhalten* zu beschreiben versucht, wie folgt präzisieren:

Definition 1.1 Seien $n, m \in \mathbf{N}$, $n, m \geq 1$. Dann heißt eine Funktion $\mathcal{F} : B^n \to B^m$ *Schaltfunktion.*

Input für den Rechner ist also ein Bit-n-Tupel, Output ein Bit-m-Tupel. An einigen Beispielen wollen wir die Universalität dieses Konzeptes demonstrieren:

Beispiel 1.5 Addition von zwei 16-stelligen Dualzahlen: Input ist hier ein Bitvektor der Länge 32

$$b_1 \ldots b_{16} b_{17} \ldots b_{32},$$

dessen erste 16 Bits als erster, die zweiten 16 Bits als zweiter Summand aufgefasst werden. Output ist ein Bitvektor der Länge 17 (wegen der Möglichkeit eines Übertrags), welcher die Summe der beiden Dualzahlen darstellt. Die entsprechende Schaltfunktion lautet somit $\mathcal{A} : B^{32} \to B^{17}$. □

---

[1] Bit ist eine Kurzform für <u>bi</u>nary <u>dig</u>it = Binär- oder Dualzahl.

Beispiel 1.6 Multiplikation von zwei 16-stelligen Dualzahlen: In Analogie zu Beispiel 1.5 lautet die entsprechende Schaltfunktion:

$$\mathcal{M} : B^{32} \to B^{32}$$

$$\text{mit } \underbrace{b_1 \ldots b_{16}}_{\text{1. Faktor}} \underbrace{b_{17} \ldots b_{32}}_{\text{2. Faktor}} \mapsto \underbrace{c_1 \ldots c_{32}}_{\text{Ergebnis}}$$

□

Beispiel 1.7 Sortieren von 30   16-stelligen Dualzahlen: Input ist ein Vektor aus $30 \cdot 16 = 480$ Bits, welcher 30 (unsortierte) Dualzahlen der Länge jeweils 16 darstellt. Output ist ein anderer Bitvektor der Länge 480, welcher die gleichen Dualzahlen, nun jedoch (aufsteigend oder absteigend) sortiert, darstellt. Die Schaltfunktion lautet:

$$\mathcal{S} : B^{480} \to B^{480}.$$

□

Beispiel 1.8 Primzahltest: Unsere „Black Box" soll nach Eingabe einer 480-stelligen Dualzahl x eine 1 ausgeben, falls die dieser Dualzahl entsprechende Zahl x eine Primzahl ist, und 0 sonst, d. h. die Schaltfunktion lautet:

$$p : B^{480} \to B$$

$$\text{mit } p(x) = \begin{cases} 1 & \text{falls } x \text{ Primzahl} \\ 0 & \text{sonst} \end{cases}$$

p führt also den Primzahltest durch für jede natürliche Zahl x mit

$$x \leq 2^{480} - 1 \approx 3,12175 \cdot 10^{144}.$$

Mit heutiger Technologie ist p schwierig zu realisieren, hätte aber andererseits hohe praktische Bedeutung, da Primzahltests (gerade wegen ihrer häufig schwierigen Durchführbarkeit) eine wichtige Rolle in der Kryptologie spielen. Ein entsprechendes Gerät, welches als Wert den größten Primfaktor von x ausgibt, gilt langfristig als nicht realisierbar. □

Für die nächsten beiden Beispiele benötigen wir einige Begriffe aus der Graphentheorie: Es sei P eine endliche Punktmenge, o.B.d.A. $P \subseteq \mathbf{N}$. Ist dann $K \subseteq P \times P$ eine symmetrische, nicht-reflexive Relation über P, so heißt das Paar $G := (P, K)$ ein (gewöhnlicher) *Graph* mit der Punktmenge P und der Kantenmenge K. Üblicherweise faßt man zwei zueinander inverse Kanten (p_i, p_j), (p_j, p_i) zu einer „ungerichteten" Kante $\{ p_i, p_j \}$ zusammen. Ein n-Tupel $w = (p_1, p_2, \ldots, p_n)$ von Punkten aus P heißt ein *Weg* in G, falls für alle $i = 1 \ldots n - 1$ die ungerichtete Kante $\{ p_i, p_{i+1} \}$ zu G gehört. Ein solcher Weg w heißt weiter ein *Euler-Kreis*, falls $p_1 = p_n$ ist und alle Kanten von G auf dem Weg genau einmal vorkommen; w heißt *Hamilton-Kreis* („Traveling-Salesman-Tour"), falls $p_1 = p_n$ ist und alle Punkte von G auf dem Weg genau einmal vorkommen.

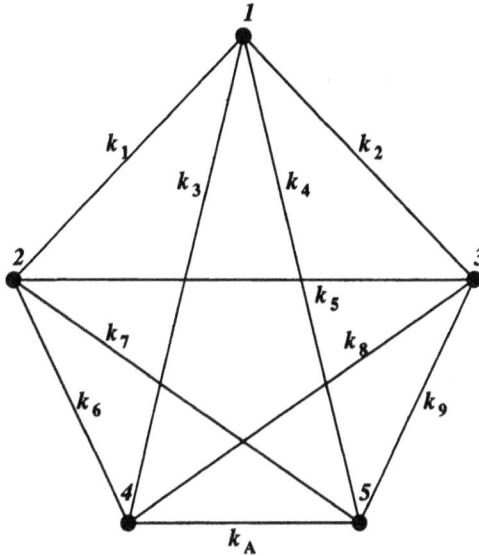

Abbildung 1.1: Ungerichteter Graph mit 5 Punkten.

Beispiel 1.9 Existenz eines Euler-Kreises in einem Graphen mit 5 Punkten: Sei

$$G = (\{1, \ldots, 5\}, K).$$

Ein solcher Graph kann bis zu $\begin{pmatrix} 5 \\ 2 \end{pmatrix} = 10$ Kanten haben, d. h. es gibt 2^{10} verschiedene ungerichtete Graphen mit 5 Punkten. Wir wählen nun die in Abbildung 1.1 gezeigte Nummerierung für Punkte bzw. Kanten. Damit codieren wir einen beliebigen solchen Graphen durch einen Bitvektor $(x_1, x_2, \ldots, x_A)$ wie folgt:

$$x_i = \begin{cases} 1 & \text{falls } k_i \in K \\ 0 & \text{sonst} \end{cases}$$

(Man beachte die Verwendung des Hexadezimalalphabets in diesem Beispiel: Der Buchstabe A bedeutet 10.) Will man nun mit Hilfe eines Rechners entscheiden, ob ein gegebener Graph mit 5 Punkten einen Euler-Kreis besitzt oder nicht, so lautet die entsprechende Schaltfunktion:

$$e : B^{10} \to B$$

$$\text{mit } e(x_1, \ldots, x_A) := \begin{cases} 1 & \text{falls der durch } (x_1, \ldots, x_A) \text{ codierte} \\ & \text{Graph einen Euler-Kreis besitzt} \\ 0 & \text{sonst} \end{cases}$$

$\square$

Wir werden auf dieses Beispiel in Abschnitt 2.1 noch einmal zurück kommen.

Beispiel 1.10 Existenz eines Hamilton-Kreises in einem Graphen mit 250 Punkten:

Sei nun $\mid P \mid = 250$, so gilt $\mid K \mid \leq \begin{pmatrix} 250 \\ 2 \end{pmatrix} = 31125$, d. h. ein Graph mit 250 Punkten kann bis zu 31125 Kanten besitzen. Wie im letzten Beispiel lässt sich ein solcher Graph unter der Annahme einer festen Kantennumerierung durch einen Bitvektor der Länge 31125 codieren, und die Frage, ob in einem solchen Graphen ein Hamilton-Kreis existiert, ist formal beschreibbar durch die Schaltfunktion

$$h : B^{31125} \to B$$

$$\text{mit } h(x) := \begin{cases} 1 & \text{falls der durch } x \text{ codierte Graph einen} \\ & \text{Hamilton-Kreis besitzt} \\ 0 & \text{sonst} \end{cases}$$

Prinzipiell ist diese Aufgabe algorithmisch „leicht" zu lösen: Man durchlaufe zu gegebenem $G = (P, K)$ alle möglichen Reihenfolgen der 250 Punkte und schaue nach, ob in G die dadurch geforderten Kanten tatsächlich vorkommen. Nun gibt es allerdings 250! solcher Reihenfolgen, d. h. nach der Stirlingschen Formel

$$n! \approx \left(\frac{n}{e}\right)^n \cdot \sqrt{2\pi n}$$

gibt es etwa

$$250! \approx \left(\frac{250}{e}\right)^{250} \cdot \sqrt{500\pi} \approx 3,232 \cdot 10^{492}$$

Reihenfolgen. Dass unsere Funktion h damit schwierig zu realisieren ist, sieht man wie folgt: Nehmen wir an, wir besäßen eine Schaltung (einen „Rechner"), deren Bauteile innerhalb von 10 Picosekunden, d. h. 10^{-11} sec, eine Operation ausführen können, und nehmen wir optimistisch an, dass die gesamte Schaltung eine Hierarchietiefe von 100 hat, d. h. sie besteht aus 100 „Ebenen" von Bauteilen, die jeder Input sequentiell zu durchlaufen hat (vgl. Abbildung 1.2).

Dann kann *ein* Input, ein Bitvektor der Länge 31125, in $100 \cdot 10^{-11}$ sec $= 10^{-9}$ sec bearbeitet werden. *Ein* Graph, welcher Anlaß zu etwa $3,232 \cdot 10^{492}$ Inputs gibt, ist dann in folgender Zeit mit unserem Algorithmus zu bearbeiten:

$$3,232 \cdot 10^{492} \cdot 10^{-9} \text{ sec}$$
$$\approx 3,232 \cdot 10^{483} \text{ sec}$$
$$\approx 1,023 \cdot 10^{476} \text{ Jahre}$$

Selbst mit einer Technologie, welche Schaltungszeiten der oben erwähnten Art ermöglicht, ist h somit nicht zu realisieren. Es sei bereits an dieser Stelle angemerkt, dass auch für die Zukunft hier keine wesentlichen Verbesserungen mehr erwartet werden dürfen, wenngleich sich Bauteile mit Schaltzeiten im Picosekunden-Bereich schon im Laborstadium befinden. Denn einerseits würden wesentlich „schnellere" Bauteile, die etwa in 10^{-20} sec schalten, keine Verbesserung bringen; die Anzahl der Jahre an Rechenzeit würde von 10^{476} auf 10^{465} fallen. $\qquad\square$

Dem Leser wird aufgefallen sein, dass wir in den letzten Beispielen große Buchstaben zur Bezeichnung von Schaltfunktionen der Form $\mathcal{F} : B^n \to B^m$ mit $m > 1$ (Beispiele 1.5 - 1.7) und kleine Buchstaben im Fall $m = 1$ (Beispiele 1.8 - 1.10) verwendet haben. Dieser Unterscheidung liegt ein wichtiger Spezialfall zugrunde, den wir nun näher betrachten wollen:

x_1 x_2 x_{31125}

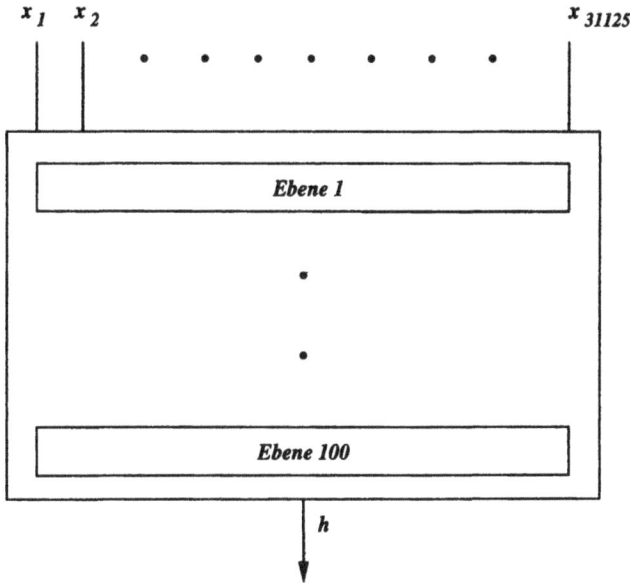

Abbildung 1.2: Schaltung der Hierarchietiefe 100.

Definition 1.2 Eine Schaltfunktion $f : B^n \to B$ heißt (n-stellige) *Boolesche Funktion*.

Zwischen Schaltfunktionen und Booleschen Funktionen besteht folgender Zusammenhang: Sei $\mathcal{F} : B^n \to B^m$ mit $\mathcal{F}(x_1, \ldots, x_n) = (y_1, \ldots, y_m)$. Setzt man dann für jedes $i \in \{1, \ldots, m\}$

$$f_i : B^n \to B,$$

definiert durch

$$f_i(x_1, \ldots, x_n) = y_i$$

so ist $\mathcal{F}$ offensichtlich wie folgt darstellbar:

$$\mathcal{F}(x_1, \ldots, x_n) = (f_1(x_1 \ldots x_n), f_2(x_1 \ldots x_n), \ldots, f_m(x_1 \ldots x_n))$$

für alle $x_1, \ldots, x_n \in B$.

Jede Schaltfunktion ist also durch eine Folge von Booleschen Funktionen beschreibbar, so dass es keine Einschränkung bedeutet, wenn wir uns zunächst mit Booleschen Funktionen näher beschäftigen. Dabei wollen wir zuerst die Frage klären, wie viele n-stellige Boolesche Funktionen es zu vorgegebenem $n > 0$ gibt. Für $n = 1$ und $n = 2$ geben wir alle Möglichkeiten an:

Beispiel 1.11 Einstellige Boolesche Funktionen der Form $f : B \to B$: Das einzige Argument kann nur die Werte 0 oder 1 annehmen; für die Funktionswerte stehen ebenfalls nur diese Werte zur Verfügung. *Alle* einstelligen Booleschen Funktionen erhält man durch Bildung aller möglichen Kombinationen dieser Werte, was wir in Tabelle 1.3 zusammenfassen. Offensichtlich gilt $f_0(x) \equiv 0$, $f_1(x) = x$, $f_2(x) = \overline{x}$, $f_3(x) \equiv 1$. f_0 und f_3 sind konstante Funktionen, welche nicht von x abhängen; f_1 ist die Identität und f_2 die Negation.   □

Tabelle 1.3: Alle einstelligen Booleschen Funktionen.

x	$f_0(x)$	$f_1(x)$	$f_2(x)$	$f_3(x)$
0	0	0	1	1
1	0	1	0	1

Tabelle 1.4: Die 16 zweistelligen Booleschen Funktionen.

(1)			$x \cdot \overline{x}$	$x \cdot y$	$x \cdot \overline{y}$	x	$\overline{x} \cdot y$	y	$\leftritaltimes$	$x + y$
(2)			$\equiv 0$	Min	$>$	x	$<$	y	$\neq$	Max
(3)				$\wedge$	$\not\rightarrow$	x	$\not\leftarrow$	y	$\leftrightarrow\!\!\!\!\!/$	$\vee$
x	y	f_0	f_1	f_2	f_3	f_4	f_5	f_6	f_7
0	0	0	0	0	0	0	0	0	0
0	1	0	0	0	0	1	1	1	1
1	0	0	0	1	1	0	0	1	1
1	1	0	1	0	1	0	1	0	1

(1)		$\overline{x + y}$		$\overline{y}$	$x + \overline{y}$	$\overline{x}$	$\overline{x} + y$	$\overline{x \cdot y}$	$x + \overline{x}$
(2)		1-Max	$=$	1-y	$\geq$	1-x	$\leq$	1-Min	$\equiv 1$
(3)		$\downarrow$	$\leftrightarrow$	$\neg y$	$\leftarrow$	$\neg x$	$\rightarrow$	$\uparrow$	
x	y	f_8	f_9	f_{10}	f_{11}	f_{12}	f_{13}	f_{14}	f_{15}
0	0	1	1	1	1	1	1	1	1
0	1	0	0	0	0	1	1	1	1
1	0	0	0	1	1	0	0	1	1
1	1	0	1	0	1	0	1	0	1

Beispiel 1.12 Zweistellige Boolesche Funktionen der Form $f : B^2 \rightarrow B$: Die beiden Argumente können nun auf $2^2 = 4$ verschiedene Arten mit 0 oder 1 belegt werden, und für jedes dieser vier Argumente sind wieder nur die Funktionswerte 0 oder 1 möglich, so dass wir $2^4 = 16$ zweistellige Boolesche Funktionen erhalten. Wir geben diese in Tabelle 1.4 an, wobei wir auch einige alternativ gebräuchliche Funktionssymbole notieren: Die mit (1) markierten Zeilen dieser Tabelle enthalten jeweils die in Zusammenhang mit der Booleschen Algebra $(+, \cdot, \overline{})$ bzw. dem Booleschen Körper $(\leftritaltimes, \cdot)$ verwendeten Schreibweisen. Die in den mit (2) markierten Zeilen angegebenen Schreibweisen werden in der Arithmetik verwendet. Die mit (3) markierten Zeilen zeigen die in der Logik gebräuchlichen Schreibweisen.

Für einige dieser Funktionen sind auch Namen in Gebrauch:

f_1 Konjunktion (AND)

f_7 Disjunktion (OR)

f_6 Antivalenz (Exclusive Or, XOR, $\leftritaltimes$, manchmal auch $\oplus$)

f_9 Äquivalenz

f_8 Peircescher Pfeil (Not Or, NOR, $\downarrow$)

f_{13} *Implikation*
f_{14} *Shefferscher Strich (Not And, NAND, ↑)*

□

Die in diesen beiden Beispielen angestellten Anzahlbetrachtungen lassen sich nun ohne weiteres verallgemeinern:

Satz 1.5 Für jedes $n \in \mathbf{N}$ mit $n \geq 1$ gibt es 2^{2^n} n-stellige Boolesche Funktionen.

Satz 1.5 über die Anzahl Boolescher Funktionen zu gegebener Stellenzahl n kann als Korollar aus folgendem Resultat abgeleitet werden: Für jedes $n, m \in \mathbf{N}$ mit $n, m \geq 1$ gibt es $2^{m \cdot 2^n}$ Schaltfunktionen der Form $\mathcal{F} : B^n \to B^m$.

Wie wir oben sahen, gibt es für $n = 1$ genau $2^{2^1} = 4$, für $n = 2$ genau $2^{2^2} = 16$ Boolesche Funktionen. Da die Anzahl Boolescher Funktionen vorgegebener Stellenzahl also sehr stark wächst (für $n = 3$ gibt es bereits 256, für $n = 4$ schon 65.536 solcher Funktionen), ist es unmöglich, das oben praktizierte Vorgehen, alle Möglichkeiten anzugeben, weiter fortzusetzen. Wir wollen als nächstes zeigen, dass dies aber auch keineswegs nötig ist, denn jede beliebige n-stellige Boolesche Funktion lässt sich aus wenigen Grundfunktionen „zusammenbauen", und wir werden sogar sehen, dass ein- und zweistellige Funktionen dazu ausreichen.

Wir stellen dazu einige Vorüberlegungen an: Sei $n \geq 1$ und $f : B^n \to B$ eine beliebige n-stellige Boolesche Funktion. Dann kann f dargestellt werden durch eine Funktionstafel mit 2^n Zeilen, wobei die Argumente so angeordnet seien, dass in der i-ten Zeile ($0 \leq i \leq 2^n - 1$) gerade die Dualdarstellung von i steht; i heißt ein *Index* zu f.

Beispiel 1.13 $f : B^3 \to B$ sei die in Tabelle 1.5 gezeigte Boolesche Funktion.   □

Tabelle 1.5: Boolesche Funktion zu Beispiel 1.13.

i	x_1	x_2	x_3	$f(x_1, x_2, x_3)$
0	0	0	0	0
1	0	0	1	0
2	0	1	0	0
3	0	1	1	1
4	1	0	0	0
5	1	0	1	1
6	1	1	0	0
7	1	1	1	1

Sei nun i eine solche Zeilennummer, und sei $i_1 \ldots i_n$ die Ziffernfolge der Dualdarstellung von i.

Definition 1.3 i heißt *einschlägiger* Index zu f, falls $f(i_1, \ldots, i_n) = 1$ ist.

In Beispiel 1.13 sind also 3, 5 und 7 die einschlägigen Indizes zu f.

Definition 1.4 Sei i ein Index von $f : B^n \to B$ und $(i_1 \ldots i_n)_2$ die Dualdarstellung von i. Dann heißt die Funktion

$$m_i : B^n \to B$$

definiert durch

$$m_i(x_1, \ldots, x_n) := x_1^{i_1} \cdot x_2^{i_2} \cdot \ldots \cdot x_n^{i_n}$$

i-ter Minterm von f. Dabei sei

$$x_j^{i_j} := \left\{ \begin{array}{ll} x_j & \text{falls } i_j = 1 \\ \overline{x}_j & \text{falls } i_j = 0 \end{array} \right.$$

In Beispiel 1.13 sind also z. B. $m_3(x_1, x_2, x_3) = \overline{x}_1 \cdot x_2 \cdot x_3$, $m_4(x_1, x_2, x_3) = x_1 \cdot \overline{x}_2 \cdot \overline{x}_3$. Der Einfachheit halber lassen wir von nun an bei Mintermen die Argumente weg und schreiben kurz m_i für $m_i(x_1, \ldots, x_n)$. Bei Konjunktionen lassen wir ferner (wie üblich) in Zukunft den Punkt weg und schreiben kurz xy für $x \cdot y$.

Bemerkung: Wesentlich für das Folgende ist die Beobachtung, dass ein Minterm m_i *genau dann* den Wert 1 annimmt, wenn das Argument $(x_1, \ldots, x_n)$ die Dualdarstellung von i liefert. In Beispiel 1.13 sieht man sofort:

$$m_3 = 1 \quad \Leftrightarrow \quad \overline{x}_1 = 1 \wedge x_2 = 1 \wedge x_3 = 1$$
$$\Leftrightarrow \quad x_1 = 0 \wedge x_2 = 1 \wedge x_3 = 1,$$

und 011 ist die Dualdarstellung von 3.

Damit können wir Minterme wie folgt zur Beschreibung Boolescher Funktionen verwenden:

Satz 1.6 *(Darstellungssatz für Boolesche Funktionen)* Jede Boolesche Funktion f : $B^n \to B$ ist eindeutig darstellbar als Summe (im Sinne der Funktion f_7) der Minterme ihrer einschlägigen Indizes, d. h. ist $I \subseteq \{0, \ldots, 2^n - 1\}$ die Menge der einschlägigen Indizes von f, so gilt

$$f = \sum_{i \in I} m_i,$$

und keine andere Minterm-Summe stellt f dar.

Beweis: Zu zeigen ist zweierlei: (1) Es existiert eine solche Darstellung, und (2) diese ist eindeutig.

Zu (1) (Existenz): Wir zeigen, dass die Funktionen f und $\sum_{i \in I} m_i$ für jedes Argument den gleichen Wert liefern: Sei dazu $j \in \{0, \ldots, 2^n - 1\}$ und $j_1 \ldots j_n$ die Dualdarstellung von j. Zwei Fälle sind zu unterscheiden:

(a) $f(j_1 \ldots j_n) = 1$: Hieraus folgt $j \in I$, d. h. j ist ein einschlägiger Index von f. Also kommt m_j in der Summe $\sum_{i \in I} m_i$ vor; somit gilt (nach obiger Bemerkung) $\sum_{i \in I} m_i = 1$.

(b) $f(j_1 \ldots j_n) = 0$: Hieraus folgt $j \notin I$, d. h. j ist kein einschlägiger Index von f. Dann kommt aber laut Voraussetzung m_j in $\sum_{i \in I} m_i$ nicht vor. Da nach obiger Bemerkung aber nur dieser Minterm den Wert 1 hätte beitragen können, folgt $\sum_{i \in I} m_i = 0$.

Zu (2) (Eindeutigkeit): Angenommen, es gibt zwei verschiedene Darstellungen von f durch Summen von Mintermen, d. h. es existieren $I, J \subseteq \{0, \ldots, 2^n - 1\}$ mit $I \neq J$ und

$$f = \sum_{i \in I} m_i = \sum_{j \in J} m_j \quad (*)$$

Wegen $I \neq J$ gibt es dann einen Index, etwa k, der in der einen, aber nicht in der anderen Menge liegt. Sei etwa $k \in I$ und $k \notin J$. Sei dann $k_1 \ldots k_n$ die Dualdarstellung von k, so gilt:

$$\sum_{i \in I} m_i(k_1, \ldots, k_n) = 1 \text{ da } k \in I$$

$$\sum_{j \in J} m_j(k_1, \ldots, k_n) = 0 \text{ da } k \notin J$$

Die beiden Summen stellen also verschiedene Funktionen dar, ein Widerspruch zu unserer Annahme $(*)$. $\triangledown$

Zu diesem Satz sind einige Bemerkungen angebracht:

1. In der in Satz 1.6 angegebenen Darstellung einer Booleschen Funktion ist zu jedem Argument höchstens ein Summand gleich 1 (nämlich der dem Argument entsprechende Minterm, falls das Argument einen einschlägigen Index darstellt). Dies werden wir später noch benutzen, um eine alternative Darstellung Boolescher Funktionen anzugeben (vgl. Satz 1.12).

2. Ist die darzustellende Boolesche Funktion f identisch 0, so ist die leere Summe von Mintermen die entsprechende DNF-Darstellung. (Allerdings lässt sich $f \equiv 0$ auch wie folgt schreiben: $f(x_1, \ldots, x_n) = x_1 \overline{x}_1$, was jedoch keine Mintermdarstellung ist.)

Die in Satz 1.6 angegebene Darstellung heißt auch *disjunktive Normalform* (DNF) einer Booleschen Funktion. In der englischsprachigen Literatur wird die DNF auch als Sonderfall einer *Sum of Products*-Darstellung, kurz SOP, bezeichnet.

Für Beispiel 1.13 liefert Satz 1.6 Folgendes:

$$\begin{aligned} f(x_1, x_2, x_3) &= m_3 + m_5 + m_7 \\ &= \overline{x}_1 x_2 x_3 + x_1 \overline{x}_2 x_3 + x_1 x_2 x_3 \end{aligned}$$

Eine wichtige Folgerung aus diesem Satz, welche uns die weiter oben gestellte Frage nach möglichen „Grundbausteinen" für Boolesche Funktionen positiv beantwortet, ist:

Korollar 1.7 Jede n-stellige Boolesche Funktion ist mittels der zweistelligen Booleschen Funktionen $+$ und $\cdot$ sowie der einstelligen Funktion $^-$ darstellbar.

Die oben angegebenen ein- und zweistelligen Booleschen Funktionen reichen für weitere Betrachtungen also nicht nur völlig aus, sondern liefern bereits wesentlich mehr, als man tatsächlich benötigt. Daher wollen wir für solche „Funktionensysteme" eine eigene Bezeichnung einführen:

Definition 1.5 Ein System $\mathcal{B} = \{f_1, \ldots, f_n\}$ Boolescher Funktionen heißt (funktional) *vollständig*, wenn sich jede Boolesche Funktion allein durch Einsetzungen bzw. Kompositionen von Funktionen aus $\mathcal{B}$ darstellen lässt.

Damit lautet Korollar 1.7 kurz:

Korollar 1.8 $\{+, \cdot, ^-\}$ ist funktional vollständig.

Mit Hilfe der in Satz 1.4 (g) angegebenen de Morganschen Regeln erhält man daraus sofort:

Korollar 1.9 $\{+, ^-\}$ und $\{\cdot, ^-\}$ sind vollständig.

Beweis: $x \cdot y = \overline{\overline{x} + \overline{y}}$, $x + y = \overline{\overline{x} \cdot \overline{y}}$ $\qquad \triangledown$

Ebenso sieht man leicht ein, dass man in keinem dieser drei vollständigen Systeme auf $^-$ verzichten kann, da $^-$ nicht mittels $+$ und $\cdot$ „simulierbar" ist. Andererseits ist auch $^-$ nicht vollständig, jedoch werden wir in Abschnitt 1.6 andere einelementige vollständige Systeme kennenlernen (vgl. Satz 1.17).

Bevor wir diese Überlegungen zum Anlaß nehmen wollen, für $+$, $\cdot$ und $^-$ spezielle Schaltelemente einzuführen, wollen wir noch kurz auf eine zur DNF „duale" Darstellung Boolescher Funktionen eingehen.

Definition 1.6 Sei i ein Index von $f : B^n \to B$, und sei m_i der i-te Minterm von f. Dann heißt die Funktion

$$M_i : B^n \to B,$$

definiert durch

$$M_i(x_1, \ldots, x_n) := \overline{m_i(x_1, \ldots, x_n)}$$

i-ter Maxterm von f.

Wie bei Mintermen lassen wir auch bei Maxtermen die Argumente weg, wenn es der Zusammenhang erlaubt, so dass wir Definition 1.6 auch kurz wie folgt schreiben können: $M_i := \overline{m_i}$. In Beispiel 1.13 sind also z. B.

$$M_3 = \overline{\overline{x}_1 \cdot x_2 \cdot x_3} = x_1 + \overline{x}_2 + \overline{x}_3$$

$$M_4 = \overline{x_1 \cdot \overline{x}_2 \cdot \overline{x}_3} = \overline{x}_1 + x_2 + x_3$$

In Analogie zu Mintermen gilt dann: Ein Maxterm M_i nimmt genau dann den Wert 0 an, wenn das Argument $(x_1 \ldots x_n)$ die Dualstellung von i ist. Damit beweist man leicht den folgenden Satz:

Satz 1.10 Jede Boolesche Funktion $f : B^n \to B$ ist eindeutig darstellbar als Produkt der Maxterme ihrer nicht einschlägigen Indizes.

Diese Darstellung heißt auch *konjunktive Normalform* (KNF) von f. In der englischsprachigen Literatur wird die KNF als Sonderfall einer *Product of Sum*-Darstellung, kurz POS, bezeichnet. Für Beispiel 1.13 liefert Satz 1.10:

$$
\begin{aligned}
f(x_1 x_2 x_3) &= M_0 \cdot M_1 \cdot M_2 \cdot M_4 \cdot M_6 \\
&= (x_1 + x_2 + x_3) \cdot (x_1 + x_2 + \overline{x}_3) \cdot (x_1 + \overline{x}_2 + x_3) \\
&\quad \cdot (\overline{x}_1 + x_2 + x_3) \cdot (\overline{x}_1 + \overline{x}_2 + x_3)
\end{aligned}
$$

Zählt man die in dieser Darstellung vorkommenden Operationen (19) und vergleicht diese Anzahl mit der in der weiter oben für die gleiche Funktion angegebenen DNF vorkommenden (10), so erhält man ein einfaches Kriterium für die Verwendung dieser Normalformen: Offensichtlich ist die DNF zu bevorzugen, wenn die Anzahl der einschlägigen Indizes kleiner ist als die Anzahl der nicht einschlägigen (wie in Beispiel 1.13); ansonsten verwende man die KNF.

1.4   Schaltnetze

Die Bedeutung der letzten Beobachtung wird sofort klar, wenn wir nun für die Operationen $+$, $\cdot$ und $^-$ Schaltelemente einführen und damit in der Lage sind, „schwarze Kästen", welche Boolesche Funktionen berechnen sollen, auszufüllen: Jedes Schaltelement verursacht „Kosten" (z. B. Materialkosten), und man wird natürlich bestrebt sein, solche Kosten niedrig zu halten.

Die Untersuchung der logischen Eigenschaften von Schaltelementen und von deren Funktion innerhalb größerer Schaltungen ist für den in der Informatik arbeitenden Informatiker von größtem Interesse. Die Herstellungstechnologie kann sich nämlich im Laufe der Entwicklung drastisch ändern. Denn die fortschreitende Miniaturisierung der Schaltungstechnik in Richtung auf die Nano-Technologie mag zu völlig neuen Realisierungsparadigmen für solche Bausteine führen. So könnte z. B. in Schaltungen, die mit Molekülgittern arbeiten, eine Negation oder eine NAND-Funktionalität mit neuartiger Kostenstruktur realisierbar werden, was wesentliche Änderungen im Schaltungsentwurf mit sich bringen würde.

Abbildung 1.3 zeigt gebräuchliche Symbole („Gatter") zur graphischen Darstellung der Booleschen Negation, Addition und Multiplikation im Zusammenhang mit Schaltungen. Wir zeigen in dieser Abbildung sowohl die von uns im Folgenden verwendeten (einfacheren) Symbole als auch die vom Institute of Electrical and Electronics Engineers (IEEE) vorgeschlagenen (und speziell in der englischsprachigen Literatur häufig verwendeten) Symbole.

Werden solche Bausteine zusammen geschaltet, so spricht man von *Schaltnetzen*. Uns interessieren hier nicht die technischen Einzelheiten solcher Geräte, d. h. insbesondere nicht die Frage nach der Realisierung von Gattern bzw. Schaltnetzen durch Transistoren, Widerstände und Dioden, sondern wir unterstellen, dass sie uns als Bausteine zur Verfügung stehen, und wollen uns daher nur mit ihrem *logischen* Aufbau entsprechend der zugehörigen Booleschen Funktionen beschäftigen.

Die Sätze 1.6 bzw. 1.10 besagen also jetzt, dass jedes Gerät, dessen Arbeitsweise durch eine Boolesche Funktion beschrieben werden kann, durch ein Schaltnetz realisierbar ist, welches nur aus Invertern, Oder- und Und-Gattern besteht. Für Beispiel 1.13, d. h. die Funktion

$$f(x_1, x_2, x_3) = \overline{x}_1 x_2 x_3 + x_1 \overline{x}_2 x_3 + x_1 x_2 x_3,$$

sieht ein solches „Gerät" wie in Abbildung 1.4 gezeigt aus.

Damit haben wir erstmalig eine „Black Box" ausgefüllt, indem wir ein Schaltnetz für die sie beschreibende Boolesche Funktion angegeben haben. Zur Vereinfachung solcher Zeichnungen werden im Allgemeinen Inverter direkt vor den entsprechenden Eingang eines nachfolgenden Und- oder Oder-Gatters gesetzt („integriert"), wie in

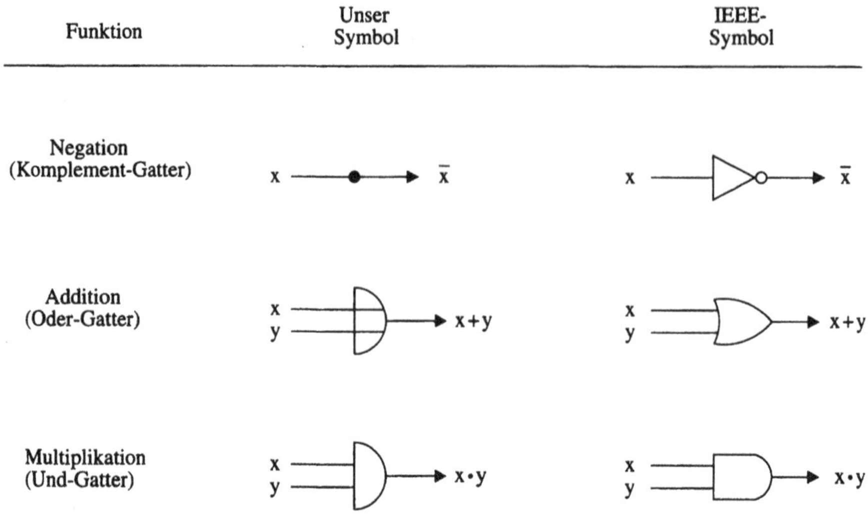

Funktion	Unser Symbol	IEEE-Symbol
Negation (Komplement-Gatter)	$x \longrightarrow \bar{x}$	$x \longrightarrow \bar{x}$
Addition (Oder-Gatter)	$x, y \longrightarrow x+y$	$x, y \longrightarrow x+y$
Multiplikation (Und-Gatter)	$x, y \longrightarrow x \cdot y$	$x, y \longrightarrow x \cdot y$

Abbildung 1.3: Grundbausteine zur Realisierung Boolescher Funktionen.

Abbildung 1.5 angedeutet. Außerdem verwendet man auch Und- und Oder-Gatter mit mehr als zwei Eingängen. Das in Abbildung 1.4 gezeigte Schaltnetz würde damit die in Abbildung 1.6 gezeigte Form erhalten.

Von diesen Vereinfachungsmöglichkeiten werden wir im Folgenden verschiedentlich Gebrauch machen. Kommen wir jedoch auf das erste, für dieses f angegebene Schaltnetz zurück: Jedem Operator, der in der DNF von f vorkommt, entspricht dort genau ein Gatter; insgesamt besteht das Schaltnetz aus 10 Gattern. Die in Beispiel 1.10 bereits angesprochene „Schaltzeit“ eines solchen „Moduls“ lässt sich nun besser als oben demonstrieren: Unter der Annahme, dass jedes Gatter nach 10 psec $= 10^{-11}$ sec „geschaltet“ hat, d. h. dass 10^{-11} sec nach Anlegen eines Inputs der entsprechende Output eines Gatters vorliegt, und infolge der Tatsache, dass jeder dreistellige Input 5 „Stufen“ zu durchlaufen hat, liegt ein Funktionswert somit nach $5 \cdot 10^{-11}$ sec vor. Dies ist insofern idealisiert, als wir dabei die Zeit vernachlässigt haben, die ein Signal benötigt, einen Leitungsweg (von einem Input oder einem Gatter zu einem anderen Gatter) zurückzulegen. Für unsere Betrachtungen kann dieser Fehler in Kauf genommen werden, da er prinzipiell keine Veränderung des Ergebnisses bewirkt. Es sei jedoch an dieser Stelle darauf hingewiesen, dass in der Praxis die Länge von Verbindungsdrähten durchaus eine Rolle spielt. Ein Signal kann eine Leitung höchstens mit Lichtgeschwindigkeit durchlaufen, d. h. mit einer Geschwindigkeit von

$$3 \cdot 10^5 \, \frac{\text{km}}{\text{sec}} = 0,3 \cdot 10^{12} \, \frac{\text{mm}}{\text{sec}} = 0,3 \, \frac{\text{mm}}{\text{psec}}.$$

Deshalb können sich z. B. Signale innerhalb einer Picosekunde grundsätzlich nicht über einen Chip mit einer Längenausdehnung von 1 mm ausbreiten.

Als nächstes wollen wir eine formale Definition eines Schaltnetzes angeben. Dazu kommen wir zurück auf den weiter oben eingeführten Begriff des Graphen, den wir nun durch Auszeichnung von Richtungen wie folgt abändern: Sei P eine endliche

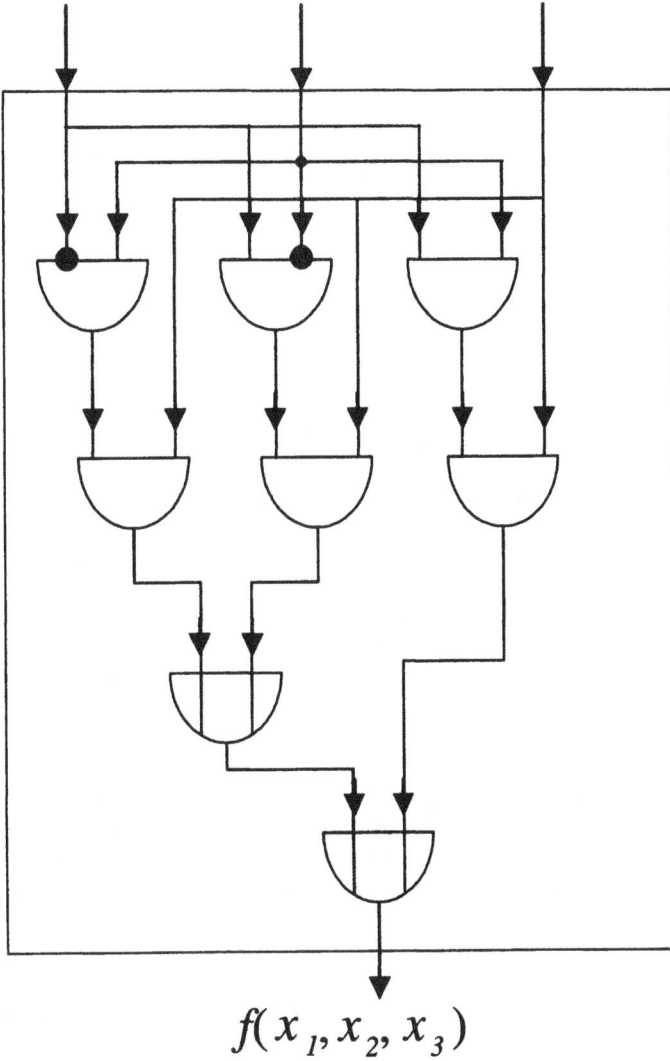

$$f(x_1, x_2, x_3)$$

Abbildung 1.4: Schaltung für die Boolesche Funktion aus Beispiel 1.13.

statt

Abbildung 1.5: Alternative Darstellung von Invertern.

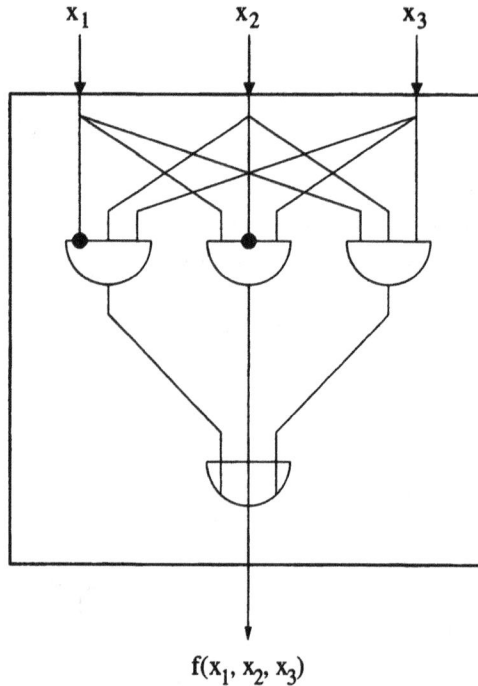

Abbildung 1.6: Alternative Schaltung für die Funktion aus Beispiel 1.13.

Punktmenge und $K \subseteq P \times P$ eine (beliebige) Relation über P. Dann heißt $G :=$ (P, K) ein *gerichteter Graph* mit der Punktmenge P und der Menge K von gerichteten Kanten. Die weiter oben gegebene Definition eines Weges in G kann offensichtlich ohne Änderungen auf gerichtete Graphen übertragen werden, und wir bezeichnen einen Weg als Kreis oder *Zykel*, falls sein Anfangs- und Endpunkt übereinstimmen.

Definition 1.7 Ein *Schaltnetz* ist ein gerichteter, zykelfreier Graph (engl.: *Directed Acyclic Graph*; kurz: DAG).

Als *Input* (eines Schaltnetzes) bezeichnet man die Punkte in einem DAG, in die keine Kante hineinführt, und entsprechend als *Output* die Punkte, aus denen keine Kante herausführt.

Das erste der oben angegebenen Schaltnetze für die Boolesche Funktion aus Beispiel 1.13 (vgl. Abbildung 1.4) entspricht dem in Abbildung 1.7 gezeigten DAG. Von jedem Input gehen in diesem Beispiel drei Kanten aus, was in den bisher gezeigten Schaltnetzen der Auffächerung eines jeden x_i in drei Signale entspricht. Die hierfür übliche Bezeichnung ist *Fan-Out*: Jeder Input hat (hier) einen Fan-Out von 3, und kein anderer Punkt (bzw. Gatter) hat einen Fan-Out (was jedoch unter Umständen durchaus zugelassen ist).

Markiert man in einem solchen DAG — wie oben geschehen — alle Punkte, welche nicht Input sind, mit den Symbolen der ihnen zugeordneten Booleschen Funktion, so spricht man von einem *Operator-Schaltnetz*, anderenfalls von einem *Verbindungsnetz*.

Warum man in Definition 1.7 Zykelfreiheit fordert, soll das durch Abbildung 1.8 illustrierte Beispiel erläutern: Die dort gezeigte simple Schaltung enthält einen Zykel,

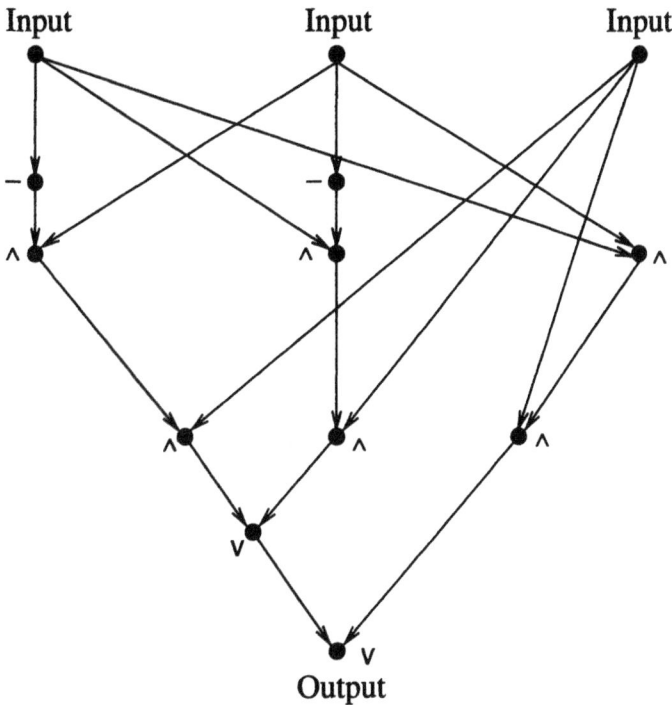

Abbildung 1.7: DAG zum Schaltnetz aus Abbildung 1.4.

d. h. einen Kantenzug, der in sich zurückläuft. Sei $x = 0$. Liegt nun in der rechten Schleife eine 0 an, erhält z den Wert 1; dann liegt aber am rechten Eingang diese 1 an und z erhält den Wert 0 usw., d. h. die Schaltung zeigt ein instabiles Verhalten (man spricht auch von einer „Flimmerschaltung") und ist damit für die Praxis unbrauchbar.

Satz 1.11 Jeder (nichtleere) DAG (mit endlich vielen Punkten) hat mindestens einen Input und mindestens einen Output.

Beweis: Sei $G = (P, K)$ ein DAG mit $P \neq \emptyset$, $|P| < \infty$. Angenommen, G hat keinen Input. Sei dann p_1 ein beliebiger Punkt von G, so hat dann p_1 (mindestens) einen Vorgänger p_2. p_2 hat wiederum (mindestens) einen Vorgänger p_3 usw. Da G endlich ist und laut Annahme in jeden Punkt (mindestens) eine Kante hineinführt, gilt irgendwann $p_i = p_j$ für $i < j$, d. h. es liegt die in Abbildung 1.9 gezeigte Situation vor. Damit enthält G also einen Zykel, im Widerspruch zur Voraussetzung. Völlig analog zeigt man durch Konstruktion eines Nachfolgerzykels, dass G (mindestens) einen Output besitzt. $\triangledown$

Wir bemerken bereits an dieser Stelle, dass Schaltnetze heute als Chips oder integrierte Schaltungen realisiert werden, bei welchen große Anzahlen von Gattern und Verbindungsleitungen zwischen diesen aus Halbleitern auf einer sehr kleinen Fläche konstruiert werden. Die dabei verwendeten Konstruktionsmethoden und Technologien erlegen dem Entwurf effizienter Schaltungen eine Reihe von Beschränkungen auf, auf welche wir kurz eingehen wollen:

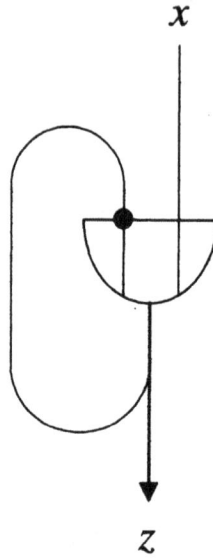

Abbildung 1.8: Flimmerschaltung.

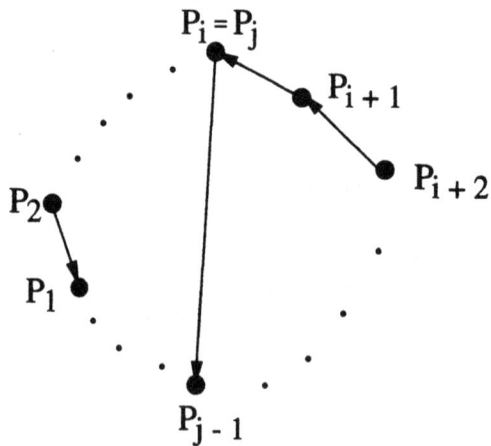

Abbildung 1.9: Zum Beweis von Satz 1.11.

1. Geschwindigkeit:

   Jedes Gatter hat, wie bereits erwähnt, eine gewisse *Verzögerung* bzw. Schaltzeit, welche zwischen der Aktivierung der Inputs und dem Bereitstehen des Outputs vergeht. Diese Zeit kann für einzelne Gatter im Bereich weniger Picosekunden liegen; die Verzögerung eines Schaltnetzes hängt jedoch davon ab, wie viele Stufen von Gattern Inputsignale insgesamt zu durchlaufen haben. Eine dreistufige Schaltung ist daher im Allgemeinen langsamer als eine zweistufige. Generell wird man versuchen, Schaltungen mit möglichst wenigen Stufen zu realisieren.

2. Größe:

   Die Herstellungskosten eines Schaltnetzes sind im Wesentlichen proportional zur Anzahl der verwendeten Gatter, so dass eine geringe Gatteranzahl erstrebenswert ist. Diese Anzahl wiederum beeinflusst die Chip-Fläche und damit die Schaltgeschwindigkeit: Kleine Schaltungen sind i. A. schneller als große. Je größer ein Chip wird, desto höher ist auch die Wahrscheinlichkeit, dass sich bei seiner Herstellung Produktionsfehler einschleichen; außerdem erfordern große Chips längere Verbindungen zwischen ihren Schaltelementen.

3. Fan-In/Out:

   Wie oben erwähnt, heißt die Anzahl der Inputs, mit denen der Output eines Gatters verbunden ist, *Fan-Out*; analog heißt die Anzahl der Inputs eines Gatters *Fan-In*. Gatter mit hohem Fan-In oder hohem Fan-Out sind im Allgemeinen langsamer als solche mit geringem Fan-In/Out. Zu bevorzugen sind also Schaltungen, deren Gatter einen kleinen Fan-In/Out haben. Außerdem muss man eventuell einen sehr hohen Fan-Out durch „Treiberschaltungen" verstärken.

Die gerade genannten Entwurfsziele großer Schaltungen (möglichst wenig Schaltungsstufen, möglichst wenig Gatter bzw. kleine Fläche, geringer Fan-In/Out) sind nicht immer gleichzeitig erreichbar.

1.5 Körpersummendarstellung Boolescher Funktionen

Weiter oben haben wir (funktional) vollständige Systeme von Booleschen Funktionen kennen gelernt (Korollare 1.8, 1.9), welche auf die Negation nicht verzichten konnten. Wir werden nun ein System angeben, welches ohne diese auskommt. Dazu kommen wir wieder auf die DNF-Darstellung einer Booleschen Funktion zurück: Sei $f : B^n \to B$, und sei I die Menge der einschlägigen Indizes von f, so gilt nach Satz 1.6:

$$f = \sum_{i \in I} m_i.$$

Wir haben bereits bemerkt, dass ein Minterm m_i genau dann den Wert 1 annimmt, wenn sein Argument die Dualdarstellung von i liefert. Daraus erhält man:

Satz 1.12 *(Körpersummen-Normalform)* Sei $f : B^n \to B$ und $I = \{\alpha_1, \ldots, \alpha_k\}$ die Menge der einschlägigen Indizes von f. Dann gilt:

$$f = m_{\alpha_1} \oplus m_{\alpha_2} \oplus \ldots \oplus m_{\alpha_k}.$$

Dabei ist $\nleftrightarrow$ die aus Beispiel 1.12 bekannte Funktion f_6, die Antivalenz oder XOR, welche man früher auch als *Ringsumme* bezeichnet hat.

Der Beweis wird in die Übungen verwiesen (vgl. Aufgabe 1.12). Ein tieferes Verständnis gewinnt man mit der Beobachtung aus Abschnitt 1.2, dass man sich mit der Antivalenz $\nleftrightarrow$ und der Konjunktion $\cdot$ algebraisch in einem *Körper* mit den einzigen Elementen 0 und 1 befindet und dass wir mit Satz 1.12 nichts anderes als einen Darstellungssatz für beliebige Funktionen über diesem Körper beweisen. Es sind stets Polynome!

Korollar 1.13 $\{\nleftrightarrow, \cdot, \bar{}\}$ ist funktional vollständig.

Bevor wir ein vollständiges System ohne Negation angeben, stellen wir einige Eigenschaften der Ringsumme ohne Beweis zusammen:

Satz 1.14 Für alle $x, y, z \in B$ gilt:
(a) $x \nleftrightarrow 1 = \bar{x}$, $x \nleftrightarrow 0 = x$
(b) $x \nleftrightarrow x = 0$, $x \nleftrightarrow \bar{x} = 1$
(c) $x \nleftrightarrow y = y \nleftrightarrow x$ (Kommutativität)
(d) $x \nleftrightarrow (y \nleftrightarrow z) = (x \nleftrightarrow y) \nleftrightarrow z$ (Assoziativität)
(e) $x \cdot (y \nleftrightarrow z) = x \cdot y \nleftrightarrow x \cdot z$ (Distributivität bzgl. $\cdot$)
(f) $0 \nleftrightarrow 0 \nleftrightarrow \ldots \nleftrightarrow 0 = 0$
(g) $\underbrace{1 \nleftrightarrow 1 \nleftrightarrow \ldots \nleftrightarrow 1}_{n-\text{mal}} = \begin{cases} 1 & \text{falls } n \text{ ungerade} \\ 0 & \text{falls } n \text{ gerade} \end{cases}$

Für den Beweis des folgenden Satzes vergleiche man Aufgabe 1.21:

Satz 1.15 *(Komplementfreie Ringsummenentwicklung nach Reed und Muller 1954)* Jede Boolesche Funktion $f : B^n \to B$ ist eindeutig darstellbar als Polynom (Multinom) in den Variablen $x_1, \ldots, x_n$ mit Koeffizienten $a_0, \ldots, a_{1\ldots n} \in B$ wie folgt:

$$\begin{aligned} f = \quad & a_0 \\ & \nleftrightarrow a_1 x_1 \nleftrightarrow a_2 x_2 \nleftrightarrow \ldots \nleftrightarrow a_n x_n \\ & \nleftrightarrow a_{12} x_1 x_2 \nleftrightarrow \ldots \nleftrightarrow a_{n-1,n} x_{n-1} x_n \\ & \quad\vdots \\ & \nleftrightarrow a_{1\ldots n} x_1 x_2 \ldots x_n. \end{aligned}$$

Beispiel 1.13 (Fortsetzung) An diesem mittlerweile bekannten Beispiel vollziehen wir die in Teil (a) des Beweises angegebene Konstruktion nach:

$$\begin{aligned} f &= \bar{x}_1 x_2 x_3 + x_1 \bar{x}_2 x_3 + x_1 x_2 x_3 \\ &= \bar{x}_1 x_2 x_3 \nleftrightarrow x_1 \bar{x}_2 x_3 \nleftrightarrow x_1 x_2 x_3 \\ &= (x_1 \nleftrightarrow 1) x_2 x_3 \nleftrightarrow x_1 (x_2 \nleftrightarrow 1) x_3 \nleftrightarrow x_1 x_2 x_3 \\ &= x_1 x_2 x_3 \nleftrightarrow x_2 x_3 \nleftrightarrow x_1 x_2 x_3 \nleftrightarrow x_1 x_3 \nleftrightarrow x_1 x_2 x_3 \\ &= x_1 x_3 \nleftrightarrow x_2 x_3 \nleftrightarrow x_1 x_2 x_3 \end{aligned}$$

Also gilt:
$$a_0 = 0 = a_1 = a_2 = a_3, \ a_{12} = 0, \ a_{13} = a_{23} = 1, \ a_{123} = 1.$$

□

Als Korollar aus Satz 1.15 erhalten wir das weiter oben angekündigte funktional vollständige System Boolescher Funktionen ohne Negation:

Korollar 1.16 $\{+\!\!\!+, \cdot, 1\}$ ist funktional vollständig.

1.6 NAND- und NOR-Darstellungen

Wir setzen zunächst unsere Betrachtungen zur funktionalen Vollständigkeit fort und betrachten noch einmal die in Beispiel 1.12 angegebenen Funktionstafeln für die zweistelligen Booleschen Funktionen NAND (f_{14}, Schefferscher Strich, $\uparrow$) und NOR (f_8, Peircescher Pfeil, $\downarrow$). Es gilt:

Satz 1.17 $\{\uparrow\}$ und $\{\downarrow\}$ sind funktional vollständig.

Beweis: Wir führen den Beweis nur für „$\uparrow$"; für „$\downarrow$" verläuft er völlig analog (vgl. Aufgabe 1.22). Zu zeigen ist, dass *jede* Boolesche Funktion allein durch NAND dargestellt werden kann. Da nach Korollar 1.9 bereits $\{+, ^-\}$ als vollständig bekannt ist, reicht es, für diese Funktionen NAND-Darstellungen anzugeben:

$$\begin{aligned} \overline{x} &= \overline{x} + \overline{x} = \overline{x \cdot x} \\ &= x \uparrow x \end{aligned}$$

$$\begin{aligned} x + y &= \overline{\overline{x + y}} = \overline{\overline{x} \cdot \overline{y}} \\ &= \overline{\overline{x \cdot x} \cdot \overline{y \cdot y}} \\ &= (x \uparrow x) \uparrow (y \uparrow y) \qquad \triangledown \end{aligned}$$

Korollar 1.18 Als neue „Grundbausteine" erhalten wir die in Abbildung 1.10 gezeigten NAND- bzw. NOR-Gatter.

Einer dieser beiden Bausteine reicht also prinzipiell aus, um *jede* Boolesche Funktion durch eine Schaltung zu realisieren. Wir wollen diese Tatsache als nächstes ausnutzen, um Schaltungssynthese allein mit NAND- oder NOR-Gattern zu betreiben. Dies geschieht vor dem Hintergrund, dass diese beiden Bausteine elektrisch einfach zu realisieren sind und damit für die Praxis eine hohe Bedeutung haben.

Wir beschreiben exemplarisch einen einfachen Weg der Herstellung von Schaltungen, die nur aus NAND- oder nur aus NOR-Gattern bestehen. Dazu gehen wir von einer Schaltung aus, die einer SOP-Darstellung entspricht, und konvertieren diese schrittweise in eine äquivalente Schaltung mit lediglich NAND-Gattern.

Beispiel 1.14 $f : B^3 \to B$ sei die in Tabelle 1.6 gezeigte Boolesche Funktion. Für diese Funktion gilt:

$$f(x_1, x_2, x_3) = \overline{x}_1 \overline{x}_2 x_3 + x_1 \overline{x}_2 \overline{x}_3 + x_1 \overline{x}_2 x_3 + x_1 x_2 \overline{x}_3$$

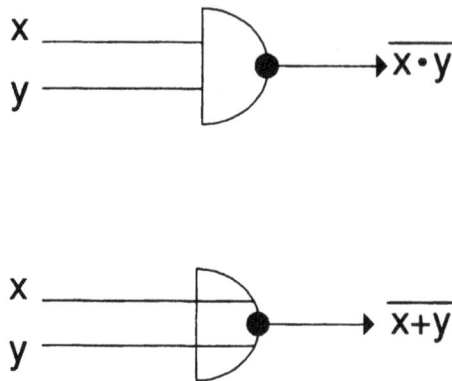

$$x \cdot y$$

$$\overline{x \cdot y}$$

$$\overline{x+y}$$

Abbildung 1.10: NAND- (oben) und NOR-Gatter (unten).

Tabelle 1.6: Boolesche Funktion zu Beispiel 1.14.

i	x_1	x_2	x_3	$f(x_1, x_2, x_3)$
0	0	0	0	0
1	0	0	1	1
2	0	1	0	0
3	0	1	1	0
4	1	0	0	1
5	1	0	1	1
6	1	1	0	1
7	1	1	1	0

Diese DNF-Darstellung lässt sich mit Techniken, die wir in Kapitel 3 im Einzelnen behandeln werden, vereinfachen. Wir beschrieben hier eine unmittelbare Anwendung der Gesetze der Booleschen Algebra:

$$
\begin{aligned}
f(x_1, x_2, x_3) &= (\overline{x}_1 + x_1)\overline{x}_2 x_3 + x_1 \overline{x}_3 (\overline{x}_2 + x_2) \\
&= \overline{x}_2 x_3 + x_1 \overline{x}_3
\end{aligned}
$$

Für diese Darstellung ist eine entsprechende Schaltung in Abbildung 1.11 gezeigt.

Diese Darstellung bildet auf der ersten Ebene Und-Verknüpfungen, auf der zweiten Ebene Oder-Verknüpfungen. Wir bringen nun an den Ausgängen der Und-Ebene und an den entsprechenden Eingängen der Oder-Ebene Inverter an wie in Abbildung 1.12 (links) gezeigt. Offensichtlich wird das von der Schaltung berechnete Ergebnis dadurch nicht verändert, denn zwei aufeinander folgende Invertierungen heben sich auf. Die Und-Ebene besteht jetzt bereits aus NAND-Gattern, das bzw. die Gatter der Oder-Ebene wird bzw. werden durch NAND-Gatter ersetzt (was auf Grund der Rechenregeln erlaubt ist). Schließlich werden die noch vor der Und-Ebene liegenden Inverter gemäß der Konstruktion im Beweis von Satz 1.17 ersetzt. Die dadurch resultierende Schaltung, die nur noch aus NAND-Gattern besteht, ist in Abbildung 1.12 (rechts) gezeigt.   □

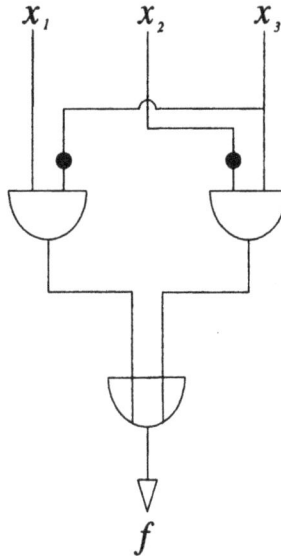

Abbildung 1.11: SOP-Darstellung zu Beispiel 1.14.

Das Beispiel zeigt insbesondere, wie sich aus einer SOP-Darstellung, die allein mit *zweistelligen* Gattern realisiert wurde, eine äquivalente NAND-Darstellung gewinnen lassen kann. Wir zeigen als nächstes eine völlig analoge Konstruktion zur Umwandlung einer POS-Darstellung in eine äquivalente Darstellung allein aus NOR-Gattern.

Beispiel 1.15 $f : B^3 \to B$ sei die Funktion aus dem letzten Beispiel, deren Funktionswerte in Tabelle 1.6 gegeben sind. Wir betrachten jetzt die KNF-Darstellung dieser Funktion, die sich wiederum unter Anwendung der Rechenregeln der Booleschen Algebra vereinfachen und sodann in eine NOR-Darstellung umrechnen lässt:

$$
\begin{aligned}
f(x_1, x_2, x_3) &= M_0 \cdot M_2 \cdot M_3 \cdot M_7 \\
&= (x_1 + x_3)((\overline{x}_2 + \overline{x}_3)) \\
&= \overline{\overline{(x_1 + x_3)(\overline{x}_2 + \overline{x}_3)}} \\
&= \overline{\overline{(x_1 + x_3)} + \overline{(\overline{x}_2 + \overline{x}_3)}} \\
&= \overline{(x_1 + x_3)} \downarrow \overline{(\overline{x}_2 + \overline{x}_3)} \\
&= (x_1 \downarrow x_3) \downarrow (\overline{x}_2 \downarrow \overline{x}_3) \\
&= (x_1 \downarrow x_3) \downarrow ((x_2 \downarrow x_2) \downarrow (x_3 \downarrow x_3))
\end{aligned}
$$

Für die oben gezeigte POS-Darstellung ist eine entsprechende Schaltung in Abbildung 1.13 (oben) gezeigt.

Diese Darstellung bildet jetzt auf der ersten Ebene Oder-Verknüpfungen, auf der zweiten Ebene Und-Verknüpfungen. Wir bringen wieder an den Ausgängen der ersten und an den entsprechenden Eingängen der zweiten-Ebene Inverter an wie in

x_1 x_2 x_3

x_1 x_2 x_3

f f

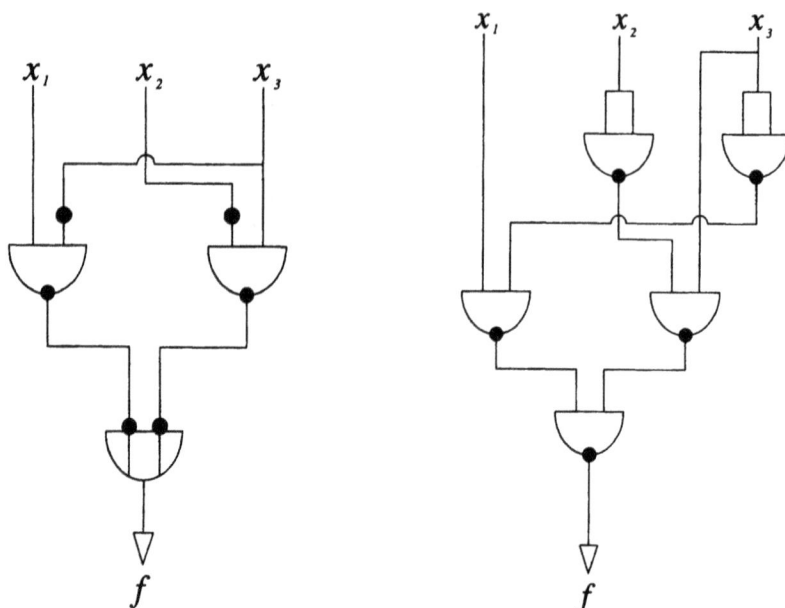

Abbildung 1.12: SOP-Darstellung aus Abbildung 1.11 mit zusätzlichen Invertern (links); äquivalente NAND-Darstellung der Funktion (rechts).

Abbildung 1.13 (unten links) gezeigt. Die Oder-Ebene besteht jetzt bereits aus NOR-Gattern, das bzw. die Gatter der Und-Ebene wird bzw. werden durch NOR-Gatter ersetzt. Schließlich werden wieder die noch vor der Oder-Ebene liegenden Inverter durch NOR-Gatter ersetzt. Die dadurch resultierende Schaltung, die nur noch aus NOR-Gattern besteht, ist in Abbildung 1.13 (unten rechts) gezeigt.   □

Wir bemerken abschließend, dass NAND- und NOR-Gatter auch mit mehr als zwei Inputs versehen werden können, denn offensichtlich gilt:

$$x_1 \uparrow x_2 \uparrow \ldots \uparrow x_n = \overline{x_1 x_2 \ldots x_n} = \bar{x}_1 + \bar{x}_2 + \ldots + \bar{x}_n$$
$$x_1 \downarrow x_2 \downarrow \ldots \downarrow x_n = \overline{x_1 + x_2 + \ldots x_n} = \bar{x}_1 \bar{x}_2 \ldots \bar{x}_n$$

Allerdings ist zu beachten, dass für NAND und NOR im Unterschied zu AND und OR *kein* Assoziativgesetz gilt (vgl. Aufgabe 1.24, so dass man strenggenommen anstelle von $x_1 \uparrow x_2 \uparrow \ldots \uparrow x_n$ z. B. $\uparrow (x_1, \ldots, x_n)$ schreiben sollte). Man kann also z. B. nicht ein dreistelliges NAND-Gatter aus zwei zweistelligen NAND-Gattern aufbauen. Die Realisierung von NAND- bzw. NOR-Gattern mit mehr als zwei Inputs ist daher technisch aufwendiger als bei AND- bzw. OR-Gattern, weshalb wir uns in den beiden letzten Beispielen auf zweistellige Gatter beschränkt haben.

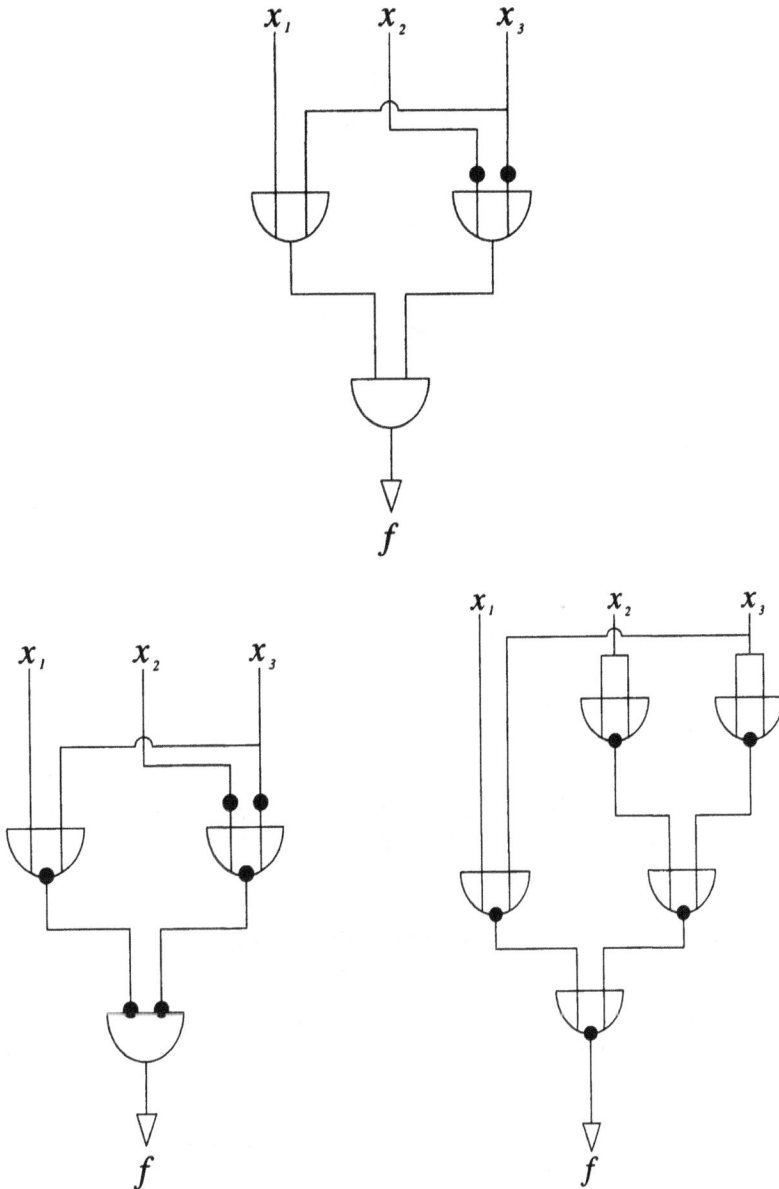

Abbildung 1.13: POS-Darstellung zu Beispiel 1.15 (oben); POS-Darstellung mit zusätzlichen Invertern (unten links); äquivalente NOR-Darstellung der Funktion (unten rechts).

1.7 Übungen

Hinweis: Zu den mit * gekennzeichneten Übungen sind im Internet Lösungen erhältlich.

*1.1 Man beweise Satz 1.1, d. h. man zeige die *Existenz* einer solchen Darstellung konstruktiv (unter Verwendung der Division mit Rest, vgl. Beispiel 1.2 (a)) und deren *Eindeutigkeit* (durch einen Widerspruchsbeweis).

1.2 Man beweise Satz 1.3.

1.3 Man zeige, dass jede natürliche Zahl z eine Darstellung der folgenden Form besitzt:

$$\text{(a) } z = \sum_{i=1}^{N} z_i \cdot i! \text{ mit } 0 \leq z_i \leq i,$$

$$\text{(b) } z = \sum_{i=0}^{N} z_i(-b)^i \text{ mit } 0 \leq z_i < b$$

1.4 Zeitangaben können durch Angabe von Jahreszahl, Monat, Tag, Stunde, Minute und Sekunde (Vereinfachung: jeder Monat besitze 30 Tage) als 6-Tupel

$$z := (z_5, z_4, z_3, z_2, z_1, z_0) \in$$
$$\mathbb{N}_0 \times \{0, \ldots, 11\} \times \{0, \ldots, 29\} \times \{0, \ldots, 23\} \times \{0, \ldots, 59\} \times \{0, \ldots, 59\}$$

dargestellt werden. Z.B. entspricht dem Tupel $z = (1997, 3, 19, 11, 15, 0)$ der 20.4.1998 um 11:15:00 Uhr.

Gesucht ist eine Formel $s(z)$, mit der für eine beliebige Zeitangabe z berechnet werden kann, wie viele Sekunden seit dem 1. Januar des Jahres 1 um 0:00:00 Uhr vergangen sind. Offenbar hat diese Formel nicht die einfache Form $s(z) = \sum_{i=0}^{5} z_i b^i$ (für eine Basis b). Stattdessen müssen hier unterschiedliche Faktoren b_i anstelle der Potenzen b^i verwendet werden. Geben Sie Faktoren b_i an, so daß $s(z) = \sum_{i=0}^{5} z_i b_i$. Berechnen Sie anhand dieser Formel die Anzahl der Sekunden, die am 11.11.11 um 11:11:11 Uhr vergangen sind.

Achtung: Unbeschadet der obigen Vereinfachung ist diese Aufgabe immer noch für historische Belange irrelevant, da sie die Gregorianische Kalenderreform von 1582 nicht berücksichtigt, bei der 11 (!) Tage unter den Tisch fielen.

1.5 Man stelle Additions- und Multiplikationstabellen für das Dual-, Oktal- und Hexadezimalsystem auf.

*1.6 Zeigen Sie, dass in jeder Booleschen Algebra folgende Gleichung gilt:

$$(a \cup b) \cap (b \cup c) \cap (c \cup a) = (a \cap b) \cup (b \cap c) \cup (c \cap a)$$

1.7 Man vervollständige den Beweis von Satz 1.4.

1.8 Man zeige:

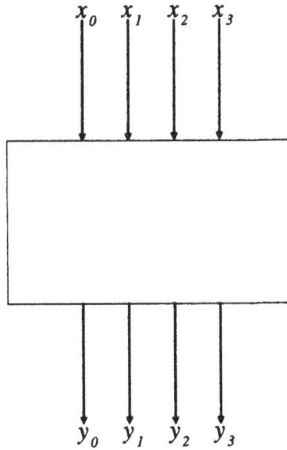

Abbildung 1.14: „Schwarzer Kasten" zu Aufgabe 1.13.

(a) In jeder Booleschen Algebra mit mehr als einem Element sind die Elemente 0 und 1 verschieden.

(b) Es gibt keine Boolesche Algebra mit einer dreielementigen Grundmenge.

1.9 Man beweise Satz 1.10.

*1.10 Gegeben sei die Boolesche Algebra $(B, +, *, ^-)$. Beweisen Sie die de Morganschen Regeln

(a) $\overline{x * y} = \overline{x} + \overline{y}$ und

(b) $\overline{x + y} = \overline{x} * \overline{y}$.

*1.11 Sei $x \sim y := x \cdot \overline{y}$. Man zeige oder widerlege:
(a) $x + y = x + (y \sim x)$
(b) $x \cdot y = x \sim (x \sim y)$
(c) $x \cdot (y \sim z) = (x \cdot y) \sim (x \cdot z)$
(d) $x + (y \sim z) = (x + y) \sim (x + z)$.

*1.12 Man beweise Satz 1.12.

*1.13 Sei $I = \{0, \ldots, 15\}$. Jedes $i \in I$ kann dann durch eine vierstellige Dualzahl $d(i)$ dargestellt werden. Man entwerfe ein Schaltnetz für einen Ringzähler modulo 16, der durch folgende Schaltfunktion beschreibbar ist:

$$\Re : B^4 \to B^4$$

$$\Re(d(i)) := d(i + 1 \bmod 16),$$

d. h. man fülle den in Abbildung 1.14 gezeigten „schwarzen Kasten" aus.

1.14 Man beweise Satz 1.14.

1.15 Man entwerfe ein Schaltnetz, welches zwei zweistellige Dualzahlen multipliziert.

Tabelle 1.7: Boolesche Funktion zu Aufgabe 1.16.

x_1	x_2	x_3	x_4	f
0	0	0	0	1
0	0	0	1	0
0	0	1	0	0
0	0	1	1	0
0	1	0	0	1
0	1	0	1	1
0	1	1	0	1
0	1	1	1	0
1	0	0	0	0
1	0	0	1	1
1	0	1	0	0
1	0	1	1	0
1	1	0	0	1
1	1	0	1	1
1	1	1	0	1
1	1	1	1	1

1.16 Man bestimme die DNF, die RNF und die KNF der in Tabelle 1.7 gegebenen Funktion.

1.17 Gegeben sei die Boolesche Funktion $f : B^3 \rightarrow B$ mit

$$f(x_1, x_2, x_3) = x_1 x_2 (\overline{x}_3 + \overline{x}_1) + x_3 (\overline{x}_3 x_2 + x_1 x_2) + x_1 x_2 \overline{x}_3 + \overline{x}_2 (x_3 x_1 + x_2).$$

Man leite DNF, KNF und RNF von f her.

*1.18 Herr Meier veranstaltet ein Familientreffen. Um den Bierkonsum abschätzen zu können, überlegt er, welche Gäste auf Grund folgender Sympathien und Antipathien auf keinen Fall erscheinen werden:

  – Wenn Frau Maier kommt, dann mit ihrem Mann.
  – Wenn Frau Mayer nicht kommt, dann aber Herr Meyer.
  – Wenn Herr Meyer kommt, dann auch Herr Maier.
  – Wenn Frau Maier und Frau Mayer kommen, dann bleibt Herr Meyer fern.

Herr Meier beauftragt Sie nun mit der Implementierung einer Funktion, die ihm für jede denkbare Kombination von Gästen sagt, ob diese den obigen Aussagen widerspricht oder nicht.

(a) Stellen Sie für diese Funktion eine Funktionstafel auf.

(b) Leiten Sie die zugehörige DNF her.

*1.19 Gegeben sei die Funktion $f : B^3 \rightarrow B$ mit

$$f(x_1, x_2, x_3) = x_1 (x_2 x_3 + x_2 \overline{x}_3) + \overline{x}_1 x_2 (x_2 \overline{x}_3 + x_1 x_3) + \overline{x}_2 x_3 (\overline{x}_1 + \overline{x}_1 x_3) + x_1 \overline{x}_2 \overline{x}_3.$$

(a) Stellen Sie für diese Funktion eine Funktionstafel auf.

(b) Leiten Sie die zugehörige KNF oder DNF her; begründen Sie Ihre Wahl.

(c) Zeichnen Sie das entsprechende Schaltnetz unter Verwendung von Und-, Oder- und Negations-Gattern.

*1.20 Betrachten Sie die durch die folgende Tabelle gegebene Funktion f:

x_0	x_1	x_2	f
0	0	0	0
0	0	1	0
0	1	0	1
0	1	1	1
1	0	0	1
1	0	1	0
1	1	0	1
1	1	1	1

1. Stellen Sie die Funktion in DNF und in KNF dar. Vereinfachen sie beide Darstellungsformen soweit wie möglich.

2. Zeichnen Sie die vereinfachten Darstellungen aus a) jeweils als Schaltung.

3. Überführen Sie ihr Ergebnis aus b) in Schaltungen die nur aus

   (i) NAND-Gattern (für die Schaltung, die aus der DNF Darstellung entstanden ist) und

   (ii) NOR-Gattern (für die Schaltung, die aus der KNF Darstellung entstanden ist)

   bestehen.

*1.21 Man beweise Satz 1.15.

*1.22 Die untenstehende Figur wird durch die Knotenmenge $\{v_1, v_2, v_3, v_4\}$ und die zwischen den Knoten verlaufenden Kanten definiert. Eine *Teilfigur* entsteht durch Wegnahme einer (beliebigen) Teilmenge der eingezeichneten Kanten k_1, $k_2, \ldots, k_6$, wobei die Knoten bestehen bleiben.

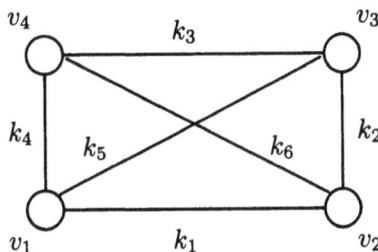

(a) Wie viele Teilfiguren gibt es; wie wird eine Teilfigur als Bitstring codiert?

(b) Man gebe Boolesche Funktionen in DNF oder KNF an, die dem Code einer Teilfigur genau dann eine 1 zuordnen, wenn die Teilfigur

  (i) kreuzungsfrei ist,

  (ii) höchstens drei Kanten hat und jede der vier Ecken an einer Kante hängt, also nicht isoliert ist,

  (iii) vier Kanten hat, von denen drei ein Knotendreieck bilden.

1.23 Man zeige: { ↓ } ist funktional vollständig.

1.24 Man zeige, dass für NAND und für NOR jeweils kein Assoziativgesetz gilt.

1.8   Bibliographische Hinweise

Die in Beispiel 1.3 erläuterten Verfahren der analytischen bzw. synthetischen Konvertierung können bei jeder Transformation einer Zahl zu einer Basis b in eine Zahl zu einer Basis b' angewandt werden. Wie in Abschnitt 1.2 erwähnt, wurde die „Struktur" B zuerst von George Boole untersucht; als eines seiner Hauptwerke sei dazu Boole (1854) genannt. Für weitere Einzelheiten zur Booleschen Algebra vergleiche der Leser ferner Lyndon (1964).

Für die Boolesche Funktion Xor findet man in der Literatur auch häufig das Symbol $\oplus$ anstelle von $\leftrightarrow$; man vergleiche etwa die Darstellung von Savage (1987). Diese Quelle beschreibt neben den Normalformen DNF, KNF und RNF auch die hier verwendeten Schaltnetze zur Realisierung Boolescher Funktionen; darüber hinaus untersuchen Savage (1987, 1998), Wegener (1987) und Papadimitriou (1994) Boolesche Funktionen ausführlich aus komplexitätstheoretischer Sicht.

Weitere Einzelheiten zu Schaltnetzen aus konzeptioneller Sicht, aber auch zu deren technischer Realisierung (durch diskrete Bauelemente oder auf einem integrierten Modul) entnehme man z. B. Tanenbaum (2006) oder Katz (1994). NAND- und NOR-Darstellungen behandeln z. B. Hamacher et al. (2002).

Kapitel 2

Multiplexer und Addiernetze als spezifische Schaltnetze

In Kapitel 1 haben wir Möglichkeiten kennen gelernt, das „Innenleben" einer Black Box, deren Verhalten durch eine Boolesche Funktion beschreibbar ist, aus einfachen Grundgattern für die Operatoren $+$, $\cdot$ und $^-$ bzw. aus NAND- oder NOR-Gattern aufzubauen. Allgemeine Prinzipien zur Synthese von Schaltnetzen lieferten die verschiedenen Darstellungssätze, bei denen es sich allerdings um eher theoretische Hilfsmittel handelt. In diesem Kapitel werden wir uns zur *Synthese* von Schaltnetzen einen anderen Zugang verschaffen: Wir werden Entwurfsverfahren kennen lernen, mit deren Hilfe man in speziellen Situationen zu einfacheren Schaltnetzen gelangt als über die verschiedenen Normalformen. Daneben stellen wir Standard-Bausteine vor, mit welchen sich Boolesche Funktionen realisieren lassen. Von besonderer Bedeutung, auch für später anzustellende Überlegungen, sind dabei Addiernetze; für diese betrachten wir unter anderem das Problem der schnellen Berechnung eines Additionsübertrags und damit das Problem der Beschleunigung.

2.1 Vorüberlegungen zur Synthese von Schaltnetzen

Zum Entwurf von Schaltnetzen gibt es grundsätzlich zwei Techniken: Beim *Bottom-Up-Entwurf* werden komplexe Schaltungen aus elementaren Bausteinen sukzessive zusammengesetzt. Ein *Top-Down-Entwurf* beginnt mit einer Zerlegung der gesamten Entwurfsaufgabe in wohldefinierte Teilaufgaben, welche unter Umständen mehrfach weiter verfeinert werden; die gewünschte Schaltung ergibt sich aus einer Realisierung der Komponenten der feinsten Verfeinerungsstufe.

Die Idee des Bottom-Up-Entwurfs findet bereits dann Anwendung, wenn aus den in Kapitel 1 eingeführten Gattern komplexere Schaltungen aufgebaut werden. Diese können dann ihrerseits als neue „Grundbausteine" betrachtet und verwendet werden. Wenn man also beispielsweise von einer Normalformendarstellung ausgeht oder eine Schaltung aus NANDs bzw. NORs zusammensetzt, kann man die so realisierte Funktion als neuen Baustein bei der Realisierung einer komplexeren Funktion verwenden.

Tabelle 2.1: Klassifikation von Graphen mit 5 Punkten und Euler-Kreis.

Ecke Typ	1	2	3	4	5
a	2	2	2	2	2
b	4	2	2	2	2
c	4	4	2	2	2
d	4	4	4	4	4

Ein solches Zusammenfassen gewisser Module zu neuen bezeichnet man als *Integration*, und es sei darauf hingewiesen, dass heute nahezu jeder (auch hoch integrierte) Baustein als Chip kurzfristig herzustellen ist. Auf einem Chip können heute sogar mehrere Millionen Bauteile untergebracht werden, was generell als VLSI (Very Large Scale Integration) bezeichnet wird.

Als nächstes kommen wir, als Beispiel für den Bottom-Up-Entwurf, auf Beispiel 1.9 zurück und wollen für das dort geschilderte Problem spezielle Lösungsbausteine entwerfen: Gesucht ist ein Schaltnetz zur Realisierung der Booleschen Funktion e, welches also zu 10 gegebenen Inputs entscheidet, ob der dadurch codierte Graph einen Euler-Kreis besitzt oder nicht. Zur Lösung ziehen wir das aus der Graphentheorie bekannte „Euler-Kriterium" heran: Ein (zusammenhängender) Graph besitzt einen Euler-Kreis genau dann, wenn jeder Punkt des Graphen einen geraden Grad hat. (Dabei ist der Grad eines Punktes gleich der Anzahl der Kanten, die an ihm zusammen treffen.)

Da wir nur Graphen mit 5 Punkten betrachten, welche zusätzlich als zusammenhängend vorausgesetzt werden (insbesondere hat damit keine Ecke den Grad 0), kommen hier nur die Gradzahlen 2 und 4 in Frage. Daher können wir uns leicht eine Übersicht über alle Graphen mit 5 Punkten verschaffen, die einen Euler-Kreis besitzen. Wir geben dazu die Gradzahl jeder Ecke in Tabelle 2.1 an. In dieser Tabelle bedeutet z. B. Zeile 1, dass alle Ecken den Grad 2 haben; ein solcher Graph (vom Typ a) hat die in Abbildung 2.1 (a) gezeigte Gestalt. Entsprechend bedeutet Zeile 2, dass eine Ecke den Grad 4 hat und alle anderen den Grad 2 (vgl. Abbildung 2.1 (b)). Man beachte, dass es in diesen Fällen wie auch bei (c) und (d) jeweils mehrere Graphen gibt, welche diese Gestalt haben, denn mit jeder neuen Nummerierung der Ecken erhält man im Prinzip einen neuen Graphen. Für (c) und (d) erhält man analog zu oben die in Abbildung 2.1 (c) bzw. (d) gezeigten Gestalten.

Man sieht unmittelbar, dass in Tabelle 2.1 die Zeilen (4, 4, 4, 2, 2) und (4, 4, 4, 4, 2) nicht auftreten können. Wir erläutern dies nur für die erste dieser beiden (für die andere verläuft die Argumentation völlig analog): Haben in einem Graph mit 5 Punkten 3 Ecken den Grad 4, d. h. sie sind mit allen anderen Punkten verbunden, so liegt mindestens die in Abbildung 2.1 (e) gezeigte Situation vor; also haben die verbleibenden Ecken mindestens den Grad 3.

Für das zu entwerfende Schaltnetz bedeuten diese Betrachtungen: Einerseits reicht es zu testen, ob ein gegebener Input das Euler-Kriterium bzw. die spezifischen Folgerungen daraus für Graphen mit 5 Punkten erfüllt, andererseits können die oben genannten „unmöglichen" Fälle mit in den Entwurf einbezogen werden, da entsprechende Inputs nicht auftreten können. Wir brauchen uns also nicht darum zu kümmern,

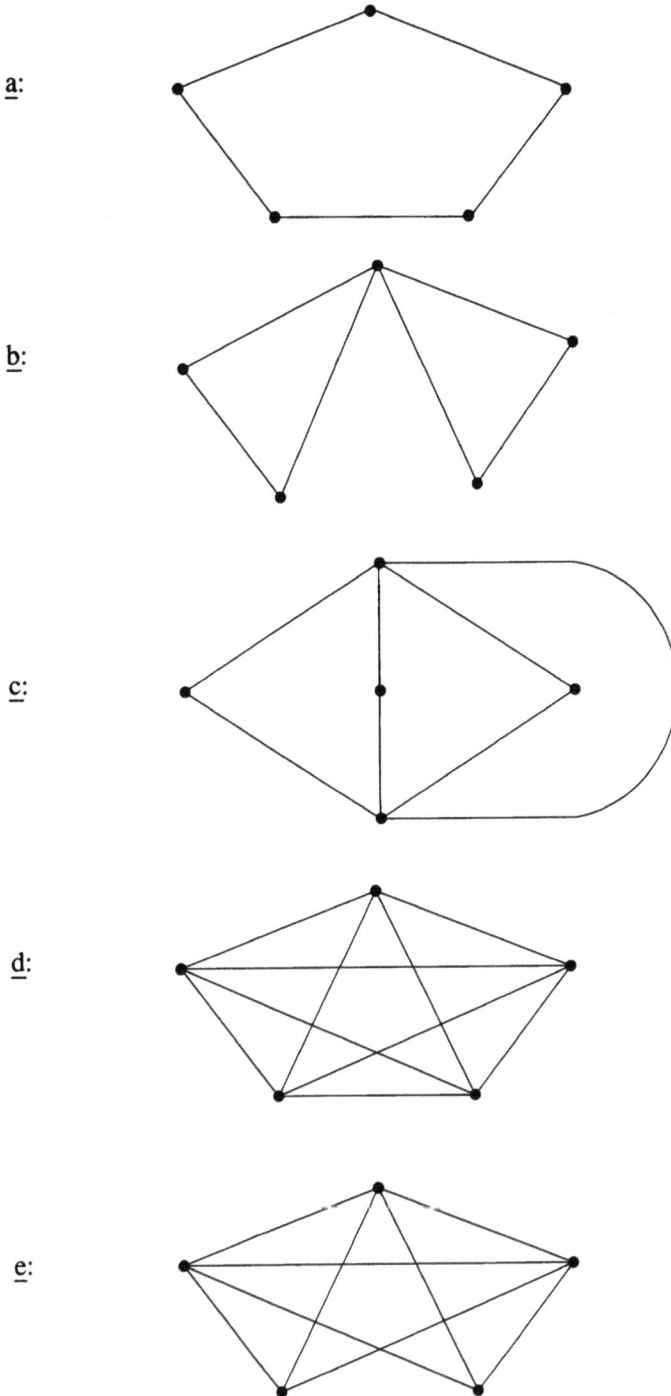

Abbildung 2.1: (a)–(d) Graphen mit 5 Punkten, welche einen Euler-Kreis enthalten; (e) enthält keinen Euler-Kreis.

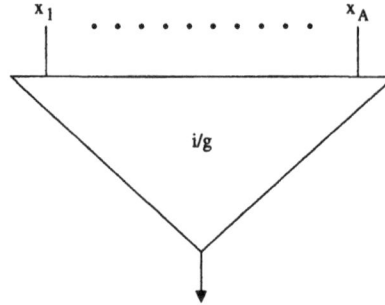

Abbildung 2.2: Symbol für Baustein zum Test einer Ecke auf geraden Grad.

welche Outputs hier herauskommen. Das in dieser „Don't Care"-Überlegung enthaltene Vereinfachungspotenzial bewirkt im konkreten Fall, dass zu einem Input bestehend aus 10 Bits lediglich zu testen ist, ob jede Ecke des Graphen Grad 2 oder 4 hat. Dazu entwerfen wir einen neuen Baustein mit der in Abbildung 2.2 gezeigten Bezeichnung, welcher eine 1 als Output liefern soll, wenn der Grad der Ecke i gleich 2 oder 4 ist. Für die Ecke 1 geben wir diesen Baustein explizit an:

Ecke 1 hat Grad 2 oder 4

$\iff$ G enthält die Kanten (k_1 und k_2 und nicht $k_3 \ldots$ und nicht k_A)

oder (k_1 und $k_3 \ldots$)

oder (k_1 und $k_4 \ldots$)

oder (k_2 und $k_3 \ldots$)

oder (k_2 und $k_4 \ldots$)

oder (k_3 und $k_4 \ldots$)

oder (k_1 und k_2 und k_3 und $k_4 \ldots$)

$\iff$ die Anzahl der Einsen im „Input-Bereich" $x_1, \ldots, x_4$ ist positiv und gerade

$\iff$ $\overline{x_1 \not\leftrightarrow x_2 \not\leftrightarrow x_3 \not\leftrightarrow x_4} \wedge (x_1 \vee x_2 \vee x_3 \vee x_4)$

Für $\not\leftrightarrow$ setzen wir bereits einen eigenen Baustein ein, welcher in Abbildung 2.3 gezeigt ist. Wie in Kapitel 1 bereits erwähnt, fassen wir auch jetzt identische Bausteine mit 2 Eingängen (unter Verwendung des Assoziativgesetzes; hier Satz 1.14 (d)) zu einem Bauteil mit mehreren Eingängen zusammen, so dass wir die in Abbildung 2.4 gezeigte Darstellung erhalten (zur Vereinfachung versehen wir alle Bauteile mit 10 Inputs). Mit Hilfe dieses neuen Bausteins erhalten wir nun sofort das gesuchte Schaltnetz, welches in Abbildung 2.5 gezeigt ist.

2.2 Multiplexer zur Realisierung Boolescher Funktionen

Als Alternative zu der im letzten Abschnitt beschriebenen Methode des Bottom-Up-Entwurfs von Schaltnetzen betrachten wir in diesem Abschnitt die Vorgehensweise des Top-Down-Entwurfs, und zwar am Beispiel des Multiplexers. Wir stellen damit

als Abkürzung für

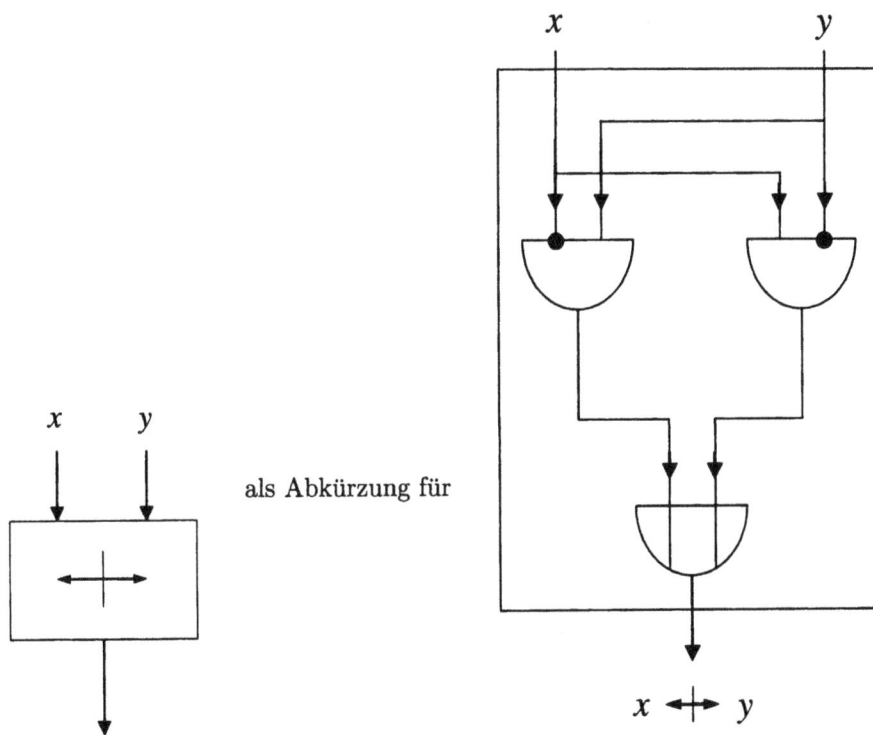

Abbildung 2.3: Baustein zur Realisierung von $\leftrightarrow$.

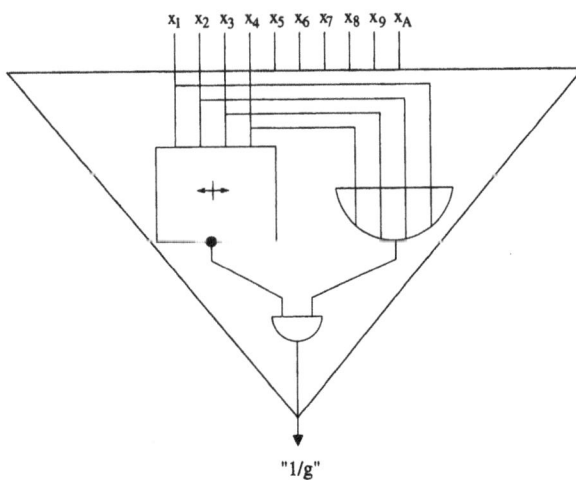

Abbildung 2.4: Baustein zum Test der Ecke 1 auf geraden Grad.

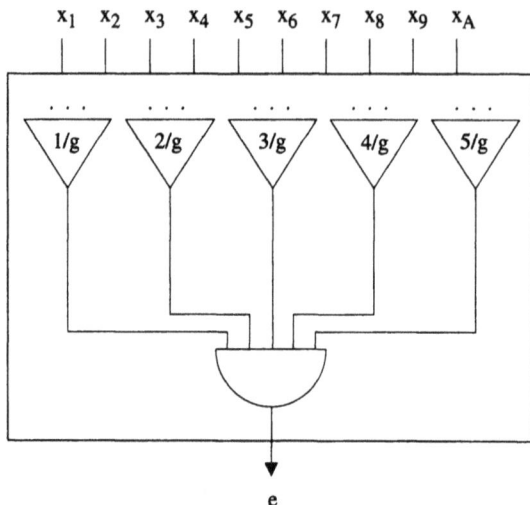

Abbildung 2.5: Schaltnetz zur Realisierung der Funktion e aus Beispiel 1.9.

gleichzeitig einen ersten Standard-Baustein zur Realisierung Boolescher Funktionen vor; weitere derartige Bausteine, die wir ebenfalls in diesem Abschnitt behandeln, sind der Demultiplexer, der Decoder und der Encoder.

Ein *Multiplexer*, abgekürzt MUX, ist ein häufig verwendetes Selektionsschaltnetz, welches als Input 2^d Daten-Inputs $x_0, \ldots, x_{2^d-1}$ sowie d Steuersignale $y_1, \ldots, y_d$ hat, und bei welchem an dem einzigen Output z genau einer der Daten-Inputs in Abhängigkeit von den Steuersignalen erscheint; es wird also ein Daten-Input als Output selektiert. Als erstes Beispiel zeigt Abbildung 2.6 einen MUX mit $d = 2$ Steuersignalen und $2^d = 4$ Daten-Inputs, dessen Funktionalität durch die folgende Tabelle beschrieben wird:

y_1	y_2	z
0	0	x_0
0	1	x_1
1	0	x_2
1	1	x_3

Abbildung 2.7 zeigt den allgemeinen Aufbau eines MUX. Man beachte, dass die Steuersignale für jede feste Belegung eine Dualzahl zwischen 0 und $2^d - 1$ darstellen; der Output eines MUX ist damit jeweils gleich dem Input $x_{(y_1\ldots y_d)_2}$.

Wie die in Abbildung 2.6 angegebene Tabelle zeigt, lässt sich der Output z des in dieser Abbildung gezeigten MUX auch wie folgt beschreiben:

$$z = x_0 \bar{y}_1 \bar{y}_2 + x_1 \bar{y}_1 y_2 + x_2 y_1 \bar{y}_2 + x_3 y_1 y_2.$$

In dieser Summe tritt also pro Daten-Input x_i ein Summand auf. Dabei hat der Summand mit x_i, $0 \leq i \leq 3$, jeweils alle Steuersignale, und zwar negiert oder nicht negiert in Abhängigkeit von der Dualdarstellung von i. Ist z. B. $i = 2 = (10)_2$, so wird y_1 nicht negiert und y_2 negiert. Man beachte, dass diese Regel für jede Anzahl d von Steuersignalen gilt.

$$x_0 \quad x_1 \quad x_2 \quad x_3$$

$$y_1 \longrightarrow \boxed{\text{MUX}}$$

$$y_2 \longrightarrow$$

$$z$$

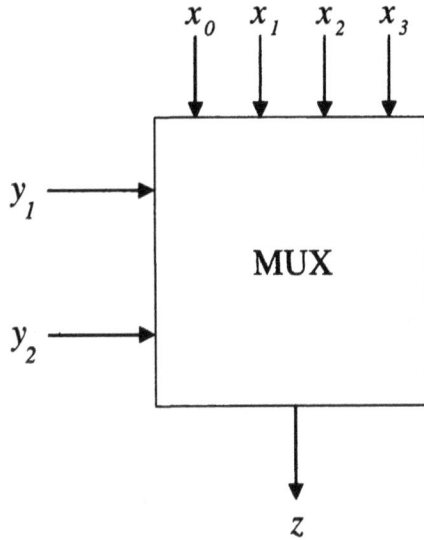

Abbildung 2.6: MUX für $d = 2$ (4 Daten-Inputs).

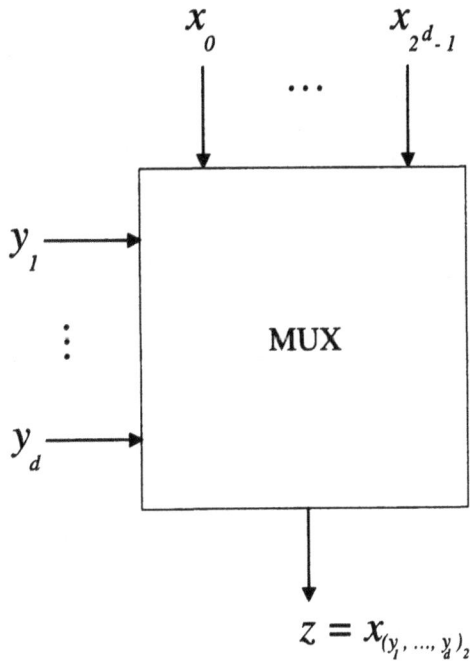

$$x_0 \qquad \cdots \qquad x_{2^d - 1}$$

$$y_1 \longrightarrow$$

$$\vdots \qquad \boxed{\text{MUX}}$$

$$y_d \longrightarrow$$

$$z = x_{(y_1, \ldots, y_d)_2}$$

Abbildung 2.7: Allgemeiner Aufbau eines MUX.

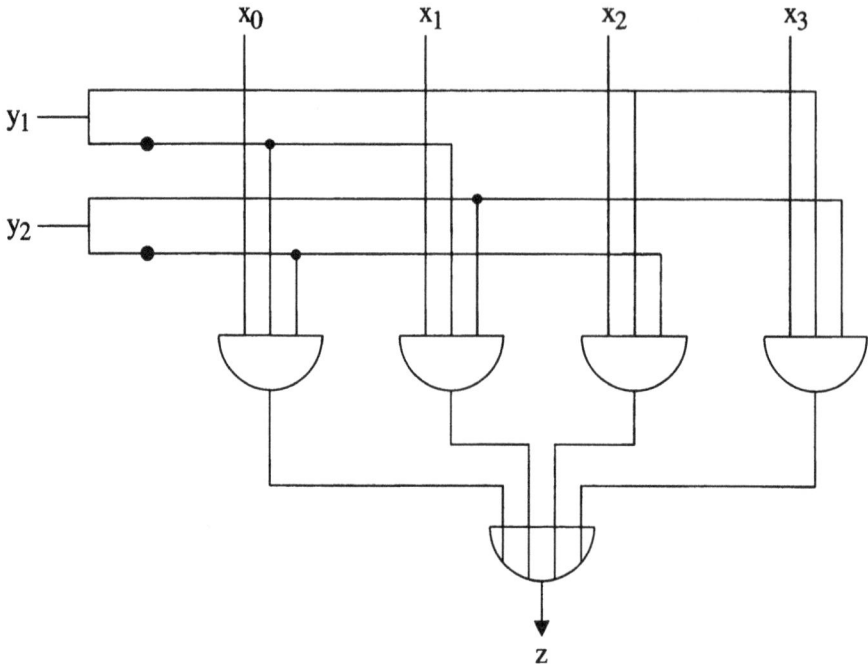

Abbildung 2.8: Realisierung des MUX aus Abb. 2.6 als dreistufiges Schaltnetz.

Aus der gerade angestellten Überlegung folgt unmittelbar, dass jeder MUX durch eine dreistufige Schaltung realisierbar ist: Auf der ersten Stufe werden die Negationen der Steuersignale berechnet. Die zweite Stufe besteht aus Und-Gattern für die einzelnen Summanden, wobei das i-te dieser Gatter das Produkt von x_i mit den entsprechenden negierten bzw. nicht negierten Kontrollsignalen bildet. Der Output des i-ten Gatters ist damit stets 0, es sei denn, die Steuersignale stellen die Binärcodierung von i dar; in diesem Fall ist der Output x_i. Die dritte Stufe besteht aus einem Oder-Gatter mit Inputs von jedem Und-Gatter; dieses Gatter berechnet die Summe, in welcher stets genau ein Summand ungleich 0 ist. Abbildung 2.8 zeigt ein solches Schaltnetz für den MUX aus Abbildung 2.6.

Dieser einfache Entwurf eines MUX ist allgemein nicht akzeptabel, da der an den einzelnen Gattern auftretende Fan-In sehr hoch werden kann: Das Oder-Gatter hat einen Fan-In von 2^d (im Beispiel = 4), die Und-Gatter haben einen Fan-In von $d + 1$ (im Beispiel = 3). Wir werden als nächstes zeigen, wie sich durch eine Top-Down-Zerlegung des MUX-Entwurfs ein Schaltnetz angeben lässt, in welchem jedes Gatter einen Fan-In von höchstens 2 hat. Allerdings steigt die Anzahl der Stufen an.

Im Folgenden bezeichnen wir als d-MUX ein Schaltnetz für einen Multiplexer mit d Steuersignalen und 2^d Daten-Inputs. Der in Abbildung 2.6 gezeigte MUX ist damit ein 2-MUX. Die Idee der Zerlegung besteht darin, die Steuersignale in zwei Hälften zu spalten und einen $2d$-MUX aus $2^d + 1$ Kopien von d-MUXen zu konstruieren. Wir beginnen mit der Konstruktion eines 1-MUX, welcher in Abbildung 2.9 gezeigt ist. Man beachte, dass jedes der bei diesem 1-MUX verwendeten Gatter einen Fan-In $\leq$ 2 hat. Gemäß dem oben beschriebenen allgemeinen Vorgehen lässt sich sodann ein

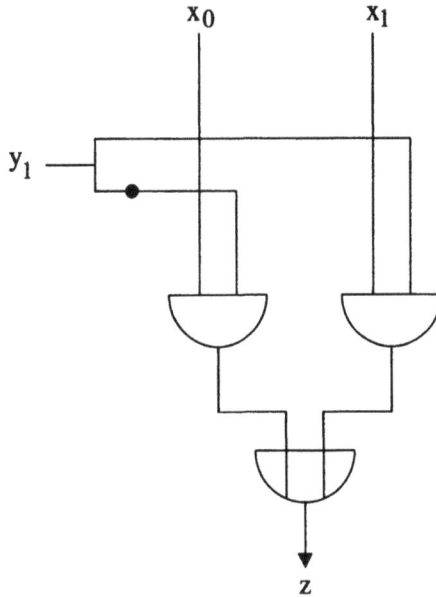

Abbildung 2.9: 1-MUX.

2-MUX aus 3 Kopien des 1-MUX konstruieren; dies ist in Abbildung 2.10 gezeigt. Die obere Zeile von Bausteinen des 2-MUX erhält die „obere Hälfte" der Steuersignale, und jeder 1-MUX dieser Zeile erhält 2^1 Daten-Inputs. Ist dann z. B. $y_2 = 1$, so werden in dieser Zeile x_1 und x_3 selektiert und an den 1-MUX der unteren Zeile weitergeleitet. Ist z. B. $y_1 = 0$, so wird dort x_1 selektiert.

Die allgemeine Konstruktion ist in Abbildung 2.11 gezeigt. Jeder d-MUX der oberen Zeile hat 2^d Daten-Inputs: Der erste hat die Inputs $x_0, \ldots, x_{2^d-1}$, der zweite die Inputs $x_{2^d}, \ldots, x_{2\times 2^d-1}$, der 2^d-te die Inputs $x_{(2^d-1)2^d}, \ldots, x_{2^{2d}-1}$. Man beachte, dass der Index des ersten x jeweils ein Vielfaches von 2^d ist. Die in der oberen Zeile anliegenden Steuersignale $y_{d+1}, \ldots, y_{2d}$ selektieren jeweils den k-ten Daten-Input mit

$$k = (y_{d+1} \ldots y_{2d})_2,$$

wobei der linkeste Input jeder Gruppe als 0 gezählt wird. Am d-MUX der unteren Zeile kommt daher der folgende Input an:

$$x_k, x_{2^d+k}, x_{2\times 2^d+k}, \ldots, x_{(2^d-1)2^d+k}.$$

Dieser MUX hat die Steuersignale $y_1, \ldots, y_d$ und selektiert daher den j-ten Input mit $j = (y_1 \ldots y_d)_2$ als Output, wobei wieder der linkeste Input als 0 gezählt wird. Der selektierte Output ist damit $x_{j \cdot 2^d + k}$.

Insgesamt wird also aus den 2^{2d} Daten-Inputs der i-te ausgewählt mit $i = j \cdot 2^d + k$. Dies gilt aufgrund folgender Überlegung: Wie oben erwähnt ist $j = (y_1 \ldots y_d)_2$. Eine Multiplikation von j mit 2^d entspricht einem Linksshift um d Stellen in der Dualdarstellung von j:

$$j \cdot 2^d = (y_1 \ldots y_d \underbrace{0 \ldots 0}_{d})_2.$$

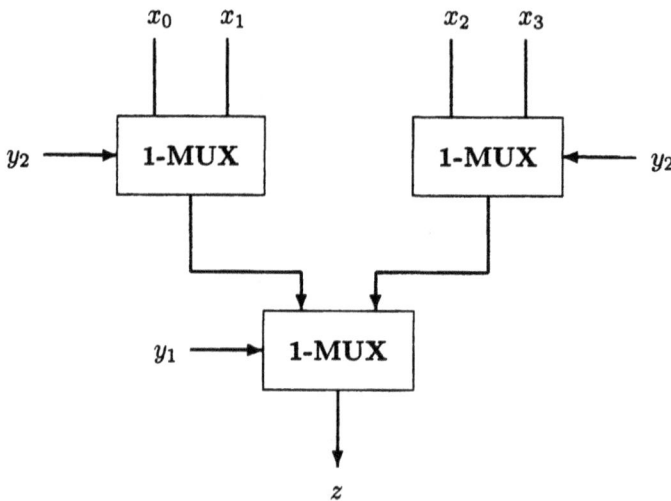

Abbildung 2.10: 2-MUX, konstruiert aus drei 1-MUXen.

Wegen $k = (y_{d+1} \ldots y_{2d})_2$ folgt hieraus

$$j \cdot 2^d + k = (y_1 \ldots y_d y_{d+1} \ldots y_{2d})_2.$$

Der 2d-MUX selektiert daher den Daten-Input x_i mit $i = (y_1 \ldots y_{2d})_2$.

Wir wollen als nächstes die Gatter-Anzahlen des einfachen MUX und des aus obiger Konstruktion folgenden rekursiv aufgebauten d-MUX vergleichen. Beim d-MUX können die Inverter in der folgenden Überlegung ignoriert werden, da jedes der d Steuersignale einmal invertiert wird, so dass eine Addition von d am Ende der Rechnung dies korrigiert. Bezeichne dann $G(d)$ die Anzahl der Und- und Oder-Gatter eines d-MUX, so gilt:

$$\begin{aligned} G(1) &= 3 \\ G(2d) &= (2^d + 1) \cdot G(d) \end{aligned}$$

Durch vollständige Induktion (vgl. Aufgabe 2.1) kann man zeigen, dass diese Rekursionsgleichung folgende Lösung besitzt:

$$G(d) = 3 \cdot (2^d - 1).$$

Es gilt also z. B. $G(2) = 9$, $G(4) = 45$, $G(8) = 765$.

Zum Vergleich betrachten wir die Gatteranzahl bei einem einfachen MUX, welcher so modifiziert sei, dass alle Gatter ebenfalls einen Fan-In von höchstens 2 besitzen. Dazu wird jedes der 2^d Und-Gatter durch eine mehrstufige Schaltung (einen Baum) von d Und-Gattern und das finale Oder-Gatter mit 2^d Inputs durch $2^d - 1$ binäre Oder-Gatter ersetzt. Die Gesamtzahl der Gatter ergibt sich damit zu

$$2^d \cdot d + 2^d - 1 = 2^d \cdot (d + 1) - 1.$$

Für $d = 4$ hat ein einfacher MUX also 79 Gatter, für $d = 8$ bereits 2303.

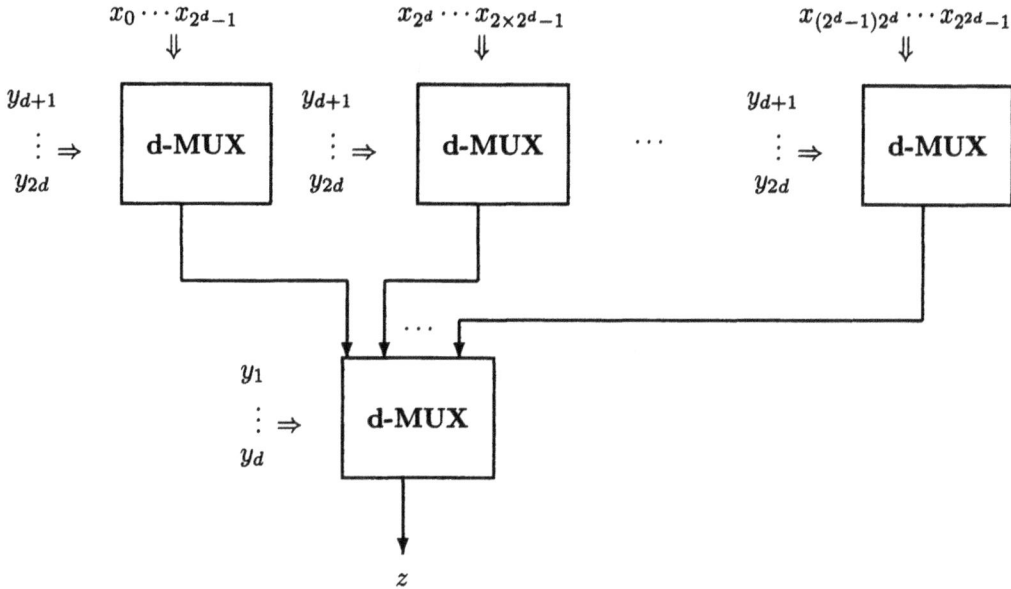

Abbildung 2.11: Top-Down-Multiplexer-Entwurf.

Wir erwähnen als nächstes eine wichtige Anwendung von Multiplexern: Sie können als Grundbausteine zur Realisierung beliebiger Boolescher Funktionen verwendet werden. Als Beispiel betrachten wir die durch folgende Funktionstafel gegebene Funktion f:

x_1	x_2	x_3	f
0	0	0	0
0	0	1	0
0	1	0	0
0	1	1	1
1	0	0	1
1	0	1	1
1	1	0	1
1	1	1	0

Die Funktion f ist in alleiniger Abhängigkeit von x_1 und x_2 auch wie folgt darstellbar:

x_1	x_2	f
0	0	0
0	1	x_3
1	0	1
1	1	$\overline{x}_3$

Für jede Belegung von x_1 und x_2 entspricht der Wert von f also einem der Terme 0, 1, x_3 oder $\overline{x}_3$. Diese Beobachtung gilt für *jede* dreistellige Funktion. Dies legt folgende Realisierung nahe: Man verwende einen MUX mit x_1 und x_2 als Steuersignalen und

$$0 \quad x_3 \quad 1 \quad \overline{x}_3$$

$$MUX$$

$$x_1 \longrightarrow$$

$$x_2 \longrightarrow$$

$$f$$

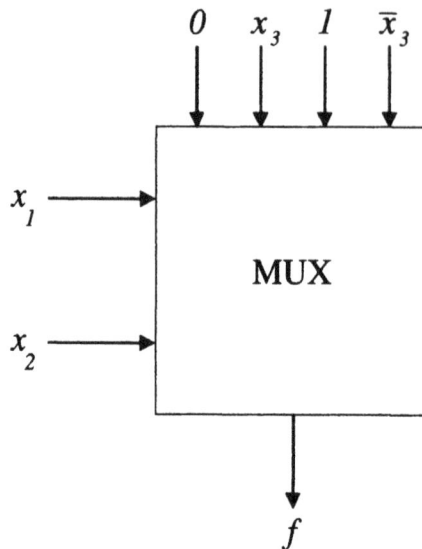

Abbildung 2.12: MUX zur Realisierung einer Booleschen Funktion.

den vier Daten-Inputs 0, 1, x_3, $\overline{x}_3$. Der Output dieses MUX, welcher in Abbildung 2.12 gezeigt ist, ist dann gerade der jeweilige Wert von f.

Allgemein ist dieses Vorgehen auf jede Stellenzahl anwendbar. Zur Realisierung aller Booleschen Funktionen der Form $f : B^3 \to B$ reicht *ein* MUX mit 4 Daten-Inputs, für Funktionen der Form $f : B^4 \to B$ ein solcher mit 8 Daten-Inputs (vgl. Aufgabe 2.7), allgemein für $f : B^n \to B$ ein MUX mit 2^{n-1} Daten-Inputs (und $n-1$ Steuersignalen). Dem individuellen Wertverlauf der Funktion f wird man durch die Schaltungs-Reihenfolge gerecht.

Wir zeigen noch eine einfachere Realisierung einer Booleschen Funktion durch einen MUX, welche die betreffende Funktion direkt in Hardware umsetzt und in der Literatur auch als *Hardware-Lookup* bezeichnet wird: Die gerade betrachtete Funktion f hat offensichtlich die Minterm-Darstellung

$$f(x_1, x_2, x_3) = m_3 + m_4 + m_5 + m_6.$$

Wir verwenden sodann einen 3-MUX zur Realisierung von f, bei welchem die drei Variablen als Steuersignale dienen und die acht Daten-Inputs mit 0 oder 1 fest beschickt werden in Abhängigkeit von ihrer Position: Wie aus Abbildung 2.13 zu ersehen ist, wird ein Daten-Input i mit 0 belegt, falls der Minterm m_i in der DNF von f fehlt, und mit 1 sonst. Zur Verifikation dieser Realisierung, die offensichtlich einfacher ist als die erste oben angegebene, dafür jedoch mehr Hardware erfordert, überlegen wir uns: Ist z. B. $x_1 = x_2 = x_3 = 0$, so wird der Input mit dem Index 0 zum Output durchgeschaltet; da dieser auf 0 gesetzt ist, folgt $f = 0$, also der richtige Wert. Analoge Überlegungen gelten für die anderen möglichen Werte der Steuer-Signale bzw. Variablen von f.

$$\begin{array}{cccccccc} 0 & 0 & 0 & 1 & 1 & 1 & 1 & 0 \end{array}$$

x_1 ——→

x_2 ——→

x_3 ——→

$$\begin{array}{cccccccc} 0 & 1 & 2 & 3 & 4 & 5 & 6 & 7 \end{array}$$

3-MUX

f

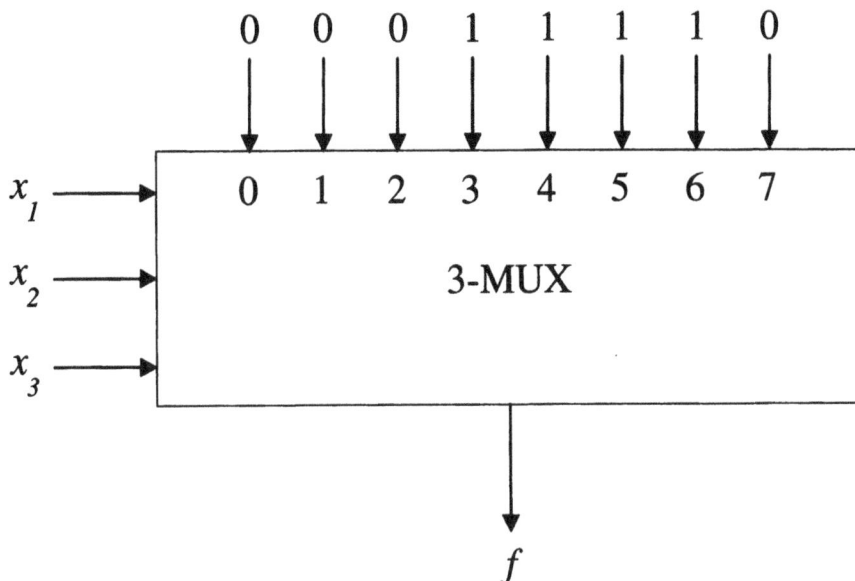

Abbildung 2.13: Alternative MUX-Realisierung einer Booleschen Funktion.

2.3 Demultiplexer, Decoder und Encoder

Wie eine genaue Betrachtung der eingangs angedeuteten formalen Beschreibung eines MUX als Boolesche Funktion zeigt, kann man jeden MUX unter Verwendung der aus Definition 1.4 bekannten Minterme wie folgt darstellen: Zu gegebenen Variablen $y_1, \ldots, y_d$ und einer Zahl i, $1 \le i \le 2^d - 1$ mit Dualdarstellung $(i_1 \ldots i_d)_2$ sei $m_i(y_1 \ldots y_d)$ definiert durch

$$m_i(y_1, \ldots, y_d) := y_1^{i_1} \cdot y_2^{i_2} \cdot \ldots \cdot y_d^{i_d}$$

mit

$$y_j^{i_j} := \left\{ \begin{array}{ll} y_j & \text{falls } i_j = 1 \\ \overline{y}_j & \text{falls } i_j = 0 \end{array} \right.$$

Ein *d-MUX* ist damit wie folgt beschreibbar:

- 2^d Daten-Inputs $x_0, \ldots, x_{2^d-1}$,

- d Steuersignale $y_1, \ldots, y_d$,

- 1 Output z mit $z = \sum_{i=0}^{2^d-1} x_i \cdot m_i(y_1, \ldots, y_d)$.

Aus dieser Darstellung lässt sich leicht die Darstellung eines *Demultiplexers*, im Folgenden abgekürzt als DeMUX, gewinnen. Informal hat ein DeMUX 1 Daten-Input sowie d Steuer-Signale wie ein MUX, die festlegen, auf welchen der 2^d Outputs der Input geschaltet wird. In der gerade für den MUX-Output z angegebenen Darstellung entfällt also die Summenbildung, und sämtliche x_i stimmen überein, d. h.

$$x_0 = x_1 = \ldots = x_{2^d-1}.$$

x

y_1

z_0 z_1

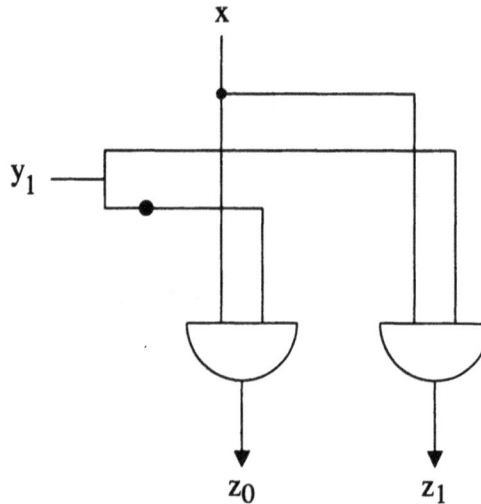

Abbildung 2.14: 1-DeMUX.

Bezeichnen wir den einen Input kurz mit x, so ist ein *d-DeMUX* wie folgt beschreibbar:

- 1 Daten-Input x,

- d Steuersignale $y_1, \ldots, y_d$,

- 2^d Outputs $z_0, \ldots, z_{2^d-1}$ mit $z_i = x \cdot m_i(y_1, \ldots, y_d)$ für $1 \leq i \leq 2^d - 1$.

Abbildung 2.14 zeigt einen 1-DeMUX (man vergleiche hierzu den 1-MUX in Abbildung 2.9); entsprechend zeigt Abbildung 2.15 einen 2-DeMUX (hierzu vergleiche man Abbildung 2.8). Der allgemeine Aufbau eines DeMUX der oben angegebenen Form ist in Abbildung 2.16 gezeigt; hierzu vergleiche man den MUX-Aufbau aus Abbildung 2.7. Wir bemerken zu diesem Baustein, dass ein DeMUX im Gegensatz zu einem MUX *nicht* universell ist, d. h. nicht zur Realisierung jeder Booleschen Funktion geeigneter Stellenzahl verwendet werden kann.

Wird bei einem Demultiplexer der Input x konstant mit „1" belegt, so folgt für den i-ten Output, $1 \leq i \leq 2^d - 1$:

$$z_i = 1 \cdot m_i(y_1, \ldots, y_d).$$

In diesem Fall wird also $z_i = 1$ genau dann, wenn $(y_1, \ldots, y_d)_2 = i$ ist. Der Demultiplexer fungiert jetzt als *Decoder*; x wird auch das *Aktivierungssignal* (*Enable Signal*) genannt, da x jetzt lediglich als Ein/Ausschalter wirkt. Aus den in den Abbildungen 2.14 bis 2.16 gezeigten DeMUXen erhält man also durch Vernachlässigung der jeweiligen x-Signale bereits Decoder; auf Grund ihrer engen Verwandschaft werden die Bezeichnungen „DeMUX" und „Decoder" häufig auch synonym verwendet.

Ein Decoder kann damit aufgefasst werden als ein Baustein mit d Inputs und 2^d Outputs, welcher genau einen der Outputs auf „1" setzt in Abhängigkeit von dem durch die Inputs binär codierten Index. Anders ausgedrückt wird durch die Inputs

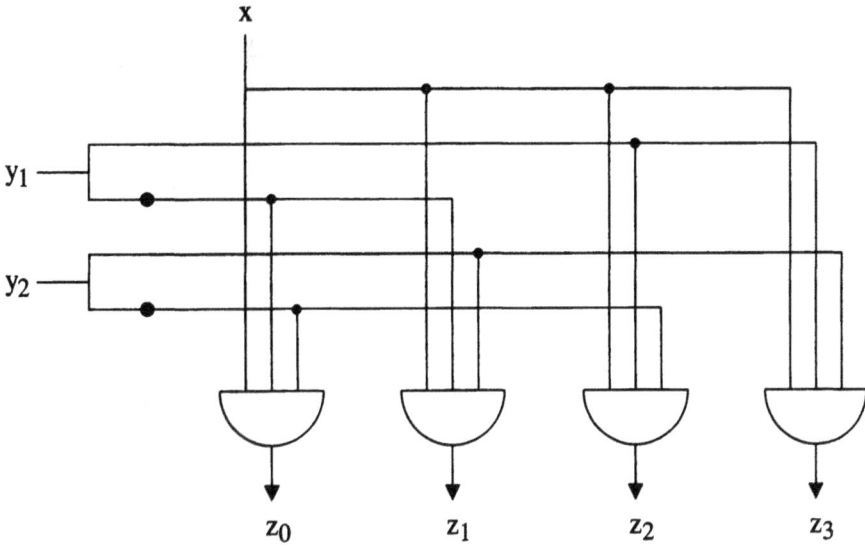

Abbildung 2.15: 2-DeMUX.

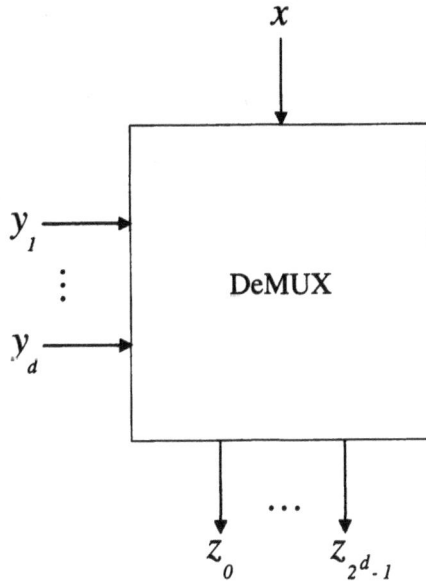

Abbildung 2.16: Allgemeiner Aufbau eines DeMUX.

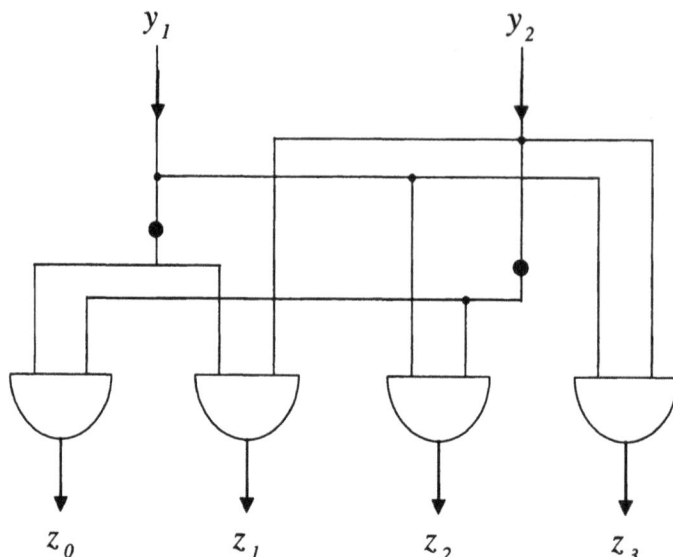

Abbildung 2.17: 2×4-Decoder.

ein bestimmter Output *adressiert*; wir werden hierauf in Kapitel 7 im Zusammenhang mit der Anwendung von PLAs zurückkommen.

Der Vollständigkeit halber zeigt Abbildung 2.17 eine Darstellung des 2-DeMUX aus Abbildung 2.15 ohne das (jetzt als konstant $= 1$ angenommene) x-Signal, also einen Decoder. Da dieser 2 Eingänge auf $2^2 = 4$ Ausgänge schaltet, wird er auch als 2×4-Decoder bezeichnet.

Als letzten Standardbaustein erwähnen wir den *Encoder*, der die umgekehrte Funktion eines Decoders hat. Ein Encoder hat 2^d Inputs und d Outputs; anstatt eine Adresse zur Aktivierung eines bestimmten Outputs zu verwenden, *erzeugt* ein Encoder die Adresse des aktuell aktiven Input-Signals. Ein Beispiel für einen 4×2-Encoder zeigt Abbildung 2.18; die Funktionstafel des in dieser Abbildung gezeigten Encoders lautet:

x_0	x_1	x_2	x_3	y_0	y_1
1	0	0	0	0	0
0	1	0	0	0	1
0	0	1	0	1	0
0	0	0	1	1	1

Man beachte, dass bei einem Encoder stets angenommen wird, dass genau ein Input aktiviert ist; die Schaltfunktion ist also partiell.

Wir demonstrieren abschließend noch einmal die Universalität von Multiplexern und Decodern durch die Angabe drei verschiedener Schaltungen für die Funktion

$$f(x_1, x_2, x_3, x_4) = \overline{x}_1\overline{x}_2\overline{x}_3\overline{x}_4 + \overline{x}_1 x_2 \overline{x}_3 x_4 + x_1 x_2 x_3 x_4 + x_1 \overline{x}_2 x_3 \overline{x}_4 :$$

1. Verwendung eines 4-MUX: In Analogie zu Abbildung 2.13 werden die x_i als

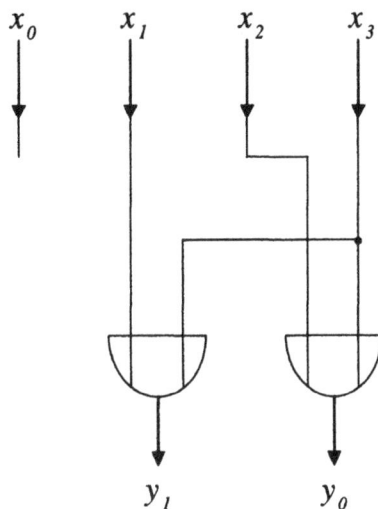

Abbildung 2.18: 4×2-Encoder.

Steuersignale verwendet; die Inputs, welche den Mintermen m_0, m_5, m_{10} und m_{15} entsprechen, werden auf 1 gesetzt, alle anderen auf 0.

2. Verwendung eines Decoders mit 4 Inputs $x_1, \ldots, x_4$ und 16 Outputs gemäß Abbildung 2.19: Die Outputs, welche den 4 Mintermen zu einschlägigen Indizes entsprechen, werden durch ein Oder-Gatter verknüpft.

3. Kombination von Decoder und MUX: Es gibt 4 Input-Kombinationen, für welche $f = 1$ gilt:

   (a) $x_1 x_2 = 00$ und $x_3 x_4 = 00$,

   (b) $x_1 x_2 = 01$ und $x_3 x_4 = 01$,

   (c) $x_1 x_2 = 11$ und $x_3 x_4 = 11$,

   (d) $x_1 x_2 = 10$ und $x_3 x_4 = 10$.

Wir verteilen die Inputs auf einen 2×4-Decoder und einen 2-MUX gemäß Abbildung 2.20: Gilt z. B. $x_1 x_2 = 00$, so setzt der Decoder z_0 auf 1; gilt außerdem $x_3 x_4 = 00$, so wird dieses Signal an den Ausgang des MUX weitergegeben.

2.4 Addiernetze mit Halb- und Volladdierern

Wir wenden uns als nächstes der Entwicklung von Schaltnetzen für die *Addition* zu, welche sich als zentrale Bausteine in Rechnern erweisen werden. Auch bei der Addition kann man durch andere Verfahren als die aus den Darstellungssätzen resultierenden zu geeigneten Schaltnetzen kommen.

Dazu betrachten wir exemplarisch noch einmal die Addition von zwei 16-stelligen Dualzahlen (vgl. Beispiel 1.5): Eine Möglichkeit, ein Schaltnetz zur Lösung dieser

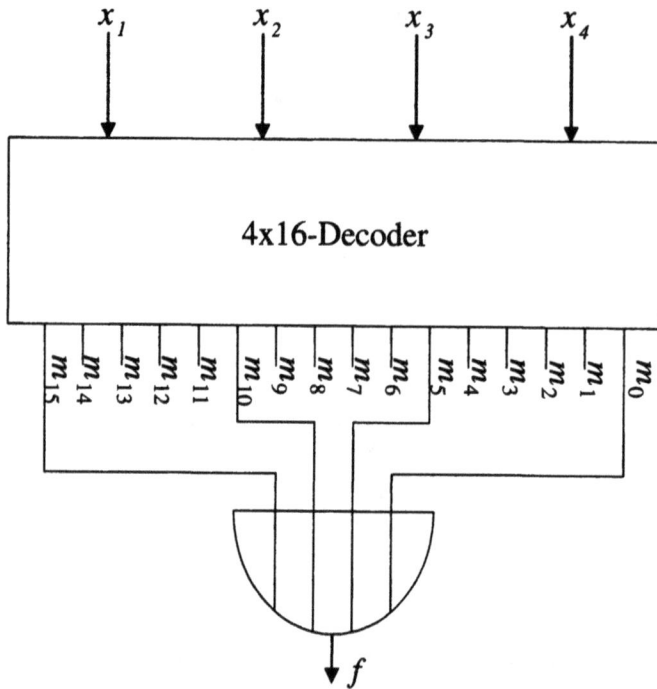

Abbildung 2.19: Realisierung einer Booleschen Funktion mittels Decoder.

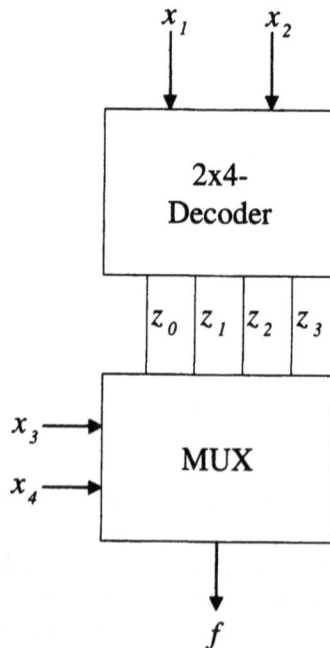

Abbildung 2.20: Realisierung einer Booleschen Funktion mittels Decoder und MUX.

Tabelle 2.2: Funktionstafel eines Halbaddierers.

x	y	U	R
0	0	0	0
0	1	0	1
1	0	0	1
1	1	1	0

Aufgabe zu entwerfen, besteht sicherlich darin, für die Schaltfunktion

$$\mathcal{A} : B^{32} \to B^{17}$$

bzw. die entsprechenden 17 Booleschen Funktionen Tabellen aufzustellen und Satz 1.6 anzuwenden. Jede dieser 17 Funktionen hat $2^{32} \approx 4 \cdot 10^9$ Argumente-Tupel, und unter der Annahme, dass jede Funktion für etwa 50% der Argumente-Tupel den Wert 1 annimmt, ist dann mit ungefähr $2 \cdot 10^9 \cdot 17 = 3,4 \cdot 10^{10}$ einschlägigen Mintermen zu rechnen. Da man pro Minterm 15 Und-Gatter mit je 2 Eingängen benötigt, wären für eine entsprechende Schaltung allein rund $5,1 \cdot 10^{11}$ Und-Gatter erforderlich. Dies ist offensichtlich nicht realisierbar, und auch Und-Gatter mit 16 Eingängen würden keine spürbare Vereinfachung bringen. Völlig analoge Überlegungen zeigen, dass schon die Addition von zwei 8-stelligen Dualzahlen zu ähnlichen Problemen führt: Bei 65.536 Argumente-Tupeln wäre nun mit ca. $2,9 \cdot 10^5$ Mintermen zu rechnen. Wir müssen uns daher ein anderes Vorgehen überlegen und demonstrieren dies für die Addition von zwei 4-stelligen Dualzahlen: Ausgangspunkt ist die Betrachtung der Addition im Dualsystem. Bekanntlich kann man im Dualsystem genauso wie im Dezimalsystem kalkülmäßig addieren, indem man von hinten beginnend die einzelnen Stellen addiert und dabei eventuell auftretende Überträge berücksichtigt:

Beispiel 2.1 Addition von 183 und 197 im Dezimal- bzw. Dualsystem:

Dezimal-Addition:	Dual-Addition:
183	10110111
+197	+11000101
11	*1 111*
——	————
380	101111100

□

Offensichtlich gilt in diesem Beispiel folgendes: Die letzte Stelle (ganz rechts) hat als einzige Stelle keinen Übertrag zu berücksichtigen, an allen anderen Stellen kann ein Übertrag auftreten; wir analysieren dies genauer:

(a) Wir betrachten zunächst die *letzte* Stelle: Eingabe sind hier zwei Dualziffern x und y, Ausgabe eine Resultatstelle R und ein Übertrag U für die nächste Stelle, und wir erhalten die in Tabelle 2.2 gezeigte Funktionstafel. Offensichtlich gilt:

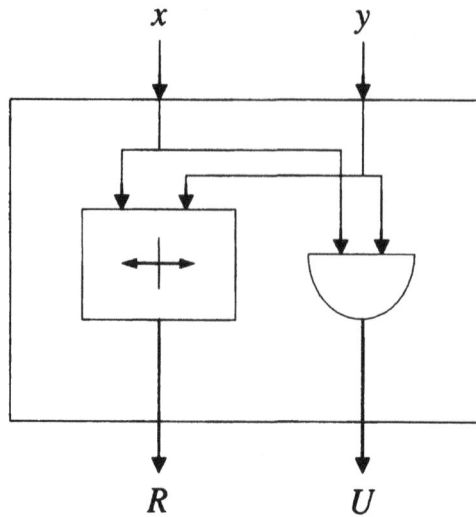

Abbildung 2.21: Halbaddierer.

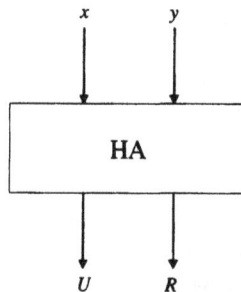

Abbildung 2.22: Kurzbezeichnung für den Baustein „Halbaddierer".

$R = \overline{x} \cdot y + x \cdot \overline{y} = x \nleftrightarrow y$ und $U = x \cdot y$, so dass wir das in Abbildung 2.21 gezeigte Schaltnetz erhalten (unter Verwendung des oben bereits beschriebenen Bausteins
für $\nleftrightarrow$). Diesen Modul betrachten wir von nun an als neuen Baustein und nennen ihn
Halbaddierer mit der in Abbildung 2.22 gezeigten Kurzbezeichnung. Es sei darauf hingewiesen, dass Halbaddierer in der Praxis heute keine Rolle mehr spielen, zumindest
nicht als separate Bauteile. Wir verwenden ihn lediglich konzeptionell. Des Weiteren
sei bemerkt, dass wir bei dem in Abbildung 2.21 gezeigten Schaltbild des Halbaddierers bereits von einer zeichnerischen Vereinfachung Gebrauch gemacht haben, welche
immer dann Verwendung findet, wenn die Inputs einen hohen Fan-Out haben: Man
zeichnet die Inputs dann als *Schienen*.

(b) Betrachten wir nun eine *beliebige andere* Stelle unserer Additionsaufgabe: Jede
Stelle ungleich der letzten muss unter Umständen einen Übertrag berücksichtigen.
Eingabe sind somit zwei Dualziffern x, y *und* ein dualer Übertrag u, Ausgabe wie
oben ein Resultat R und ein Übertrag U für die nächste Stelle, so dass wir jetzt die in

Tabelle 2.3: Funktionstafel eines Volladdierers.

x	y	u	U	R
0	0	0	0	0
0	0	1	0	1
0	1	0	0	1
0	1	1	1	0
1	0	0	0	1
1	0	1	1	0
1	1	0	1	0
1	1	1	1	1

Tabelle 2.3 gezeigte Funktionstafel erhalten. Als Darstellungen für R und U erhalten wir nach kurzer Überlegung:

$$
\begin{aligned}
R &= x \oplus y \oplus u \\
U &= x \cdot y + x \cdot u + y \cdot u \\
&= x \cdot y + (x \oplus y) \cdot u
\end{aligned}
$$

Damit erhalten wir das in Abbildung 2.23 gezeigte Schaltnetz, bei welchem wir den Halbaddierer bereits als Baustein einsetzen. Dieses Schaltnetz nennen wir *Volladdierer* und bezeichnen es als Baustein wie in Abbildung 2.24 gezeigt.

Damit haben wir nun genügend Bausteine zusammen, um ein Schaltnetz für die Addition von zwei 4-stelligen Dualzahlen zu entwerfen (vgl. Abbildung 2.25), welches „lediglich" den bekannten Ziffernkalkül nachvollzieht; die zu addierenden Zahlen x und y seien dabei in Dual-Ziffernschreibweise $x_3x_2x_1x_0$ bzw. $y_3y_2y_1y_0$ so gegeben, dass die Indizes jeweils den Zweierpotenzen entsprechen.

Dieses Schaltnetz nennt man auch *asynchrones (Parallel-) Addiernetz*. Offensichtlich lässt es sich durch Hinzunahme weiterer Volladdierer beliebig auf Inputs mit mehr als vier Stellen erweitern. Für 16-stellige Dualzahlen z. B. reichen 15 Volladdierer und 1 Halbaddierer aus (anstelle der Betrachtung von 3,4 Milliarden Mintermen). Außerdem sei bemerkt, dass dieses Addiernetz auch allein aus Volladdierern aufgebaut werden kann; in diesem Fall muss dafür gesorgt werden, dass am u-Eingang des ersten (rechtesten) Volladdierers stets eine 0 anliegt. Da bei beiden Realisierungsvarianten der endgültige Übertrag durch das gesamte Schaltnetz „rieselt", bezeichnet man diesen Addierer auch als *Ripple-Carry-Adder*.

2.5   Beschleunigung der Übertragsberechnung

Am Beispiel der dualen Addition wollen wir nun auf das Problem der *Beschleunigung* von Schaltnetzen eingehen. Dazu überlegen wir uns, nach welcher Zeit wir beim 4-stelligen Ripple-Carry-Addiernetz mit dem (vollständigen) Ergebnis rechnen können: Unterstellen wir wie in Kapitel 1 eine Schaltzeit von 10 psec $=10^{-11}$ sec pro Gatter, so liefert ein Halbaddierer beide Outputs nach 30 psec, ein Volladdierer nach 70 psec.

$$x \quad y \quad u$$

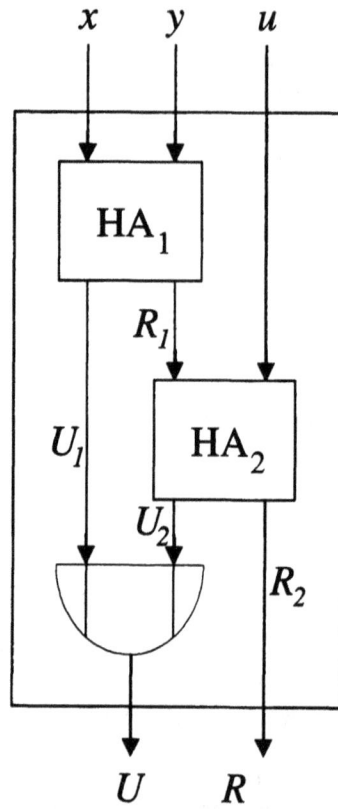

Abbildung 2.23: Volladdierer.

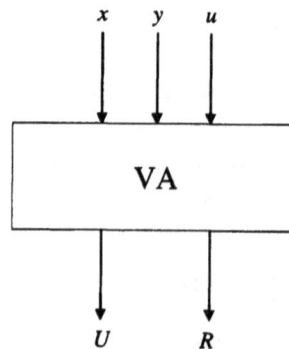

Abbildung 2.24: Kurzbezeichnung für den Baustein „Volladdierer".

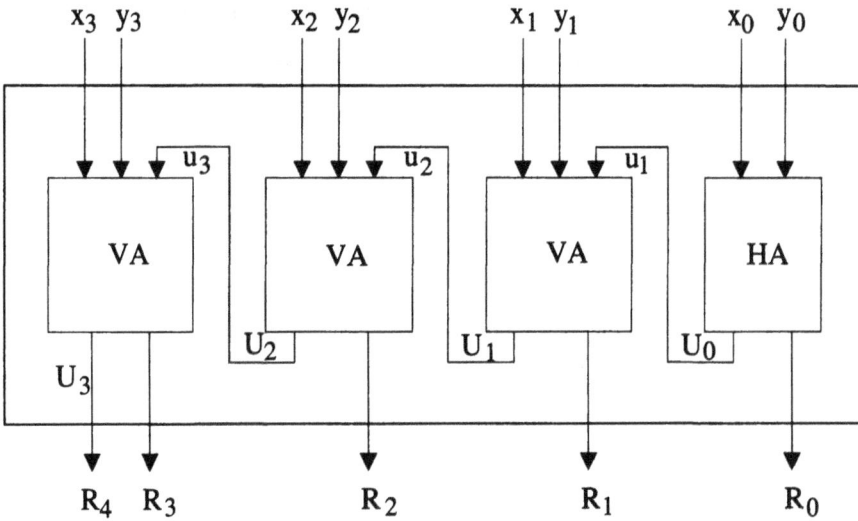

Abbildung 2.25: Addiernetz für zwei 4-stellige Dualzahlen.

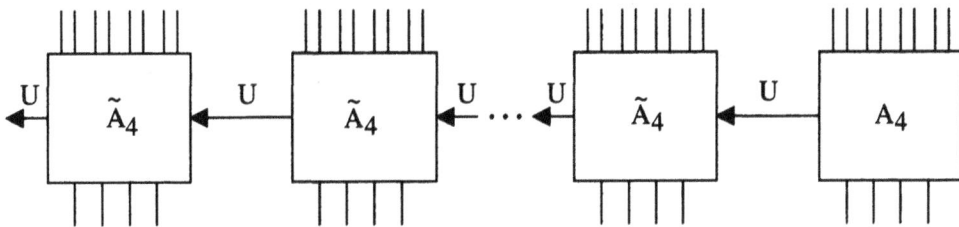

Abbildung 2.26: Prinzipschaltbild eines n-stelligen Addiernetzes.

Da nun bei obigem Addiernetz ein Übertrag (wie z. B. bei der Addition von 1111 und 0001) unter Umständen das ganze Netz durchlaufen kann, ist (im schlimmsten Fall) erst nach (70+70+70+30) psec = 240 psec mit einem „vollständigen" Ergebnis $R_4 \ldots R_0$ zu rechnen. Wir wollen nun daran gehen, diese Zeit zu verkürzen durch die Verwendung zusätzlicher Hardware, wobei wir alle Überlegungen exemplarisch für derartige Addiernetze durchführen.

Das eventuelle Durchlaufen des Übertrags durch die ganze Schaltung stört offensichtlich besonders bei großen Wortlängen wie z. B. $n = 32$. Eine Idee zur Beschleunigung eines solchen Addiernetzes ist daher die Verringerung der Anzahl der Schaltebenen durch Zusammenfassung von Bit-Gruppen der Größe $g = 4$, wie in Abbildung 2.26 skizziert. Dabei besteht A_4 aus drei Volladdierern und einem Halbaddierer, $\tilde{A}_4$ jeweils aus vier Volladdierern. Der zeitliche Engpaß liegt offenbar an den Übergangsstellen zwischen den einzelnen Modulen, d. h. bei U. Würde also U schneller zur Verfügung stehen, könnte im jeweils nächsten Modul bereits weiter gerechnet werden. Dies führt auf die Einführung einer zusätzlichen Schaltung zur schnellen Bestimmung von U (engl. *Carry-Look-Ahead* oder *Carry-Bypass*), welche wir gemäß folgender Formel für U (entspricht R_4 in dem in Abbildung 2.25 angegebenen 4-stelligen Addiernetz) entwickeln:

$$x_3 \ y_3 \ x_2 \ y_2 \ x_1 \ y_1 \ x_0 \ y_0$$

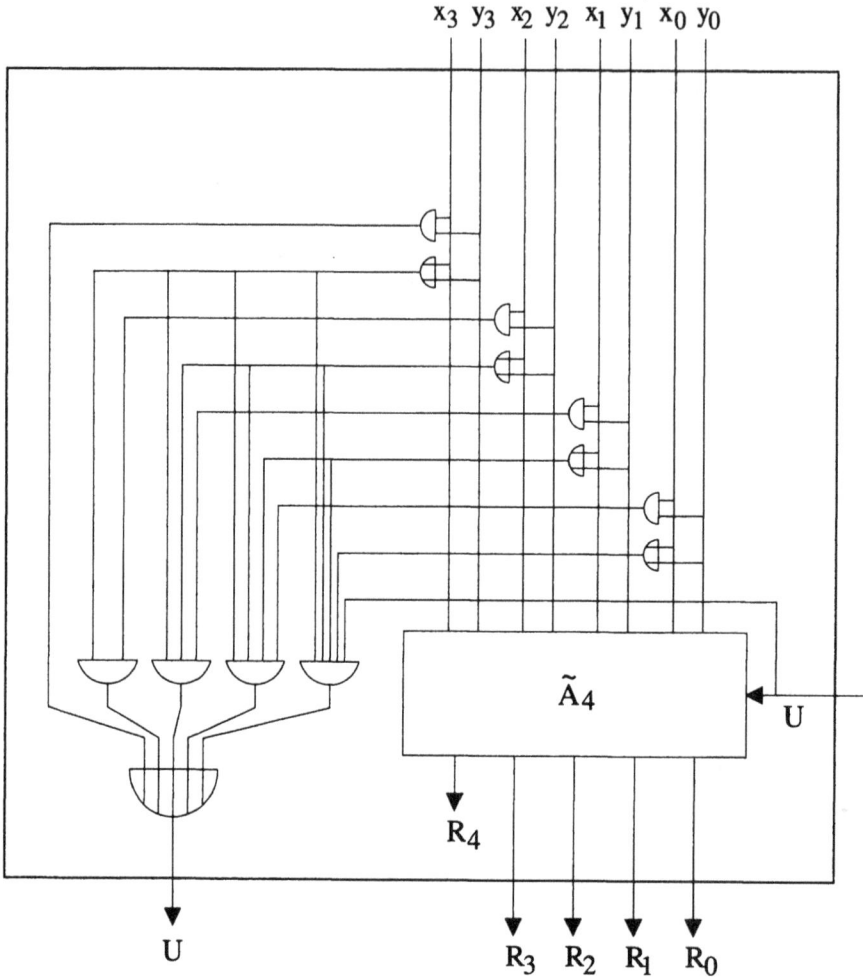

Abbildung 2.27: Carry-Bypass-Addiernetz.

$$
\begin{aligned}
U \;=\; & x_3 y_3 \\
& + (x_3 + y_3) x_2 y_2 \\
& + (x_3 + y_3)(x_2 + y_2) x_1 y_1 \\
& + (x_3 + y_3)(x_2 + y_2)(x_1 + y_1) x_0 y_0 \\
& + (x_3 + y_3)(x_2 + y_2)(x_1 + y_1)(x_0 + y_0) u
\end{aligned}
$$

Dabei entfällt die letzte Zeile für einen Baustein vom Typ A_4. Die Bausteine vom Typ $\tilde{A}_4$ erweitern wir somit wie in Abbildung 2.27 gezeigt (unter der Voraussetzung, dass uns auch für mehr als zwei Inputs schnelle Und- bzw. Oder-Gatter zur Verfügung stehen). Die dort gezeigte Schaltung ist dreistufig: Auf der ersten Stufe werden jeweils zwei Inputs multiplikativ und additiv verknüpft, auf der zweiten werden dann die benötigten Produkte gebildet und auf der dritten schließlich die Summe. Also liegt

U nach 30 psec vor, wenn man wieder pro Stufe von einer Schaltzeit von 10 psec ausgeht. Gegenüber der oben angegebenen Schaltung ist diese also um den Faktor 8 schneller, was den Übertrag betrifft. Es sei bemerkt, dass sich die Situation auch für Bit-Gruppen-Zusammenfassungen der Größe $g = 8$ nicht wesentlich ändert: Auch dann kommt man mit einer dreistufigen Zusatzschaltung aus, wenn man U schnell ermitteln will, nur wird diese „breiter" sein wegen der höheren Zahl von Inputs.

Die Konstruktion der Carry-Bypass-Schaltung in der gerade beschriebenen Form hat den offensichtlichen Nachteil, dass sie ein Oder- sowie ein Und-Gatter mit einem Fan-In von jeweils 5 (bzw. allgemein $n + 1$ bei Stellenzahl n der zu addierenden Operanden) aufweist. Für höhere Stellenzahlen ist dies schwierig zu realisieren; allerdings kann man durch eine geeignete Modularisierung hier Abhilfe schaffen.

Für den Fall, dass mehr als 2 Summanden addiert werden sollen, kann man ein *Carry-Save-Addiernetz* verwenden (vgl. auch Abschnitt 6.3). Ein solches Netz ist ein im Allgemeinen mehrstufiges Addiernetz, welches in der ersten Stufe drei Summanden addiert, in jeder weiteren Stufe jeweils einen weiteren Summanden hinzuaddiert. Die pro Addition auftretenden Ergebnisbits bilden einen Summanden der nächsten Stufe, die auftretenden Carry-Bits bilden einen weiteren solchen Summanden (die Carry-Bits werden also nicht unmittelbar aufsummiert, sondern für die nächste Stufe erhalten). Wir illustrieren dies an zwei Beispielen von 4 Summanden X, Y, Z und W mit der Stellenzahl $n = 4$, für welche ein Ablauf z. B. wie folgt lauten kann:

X	0101		1111
Y	0011		1101
Z	+ 0100	bzw.	+ 0111
Summe	0010		0101
Übertrag	1010		11110

Man beachte, dass der Übertrag eventuell eine zusätzliche Stelle erfordert.

Im nächsten Schritt werden die berechnete Summe und der (separate) Übertrag zum nächsten Summanden addiert:

Summe	0010		0101
Übertrag	1010		11110
W	+ 0001	bzw.	+ 1111
neue Summe	1001		10100
neuer Übertrag	0100		11110

In jeder Stufe werden drei Summanden durch einen „Carry-Save-Addierbaustein" (CSA) auf zwei Summanden reduziert, von denen der eine sich aus den Summenausgängen und der andere sich aus den Übertragsausgängen der Volladdierer ergibt. In der darauf folgenden Stufe kann ein weiterer Summand hinzugenommen werden. Schließlich verbleiben zwei Summanden aus den letzten Summen- bzw. Übertragsausgängen. Diese können mit irgendeinem Addiernetz zur Addition von *zwei* Summanden, z. B. einem der oben vorgestellten, zur Endsumme verknüpft werden. Es ergibt sich damit insgesamt ein Addiernetz wie in Abbildung 2.28 gezeigt. Das Prinzip der Carry-Save-Addition ist für den oben geschilderten Fall von 4 Summanden in Abbildung 2.29 dargestellt.

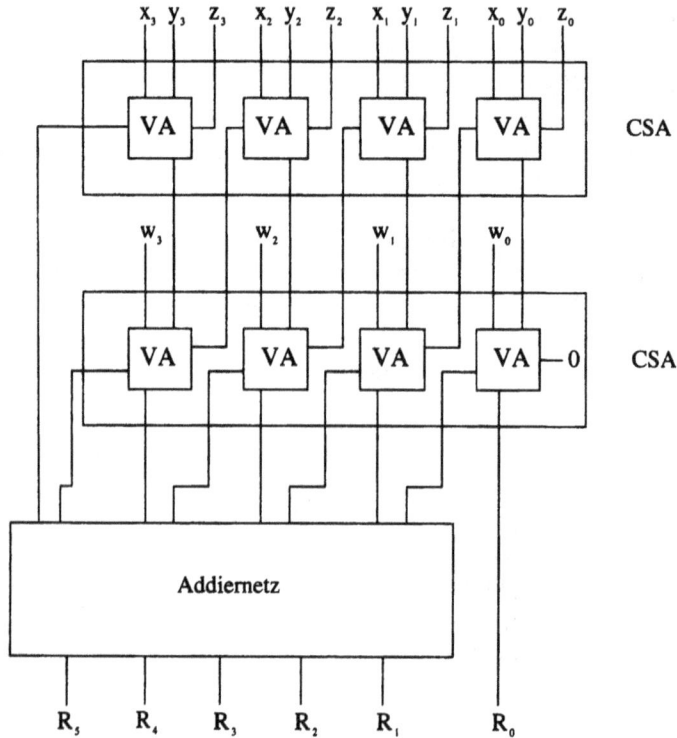

Abbildung 2.28: 4-stelliges Carry-Save-Addiernetz für 4 Summanden.

Wir können nun mit dieser Idee möglichst viele CSAs in *einer* Stufe parallel schalten. In Abbildung 2.30 ist eine solche Möglichkeit für die Addition von 8 Summanden gezeigt. Man schaltet von den jeweils noch verbliebenen Summanden (unter Auslassung von gegebenenfalls ein oder zwei Summanden) je drei zusammen und iteriert dieses Verfahren. Es entsteht eine baumartige Anordnung von CSAs; man spricht auch von einem *Adder-Tree* bzw. nach seinem Autor von einem *Wallace-Tree*. Es kann gezeigt werden, dass die Anzahl der CSA-Stufen eines Wallace-Trees oberhalb des finalen Addiernetzes für m Summanden durch $\log m$ — genommen zur Basis 3/2 — beschränkt ist. Da der Volladdierer eine feste Tiefe hat, ist die Gesamt-Tiefe des Wallace-Trees von logarithmischer Größenordnung. Obwohl sich von oben nach unten die erforderliche Stellenzahl der einzelnen CSA-Stufen erhöhen kann, nimmt deren Gesamtzahl pro Stufe ab. Es lässt sich zeigen, dass sich bei einer anfänglichen Stellenzahl $n \geq 3$ der Wallace-Tree nach unten hin schnell verjüngt.

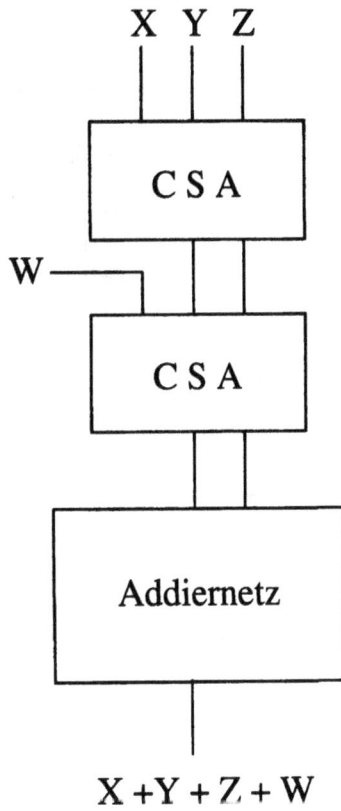

Abbildung 2.29: Prinzip der Carry-Save-Addition.

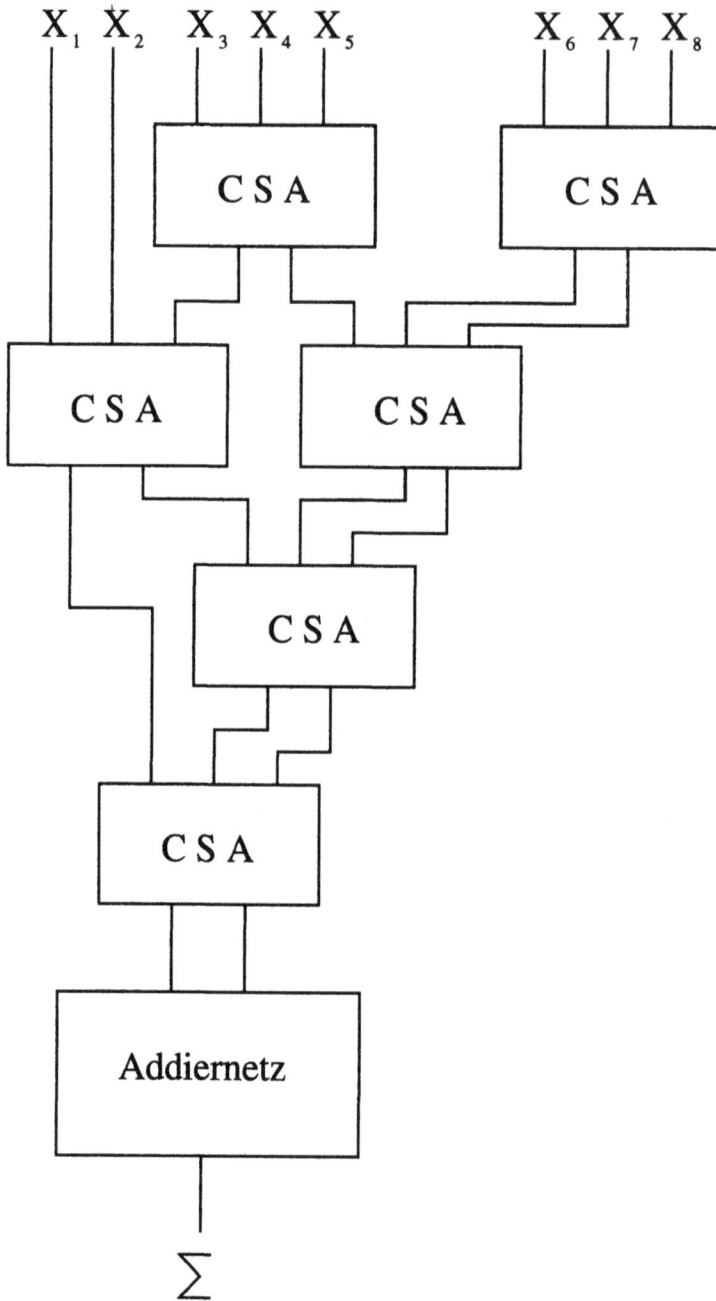

Abbildung 2.30: Carry-Save-Addierer für 8 Summanden (Wallace-Tree).

2.6 Übungen

Hinweis: Zu den mit * gekennzeichneten Übungen sind im Internet Lösungen erhältlich.

2.1 Es bezeichne $G(d)$ die Anzahl der Und- und Oder-Gatter eines rekursiv konstruierten d-MUX (vgl. Abschnitt 2.2). Durch vollständige Induktion zeige man

$$G(d) = 3 \cdot (2^d - 1).$$

2.2 In jedem b-adischen Zahlensystem kann die Subtraktion auf die Addition zurückgeführt werden. Im Dualsystem geschieht das etwa wie folgt: Sei $x = (x_n \ldots x_0)_2$, so heißt

$$K_1(x) := (1 - x_n \ldots 1 - x_0)_2$$

das *Einer-Komplement* von x. Es gilt dann:

$$x + K_1(x) = \underbrace{(1 \ldots 1)}_{n+1} = \sum_{i=0}^{n} 2^i = 2^{n+1} - 1.$$

Man zeige, dass das in Abbildung 2.25 gezeigte Addiernetz auch zur Subtraktion von Dualzahlen verwendet werden kann, indem man einen Kalkül aufstelle, mit dem sich $y - x$ ausrechnen lässt, falls $y \geq x$ ist und y dual ebenfalls mit $n + 1$ Stellen darstellbar ist.

*2.3 Geben Sie eine Schaltfunktion zur Multiplikation von zwei zweistelligen Dualzahlen an. Entwerfen Sie unter Verwendung von Gattern, deren Fan-In auf vier beschränkt ist, ein Schaltnetz, das die von Ihnen gewählte Darstellung der Schaltfunktion realisiert.

2.4 Man entwerfe ein möglichst einfaches Schaltnetz zur Multiplikation dreistelliger Dualzahlen $x_2 x_1 x_0$ mit zweistelligen Dualzahlen $y_1 y_0$. Man verwende keine Halb- oder Volladdierer.

2.5 Man verwende das in Abschnitt 2.2 beschriebene Top-Down-Entwurfsverfahren zur Konstruktion eines 4-MUX.

2.6 Man konstruiere mit dem Verfahren aus Abschnitt 2.2 einen 3-MUX und überlege, wie allgemein ein MUX konstruiert werden kann, dessen Anzahl von Daten-Inputs keine Zweierpotenz ist.

2.7 Man realisiere die Boolesche Funktion

$$f(x_1, x_2, x_3, x_4) = x_1 x_3 \overline{x}_4 + \overline{x}_1 \overline{x}_3 x_4 + \overline{x}_2 \overline{x}_3 \overline{x}_4$$

durch einen MUX mit 8 Daten-Inputs.

*2.8 Gegeben sei ein 4-MUX (d. h. ein Multiplexer mit 4 Steuereingängen).

  (a) Konstruieren Sie diesen 4-MUX, indem Sie dazu nur 1-MUXe verwenden. Wie viele 1-MUXe sind dazu erforderlich?

(b) Verwenden Sie den 4-MUX, um die folgende Funktion zu realisieren:

$$f(x_1, x_2, x_3, x_4) = \overline{x_1}\,\overline{x_2}\,\overline{x_3}\,\overline{x_4} + x_1\,x_2\,\overline{x_3}\,x_4 + \overline{x_1}\,x_2\,x_3\,\overline{x_4} + \overline{x_1}\,\overline{x_2}\,x_3\,x_4$$

Welche Werte müssen dazu auf die Eingänge des Multiplexers geschaltet werden?

(c) Angenommen, Ihnen stünden auch 2- und 3-MUXe zur Verfügung, die billiger wären als der 4-MUX. Ließe sich die o. g. Funktion auch mit diesen Bauteilen konstruieren? Wenn ja, skizzieren Sie die Lösung.

(d) Was versteht man unter einem „Hardware Lookup" im Kontext von Multiplexern?

*2.9 Zeigen Sie, dass ein 2-MUX universell ist, indem sie zeigen, wie sich mit einem solchen Multiplexer AND, OR und NOT darstellen lassen.

*2.10 Es sollen die Eigenschaften verschiedener Addiererkonstruktionen miteinander verglichen werden.

Nehmen Sie an, dass jedes Gatter (AND, OR, XOR und NOT) in 10 psec „schaltet", dass also das korrekte Ergebnis eines Schaltvorgangs nach dieser Zeit am Ausgang anliegt. Halbaddierer seien so konstruiert, dass sie nach 10 psec schalten, Volladdierer nach 30 psec. Die Verzögerung in den Leitungen seien vernachlässigbar.

(a) Nach welcher Zeit sind die Ergebnisse eines 4-Bit Ripple-Carry- und eines 4-Bit Carry-Bypass-Addierers sicher? Gehen sie dabei von der „aufgebohrten" Version des Ripple-Carry-Addierers aus, der nur Volladdierer enthält.

(b) Zur Addition von 8-Bit Zahlen werden jeweils zwei der oben angegebenen Addierer zusammengeschaltet. Nach welcher Zeit sind nun die Ergebnisse sicher?

2.11 Man realisiere einen Volladdierer unter Verwendung eines geeignet dimensionierten Decoders.

*2.12 Entwerfen Sie Gatterschaltungen für einen Halbsubtrahierer und einen Vollsubtrahierer! Ein Halbsubtrahierer subtrahiert zwei Dualziffern und erzeugt deren Differenz und ein Unterlauf-Bit. Wenn der Minuend kleiner ist als der Subtrahend, dann wird das Unterlauf-Bit auf 1 gesetzt, andernfalls auf 0. Ein Vollsubtrahierer besitzt drei Eingaben (Dualziffern) und zwei einstellige Ausgaben. Zwei der Eingaben sind die zu subtrahierenden Ziffern, die dritte Eingabe ist der Unterlauf der niederwertigen Bitposition. Die Ausgaben bestehen aus Differenz und neuem Unterlauf.

(a) Stellen Sie Funktionstafeln für beide Bausteine auf.

(b) Leiten Sie für die Ausgaben beider Bausteine Boolesche Funktionen her.

(c) Vereinfachen Sie die Booleschen Funktionen für den Vollsubtrahierer mit Hilfe eines Karnaugh-Diagramms.

(d) Zeichnen Sie Schaltnetze für Halb- und Vollsubtrahierer.

*2.13 Es ist ein Addierer zu entwerfen, der zehn 4-stellige Dualzahlen addieren kann. Dazu sollen mehrere Stufen von Carry-Save-Addern und ein Carry-Look-Ahead-Adder verwendet werden.

(a) Entwerfen Sie den Addierer so, dass er eine maximale Anzahl von Stufen besitzt.

(b) Entwerfen Sie den Addierer so, dass er eine minimale Anzahl von Stufen besitzt.

(c) Berechnen Sie die Verzögerungszeiten der Addierer aus (a) und (b) unter der Annahme, dass Und-, Oder-, XOR- und Negationsgatter jeweils eine Verzögerungszeit von 10 psec ($= 10^{-11}$ sec) benötigen, um das Resultat bei anliegenden Eingaben zu produzieren (und die durch Leitungen verursachten Verzögerungen vernachlässigt werden können). Vergleichen Sie diese mit der Verzögerungszeit bei Addition von zehn 4-stelligen Dualzahlen durch 4-stellige Carry-Look-Ahead-Adder.

2.7   Bibliographische Hinweise und Ergänzungen

Standardbausteine zur Realisierung Boolescher Funktionen, insbesondere die in Abschnitt 2.2 beschriebenen, finden sich z. B. bei Carpinelli (2001), Leeser (2004), Katz und Borriello (2005), Savage (1998), Becker et al. (2005) oder Zargham (1996). Unsere Darstellung des Multiplexers folgt Aho und Ullman (1992) sowie Hamacher et al. (2002). Addiernetze sowie die beschleunigte Berechnung des Carry-Bits (bzw. allgemeiner die Beschleunigung von Schaltnetzen durch zusätzliche Hardware) behandeln u. a. Hennessy und Patterson (2003), Katz und Borriello (2005), Spaniol (1976), Swartzlander (1997) sowie Zargham (1996).

Kapitel 3

Optimierung und Test von Schaltnetzen

Schaltnetze lassen sich nach den Ausführungen des letzten Kapitels beschleunigen, d. h. in ihrem zeitlichen Verhalten verbessern, indem man sie mit zusätzlicher Hardware ausstattet. Wir wollen als nächstes ein gewissermaßen dazu „komplementäres" Problem behandeln, nämlich das der *Vereinfachung* von Schaltnetzen, d. h. das Einsparen von Hardware, wann immer es möglich ist, aber ohne Veränderung des Verhaltens eines Schaltnetzes. Ferner behandeln wir Techniken zur Fehlerdiagnose und das Phänomen der Hasards.

3.1 Vereinfachung von Schaltnetzen

3.1.1 Das Verfahren von Karnaugh

Wir haben bereits in Kapitel 1 etwa in Beispiel 1.14 gesehen, wie man Schaltfunktionen, die z. B. in DNF gegeben sind, durch Anwendung der Rechenregeln der Booleschen Algebra vereinfachen kann. Wir betrachten zunächst zwei Beispiele, welche eine Anwendung von Satz 1.4 darstellen:

Beispiel 3.1 (a)

$$
\begin{aligned}
f(x_1, x_2, x_3) &= \overline{x}_1 x_2 x_3 + x_1 x_2 x_3 \\
&= \underbrace{(\overline{x}_1 + x_1)}_{=1} x_2 x_3 \\
&= x_2 x_3
\end{aligned}
$$

Hier wurde offensichtlich folgende Vereinfachungsregel, welche auch unter dem Namen *Resolutionsregel* bekannt ist, angewendet:

Kommen in einer SOP (Sum of Products, vgl. Kapitel 1, also einer disjunktiven Form) zwei Summanden vor, welche sich in genau einer komplementären Variablen unterscheiden, so können diese beiden Summanden durch den ihnen gemeinsamen Teil ersetzt werden.

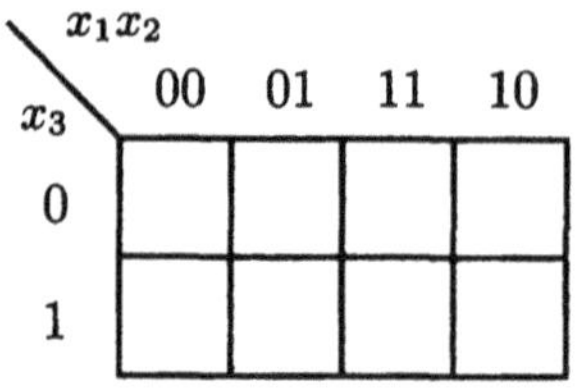

$$
\begin{array}{c|c|c|c|c|}
 & \multicolumn{4}{c}{x_1x_2} \\
x_3 \diagdown & 00 & 01 & 11 & 10 \\
\hline
0 & & & & \\
\hline
1 & & & & \\
\hline
\end{array}
$$

Abbildung 3.1: Karnaugh-Diagramm-Schema für $n = 3$.

(b) Die Resolutionsregel darf auch mehrfach angewendet werden, z. B.

$$
\begin{aligned}
f(x_1, x_2, x_3, x_4) &= x_1\overline{x}_2 x_3 x_4 + x_1\overline{x}_2\overline{x}_3 x_4 + x_1 x_2 x_3 x_4 + \overline{x}_1\overline{x}_2\overline{x}_3 x_4 + \overline{x}_1\overline{x}_2 x_3 x_4 \\
&= x_1\overline{x}_2 x_4 + x_1 x_3 x_4 + \overline{x}_2\overline{x}_3 x_4 + \overline{x}_1\overline{x}_2 x_4 \\
&= \overline{x}_2 x_4 + x_1 x_3 x_4 + \overline{x}_2\overline{x}_3 x_4
\end{aligned}
$$

$\square$

Eine mehrfache Anwendung der Vereinfachungsregel beruht dabei auf dem Gesetz $x + x = x$, welches das Verdoppeln von Summanden erlaubt. Wir werden nun ein graphisches Verfahren nach Karnaugh vorstellen, mit dessen Hilfe man leicht eine Übersicht über alle möglichen Resolutionen zu einer gegebenen Booleschen Funktion der Stellenzahl ≤ 4 erhält:

Definition 3.1 Ein *Karnaugh-Diagramm* (engl. *Karnaugh map* bzw. kurz *K-map*) einer Booleschen Funktion $f : B^n \to B$ mit $n \in \{3, 4\}$ ist eine graphische Darstellung der Funktionstafel von f durch eine 0-1-Matrix der Größe 2×4 für $n = 3$ bzw. 4×4 für $n = 4$, deren Spalten mit den möglichen Belegungen der Variablen x_1 und x_2 und deren Zeilen mit den möglichen Belegungen der Variablen x_3 bzw. x_3 und x_4 beschriftet sind (vgl. Abbildung 3.1 bzw. 3.2). Die Reihenfolge der Beschriftung erfolgt dabei so, dass sich zwei zyklisch benachbarte Spalten oder Zeilen nur in genau einer Komponente unterscheiden. (Zyklisch benachbart heißt, dass auch obere und untere Zeile bzw. linke und rechte Spalte als benachbart angesehen werden.)

In die entsprechenden Felder der Matrix werden nun die Funktionswerte von f eingetragen, wobei es ausreicht, nur die Einsen tatsächlich zu markieren. Jedem Minterm von f mit einschlägigem Index entspricht dann genau eine 1 im Karnaugh-Diagramm von f und umgekehrt. Folglich entsprechen zwei zyklisch benachbarte Einsen zwei Mintermen, welche sich in genau einer komplementären Variablen unterscheiden und auf die somit die Resolutionsregel angewendet werden kann. Zwei solche Einsen bilden einen so genannten „Zweierblock", und der durch Resolution entstehende Term hat gerade eine Variable weniger als die ihm zugrunde liegenden Minterme. Diese Beobachtung lässt sich verallgemeinern auf Einer-, Vierer-, Achter-, und Sechzehner-Blöcke wie folgt: Rechteckige $2^r \times 2^s$-Blöcke ($r, s \in \{0, 1, 2\}$) von zyklisch benachbarten Einsen entsprechen $2^r \cdot 2^s$ Mintermen, welche sich paarweise höchstens in $r + s$ Variablen

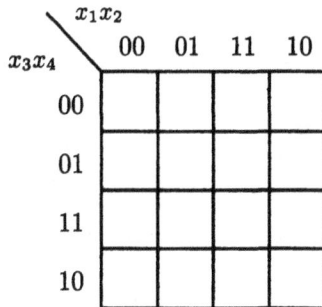

Abbildung 3.2: Karnaugh-Diagramm-Schema für $n = 4$.

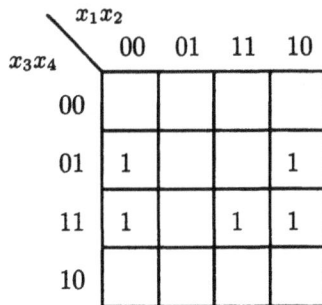

Abbildung 3.3: Karnaugh-Diagramm zu Beispiel 3.1 (b).

unterscheiden, wobei alle Möglichkeiten des negierten bzw. nicht negierten Auftretens dieser Variablen vorkommen. Daher lässt sich die Summe dieser Minterme durch wiederholte Resolution zu dem Term vereinfachen, welcher gemeinsamer Bestandteil aller dieser Minterme ist. Die Gestalt dieses Terms ist dabei aus der Rand-Beschriftung des Karnaugh-Diagramms abzulesen.

Beispiel 3.1 (b) (Fortsetzung):

$$f = x_1\overline{x}_2x_3x_4 + x_1\overline{x}_2\overline{x}_3x_4 + x_1x_2x_3x_4 + \overline{x}_1\overline{x}_2\overline{x}_3x_4 + \overline{x}_1\overline{x}_2x_3x_4$$

f nimmt also für folgende Argumente den Wert 1 an: 1011, 1001, 1111, 0001, 0011. Daher erhält man das in Abbildung 3.3 gezeigte Karnaugh-Diagramm. □

Das oben Gesagte bedeutet für das Auffinden einer vereinfachten Darstellung von f aus dem Karnaugh-Diagramm folgendes: Man überdecke alle im Diagramm auftretenden Einsen durch möglichst große „Resolutions-Blöcke" der Form $2^r \times 2^s$, d. h.

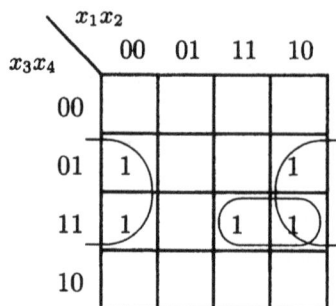

Abbildung 3.4: Überdeckung der Einsen in Beispiel 3.1 (b).

man markiere maximal große Rechtecke von Einsen, wähle von diesen so viele aus, dass jede Eins mindestens in einem Block vorkommt, und bilde die Summe der diesen Blöcken entsprechenden Terme. Für das Diagramm aus Abbildung 3.3 erhalten wir die in Abbildung 3.4 gezeigte Situation. In diesem Diagramm hängt der Vierer-Block nicht von x_1 und nicht von x_3 ab, da seine Einsen sowohl dort stehen, wo x_1 bzw. x_3 Null ist, als auch dort, wo diese Variablen den Wert Eins annehmen. Der ihm entsprechende Term enthält also nur x_2 und x_4 und hat, da die Einsen gerade in den Spalten (Zeilen) für $x_2 = 0$ ($x_4 = 1$) stehen, die Form $\bar{x}_2 x_4$. Eine analoge Überlegung liefert für den Zweierblock den Term $x_1 x_3 x_4$, so dass wir erhalten:

$$f = \bar{x}_2 x_4 + x_1 x_3 x_4.$$

Allgemein liefert ein Block mit 2^k Einsen ($k \in \{0, \cdots, 4\}$) einen Term mit $n - k$ Variablen. Das Auffinden des einem Block entsprechenden Terms wird etwas erleichtert, wenn man als Zeilen- bzw. Spaltenbeschriftung statt der Variablenwerte die Variablen selbst wie folgt verwendet: Man bezeichne die Spalten bzw. Zeilen mit x, für welche die Variable x den Wert 1 annimmt (und die anderen mit $\bar{x}$).

Beispiel 3.2

$$f(x_1, x_2, x_3, x_4) = \bar{x}_1 \bar{x}_2 \bar{x}_3 \bar{x}_4 + x_1 \bar{x}_2 \bar{x}_3 \bar{x}_4 + \bar{x}_1 x_2 \bar{x}_3 x_4 + x_1 x_2 \bar{x}_3 x_4$$
$$+ \bar{x}_1 x_2 x_3 x_4 + x_1 x_2 x_3 x_4 + \bar{x}_1 \bar{x}_2 x_3 \bar{x}_4 + x_1 \bar{x}_2 x_3 \bar{x}_4$$

Ein Karnaugh-Diagramm zu f (mit alternativer Beschriftung) ist in Abbildung 3.5 gezeigt. In diesem Beispiel sind alle Einsen durch zwei Viererblöcke zu überdecken, und wir erhalten als vereinfachte Form

$$f = x_2 x_4 + \bar{x}_2 \bar{x}_4 \, .$$

(Diese Funktion wird in Kapitel 4 eingehend weiter diskutiert.)   □

Bei der Auswahl der Blöcke, welche alle Einsen in einem Diagramm überdecken, ist es unter Umständen nicht sinnvoll, unbedingt die größten Blöcke (bzgl. der Anzahl

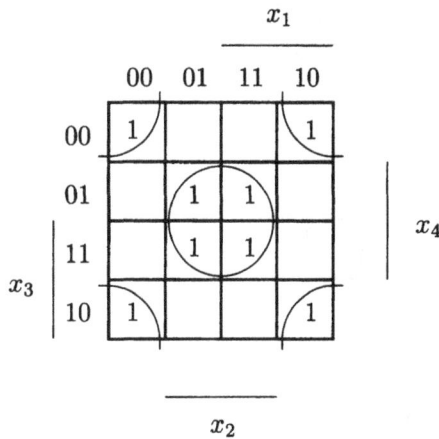

Abbildung 3.5: Karnaugh-Diagramm zu Beispiel 3.2.

der Einsen) zu berücksichtigen, z. B. in der in Abbildung 3.6 gezeigten Situation: Die isoliert stehenden Einsen in den Rand-Zeilen bzw. -Spalten sind durch Zweier-Blöcke überdeckbar, welche dann bereits die Einsen des mittleren Vierer-Blocks erfassen.

Bisher haben wir bei der Behandlung von Schaltnetzen immer vorausgesetzt, dass die zu realisierende Boolesche Funktion *total* war, d. h. dass für $f : B^n \to B$ der Definitionsbereich von f ganz B^n umfasste oder — anders ausgedrückt — dass alle 2^n Elemente von B^n als Argumente für f möglich waren. Häufig tritt jedoch der Fall ein, dass nur gewisse der 2^n Inputs, etwa k, möglich sind, und somit die Funktionswerte von f für $2^n - k$ Argumente durch die betreffende Aufgabenstellung nicht festgelegt werden (wie z. B. beim früher besprochenen Problem „Euler-Kreis in Graphen mit 5 Punkten"). Diese restlichen Argumente-Tupel bezeichnet man als *„Don't-Care"*-Fälle. Ist eine gegebene Boolesche Funktion f *partiell*, so kann man beim Entwurf eines Schaltnetzes für f offensichtlich für die Don't-Care-Argumente willkürlich Funktionswerte festsetzen d. h. f wird zu einer totalen Funktion vervollständigt („fortgesetzt"). Ist f drei- oder vierstellig und will man ein möglichst einfaches Schaltnetz für f mit dem Karnaugh-Verfahren entwerfen, so bietet sich an, für Don't-Care-Argumente den Funktionswert 1 zu unterstellen, wenn dadurch bereits vorhandene Blöcke vergrößert werden können. Selbstverständlich brauchen Don't-Care-Stellen nicht durch Blöcke überdeckt zu werden.

Beispiel 3.3 Sei f für $x \in \{0, \dots, 9\}$ definiert durch:

$$f(x) := \begin{cases} 1 & \text{falls } x \in \{1, 5, 8, 9\} \\ 0 & \text{sonst} \end{cases}$$

Zur Binärcodierung der 10 Argumente werden hier vierstellige Dualzahlen benötigt, mit denen man jedoch $2^4 = 16$ Argumente codieren könnte, so dass wir sechs Don't-Care-Fälle erhalten. In Tabelle 3.1 bzw. im Karnaugh-Diagramm von Abbildung 3.7

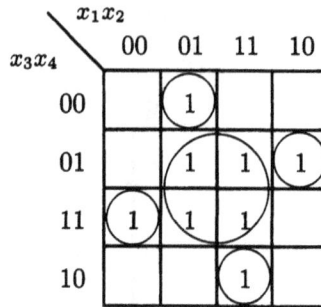

Abbildung 3.6: Karnaugh-Diagramm mit „isolierten" Einsen.

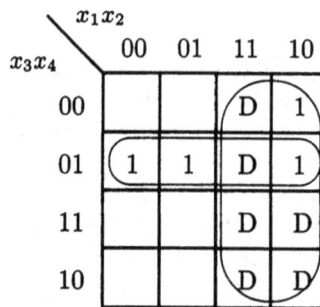

Abbildung 3.7: Karnaugh-Diagramm zu Beispiel 3.3.

sind diese durch „D" gekennzeichnet, wobei D hier dem Funktionswert 1 entsprechen soll. Unter Ausnutzung der Don't-Cares erhält man:

$$f(x_1, x_2, x_3, x_4) = x_1 + \overline{x}_3 x_4.$$

Zum Vergleich geben wir die Darstellung von f an, welche man ohne Ausnutzung der Don't-Cares aus dem Karnaugh-Diagramm erhält:

$$f(x_1, x_2, x_3, x_4) = x_1 \overline{x}_2 \overline{x}_3 + \overline{x}_1 \overline{x}_3 x_4.$$

□

Es sei an dieser Stelle bemerkt, dass man aus dem Karnaugh-Diagramm einer drei- oder vierstelligen Funktion auch auf einfache Weise (nicht notwendig komple-

Tabelle 3.1: Boolesche Funktion aus Beispiel 3.3.

x	x_1	x_2	x_3	x_4	f
0	0	0	0	0	0
1	0	0	0	1	1
2	0	0	1	0	0
3	0	0	1	1	0
4	0	1	0	0	0
5	0	1	0	1	1
6	0	1	1	0	0
7	0	1	1	1	0
8	1	0	0	0	1
9	1	0	0	1	1
A	1	0	1	0	D
B	1	0	1	1	D
C	1	1	0	0	D
D	1	1	0	1	D
E	1	1	1	0	D
F	1	1	1	1	D

mentfreie) Ringsummen-Darstellungen gewinnen kann. Dazu wählt man zunächst zyklisch benachbarte Blöcke aus, die nunmehr inhomogen sein dürfen (d. h. außer Einsen dürfen sie auch Nullen enthalten). Nun hat man darauf zu achten, dass jede 1 durch eine ungerade und jede 0 durch eine gerade Anzahl der ausgewählten Blöcke erfaßt wird. Für die Boolesche Funktion aus Beispiel 3.1 (b) erhält man etwa (vgl. Abbildung 3.8):

$$f = x_4 \oplus \overline{x}_1 x_2 x_4 \oplus x_1 x_2 \overline{x}_3 x_4.$$

Auf eine Begründung dieses Vorgehens sei hier verzichtet (vgl. Aufgabe 3.8).

Außerdem sei darauf hingewiesen, dass die Beschriftung der Ränder von Karnaugh-Diagrammen gemäß Definition 3.1 so zu erfolgen hat, dass sich zwei (zyklisch) benachbarte Spalten oder Zeilen nur in genau einer Komponente unterscheiden. Beim Übergang von einer beliebigen Stelle im Karnaugh-Diagramm zu einer benachbarten in vertikaler oder horizontaler Richtung ändert sich also immer nur genau ein Bit. Dieses „Bauprinzip" ist dem *Gray-Code* entliehen, der wie die (dem Leser inzwischen vertraute) natürliche Binärcodierung zur Verschlüsselung z. B. der Dezimalziffern benutzt werden kann und auch heute noch insbesondere bei der Analog/Digital-Umwandlung (A/D-Umwandlung) eine Rolle spielt. Für die Dezimalziffern kann er z. B. wie in Tabelle 3.2 gewählt werden. Wesentliches Merkmal des Gray-Codes ist, dass sich die Codierungen zweier aufeinanderfolgender Ziffern und von 9 und 0 nur an genau einer der vier Stellen unterscheiden. Man beachte, dass dieser Code im Allgemeinen *nicht* eindeutig bestimmt ist. (Jedoch gibt es Verfahren, mit denen man Gray-Codes für Dualzahlen systematisch erzeugen kann, ohne die Wortlänge vergrößern zu müssen.) Bei der A/D-Umwandlung z. B. von Meßwerten in Bitfolgen bedeutet diese Eigenschaft, dass nur *eine* Bit-Stelle mit Unsicherheit behaftet ist, verursacht etwa durch nicht ganz exakte Positionierung eines Meßwertgebers.

$$
\begin{array}{c|c|c|c|c}
 & \multicolumn{4}{c}{x_1 x_2} \\
x_3 x_4 & 00 & 01 & 11 & 10 \\
\end{array}
$$

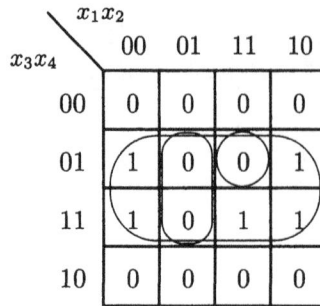

Abbildung 3.8: Karnaugh-Diagramm zu Beispiel 3.1 (b).

Tabelle 3.2: Mögliche Gray-Codierung der Dezimalziffern.

x	Gray-Codewort zu x	Alternative z. B.
0	0000	0000
1	0001	0001
2	0011	0011
3	0010	0010
4	0110	0110
5	0111	1110
6	0101	1010
7	0100	1011
8	1100	1001
9	1000	1000

3.1.2   Das Verfahren von Quine und McCluskey

Das im letzten Abschnitt vorgestellte Karnaugh-Verfahren ermöglicht das Auffinden einer einfacheren Darstellung als z. B. die DNF für Boolesche Funktionen der Stellenzahl ≤ 4. Dieses Verfahren lässt sich auch auf Boolesche Funktionen höherer Stellenzahl erweitern; so betrachtet man für $n = 5$ etwa zwei Oberflächen eines dreidimensionalen Würfels. Jedoch wird der geometrische Aufbau des Diagramms bereits für $n \geq 6$ zu kompliziert, um auf einfache Art überdeckende Blöcke von Einsen auffinden zu können. In diesem Abschnitt werden wir ein anderes Vereinfachungsverfahren vorstellen, welches für Boolesche Funktionen beliebiger Stellenzahl besser geeignet ist. Dazu stellen wir zunächst einige Begriffe bereit:

Definition 3.2 Eine Boolesche Funktion $f : B^n \to B$ liegt in *disjunktiver Form* vor, wenn f als Summe von Termen

$$\sum_{i=1}^{k} M_i \, , \, k \geq 1,$$

dargestellt ist. Dabei verstehen wir unter einem Term M_i künftig ein Produkt der Form

$$\prod_{j=1}^{l} x_{i_j}^{\alpha_j} \, , \, l \geq 1,$$

wobei x^α für $\alpha \in B$ wie in Definition 1.4 erklärt ist.

Wir haben bereits in Kapitel 1 darauf hingewiesen, dass man in der englischsprachigen Literatur in diesem Zusammenhang auch von der *Sum of Products*-Darstellung, kurz SOP, spricht, da es sich hierbei um eine Summe von Produkten handelt. Die disjunktive Normalform einer Booleschen Funktion $f : B^n \to B$ ist damit eine disjunktive (bzw. SOP-) Form, bei welcher jeder Term ein Minterm ist, d. h. jeder Term enthält alle n Variablen. Die Terme einer beliebigen disjunktiven Form von f enthalten im Allgemeinen weniger als n Variablen. Disjunktive Formen geben Anlaß zu so genannten *zweistufigen* Schaltungen: Auf der ersten Stufe werden die Werte der einzelnen (Produkt-) Terme mit Hilfe von (großen) Und-Gattern berechnet, auf der zweiten werden diese Ergebnisse durch ein (großes) Oder-Gatter verknüpft. Derartige Schaltungen sind für praktische Realisierungen besonders wünschenswert, da sie geringe Signal-Laufzeiten aufweisen (vgl. die Bypass-Schaltung in Abschnitt 2.5).

Definition 3.3 Sei $f : B^n \to B$ eine Boolesche Funktion, und sei d eine Darstellung von f in disjunktiver Form aus der Menge $D(f)$ aller Darstellungen von f. Für d erklären wir die *Kosten* $K(d)$ wie folgt:

(i) Für $d \equiv x_{i_1}^{\alpha_1} \cdot x_{i_2}^{\alpha_2} \cdot \ldots \cdot x_{i_t}^{\alpha_t} : K(d) := t - 1$

(ii) Für $d \equiv M_1 + \ldots + M_k : K(d) := (k-1) + \sum_{i=1}^{k} K(M_i)$

Bei dieser Festlegung der Kosten einer disjunktiven Form d stellen wir uns anschaulich ein Schaltnetz für d vor, welches aus Und- und Oder-Gattern und Invertern besteht. Die Kosten von d sind dann gerade die Anzahl der Und- und Oder-Gatter dieses Netzes, wobei wir annehmen, dass Inverter keine Kosten verursachen.

Beispiel 3.4   (a) Sei $f : B^n \to B$ in DNF dargestellt durch

$$d \equiv M_1 + \ldots + M_k.$$

Da jeder Term nun Minterm ist, hat d die Kosten

$$K(d) = (n-1)k + k - 1$$
$$= n \cdot k - 1$$

(b) (Fortsetzung von Beispiel 3.2) Wegen (a) gilt für die DNF von $f : B^4 \to B$:

$$K(d) = 4 \cdot 8 - 1 = 31.$$

Für die mit Hilfe des Karnaugh-Verfahrens gewonnene disjunktive Form

$$d \equiv x_2 x_4 + \overline{x}_2 \overline{x}_4$$

erhält man

$$
\begin{aligned}
K(d) &= (2 - 1) + K(x_2 x_4) + K(\overline{x}_2 \overline{x}_4) \\
&= 1 + 1 + 1 \\
&= 3
\end{aligned}
$$

□

Teil (b) von Beispiel 3.4 zeigt exemplarisch, wie das, was das Karnaugh-Verfahren leistet, allgemein formuliert werden kann als

Vereinfachungsproblem Boolescher Funktionen:

> Man bestimme zu einer gegebenen Booleschen Funktion $f : B^n \to B$, welche z. B. als Tabelle oder in DNF vorliege, eine sie darstellende disjunktive Form d mit minimalen Kosten $K(d)$.

Nach dem bisher Gesagten ist nun klar, dass es sich beim Karnaugh-Verfahren um ein Verfahren zur Lösung dieses Problems handelt für $n = 3$ oder $n = 4$. Für das angekündigte weitere Lösungsverfahren benötigen wir noch:

Definition 3.4 Sei $f : B^n \to B$ eine Boolesche Funktion. Ein Term M heißt *Implikant* von f, kurz $M \leq f$, falls $M(x) \leq f(x)$ für alle $x \in B^n$ gilt, d. h.

$$M(x) = 1 \;\Rightarrow\; f(x) = 1 \text{ für alle } x \in B^n.$$

Ein Implikant M von f heißt *Primimplikant* (von f), falls keine echte Verkürzung von M noch Implikant von f ist.

Beispiel 3.1 (b) (Fortsetzung) Implikanten von f sind: $x_1 \overline{x}_2 x_3 x_4$, $x_1 \overline{x}_2 \overline{x}_3 x_4$, $x_1 x_2 x_3 x_4$, $\overline{x}_1 \overline{x}_2 \overline{x}_3 x_4$, $\overline{x}_1 \overline{x}_2 x_3 x_4$, $x_1 \overline{x}_2 x_4$, $x_1 x_3 x_4$, $\overline{x}_1 \overline{x}_2 x_4$, $\overline{x}_2 \overline{x}_3 x_4$, $\overline{x}_2 x_4$. Primimplikanten sind $\overline{x}_2 x_4$ und $x_1 x_3 x_4$.

Zur letzten Definition sind einige Anmerkungen zu machen:

1. Minterme zu einschlägigen Indizes einer Booleschen Funktion f sind Implikanten von f.

2. Ist M Implikant von f, und ist m ein Minterm von f derart, dass M eine Verkürzung von m ist, so gilt $m \leq M$, d. h. m ist Implikant von M.

3. Im Karnaugh-Diagramm entsprechen rechteckige Blöcke von Einsen den Implikanten und maximale derartige Blöcke den Primimplikanten.

Der folgende Satz zeigt nun, dass die im Karnaugh-Verfahren für $n = 3,4$ verwirklichte Idee, das Vereinfachungsproblem auf die Bestimmung von Primimplikanten zurückzuführen, für disjunktive Formen tatsächlich Kostenminimalität garantiert:

Satz 3.1 Sei $f : B^n \rightarrow B$ eine Boolesche Funktion, $f \not\equiv 0$. Ist $d \equiv M_1 + \ldots + M_k$ eine Darstellung von f als disjunktive Form mit minimalen Kosten, so sind die $M_i, i = 1, \ldots, k$, Primimplikanten von f.

Beweis: Wir bemerken zunächst, dass alle $M_i, i = 1, \ldots, k$, Implikanten von f sind: Sei $x \in B^n$ beliebig und $M_i(x) = 1$. Dann folgt $f(x) = 1$, da f durch d als Disjunktion der M_i dargestellt ist. Angenommen, einer der Terme, etwa M_j, ist kein Primimplikant von f. Dann existiert nach Definition 3.4 eine echte Verkürzung V von M_j, welche ebenfalls Implikant von f ist, und es gilt $M_j \leq V$. Wir erhalten dann eine weitere Darstellung von f als disjunktive Form d', indem wir in d den Term M_j durch V ersetzen:

$$d' \equiv M_1 + \ldots + M_{j-1} + V + M_{j+1} + \ldots + M_k.$$

Die Kosten dieser Darstellung ergeben sich zu:

$$K(d') = (k - 1) + \sum_{i=1}^{j-1} K(M_i) + K(V) + \sum_{i=j+1}^{k} K(M_i).$$

Da V *echte* Verkürzung von M_i ist, folgt $K(d') < K(d)$. Dies ist aber ein Widerspruch zu der Voraussetzung, dass die Kosten von d bereits minimal waren. Daraus folgt die Behauptung. $\triangledown$

Nach diesen Vorbereitungen können wir nun ein Vereinfachungsverfahren für Boolesche Funktionen skizzieren, welches zuerst 1952 von W. Quine angegeben und 1956 von E. McCluskey verbessert wurde. Es besteht aus den folgenden Schritten:

1. Bestimmung aller Primimplikanten;

2. Kosten-minimale Auswahl von Primimplikanten.

Wir beschreiben dieses Verfahren an folgendem Beispiel:

Beispiel 3.5 Sei $f : B^4 \rightarrow B$ gegeben durch die DNF- Darstellung

$$\begin{aligned} f \quad = \quad & \overline{x}_1 \overline{x}_2 \overline{x}_3 \overline{x}_4 + \overline{x}_1 x_2 \overline{x}_3 \overline{x}_4 + \overline{x}_1 x_2 x_3 \overline{x}_4 + x_1 \overline{x}_2 x_3 x_4 \\ & + x_1 x_2 \overline{x}_3 \overline{x}_4 + x_1 x_2 \overline{x}_3 x_4 + x_1 x_2 x_3 \overline{x}_4. \end{aligned}$$

$\square$

Wir erläutern zunächst Schritt (1) des Verfahrens: Alle Primimplikanten lassen sich offensichtlich durch wiederholte Anwendung der aus Abschnitt 3.1 bekannten Resolutionsregel (bzw. für $n = 3,4$ mit dem Karnaugh-Verfahren) – ausgehend von Mintermen – ermitteln. Dabei unterscheiden sich zwei Terme, auf welche die Regel anwendbar ist, in genau einer Variablen, die in dem einen negiert, in dem anderen nicht negiert vorkommt. Daher teile man die zu betrachtenden Minterme anhand der Anzahl der vorkommenden Negationszeichen in Gruppen ein wie in Tabelle 3.3

Tabelle 3.3: Minterme zu Beispiel 3.5 (gemäß Anzahl der Negationen).

Gruppe	Minterm	einschlägiger Index	Dezimaldarstellung des Index
1	$x_1\overline{x}_2x_3x_4$	1011	11
	$x_1x_2\overline{x}_3x_4$	1101	13
	$x_1x_2x_3\overline{x}_4$	1110	14
2	$\overline{x}_1x_2x_3\overline{x}_4$	0110	6
	$x_1x_2\overline{x}_3\overline{x}_4$	1100	12
3	$\overline{x}_1x_2\overline{x}_3\overline{x}_4$	0100	4
4	$\overline{x}_1\overline{x}_2\overline{x}_3\overline{x}_4$	0000	0

Tabelle 3.4: Tabelle 3.3 nach (erster) Anwendung der Resolutionsregel.

Gruppe	Implikant	Index	Minterm-Nummern
1	$x_1\overline{x}_2x_3x_4$	1011	11
	$x_2x_3\overline{x}_4$	*110	6, 14
	$x_1x_2\overline{x}_3$	110*	12, 13
	$x_1x_2\overline{x}_4$	11*0	12, 14
2	$\overline{x}_1x_2\overline{x}_4$	01*0	4, 6
	$x_2\overline{x}_3\overline{x}_4$	*100	4, 12
3	$\overline{x}_1\overline{x}_3\overline{x}_4$	0*00	0, 4

gezeigt. Alle Paare von Mintermen, auf welche die Resolutionsregel anwendbar ist, findet man damit durch die Betrachtung aller Mintermpaare aus benachbarten Gruppen. Alle dabei gewonnenen verkürzten Implikanten tragen wir in eine neue Tabelle ein, welche ebenfalls vier Spalten enthält, jedoch in der Indexspalte „heraus gefallene" Variablen durch * kennzeichnet und in der Nummernspalte die Nummern aller beteiligten einschlägigen Indizes enthält; ferner übernehmen wir in die neue Tabelle alle Implikanten, auf welche die Regel bereits nicht mehr anwendbar ist (vgl. Tabelle 3.4). Das sind genau diejenigen Implikanten, die nicht als Resolutionspartner benutzt worden sind; sie können auch später nicht mehr benutzt werden, da die noch aktiven Implikanten immer kürzer werden. Mit dieser neuen Tabelle wird das Verfahren iteriert, und zwar solange, bis eine gerade erzeugte Tabelle mit der zuletzt erzeugten übereinstimmt. Diese Tabelle enthält dann nur noch Primimplikanten, und zwar alle von ihnen (vgl. Tabelle 3.5).

Als nächstes erläutern wir Schritt (2) des Verfahrens: Den in Schritt (1) festgestellten Zusammenhang zwischen Primimplikanten und Mintermen halten wir nun in einer Matrix $\mathcal{A} = (a_{ij})$ fest, deren Zeilen Primimplikanten und deren Spalten Minterme repräsentieren wie folgt:

$$a_{ij} := \begin{cases} 1 & \text{falls Minterm } j \leq \text{Primimplikant } i \text{ (im Sinne von Definition 2.4)} \\ 0 & \text{sonst} \end{cases}$$

Tabelle 3.5: Alle Primimplikanten zu Beispiel 3.5.

Gruppe	Implikant	Index	Minterm-Nummern
1	$x_1\overline{x}_2x_3x_4$	1011	11
	$x_1x_2\overline{x}_3$	110*	12, 13
	$x_2\overline{x}_4$	*1*0	4, 6, 12, 14
3	$\overline{x}_1\overline{x}_3\overline{x}_4$	0*00	0, 4

Tabelle 3.6: Implikationsmatrix zu Beispiel 3.5.

Primimplikant \ Minterm	0	4	6	11	12	13	14
$x_1\overline{x}_2x_3x_4$	0	0	0	1	0	0	0
$x_1x_2\overline{x}_3$	0	0	0	0	1	1	0
$x_2\overline{x}_4$	0	1	1	0	1	0	1
$\overline{x}_1\overline{x}_3\overline{x}_4$	1	1	0	0	0	0	0

a_{ij} hat also den Wert 1, falls der j-te Minterm an der Bildung des i-ten Primimplikanten beteiligt war (vgl. Tabelle 3.6). In dieser Matrix hat man nun noch eine Auswahl von Zeilen, d. h. Primimplikanten, so zu treffen, dass einerseits die von diesen Zeilen gebildete Teilmatrix in jeder Spalte mindestens eine Eins enthält, andererseits die Gesamtkosten dieser Primimplikanten minimal sind unter allen möglichen Auswahlen mit der ersten Eigenschaft.

Im laufenden Beispiel benötigt man alle vier Primimplikanten, um alle Minterme zu „überdecken": Die Unentbehrlichkeit des ersten Primimplikanten folgt z. B. daraus, dass in der Spalte des Minterms 11 keine andere Eins als die in der ersten Zeile vorhanden ist. Damit erhält man als kostengünstigste Darstellung d von f:

$$d \equiv x_1\overline{x}_2x_3x_4 + x_1x_2\overline{x}_3 + x_2\overline{x}_4 + \overline{x}_1\overline{x}_3\overline{x}_4$$

mit $K(d) = 11$.

Es sei darauf hingewiesen, dass Schritt (2) unter Umständen sehr hohen Aufwand erfordert, wenn man viele mögliche Auswahlen bzgl. ihrer Kosten miteinander vergleichen muss. Von einer optimalen algorithmischen Präzisierung des Schrittes (2) kann also im Quine-McCluskey-Verfahren noch nicht die Rede sein. Wir werden darauf und auf die allgemeine Komplexitätsproblematik des Überdeckungsphänomens in Kapitel 4 genauer eingehen.

3.2 Fehlerdiagnose von Schaltnetzen

Wir wollen nun einen zweiten Problemkreis behandeln, welcher auch eine Art Optimierung darstellt, nämlich die *Fehlerdiagnose von Schaltnetzen*. Dies ist für die Produktion von Schaltelementen von großer Bedeutung. Die heutige VLSI-Technologie stellt sehr große Schaltnetze, ja ganze CPUs und deren unmittelbare „Umgebung" (vgl. Kapitel 8) auf einem Chip zur Verfügung. Zur Zeit lassen sich viele Millionen Bauteile auf einem typischerweise quadratischen Chip unterbringen; die sich in voller Entwicklung befindliche Nanotechnik wird noch wesentlich kompaktere Chips liefern. Bei dieser Größe kann man natürlich im Allgemeinen nicht mehr nach defekten Bauteilen oder gerissenen Verbindungsdrähten auf einem Chip suchen, sondern man muss sich oft darauf beschränken, Chips als Ganzes auf Defekte zu testen und gegebenenfalls auszusondern.

Wie kann man nun eine solche behavioristische Qualitätsprüfung bzw. Endkontrolle vornehmen? Betrachten wir z. B. — wie in diesem Kapitel schon mehrfach geschehen — ein Addiernetz für 16-stellige Dualzahlen: Eine Möglichkeit besteht sicher darin, alle möglichen Inputs anzulegen und die entsprechenden Ergebnisse zu verifizieren. In diesem Fall wären somit $2^{32} \approx 4 \cdot 10^9$ Argumente-Tupel („Tests") durch die Schaltung zu schicken, was offensichtlich ein zu hoher Aufwand ist. Wir werden nun eine klassische Methode vorstellen, nach welcher man aus der Menge aller möglichen Tests für ein gegebenes Schaltnetz diejenigen auswählen kann, mit der sich bereits alle Fehler einer bestimmten Art aufdecken lassen. Die Fehlerart wird dabei bestimmt durch eine vorher zu treffende *Fehlerannahme*, die z. B. wie folgt lauten kann:

(a) Es tritt im gegebenen Schaltnetz höchstens ein Fehler auf;

(b) der Defekt, welcher einen Fehler verursacht, ist ein gerissener Verbindungsdraht.

Teil (b) beschreibt einen sehr häufig auftretenden Defekt; neben diesem sind noch Kurzschlüsse, defekte Gatter durch fehlerhafte Halbleiter usw. denkbar. Dieser Fehler (b) wird auch als *0-Verklemmung* (engl. „stuck-at 0") bezeichnet (unter der Vorstellung, dass ein defekter Draht keinen Impuls übermitteln kann).

Unter dieser Ein-Fehler-Annahme (a) + (b) wollen wir nun für das in Abbildung 1.4 angegebene Schaltnetz der Booleschen Funktion aus Beispiel 1.13 einen so genannten *minimalen Testvektor* bestimmen. Dazu geben wir das Schaltnetz wieder als DAG an (vgl. Abbildung 3.9). In diesem Beispiel können 18 Drähte reißen, und wir verschaffen uns zunächst in Tabelle 3.7 eine Übersicht über die Auswirkungen eines defekten Drahtes auf nachfolgende Gatter bzw. Leitungen und insbesondere auf den Output; diesen bezeichnen wir mit f_i, falls Draht i gerissen ist. Aus $f(x_1, x_2, x_3) = \overline{x}_1 x_2 x_3 + x_1 \overline{x}_2 x_3 + x_1 x_2 x_3$ erhalten wir für die f_i folgende Darstellungen:

$$f_1 = \overline{0} \cdot x_2 x_3 + x_1 \overline{x}_2 x_3 + x_1 x_2 x_3 = x_2 x_3 + x_1 x_3$$

$$f_2 = 0 \cdot x_2 x_3 + x_1 \overline{x}_2 x_3 + x_1 x_2 x_3 = x_1 \overline{x}_2 x_3 + x_1 x_2 x_3 = x_1 x_3$$

$$f_3 = \overline{x}_1 x_2 x_3 + x_1 x_2 x_3 = x_2 x_3$$

$$f_4 = \overline{x}_1 x_2 x_3 + x_1 \overline{x}_2 x_3$$

$$f_5 = x_1 \overline{x}_2 x_3 + x_1 x_2 x_3 = x_1 x_3$$

$$f_6 = \overline{x}_1 x_2 x_3 + x_1 x_3$$

$$f_7 = x_2 x_3$$

$$f_8 = \overline{x}_1 x_2 x_3 + x_1 \overline{x}_2 x_3$$

$$f_9 = x_1 x_3$$

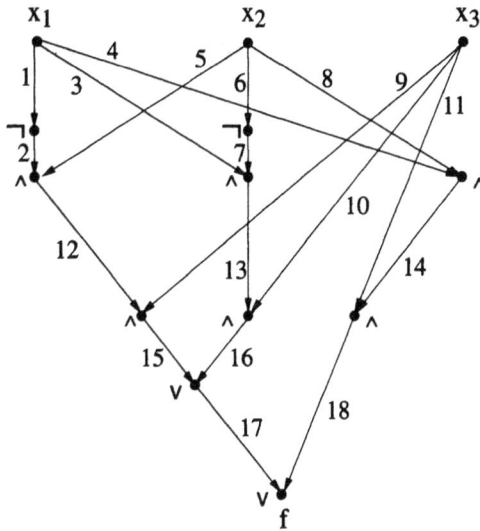

Abbildung 3.9: DAG zu Beispiel 1.13 mit „Draht-Nummern".

Tabelle 3.7: Fehlermöglichkeiten in Abbildung 3.9 (Ausfalltafel).

x_1	x_2	x_3	f_1	f_2	f_3	f_4	f_5	f_6	f_7	f_8	f_9
0	0	0	0	0	0	0	0	0	0	0	0
0	0	1	0	0	0	0	0	0	0	0	0
0	1	0	0	0	0	0	0	0	0	0	0
0	1	1	1	0	1	1	0	1	1	1	0
1	0	0	0	0	0	0	0	0	0	0	0
1	0	1	1	1	0	1	1	1	0	1	1
1	1	0	0	0	0	0	0	0	0	0	0
1	1	1	1	1	1	0	1	1	1	0	1

x_1	x_2	x_3	f_{10}	f_{11}	f_{12}	f_{13}	f_{14}	f_{15}	f_{16}	f_{17}	f_{18}
0	0	0	0	0	0	0	0	0	0	0	0
0	0	1	0	0	0	0	0	0	0	0	0
0	1	0	0	0	0	0	0	0	0	0	0
0	1	1	1	1	0	1	1	0	1	0	1
1	0	0	0	0	0	0	0	0	0	0	0
1	0	1	0	1	1	0	1	1	0	0	1
1	1	0	0	0	0	0	0	0	0	0	0
1	1	1	1	0	1	1	0	1	1	1	0

Tabelle 3.8: Ausfallmatrix zu Abbildung 3.9.

x_1	x_2	x_3	f_1	f_2	f_3	f_4	f_{17}
0	0	0	0	0	0	0	0
0	0	1	0	0	0	0	0
0	1	0	0	0	0	0	0
0	1	1	1	0	1	1	0
1	0	0	0	0	0	0	0
1	0	1	1	1	0	1	0
1	1	0	0	0	0	0	0
1	1	1	1	1	1	0	1

$$
\begin{aligned}
f_{10} &= x_2 x_3 \\
f_{11} &= \overline{x}_1 x_2 x_3 + x_1 \overline{x}_2 x_3 \\
f_{12} &= 0 \cdot x_3 + x_1 \overline{x}_2 x_3 + x_1 x_2 x_3 = x_1 x_3 \\
f_{13} &= x_2 x_3 \\
f_{14} &= \overline{x}_1 x_2 x_3 + x_1 \overline{x}_2 x_3 \\
f_{15} &= x_1 x_3 \\
f_{16} &= x_2 x_3 \\
f_{17} &= x_1 x_2 x_3 \\
f_{18} &= \overline{x}_1 x_2 x_3 + x_1 \overline{x}_2 x_3
\end{aligned}
$$

Tabelle 3.7 zeigt die so genannte *Ausfalltafel*, welche sich verkürzen lässt zu einer *Ausfallmatrix* durch Weglassen doppelter Spalten, denn offensichtlich gilt:

$$
\begin{aligned}
f_1 &= f_6 \\
f_2 &= f_5 = f_9 = f_{12} = f_{15} \\
f_3 &= f_7 = f_{10} = f_{13} = f_{16} \\
f_4 &= f_8 = f_{11} = f_{14} = f_{18}
\end{aligned}
$$

Als Ausfallmatrix erhalten wir die in Tabelle 3.8 gezeigte Matrix. Diese Matrix zeigt für alle möglichen Eingaben die beobachtbaren globalen Abweichungen vom gewünschten Ausgabeverhalten, welche durch 0-Verklemmung entsprechend unserer Fehlerannahme erzeugbar sind. Da das Ziel ist, aus der Menge aller möglichen Inputs (hier $2^3 = 8$ Stück) diejenigen herauszufinden, mit deren Hilfe bereits alle Abweichungen vom geforderten Verhalten feststellbar sind, bietet sich zunächst der Übergang von der Ausfallmatrix zur so genannten *Fehlermatrix* an, die man erhält, indem man jede f_i-Spalte durch $f \leftrightarrow f_i$ ersetzt. Diese Matrix ist in Tabelle 3.9 gezeigt; jede Spalte zeigt gerade die Stellen (durch eine 1) an, an der das beobachtete Verhalten von f abweicht. Unsere Aufgabe besteht nun noch darin, möglichst wenig Tests (d. h. Input-Zeilen) so auszuwählen, dass jeder Fehler aufgedeckt wird. In diesem Beispiel gibt offensichtlich { 3, 5, 7 } einen minimalen Testvektor, d. h. allein durch probeweises Anlegen von $(0, 1, 1)$, $(1, 0, 1)$ und $(1, 1, 1)$ an die Schaltung sind *alle* aus unserer Fehlerannahme resultierenden Defekte erkennbar. Die Anzahl der Tests ist somit von

Tabelle 3.9: Fehlermatrix zu Abbildung 3.9.

Zeilen-Nr.	x_1	x_2	x_3	$f \leftrightarrow f_1$	$f \leftrightarrow f_2$	$f \leftrightarrow f_3$	$f \leftrightarrow f_4$	$f \leftrightarrow f_{17}$
0	0	0	0	0	0	0	0	0
1	0	0	1	0	0	0	0	0
2	0	1	0	0	0	0	0	0
3	0	1	1	0	1	0	0	1
4	1	0	0	0	0	0	0	0
5	1	0	1	0	0	1	0	1
6	1	1	0	0	0	0	0	0
7	1	1	1	0	0	0	1	0

8 auf 3 gefallen. (Man beachte, dass in diesem Beispiel der Defekt Nr. 1, welcher zur Funktion f_1 führt, nach außen hin nicht als Defekt erkennbar ist wegen $f_1 \equiv f$; liegt also dieser Defekt vor, leistet das Schaltnetz dennoch das Gewünschte.)

Diese exemplarisch vorgeführte Methode bezeichnet man auch als *schaltungsabhängige Fehlerdiagnose*; damit kann man feststellen, ob ein gegebenes Schaltnetz, dessen logischer Aufbau bekannt ist, mit einem bestimmten Fehler, welcher in einer Fehlerannahme spezifiziert wird, behaftet ist oder nicht. Die *Lokalisierung* eines Fehlers ist mit dieser Methode offensichtlich im Allgemeinen nicht möglich.

Natürlich gibt es bei großen Schaltungen ernst zu nehmende Fehlerquellen, die von ganz anderer Natur sind als die hier diskutierten Stuck-At-Annahmen bei höchstens einem Fehler. Hierzu gehören Defekte durch das Auftreten von Hasards, die im folgenden Abschnitt behandelt werden und die durch Analyse der zu realisierenden Funktionen im Prinzip vermeidbar wären. Auch andere physikalisch bedingte Fehler wie z. B. Probleme mit der Spannungsversorgung oder kapazitativ bedingte Überlagerungs-Störungen sind mit der Testmengen-Methodik nicht zu bewältigen.

Diese Probleme müssen deshalb bereits in der Phase des Chip-Entwurfs (Design) angegangen werden. Die physikalische Realität lässt sich aber in der Praxis nicht sauber vom reinen Logik-Entwurf trennen. Deshalb gehört die Entwicklung praktisch anwendbarer automatischer Testmethoden für den Entwurf und für die Fertigungs-Endkontrolle von Chips zu den wichtigsten Aufgaben der praktischen Informatik, die nur in interdisziplinärer Zusammenarbeit gelöst werden können.

3.3   Hasards in Schaltnetzen

Zum Abschluss dieses Kapitels wollen wir noch einen dritten Aspekt der Verbesserung von Schaltnetzen behandeln, welcher mit der technischen Funktionssicherheit derartiger Schaltungen zusammenhängt. Im letzten Abschnitt haben wir physikalische Probleme, die bei der Realisierung von Schaltnetzen auftreten können, mit unserer „Black-Box-Philosophie" in Verbindung gebracht. Für die Praxis des Aufbaus und der Verwendung von Schaltnetzen sind viele physikalische Tatsachen wesentlich. Wir wollen einige dieser Tatsachen formulieren und ihre Konsequenzen studieren:

1. Jedes Signal, welches ein Gatter durchläuft, hat eine zwar kurze, aber nicht vernachlässigbare Laufzeit;

2. Änderung von Input-Signalen, welche logisch gleichzeitig erfolgen, können im Allgemeinen physikalisch nicht gleichzeitig stattfinden.

3. Signal-Laufzeiten können für die einzelnen Gatter eines Schaltnetzes unterschiedlich groß sein (Spezifizierung von Annahme 1).

Eine Folge aus diesen Annahmen, welche für die Praxis tatsächlich realistisch sind, ist, dass das Umschalten von gewissen Input-Signalen für ein Schaltnetz auf andere Signalwerte einer Verzögerung unterliegt. Diese Verzögerung kann dazu führen, dass sich der Wert am Ausgang des Schaltnetzes kurzzeitig ändert, was aber unter Umständen unerwünscht ist.

Beispiel 3.6 Sei $f(x_1, x_2, x_3) = x_1 x_3 + x_2 \overline{x}_3$, so gilt:

$$f(1,1,0) = 1$$
$$f(1,1,1) = 1$$
$$f(1,0,0) = 0$$
$$f(1,0,1) = 1$$

$\square$

Sei nun S irgendein Schaltnetz für f, an dessen Eingängen das Input-Tupel $(1, 1, 0)$ anliege. Soll dann auf den Input $(1, 0, 1)$ umgeschaltet werden, so könnte dies gemäß Annahme (2) in zwei unterschiedlichen Abfolgen erfolgen: Entweder wird zunächst der Wert von x_2 von 1 in 0 und dann der Wert von x_3 von 0 in 1 geändert oder diese Umschaltung verläuft in umgekehrter Reihenfolge. Wird der zweite Weg beschritten, ändert sich das Ausgangssignal von S nicht, da auch für das „Zwischen-Tupel" der Funktionswert gleich 1 ist. Wird jedoch der erste Weg gewählt, „kippt " das Ausgangssignal von S kurzzeitig auf 0 (wegen $f(1, 0, 0) = 0$), bevor es dann wieder den „richtigen" Wert 1 annimmt. Dieses Verhalten ist unerwünscht z. B. dann, wenn das Ausgangssignal ein sehr empfindliches Gerät steuert, welches im schlimmsten Fall defekt wird, wenn das Signal auch nur kurze Zeit auf 0 kippt.

Phänomene dieser Art nennt man *Hasards* (engl.: hazard; Gefahr, Risiko). Wie bei der Fehlerdiagnose unterscheidet man zwei Arten von Hasards: (Schaltungsunabhängige) *Funktionshasards*, welche nur durch das „Übergangsverhalten" der gegebenen Booleschen Funktion (entsprechend Annahme (2) oben) bedingt sind, und (schaltungsabhängige) *Schaltungshasards*, welche sich als Folgerung aus Annahme (3) ergeben. (Darüber hinaus unterscheidet man bei beiden Arten noch *statische* und *dynamische* Hasards: Ein statischer Hasard bewirkt die unerwünschte Veränderung eines Output-Signals während des „Umkippens" von Inputsignalen; ein dynamischer Hasard liegt vor, wenn sich das Ausgangssignal für neue Inputs tatsächlich ändern soll, die Veränderung sich aber erst nach einem gewissen „Flimmern" endgültig einstellt. Wir befassen uns hier nicht weiter mit dynamischen Hasards.)

Die Boolesche Funktion aus Beispiel 3.6 besitzt also einen *Funktions*hasard. Wir wollen diesen Hasard-Begriff präzisieren:

Definition 3.5 Sei $f : B^n \to B$ eine Boolesche Funktion und seien $a_0 \in B^k$ ($1 \leq k < n$), $a_1 \in B^{n-k}$, $a = (\{a_0, a_1\})$, $b = (\{a_0, \overline{a}_1\})$. (Die [unterbestimmte] Schreibweise $a = (\{a_0, a_1\})$ soll dabei andeuten, dass eine gewisse Auswahl der Komponenten von a den Vektor a_0 bildet und die dabei nicht berücksichtigten Komponenten den Vektor a_1 bilden. In Spezialfällen[1] kann also a_0 den Anfang und a_1 das Ende des Vektors a bedeuten.) f besitzt einen (statischen) *Funktionshasard* (für den Input-Wechsel von a nach b), falls gilt:

(i) $f(a) = f(b)$;

(ii) es gibt ein $a_1' \in B^{n-k}$ so, dass für $c = (\{a_0, a_1'\})$ gilt: $f(a) \neq f(c)$.

Beispiel 3.6 (Fortsetzung): Setze für $k = 1$

$$
\begin{aligned}
a_0 &= (x_1) = (1) \\
a_1 &= (x_2, x_3) = (1, 0) \\
a_1' &= (x_2', x_3') = (0, 0)
\end{aligned}
$$

so gilt:

$$
\begin{aligned}
f(a) &= f(a_0, a_1) = f(1, 1, 0) = 1, \\
f(c) &= f(a_0, a_1') = f(1, 0, 0) = 0, \\
f(b) &= f(a_0, \overline{a}_1) = f(1, 0, 1) = 1.
\end{aligned}
$$

Also besitzt f einen Funktionshasard für den Inputwechsel von $(1, 1, 0)$ nach $(1, 0, 1)$. □

Beispiel 3.7 (vgl. Abschnitt 3.1) Sei $f : B^4 \to B$ durch das in Abbildung 3.10 gezeigte Karnaugh-Diagramm gegeben. Zur Bestimmung der Funktionshasards von f (gemäß Definition 3.5) stellen wir eine Tabelle auf, welche für $k = 1, 2, 3$ in Abhängigkeit von a_0 die a_1-Tupel angibt, für die ein Hasard vorliegt. Die Tabelleneinträge werden dabei durch Betrachtung des Karnaugh-Diagramms wie folgt ermittelt:

$k = 1$: Wählt man zunächst $a_0 = (0)$, so ist nur die „linke" Hälfte des Karnaugh-Diagramms zu betrachten. Die Stellen im Diagramm, an denen komplementäre a_1-Tupel liegen, sind in Abbildung 3.11 durch Linien verbunden. Wegen Bedingung (i) von Definition 3.5 reicht es nun, solche durch eine Linie verbundenen Paare von Punkten zu betrachten, an denen jeweils der gleiche Funktionswert steht. Annahme (2) oben besagt dann, dass das Umschalten von einem Input-Tupel auf ein anderes nicht entlang dieser Linie, sondern nur über horizontale oder vertikale Nachbar-Felder (eventuell zyklische Nachbarn!) erfolgen kann, also z. B. für den Wechsel von 0001 auf 0110 wie in Abbildung 3.12 gezeigt. Hat eines dieser „Zwischenfelder" einen anderen Funktionswert als Start und Ziel, so liegt (für diesen Input-Wechsel) ein Funktionshasard vor.

Für die Wahl $a_0 = (1)$ betrachtet man analog die rechte Hälfte des Karnaugh-Diagramms. Der erste Teil der Tabelle lautet damit wie in Tabelle 3.10 angegeben.

---

[1]Im Sinne einer Vereinfachung der Schreibweise werden wir künftig nur diesen Spezialfall betrachten. Unter dieser Annahme entfallen dann die geschweiften Klammern.

x_1x_2

	00	01	11	10
00	0	1	0	0
01	0	1	1	1
11	1	1	1	0
10	0	0	1	0

x_3x_4

Abbildung 3.10: Karnaugh-Diagramm zu Beispiel 3.7.

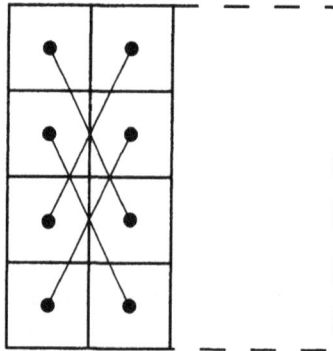

Abbildung 3.11: Bestimmung der Funktionshasards in Beispiel 3.7 (1).

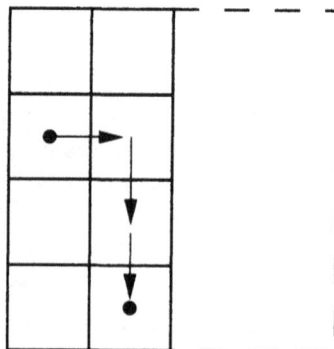

Abbildung 3.12: Bestimmung der Funktionshasards in Beispiel 3.7 (2).

Tabelle 3.10: Zu Beispiel 3.7: $k = 1$.

k	a_0	a_1	$f(a_0, a_1) = f(a_0, \bar{a}_1)$	mögl. a_1'	$f(a_0, a_1')$
1	(0)	(0, 0, 1)	0	(1, 0, 1)	1
		(1, 0, 0)	1	(0, 0, 1)	0
1	(1)	(1, 0, 0)	0	(1, 0, 1)	1
		(0, 0, 1)	1	(0, 1, 1)	0

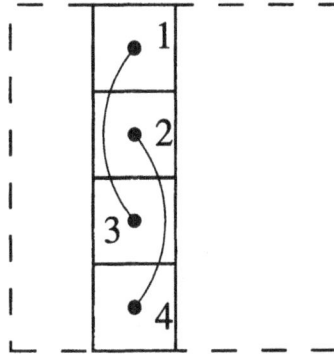

Abbildung 3.13: Bestimmung der Funktionshasards in Beispiel 3.7 (3).

$k = 2$: Für a_0 hat man nun vier Wahlmöglichkeiten, welche jeweils einer Spalte des Karnaugh-Diagramms entsprechen. Komplementäre a_1-Tupel liegen dann an den in Abbildung 3.13 exemplarisch für Spalte 2 gezeigten Stellen. Da ein Input-Wechsel z. B. von 1 nach 3 nur über 2 erfolgen kann, ist das Auffinden der Hasards gegenüber Fall $k = 1$ bereits wesentlich leichter: Ist der Funktionswert an den Stellen 1 und 3 identisch, und weicht er an der Stelle 2 von diesem Wert ab, so liegt offensichtlich ein Funktionshasard vor. Die Fortsetzung von Tabelle 3.10 lautet damit wie in Tabelle 3.11 angegeben.

$k = 3$: Nun ergeben sich acht Wahlmöglichkeiten für a_0, welche jeweils der ersten oder zweiten Hälfte einer Spalte des Karnaugh-Diagramms entsprechen. Da man also nur noch benachbarte Zeilen zu betrachten hat, so dass Wahlmöglichkeiten für a_1' entfallen, ist unmittelbar einzusehen, dass bereits alle Funktionshasards von

Tabelle 3.11: Zu Beispiel 3.7: $k = 2$.

k	a_0	a_1	$f(a_0, a_1) = f(a_0, \bar{a}_1)$	mögl. a_1'	$f(a_0, a_1')$
2	(0 , 0)	(0 , 1)	0	(1 , 1)	1
2	(0 , 1)	(0 , 0)	1	(1 , 0)	0
2	(1 , 1)	(0 , 1)	1	(0 , 0)	0
2	(1 , 0)	(0 , 0)	0	(0 , 1)	1

f gefunden sind.

Zusammenfassend haben wir für f bei folgenden Input-Wechseln einen Funktionshasard gefunden (selbstverständlich liegen auch jeweils in der umgekehrten Richtung Funktionshasards vor):

$$
\begin{aligned}
(1)\ & 0001 & \rightarrow & \quad 0110 \\
(2)\ & 0100 & \rightarrow & \quad 0011 \\
(3)\ & 1100 & \rightarrow & \quad 1011 \\
(4)\ & 1001 & \rightarrow & \quad 1110 \\
(5)\ & 0001 & \rightarrow & \quad 0010 \\
(6)\ & 0100 & \rightarrow & \quad 0111 \\
(7)\ & 1101 & \rightarrow & \quad 1110 \\
(8)\ & 1000 & \rightarrow & \quad 1011
\end{aligned}
$$

Hierzu kommen unter Umständen weitere, welche sich ergeben, wenn man sich nicht nur auf den hier beschriebenen Spezialfall (vgl. letzte Fußnote) beschränkt. □

Es ist klar, dass man sich bei Funktionshasards im Allgemeinen auf deren *Erkennung* beschränken muss, da sie von der gegebenen Booleschen Funktion abhängen, nicht aber von einem speziellen Schaltnetz. Systematischere Erkennungsalgorithmen als das in Beispiel 3.7 exerzierte Nachrechnen der Definition werden im Rahmen der *Schaltkreistheorie* behandelt. Vermeiden lassen sich Funktionshasards nur durch eine Abänderung der gegebenen Booleschen Funktion, jedoch ist es möglich, durch künstliche *Synchronisation* die in dieser Art Hasard liegende Gefahr zu überspielen; man hat dann dafür zu sorgen, dass das Umkippen einzelner Input-Bits beim Übergang von einem auf einen anderen Input in einer Reihenfolge geschieht, welche das Ausgangs-Signal unverändert lässt (falls eine solche existiert). In Beispiel 3.6 würde dies z. B. durch die Reihenfolge „zuerst x_3, dann x_2" beim Wechsel von $(1, 1, 0)$ auf $(1, 0, 1)$ gewährleistet.

Die nun zu betrachtenden *Schaltungs*hasards sind — wie gesagt — eine Folge aus obiger Annahme (3): Verschiedene Signalwege können unterschiedliche Signallaufzeiten bewirken.

Beispiel 3.6 (Fortsetzung) Wir betrachten die in Abbildung 3.14 gezeigte Schaltung für $f = x_1 x_3 + x_2 \overline{x}_3$ und einen Input-Wechsel von $(1, 1, 0)$ nach $(1, 1, 1)$. Dann gilt: $f(1, 1, 0) = f(1, 1, 1) = 1$, und es liegt *kein* Funktionshasard vor, da es bei diesem Übergang kein „Zwischentupel" gibt. Dennoch kann hier Unerwünschtes passieren: Beim Umschalten von x_3 von 0 auf 1 sind die beiden Signalwege ACE und BDE zu durchlaufen. Unterstellen wir nun (gemäß Annahme 3), dass z. B. der Weg ACE „langsamer" ist als BDE, so kann folgende Situation eintreten: Der linke Eingang von Gatter E steht *noch* auf 0, während der rechte *schon* auf 0 steht (als Ausgang von Gatter D, das den neuen Input $x_3 = 1$ bereits verarbeitet hat). Am Ausgang von E erscheint dann der Wert 0, d. h. wieder liegt eine kurzzeitige Fehlfunktion vor, welche aber nicht durch einen Funktionshasard verursacht wird. Wir fassen dies wie folgt zusammen:

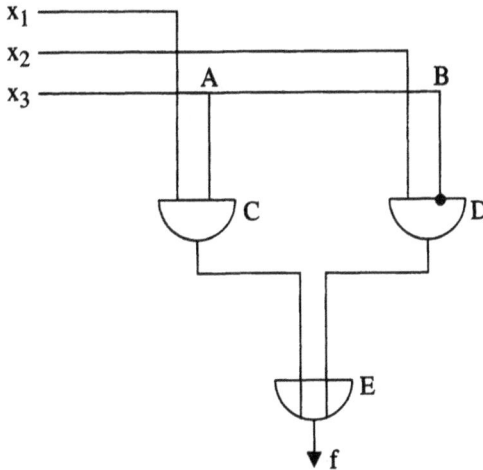

Abbildung 3.14: Schaltung zu Beispiel 3.6.

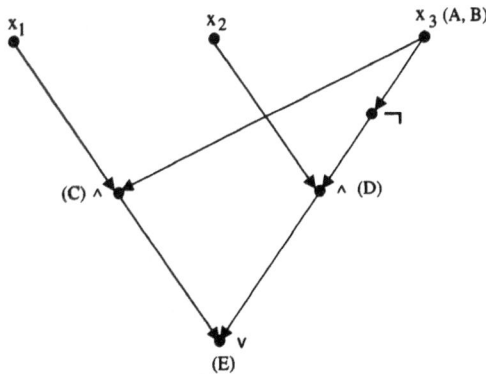

Abbildung 3.15: DAG zu Beispiel 3.6.

Definition 3.6 Sei $f : B^n \to B$ eine Boolesche Funktion, S ein Schaltnetz, welches f realisiert, und $a, b \in B^n$. S besitzt einen (statischen) *Schaltungshasard* (logischen Hasard) für den Input-Wechsel von a nach b, falls gilt:

(i) $f(a) = f(b)$;

(ii) f besitzt keinen Funktionshasard für den Wechsel von a nach b;

(iii) während des Wechsels von a nach b ist am Ausgang von S eine vorübergehende Fehlfunktion beobachtbar.

Im in Abbildung 3.14 angegebenen Schaltnetz liegt der Grund für den auftretenden Schaltungshasard offenbar in dem Fan-Out von x_3 (an den Stellen A und B) und der anschließenden Re-Konvergenz des *kritischen* x_3-Signals an der Stelle E; aus der Darstellung dieses Netzes als DAG (gemäß Definition 1.7) ist sofort ersichtlich, dass es *zwei* Wege vom Input x_3 zum Output E gibt (vgl. Abbildung 3.15).

Abbildung 3.16: Karnaugh-Diagramm zu Beispiel 3.6.

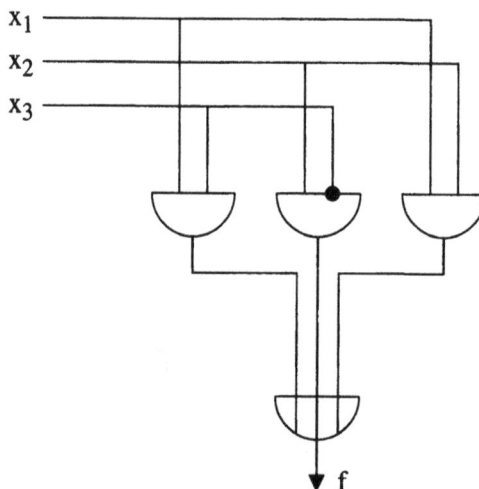

Abbildung 3.17: Erweiterung der Schaltung aus Abbildung 3.14.

Methoden zur *Erkennung* von Schaltungshasards werden ebenfalls im Rahmen der Schaltkreistheorie behandelt. Wir beschränken uns hier darauf, eine Methode zur *Beseitigung* von Schaltungshasards anzugeben. Der in obigem Schaltnetz auftretende logische Hasard ist offensichtlich durch zusätzliche Hardware („Gegenschaltung") eliminierbar wie folgt:

Betrachtet man das in Abbildung 3.16 gezeigte Karnaugh-Diagramm von f, so erkennt man, dass f die drei Primimplikanten $x_1 x_3$, $x_2 \overline{x}_3$ und $x_1 x_2$ besitzt. Von diesen reichen zur Darstellung von f die ersten beiden aus, was zu der in Abbildung 3.14 gezeigten Schaltung führte. Schaltet man nun den dritten Primimplikanten hinzu, so erkennt man unmittelbar, dass der Schaltungshasard beim Input-Wechsel von $(1, 1, 0)$ nach $(1, 1, 1)$ eliminiert ist, da der Summand $x_1 x_2$ jetzt ein konstantes Output-Signal garantiert. Dies ist eine zweistufige Schaltung, welche *alle* Primimplikanten von f enthält. Diese Beobachtung lässt sich verallgemeinern zu einem *hinreichenden* Kriterium für die Vermeidung von Schaltshasards:

Satz 3.2 *(Eichelberger 1965)* Ein zweistufiges Schaltnetz S für eine Boolesche Funktion f in disjunktiver Form ist frei von (statischen) Schaltungshasards, wenn die

Und-Gatter von S in einer 1-1-Korrespondenz zu den Primimplikanten von f stehen, d. h. jedes Und-Gatter von S realisiert einen Primimplikanten von f, und jedem Primimplikanten von f entspricht ein Und-Gatter in S.

Beweis: O. B. d. A. beweisen wir den Satz nur für den Fall, dass *eine* Variable, etwa x_n, ihren Wert ändert, und das Tupel $(x_1, \ldots, x_{n-1})$ unverändert seinen Wert $(a_1, \ldots, a_{n-1})$ behält. Nehmen wir ferner an, dass f keinen Funktionshasard für den Input-Wechsel von $(a_1, \ldots, a_{n-1}, 0)$ nach $(a_1, \ldots, a_{n-1}, 1)$ (oder umgekehrt) besitzt und dass $f(a_1, \ldots, a_{n-1}, 0) = f(a_1, \ldots, a_{n-1}, 1)$ gilt, so bleibt gemäß Definition 3.6 zu zeigen: Während des Wechsels von $(a_1, \ldots, a_{n-1}, 0)$ nach $(a_1, \ldots, a_{n-1}, 1)$ ist (unter der oben angegebenen Voraussetzung) am Ausgang von S *keine* vorübergehende Fehlfunktion zu beobachten. Wir unterscheiden zwei Fälle:

(a) $f(a_1, \ldots, a_{n-1}, 0) = f(a_1, \ldots, a_{n-1}, 1) = 1$: Dann sind offensichtlich

$$x_1^{a_1} \cdot \ldots \cdot x_{n-1}^{\alpha_{n-1}} x_n$$

und

$$x_1^{\alpha_1} \cdot \ldots \cdot x_{n-1}^{\alpha_{n-1}} \overline{x}_n$$

einschlägige Minterme von f. Aus diesen erhält man durch Anwendung der Resolutionsregel den Implikanten $x_1^{\alpha_1} \cdot \ldots \cdot x_{n-1}^{\alpha_{n-1}}$. Ist dieser bereits Primimplikant, ist nichts mehr zu zeigen. Anderenfalls existiert ein Primimplikant von f, welcher echte Verkürzung dieses Implikanten ist. In beiden Fällen gibt es also einen Primimplikanten von f, der x_n *nicht* enthält, und dem nach Voraussetzung ein Und-Gatter in S entspricht. Dieses Gatter stellt dann sicher, dass der Wechsel des Input-Signals x_n am Ausgang von S *nicht* zu beobachten ist.

(b) $f(a_1, \ldots, a_{n-1}, 0) = f(a_1, \ldots, a_{n-1}, 1) = 0$: Sei dann M ein beliebiger Primimplikant von f, so gilt wegen $M \leq f$ (vgl. Definition 2.4):

$$M(a_1, \ldots, a_{n-1}, 0) = M(a_1, \ldots, a_{n-1}, 1) = 0$$

Das bedeutet aber, dass dasjenige Und-Gatter des Schaltnetzes, welches M entspricht, seinen Output nicht ändert, wenn x_n seinen Wert wechselt. Da M beliebig gewählt war, gilt dies *für alle* Primimplikanten von f. Da also alle Und-Gatter nicht auf den x_n-Wechsel reagieren, ist diese Input-Änderung auch nicht am Ausgang von S zu beobachten.

Für den Fall, dass mehrere Variablen (gleichzeitig) ihren Wert ändern, verläuft die Argumentation völlig analog (vgl. Aufgabe 3.9). $\triangledown$

Der Satz von Eichelberger liefert also eine Möglichkeit, Schaltungen zu entwerfen (durch erhöhten Hardwareaufwand), welche frei sind von Schaltungshasards. Er zeigt einmal mehr die Bedeutung der Primimplikanten einer Booleschen Funktion und von Algorithmen, diese zu bestimmen. Allerdings sei angemerkt, dass die in diesem Satz angegebene Bedingung *nicht notwendig* für die Vermeidung von Schaltungshasards ist.

Es sei in diesem Zusammenhang auf eine für die Praxis ebenfalls denkbare Methode zur de facto-Vermeidung von Schaltungshasards hingewiesen: Durch Verlängerung von Verbindungsdrähten können gegebenenfalls unterschiedliche Signallaufzeiten ausgeglichen werden, und zwar mit einer solchen Genauigkeit, dass der Hasard am Ausgang nicht mehr erkennbar ist.

3.4 Übungen

Hinweis: Zu den mit * gekennzeichneten Übungen sind im Internet Lösungen erhältlich.

3.1 Die Funktionen $f_i : B^4 \to B, i = 1, 2$ seien wie folgt definiert:

$$f_1(x_1, x_2, x_3, x_4) := \begin{cases} 1 & \text{falls } x_1 x_2 x_3 x_4 \text{ ein Codewort des Gray-Codes} \\ 0 & \text{sonst} \end{cases}$$

$$f_2(x_1, x_2, x_3, x_4) := \begin{cases} 1 & \text{falls } x_1 x_2 x_3 x_4 \text{ echter Teiler von 1101001 ist} \\ 0 & \text{sonst} \end{cases}$$

(a) Man entwerfe unter Verwendung des Karnaugh-Verfahrens möglichst einfache Schaltnetze zur Berechnung der f_i.

(b) Man vereinfache die unter (a) gewonnene Schaltung für f_2 durch Ausnutzung der Don't-Care-Fälle unter der Voraussetzung, dass f_2 nur für $0000 \le (x_1 x_2 x_3 x_4)_2 \le 1001$ definiert sei.

3.2 Im Karnaugh-Diagramm für vierstellige Boolesche Funktionen werden jeweils 2^k ($k \in \{0, \dots, 4\}$) Einsen — falls möglich — zu einem Block zusammengefasst.

(a) Wie viele verschiedene solcher Blöcke gibt es in Abhängigkeit von k?

(b) Sei $f : B^4 \to B$ und K_f ein zugehöriges Karnaugh-Diagramm. Zwei Blöcke in K_f heißen *unabhängig*, wenn sie nicht beide zusammen durch einen Block überdeckt werden können. Man zeige, dass jede Eins in höchstens sechs paarweise unabhängigen Blöcken liegen kann.

(c) Man gebe eine Funktion f an, für welche es tatsächlich eine von sechs paarweise unabhängigen Blöcken überdeckte Eins gibt.

*3.3 Die Funktion $f : B^5 \to B$ habe genau die folgenden einschlägigen Indizes: 1, 3, 4, 5, 6, 7, 10, 11, 12, 13, 14, 16, 18, 19, 20, 23, 26, 27, 31. Mit Hilfe des Verfahrens von Quine und McCluskey bestimme man eine Kosten-minimale disjunktive Darstellung für f.

*3.4 Herr Maier liebt dass Wetten. Er hat von einem undurchsichtigen Anbieter zwei Angebote bekommen, leider aber keine Ahnung von den Inhalten dieser Wetten: Formel 1 und Rechnen. Die Angebote lassen sich wie folgt beschreiben:

$$f_1(x_1, x_2, x_3, x_4) := 1$$

falls *genau eine* der folgenden Bedingungen eintritt:

1. Michael S. (x_1) kommt ins Ziel, Ralf S. (x_2) aber nicht.

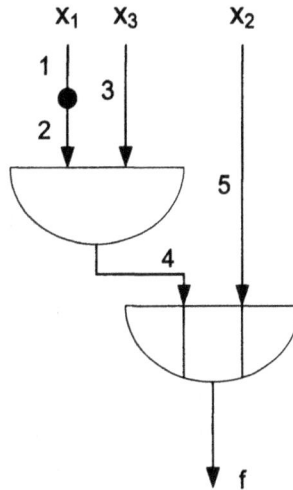

Abbildung 3.18: Schaltung zu Aufgabe 3.6.

2. Nur Takuma S. (x_3) kommt ins Ziel.

3. Kimi R. (x_4) und *genau* einer der anderen Fahrer kommen ins Ziel.

Es sei $f_1(x_1, x_2, x_3, x_4) := 0$ sonst. Ferner sei

$$f_2(x_1, x_2, x_3, x_4) := 1$$

falls die durch Zufall ermittelte Zahl $x_1x_2x_3x_4$ echter Teiler von 1101001 ist (und $= 0$ sonst).

Herr Maier gewinnt die Wette jeweils, wenn die darstellende Funktion 1 wird.

(a) Herr Maier möchte ein Gefühl für seine Chancen mit den beiden Möglichkeiten bekommen und dazu mit einem Schaltnetz den Wettausgang verschiedener Ergebnisse ausprobieren. Entwerfen Sie unter Verwendung des Karnaugh-Verfahrens möglichst einfache Schaltnetze zur Berechnung der f_i.

(b) Vereinfachen Sie die unter (a) gewonnene Schaltung für f_2 durch Ausnutzung der Don't-Care-Fälle unter der Voraussetzung, dass f_2 nur für $0000 \leq (x_1x_2x_3x_4)_2 \leq 1001$ definiert sei.

3.5 Man bestimme eine minimale Testmenge für die Ein-Fehler-Erkennung (Draht-Reißen) bei der Resultatsstelle des Volladdierers. Dabei verwende man lediglich (gegebenenfalls höherstellige) Und- bzw. Oder-Gatter mit integrierten Invertern.

*3.6 Die Boolesche Funktion $f(x_1, x_2, x_3) = \bar{x}_1 x_3 + x_2$ wird durch das in Abbildung 3.18 gezeigte Schaltnetz realisiert. Mittels schaltungsabhängiger Fehlerdiagnose bestimme man hierfür eine minimale Testmenge unter der Fehler-Annahme, dass höchstens ein Draht gerissen ist, dadurch aber eine 0 - *oder* 1-Verklemmung entstehen kann.

Tabelle 3.12: Boolesche Funktion zu Aufgabe 3.7.

x_1	x_2	x_3	x_4	f
0	0	0	0	0
0	0	0	1	1
0	0	1	0	0
0	0	1	1	1
0	1	0	0	0
0	1	0	1	1
0	1	1	0	0
0	1	1	1	1
1	0	0	0	0
1	0	0	1	1
1	0	1	0	0
1	0	1	1	0
1	1	0	0	1
1	1	0	1	1
1	1	1	0	1
1	1	1	1	1

3.7 Sei $f : B^4 \to B$ durch Tabelle 3.12 gegeben.

    (a) Für dieses f löse man das in Abschnitt 3.1 beschriebene Vereinfachungsproblem;

    (b) man bestimme alle Funktionshasards von f;

    (c) ist eine zweistufige Schaltung, welche aufgrund der unter (a) vorgenommenen Optimierung gewonnen wurde, frei von Schaltungs-Hasards?

3.8 Man begründe die Korrektheit des in Abschnitt 3.1 beschriebenen Verfahrens zur Herleitung einer Ringsummen-Darstellung einer Booleschen Funktion aus einem Karnaugh-Diagramm.

3.9 Man vervollständige den Beweis von Satz 3.2 (für den Fall, dass mehrere Variablen gleichzeitig ihren Wert ändern).

3.10 Zum japanischen Sogo-Spiel verwendet man ein quadratisches Brett, in das 16 Stäbe in einem 4×4 - Quadratgitter eingesetzt sind. Zu dem Spiel gehören weiterhin schwarze und weiße Kugeln, von denen bis zu vier auf einen Stab gesteckt werden können.

    Man beschreibe ein Verfahren, mit dem man alle Primimplikanten k-stelliger Boolescher Funktionen, $k \in \{3,4,5,6\}$ mit Hilfe eines Sogo-Spiels mit hinreichend vielen Kugeln durch „scharfes Hinsehen" bestimmen kann.

3.11 Eine Boolesche Funktion sei in zweistufiger disjunktiver Form (nicht unbedingt Normalform!) dargestellt. Diese Darstellung kann bekanntlich direkt zur Konstruktion eines zweistufigen Schaltnetzes mit einer Und-Ebene und einer Oder-

Ebene benutzt werden. Man zeige die Äquivalenz der folgenden Aussagen i) und ii):

i) Jeder Drahtriss führt zu einem fehlerhaften Verhalten des Schaltnetzes.

ii) Die dem Schaltnetz zugrunde liegende Funktionsdarstellung ist nicht verkürzbar.

*3.12 Die Funktion $f : B^4 \rightarrow B$ habe genau die folgenden einschlägigen Indizes: 0, 1, 4, 5, 6, 7, 8, 9, 14, 15.

(a) Bestimmen Sie die Implikanten dieser Funktion. Welches sind die Primimplikanten?

(b) Zeichnen Sie ein Schaltnetz, dass keine Schaltungshasards aufweist.

3.5 Bibliographische Hinweise und Ergänzungen

McCluskey (1986) beschreibt die Verwendung des Karnaugh-Verfahrens zur Vereinfachung Boolescher Funktionen mit mehr als 4 Variablen. Die Idee besteht darin, für eine Funktion mit z. B. 5 Variablen $x_1, \ldots, x_5$ *zwei* Diagramme der Dimension 4×4 (bzw. einen *Würfel* der Dimension $4 \times 4 \times 2$) anzulegen, von welchen das erste die Belegung $x_5 = 0$ und das zweite die Belegung $x_5 = 1$ repräsentiert. Analog kann man für 6 Variablen $x_1, \ldots, x_6$ vier Diagramme der Dimension 4×4 verwenden, je eines für $\overline{x}_5\overline{x}_6, x_5\overline{x}_6, \overline{x}_5x_6, x_5x_6$. McCluskey (1986) gibt darüber hinaus eine allgemeinere Darstellung des Vereinfachungsverfahrens von Quine und McCluskey für Boolesche Funktionen beliebiger Stellenzahl.

Schütt und Meine (2005) stellen einen interessanten Zusammenhang zwischen Karnaugh-Diagrammen und magischen Quadraten her (letztere sind quadratische Zahlenanordnungen, bei denen alle Spaltensummen, alle Zeilensummen und alle Summen entlang der beiden Hauptdiagonalen gleich sind). Aus einem Karnaugh-Diagramm lässt sich beispielsweise durch Komplementieren der Elemente mit ungerader Parität (und anschließender Rücktransformation in das Dezimalsystem) ein magisches Quadrat herstellen.

Zur Minimierung bzw. Vereinfachung Boolescher Funktionen werden in der Praxis heute generell *rechnerunterstützte* Verfahren eingesetzt, welche sich überwiegend der Quine/McCluskey-Methode bedienen. Die dabei auszuführenden zwei Schritte (Bestimmung aller Primimplikanten und Kosten-minimale Auswahl solcher) erfordern — wie in Abschnitt 3.1 bereits angedeutet — unter Umständen sehr hohen Aufwand: Einerseits kann man zeigen, dass eine Boolesche Funktion mit n Variablen bis zu $\frac{3^n}{n}$ Primimplikanten besitzen kann. Andererseits gehört Schritt 2 zur Klasse der NP-vollständigen Probleme, auf welche wir im nächsten Kapitel kurz eingehen werden. Als Konsequenz ergibt sich hieraus, dass beide Schritte (bis heute) nur *exakt* mit Algorithmen zu lösen sind, welche sehr hohen Rechenaufwand erfordern. Daher verwendet man de facto *Heuristiken*, welche schnell, aber nicht stets exakt arbeiten. Man vergleiche hierzu Brayton et al. (1984) sowie Katz (1994).

Die Herstellung und Verwendung von (integrierten) Schaltungen bringt eine Vielzahl von Test-Problemen mit sich, von der wir in Abschnitt 3.2 nur einen kleinen

Ausschnitt behandelt haben. Unsere Betrachtungen lassen sich jedoch leicht verallgemeinern: Zur Fehlerdiagnose eines konkreten Schaltnetzes ist stets eine geeignete *Test-Strategie* zu finden, mit welcher sich Fehler entdecken und auch lokalisieren lassen. Dazu sind (1) mögliche Fehlfunktionen zu identifizieren — in Abschnitt 3.2 führte dies auf eine (spezielle) *Fehlerannahme* — und (2) Modelle für die (logischen) Effekte solcher Fehler aufzustellen. Die in der Literatur betrachteten „klassischen" Fehler sind der „*stuck-at fault*" und der „*bridging fault*": Bei ersterem wird unterstellt (vgl. Abschnitt 3.2), dass ein Verbindungsdraht konstant 0 oder 1 „transportiert"; bei letzterem geht man davon aus, dass sich zwei Drähte berühren, so dass Signale „vermischt" bzw. überlagert werden können. Als weitere, häufig verwendete Methode sei die *Pfad-Sensibilisierung* (engl. *path sensitization*) genannt; dabei werden die Signale eines bestimmten Pfades durch ein Schaltnetz als variabel (Input-abhängig) angenommen und alle anderen als konstant. Insbesondere lässt sich auf diese Weise etwa die Abhängigkeit des Outputs von bestimmten Inputs feststellen. Das stets zentrale Problem der Erzeugung von Testmengen wird in der Praxis wie die Minimierung von Schaltnetzen rechnerunterstützt gelöst. Aufgrund der hohen Komplexität der Fehlerdiagnose wird speziell bei „großen" Schaltnetzen deren *Testbarkeit* häufig direkt in den Entwurf mit einbezogen; man spricht dann von „design for testability". Als weiterführende Literatur zu dieser Thematik seien McCluskey (1986), Abramovici et al. (1995), Gajski et al. (1992), Klenke et al. (1992) sowie Wunderlich und Schulz (1992) genannt. Schließlich sei erwähnt, dass heute auch *Selbsttesteinrichtungen* direkt auf dem Chip untergebracht werden; man spricht dann von *Built-In Self-Test* (BIST), vgl. Könemann et al. (1996) oder Murray und Hayes (1996). Einen Überblick über Trends in diesem Arbeitsbereich findet man bei Krstic und Cheng (1998).

McCluskey (1986) und Katz (1994) geben auch eine weiter führende Darstellung von Hasards in Schaltnetzen. Zu Satz 3.2 vergleiche man auch Eichelberger (1965).

Kapitel 4

OBDDs und Komplexität

Schaltfunktionen besitzen als eine Standard-Darstellung, ihre Funktionstabelle. Da sich jede Schaltfunktion $f(x_1, \ldots, x_n) : B^n \to B^m$ aus m Booleschen Funktionen zusammensetzen lässt, kann man das Darstellungsproblem für Schaltfunktionen prinzipiell auf das für Boolesche Funktionen reduzieren. Wir besitzen außer der Tabellendarstellung noch eine Reihe anderer Darstellungsmöglichkeiten für Boolesche Funktionen: Mit Hilfe des Darstellungssatzes findet man eine Minterm- bzw. Maxterm-Darstellung (Abschnitt 1.3), ferner bietet die Ringsummendarstellung (Abschnitt 1.5) eine weitere Alternative. Hinzu kommen noch Darstellungsmöglichkeiten über Schaltnetze sowie die später zu diskutierenden PLAs.

In diesem Kapitel betrachten wir eine alternative Darstellung Boolescher Funktionen, welche auch in ganz anderen Bereichen der Informatik als der Theorie der Schaltwerke, z. B. in der Verifikation endlicher Automaten oder im so genannten *Model Checking*, Anwendung gefunden hat: geordnete binäre Entscheidungsdiagramme. Wir werden diese generisch herleiten und sodann durch zunächst heuristische Überlegungen so verbessern, dass sich die Darstellung der zugrunde liegenden Booleschen Funktion vereinfacht. Der Versuch, dieses Vereinfachen zu systematisieren, scheitert allerdings, denn es stellt sich heraus, dass wir hier auf inhärent schwierige Probleme stoßen. Da uns im letzten Kapitel auch bereits derartige Probleme begegnet sind, liegt es nahe zu fragen, ob es zwischen diesen möglicherweise ein Zusammenhang besteht. Diesen werden wir andeutungsweise herstellen.

4.1 Geordnete binäre Entscheidungs-Diagramme

Wir beginnen unsere Betrachtungen mit Überlegungen, wie sich auf einer diskreten Struktur wie dem Booleschen Körper B eine Art Differentiation einführen lässt und leiten daraus eine neue kompakte (und manipulierbare) Darstellung für Boolesche Funktionen her.

4.1.1 Boolesche Differentiation und Shannon-Entwicklung

Wir haben in Kapitel 1 erwähnt, dass $B = \{0, 1\}$ ein Körper mit zwei Elementen ist, wenn man $\oplus$ und $\cdot$ als zweistellige Verknüpfungen erklärt, in dem 0 das Null-

und 1 das Einselement ist. Über dieser Struktur lassen sich Polynome bilden; man kann ferner den Begriff des Differentialquotienten übertragen und damit festlegen, was unter einer Booleschen Ableitung verstanden werden soll.

Wir werden in diesem Abschnitt durch Hinweise Analogien zur klassischen Analysis über dem Körper der reellen Zahlen aufzeigen. Wir führen im Folgenden einige Schreibweisen ein:

Definition 4.1 Sei $f : B^n \to B$ eine Boolesche Funktion und $a \in B$.

$$f(x_i/a) := f(x_1, \ldots, x_{i-1}, a, x_{i+1}, \ldots, x_n)$$

d. h. $f(x_i/a)$ entsteht aus f durch *feste* Belegung der Variablen x_i mit dem Wert $a \in B$. Für $a = 0$ heißt $f(x_i/a)$ auch der *negative*, für $a = 1$ der *positive Kofaktor* von f bzgl. x_i.

Beispiel 4.1 Sei $f(x_1, x_2, x_3) = \overline{x}_1 x_3 + x_2$. Dann gilt:

$$f(x_1/0) = \overline{0} \cdot x_3 + x_2 = x_3 + x_2,$$

$$f(x_1/1) = \overline{1} \cdot x_3 + x_2 = x_2$$

$\square$

Damit können wir nun festlegen:

Definition 4.2 Sei $f : B^n \to B$ eine Boolesche Funktion. Dann heißt die Funktion

$$f_{x_i} : B^{n-1} \to B$$

definiert durch

$$f_{x_i} := f(x_i/0) \oplus f(x_i/1)$$

die (partielle) Ableitung von f nach x_i.

Beispiel 4.2 Wir betrachten die aus Beispiel 1.13 bekannte Funktion f:

$$
\begin{aligned}
f &= \overline{x}_1 x_2 x_3 + x_1 \overline{x}_2 x_3 + x_1 x_2 x_3 \\
f_{x_1} &= f(x_1/0) \oplus f(x_1/1) \\
&= (\overline{0} x_2 x_3 + 0\overline{x}_2 x_3 + 0 x_2 x_3) \oplus (\overline{1} x_2 x_3 + 1\overline{x}_2 x_3 + 1 x_2 x_3) \\
&= \overline{x}_2 x_3 \\
f_{x_2} &= \overline{x}_1 x_3 \\
f_{x_3} &= \overline{x}_1 x_2 \oplus x_1 \overline{x}_2 \oplus x_1 x_2 = \overline{x}_1 x_2 \oplus x_1
\end{aligned}
$$

Auffallend ist eine starke Analogie zu den Ergebnissen partieller Differentiationen in der klassischen Analysis. Der tiefere Grund hierfür ist ein enger Zusammenhang zwischen den Regeln der hier betriebenen diskreten Mathematik und der klassischen kontinuierlichen Infinitesimalrechnung, der bereits Newton aufgefallen war: Denkt man sich in der Definition von f_{x_1} einen fiktiven Nenner $1 = 1 \not\leftrightarrow 0$ hinzu, so lässt sich die Boolesche Ableitung als Differenzenquotient lesen, der in der kontinuierlichen Analysis zum Differentialquotienten gemacht werden muss.

Wir notieren einige Eigenschaften Boolescher Ableitungen:

Satz 4.1 Sei $f : B^n \to B$ eine Boolesche Funktion. Dann gilt:

(a) Für alle $i = 1, \ldots, n$ gilt: f ist unabhängig von x_i, d. h. für jede Belegung von x_i liefert f den gleichen Wert genau dann, wenn $f_{x_i} \equiv 0$ ist.

(b) Die Ableitung von f ist gleich der Ableitung von $\overline{f}$, d. h. für $i = 1, \ldots, n$ gilt

$$f_{x_i} = (\overline{f})_{x_i}$$

(c) Die Ableitungen der konstanten Funktionen (in Tabelle 1.4 die Funktionen f_0 und f_{15}) sind konstant 0.

(d) Mehrfache Ableitungen können in beliebiger Reihenfolge gebildet werden, d. h.

$$(f_{x_i})_{x_j} = (f_{x_j})_{x_i} \quad \text{für} \quad i, j = 1, \ldots, n$$

Beweis: Wir zeigen hier nur (a) und überlassen den Rest dem Leser als Übungsaufgabe (vgl. Aufgabe 4.1).

(a) f ist unabhängig von x_i genau dann, wenn gilt:

$$f(x_1, \ldots, x_{i-1}, 0, x_{i+1}, \ldots, x_n) = f(x_1, \ldots, x_{i-1}, 1, x_{i+1}, \ldots, x_n)$$

Zur Vereinfachung setzen wir $i = 1$.

„$\Rightarrow$": Sei f unabhängig von x_1. Dann gilt für alle $x_2, \ldots, x_n \in B$:

$$f(0, x_2, \ldots, x_n) = f(1, x_2, \ldots, x_n)$$

Hieraus folgt

$$
\begin{aligned}
0 &= f(0, x_2, \ldots, x_n) \not\leftrightarrow f(1, x_2, \ldots, x_n) \\
&= f(x_1/0) \not\leftrightarrow f(x_1/1) \\
&= f_{x_1}
\end{aligned}
$$

„$\Leftarrow$": Wir zeigen die Behauptung in der logischen Kontraposition: Sei f abhängig von x_1, so gibt es Werte $x_2, \ldots, x_n \in B$ mit

$$f(0, x_2, \ldots, x_n) \neq f(1, x_2, \ldots, x_n)$$

Für diese Werte folgt dann:

$$f_{x_1} = f(0, x_2, \ldots, x_n) \not\leftrightarrow f(1, x_2, \ldots, x_n) = 1$$

Damit ist f_{x_1} nicht identisch Null.   □

Die bisher behandelten Darstellungen einer Booleschen Funktion f verwenden im Allgemeinen viele Bausteine, aus denen sich f zusammensetzt. Für das praktische Arbeiten mit Booleschen Funktionen ist noch eine Darstellung, die so genannte *Shannon-Entwicklung*, von Bedeutung, bei der die Funktion als Summe zweier Bestandteile, und zwar von Unterfunktionen, dargestellt wird. Die Shannon-Entwicklung, welche de facto auf George Boole zurück geht, lässt sich mit den oben eingeführten Schreibweisen wie folgt angeben:

Satz 4.2 Jede Boolesche Funktion $f : B^n \to B$ ist wie folgt darstellbar:

$$f(x_1, \ldots, x_{i-1}, x_i, x_{i+1}, \ldots, x_n) = x_i \cdot f(x_i/1) \leftrightarrow \overline{x}_i \cdot f(x_i/0)$$

Beispiel 4.3 Wir betrachten die Funktion $f(x_1, x_2, x_3) = \overline{x}_1 x_3 \leftrightarrow x_2$. Dann gilt:

$$
\begin{aligned}
f(x_1/0) &= \overline{0}x_3 \leftrightarrow x_2 = x_3 \leftrightarrow x_2 \\
f(x_1/1) &= \overline{1}x_3 \leftrightarrow x_2 = x_2 \\
\Rightarrow f(x_1, x_2, x_3) &= x_1 x_2 \leftrightarrow \overline{x}_1 (x_3 \leftrightarrow x_2)
\end{aligned}
$$

$\square$

Die Shannon-Entwicklung lässt sich als eine diskretisierte Version des aus der Analysis bekannten Taylorschen Entwicklungs-Satzes auffassen. Im einfachsten Fall einer einstelligen Booleschen Funktion lässt sich die Entwicklung

$$f(x) = x \cdot f(x/1) \leftrightarrow \overline{x} \cdot f(x/0)$$

umschreiben zu

$$
\begin{aligned}
f(x) &= x \cdot f(x/1) \leftrightarrow (1 \leftrightarrow x) \cdot f(x/0) \\
&= f(x/0) \leftrightarrow x \cdot (f(x/1) \leftrightarrow f(x/0)) \\
&= f(x/0) \leftrightarrow x \cdot f_x \\
&= f(x/0) \leftrightarrow (x \leftrightarrow 0) \cdot f_x
\end{aligned}
$$

Die in die Sprache der reellen Mathematik übersetzte Analogie lautet

$$f(x) = f(x_0) + (x - x_0) \cdot f_x$$

bzw.

$$f_x = \frac{f(x) - f(x_0)}{x - x_0}$$

und durch den Übergang $x \to x_0$ wird dann im Reellen für differenzierbare Funktionen eine korrekte Gleichung daraus, nämlich die Definition der reellen Ableitung.

Man beachte, das sich die Shannon-Entwicklung einer Booleschen Funktion rekursiv fortsetzen lässt, denn es gilt für $i \neq j$:

$$
\begin{aligned}
f(x_1, \ldots, x_n) &= x_i \cdot f(x_i/1) \leftrightarrow \overline{x}_i \cdot f(x_i/0) \\
&= x_i \cdot (x_j \cdot f(x_i/1, x_j/1) \leftrightarrow \overline{x}_j \cdot f(x_i/1, x_j/0)) \\
&\quad \leftrightarrow \overline{x}_i \cdot (x_j \cdot f(x_i/0, x_j/1) \leftrightarrow \overline{x}_j \cdot f(x_i/0, x_j/0))
\end{aligned}
$$

Im letzten Beispiel gilt damit

$$f(x_1/1, x_2/1) = 1$$
$$f(x_1/1, x_2/0) = 0$$
$$f(x_1/0, x_2/1) = 1$$
$$f(x_1/0, x_2/0) = x_3$$

und damit insgesamt

$$f(x_1, x_2, x_3) = x_1 x_2 + \overline{x}_1 x_2 + \overline{x}_1 \overline{x}_2 x_3$$

Der Leser prüfe selbst nach, dass diese Darstellung von f die gleiche Funktion ergibt wie die oben angegebene.

Die Darstellung einer Booleschen Funktion über die Shannon-Entwicklung macht es möglich, die Variablen $x_1, x_2, ..., x_n$ in irgendeiner Reihenfolge zu bearbeiten. Beim Differenzieren in unterschiedlichen Reihenfolgen können sich Darstellungen unterschiedlicher Einfachheit ergeben. Im Allgemeinfall muss man mit einem sehr hohen Darstellungsaufwand rechnen; für n-stellige Boolesche Funktionen kann dieser von der exponentiellen Größenordnung 2^n sein (was wir als nächstes demonstrieren), so dass sich hier schon für relativ kleine n ein effizientes Arbeiten verbietet. Wir werden nun aber ein Werkzeug vorstellen, welches neue Wege zum Auffinden einfacher Darstellungen eröffnet.

4.1.2 Entscheidungsbäume

Wir machen zunächst die Shannon-Entwicklung zur Grundlage einer graphischen Darstellung einer Booleschen Funktion f als binären Baum, in welchem die Wurzel f selbst repräsentiert, der linke Teilbaum der Wurzel den negativen Kofaktor von f nach einer Variablen x_i und der rechte Teilbaum den positiven Kofaktor von f nach x_i; diese Variable x_i wird in diesem Zusammenhang auch als *Testvariable* bezeichnet. Dieses Prinzip ist in Abbildung 4.1 gezeigt.

Offensichtlich lässt sich mit Hilfe dieser Darstellung ein binärer Baum entwickeln, welcher von Ebene zu Ebene, also mit zunehmender Entfernung von der Wurzel, jeweils eine weitere Testvariable betrachtet und diese Variable aus der Darstellung der gegebenen Booleschen Funktion in dem Sinne eliminiert, dass nach dieser Variablen verzweigt wird. Es sei bemerkt, dass sich ein „Test auf x_i" formal durch einen if-then-else-Operator beschreiben lässt (vgl. Aufgabe 4.2). Betrachtet man der Reihe nach alle Variablen $x_1, ..., x_n$ einer Booleschen Funktion $f : B^n \rightarrow B$, so erhält man einen Entscheidungsbaum zur Variablenmenge $\{x_1, ..., x_n\}$,

- dessen Wurzel die Funktion f repräsentiert,

- dessen Blätter (welche die unterste Ebene bilden) mit 0 oder 1 (in rechteckigen Kästchen) markiert sind und keine ausgehenden Kanten haben und

- dessen Nicht-Blatt-Knoten mit einer der Variablen markiert sind und genau zwei ausgehende Kanten haben.

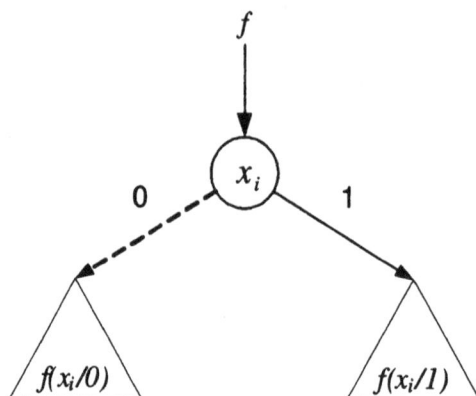

Abbildung 4.1: Baumdarstellung einer Booleschen Funktion anhand der Kofaktoren.

Intuitiv repräsentiert ein Pfad von der Wurzel zu einem Blatt eine konkrete Eingabe für die betrachtete Funktion bzw. eine Variablenbelegung und das Blatt selbst
repräsentiert den zugehörigen Funktionswert.

Beispiel 4.4 Wir betrachten die durch die folgende Tabelle gegebene Boolesche Funktion f:

x_1	x_2	x_3	f
0	0	0	0
0	0	1	0
0	1	0	0
0	1	1	1
1	0	0	1
1	0	1	0
1	1	0	0
1	1	1	1

Aus dieser Tabelle lässt sich leicht ermitteln:

$$
\begin{aligned}
f(x_1, x_2, x_3) &= \overline{x}_1 x_2 x_3 + x_1 \overline{x}_2 \overline{x}_3 + x_1 x_2 x_3 \\
&= (\overline{x}_1 + 1) x_2 x_3 + x_1 \overline{x}_2 \overline{x}_3 \\
&= x_2 x_3 + x_1 \overline{x}_2 \overline{x}_3
\end{aligned}
$$

Die Vereinfachung der Funktion, die in den letzten beiden Zeilen angegeben ist,
wurde hier allein durch Anwendung der Rechenregeln der Booleschen Algebra ermittelt. Wir wollen als nächstes eine andere Methode beschreiben, solche Vereinfachungen
herzustellen.

Abbildung 4.2 zeigt dazu zunächst einen Entscheidungsbaum, welcher f repräsentiert. Man beachte, dass in diesem Baum jeder Pfad von der Wurzel zu einem Blatt
einen Minterm repräsentiert. Pfade, die in einem mit 1 markierten Blatt enden, repräsentieren sogar Minterme zu einschlägigen Indizes.

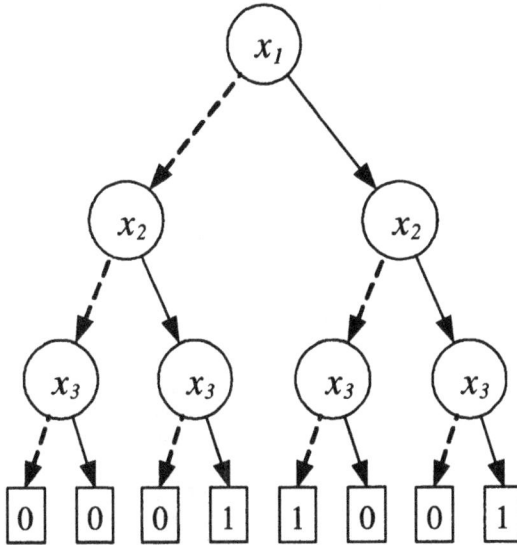

Abbildung 4.2: Darstellung der Funktion aus Beispiel 4.4 als Entscheidungsbaum.

Wir gehen bei der Vereinfachung schrittweise vor und legen zunächst Blätter zusammen. Es ist nämlich zu beachten, dass es lediglich zwei „Typen" von Blättern gibt: die mit 0 bzw. die mit 1 markierten. Wir erhalten als erste Vereinfachung den in Abbildung 4.3 gezeigten neuen Baum.

Wesentlich ist als nächstes die Beobachtung, dass es in diesem Baum identische Teilbäume gibt, beispielsweise die beiden (von den mit x_2 markierten Knoten) nach rechts abgehenden Teilbäume. Diese stehen beide für die Belegung $x_2 = 1$ und führen für gleiche x_3-Werte auf den gleichen Funktionswert. Deshalb legen wir die Teilbäume, die in x_2 beginnen und sich innerhalb der markierten Fläche befinden, zusammen mit dem in Abbildung 4.4 gezeigten Ergebnis (man beachte, dass diese Transformation auch bereits in dem in Abbildung 4.2 gezeigten Baum hätte angewendet werden können).

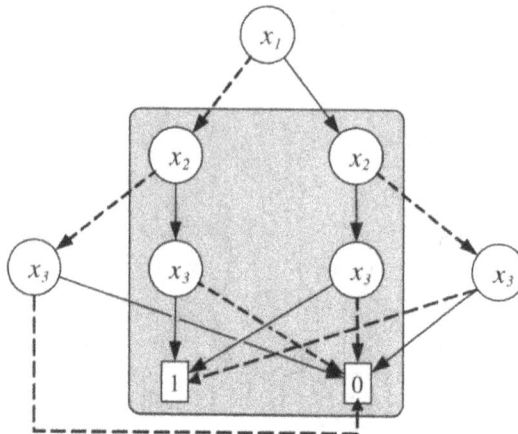

Abbildung 4.3: Baum aus Abbildung 4.2 nach Zusammenlegen der Blätter.

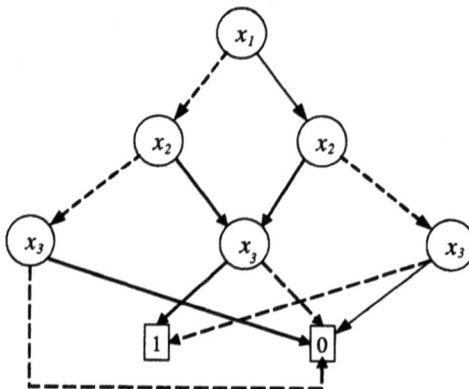

Abbildung 4.4: Baum aus Abbildung 4.3 nach Zusammenlegen identischer Teilbäume.

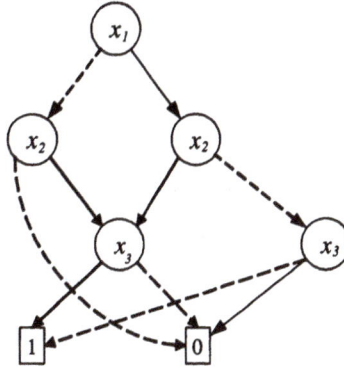

Abbildung 4.5: Baum aus Abbildung 4.4 nach Elimination des linkesten x_3-Teilbaums.

In dem so erhaltenen Baum stellen wir jetzt fest, dass der Funktionswert von f bei Belegung von x_1 und x_2 mit 0 von der Variablen x_3 nicht mehr abhängt, dass sich also $f = 0$ ergibt sowohl für $x_3 = 0$ als auch für $x_3 = 1$. Wir können den in Abbildung 4.4 gezeigten Baum also weiter vereinfachen und erhalten den in Abbildung 4.5 gezeigten Baum.   □

Beispiel 4.5 Als weiteres Beispiel betrachten wir die durch die folgende Tabelle gegebene Boolesche Funktion f:

x_1	x_2	x_3	f
0	0	0	0
0	0	1	0
0	1	0	0
0	1	1	1
1	0	0	0
1	0	1	1
1	1	0	0
1	1	1	1

Man erkennt hier, dass f im Fall $x_1 = x_2 = 0$ konstant den Wert 0 hat, im Fall $x_1 = 0, x_2 = 1$ und auch für $x_1 = 1$ von x_3 abhängt. Als SOP-Darstellung ergibt sich

$$f(x_1, x_2, x_3) = x_1 x_3 + x_2 x_3.$$

Den Entscheidungsbaum von f kann man auf Grund der gerade angestellten Überlegungen auf die in Abbildung 4.6 gezeigte kompakte Form bringen. Man beachte, dass sich die angegebene SOP-Darstellung aus dem Baum herauslesen lässt.   □

4.1.3 OBDDs

Das letzte Beispiel liefert einen wichtigen Hinweis auf Anwendungen der bisher angestellten Überlegungen im Hinblick auf die Gewinnung einfacher Darstellungen gegebener Boolescher Funktionen. Viele Anwendungen von Schaltfunktionen erfordern heute

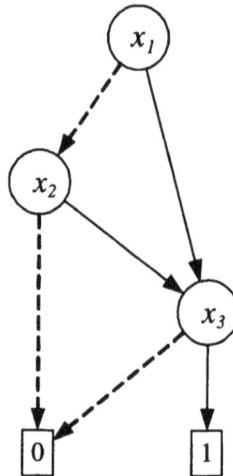

Abbildung 4.6: Darstellung der Funktion aus Beispiel 4.5.

Strategien zum Arbeiten mit äußerst unterschiedlichen Funktionstypen. Für diese ist
die Entwicklung spezieller Verarbeitungstechniken (wie dies z. B. bei der Additions-
funktion geschieht) nicht mehr angezeigt. Die 1986 erstmals von R.E. Bryant in die
Informatik eingeführten OBDDs (*Ordered Binary Decision Diagrams*) bieten eine
(weitere) Darstellungsmöglichkeit für Schaltfunktionen, mit der sich in vielen Fällen
effizient arbeiten lässt. Sie verzichtet völlig auf die Verwendung logischer Funktoren
für Boolesche Funktionen und verwendet stattdessen als einziges Grundkonzept die
oben eingeführte Entscheidung zwischen zwei Alternativen, zwischen 0 und 1. Da diese
Darstellungen für viele unterschiedliche Typen von Booleschen Funktionen recht klein
sind, bietet sich eine attraktiv erscheinende Alternative zur oft schwerfälligen und vo-
luminösen „klassischen" Arbeitstechnik mit Funktoren an. Allerdings muss man hier
vorsorglich vor zu viel Euphorie warnen: Voraussetzung für ein effizientes Manipulieren mit OBDDs ist — wie der Name bereits andeutet — die vorherige Vereinbarung
einer „brauchbaren" Ordnung für die n Variablen. Bekanntlich kann man n Objekte
auf $n! = n \cdot (n-1) \cdot (n-2) \ldots 3 \cdot 2 \cdot 1$ unterschiedliche Weisen anordnen, und mit wach-
sendem n wächst die Funktion $n!$ äußerst schnell (vgl. Beispiel 1.10). Trotzdem ist
dieses Manko in vielen Fällen nur von akademisch-theoretischer Bedeutung, weil man
eine gute Ordnung oft leicht erkennen kann. Die OBDDs stellen damit eine wichtige
Ergänzung der bisher beschriebenen Möglichkeiten dar.

Definition 4.3 Ein OBDD zur Variablenordnung $x_1 < \ldots < x_n$ ist ein markierter,
gerichteter, zykelfreier Graph (DAG) mit einem Startknoten (Wurzel) und zwei Endknoten (Blättern). Die beiden Blätter sind mit 1 bzw. 0 markiert, die anderen Knoten
haben je zwei unterscheidbare Ausgänge 0 und 1 und sind mit Variablen derart markiert, dass bei jedem vollen Weg (d. h. einem Pfad, der von der Wurzel zu einem
Blatt führt) die Reihenfolge der hierbei an den Knoten auftretenden Variablen ver-
träglich mit der gegebenen Ordnung ist, d. h. die Indizes treten in der vorgegebenen
Reihenfolge (evtl. mit Auslassungen) auf.

Beispiel 4.6 Wir betrachten die durch folgende Tabelle gegebene Boolesche Funktion f:

x_1	x_2	x_3	x_4	f
0	0	0	0	1
0	0	0	1	0
0	0	1	0	1
0	0	1	1	0
0	1	0	0	0
0	1	0	1	1
0	1	1	0	0
0	1	1	1	1
1	0	0	0	1
1	0	0	1	0
1	0	1	0	1
1	0	1	1	0
1	1	0	0	0
1	1	0	1	1
1	1	1	0	0
1	1	1	1	1

Abbildung 4.7 zeigt ein OBDD für f zur Variablenordnung $x_1 < x_2 < x_3 < x_4$. Die durchgezogenen Linien bilden dabei wie vorher den 1-Ausgang, die unterbrochenen Linien den 0-Ausgang eines Knotens. Es ist nicht vorgeschrieben, z. B. den 1-Ausgang immer nach links abzuzweigen, wie es oft geschieht. Der hervorgehobene Weg bedeutet z. B., dass die dem Minterm $\overline{x_1}x_2\overline{x_3}x_4$ entsprechende Belegung 0101 den Wert 1 erzeugt. □

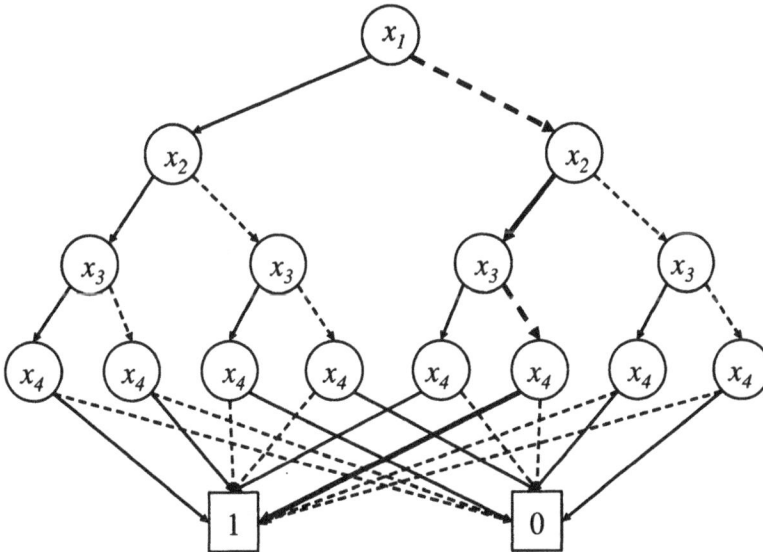

Abbildung 4.7: OBDD zu Beispiel 4.6 (zur Variablenordnung $x_1 < x_2 < x_3 < x_4$).

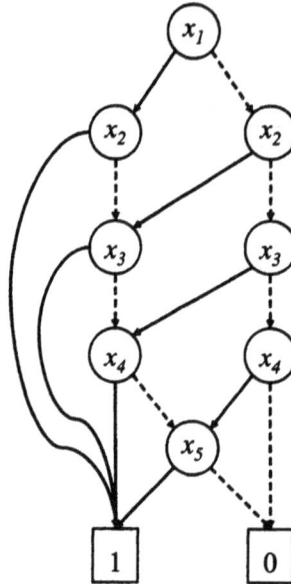

Abbildung 4.8: OBDD für die „Schwellenwert-Funktion" $f(x_1, x_2, x_3, x_4, x_5) = T_2^5$.

Man kann die Äquivalenz von OBDDs über die dargestellte Boolesche Funktion wie folgt fassen:

Definition 4.4 Ein OBDD stellt eine Boolesche Funktion f dar, wenn bei jedem vollen Weg die Variablenbelegung zu demjenigen Blatt führt, das in der Funktionstabelle von f festgelegt ist. Im OBDD fehlende Variablen können dabei übergangen werden.

Ein großer Vorzug von OBDDs ist z. B. die einfache Darstellung von symmetrischen Funktionen. Diese kommen in Anwendungen sehr häufig vor. Als Beispiel geben wir in Abbildung 4.8 ein OBDD für die „Schwellenwert-Funktion"

$$f(x_1, x_2, x_3, x_4, x_5) = T_2^5$$

an, welche genau dann den Wert 1 hat, wenn wenigstens 2 der 5 Variablen den Wert 1 haben. Ein weiteres Beispiel einer symmetrischen Funktion ist die „ungerade Parität", welche wie folgt definiert ist:

$f(x_1, x_2, x_3, x_4) = 1$, falls die Anzahl der Einsen im Argument (x_1, x_2, x_3, x_4) gerade ist und 0 sonst.

Abbildung 4.9 zeigt ein OBDD für diese Funktion.

OBDDs haben eine Reihe von interessanten Eigenschaften, von denen wir hier auf einige kurz eingehen wollen. Die wichtigste ist, dass die verwendete Variablenordnung maßgeblich die Größe eines OBDD bestimmt. Als Beispiel betrachten wir die Funktion

$$f(x_1, x_2, x_3, x_4, x_5, x_6) = x_1 x_4 + x_2 x_5 + x_3 x_6 :$$

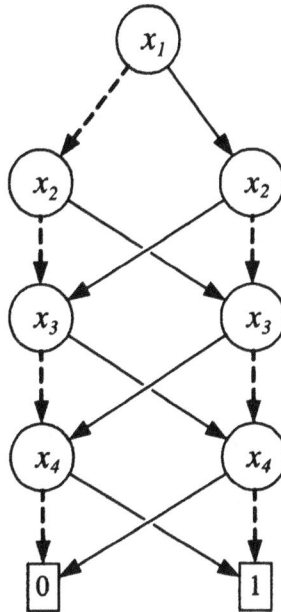

Abbildung 4.9: OBDD für die „Ungerade-Paritäts-Funktion".

Für die Variablenordnung

$$V_1 : x_1 < x_4 < x_2 < x_5 < x_3 < x_6$$

zeigt Abbildung 4.10 das zugehörige OBDD. Für die Variablenordnung

$$V_2 : x_1 < x_2 < x_3 < x_4 < x_5 < x_6$$

dagegen sieht das entsprechende OBDD wie in Abbildung 4.11 gezeigt aus.

Man erkennt an diesem Beispiel, dass sich ein OBDD nicht nur aus der Wahrheitstafel einer Booleschen Funktion, sondern auch aus einer gegebenen Funktionsdarstellung unmittelbar ableiten lässt. Darüber hinaus lassen sich OBDDs auch aus Schaltnetzen herleiten; eine Optimierung des OBDD, was wir als nächstes angehen wollen, führt dann auf ein verbessertes Schaltnetz.

4.2   Vereinfachung und Komposition von OBDDs

OBDDs erscheinen häufig keineswegs einfacher als die Darstellung einer Booleschen Funktion f über die DNF oder die Reed-Muller-Form. Es gibt aber Möglichkeiten, diese Darstellung zu vereinfachen. Wir geben zunächst zwei einfache Regeln an, mit denen man ein OBDD äquivalent umformen kann:

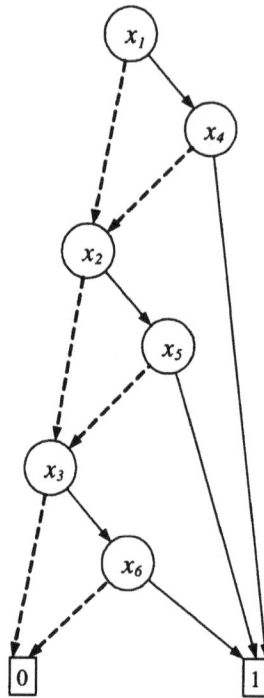

Abbildung 4.10: OBDD zur Variablenordnung V_1.

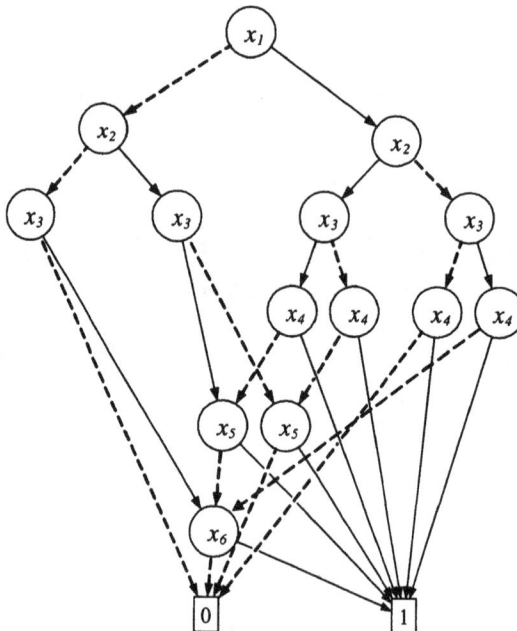

Abbildung 4.11: OBDD zur Variablenordnung V_2.

Regel 1 (Verjüngung oder 4-3-Regel):
Ist eine Teil-Konfiguration der Form

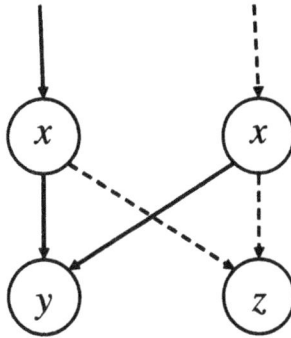

gegeben, so darf man die beiden Knoten zur Variablen x „verschmelzen" zu

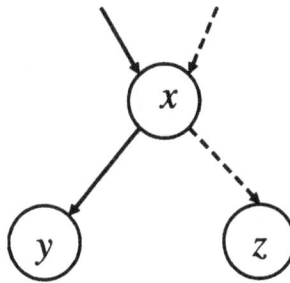

Regel 2 (Elimination oder 2-1-Regel):
Ist eine Teil-Konfiguration der Form

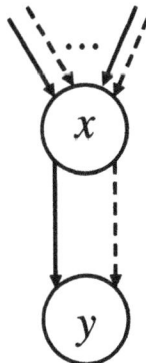

mit beliebigen Eingängen bei x gegeben, so darf der Knoten x eliminiert werden, und
die Eingänge nach x laufen direkt nach y:

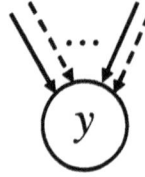

y und z dürfen bei beiden Regeln auch Blätter sein.

Es ist direkt einzusehen, dass die Anwendung irgendeiner dieser beiden Regeln die Funktionalität eines OBDD nicht ändert, da offensichtlich jede Belegung, die vor der Anwendung einer Regel zu einem Blatt führte, auch nachher zum gleichen Blatt führt; die Regeln überführen ein OBDD in ein äquivalentes OBDD.

Weniger offensichtlich als die Korrektheit der beiden Vereinfachungsregeln — aber umso bemerkenswerter — ist die Tatsache, dass durch sukzessives Anwenden dieser Regeln bis zum „Geht-Nicht-Mehr" ein reduziertes OBDD entsteht, das sogar bis auf Isomorphie eindeutig bestimmt ist. Diese Tatsache wird hier nicht bewiesen. Geht man beim Reduzieren systematisch von unten nach oben vor, so gilt ferner, dass man niemals zurück zu gehen braucht, um das reduzierte OBDD zu erhalten. Diese Tatsache garantiert die algorithmische Einfachheit des Reduktionsverfahrens und damit die Effizienz des Äquivalenztests für in gleicher Weise geordnete OBDDs. Hier liegt einer der entscheidenden Vorzüge gegenüber der Vereinfachungstechnik von Quine und McCluskey für Boolesche Funktionen, die mit der Funktorentechnik dargestellt werden. Man kann darüber hinaus zeigen, dass man auch für zwei in unterschiedlicher Weise geordnete OBDDs einen effizienten Äquivalenztest entwickeln kann.

Die Vereinfachungsregeln sollen nun auf das OBDD aus Abbildung 4.7 angewendet werden. Zunächst ist unten die Verjüngungs-Regel viermal anwendbar. Man erhält:

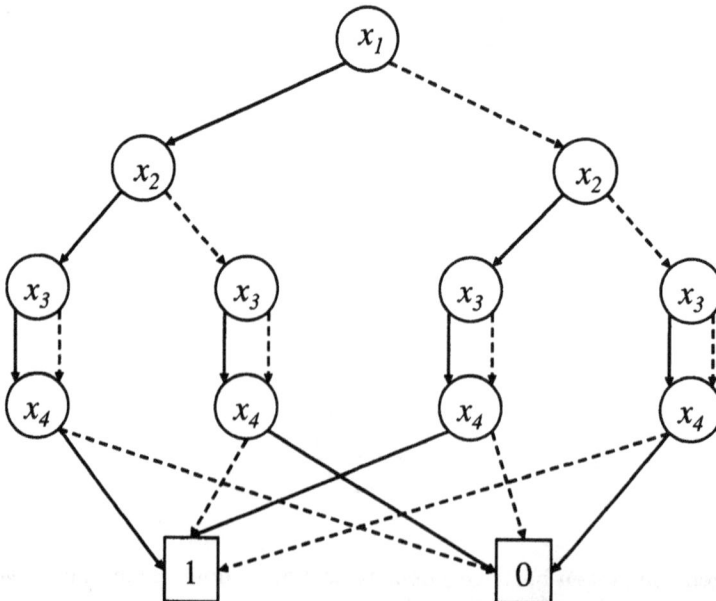

Nun können mit vier Anwendungen der Eliminations-Regel die Variablen x_3 entfernt werden:

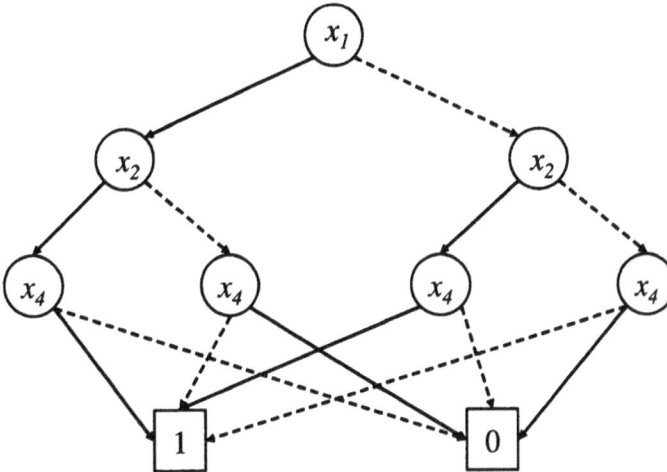

Das so erhaltene OBDD ist reduziert. Man kann aus ihm eine vereinfachte Darstellung von f, nämlich

$$x_1 x_2 x_4 + x_1 \overline{x}_2 \overline{x}_4 + \overline{x}_1 x_2 x_4 + \overline{x}_1 \overline{x}_2 \overline{x}_4$$

ablesen. Nun wählen wir eine andere Anordnung der Variablen, nämlich $x_2 < x_4 < x_1 < x_3$ und erstellen das zugehörige OBDD:

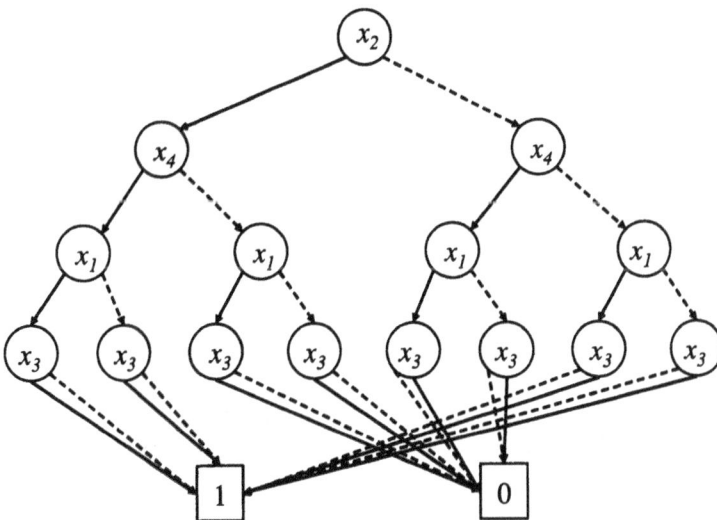

Hier kann man sofort unten achtmal x_3 eliminieren und erhält

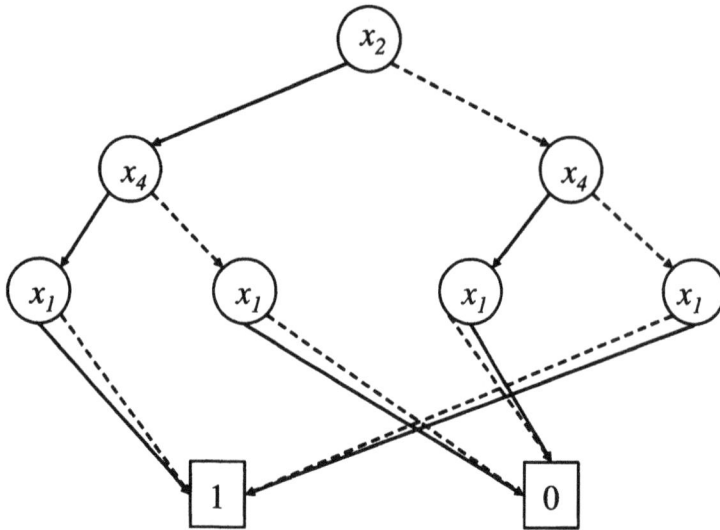

Nun ist noch weitere viermal die Eliminations-Regel anwendbar, und man erhält:

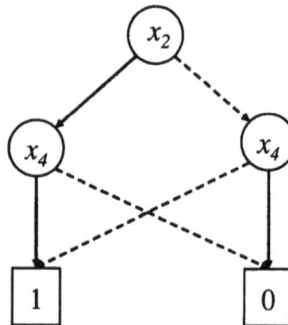

Dieses (reduzierte) OBDD beschreibt die Boolesche Funktion $x_2 x_4 + \overline{x}_2 \overline{x}_4$. Dies ist, wie wir in Beispiel 3.2 mit Hilfe der Karnaugh-Technik gesehen haben, eine einfachste Darstellung für f.

Wählt man schließlich die Reihenfolge $x_1 < x_3 < x_2 < x_4$, so ist bereits das zugehörige Ausgangs-OBDD irreduzibel. Es ist weder die Eliminations- noch die Verjüngungs-Regel irgendwo anwendbar:

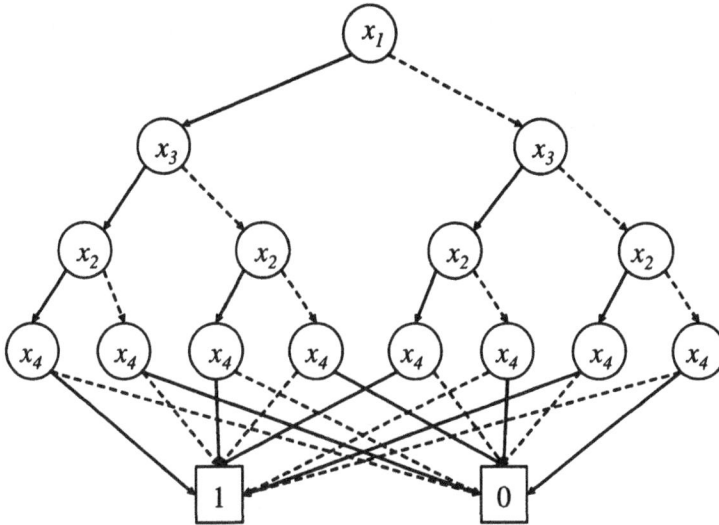

Man kann also, wie wir auch bereits am Ende des letzten Abschnitts gesehen haben, u.U. durch geschickte Anordnung der Variablen ein OBDD und damit die dadurch dargestellte Boolesche Funktion deutlich vereinfachen. Es gibt zwar effiziente Algorithmen zur systematischen Konstruktion und Manipulation von OBDDs, jedoch ist das Auffinden einer „optimalen" Variablenordnung schwierig und exakt sogar bis heute auf effiziente Weise nur mit Heuristiken lösbar. Es existieren sogar umfangreiche Software-Pakete, die das Arbeiten mit OBDDs unterstützen und die für manche klassische Probleme gute Lösungstechniken anbieten.

Besonders erwähnt sei hier die Verwendung von OBDDs im so genannten *Model-Checking*, das insbesondere mit der Logik der Berechnungsbäume CTL (*Computation-Tree Logic*) arbeitet. Hiermit können (möglicherweise unendlich lange) Zustandspfade und deren Eigenschaften beschrieben werden für Systeme, deren Entwicklungsperspektive durch baumartige Verzweigungen modelliert werden kann.

Zunächst sei hier die Erreichbarkeitsanalyse in der Automatentheorie genannt. Allgemeiner geht es im Model-Checking um die *Verifikation* von Implementationen für dynamische Systeme. Hier kann man auch an interagierende Systeme denken, die nach festgelegten Regeln (Protokollen) miteinander kommunizieren. Die CTL-spezifischen Ausdrucksmittel, mit denen insbesondere Eigenschaften von (zeitlichen) Folgezuständen, aber auch „Irgendwann"-Ereignisse auf Berechnungspfaden formuliert werden können, lassen sich auf natürliche Weise mit der OBDD-Technik symbolisieren. Der „Beginn" eines solchen Diagramms an der Wurzel und die Logik der Verzweigung stehen in enger Analogie zum Baum-Paradigma der CTL. Durch die Möglichkeit von Querverbindungen in einem OBDD und durch die Vereinfachungsregeln, die dabei das Auftreten von Zyklen ausschließen, kann die Modellierung von Bäumen (diese haben *keine* Querverbindungen!) modifiziert werden, ohne dass ein Verlust an Verifikations-Potenzial auftritt. Besonders diese sich in der Praxis häufig ergebende Möglichkeit, ein OBDD schmal zu halten, bietet bei der stets zu befürchtenden Zustands-Explosion für die Programm-Verifikation eine attraktive Perspektive. Methoden — und seien es auch nur Heuristiken — zur Erzeugung günstiger (verschlankender und vereinfachender) Variablen-Ordnungen können somit direkt eine Beschleunigung des korrespondierenden Model-Checkers bewirken.

Vereinfachung von Funktionen ist aber nicht das alleinige Ziel des Arbeitens mit OBDDs. Eine besonders wichtige Aufgabe ist das Zusammensetzen von Booleschen Funktionen aus einfacheren. Es soll hier angedeutet werden, dass es systematische Verfahren gibt, die Zusammensetzung (Komposition) zweier Funktionen mittels einer zweistelligen Verknüpfung „graphisch" vorzunehmen, wobei eventuell „nachreduziert" werden muss.

Als Beispiel für dieses Vorgehen betrachten wir die OBDDs für $x_2 x_4$ und für $\overline{x}_2 \overline{x}_4$ mit der Variablenordnung $x_2 < x_4$, welche zunächst reduziert werden und dann mit dem angedeuteten Verfahren (siehe oben) zusammengesetzt werden.

Zunächst $f = x_2 x_4$:

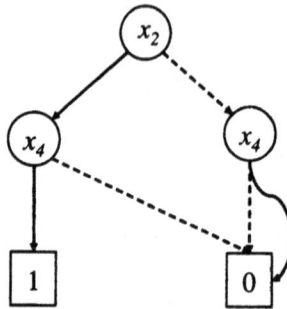

Dieses geht über in:

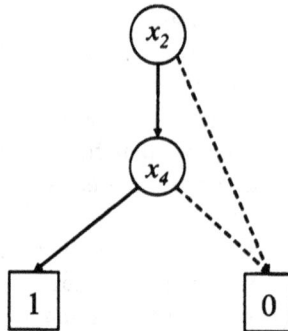

Ferner: $g = \overline{x}_2 \overline{x}_4$

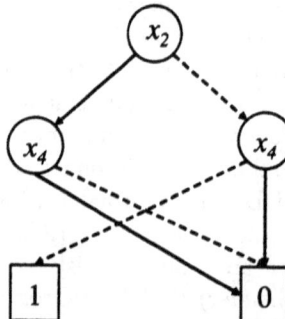

geht über in

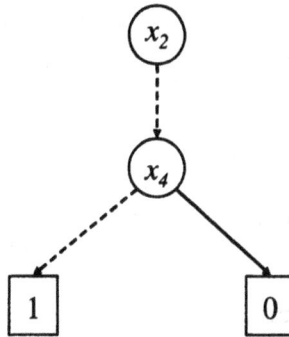

Der (hier nicht explizit erläuterte) Zusammensetzungs-Algorithmus liefert für „+" als zweistellige Verknüpfung das OBDD

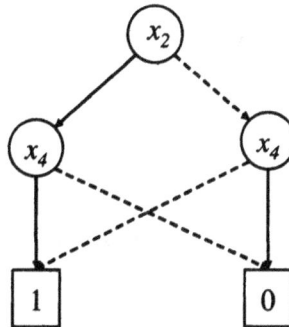

Zu Grunde liegt der aus der Shannon-Entwicklung nach x_2 folgende Zusammenhang

$$f \cdot g = x_2 f(1, x_4) \cdot g(1, x_4) + \overline{x}_2 f(0, x_4) \cdot g(0, x_4) = x_2(x_4 \cdot 0) + \overline{x}_2(0 \cdot \overline{x}_4).$$

Für „+" als Verknüpfung ergibt sich $x_2 x_4 + \overline{x}_2 \overline{x}_4$.

Man hat allgemein den 1-Ausgang von x_2 zu „koppeln" mit der „$\cdot$"-Verknüpfung der 1-Ausgänge von x_2 in f und in g, ferner den 0-Ausgang von x_2 mit der „$\cdot$"-Verknüpfung der 0-Ausgänge von x_2 in f und in g. Das hier zu implementierende Verfahren ist im Allgemeinen deutlich schneller als wenn man von der vollen Booleschen Expansion der Funktionen f bzw. g ausgeht und auf diesen die Verknüpfung bearbeitet. Im Zeitgewinn des Zusammensetzungs-Verfahrens liegt neben der effizienten Vereinfachung für gleich geordnete OBDDs einer der Hauptgründe für die Akzeptanz des OBDD-Paradigmas.

4.3 Überdeckungsmatrizen und Minimalüberdeckungen

Wir wollen uns nun zu einigen der im vorigen Kapitel sowie bisher in diesem Kapitel behandelten Verbesserungsprobleme einen etwas systematischeren Zugang verschaffen. Dazu machen wir zwei grundlegende Beobachtungen:

Bei der *Vereinfachung* von Schaltnetzen ging es darum, zu einer gegebenen Booleschen Funktion eine Darstellung in disjunktiver („zweistufiger") Form mit minimalen
Kosten zu finden. Für drei- bzw. vierstellige Funktionen ist dies mit dem Karnaugh-
Verfahren zu bewerkstelligen; alle Einsen einer gegebenen Funktion sind dann durch
möglichst große (rechteckige) Blöcke zu überdecken. Für beliebige Stellenzahl haben wir als Verallgemeinerung davon das Quine-McCluskey-Verfahren kennen gelernt:
Man stelle eine Primimplikanten-Minterm-Matrix auf und wähle daraus Zeilen so aus,
dass alle darin auftretenden Einsen erfaßt („überdeckt") werden.

Bei der *Fehlerdiagnose* von Schaltnetzen war das Ziel, alle Fehler mit möglichst wenig Tests aufzudecken, d. h. aus der Fehlermatrix Zeilen so zu wählen, dass wiederum
alle Einsen überdeckt werden.

Beide Probleme haben wir mit 0-1-Matrizen veranschaulicht: Bei der Vereinfachung
entsprachen die Zeilen dieser Matrix den maximalen Blöcken bzw. den Primimplikanten, die Spalten den einschlägigen Mintermen; bei der (schaltungsabhängigen) Fehlerdiagnose entsprachen die Zeilen den Tests, die Spalten den Fehlern. Wir wollen diese
Beobachtungen jetzt verallgemeinern:

Definition 4.5 Eine 0-1-Matrix $\mathbf{A} = (a_{ij})$ heißt *Überdeckungsmatrix*, falls

(a) alle Spalten voneinander verschieden sind,

(b) die Nullspalte fehlt.

Die Spalten einer solchen Matrix heißen *Objekte*, die Zeilen (Überdeckungs-) *Mengen*.
Ist $a_{ij} = 1$, so sagt man, „die Menge i *überdeckt* das Objekt j".

Es sei angemerkt, dass die Bedingungen (a) und (b) dieser Definition entbehrlich
sind; sie dienen uns hier zur Vereinfachung der Betrachtungen. Mit dieser Terminologie sind dann also Fehler (bzw. Minterme zu einschlägigen Indizes) Objekte und Tests
(bzw. Primimplikanten) Mengen. Die aus diesen Anwendungen bekannten speziellen
Überdeckungsprobleme lassen sich nun allgemeiner als Optimierungsaufgabe formulieren: Man suche möglichst wenige Mengen, welche alle Objekte überdecken (eine so
genannte *Minimalüberdeckung*).

Beispiel 4.7 Tabelle 4.1 zeigt eine Überdeckungsmatrix $\mathbf{A}_0$, für die z. B. gilt: Menge
7 überdeckt Objekt 9, Menge 3 überdeckt Objekt 1 usw. Mit den Mengen 1 und 3
lassen sich hier bereits alle Objekte überdecken, und da man unmittelbar einsieht, dass
in diesem Beispiel jede Minimalüberdeckung mindestens zweielementig sein muss, ist
{ 1, 3 } bereits eine Lösung obiger Optimierungsaufgabe.   □

Im Fall der Fehlerdiagnose kam es nur darauf an, irgendeine Minimalüberdeckung
zu finden; standen mehrere Alternativen zur Auswahl, konnte davon eine beliebige zur Diagnose herangezogen werden. Beim Vereinfachungsproblem haben wir dagegen eine etwas andere Strategie verfolgt: Überdeckende Primimplikanten sollten
möglichst geringe Gesamtkosten verursachen, d. h. das entsprechende Schaltnetz sollte aus möglichst wenig Und- und Oder-Gattern bestehen (es sollte möglichst „einfach"
sein). Dies formalisieren wir nun dadurch, dass wir jeder (Überdeckungs-) Menge i
Kosten $w(i)$ zuordnen und damit das Optimierungsproblem allgemeiner wie folgt formulieren: Man bestimme eine *kostenminimale Überdeckung*, d. h. ein überdeckendes

Tabelle 4.1: Überdeckungsmatrix $\mathbf{A}_0$ zu Beispiel 4.7.

i $\,^j$	0	1	2	3	4	5	6	7	8	9
0	0	1	0	1	0	1	0	1	0	1
1	1	1	1	1	0	1	1	1	1	1
2	1	0	1	1	0	1	0	0	1	1
3	0	1	0	0	1	0	1	0	1	1
4	1	1	0	0	1	1	0	0	1	1
5	0	0	1	1	0	0	1	0	1	1
6	0	0	1	0	1	1	0	1	0	1
7	1	1	0	1	0	0	1	1	0	1

Mengensystem M mit möglichst geringen Gesamtkosten $\sum_{i \in M} w(i)$. (Für Karnaugh-Diagramme kann man z. B. als Variante zu Definition 2.3 als Kosten $w(i)$ eines Blockes i die Anzahl der in dem ihm entsprechenden Term vorkommenden Variablen festlegen; für einen Block i mit 2^k Einsen gilt dann $w(i) = n - k$ für eine Boolesche Funktion mit n Variablen.)

Diese kurz *Überdeckungsproblem* genannte Optimierungsaufgabe findet man in einer Vielzahl von Anwendungen, von denen wir zwei im letzten Paragraphen kennengelernt haben. Es sei schon jetzt darauf hingewiesen, dass für dieses Problem zur Zeit kein einfacher allgemeiner Lösungsalgorithmus bekannt ist; darauf werden wir weiter unten zurückkommen. Wir wollen uns daher nur mit der Frage nach einer teilweisen Lösung näher beschäftigen und erinnern dazu noch einmal an das Vorgehen bei der Bestimmung einer minimalen Testmenge aus einer Fehlermatrix, für das wir allgemein folgende Terminologie einführen:

Definition 4.6 Sei $\mathbf{A}$ eine $(m \times n)$-Überdeckungsmatrix, und seien $z_i = (z_{i_1} \ldots z_{i_n})$, $z_j = (z_{j_1} \ldots z_{j_n})$ Zeilen und $s_k = (s_{k_1} \ldots s_{k_m})$, $s_l = (s_{l_1} \ldots s_{l_m})$ Spalten von $\mathbf{A}$:

$$z_i \leq z_j :\Leftrightarrow z_{i_r} \leq z_{j_r} \text{ für } r = 1, \ldots, n$$

$$s_k \leq s_l :\Leftrightarrow s_{k_r} \leq s_{l_r} \text{ für } r = 1, \ldots, m$$

Für eine Fehlermatrix ergeben sich damit zwei so genannte *elementare* Vereinfachungsregeln:

Z: Gilt $z_i \leq z_j$ für zwei Zeilen z_i und z_j, so streiche z_i.
S: Gilt $s_k \leq s_l$ für zwei Spalten s_k und s_l, so streiche s_l.

Wir wollen im Folgenden für alle Mengen gleiche Kosten annehmen, so dass diese daher in den Regeln Z und S nicht erwähnt zu werden brauchen. (Für den allgemeinen Fall müßte Regel Z lauten: Gilt $z_i \leq z_j$ und $w(i) \geq w(j)$, so streiche z_i; ohne die Annahme $w(i) \geq w(j)$ wäre es u. U. nötig, z_i beizubehalten). Eine anschauliche Begründung dieser Regeln ist offensichtlich für Z:

Gilt $z_i \leq z_j$, so überdeckt die Menge z_j mindestens all das, was auch z_i überdeckt („der Test z_j deckt alle Fehler auf, welche auch z_i aufdeckt"), und daher kann z_i gestrichen werden;

Tabelle 4.2: Erste Anwendung von Z- und S-Regel auf $\mathbf{A}_0$ mit Ergebnis $\mathbf{A}_1$.

i $\backslash$ j	0	1	2	3	4	5	6	7	8
1	1	1	1	1	0	1	1	1	1
3	0	1	0	0	1	0	1	0	1
4	1	1	0	0	1	1	0	0	1
6	0	0	1	0	1	1	0	1	0

Tabelle 4.3: Weitere Anwendung der Regeln Z, S auf $\mathbf{A}_1$ mit Ergebnis $\mathbf{A}_2$.

i $\backslash$ j	3	4
1	1	0
3	0	1
4	0	1
6	0	1

und für S:

Gilt $s_k \leq s_l$, so wird das Objekt s_l immer dann überdeckt, wenn auch s_k überdeckt wird; daher braucht man sich um die Überdeckung von s_l nicht zu kümmern („man versuche, harmlose Fehler aufzudecken; die schwerer wiegenden werden dann gleich mit erkannt").

Beispiel 4.7 (Fortsetzung): Es gilt:

$$z_0 \leq z_1, z_2 \leq z_1, z_5 \leq z_1, z_7 \leq z_1$$

$$s_k \leq s_9 \text{ (sogar für alle } k = 0, \dots, 8)$$

Streicht man also z_0, z_2, z_5, z_7 und s_9, so erhält man das in Tabelle 4.2 gezeigte Ergebnis $\mathbf{A}_1$. Es gilt dann weiter $s_3 \leq s_l$ für alle $l \in \{0, 1, 2, 5, 6, 7, 8\}$, so dass eine erneute Anwendung der S-Regel das in Tabelle 4.3 gezeigte Resultat $\mathbf{A}_2$ liefert. Schließlich gilt noch $z_4 \leq z_3, z_6 \leq z_3$ (und natürlich $z_3 \leq z_6, z_3 \leq z_4$ usw.), so dass man mit der Z-Regel die in Tabelle 4.4 gezeigte Matrix $\mathbf{A}_3$ erhält. Es verbleiben also die Mengen 1 und 3; diese bilden (*hier*) sogar eine *Minimal*überdeckung für die Überdeckungsmatrix $\mathbf{A}_0$.   □

Tabelle 4.4: Minimalüberdeckung $\mathbf{A}_3$ für $\mathbf{A}_0$.

i $\backslash$ j	3	4
1	1	0
3	0	1

Tabelle 4.5: Irreduzible, aber verkürzbare Überdeckungsmatrix **B**.

i $\diagdown$ j	0	1	2
0	1	1	0
1	1	0	1
2	0	1	1

$\mathbf{A}_3$ wurde in diesem Beispiel aus $\mathbf{A}_0$ durch sukzessives Anwenden der Regeln Z und S gewonnen. Man beachte, dass die Reihenfolge dieser Anwendungen nicht eindeutig bestimmt ist, so dass man bei anderer Reihenfolge unter Umständen zu einem anderen Ergebnis kommt (man sagt, das Verfahren arbeitet *nichtdeterministisch*). In jedem Fall aber wird dieses Verfahren *terminieren*, d. h. nach endlich vielen Schritten stoppen, da durch eine Regel-Anwendung stets eine Dimensionsverkleinerung der Ausgangsmatrix erfolgt.

Für Überdeckungsmatrizen führen wir nun einige Sprechweisen ein:

Definition 4.7 Sei **A** eine Überdeckungsmatrix:

(i) **A** heißt *reduzibel*, falls (mindestens) eine der Regeln S oder Z auf **A** anwendbar ist; anderenfalls heißt **A** *irreduzibel*.

(ii) **A** heißt *verkürzbar*, wenn es eine *echte* Teilmenge der Menge der Zeilen von **A** so gibt, dass die aus diesen Zeilen gebildete Teilmatrix in jeder Spalte mindestens eine Eins enthält. Anderenfalls heißt **A** *unverkürzbar*.

Aus Definition 4.7 folgt weder, dass unverkürzbare Überdeckungsmatrizen irreduzibel sind, noch das Umgekehrte. So ist z. B. die Matrix

$$\begin{pmatrix} 1 & 0 & 0 & 1 \\ 0 & 1 & 0 & 1 \\ 0 & 0 & 1 & 0 \end{pmatrix}$$

unverkürzbar, aber reduzibel (die letzte Spalte kann fortgelassen werden). Andererseits ist die in Tabelle 4.5 gezeigte Matrix **B** offensichtlich irreduzibel, da alle Zeilen bzw. Spalten von **B** bzgl. der in Definition 3.2 eingeführten $\leq$-Relationen unvergleichbar sind. **B** ist jedoch verkürzbar, da zur Angabe einer Minimalüberdeckung eine der drei Zeilen noch weggelassen werden kann.

4.4 NP-vollständige Probleme

Tabelle 4.5 deutet bereits den harten Kern des Überdeckungsproblems an: Das oben beschriebene Verfahren der „elementaren Streichungen" ist hier nicht anwendbar, da die gegebene Matrix bereits irreduzibel ist. Eine Möglichkeit, in dieser Situation eine Minimalüberdeckung zu finden, ist sicher der „brute force approach": Hat die verbleibende Matrix n Zeilen, so testet man *alle Teilmengen* der Zeilenmenge daraufhin, ob sie Überdeckung sind, und wählt von den so gefundenen eine minimale (bzw. kostengünstigste) aus. Da es 2^n derartige Teilmengen gibt und — wie das letzte Beispiel illustrierte — man im Allgemeinen nicht erwarten kann, mit wesentlich weniger als 2^n Tests auszukommen, ist diese Methode offensichtlich nicht effizient, und wir kennen bis heute kein anderes Verfahren, welches in wesentlich einfacherer Weise aus einer irreduziblen Matrix eine unverkürzbare bestimmt, d. h. eine minimale überdeckende Zeilen-Menge generiert.

Man vermutet sogar, dass es einen solchen Algorithmus gar nicht gibt, denn das Überdeckungsproblem gehört zur Klasse der *NP-vollständigen Probleme*, was in groben Zügen folgendes bedeutet:

1. Man kennt bisher *keinen* (deterministischen) Lösungsalgorithmus, der mit *polynomiellem Aufwand* auskommt, d. h. dessen Schrittzahl durch ein Polynom in der „Größe" der Aufgabenstellung abschätzbar ist.

2. Es ist für dieses Problem ein (deterministischer) Lösungsalgorithmus bekannt, welcher mit *höherem als polynomiellem Aufwand* arbeitet, d. h. die Anzahl der Schritte, die dieser Algorithmus ausführen muss, um zu einer optimalen Lösung zu kommen, ist durch ein Polynom nicht abschätzbar, weil er z. B. von der Größenordnung a^n mit $a > 1$ ist. (Aber auch z. B. die Größenordnung $2^{\sqrt{n}}$ ist nicht mehr polynomiell.)

3. Man kann bisher auch *nicht* beweisen, dass es kein polynomielles (deterministisches) Lösungsverfahren gibt.

4. Jedoch lässt sich für irgendeine optimale Lösung des Problems in polynomieller Zeit (nichtdeterministisch, d. h. in Entscheidungssituationen „von außen" richtig gesteuert) verifizieren, dass es sich tatsächlich um eine Optimallösung handelt.

5. Es ist bewiesen, dass es *entweder für alle* NP-vollständigen Probleme *oder für keines* von ihnen ein polynomielles (deterministisches) Lösungsverfahren gibt.

(„NP" steht dabei für „<u>n</u>ichtdeterministisch <u>p</u>olynomiell", „vollständig" für die unter (5) genannte Universalität *aller* Probleme dieser Klasse.)

Für das Überdeckungsproblem haben wir oben den „brutalen Algorithmus" als exponentielles Lösungsverfahren kennen gelernt. Solche Verfahren werden allgemein als *nicht effizient* angesehen, da eine Exponentialfunktion in n schneller wächst als jedes Polynom in n; für die Schrittzahlfunktion eines Algorithmus bedeutet dies, dass ein solches Verfahren nur für „kleine" n auf einem — wenn auch schnellen — Rechner ausgeführt werden kann. Wir erinnern in diesem Zusammenhang an das Problem zu testen, ob ein Graph einen Hamilton-Kreis besitzt (Beispiel 1.10). Auch dieses Problem ist NP-vollständig („Traveling Salesman Problem"), und wir haben in Kapitel 1 an einem kleinen Rechenexempel gesehen, was exponentielles Wachstum hinsichtlich der Rechenzeit bedeutet.

Polynomielle Verfahren hingegen werden allgemein als *effizient* angesehen in dem Sinne, dass sie auch für größere Problembeispiele („große n") mit einem Rechner in „akzeptabler" Zeit zu bewältigen sind. Probleme, welche polynomielle Lösungsverfahren besitzen, werden der Klasse P zugeordnet; Probleme, welche die oben genannten Eigenschaften (1) - (4) besitzen, liegen nach allgemeinem Sprachgebrauch in der

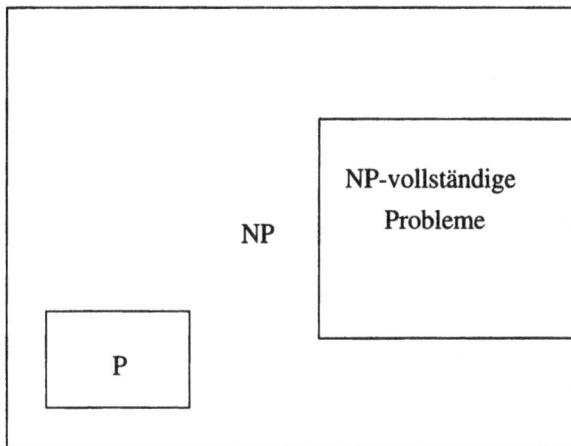

Abbildung 4.12: Vermuteter Zusammenhang zwischen den Klassen P und NP.

Klasse NP. Die *derzeitigen* Spekulationen lassen sich wie in Abbildung 4.12 gezeigt veranschaulichen. Man weiß zwar, dass die Beziehung $P \subseteq NP$ gilt. Jedoch ist es ein prominentes, noch immer ungelöstes Problem der Informatik zu zeigen, dass diese Inklusion echt ist. Man vermutet seit langem, dass $P \neq NP$ gilt, ein Beweis dafür steht jedoch noch aus. Eine positive Beantwortung dieser Frage würde den Nachweis implizieren, dass es z. B. für das Überdeckungsproblem kein polynomielles (deterministisches) Lösungsverfahren gibt. Wir müssen uns mit dem Faktum abfinden, dass das Überdeckungsproblem (wie alle anderen NP-vollständigen Probleme) derzeit effizient nicht gelöst ist.

Es sei bemerkt, dass die oben genannten Begriffe und Fragen im Rahmen der *Komplexitätstheorie* präzisiert und behandelt werden. Wir wollen darauf hier nicht weiter eingehen; der interessierte Leser sei auf die einschlägige Literatur verwiesen. In den in den Bibliographischen Hinweisen hierzu angegebenen Quellen wird unter anderem ausführlich diskutiert, wie man sich durch so genannte *approximative Algorithmen* wenigstens teilweise helfen kann, wenn in einer spezifischen Anwendungssituation (wie der Vereinfachung oder der Fehlerdiagnose von Schaltnetzen) ein NP-vollständiges Problem auftritt.

Für das in Abschnitt 3.1 angegebene Vereinfachungsproblem könnte eine solche *Heuristik* z. B. lauten:

- Man bestimme alle Primimplikanten;

- man wähle aus der Menge aller Primimplikanten sukzessive solche aus, die möglichst viele einschlägige, noch nicht überdeckte Minterme neu überdecken.

(Bei dieser Heuristik werden schließlich auch alle absolut notwendigen Primimplikanten mit ausgewählt.) Es ist bekannt, dass für diese Heuristik auch im ungünstigsten Fall das Verhältnis

$$\frac{\text{Anzahl der durch die Heuristik ausgewählten Primimplikanten}}{\text{Anzahl der minimal erforderlichen Primimplikanten}} \leq 1 + \ln n$$

ist. Hierbei ist unter n die Anzahl der einschlägigen Minterme zu verstehen.

Wir kommen zum Abschluss dieses Kapitels auf die OBDDs zurück: Wie wir bereits erwähnt haben, gibt es neben den Vorzügen des Arbeitens mit OBDDs auch unerfreuliche theoretische Aspekte: Beim Auffinden einer optimalen Variablenordnung für eine Boolesche Funktion, für die also das repräsentierende OBDD eine minimale Kantenzahl hat, liegt leider ebenfalls ein NP-hartes Problem vor. Ferner stellt sich heraus, dass die Ausführung binärer Operationen bei unterschiedlicher Variablenordnung im Allgemeinen nicht mehr effizient durchführbar sein wird, da ebenfalls ein NP-hartes Problem zu Grunde liegt. Diese Ergebnisse sind natürlich nicht unplausibel: Man müsste ja alle $n!$ Variablenordnungen untersuchen, und davon gibt es eben zu viele!

Man kann natürlich auch bei OBDDs versuchen, sich auf theoretisch fundierte effiziente Heuristiken zu stützen, die wenigstens noch eine gewisse Güte solcher Ersatz-Optimierungen sicherstellen. Im Mittelpunkt dieser Versuche stehen bei OBDDs Heuristiken zur Festlegung von Variablenordnungen, welche gute Optimierungsergebnisse versprechen. Eine gut untersuchte Heuristik besagt z. B., dass man „wesentliche" Boolesche Variablen, bezüglich denen die vorgegebene Boolesche Funktion f symmetrisch ist, bei der Variablenordnung nebeneinander belassen soll. Diese Heuristik wird illustriert durch das in Abschnitt 4.2 gegebenen Beispiel: Die dort betrachtete Boolesche Funktion ist symmetrisch in Bezug auf das Variablenpaar (x_2, x_4), und die optimale Ordnung $x_2 < x_4 < x_1 < x_3$ lässt dieses Paar beieinander, während die Ordnung $x_1 < x_2 < x_3 < x_4$ diese Anordnung „zerreißt". Allerdings deutet die „pessimale" Anordnung $x_1 < x_3 < x_2 < x_4$, die ebenfalls den Symmetrieblock $(x_2 x_4)$ beieinander lässt, darauf hin, dass die erwähnte Heuristik noch verfeinert werden müsste, um zu verlässlichen Güte-Aussagen für eine solche Heuristik zu kommen.

Es gibt auch konkrete Probleme, deren OBDD-Komplexität beweisbar schwierig ist. In diesem Zusammenhang ist die binäre Multiplikation zu nennen: Das „mittlere Bit" des Ergebnisses einer solchen Multiplikation bietet hier die größten Schwierigkeiten, und dessen Darstellung durch ein OBDD ist ebenfalls NP-hart.

4.5 Übungen

Hinweis: Zu den mit * gekennzeichneten Übungen sind im Internet Lösungen erhältlich.

4.1 Man beweise Satz 4.1 (b)–(d).

4.2 Der Boolesche *if-then-else-Operator* sein wie folgt definiert:

$$x \to y_0, y_1 := (x \cdot y_0) + (\overline{x} \cdot y_1)$$

Es gilt also: $x \to y_0, y_1 = 1$, falls $x = y_0 = 1 \vee x = 0, y_1 = 1$ und $x \to y_0, y_1 = 0$ sonst. Man zeige, dass alle Booleschen Operatoren (insbesondere also $a + b$, $a \cdot b$ und $\overline{a}$) allein unter Verwendung von if-then-else sowie 0 und 1 dargestellt werden können. (Hinweis: Man zeige z. B. dass $\overline{x} = x \to 0, 1$ gilt.)

*4.3 Man entwerfe ein OBDD für die Schwellenwertfunktion $f(x_1, \ldots, x_6) = T_3^6$, welche genau dann den Wert 1 hat, wenn wenigstens 3 der 6 Variablen den Wert 1 haben.

4.4 Man finde eine Variablenordnung, bei der das OBDD-Vereinfachungsverfahren für die in Aufgabe 3.7 (Tabelle 3.12) betrachtete Boolesche Funktion die gemäß dem Karnaugh-Verfahren bestimmte einfachste Darstellung liefert.

*4.5 Gegeben sei die folgende Funktion:

$$f(x_1, x_2, x_3, x_4) := (x_1 = x_2) \wedge (x_3 \neq x_4)$$

1. Stellen Sie f in einem vollständigen OBDD dar.

2. Der sich ergebende Baum kann kompakter dargestellt werden. Reduzieren Sie schrittweise die Anzahl der Knoten, indem Sie gleiche Teilbäume und überflüssige Knoten eliminieren. Beginnen Sie bei großen Teilbäumen und oben liegenden Knoten.

4.6 Für die in Tabelle 3.6 gezeigte Überdeckungsmatrix zu Beispiel 3.5 bestimme man unter Verwendung der Regeln Z und S eine Minimalüberdeckung.

4.7 Für die Fehlermatrix aus Tabelle 3.9 bestimme man unter Verwendung der Regeln Z und S eine Minimalüberdeckung.

4.8 Man zeige durch ein Beispiel, dass das Ergebnis der Minimierung einer Überdeckungsmatrix unter Verwendung von Z- und S-Regel im Allgemeinen nicht eindeutig bestimmt ist.

4.9 Wir betrachten in dieser Aufgabe Überdeckungsprobleme, bei denen in jeder von m Spalten mindestens eine Eins und in jeder Zeile höchstens zwei Einsen vorkommen.

a) Der Greedy-Algorithmus (greedy $\hat{=}$ gierig) zur approximativen Lösung von Überdeckungsproblemen verfährt wie folgt: In jedem Schritt wird eine Zeile ausgewählt, die möglichst viele bis dahin noch nicht überdeckte Spalten überdeckt. Der Algorithmus terminiert, wenn alle Spalten überdeckt sind. Man zeige an einem Beispiel, dass der Greedy-Algorithmus auch für dieses spezielle Überdeckungsproblem in der Regel keine minimale Zeilenmenge liefert.

b) Man zeige: Genau dann gibt es eine Lösung unseres speziellen Überdeckungsproblems mit $m - k \leq m$ Zeilen, wenn es eine Zeilenmenge K mit k Elementen gibt, die zusammen $2k$ Spalten überdecken.

Hinweis: Man beweise die Hin-Richtung durch Widerspruch.

c) Man zeige: Die Lösung des Greedy-Algorithmus ist bei unserem speziellen Überdeckungsproblem nur um den Faktor 3/2 schlechter als eine exakte Lösung. Das heißt: Genügen $m - k$ Zeilen zur Überdeckung von m Spalten, liefert der Greedy-Algorithmus im schlechtesten Fall $3/2(m - k)$ Zeilen zur Überdeckung der Spalten.

Hinweis: Man verwende Teil b) der Aufgabe und gehe von einem maximal „ungeschickten" Vorgehen aus, bei dem in jedem Schritt möglichst viele „gute" Zeilen zerstört werden.

4.10 Gegeben sei eine Boolesche Funktion $f : B^n \to B$. Man beschreibe ein Verfahren, mit welchem sich feststellen lässt, ob $f \equiv 1$ gilt, also unabhängig vom Input den Wert 1 liefert (in diesem Fall heißt der f definierende Ausdruck eine *Tautologie*) und schätze dessen Laufzeit in Abhängigkeit von n ab. Man äußere eine Vermutung, ob diese Aufgabe zur Klasse P oder zur Klasse NP gehört.

4.6   Bibliographische Hinweise

OBDDs gehen zurück auf Bryant (1986). Eine gute Einführung in die Theorie und die Anwendungen von OBDDs im VLSI-Design sowie in der Verifikation von Schaltkreisen gibt das Buch von Meinel und Theobald (1998). Zu den Vereinfachungsregeln für OBDDs vergleiche man ebenfalls Meinel und Theobald (1998). Weitere Übersichten zu Theorie und Anwendungen von OBDDs findet man bei Andersen (1997) und Bryant (1992). Model-Checking ist das Thema von McMillan (1993) und Clarke et al. (2000, 2001). Als rechnergestütztes Werkzeug zum Umgang mit OBDDs erwähnen wir stellvertretend für viele andere das System CUDD (*CU Decision Diagram Package*), welche von Fabio Somenzi an der University of Colorado, Boulder enwtickelt wurde und im Web unter `http://vlsi.colorado.edu/vlsi_downloads.html` zum Download bereitsteht. Eine umfassende Einführung in die Theorie der NP-vollständigen Probleme geben Garey und Johnson (1979) sowie z. B. Papadimitriou (1994). Die erwähnte Abschätzung der beschriebenen Heuristik für das Vereinfachungsproblem von Schaltnetzen stammt von Chvatal (1979).

Bollig und Wegener (1996) haben bewiesen, dass das Auffinden einer optimalen Variablenordnung für eine Boolesche Funktion NP-hart ist.

Kapitel 5

Schaltungen mit Delays (Schaltwerke)

In den vorangegangenen Kapiteln haben wir Möglichkeiten kennengelernt, das Verhalten einer „Black Box" logisch durch Schaltfunktionen (Definition 1.1) zu beschreiben. Ferner haben wir erläutert, wie sich vorgegebene Schaltfunktionen, insbesondere Boolesche Funktionen (Definition 1.2) durch Schaltnetze (Definition 1.7) realisieren lassen. Dabei sind wir jeweils davon ausgegangen, dass sich bei einer solchen Schaltung nach Anlegen von Input-Signalen nach einer gewissen Zeit ein stabiler Zustand an den Ausgängen einstellt. Die Zeit, welche vom Anlegen der Inputs bis zum Ablesen des Outputs verging, wurde dabei (bis auf die Ausnahme der Schaltungshasards) vernachlässigt. Außerdem war für die Berechnung eines Outputs nur der aktuelle Input maßgebend, nicht jedoch z. B. irgendeine frühere Eingabe. Solche Schaltungen bezeichnet man allgemein als *asynchrone* Schaltnetze. In diesem Kapitel wollen wir diese erweitern zu *Schaltwerken* durch Hinzunahme von Speicherbausteinen.

5.1 Einführung

Zur Motivation betrachten wir folgendes Beispiel:

Beispiel 5.1 Gesucht ist ein Ringzähler für vierstellige Dualzahlen, genauer eine Schaltung für folgende Funktion (vgl. Aufgabe 1.13):

$$\Re : B^4 \to B^4, \text{ definiert durch}$$

$$\Re(d(i)) := d(i + 1 \bmod 16).$$

Dabei sei $d(i)$ die (vierstellige) Dualdarstellung von $i \in \{0, \ldots, 15\}$. Wie der Leser leicht verifiziert, leistet die in Abbildung 5.1 gezeigte Schaltung offenbar das Gewünschte. □

Gibt man z. B. $x_3 = 0, x_2 = 1, x_1 = 1, x_0 = 0$ in die in Abbildung 5.1 gezeigte Box $\Re$ ein, wird man nach einer gewissen Zeit an den Outputs $y_3 = 0, y_2 = 1, y_1 = 1, y_0 = 1$ ablesen können. Allerdings kann man diese Schaltung in dieser Form noch

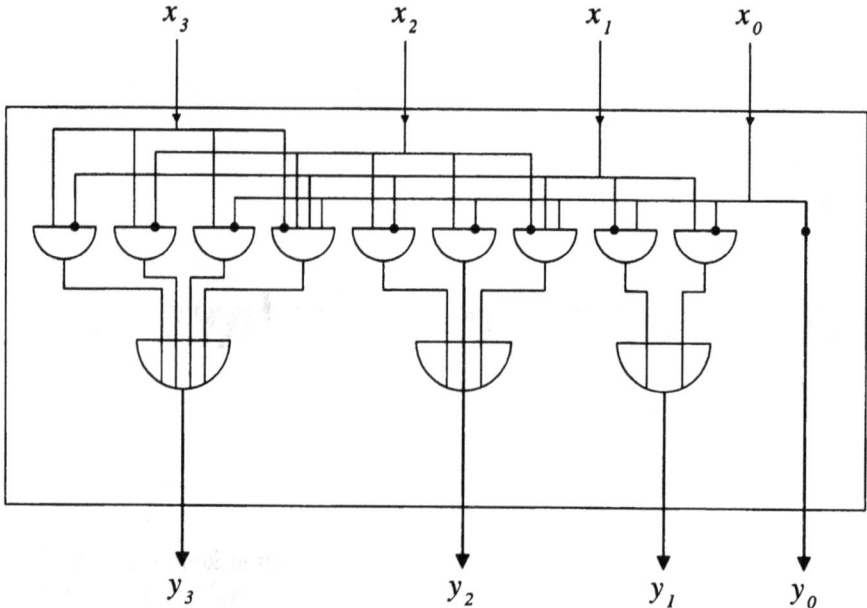

Abbildung 5.1: 4-Bit-Ringzähler $\mathcal{R}$.

nicht benutzen, denn die Aufgabe eines „Ringzählers" besteht per definitionem darin, (zyklisch) bis 15 zu zählen, sodann alle Outputs auf 0 zu setzen, bis 15 zu zählen usw. Dazu ist es offensichtlich erforderlich, die Ausgaben als nächste Eingaben aufzufassen, d. h. die Outputs mit den Inputs per Rückkopplung zu verbinden. Nach Definition 1.7 lassen Schaltnetze (als zykelfreie Graphen) derartige Konstruktionen jedoch nicht zu (vgl. die Flimmerschaltung aus Beispiel 1.4).

Abhilfe verschaffen wir uns in dieser Situation dadurch, dass wir in obiger Schaltung eine Kontrollinstanz einführen, welche Rückkopplungen durch von einer zentralen *Uhr* (Clock) ausgehende *Taktimpulse synchronisiert*. Als neues Bauteil verwenden wir dazu ein so genanntes *Delay*, für welches wir das in Abbildung 5.2 gezeigte Symbol verwenden. Aus logischer Sicht besteht ein Delay aus einem Vorspeicher V und einem Speicher S. Ein Delay ist in der Lage, ein Bit zu speichern. Einer „Schleuse" ähnlich arbeitet es in zwei Phasen, welche durch den Takt unterschieden werden:

(1) *Arbeitsphase*: Der Inhalt von S wird „nach rechts" (im Allgemeinen an ein Schaltnetz) abgegeben; er steht also als Signal y_i für eine längere Zeit zur Verfügung. Ein (eventuell anderes) Signal x_i wird in V „abgelegt". V und S sind durch eine Sperre getrennt.

(2) *Setzphase*: Eine zentrale Synchronisation (die Clock, welche Taktimpulse erzeugt) hebt die Sperre kurzzeitig auf und bewirkt dadurch die als „Setzen" bezeichnete Abgabe des Inhalts von V an S.

In der Setzphase, welche im Allgemeinen wesentlich kürzer ist als die Arbeitsphase, werden also keine Signale von außen aufgenommen oder nach außen abgegeben.

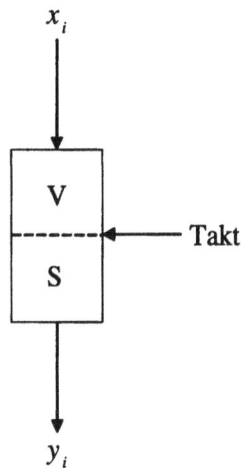

Abbildung 5.2: Delay.

Befindet sich zum Zeitpunkt i der Wert x_i im Vorspeicher, y_i im Speicher, so wird beim nächsten Takt, der den Übergang vom Zeitpunkt i zum Zeitpunkt $i+1$ markiert, der Wert x_i in den Speicher geschrieben, d. h. formal $y_{i+1} \Leftarrow x_i$.

Damit lässt sich nun bereits das oben beim Entwurf eines „funktionstüchtigen" Ringzählers aufgetretene Problem lösen:

Beispiel 5.1 (Fortsetzung): Wir vervollständigen die in Abbildung 5.1 angegebene Schaltung durch vier Delays, in denen ein gerade erzeugter Output gespeichert wird, um nach dem nächsten Takt als neuer Input zu dienen; das Ergebnis dieser Erweiterung ist in Abbildung 5.3 gezeigt. □

In der Praxis wird dabei die Clock so beschaffen sein müssen, dass ein neuer Taktimpuls erst dann erzeugt wird, wenn man sicher sein kann, dass der von $\Re$ erzeugte Output die gesamte Schaltung durchlaufen hat. Um Probleme dieser Art wollen wir uns hier nicht kümmern; wir verzichten von nun an sogar darauf, die Clock bzw. den Takteingang eines Delays bei der Angabe von Schaltungen einzuzeichnen. Wir nehmen jedoch bei der Verwendung von Delays ein *getaktetes*, synchronisiertes Arbeiten an; dementsprechend bezeichnen wir Schaltungen mit Delays als *(synchrone) Schaltwerke*.

Es sei bemerkt, dass ein Delay einen Fan-Out am *Ausgang* besitzen darf (vgl. Abbildung 5.4). Damit kann es seine gespeicherte Information in einem (Takt-) Schritt an mehrere Stellen abgeben. Die mit dieser Möglichkeit auftretenden physikalischen Verstärkungsprobleme werden bei der von uns gewählten logischen Sicht bewusst außer acht gelassen.

Auf das entsprechende Problem eines Fan-In am Eingang werden wir am Ende von Abschnitt 5.3 eingehen.

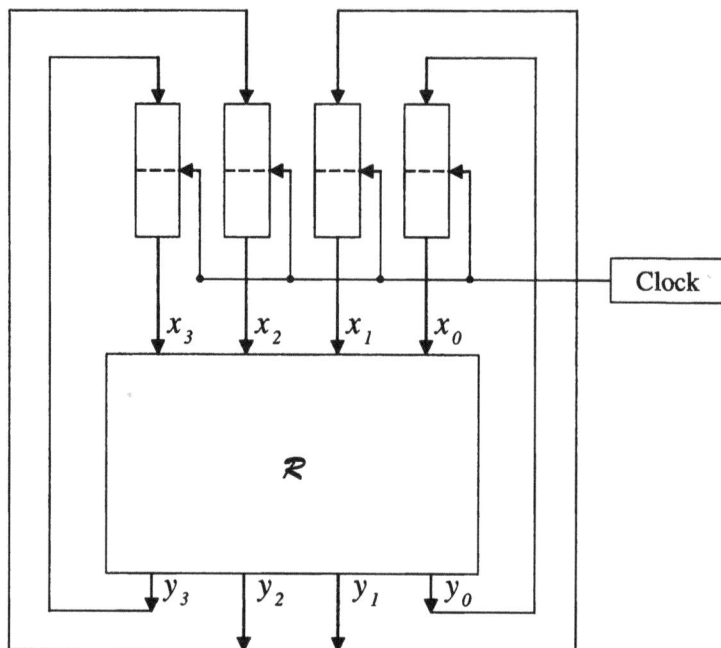

Abbildung 5.3: 4-Bit-Ringzähler mit Delays.

Kommen wir kurz zurück auf die eingangs erwähnte Flimmerschaltung durch Rückkopplung: Durch die Einführung von Delays können wir eine Schnittstelle schaffen, welche Rückkopplungen erlaubt, da ein Delay eine saubere Trennung kurz geschlossener Signale bewirkt. Die in Abbildung 1.8 gezeigte (und verworfene) Schaltung ist mit der in Abbildung 5.5 gezeigten Änderung nun zulässig.

Wie das Beispiel Ringzähler bereits andeutete, wird man zu Speicherungszwecken im Allgemeinen nicht mit nur einem Delay auskommen; meistens benötigt man Folgen von Delays, welche man auch als *Register* bezeichnet. In Beispiel 5.1 haben wir ein vierstelliges Register verwendet, dessen einzelne Komponenten paarweise voneinander unabhängig waren in dem Sinne, dass zwischen ihnen keine Verbindung bestand. Für derartige Register werden wir im Folgenden als Abkürzung für die in Abbildung 5.6 (a) gezeigte Situation auch das in Abbildung 5.6 (b) dargestellte Symbol verwenden, wobei wir uns im letzten Bild nur den Speicher-Teil der Delays gezeichnet denken.

Register sind also in der Lage, Worte der Länge n über B zu speichern, welche dann z. B. n-stellige Dualzahlen darstellen (D_i enthält dann die Ziffer der i-ten Stelle dieser Zahl). Daher bezeichnet man n auch als *Wortlänge* eines Rechners, welcher mit n-stelligen Registern arbeitet. Gängige Wortlängen sind z. B. $n = 16, 32, 64$. Zur Vereinfachung z. B. der Angabe von Registerinhalten fasst man im Allgemeinen 8 Bits zu einem so genannten *Byte* zusammen, oder — wie in Kapitel 1 im Anschluss an Beispiel 1.4 erwähnt — man fasst je drei bzw. vier Bits zu einer Oktal- bzw. Hexadezimalziffer zusammen. Prinzipiell werden alle Delays eines solchen Registers bzw. eines Schaltwerkes (bzw. eines Rechners insgesamt) gleichzeitig getaktet, wobei zwischen zwei aufeinanderfolgenden Taktimpulsen in jedem Delay Arbeits- *und* Setz-

Abbildung 5.4: Fan-Out am Ausgang eines Delays.

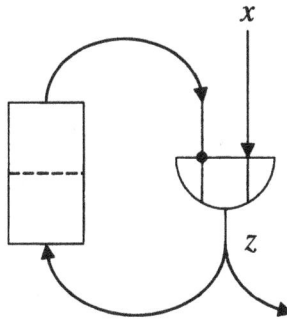

Abbildung 5.5: (Zulässige) Flimmerschaltung (mit Delay).

phase ablaufen. Diese Zeit (die zwischen zwei Taktimpulsen vergeht) nennt man die *Taktzeit* eines Rechners; in genau diesem Grundrhythmus, den wie gesagt die Rechner-Clock erzeugt, vollziehen sich synchron alle rechnerinternen Abläufe. Dabei passiert es häufig aufgrund langer Signalwege bzw. durch die Verzögerungen, welche Signale beim Durchlaufen von Schaltnetzen erfahren, dass nicht jeder Takt genutzt werden kann, so dass nicht bei jedem Takt ein Fortschritt z. B. einer aktuellen Rechnung erzielt werden kann (z. B. kann die Addition zweier Dualzahlen 12 Takte dauern). Hier finden dann Zähler (z. B. Ringzähler mod 12) Anwendung, mit deren Hilfe sich steuern lässt, welcher nächste Takt eine „Zustandsänderung" bei den entscheidenden Delays bewirkt.

Taktungen liegen heute in der Größenordnung von Bruchteilen von Nanosekunden (10^{-9} sec., entsprechende Frequenz Gigahertz, GHz). Innerhalb einer Taktzeit müssen alle Signalwege zwischen Schaltelementen durchlaufen worden sein — anders kann die Sicherheit des Betriebes nicht gewährleistet werden. Da das Licht als schnellstes aller Kommunikations-Medien in einer Nanosekunde nur 30 cm, in einer Picosekunde (10^{-12} sec) also nur 0.3 mm zurücklegt, erfordern noch wesentlich schnellere Taktungen als die heute üblichen schon aus rein physikalischen Gründen eine sehr hohe

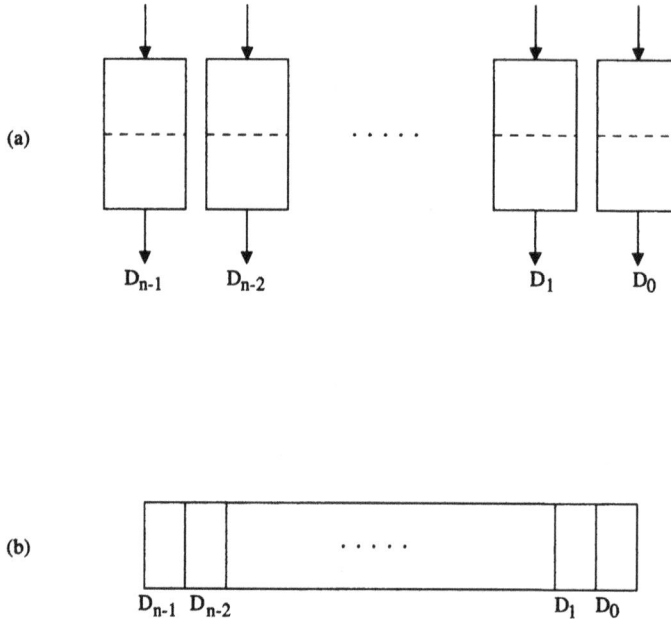

Abbildung 5.6: n-stelliges Register: (a) Prinzip; (b) Symbol.

Miniaturisierung aller Schaltungen. Aus diesen Notwendigkeiten lassen sich absolute Grenzen für künftig noch mögliche Taktzeiten herleiten, denn Schaltelemente, die kleiner als ein Molekül sind, können nach heutiger Erkenntnis sicherlich niemals realisiert werden. Zudem treten schon im Nanobereich unvermeidbare Störungen auf (Quantenrauschen), welche zusätzliche Sicherheitsrisiken bewirken (vgl. Abschnitt 7.1). Die Rechenleistung kann also nicht ins Unermessliche steigen. Schließlich setzt die Endlichkeit des menschlichen Lebens auch eine anthropologische Grenze für künftig machbare Rechenprojekte. Diese muss nach solchen vorsichtigen Abschätzungen deutlich unterhalb von 10^{30} Takten liegen, es sei denn, man spekuliert auf astronomisch viele parallel geschaltete subatomar kleine Prozessoren und auf Nutzer, deren methusalemisches Alter mit Mega-Geduld verknüpft ist.

Rechenprobleme, die mehr als 10^{30} Lösungs-Schritte erfordern, sind aber in großer Zahl vorhanden — man denke nur an die Aufgaben einer exakten Wetter-Vorhersage. Angesichts dieser Grenzen stellt sich die Frage, ob völlig andersartige Rechner-Technologien weiter gehende Perspektiven bieten. Der in der Vergangenheit häufig zitierte Molekular-Rechner wird diese Stelle nicht einnehmen können, da die Anzahl der hier zur Verfügung stehenden Rechner-Bestandteile (dies sind chemisch reagierende Moleküle) in ähnlicher Weise letztlich doch zu gering sein dürfte.

Der heute von der Spekulation favorisierte Quantenrechner, dessen physikalische Realisierung noch in weiter Ferne liegt, könnte zwar z. B. Hilfe bieten für das heute als zu schwer geltende Problem der Primfaktor-Zerlegung von Zahlen mit mehreren hundert Dezimalstellen. Damit könnte dann die auf dieser Unmöglichkeit beruhende kryptologische RSA-Datensicherungstechnik obsolet werden. Es ist aber heute noch nicht erkennbar, ob ein Quantenrechner als *universeller* Rechner eingesetzt werden kann.

Wir geben nun eine formale Beschreibungsmöglichkeit für *Schaltwerke*, d. h. für Schaltnetze mit Delays, an, welche von den „Zuständen" eines Delays wesentlich Gebrauch macht: Betrachtet man den Inhalt eines Speichers, so kann ein Delay die beiden Zustände 0 und 1 annehmen. Daher ist ein Schaltwerk S durch einen (deterministischen) *endlichen Automaten A_S mit Ausgabe* („Mealy-Automat") beschreibbar, welcher folgende Komponenten hat: $A_S = (Q, \Sigma, \Delta, q_0, F, \delta)$ mit

Q : endliche Zustandsmenge
Σ : endliches Eingabealphabet
Δ : endliches Ausgabealphabet
$q_0 \in Q$ Startzustand
$F \subseteq Q$ Menge der ausgezeichneten Zustände
$\delta : Q \times (\Sigma \cup \{\epsilon\}) \to Q \times (\Delta \cup \{\epsilon\})$

Der Zusatz $\{\epsilon\}$ zu Σ bzw. Δ bedeutet, dass wahlweise bei einem Übergang kein Input verbraucht wird bzw. kein Output erzeugt wird. (ϵ steht dabei für das leere Wort.)

Hat S etwa n Delays, so ist das n-Tupel der Zustände dieser Delays der aktuelle Zustand von S. Eingaben bzw. Ausgaben in bzw. von S sind Worte über Σ bzw. Δ. Befindet sich A_S im Zustand q, und ist für $x \in \Sigma \cup \{\epsilon\}$

$$\delta(q, x) = (q', y),$$

so geht der Automat als nächstes in den Zustand q' über und gibt y aus. Wesentliches Merkmal eines endlichen Automaten ist seine *endliche* Gedächtnisleistung, die er durch seine nur endlich vielen Zustände besitzt: Durch den Übergang in einen bestimmten Zustand „merkt" sich der Automat eine bestimmte Situation; dieses Merken aber bedeutet im entsprechenden Schaltwerk gerade „speichern in den Delays".

Beispiel 5.1 (Fortsetzung): Sei $\Re$ der oben angegebene Ringzähler mit den vier Delays $D_3, \ldots, D_0$. Eine Beschreibung von $\Re$ als endlicher Automat lautet:

$$A_\Re = (Q_\Re, \Sigma_\Re, \Delta_\Re, q_\Re, F_\Re, \delta_\Re) \text{ mit}$$

1. $Q_\Re = B^4$; jedes $q \in Q_\Re$ hat die Form $q = (d_3, d_2, d_1, d_0)$; dabei ist d_i der Zustand von D_i.

2. $\Sigma_\Re = \Delta_\Re = \emptyset$; der Ringzähler arbeitet „autonom", d. h. er hat weder Ein- noch Ausgabe.

3. $q_\Re$ ist daher beliebig wählbar, etwa $q_\Re = (0, 0, 0, 0)$.

4. $F_\Re = \emptyset$

5. $\delta_\Re : Q_\Re \times \{\epsilon\} \to Q_\Re \times \{\epsilon\}$ ist definiert durch $\delta_\Re(q, \epsilon) := (\Re(q), \epsilon)$; $\Re$ wurde zu Beginn dieses Kapitels angegeben. □

Weitere endliche Automaten als Entsprechungen zu Schaltwerken werden in den Übungen betrachtet.

$$x$$

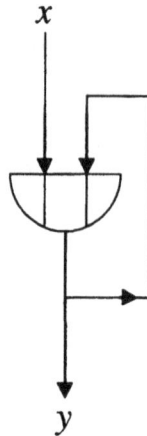

$$y$$

Abbildung 5.7: Rückgekoppeltes Signal.

5.2 Zur technischen Realisierung von Delays

In der Praxis wird ein Delay durch ein so genanntes *Flip-Flop* oder durch ein *Latch* realisiert; je nach Anwendung kommen dabei verschiedene Typen (z. B. SR-, D-, JK-, Master-Slave-Flip-Flop) zum Einsatz. Wir werden uns hier nur exemplarisch mit dem SR-Flip-Flop beschäftigen, da wir wie bereits bei Gattern nur die *logische*, *nicht* aber die *technologische* Sicht darstellen, und diese für alle Flip-Flop-Typen gleich ist.

Um die grundsätzliche Arbeitsweise eines Speicherelements zu verstehen, betrachten wir noch einmal die nun schon hinreichend bekannte Flimmerschaltung in einer etwas vereinfachten Form: Abbildung 5.7 zeigt eine abgewandelte Signalrückkopplung (ohne Inverter). Hierbei gilt offensichtlich Folgendes: Falls irgendwann $x = 1$ gilt, also der x-Eingang des Oder-Gatters auf 1 gesetzt wird, so wird y ebenfalls 1, und aufgrund der Rückkopplung bleibt das Ausgangssignal sodann auf 1 stehen. Mit anderen Worten: Die Schaltung *speichert* in dieser Situation eine Eins. (Dies ist offensichtlich eine idealisierte Überlegung, die vom Energieverbrauch abstrahiert.)

Damit man nun diese Eins auch wieder zurücksetzen kann, nehmen wir eine zweite Rückkopplung hinzu wie in Abbildung 5.8 gezeigt. Hier verwenden wir für die wesentlichen Signale bereits die in der Literatur üblichen Bezeichnungen S für „Set" und R für „Reset": Ist $S = 1$ und $R = 0$, so ist die Schaltung im „Zustand" 1, denn das linke Oder-Gatter hat in diesem Fall am Ausgang eine 1, welche am oberen Eingang des rechten Oder-Gatters in 0 invertiert wird. Wegen $R = 0$ produziert der Inverter am Ausgang des rechten Oder-Gatters eine 1, die nach außen abgegeben wird. Ist dagegen $S = 0$ und $R = 1$, so geht die Schaltung in den „Zustand" 0 über (man setze zunächst $R = 1$, was am Ausgang und in der Rückkopplung eine 0 verursacht; zusammen mit dem Rücksetzen auf S auf 0 ergibt sich der gewünschte Effekt).

Wir stellen die Schaltung auf Abbildung 5.8 ab sofort etwas anders dar (vgl. Abbildung 5.9) und bezeichnen die Schaltung als *Phasen gesteuertes SR-Latch*. Man erkennt jetzt deutlicher die Verwendung von Nor-Gattern; entsprechend sind Latches auch aus Nand-Gattern aufbaubar. Um die mögliche, aber nicht sinnvolle Eingabe

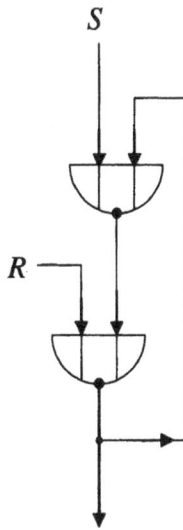

Abbildung 5.8: Zweifache Rückkopplung.

$S = R$ auszuschließen, nimmt man im Allgemeinen einen Takt hinzu, wodurch aus dem Phasen gesteuerten SR-Latch ein *Takt gesteuertes SR-Flip-Flop* wird (vgl. Abbildung 5.10; mit S wird wie vorher der von außen zugreifbare Eingang bezeichnet, der Set-Eingang des Latch heißt jetzt S'; entsprechend für die Reset-Leitung). Ein Zustandswechsel ist höchstens bei $Clk = 1$ möglich; bei $Clk = 0$ dagegen wird der Zustand gehalten, da die Und-Gatter, in die S bzw. R hineinführt, dann „blockiert" sind. Die Datenleitung D gibt das gespeicherte Bit nach außen ab.

5.3 Addierwerke

Wir wollen nun Schaltwerke entwerfen, die in dieser oder ähnlicher Form in fast jedem Rechner anzutreffen sind, nämlich *Addierwerke*, welche in der Lage sind, für festes n Dualzahlen dieser Stellenzahl zu addieren.

5.3.1 Parallel- und Serienaddierer

Das Addierproblem an sich ist bereits aus Beispiel 1.5 bekannt; in Kapitel 2 haben wir außerdem bereits ein aus Halb- bzw. Volladdierern bestehendes (asynchrones) Addiernetz für $n = 4$ kennen gelernt, welches prinzipiell auf beliebige n erweiterbar ist. Offen blieb jedoch z. B. die Frage, woher die Summanden kommen und wohin das Ergebnis geht. Dies klären wir jetzt dadurch, dass wir ein Addiernetz mit zwei Registern, einem *Akkumulator* (kurz: Akku) und einem *Puffer*, versehen, so dass wir den in Abbildung 5.11 gezeigten Grundaufbau erhalten.

Akku und Puffer enthalten zu Beginn einer Rechnung die beiden Summanden; am Ende steht das Ergebnis wieder im Akku. Da sich bei der Addition von zwei n-stelligen Dualzahlen eine $(n+1)$-stellige Zahl ergeben kann, wird man das Addiernetz darüber

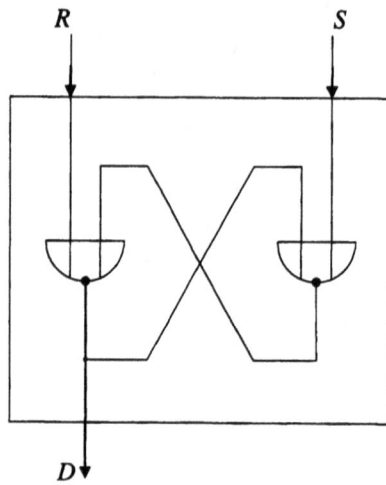

Abbildung 5.9: (Phasen gesteuertes) SR-Latch.

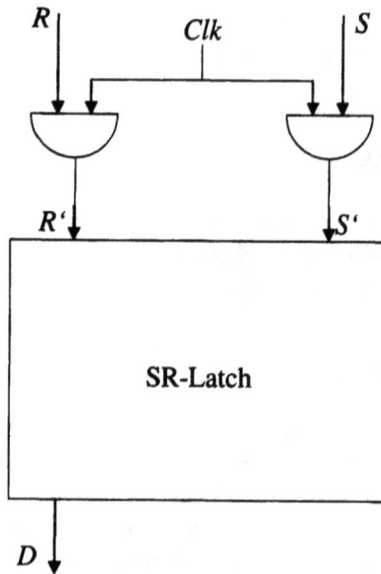

Abbildung 5.10: (Takt gesteuertes) SR-Flip-Flop.

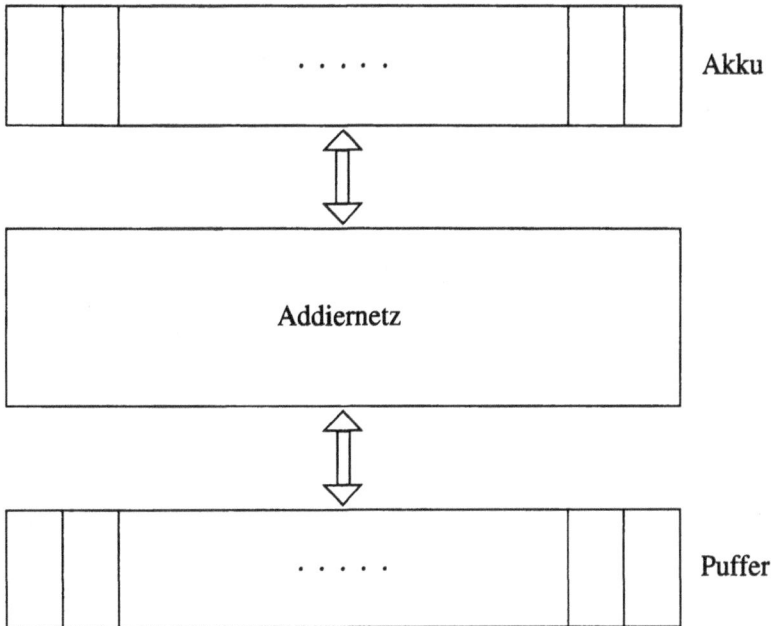

Abbildung 5.11: Organisationsplan eines Addierwerks.

hinaus noch mit einem weiteren Delay ausstatten, welches den Übertrag aufnimmt („Link").

Das bereits bekannte (vgl. Kapitel 2) asynchrone Parallel-Addiernetz, d. h. der Ripple-Carry-Adder, lässt sich damit sofort zu einem (synchronen) *Parallel-Addierwerk* machen, wie in Abbildung 5.12 dargestellt (für $n = 4$). Dabei tritt das im letzten Abschnitt bereits erwähnte Problem auf, dass am Eingang der Akku-Delays ein Fan-In vorliegt: Diese Speicherelemente können ihre Signale aus verschiedenen Quellen erhalten. Wir stellen die Lösung dieses Problems, die darin besteht, den Eingängen noch eine „Logik" vor zu schalten, zurück.

Das Parallel-Addierwerk liefert in *einem* Schritt das Ergebnis; andererseits ist aber die Laufzeit der Signale in diesem Volladdierer-Halbaddierer-Schaltnetz sehr groß, da es sich beim Halbaddierer nach den Ausführungen in Kapitel 2 um eine zweistufige, beim Volladdierer um eine vierstufige Schaltung handelt. Für feste Stellenzahl n der Inputs muss also jedes Signal $2+4(n-1) = 4n-2$ Stufen durchlaufen. In Abschnitt 2.4 errechneten wir daraus eine (hypothetische) Schaltzeit von 240 psec für das vierstellige Addiernetz. Das bedeutet, dass erst nach dieser Zeit der Taktimpuls erfolgen darf, welcher das Addierwerk für die nächste Additionsaufgabe initialisiert. Des Weiteren sei bemerkt, dass dieses Addierwerk die durch Speicherbausteine gegebene Möglichkeit des *schrittweisen Arbeitens* nicht ausnutzt.

Dies ist anders beim *seriellen Addierwerk*, welches wir als nächstes beschreiben: Akku und Puffer sind dabei als *Schieberegister* organisiert; bei jedem Taktimpuls wird die gespeicherte Information um eine Stelle nach rechts (oder links) geschoben. Im Falle des Rechts-Verschiebens, wie wir es hier verwenden, wird dabei jeweils das linkeste Delay des Registers frei, der Inhalt des rechtesten „fällt heraus". Wir geben das

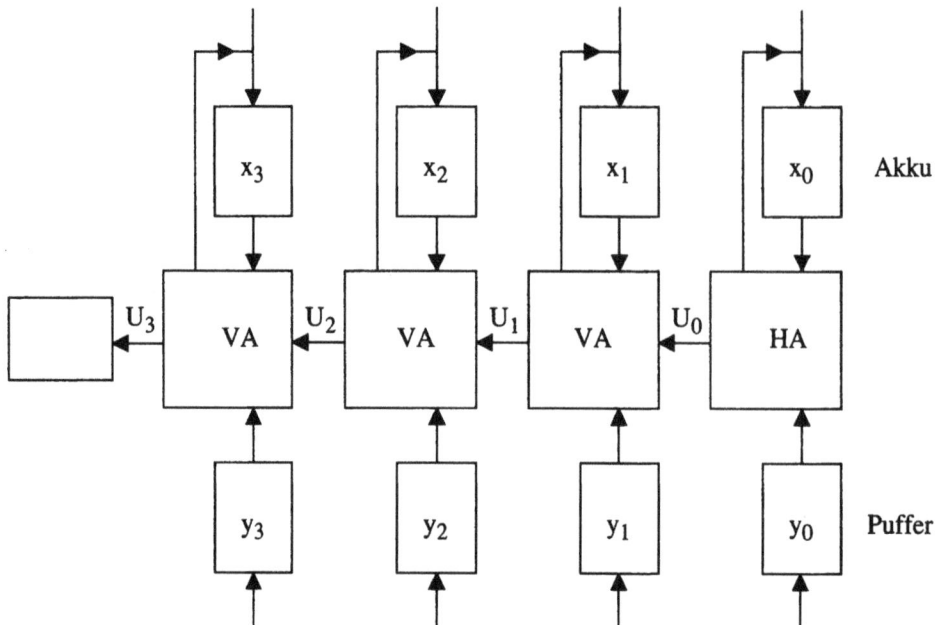

Abbildung 5.12: 4-Bit-Parallel-Addierwerk (Ripple-Carry-Adder mit Delays).

Schaltwerk in Abbildung 5.13 wieder für $n = 4$ an. Dieses Bild gibt den „Startzustand" des Serien-Addierers an, der ebenfalls durch einen endlichen Automaten beschrieben werden kann (vgl. Aufgabe 5.10).

Offensichtlich ist das Serien-Addierwerk leicht auf höhere Stellenzahlen erweiterbar: Man benötigt lediglich größere Register, d. h. mehr Delays, jedoch keine zusätzliche Logik wie etwa beim Parallel-Addierwerk. Im Vergleich zu diesem liefert das serielle Addierwerk das Ergebnis erst nach n Schritten, wodurch es im Wesentlichen obsolet geworden zu sein scheint; dafür ist jedoch jetzt die Schaltzeit kurz, da man lediglich eine vierstufige Schaltung benötigt.

5.3.2   Das von Neumann-Addierwerk

Wir kombinieren nun das Charakteristikum des Paralleladdierers, für jede Stelle einen separaten Addierer zu verwenden, mit dem des Serienaddierers, schrittweise zu arbeiten und Überträge zwischenzuspeichern, zu einem Addierwerk, dessen Schrittzahl von den Summanden abhängt. Dieses sogenannte *Von-Neumann-Addierwerk* hat den in Abbildung 5.14 gezeigten logischen Aufbau (wieder dargestellt für $n = 4$). Wie die bisher beschriebenen Addierwerke besteht auch dieses aus den Registern Akku und Puffer sowie einem Übertrags-Delay; man kommt jedoch mit Halbaddierern aus. Es handelt sich hierbei offensichtlich um einen getakteten Carry-Save-Adder, der aus Halbaddierern aufgebaut ist. Daneben gibt es noch ein Status-Delay S, welches angibt, ob eine aktuelle Rechnung beendet ist oder nicht. Im Einzelnen arbeitet der Von-Neumann-Addierer wie folgt:

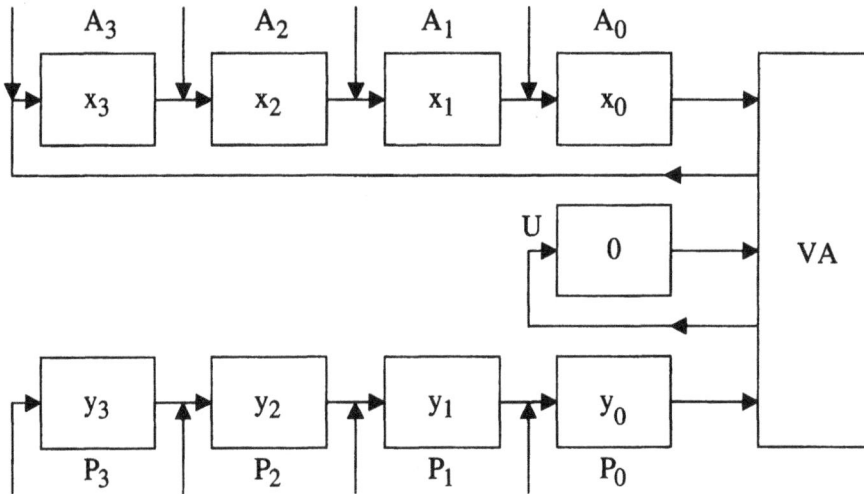

Abbildung 5.13: 4-Bit-Serien-Addierer.

Im ersten Schritt werden alle 4 Stellen parallel addiert, für jede Stelle i wird das Resultat $A_i \nleftrightarrow P_i$ nach A_i zurückgeschrieben und der Übertrag $A_i \cdot P_i$ an P_{i+1} weitergegeben bzw. für $i = 3$ ins Übertrags-Delay gebracht. Für P_0 ist damit kein neuer Wert definiert; dieser Teil des Puffers erhält den Wert 0, welchen wir durch $P_0 \cdot \overline{P_0}$ erzeugen. Nach diesem Schritt enthält der Akku ein „vorläufiges" Additions-Ergebnis und der Puffer die noch zu addierenden Überträge. Sind solche noch vorhanden, liefert also das Oder-Gatter vor dem Status-Delay den Wert 1, so wird im nächsten Schritt das gesamte Vorgehen iteriert, wobei ein „endgültiger" Übertrag, welcher in U bereits erschienen ist, durch die dort konstruierte Rückkopplung jeweils erhalten bleibt. Werden in einem Schritt keine Überträge mehr erzeugt und erhält S somit den Wert 0, so ist eine aktuelle Rechnung beendet, und das Ergebnis steht im Akku (unter Hinzunahme des Übertrags-Delays).

Im Gegensatz zu den beiden vorher angegebenen Addierwerken haben wir vorläufig auf das Einzeichnen von Leitungen, über welche die Eingabe der Summanden bzw. die Ausgabe des Ergebnisses erfolgt, verzichtet. Außerdem dürfte dem Leser unmittelbar einleuchten, wie die in Abbildung 4.10 angegebene Schaltung auf höhere Stellenzahlen als $n = 4$ zu erweitern ist.

Wir geben nun die Arbeitsweise dieses Addierers beispielhaft in Tabellenform an (vgl. Tabelle 5.1); nacheinander sollen die Aufgaben 13+11, 10+12, 15+15, 9+10, 0+0 gelöst werden. Die erste Zeile dieser Tabelle gibt den „Startzustand" des Addierwerks wieder; das Status-Delay S hat den Wert 0 und zeigt damit an, dass eine neue Rechnung starten kann. Nun werden die ersten beiden Summanden in Akku bzw. Puffer geladen und das Status-Bit auf 1 gesetzt (Zeile 2). Sodann läuft die erste Rechnung wie oben erläutert ab; wird das Status-Delay erneut 0, so ist diese Rechnung beendet. Das Ergebnis steht dann im Akku inklusive Übertrags-Delay U und kann von dort ausgelesen werden (Zeile 6). Sodann wird ein neuer Input geladen (Zeile 7), und es beginnt eine neue Rechnung. Die nachfolgenden Abläufe vollziehen sich dann völlig analog.

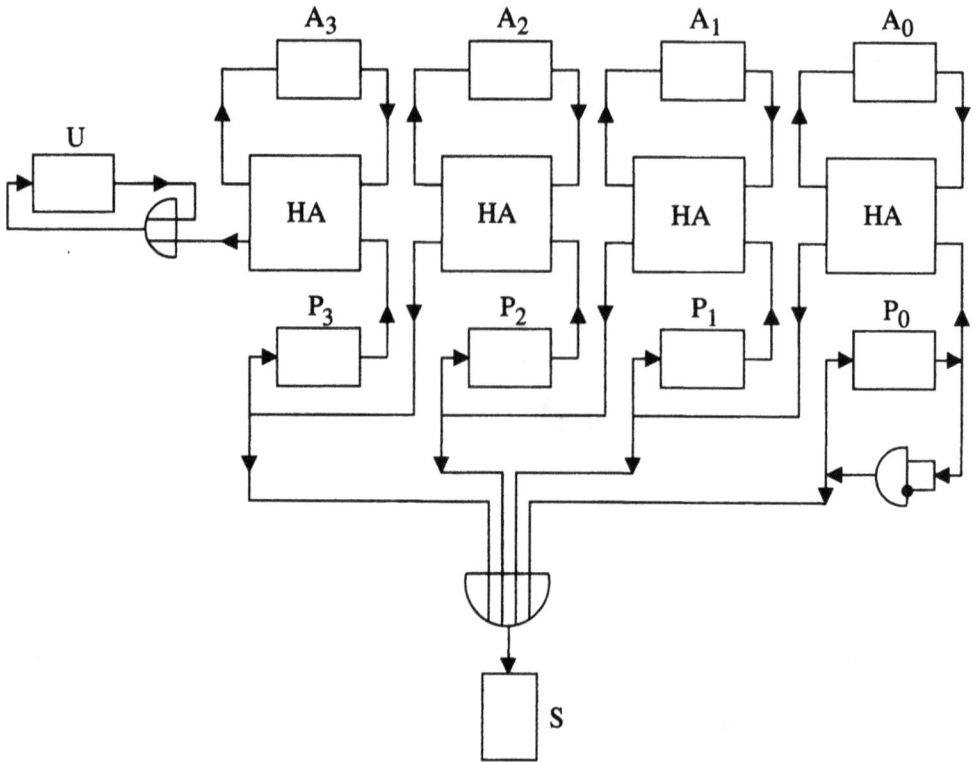

Abbildung 5.14: 4-Bit-Von-Neumann-Addierwerk.

An diesen Beispielen ist ein interessanter Sachverhalt abzulesen: Im $(i+1)$-ten Schritt jeder Rechnung sind (mindestens) die rechten i Stellen des Puffers gleich 0. Dies bedeutet, dass der (4-stellige) Von-Neumann-Addierer nach spätestens 5 Schritten jede Rechnung beendet. Für beliebiges festes n gilt das Gleiche: Jede Rechnung ist nach spätestens $n + 1$ Schritten beendet. Wie man aber an der Tabelle auch bereits erkennen kann, kann bei „günstigen" Summanden schon viel früher mit einem Ergebnis gerechnet werden (die Additionen 10+12 und 9+10 z. B. waren bereits nach 2 Schritten beendet). Tatsächlich kann man zeigen:

Satz 5.1 Das n-Bit-Von-Neumann-Addierwerk addiert zwei Summanden in durchschnittlich ld $n + 1$ Schritten. (ld $n = \log_2 n$ ist dabei der Duallogarithmus, d. h. der Logarithmus zur Basis 2.)

Wir verzichten auf einen exakten Beweis dieses Satzes, da dazu eine Reihe von wahrscheinlichkeitstheoretischen Begriffen benötigt wird; stattdessen skizzieren wir nur die Beweisidee:

Wir betrachten zwei „zufällig" ausgewählte Summanden. Man darf dann erwarten, dass jeder dieser Summanden $\frac{n}{2}$ Einsen und $\frac{n}{2}$ Nullen hat, und dass die Nullen und Einsen unabhängig voneinander verteilt sind, so dass jede der Kombinationen 00, 01, 10, 11 von Puffer- und Akku-Bits gleich oft, nämlich $\frac{n}{4}$-mal auftritt. Man betrachte nun noch einmal die Funktionstafel des Halbaddierers (vgl. Tabelle 5.1): Man erkennt,

Tabelle 5.1: Beispiel zur Arbeitsweise des Von-Neumann-Addierwerks.

Zeile	S	U	Puffer-Inhalt dual $P_3P_2P_1P_0$	Puffer-Inhalt dezimal	Akku-Inhalt dual $A_3A_2A_1A_0$	Akku-Inhalt dezimal	Schritt
1	0	0	0000	0	0000	0	
2	1	0	1101	13	1011	11	1
3	1	1	0010	2	0110	22	2
4	1	1	0100	4	0100	20	3
5	1	1	1000	8	0000	16	4
6	0	1	0000	0	1000	24	5
7	1	0	1010	10	1100	12	1
8	0	1	0000	0	0110	22	2
9	1	0	1111	15	1111	15	1
10	1	1	1110	14	0000	16	2
11	0	1	0000	0	1110	30	3
12	1	0	1001	9	1010	10	1
13	0	1	0000	0	0011	19	2
14	1	0	0000	0	0000	0	1
15	0	0	0000	0	0000	0	2

Tabelle 5.2: Funktionstafel des Halbaddierers.

A_i	P_i	U_i	R_i
0	0	0	0
0	1	0	1
1	0	0	1
1	1	1	0

dass man nach dem ersten, also im zweiten Schritt im Akku wieder $\frac{n}{2}$ Einsen (und $\frac{n}{2}$ Nullen), im Puffer aber nur noch $\frac{n}{4}$ Einsen zu erwarten hat. Nach der obigen „Zufälligkeits- und Unabhängigkeitsannahme" ist weiter zu erwarten, dass an der Hälfte dieser Stellen, also an $\frac{n}{8}$ Stellen, auch im Akku eine 1 steht, so dass beim dritten Schritt im Puffer nur noch an $\frac{n}{8}$ Stellen eine Eins zu erwarten ist. Allgemein kann man also im i-ten Schritt im Puffer mit $\frac{n}{2^i}$ Einsen rechnen, während im Akku unverändert mit $\frac{n}{2}$ Einsen gerechnet werden kann. Stehen im Puffer keine Einsen mehr, ist eine Rechnung beendet, und das ist spätestens dann zu erwarten, wenn ein Schritt i_0 erreicht ist, für den $n < 2^{i_0}$, d. h. $i_0 > \operatorname{ld} n$ gilt. □

Das Von-Neumann-Addierwerk ist also *im Mittel* nach wenigen Schritten (z. B. 11 Schritte für $n = 2^{10} = 1024$) mit einer aktuellen Rechnung fertig; außerdem ist sein Schaltnetz (die parallelen Halbaddierer) nur zweistufig, was eine hohe Taktfrequenz ermöglicht. Damit ist es gegenüber den vorher vorgestellten Addierwerken bzgl. der Rechenzeit unter Umständen zu bevorzugen.

Tabelle 5.3: Zur Lösung des Fan-In-Problems bei Delay-Eingängen I.

S	I	R	f	Output
0	0	0	0	I
0	0	1	0	I
0	1	0	1	I
0	1	1	1	I
1	0	0	0	R
1	0	1	1	R
1	1	0	0	R
1	1	1	1	R

Wir kommen nun auf das Problem des Fan-In bei Delay-Eingängen zurück: Beim Von-Neumann-Addierer kann jedes Akku-Delay ein Input- Signal oder das Resultats-Signal eines Halbaddierers, jedes Puffer-Delay ebenfalls ein Input-Signal oder das Übertrags-Signal eines Halbaddierers (bzw. eine Null im Falle des rechtesten Delays) erhalten. Welches Signal zu speichern ist, hängt offensichtlich davon ab, ob sich der Addierer in einem Rechenschritt ($S = 1$) oder einem I/O-Schritt ($S = 0$) befindet. Daher lässt sich leicht eine Logik angeben, welche dafür sorgt, dass jedes A_i bzw. P_i nur mit einem „richtigen" Signal beschickt wird. Wir beschreiben diese durch eine Boolesche Funktion $f : B^3 \to B$, welche für den Akku definiert ist durch

$$f(S, I, R) := \begin{cases} I & \text{falls } S = 0 \\ R & \text{falls } S = 1 \end{cases}$$

I steht dabei für ein Input-Signal, R für ein Resultatssignal. Für den Puffer ersetze man R durch U. Für f erhält man die in Tabelle 5.3 angegebene Funktionstafel.

Das Fan-In-Problem für die Akku-Delays wird also gelöst, indem man im (in Abbildung 5.14 gezeigten) Schaltbild des Von-Neumann-Addierers den in Abbildung 5.15 (a) gezeigten Teil durch den in Abbildung 5.15 (b) gezeigten Teil ersetzt (analog für die Puffer-Delays).

Abschließend sei erwähnt, dass man beim Von-Neumann-Addierwerk wie bei asynchronen Addiernetzen eine Beschleunigung dadurch erzielen kann, dass man Bitgruppen zusammenfasst; durch erhöhten Hardwareaufwand ist ungefähr eine Halbierung der Schrittzahl erreichbar. Eine Carry-Bypass-Schaltung zur schnellen Bestimmung des Übertrags ist ebenfalls analog zum asynchronen Fall angebbar (vgl. Abschnitt 2.5).

Es muss zugegeben werden, dass das von Neumannsche Addierwerk heute eher akademischen Charakter hat, da in modernen Rechnern ausschließlich asynchrone Addiernetze verwendet werden. Die relativ langen Taktzeiten können offenbar gegen die Geschwindigkeit asynchroner Netzschaltungen nicht konkurrieren. Außerdem benötigt man im modernen Pipelining *sicher* eingehaltene Additionszeiten und kann spekulative Verkürzungen nicht ohne weiteres verwerten. Sollten allerdings künftig noch weit größere Wortlängen als die zurzeit üblichen (32 bzw. 64 Bit) Verwendung finden, so könnte die von Neumannsche Idee erneut relevant werden.

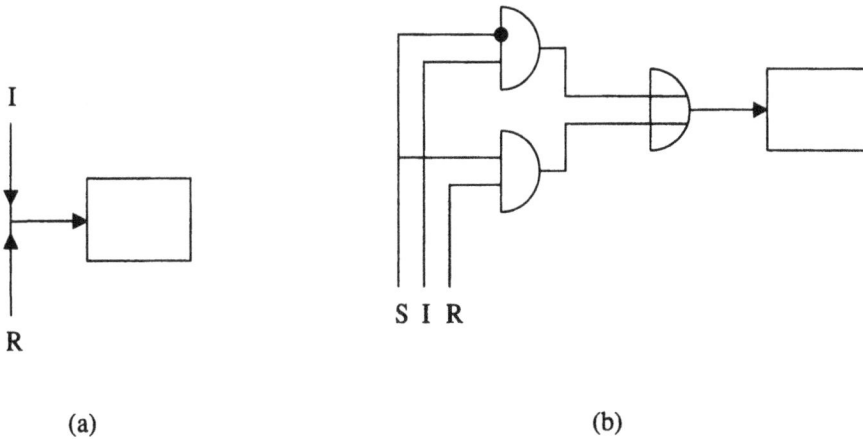

Abbildung 5.15: Zur Lösung des Fan-In-Problems bei Delay-Eingängen II.

Mit einem Addierwerk kann man auch die anderen Grundrechenarten durchführen: Die Subtraktion kann auf die Addition des Einer-Komplements zurückgeführt werden, welches man durch stellenweises Komplementieren erhält (vgl. Aufgabe 2.2). Das den Subtrahenden aufnehmende Register muss also in der Lage sein, diese einfache Operation durchzuführen. Durch ein zusätzliches Signal T lässt sich dabei steuern, ob das Werk addieren $(T = 0)$ oder subtrahieren $(T = 1)$ soll, so dass ein kombiniertes Addier/Subtrahierwerk etwa den in Abbildung 5.16 gezeigten Aufbau hat. Ebenso lassen sich Multiplikation und Division auf die Addition zurückführen, wenn man zusätzlich noch Links- bzw. Rechts-Verschiebungen von Register-Inhalten realisiert.

5.4 Lineare Schaltkreise und Anwendungen

In diesem Abschnitt wird eine wichtige Klasse von Schaltungen mit Delays behandelt, welche — ähnlich den Addierwerken — ein breites Anwendungsspektrum besitzen. Aufgrund ihrer speziellen Schaltungs-Struktur sind sie für einen getakteten Dauerbetrieb mit beständig neuem Input geeignet.

Wir setzen im Folgenden voraus, dass sich die zu verarbeitende Information allgemein aus Elementen eines endlichen Körpers zusammensetzt. Eine Sonderstellung unter den endlichen Körpern nehmen die Primkörper der Charakteristik p (p Primzahl) ein; hierbei handelt es sich um Restklassenkörper der Charakteristik p: Man kann in ihnen rechnen (addieren, subtrahieren, multiplizieren) wie im Bereich der ganzen Zahlen, muss dabei nach jeder Rechnung aber eine Reduktion modulo p vornehmen, um das Ergebnis in den Bereich der Zahlen x mit $0 \leq x < p$ zu verlegen. Kennzeichnet man die reduzierten Ergebnisse durch Unterstreichen, so gilt z. B. im Restklassenkörper modulo $p = 8191$

$$3517 + \underline{6000} = \underline{1326}$$
$$246 - \underline{4118} = \underline{4319}$$
$$\underline{7167} + \underline{1024} = \underline{0}$$
$$\underline{433} \cdot \underline{5219} = \underline{7302}$$

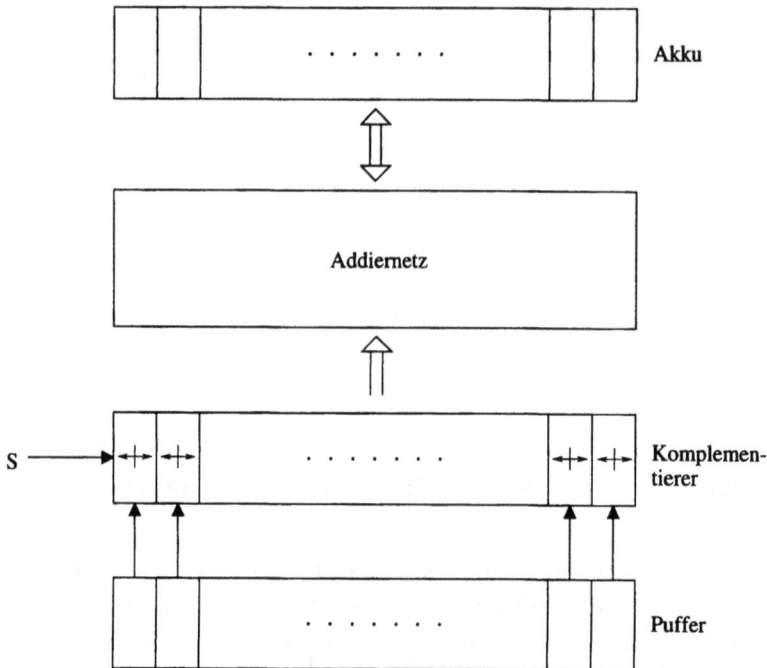

Abbildung 5.16: Organisation eines kombinierten Addier/Subtrahierwerks.

Als wichtige zusätzliche Möglichkeit ist in einem Körper die Möglichkeit der Reziprokenbildung zu Elementen $x \neq \underline{0}$ gegeben. So hat z. B. $x = \underline{4981}$ das Reziproke $1/x = \underline{8117}$, denn es gilt $\underline{4981} \cdot \underline{8117} = \underline{1}$.

Primkörper liefern insbesondere gute Möglichkeiten zur Erzeugung von *Pseudo-Zufallszahlen*. Im Unterschied zu *echten* Zufallszahlen, die z. B. durch radioaktive Prozesse erzeugt werden, sind *Pseudo*-Zufallszahlen wenigstens im Prinzip mathematisch reproduzierbar. Hat man nämlich eine so genannte Primitivwurzel modulo p, d. h. eine Zahl a, für welche alle der $p-1$ Potenzen a^n mit $0 < n < p$ voneinander verschieden sind, so kann man — ausgehend von einem beliebigen Rest $x \neq 0$ modulo p — durch fortwährende Multiplikation mit a lauter verschiedene Reste bilden, welche eine Pseudozufallszahlenfolge bilden. Es ist z. B. $a = \underline{17}$ eine Primitivwurzel modulo 8191. Deshalb entstehen z. B. — ausgehend von $x = \underline{4981}$ — lauter verschiedene Werte x, ax, $a^2 x$, $a^3 x$, $\ldots$, $a^{8188} x$, $a^{8189} x$, also $\underline{4981}$, $\underline{2767}$, $\underline{6084}$, $\underline{5136}$, $\ldots$, $\underline{8117}$, $\underline{1}$, und erst $a^{8190} x$ reproduziert $x = \underline{4981}$.

5.4.1   Lineare Schaltkreise

Ein besonders wichtiger Primkörper ist derjenige zu $p = 2$. Dies ist der Boolesche Körper $B = \{0, 1\}$ mit der Antivalenz und der Konjunktion als Addition und Multiplikation. Auf diesen Körper werden wir im nächsten Abschnitt noch gesondert eingehen. Wir unterstellen zunächst, dass wir in der Lage sind — aufgrund der im letzten Abschnitt gewonnenen Erfahrung mit (universell verwendbaren) Addierwerken, Bausteine herzustellen, welche (nicht notwendige Boolesche) Additionen bzw. Multiplikationen durchführen können, und dass wir über Delays für beliebige Körperelemente verfügen.

Definition 5.1 Ein *linearer Schaltkreis* über einem endlichen Körper K ist ein Schaltwerk, welches aus folgenden drei Grundbausteinen aufgebaut ist:

(a) Addierer:

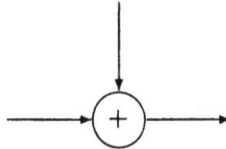

Am Ausgang erscheint die Summe der beiden Körperelemente, die an den Eingängen anliegen.

(b) Skalar-Multiplizierer:

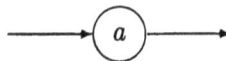

Das Körperelement am Eingang wird mit dem *festen* Körperelement a multipliziert und ausgegeben.

(c) Delay:

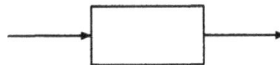

Dieses speichert ein eingegebenes Körperelement für die Dauer eines Taktes.

Wie bisher lassen wir im Übrigen Fan-Outs zu, verlangen aber, dass ein linearer Schaltkreis durch einen DAG dargestellt werden kann, also z. B. rückkoppelnde Schaltungen nur unter Delay-Kontrolle erlaubt sind.

Spezielle lineare Schaltkreise sind durch *Lineare Schieberegister* (LSR) gegeben. Wir haben einen Spezialfall bereits mit dem Serien-Addierer kennen gelernt, bei dem die Hauptbestandteile Akku und Puffer je als Schieberegister organisiert waren (vgl. Abbildung 4.9). Zusätzlich hat man bei beliebigen LSR noch die Möglichkeit zur Addition und zur (skalaren) Multiplikation.

Eine Standard-Schaltung für ein LSR ist in Abbildung 5.17 gegeben. Dieses LSR, welches in den Registern (Delays) $R_1, \ldots, R_n$ die Körper-Elemente $x_1, \ldots, x_n$ gespeichert habe, berechnet als Ergebnis

$$a_1 x_1 + a_2 x_2 + \ldots + a_n x_n \,,$$

schiebt die Delay-Inhalte nach rechts weiter und das Ergebnis nach R_1 zurück. Es liegt hier ein LSR mit Rückkopplung (engl. *Feedback*) vor, ein so genanntes LSRFB. LSR erinnern sehr stark an Pipelines als spezielle systolische Netze (vgl. Kapitel 13).

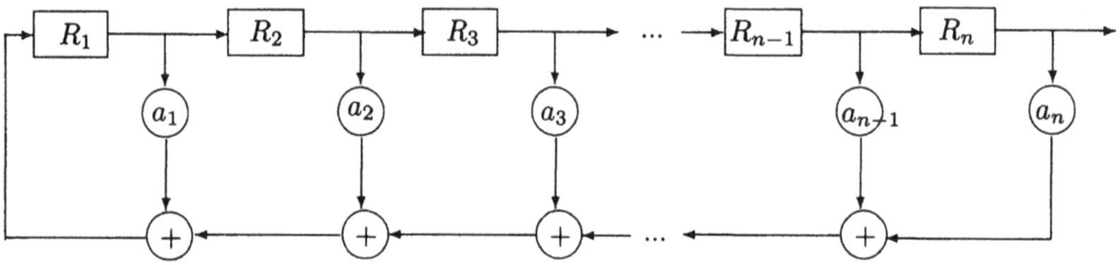

Abbildung 5.17: Lineares Schieberegister (mit Rückkopplung).

Für beliebige Primkörper sind die skalare Multiplikation und die Addition allerdings hardwaremäßig nicht direkt realisierbar. Man geht hier wie bei der ALU über binäre Lösungen. Auf spezielle LSR-Techniken im Booleschen Fall $p = 2$ wollen wir im nächsten Abschnitt eingehen. Für den konzeptionellen Entwurf solcher Schaltungen empfehlen sich Primzahlen p, welche nahe bei Zweierpotenzen liegen. Dann kann man in der Regel das Rechnen modulo p ohne großen Overhead auf das Rechnen mit Bitfolgen reduzieren. Unser Beispiel $p = 8191 = 2^{13} - 1$ ist also nicht ganz willkürlich gewählt worden. Solche geeignete Moduln sind die so genannten *Mersenneschen Primzahlen* der Form $2^k - 1$ (für $k = 3, 5, 7, 13, 17, 19, 31, 61, 89, 107, 127, 521, \ldots$) sowie Primzahlen der Form $2^k + 1$ für $k = 1, 2, 4, 8, 16$ (weitere Primzahlen dieser Form sind allerdings nicht bekannt).

5.4.2 Pseudo-Zufallszahlen und zyklische Linearcodes

Eine wichtige Grundaufgabe ist die Erzeugung *binärer* Zufallszahlen als Grundbausteine für Zufallsgeneratoren in Rechnern. Wir spezialisieren die Schaltung des LSR mit Rückkopplung (vgl. Abbildung 5.17) auf binäre Delays und auf Boolesche Addition und Multiplikation. Dann entspricht eine Multiplikation mit 1 offensichtlich dem (unveränderten) Durchlassen eines Signals, die Multiplikation mit 0 gerade dem Gegenteil davon, also dem Unterbrechen einer Leitung. Beginnend mit dem Zeitpunkt $k = 0$ induziert die Folge der Register-Inhalte $\mathbf{x}(k) = (x_1(k), \ldots, x_n(k))$ das Output-Bit

$$a_1 x_1(k) \nleftrightarrow a_2 x_2(k) \nleftrightarrow \ldots \nleftrightarrow a_n x_n(k) \,,$$

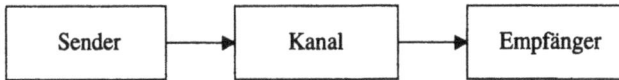

Abbildung 5.18: Prinzip der Datenübertragung.

welches zum Inhalt des Registers R_1 zum Zeitpunkt $k + 1$ wird. Bei geschickter Wahl von n, der Multiplikatoren $a_1, \ldots, a_n$ und der Initialisierung $\mathbf{x}(0)$ kann man eine recht regellose Bit-Sequenz $x_1(1), x_1(2), x_1(3), \ldots$ sowie eine regellose Bitfolgen-Sequenz $\mathbf{x}(1), \mathbf{x}(2), \mathbf{x}(3), \ldots$ erwarten. Man kann hier ähnliche Überlegungen anstellen, wie sie in Abschnitt 5.4 für Zufallszahlenfolgen modulo p angestellt wurden: Es ist leicht zu sehen, dass stets eine periodische Bitfolgensequenz einer Periode $< 2^n$ entsteht. Kriterien dafür, dass die entstehende Pseudo-Zufallszahlen-Bitfolgensequenz die gewünschten Regellosigkeitseigenschaften besitzt, kann man aus Eigenschaften (z. B. Irreduzibilität, Primitivität) des so genannten charakteristischen Polynoms des LSR

$$\phi(\lambda) = a_n + a_{n-1}\lambda + \ldots + a_1\lambda^{n-1} + \lambda^n$$

herleiten.

Eine zweite Anwendung binärer LSR ergibt sich im Umkreis der Problematik fehlerbehafteter Datenübertragung. Die sichere Übertragung von Daten — sowohl innerhalb wie außerhalb des Rechners — ist ein Grundproblem der Informationstechnik. Zur Durchführung einer Addition z. B. müssen die beiden Summanden aus dem Speicher eines Rechners in den Akku bzw. Puffer seines Addierwerkes gebracht werden; nach der Addition wird das Ergebnis dann aus dem Akku wieder in den Speicher zurück transportiert. Für Transportaufgaben lassen sich viele weitere Beispiele angeben; man denke z. B. an die Eingabe von Daten in einen Rechner über ein Terminal oder die Ausgabe von Daten auf einem Drucker. Gemeinsam ist allen diesen Beispielen, dass Daten mittels Übertragungsleitungen, welche man kurz als *Bus* („Kanal") bezeichnet, von einem „Sender" zu einem „Empfänger" transportiert werden (vgl. Abbildung 5.18). Dabei kommt es darauf an, dass das, was beim Empfänger eintrifft, identisch ist mit dem, was der Sender geschickt hat, oder zumindest daraus rekonstruierbar ist. Dies zu gewährleisten ist insbesondere dann problematisch, wenn der Bus bzw. Kanal gewissen *Störeinflüssen* ausgesetzt ist; in einem Rechner kann z. B. eine kurzzeitige Schwankung der Netzspannung bewirken, dass etwa bei der Übertragung einer 16-stelligen Dualzahl vom Speicher in den Akku einige Bits „umkippen", so dass anschließend im Akku nicht das Gewünschte steht.

Dieses Problem der gesicherten Datenübertragung löst man im Allgemeinen dadurch, dass man die zu übertragenden Daten zunächst *codiert* (verschlüsselt), sodann über den Kanal transportiert und schließlich *decodiert* (entschlüsselt) (vgl. Abbildung 5.19). Der *Code*, welcher zur Verschlüsselung der zu übertragenden Daten verwendet wird, wird dabei gewisse Anforderungen erfüllen müssen:

1. Falls „wenige" Übertragungsfehler im Kanal auftreten, sollten diese zumindest *erkennbar*, möglichst aber *korrigierbar* sein;

2. Codierung und Decodierung sollten leicht zu bewerkstelligen sein.

| Sender | → | Codierer | → | Kanal | → | Decodierer | → | Empfänger |

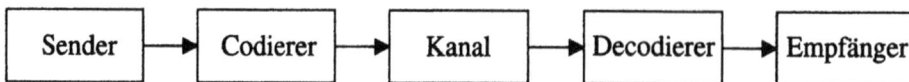

Abbildung 5.19: Prinzip der gesicherten Datenübertragung.

Wir werden jetzt spezielle Schaltungen kennen lernen, die für eine gewisse Klasse von Codes, welche Anforderung (1) genügen, dann auch Anforderung (2) erfüllen. Dazu stellen wir zunächst einige Begriffe aus der *Codierungstheorie* zusammen und zitieren ohne Beweis einige Sätze, die für das Verständnis nützlich sind.

Definition 5.2 Es sei Σ ein endliches Alphabet, etwa $|\Sigma| = k$; sei $0 \in \Sigma$, und es sei Σ^n die Menge aller n-Tupel über Σ. Jede Teilmenge $C \subseteq \Sigma^n$ mit $(0, \ldots, 0) \in C$ heißt (gleichmäßiger) *Code* (über Σ). Ein Element $x \in C$ heißt *Codewort*.

Definition 5.3 Seien $x, y \in \Sigma^n$. $h(x, y) :=$ Anzahl der Stellen, an denen sich x und y unterscheiden, heißt *Hamming-Abstand* von x und y. (h ist eine Metrik im Sinne der Theorie der metrischen Räume.)

Definition 5.4 Sei Σ speziell ein endlicher Primkörper und Σ^n der n-dimensionale Vektorraum über Σ. Ist dann $C \subseteq \Sigma^n$ ein k-dimensionaler Unterraum von Σ^n, so heißt C ein *(n, k)-Linearcode*.

Beispiel 5.2 Sei $\Sigma = \{0, 1\}$ $(= B)$ und $n = 5$. Dann ist

$$C = \{(0,0,0,0,0), (1,0,0,1,1), (0,1,0,1,0), (1,1,0,0,1),$$
$$(0,0,1,0,1), (1,0,1,1,0), (0,1,1,1,1), (1,1,1,0,0)\}$$

ein $(5, 3)$-Linearcode. Seien z. B. $x = (1, 0, 0, 1, 1), y = (1, 1, 1, 0, 0)$, so ist $h(x, y) = 4$.
□

Definition 5.5 Sei $C \subseteq \Sigma^n$ beliebig. $h(C) := \min\{h(x, y) \mid x, y \in C \wedge x \neq y\}$ heißt *Minimalabstand* von C.

Beispiel 5.2 (Fortsetzung): Der Minimalabstand von C ergibt sich zu $h(C) = 2$. □

Satz 5.2 Sei C ein Code mit $h(C) = d + 1$, so sind bis zu d Fehler, welche bei der Übertragung eines Codewortes aus C gemacht werden, erkennbar. Gilt sogar $h(C) = 2e + 1$, so sind bis zu e solcher Fehler korrigierbar.

Der erste Teil dieses Satzes ist unmittelbar einsichtig: Hat ein Code den Minimalabstand $d + 1$, so kann kein Auftreten von d Fehlern ein Codewort in ein anderes überführen.

Beispiel 5.2 (Fortsetzung): Hier gilt $h(C) = d + 1$ mit $d = 1$ Also sind 1-Bit-Fehler erkennbar. Wird z. B. $y = (1, 1, 0, 1, 1)$ empfangen, so ist entweder die zweite oder die vierte Stelle fehlerhaft. Allerdings ist nicht feststellbar, ob $x = (1, 0, 0, 1, 1)$ oder $x' = (1, 1, 0, 0, 1)$ gesendet wurde.
□

Hat nun ein Code den Minimalabstand $2e+1$, so unterscheidet sich jedes empfangene Codewort mit e' ($\leq e$) Fehlern vom gesendeten Wort an e' Stellen, von jedem anderen Codewort aber an wenigstens $2e+1-e'$, also an mehr als e' Stellen, so dass das gesendete Wort eindeutig identifizierbar ist.

Beispiel 5.3 Für

$$C \;=\; \{0000000, 1110000, 1001100, 1000011,$$
$$0101010, 0100101, 0010110, 0011001,$$
$$1111111, 0001111, 0110011, 0111100,$$
$$1010101, 1011010, 1101001, 1100110\}$$

gilt $h(C) = 3 = 2e+1$ mit $e=1$. Wird z. B. $y = 1101010$ empfangen, so kann nur die erste Stelle falsch sein, d. h. es wurde $x = 0101010$ gesendet. □

Diese Ergebnisse der Codierungstheorie zeigen, dass ein hoher Minimalabstand zur Erfüllung der oben genannten Anforderung (1) eine wünschenswerte Eigenschaft eines Codes ist. Fehlerkorrigierende Codes (engl. *Error-Correcting Codes*, ECCs) spielen im Sicherheitsbereich der Datentechnik eine wichtige Rolle.

Wir kommen nun auf die *zyklischen Codes* zu sprechen, welche diese Eigenschaft mit einfacher Codier- und Decodierbarkeit verbinden.

Definition 5.6 Sei Σ endlicher Körper und eine Abbildung $Z : \Sigma^n \to \Sigma^n$ („zyklischer [Rechts-] Shift") definiert durch

$$Z((x_0, \ldots, x_{n-1})) := (x_{n-1}, x_0, x_1, \ldots, x_{n-2})$$

Ein Linearcode $C \subseteq \Sigma^n$ heißt *zyklischer Code*, falls $Z(x) \in C$ gilt für alle $x \in C$.

Schon hier bemerken wir, dass man LSR mit Rückkopplung sicherlich vorteilhaft nutzen kann.

In der Codierungstheorie zeigt man, dass jedem zyklischen (n,k)-Linearcode C ein Polynom

$$h(x) = h_0 + h_1 x + \ldots + h_{n-k} x^{n-k}$$

entspricht, welches C in folgendem Sinne erzeugt: Um eine Folge von k Körperelementen der Form $A = (a_0, a_1, \ldots, a_{k-1})$ zu *codieren*, multipliziere man das zugeordnete Polynom

$$a(x) = a_0 + a_1 x + \ldots + a_{k-1} x^{k-1}$$

mit $h(x)$. Das entstehende Polynom

$$f(x) = f_0 + f_1 x + \ldots + f_{n-1} x^{n-1}$$

stellt mit seiner Koeffizientenfolge $\varphi = (f_0, f_1, \ldots, f_{n-1})$ dasjenige Codewort dar, welches A codiert und über den Kanal gesendet wird. Ist umgekehrt eine Folge φ empfangen, so deute man sie als Polynom $f(x)$ und dividiere durch $h(x)$. Genau dann, wenn diese Division ohne Rest aufgeht, stellt φ ein Codewort dar, und $a(x) =$

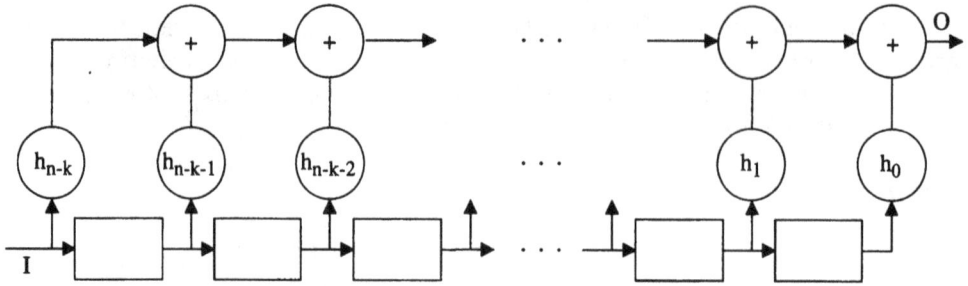

Abbildung 5.20: Linearer Schaltkreis für die Polynommultiplikation.

$\frac{f(x)}{h(x)}$ bzw. die hierdurch bestimmte Koeffizientenfolge $\mathcal{A}$ ist das gesendete (decodierte) Wort.

Multiplikation eines Polynoms $a(x)$ mit einem festen Polynom $h(x)$ bzw. Division eines Polynoms $f(x)$ durch ein festes Polynom $h(x)$ realisieren also die Grundaufgaben des *Codierens* bzw. *Decodierens* bezüglich eines zyklischen Linearcodes. Wir wollen zeigen, dass man diese Grundaufgaben durch lineare Schaltkreise hardwaremäßig realisieren kann.

Beispiel 5.4 Sei $\Sigma = B$, d. h. wir betrachten Polynome in x mit Koeffizienten über B. Das Polynom $h(x) = x^3 + 1$ erzeugt einen zyklischen $(7, 4)$-Linearcode. Man erhält also alle Elemente von C, indem man alle Polynome über B vom Grad $\leq 3 = k - 1$ mit $h(x)$ multipliziert und das Ergebnis $f(x)$ als binären Vektor der Länge 7 liest. $\square$

Wir wollen nun eine Schaltung angeben, welche ein beliebiges Polynom $a(x) = a_0 + a_1 x + \ldots + a_{k-1} x^{k-1}$ mit einem *fest* vorgegebenem Polynom $h(x) = h_0 + h_1 x + \ldots + h_{n-k} x^{n-k}$ multipliziert.

Beispiel 5.5 Sei

$$
\begin{aligned}
a(x) &= a_0 + a_1 x + a_2 x^2 \text{ und} \\
h(x) &= h_0 + h_1 x + h_2 x^2 + h_3 x^3.
\end{aligned}
$$

Dann gilt:

$$
\begin{aligned}
a(x) \cdot h(x) &= a_2 h_3 x^5 + (a_1 h_3 + a_2 h_2) x^4 + (a_0 h_3 + a_1 h_2 + a_2 h_1) x^3 \\
&\quad + (a_0 h_2 + a_1 h_1 + a_2 h_0) x^2 + (a_0 h_1 + a_1 h_0) x + a_0 h_0.
\end{aligned}
$$

$\square$

Für das *feste* Polynom $h(x)$ entwerfen wir nun ein LSR: Die in Abbildung 5.20 gezeigte Schaltung besteht für ein Polynom $h(x)$ vom Grad $n - k$ aus einem $(n - k)$-stelligen Schieberegister, $n - k$ Addierern und $n - k + 1$ Multiplizierern, welche jeweils ihren Input mit einem bestimmten Koeffizienten von h multiplizieren.

Die Delays enthalten anfangs Nullen; über den Input I werden dann sukzessiv die Koeffizienten von $a(x)$ eingegeben, beginnend mit dem höchsten Koeffizienten a_{k-1}. Sobald a_{k-1} am Input erscheint, wird dieser mit h_{n-k} multipliziert, und der

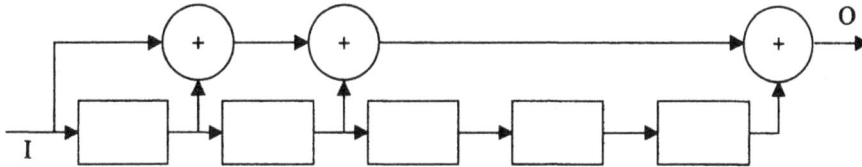

Abbildung 5.21: Linearer Schaltkreis zur Multiplikation *Boolescher* Polynome.

höchste Koeffizient des Ergebnispolynoms, nämlich $a_{k-1} \cdot h_{n-k}$, wird in O ausgegeben. Nach einem Takt enthält das am weitesten links stehende Delay a_{k-1}, und a_{k-2} erscheint am Input. Daher wird a_{k-1} an den h_{n-k-1}-Multiplizierer, a_{k-2} an den h_{n-k}-Multiplizierer abgegeben, und am Ausgang erscheint $a_{k-2} \cdot h_{n-k} + a_{k-1} h_{n-k-1}$, also der zweithöchste Koeffizient des Ergebnispolynoms. Die weitere Berechnung der Koeffizienten von $a(x) \cdot h(x)$ verläuft völlig analog. Geht man davon aus, dass *nach* der Eingabe von a_0 wieder Nullen am Input erscheinen, so wird nach n Takten der letzte Koeffizient $a_0 h_0$ des Produkts ausgegeben.

Im Folgenden betrachten wir häufig den *Spezialfall*, dass die Polynome $a(x)$ und $h(x)$ über dem *zweielementigen Körper* B gebildet sind. Ein entsprechender Schaltkreis zur Multiplikation besteht dann nur noch aus Addierern und Delays und hängt von dem festen Polynom $h(x)$ ab.

Beispiel 5.6 Sei $h(x) = 1 \mathbin{+\!\!\!+} x^3 \mathbin{+\!\!\!+} x^4 \mathbin{+\!\!\!+} x^5$, d. h. $h_0 = h_3 = h_4 = h_5 = 1$ und $h_1 = h_2 = 0$. □

In der in Abbildung 5.20 angegebenen allgemeinen Schaltung entfallen somit die h_1 und h_2 entsprechenden „Querverbindungen", so dass man die in Abbildung 5.21 gezeigte vereinfachte Schaltung erhält. Bei den Addierern handelt es sich natürlich jetzt um Antivalenz-Gatter.

Als nächstes werden wir einen linearen Schaltkreis angeben, welcher ein beliebiges Polynom $f(x)$ vom Grad $n-1$ durch ein *fest* gegebenes Polynom $h(x)$ vom Grad $n-k$ dividiert.

Beispiel 5.7 Sei $f(x) = f_2 x^2 + f_1 x + f_0$ und $h(x) = h_1 x + h_0$. Dann gilt:

$$f(x) : h(x) - \frac{f_2}{h_1} x + \frac{f_1 - \frac{f_2 h_0}{h_1}}{h_1}$$

$$\text{mit Rest } f_0 - h_0 \cdot \frac{f_1 - \frac{f_2 h_0}{h_1}}{h_1}$$

Hieraus folgt:

$$f(x) : h(x) = f_2 h_1^{-1} x + (f_1 - f_2 h_0 h_1^{-1}) h_1^{-1} \; \ldots$$

□

Allgemein enthält der Koeffizient, welcher zur höchsten x-Potenz des Quotienten gehört, den Faktor h_{n-k}^{-1}, der Koeffizient der zweithöchsten x-Potenz des Quotienten

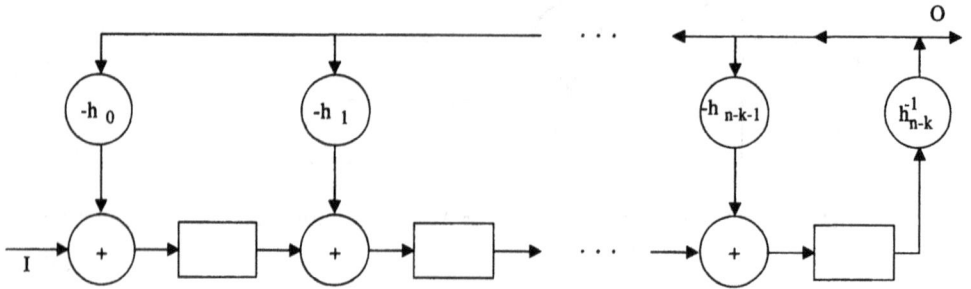

Abbildung 5.22: Linearer Schaltkreis zur Polynomdivision.

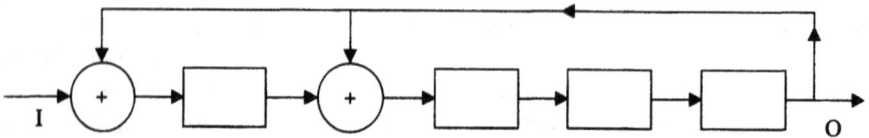

Abbildung 5.23: Linearer Schaltkreis zur Division *Boolescher* Polynome.

den Faktor $h_{n-k}^{-2} = (h_{n-k}^{-1})^2$ usw. Ferner sind in jedem Schritt (außer dem ersten) Differenzen zu bilden, und Vorzeichenwechsel erreichen wir durch Multiplikation mit negativen Zahlen.

Nach diesen Vorüberlegungen wird sich der Leser leicht klarmachen, dass der in Abbildung 5.22 gezeigte Schaltkreis das Gewünschte leistet. Während der ersten $n - k - 1$ Takte bleibt der Ausgangswert Null (unter der Voraussetzung, dass das $(n - k)$-stellige Schieberegister wie bei der Multiplikation mit Null initialisiert wird). Dann erst hat f_{n-1} das Ende des Registers erreicht, und es wird $f_{n-1} \cdot h_{n-k}^{-1}$ ausgegeben. Nach dem nächsten Takt wird dann $(f_{n-2} - f_{n-1}h_{n-k-1}h_{n-k}^{-1})h_{n-k}^{-1}$ am Ausgang erscheinen usw.

Für den Fall, dass die Koeffizienten von $f(x)$ und $h(x)$ aus dem Booleschen Körper B sind, ergeben sich die gleichen Vereinfachungen wie bei der Multiplikation. Wir erläutern dies nur exemplarisch:

Beispiel 5.8 Sei $h(x) = x^4 \nleftrightarrow x \nleftrightarrow 1$, d. h. $h_0 = h_1 = h_4 = 1$ und $h_2 = h_3 = 0$. Wegen $h_i = -h_i$ für $i = 0, \ldots, n - k - 1$ und $h_{n-k}^{-1} = 1$ (in B) erhalten wir die in Abbildung 5.23 gezeigte Schaltung. □

Mit linearen Schaltkreisen ist also die Codierung bzw. Decodierung durch einen zyklischen Code wie folgt zu bewerkstelligen: Sei $h(x)$ das Generatorpolynom eines zyklischen Codes C. Dann verwendet man zur Codierung einen an h angepassten Multiplikations-Schaltkreis, zur Decodierung einen entsprechenden Divisions-Schaltkreis wie oben angegeben. Die Decodierung erfolgt *nach* der Übertragung des betreffenden Codewortes über den Kanal, und dabei kann es wie gesagt passieren, dass sich ein Übertragungsfehler eingestellt hatte. Wir wollen abschließend noch kurz erläutern, wie sich mit den oben angegebenen Schaltkreisen wenigstens die Fehler-*Erkennung* — wenn auch nicht die -*Korrektur* — leicht realisieren lässt:

Tabelle 5.4: Gray-Code zu Aufgabe 5.1.

Z	Gray-Codewort von Z
0	0000
1	0001
2	0011
3	0010
4	0110
5	0111
6	0101
7	0100
8	1100
9	1101
A	1111
B	1110
C	1010
D	1011
E	1001
F	1000

Sei C ein zyklischer Code und h dessen Generatorpolynom. Man kann zeigen, dass dann $h(x)$ ein Teiler von $x^n - 1$ ist. Definiert man

$$k(x) := \frac{x^n - 1}{h(x)} \quad,$$

d. h. gilt dann $x^n - 1 = k(x) \cdot h(x)$, so heißt $k(x)$ auch *Kontrollpolynom* von C. Diese Bezeichnung rechtfertigt der folgende Satz:

Satz 5.3 Sei $k(x)$ das Kontrollpolynom von C, und sei $a(x)$ empfangen, dann gilt:

$$a(x) \in C \Leftrightarrow a(x) \cdot k(x) = 0.$$

Mit einem *Codier*-Schaltkreis wie oben angegeben lässt sich damit also auch feststellen, ob ein Übertragungsfehler vorliegt: Man schicke dazu das empfangene Wort durch einen an das Kontrollpolynom von C angepassten Codierer; ist dann die Ausgabe der Nullvektor, so war die Übertragung fehlerfrei.

5.5 Übungen

Hinweis: Zu den mit * gekennzeichneten Übungen sind im Internet Lösungen erhältlich.

5.1 Man entwerfe ein Schaltwerk, welches einen Ringzähler mod 16 in dem in Tabelle 5.5 angegebenen (systematischen) Gray-Code realisiert und beschreibe dieses als deterministischen endlichen Automaten.

5.2 Ein n-stelliges Register (bestehend aus n Delays) kann häufig nur eine $(n-1)$-stellige Dualzahl aufnehmen; das 0-te Delay dient dann zur „Paritätsprüfung" wie folgt („gerade Parität"):

$$d_0 := \begin{cases} 1 & \text{falls die Anzahl der Einsen in } (d_{n-1} \ldots d_1)_2 \text{ ungerade ist} \\ 0 & \text{sonst} \end{cases}$$

Man erweitere das in Abschnitt 5.1 angegebene Register um eine Schaltung, welche d_0 bei Speicherung von $d_{n-1} \ldots d_1$ entsprechend setzt (für den Fall $n = 8$).

5.3 Man gebe in Analogie zu den in Abschnitt 5.3 angegebenen Schaltungen für das Von-Neumann-Addierwerk Logiken an, welche für Parallel- und Serien-Addierer das Problem des Fan-In bei den Delays lösen.

5.4 Man entwerfe ein Schaltwerk zur Multiplikation einer vierstelligen Dualzahl mit 3 (mod 16), welches im Akkumulator das Resultat und im Puffer den Operanden enthält. Dabei vermeide man mehrfache Inputs in Delays.

*5.5 Gegeben sei ein 8-Bit-von-Neumann-Addierwerk. Nacheinander sollen folgende Berechnungen ausgeführt werden: $235 + 85$ und $108 + 7$. Verdeutlichen Sie den Ablauf der Rechnung, indem Sie eine Tabelle erstellen, in der die Werte von S, U, Akkumulator und Puffer für jeden Schritt eingetragen sind.

5.6 Man beweise Satz 5.2.

5.7 Man beweise Satz 5.3.

5.8 Man entwerfe einen linearen Schaltkreis, welcher in *einem* Arbeitsgang ein beliebiges Polynom $p(x) \in B[x]$ sowohl mit $x^{10} \nleftrightarrow x^9 \nleftrightarrow x^5 \nleftrightarrow x^1$ multipliziert als auch durch $x^6 \nleftrightarrow x^5 \nleftrightarrow x^4 \nleftrightarrow x^3 \nleftrightarrow 1$ dividiert.

5.9 Man entwerfe einen linearen Schaltkreis, welcher in einem Arbeitsgang ein Polynom $p(x)$ mit Koeffizienten aus einem *beliebigen* endlichen Körper mit $h(x)$ multipliziert und durch $d(x)$ dividiert, wobei $\mathrm{grd}(h) \leq \mathrm{grd}(g)$ gelte.

*5.10 Für den Serienaddierer aus Abbildung 5.13 gebe man eine vollständige automatentheoretische Beschreibung an.

5.11 Man berechne die durchschnittliche Anzahl der Schritte, die ein 3 Bit-Von-Neumann-Addierwerk zur Berechnung der Summe benötigt. Man betrachte dazu alle möglichen Paare von Summanden.

*5.12 Man gebe für den von Neumann-Addierer eine allgemeine Beschreibung als endlicher Automat an.

5.13 Gegeben sei das Generatorpolynom $h(x) = 1 + x^2 + x^3 + x^4$ eines zyklischen (7,3)-Linearcodes. Bestimmen Sie für die Elemente des B^3 die Menge C der Codewörter und verifizieren Sie, dass C ein zyklischer Code ist. Zeichnen Sie den zugehörigen linearen Schaltkreis.

5.6   Bibliographische Hinweise

Die technische Realisierung von Delays durch Flip-Flops wird z. B. von Tanenbaum (2006), Keller und Paul (2005), Becker et al. (2005) oder McCluskey (1986) ausführlich diskutiert. Zu Quantenrechnen vergleiche man Vitanyi (2001).

Für weitere Einzelheiten zur Rechnerarithmetik bzw. zur Realisierung arithmetischer Grundoperationen durch Addierwerke verweisen wir wieder auf Katz und Borriello (2005) sowie Hamacher et al. (2002). Ein vollständiger Beweis von Satz 5.1 wurde von Claus (1973) gegeben. Die Verwendung von Addierern zur Durchführung anderer Grundrechenarten erfordert, wie angedeutet, die Erzeugung geeigneter *Steuersignale*; dies wie auch die Taktung von Delays führt auf das allgemeine Problem des *Timings* von Rechnern bzw. deren Bestandteilen, welches ausführlich von Protopapas (1988) behandelt wird. Zur Theorie der endlichen Automaten als formale Beschreibungsmöglichkeit von Addierwerken und Rechnern allgemein verweisen wir auf Hopcroft et al. (2001) sowie auf Aho und Ullman (1992).

Eine vertiefte mathematische Behandlung der Erzeugungsmöglichkeiten für Pseudo-Zufallszahlen geben Lidl und Niederreiter (1994). Eine Einführung in die Codierungstheorie geben z. B. Kameda und Weihrauch (1973) sowie Peterson und Weldon (1972). In der erstgenannten dieser Quellen werden auch Erweiterungsmöglichkeiten der in Abschnitt 5.4 angegebenen linearen Schaltkreise beschrieben, mit welchen Übertragungsfehler lokalisiert und somit korrigiert werden können.

Kapitel 6

Darstellung von Daten im Rechner. Rechnerarithmetik

Wir wollen uns in diesem Kapitel mit verschiedenen grundlegenden Aspekten der Informationsdarstellung und -verarbeitung (insbesondere im Von-Neumann-Rechner) beschäftigen, welche bisher nur knapp oder nicht behandelt wurden. Dabei werden wir einerseits beschreiben, wie z. B. negative Zahlen oder Text im Rechner darstellbar sind, andererseits aber auch Fragen der Rechnerarithmetik behandeln. Dies wird sich insbesondere beziehen auf das Rechnen mit Fest- oder Gleitkomma-Zahlen, wobei wir speziell die Multiplikation näher untersuchen werden.

6.1 Darstellung ganzer Zahlen. Subtraktion

Die bisherigen Ausführungen haben verdeutlicht, dass die Wortlänge eines Rechners (z. B. 8, 16 oder 32 Bits) eine obere Grenze für die Größe von Zahlen darstellt, welche der Rechner verarbeiten kann. So lassen sich z. B. mit 8 Bits alle natürlichen Zahlen zwischen 0 und $2^8 - 1 = 255$ darstellen. In gewissem Umfang sind darüber hinaus durch die Verwendung einzelner Flags auch Überschreitungen dieses Bereichs, z. B. bei der Addition $156 + 184$ in einem Rechner der Wortlänge 8 Bits, möglich. Die Ausführung einer Subtraktion mit negativem Resultat wirft aber bereits die Frage auf, wie am Ende einer solchen Operation der Akku-Inhalt zu interpretieren ist. Daher wollen wir zunächst die Frage der Darstellung von Zahlen mit Vorzeichen klären und hier vier verschiedene Alternativen vorstellen.

Eine erste, nahe liegende Möglichkeit hierzu ist die so genannte *Vorzeichen/Betrags-Darstellung* (engl. Sign/Magnitude). Dabei wird ein Bit eines Registers (bzw. allgemeiner einer Speicherzelle) als Vorzeichen-Bit ausgezeichnet; die restlichen Bits dienen zur Darstellung des Betrages der betreffenden Zahl im Dualsystem wie bisher. Die übliche Konvention ist dabei, den Inhalt 0 des Vorzeichen-Bits, als welches das am weitesten links stehende Bit angenommen wird, als „+", den Inhalt 1 als „−" zu interpretieren.

Beispiel 6.1 (a) Bei Verwendung der kürzest möglichen Wortlänge wird die Zahl +5 als 0101, entsprechend die Zahl −5 als 1101 dargestellt.

(b) In einem Rechner der Wortlänge 16 Bits werden $+92$ und -92 wie folgt dargestellt:

$$+92 \quad : \quad 0000000001011100$$
$$-92 \quad : \quad 1000000001011100$$

□

Der z. B. durch ein 8-Bit-Register darstellbare Zahlenbereich umfasst jetzt die Zahlen von -127 bis $+127$ (gegenüber vorher 0 bis 255). Allgemein können bei gegebener Wortlänge n die Zahlen von $-(2^{n-1} - 1)$ bis $+(2^{n-1} - 1)$ dargestellt werden.

Man beachte, dass es in dieser Darstellung die beiden Nullen $+0$ und -0 gibt (dargestellt etwa durch 0000 bzw. 1000 bei einer Wortlänge von 4 Bits). Wengleich beide Darstellungen intuitiv als identisch angesehen werden können, ist die Gleichheit für einen Rechner, welcher Bit-Positionen einzeln vergleicht, schwierig festzustellen. Ein weiterer Nachteil dieser nahe liegenden Darstellungsform besteht darin, dass sie ein Addier- *und* ein Subtrahierwerk erfordert, während prinzipiell nur eins dieser beiden Werke erforderlich ist (vgl. Abschnitt 5.3). Ferner ist eine Logik erforderlich, welche entscheidet, ob eine Addition oder eine Subtraktion auszuführen ist. Der Grund für diesen hohen Aufwand liegt darin, dass folgende vier Fälle unterschieden werden müssen für zwei Operanden x und y:

Fall		Operanden		auszuführende Operation
1		$+x, +y$	$x + y$	Addition
2		$-x, -y$	$-(x + y)$	Addition
3		$+x, -y$ mit $|x| \geq |y|$	$x - y$	Subtraktion
	bzw.	$-x, +y$ mit $|y| \geq |x|$	$y - x$	Subtraktion
4		$+x, -y$ mit $|x| < |y|$	$-(y - x)$	Subtraktion
	bzw.	$-x, +y$ mit $|y| < |x|$	$-(x - y)$	Subtraktion

Man kann stattdessen mit *einem* Addierwerk auskommen, wenn man die Subtraktion auf die Addition zurückführt. Dazu kann man zwei Arten von *Komplementdarstellungen* verwenden, welche wir als nächstes beschreiben (vgl. Aufgabe 2.2).

Definition 6.1 Sei $x = (x_{n-1}, \ldots, x_0)_2 \in B^n$ eine n-stellige Dualzahl.

(i) $K_1(x) := (1 \leftrightarrow x_{n-1}, \ldots, 1 \leftrightarrow x_0)_2$ heißt *Einer-Komplement* (engl. *One's Complement*) von x.

(ii) $K_2(x) := (1 \leftrightarrow x_{n-1}, \ldots, 1 \leftrightarrow x_0)_2 + 1 = K_1(x) + 1$ (modulo 2^n) heißt *Zweier-Komplement* (engl. *Two's Complement*) von x.

Das Einer-Komplement einer Zahl x erhält man also durch stellenweises Invertieren von x, das Zweier-Komplement durch Invertieren aller Bits und anschließende Addition einer Eins (modulo 2^n). Es sei bemerkt, dass das Zweier-Komplement heute am häufigsten zur rechnerinternen Darstellung ganzer Zahlen benutzt wird.

Beispiel 6.2 Sei $x = 10110010$. Dann gilt:

$$\begin{aligned} K_1(x) &= 01001101 \\ K_2(x) &= 01001110 \end{aligned}$$

□

Es sei angemerkt, dass man allgemein in jedem b-adischen Zahlensystem das $(b-1)$- bzw. b-Komplement einer gegebenen Zahl erklären kann, wenngleich für die Informatik der Fall $b = 2$ am wichtigsten ist. Wesentlich ist, dass eine Komplement-Darstellung stets auf eine beliebige, aber fest vorgegebene Stellenzahl bezogen wird. Falls ein Rechner n Bits in einem Register oder einer Speicherzelle ablegen kann, so sind — wie wir wissen — $N = 2^n$ verschiedene „Bitmuster" darstellbar. Da eine Komplement-Darstellung speziell zur Darstellung negativer Zahlen verwendet wird, kann man generell von folgender Idee ausgehen:

- Eine *positive* Zahl x wird dargestellt durch

$$+x = x$$

- Eine *negative* Zahl $-x$ wird dargestellt durch

$$-x = N - x$$

Beispiel 6.3 (a) Sei $b = 2$ und $n = 4$. Dann gilt $N = 2^4 = 16$. Im *Zweier-Komplement* stimmt die Dualdarstellung von -5 mit der von $16 - 5 = 11$ überein. Dies ist in Übereinstimmung mit Definition 5.1 (ii), denn es gilt:

$$\begin{aligned} (5)_{10} &= (0101)_2 \\ K_2(5) &= K_1(5) + 1 = (1010)_2 + 1 = (1011)_2 = (11)_{10} \end{aligned}$$

(b) Sei nun $b = 10$ und $n = 2$, d. h. wir betrachten Dezimalzahlen zwischen 00 und 99, so gilt $N = 10^2 = 100$. Im *Zehner-Komplement* wird dann -23 wie folgt dargestellt:

$$-23 \stackrel{\wedge}{=} 100 - 23 - 77$$

□

Dieses Beispiel zeigt, dass eine Komplement-Darstellung mit Mehrdeutigkeiten behaftet ist, welche zu beseitigen sind, bevor man diese Darstellungsform in einem Rechner benutzen kann. Insbesondere stellt sich in Beispiel 6.3 (a) die Frage, ob „1011" die Zahl -5 oder $+11$ darstellt; in Beispiel 6.3 (b) kann „77" sowohl -23 als auch $+77$ bedeuten. Dieses Problem wird durch eine der Vorzeichen/Betrags-Darstellung entsprechende Festlegung behoben: Eine Dualzahl, welche mit einer 0 beginnt, wird als positive Zahl aufgefasst, entsprechend eine solche, die mit 1 beginnt, als negative. (Eine entsprechende Konvention für das Zehner-Komplement lautet z. B.: Mit 0, 1, 2, 3 oder 4 beginnende Zahlen gelten als positiv, alle anderen als negativ.) Aus dieser

Festlegung folgt etwa in Beispiel 6.3 (a), dass die Zahl $+11$ mit 4 Bits nicht dargestellt werden kann; es sind mindestens 5 Bits erforderlich, welche dann die Darstellung
01011 erlauben.

Bei beiden Komplementdarstellungen ist also zu beachten, dass in einem Rechner stets eine bestimmte Wortlänge fest liegt, auf welche sich das Komplementieren
bezieht, und dass für arithmetische Operationen lediglich negative Operanden komplementiert dargestellt werden.

Beispiel 6.4 Für $n = 16$ Bits lauten die Darstellungen von $+92$ und -92 im Einer-
bzw. Zweier-Komplement wie folgt:

Komplement	$+92$	-92
Einer	dual 0000000001011100	dual 1111111110100011
	hexadezimal 005C	hexadezimal FFA3
Zweier	dual 0000000001011100	dual 1111111110100100
	hexadezimal 005C	hexadezimal FFA4

$\square$

Die *Subtraktion* zweier n-stelliger Dualzahlen x und y ($x \geq y$) lässt sich nun wie folgt
bewerkstelligen:

(I) Bei Benutzung des *Einer-Komplementes* stelle man die zu subtrahierende Zahl
(y) durch $K_1(y)$ dar und addiere $K_1(y)$ zu x. Tritt dabei ein Übertrag an der höchstwertigen Stelle auf, so addiere man diesen zur niedrigsten Stelle. Zur Korrektheit
dieses Verfahrens vergleiche man Aufgabe 2.2.

Beispiel 6.5 Sei $x = 179$ und $y = 109$. Aus der Aufgabe

$$\begin{array}{rl} x & 10110011 \\ -y & -01101101 \end{array}$$

wird

$$\begin{array}{rl} x & 10110011 \\ +K_1(y) & + 10010010 \end{array}$$

mit dem Zwischenresultat

$$101000101.$$

Der Übertrag wird zur niedrigsten Stelle addiert:

$$\begin{array}{r} 01000101 \\ + 1 \end{array}$$

Damit entsteht das Ergebnis

$$01000110\,,$$

d. h. dezimal $+70$.

$\square$

Beispiel 6.6 In diesem Beispiel unterstellen wir eine rechnerinterne Wortlänge von
16 Bits:

(a) Die Subtraktion $45 - 92 = 45 + (-92) = -47$ wird wie folgt im Einer-
Komplement ausgeführt:

$$0000000000101101$$
$$+ \ 1111111110100011$$
$$\overline{1111111111010000}$$

Hier tritt kein Übertrag in der höchstwertigen Stelle auf, d. h. es wird ein Übertrag von 0 zur niedrigstwertigen Stelle addiert.

(b) Die Aufgabe $1637 - 101 = 1637 + (-101) = 1536$ wird wie folgt gelöst:

$$0000011001100101$$
$$+ \ 1111111110011010$$
$$\overline{(1)0000010111111111}$$
$$+ \ 1$$
$$\overline{0000011000000000}$$

$\square$

Es sei bemerkt, dass auch das Einer-Komplement Probleme bei der Darstellung von 0 bereitet; wie bei der Vorzeichen/Betrags-Darstellung existieren $+0$ und -0, denn es gilt bei z. B. 4 Bits

$$(+0)_{10} = (0000)_2 \text{ und } (-0)_{10} = (1111)_2 \ ,$$

was intuitiv widersprüchlich ist. Wir werden weiter unten sehen, dass dies im Zweier-Komplement anders ist.

(II) Zur Ausführung einer Subtraktion der Form $x - y$ im *Zweier-Komplement* ist lediglich $K_2(y)$ zu x zu addieren; ein eventuell auftretender Übertrag wird ignoriert. Die Begründung für dieses Vorgehen erfolgt analog zu Aufgabe 2.2.

Beispiel 6.7 Sei $x = 179$ und $y = 109$, d. h. $x - y = 70$:

$$
\begin{array}{r|l}
x & 10110011 \\
+K_2(y) & 10010011 \\
\hline
& (1)01000110
\end{array}
$$

$\square$

Beispiel 6.8 Unterstellen wir wieder 16 Bits zur rechnerinternen Darstellung von Zahlen, so wird die Aufgabe $92 - 45 = 92 + (-45) = 47$ wie folgt gelöst:

$$
\begin{array}{r|l}
92 & 0000000001011100 \\
+K_2(45) & 1111111111010011 \\
\hline
& (1)0000000000101111
\end{array}
$$

$\square$

Betrachten wir als nächstes die Darstellung von 0 im Zweier-Komplement, so ergibt sich Folgendes (für eine Wortlänge von 8 Bits):

$$
\begin{array}{ll}
0 & 00000000 \\
K_1(0) & 11111111 \\
\text{Addition von 1} & + \ 1 \\
\hline
& (1)00000000
\end{array}
$$

Die Vernachlässigung des Übertrags impliziert also jetzt, dass $+0 = -0$ gilt. Demnach hat die Null im Zweierkomplement nur eine Darstellung.

Die geschilderten Techniken sind auf die Lösung beliebiger Additions- bzw. Subtraktionsaufgaben unmittelbar übertragbar. Um dann z. B. die Subtraktion zweier Zahlen bei negativem Ergebnis allein durch ein Addierwerk ausführen zu können, werden negative Zahlen z. B. durch das Einerkomplement dargestellt. Zeigt dann nach Ausführung der Addition das Vorzeichenbit an, dass das Ergebnis negativ ist, so ist zur korrekten Interpretation des Ergebnisses erneut zu komplementieren.

Beispiel 6.9 Wir betrachten durch 8 Bits darstellbare Zahlen zwischen -127 und $+127$ und erläutern die Berechnung von $85 - 103$ (bei Verwendung von K_1):

$$
\begin{array}{rcl}
85 & : & 01010101 \\
103 & : & 01100111 \\
-103 & : & 10011000 \\
85 + (-103) & : & 11101101
\end{array}
$$

Die am weitesten links stehende Eins zeigt nun an, dass das Ergebnis 11101101 als negative Zahl aufzufassen ist; den Absolutbetrag erhält man also durch Komplementieren in (0)0010010 und anschließendes „Übersetzen" ins Dezimalsystem; man erhält damit die Zahl -18.   □

Beispiel 6.10 Wir betrachten die Addition von -102 und -58 im Zweier-Komplement bei einer Wortlänge von 16 Bits; es gilt:

$$
\begin{array}{rl}
K_2(102): & 1111111110011010 \\
+K_2(58): & +\ 1111111111000110 \\
\hline
& (1)1111111101100000
\end{array}
$$

Das Resultat ist negativ und daher erneut zu komplementieren. Diese Rückübersetzung erfolgt jetzt in genau der gleichen Weise wie die Berechnung des Zweier-Komplements selbst: Alle Bits werden invertiert, so dass man in diesem Fall

$$0000000010011111$$

erhält. Die Addition von 1 liefert

$$0000000010100000$$

und somit dezimal -160.   □

Wir wollen die bisher geschilderten Möglichkeiten zur Darstellung ganzer Zahlen zusammenfassen; Tabelle 6.1 gibt die durch Bitfolgen der Länge 4 darstellbaren Zahlen jeweils bei Verwendung von Vorzeichen/Betrags-Darstellung, Einer- bzw. Zweier-Komplement an. Diese Tabelle zeigt insbesondere, dass unter Verwendung des Zweier-Komplements bei gegebener Wortlänge von n Bits sogar alle Zahlen zwischen $-(2^{n-1})$ und $+(2^{n-1} - 1)$ darstellbar sind.

Es sei an dieser Stelle ferner auf das Problem des *Overflow* hingewiesen, welcher bei einer Addition auftreten kann: Falls bei der Addition von zwei positiven Zahlen ein (scheinbar) negatives Ergebnis entsteht bzw. bei der Addition von zwei negativen ein (scheinbar) positives, so liegt eine Bereichsüberschreitung vor:

Tabelle 6.1: Alternative Darstellungen ganzer Zahlen.

Bitfolge	Darstellung in Dezimalnotation		
	Vorz./Betrag	K_1	K_2
0000	+0	+0	0
0001	+1	+1	+1
0010	+2	+2	+2
0011	+3	+3	+3
0100	+4	+4	+4
0101	+5	+5	+5
0110	+6	+6	+6
0111	+7	+7	+7
1000	−0	−7	−8
1001	−1	−6	−7
1010	−2	−5	−6
1011	−3	−4	−5
1100	−4	−3	−4
1101	−5	−2	−3
1110	−6	−1	−2
1111	−7	−0	−1

Beispiel 6.11 Mit $n = 5$ Bits sind im Zweier-Komplement die Zahlen von −16 bis +15 darstellbar. Betrachten wir nun die Addition von 5 und 14, so erhält man folgendes Resultat:

$$\begin{array}{r} 00101 \\ + \ 01110 \\ \hline 10011 \end{array}$$

Das Ergebnis lautet also −13 und nicht +19. Der Grund liegt darin, dass +19 mit 5 Bits nicht mehr darstellbar ist. □

Hierzu sei bemerkt, dass Rechner, welche auf das Zweier-Komplement zur Ausführung arithmetischer Operationen zurückgreifen, in der Lage sind, derartige Situation zu erkennen. Falls ein Overflow auftritt, wird ein entsprechendes *Overflow-Flag* gesetzt, welches vom Programmierer abgefragt werden kann.

6.2 Darstellung von Gleitkomma-Zahlen

Bei den bisher verwendeten Zahlendarstellungen sind wir immer von ganzen Zahlen ausgegangen. Mit jedem Rechner lassen sich darüber hinaus auch nicht-ganzzahlige Dual- bzw. Dezimalbrüche verarbeiten. In ungenauer Diktion spricht man hier allgemein in der Informatik von der Verarbeitung reeller Zahlen (vom Typ REAL). Dies geschieht durch Verwendung spezieller Darstellungen:

Ganze Zahlen lassen sich formal als Dezimalbrüche schreiben, wenn man hinter das Komma die Ziffer 0 schreibt. Es ist z. B. 23 = 23,0. Damit kann die bisher ausschließlich verwendete INTEGER-Darstellung von Zahlen als Darstellung von Zahlen mit Komma aufgefasst werden, wenn man unterstellt, dass das Komma logisch rechts vom rechtesten Bit steht. Allgemein spricht man von einer *Festpunkt-Darstellung*, wenn eine Zahl durch eine n-stellige Dual- (bzw. Dezimal-) Zahl (eventuell komplementiert) dargestellt wird, wobei das Komma an beliebiger, aber *fester* Stelle angenommen wird.

Beispiel 6.12 (a) Das Komma wird rechts von der Stelle mit dem niedrigsten Wert angenommen. Ein n-Bit Wort $(x_{n-1}, \ldots, x_0)_2$ stellt dann die Zahl

$$z = \sum_{i=0}^{n-1} x_i \cdot 2^i \quad \text{dar.}$$

(b) Das Komma wird links von der Stelle mit dem höchsten Wert angenommen. Ein n-Bit Wort $(x_1, \ldots, x_n)_2$ stellt dann die Zahl

$$z = \sum_{i=1}^{n} x_i \cdot 2^{-i} \quad \text{dar.}$$

Ist z. B. $n = 8$, so ist 10110010 die Darstellung von

$$1 \cdot 2^{-1} + 1 \cdot 2^{-3} + 1 \cdot 2^{-4} + 1 \cdot 2^{-7}$$

$$= \frac{1}{2} + \frac{1}{8} + \frac{1}{16} + \frac{1}{128} = \frac{89}{128} = 0,6953125.$$

$\square$

Allgemein stellt eine Bitfolge $(x_{n-1}, \ldots, x_1, x_0, x_{-1}, \ldots, x_{-m+1}, x_{-m})_2$, falls der („Dual"-) Punkt rechts von der Stelle x_0 angenommen wird, die Zahl

$$x = \sum_{i=-m}^{n-1} x_i 2^i$$

dar. Sollen auch negative Zahlen dargestellt werden können, so ist wieder ein Bit für das Vorzeichen zu reservieren oder eine der im letzten Abschnitt behandelten Komplement-Darstellungen zu verwenden.

Das letzte Beispiel zeigt insbesondere, dass ein Dual-Bruch auf einfache Weise in einen Dezimal-Bruch umgerechnet werden kann.

Das Gleiche gilt in umgekehrter Richtung: Die entsprechende Transformation verläuft „komplementär" zu der in Kapitel 1 beschriebenen Transformation natürlicher Zahlen ins Dualsystem (vgl. Beispiel 1.3). Anstatt durch die Basis zu *dividieren* und die entstehenden Reste in umgekehrter Reihenfolge zu lesen, wird jetzt mit der Basis *multipliziert*, und die vor dem Komma entstehenden Ergebnisse werden in der Reihenfolge des Entstehens gelesen:

Beispiel 6.13 Zur Darstellung von 0,375 als Dualbruch gehen wir wie folgt vor:

$$0,375$$
$$\times 2$$
$$\overline{0,750}$$
$$\times 2$$
$$\overline{1,500}$$
$$\times 2$$
$$\overline{1,000}$$

In jedem Schritt wird der *links* vom Komma entstehende Anteil des Ergebnisses der letzten Multiplikation ignoriert; die Berechnung endet, falls *rechts* vom Komma ausschließlich Nullen auftreten. Das Ergebnis lautet also

$$(0,375)_{10} = (0,011)_2 \,.$$

$\square$

In genau der gleichen Weise kann mit jeder anderen Basis (8, 16 usw.) verfahren werden, falls die Basis lediglich 2 oder 5 als Faktoren enthält. Es sei nicht verschwiegen, dass bei Rechnungen mit höchster Genauigkeit (Dezimalstellen im Millionenbereich) die Konvertierung einen beträchtlichen Rechenaufwand erfordert.

Um Operationen mit Festkomma-Zahlen durchführen zu können, ist natürlich wesentlich, dass das Komma bei allen Operanden an der gleichen Stelle angenommen wird. Das bedeutet, dass Operanden gegebenenfalls zu transformieren sind. Werden z. B. bei einer Wortlänge von 16 Bits 12 Stellen vor und 4 hinter dem Komma angenommen, so muss z. B. die Zahl 0,00011101 durch

$$0000\ 0000\ 0000\ [,]\ 0001$$

abgerundet dargestellt werden, wobei 4 signifikante Stellen verloren gehen. Diesen Nachteil vermeidet die Gleitkomma-Darstellung.

Bei der *Gleitkomma-Darstellung*, welche auch halblogarithmische Darstellung genannt wird, wird jede Zahl z in der Form

$$z = \pm m \times b^{\perp d}$$

dargestellt. Dabei heißt m *Mantisse* und d *Exponent*; b ist die Basis für den Exponenten. Es sei bemerkt, dass b nicht notwendig mit der Basis des zugrunde liegenden Zahlensystems übereinstimmt, welche in einem Rechner 2 ist.

Beispiel 6.14 Die dezimale Zahl 1228,8 ist wie folgt darstellbar:

$$1228,8 = 2,4 \times 8^3 \,.$$

In diesem Fall gilt $b = 8$, während 10 die Basis des verwendeten Zahlensystems ist. $\square$

Wir werden weiter unten sehen, aus welchen Gründen es sinnvoll sein kann, als Wert für b eine Zahl $\neq 2$ und inbesondere eine *Potenz* von 2 zu wählen. Für den

Moment wollen wir $b = 2$ annehmen. Da die Basis für alle auftretenden Exponenten von Gleitkomma-Zahlen die gleiche ist, braucht sie insbesondere nicht gespeichert zu werden; die rechnerinterne Darstellung einer Gleitkomma-Zahl kann daher als ein Paar

$$(\pm m, \pm d)$$

angesehen werden.

Wesentlich für das Rechnen mit Gleitkomma-Zahlen ist die Beobachtung, dass die Gleitkomma-Darstellung einer gegebenen Zahl nicht eindeutig ist; eine *Gleitkomma-Operation* erfordert daher unter Umständen gewisse Vorbereitungen.

Beispiel 6.15 (a) Es gilt z. B.

$$
\begin{aligned}
1228,8 &= 12,288 \times 10^2 \\
&= 0,12288 \times 10^4 \\
&= 122880 \times 10^{-2}
\end{aligned}
$$

(b) Für eine Addition von $1,2288 \times 10^3$ und $0,000375 \times 10^7$ wird man zunächst den zweiten Operanden durch $3,75 \times 10^3$ darstellen, um sodann

$$(1,2288 + 3,75) \times 10^3$$

rechnen zu können.   □

Zur Vermeidung von Problemen im Zusammenhang mit der Nicht-Eindeutigkeit einer Gleitkomma-Darstellung wird in realen Rechnern eine *normalisierte* Darstellung verwendet:

Definition 6.2 Eine Gleitkomma-Zahl der Form $\pm m \cdot b^{\pm d}$ heißt *normalisiert*, falls gilt:

$$\frac{1}{b} \leq |m| < 1$$

Im Fall $b = 2$ (als Basis für Exponent *und* Mantisse) folgt hieraus unmittelbar, dass für die Mantisse einer normalisierten Gleitkomma-Zahl gilt:

$$\frac{1}{2} \leq |m| < 1$$

Mit anderen Worten wird das Komma links von der linkesten Stelle der Mantisse angenommen, und die höchstwertige (Binär-) Stelle der Mantisse (d. h. das am weitesten links stehende Bit) ist $\neq 0$.

Beispiel 6.16 (a) Die normalisierte Darstellung von (dual)

$$0,000011101$$

lautet

$$0,11101 \times 2^{-4}.$$

(b) Die normalisierte Darstellung von (dual)

$$10011,101 \times 2^{10}$$

lautet

$$0,10011101 \times 2^{15}.$$

□

Im Fall $b \neq 2$ gilt analog, dass das Komma links von der Mantisse angenommen wird, und dass die erste Ziffer der Mantisse *zur Basis b* ungleich 0 ist:

Beispiel 6.17 (a) Es sei $b = 8$, und gesucht sei die normalisierte Darstellung von

$$(0,000011)_2 \times 8^2.$$

Die Mantisse m dieser Darstellung muss die Ungleichung

$$\frac{1}{8} \leq |m| < 1$$

erfüllen. Die binäre Mantisse 0,000011 kann oktal als 0,03 geschrieben werden, d. h. als normalisierte Darstellung ergibt sich

$$\begin{aligned}
(0,000011)_2 \times 8^2 &= (0,03)_8 \times 8^2 \\
&= (0,3)_8 \times 8^1 \\
&= (0,011)_2 \times 8^1
\end{aligned}$$

Die erste, dem Komma folgende *Oktal*-Ziffer ist also $\neq 0$. Anders ausgedrückt entspricht jetzt eine Veränderung der Exponenten um 1 einer Multiplikation mit oder Division durch 8 ($= 2^3$), so dass das Komma nicht um einzelne Stellen, sondern nur um drei Stellen gleichzeitig verschoben werden kann.

(b) Es sei $b = 16$. Eine entsprechende Argumentation wie unter (a) ergibt, dass die Zahl

$$(0,000000110101)_2 \times 16^4$$

die normalisierte Darstellung

$$(0,00110101)_2 \times 16^3$$

besitzt. ⊔

Wir wenden uns als nächstes der rechnerinternen Darstellung von Gleitkomma-Zahlen zu. Offensichtlich ist dazu zunächst festzulegen, wie viele Bits für eine Mantisse und wie viele für einen Exponenten reserviert werden sollen. Als Beispiel betrachten wir einen Rechner der Wortlänge 32 Bits und unterstellen folgende Aufteilung: 1 Bit werde für das Vorzeichen der Mantisse verwendet, 23 Bits für die Mantisse (d. h. für die Mantisse insgesamt wird die Vorzeichen/Betrags-Darstellung verwendet) und 8 Bits für den Exponenten. Weiter werde eine Mantisse normalisiert gespeichert, die Basis des Exponenten sei 2, und der Exponent werde im Zweier-Komplement dargestellt. Dann ist z. B.

$$\underbrace{0}_{\text{VZ}} \quad \underbrace{10011101001110011000000}_{\text{Mantisse}} \quad \underbrace{00001101}_{\text{Exponent}}$$

die Darstellung der Zahl

$$+(0,10011101001110011)_2 \times 2^{13} = (1001110100111,0011)_2 = (5031,1875)_{10} \ .$$

Man überlegt sich leicht, dass mit der gerade genannten Aufteilung *positive* Zahlen z im Bereich

$$0,5 \times 2^{-128} \leq z \leq (1 - 2^{-23}) \times 2^{127}$$

und *negative* Zahlen z im Bereich

$$-(1 - 2^{-23}) \times 2^{127} \leq z \leq -0,5 \times 2^{-128}$$

darstellbar sind. Es folgt, dass um den Nullpunkt herum ein kleines „Loch" auf der Zahlenachse nicht erfasst ist, welches insbesondere die Null selbst enthält. Zur Darstellung der Null wird daher im Allgemeinen von der üblichen Konvention zur Darstellung von Gleitkomma-Zahlen abgewichen; so kann man 0,0 darstellen als positive Zahl (d. h. Vorzeichen-Bit = 0) mit dem Exponenten 0, der Wert der Mantisse wird dabei „ignoriert".

Hierdurch wird gleichzeitig das folgende Problem gelöst: Falls $b = 2$ gilt für die Basis b des Exponenten, so ist bei der Mantisse *jeder* normalisierten Gleitkomma-Zahl das am weitesten links stehende Bit $= 1$. Daher braucht dieses Bit nicht gespeichert zu werden (man spricht von einem „hidden bit"), so dass ein weiteres Bit für die Mantisse zur Verfügung steht. In vielen Rechnern wird dieser Trick zur Erhöhung der Genauigkeit für die Mantisse angewendet; allerdings bedeutet dann die als $0 \ldots 0$ gespeicherte Mantisse *nicht* die Zahl „0,0", sondern $\frac{1}{2}$. In jedem Fall ist für einen Rechner sicherzustellen, dass Verwechselungen mit 0,0 ausgeschlossen sind.

Die größte darstellbare Gleitkomma-Zahl ist also (bei der oben genannten Aufteilung von Bits auf Mantisse und Exponent) $\approx 2^{127}$, während bei Verwendung der Festkomma-Dualdarstellung mit 32 Bits maximal die Zahl $2^{32} - 1$ dargestellt werden kann. Es folgt, dass unter Verwendung von Gleitkomma-Zahlen ein erheblich größerer Zahlenbereich darstellbar wird; allerdings ist dies mit Einbußen hinsichtlich der Genauigkeit verbunden: Während vorher 32 Bits für die Mantisse zur Verfügung standen und damit etwa 10 signifikante Dezimalstellen darstellbar sind, sind mit 23 Bits nur noch etwa 7 Dezimalstellen erfassbar. Diese „Diskrepanz" zwischen Genauigkeit und darstellbarem Zahlenbereich wird noch vergrößert, falls eine andere Basis als 2 für den Exponenten verwendet wird:

Werden Exponenten etwa zur Basis 16 angenommen (anstatt 2), so werden mit im Zweier-Komplement repräsentierten 8-Bit-Exponenten Zahlen zwischen 16^{-128} und 16^{127} darstellbar. Offensichtlich ist auf diese Weise der darstellbare Zahlenbereich erheblich vergrößert, denn es gilt $2^{128} \approx 10^{38}$, aber $16^{128} \approx 10^{154}$; diese Erweiterung ist jedoch wieder mit einer verringerten Genauigkeit verbunden. Dieser „Trade-off" zwischen darstellbarem Zahlenbereich und erzielbarer Genauigkeit wird in realen Rechnern im Allgemeinen dadurch wenigstens teilweise aufgefangen, dass verschiedene Formate zur Darstellung von Gleitkomma-Zahlen zur Verfügung stehen.

Schließlich sei erwähnt, dass Exponenten häufig nicht im Zweier-Komplement repräsentiert werden, sondern es wird die so genannte *Biased*-Notation, auch *Excess*-Darstellung genannt, verwendet. Als Beispiel betrachten wir durch 8 Bits dargestellte Exponenten d, für welche bei Verwendung des Zweier-Komplements $-128 \leq d \leq 127$ gilt. Durch Addition von $128 = 2^{8-1}$ zu jedem solchen d erhält man dann Exponenten

d' im Bereich $0 \leq d' \leq 255$. Diese „Verschiebung" der Darstellung hat den Vorteil, dass der Vergleich von Exponenten erleichtert wird: Falls $d_1 \leq d_2$ gilt, so gilt das Gleiche für die (gewöhnlichen) Dualdarstellungen von d_1 und d_2. Dies ist von Bedeutung für die Ausführung von Operationen auf Gleitkomma-Zahlen wie etwa einer Addition, welche — wie weiter unten erwähnt — gleiche Exponenten voraussetzt.

Allgemein erhält man die Excess-Darstellung d' eines Exponenten d, falls g Bits für diesen zur Verfügung stehen, wie folgt:

$$d' := d + 2^{g-1}$$

Für $g = 8$ spricht man z. B. von der *Excess-128*-Darstellung.

6.3 Rechnerarithmetik, insbesondere Multiplikation

In diesem Abschnitt knüpfen wir an die Ausführungen von Kapitel 1 über die Ausführung arithmetischer Operationen an. Addier-Netze bzw. -Werke haben wir in Kapitel 2 bzw. 5 vorgestellt, und diese können allgemeiner auch zur Multiplikation bzw. Division benutzt werden. Wir wollen die Durchführung von Multiplikationen jetzt vor allem für Festkomma-Zahlen behandeln (und auf die Behandlung der Division verzichten).

Grundsätzlich werden Multiplikation und Division im Dualsystem in der gleichen Weise wie im Dezimalsystem durchgeführt. Bei der Multiplikation wird der Multiplikand nacheinander mit jedem einzelnen Bit des Multiplikators multipliziert, wobei jeweils ein Teilprodukt entsteht. Beginnt man mit dem am weitesten rechts stehenden Bit, so wird ab der zweiten Stelle das Teilprodukt jeweils um eine Stelle nach links geschoben. Das Ergebnis erhält man schließlich durch Summation aller Teilprodukte.

Beispiel 6.18 Wir betrachten die Aufgabe 13×9:

$$
\begin{array}{ll}
1101 & \text{Multiplikand} \\
1001 & \text{Multiplikator} \\
\hline
1101 & \\
0000 & \text{Teilprodukte} \\
0000 & \\
1101 & \\
\hline
1110101 & \text{Ergebnis} \\
\end{array}
$$

□

Bei der Division einer Dualzahl durch eine andere entstehen neue Probleme, die hier nicht behandelt werden sollen.

Dieses Beispiel zeigt bereits, dass die Multiplikation höheren physikalischen Aufwand erfordert als die Addition; neben einem doppelt langen Ergebnis-Register muss die Hardware in der Lage sein, Shift-Operationen durchzuführen. Außerdem zeigt das Beispiel, dass die bekannte Schulmethode nicht sehr effizient ist: Nullen, welche im Multiplikator auftreten, erfordern den gleichen Rechenaufwand wie Einsen, tragen

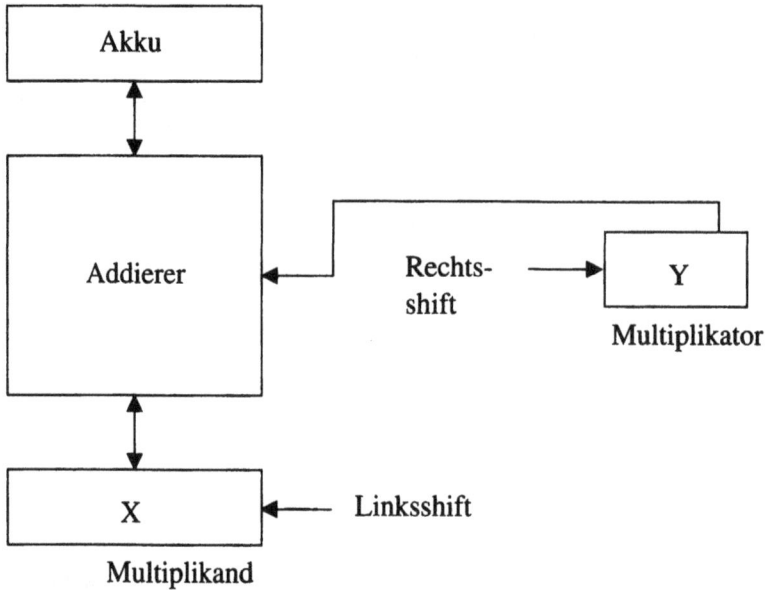

Abbildung 6.1: Schaltung zur Multiplikation.

aber nicht zum Ergebnis bei; Teilprodukte sind (scheinbar) zwischenzuspeichern und erst im letzten Schritt zu addieren. Formal ist dieses Verfahren wie folgt beschreibbar:

Sei x der Multiplikand, $y = (y_{n-1}, \ldots, y_0)$ der Multiplikator, dann ist

$$
\begin{aligned}
x \cdot y &= x \cdot y_0 + x \cdot y_1 \cdot 2 + x \cdot y_2 \cdot 2^2 + \ldots + x \cdot y_{n-1} \cdot 2^{n-1} \\
&= \sum_{i=0}^{n-1} x \cdot y_i \cdot 2^i
\end{aligned}
$$

In der Praxis ist es sinnvoll, jeden Term der Form $x \cdot y_i \cdot 2^i$ zu addieren, sobald er generiert wurde, so dass man obige Multiplikation wie folgt ausführen kann (es handelt sich um einen mit dem so genannten *Horner-Schema* verwandten Rechentrick):

$$
x \cdot y = (\ldots ((x \cdot y_0 + x \cdot y_1 \cdot 2) + x \cdot y_2 \cdot 2^2) \ldots + x \cdot y_{n-1} \cdot 2^{n-1})
$$

Ohne die Verwendung eines doppelt langen Registers bzw. eines Registerpaares zur Aufnahme des Ergebnisses kommt man aus, wenn beide Operanden auf halbe Wortlänge beschränkt werden. Damit ist z. B. die in Abbildung 6.1 gezeigte Schaltung in der Lage, die in Beispiel 6.20 angegebene Multiplikation auszuführen.

Diese Multiplikation läuft wie folgt ab: Der Akku-Inhalt wird gelöscht, die rechten 4 Bits des X-Registers nehmen den Multiplikanden auf, Y den Multiplikator. Eine zusätzliche Logik, welche in Abbildung 6.1 nicht gezeigt ist, testet das 0-te Bit von Y. Da im letzten Beispiel $y_0 = 1$ gilt, wird der Inhalt von X zum Akku-Inhalt addiert, so dass dieser nun das (erste) Teilergebnis 0000 1101 enthält. Sodann wird der Inhalt von Y (durch ein entsprechendes Steuersignal) um ein Bit nach rechts, der Inhalt von X um ein Bit nach links geschoben. Da $y_1 = 0$ ist, wird im zweiten Schritt keine

Addition, sondern lediglich ein erneuter Shift von X und Y um jeweils eine Stelle ausgeführt. Der dritte Schritt verläuft analog, so dass zu Beginn des vierten Schrittes X den Wert 0110 1000 enthält. Wegen $y_3 = 1$ wird dann der Inhalt von X zum Akku-Inhalt addiert, so dass dieser das Ergebnis 0111 0101 erhält.

Die in Abbildung 6.1 angegebene Schaltung läßt sich leicht auf den Fall erweitern, dass Zahlen *mit* Vorzeichen zu verarbeiten sind. Eine zusätzliche Logik bestimmt dann das Vorzeichen des Ergebnisses, welches „+" ist, falls Multiplikand und Multiplikator das gleiche Vorzeichen haben, und „−" sonst.

Die Beschränkung auf Operanden halber Wortlänge kann entfallen, wenn bei Multiplikand und Multiplikator das Komma ganz links angenommen wird, wie es etwa bei den normierten Mantissen in Gleitkomma-Technik der Fall ist. In diesem Fall ist der Betrag beider kleiner als 1, so dass auch das Produkt dem Betrag nach kleiner als 1 ist.

Es sei darauf hingewiesen, dass sich die oben vorgeführte Multiplikation nach der Schulmethode (wie auch die Division) hardwaremäßig *beschleunigen* lässt. Möglichkeiten hierzu bieten z. B. die Verwendung eines Addiernetzes mit schneller Carry-Berechnung, eine Zwischenspeicherung des bei der Addition auftretenden Übertrags und Verarbeitung desselben erst in späteren Schritten oder ein Malnehmen des Multiplikanden in jedem Schritt nicht nur mit einem Bit des Multiplikators, sondern mit $k > 1$ benachbarten Bits. Grundlage schneller Multiplizierer sind im Allgemeinen schnelle Addierer, was wir am Beispiel des in Abschnitt 2.5 beschriebenen Carry-Save-Addiernetzes demonstrieren wollen (man bezeichnet das Ergebnis als *Carry-Save-Multiplikation*). Wir betrachten dazu noch einmal die im Kontext von Beispiel 6.20 gezeigte Berechnung, welche sich in tabellarischer Form für $n = 4$ wie folgt darstellen lässt:

				x_3	x_2	x_1	x_0	x
			$\times$	y_3	y_2	y_1	y_0	y
0	0	0	0	x_3y_0	x_2y_0	x_1y_0	x_0y_0	M_1
0	0	0	x_3y_1	x_2y_1	x_1y_1	x_0y_1	0	M_2
0	0	x_3y_2	x_2y_2	x_1y_2	x_0y_2	0	0	M_3
0	x_3y_3	x_2y_3	x_1y_3	x_0y_3	0	0	0	M_4

Wie bereits beschrieben, lässt sich eine Multiplikation von x und y durch Addition der in dieser Tabelle gezeigten Zeilen implementieren. Da es sich im konkreten Fall um vier Zeilen handelt, reicht ein zweistufiges CSA-Netz aus, durch welches die Anzahl der Summanden auf zwei reduziert wird; diese werden sodann durch irgendein Addiernetz summiert. Dieses Prinzip ist in Abbildung 6.2 veranschaulicht. In dieser Abbildung wird einerseits unterstellt, dass es sich bei den wie in obiger Tabelle mit M_i, $1 \leq i \leq 4$, bezeichneten Summanden jeweils um achtstelligen Dualzahlen handelt. Ferner wird angenommen, dass die M_i durch weitere Hardware aus den Operanden x und y bereits erzeugt sind (jeweils durch ein Schaltnetz mit vier Und-Gattern).

Bei der Multiplikation von zwei Zahlen mit größerer Stellenzahl n wird man zur schnellen Reduktion der Anzahl n der Summanden den in Kapitel 2 vorgestellten Wallace-Tree verwenden, so dass die Tiefe der Schaltung (vor der abschließenden Addition) logarithmisch in der Stellenzahl n der Faktoren wird.

Es sei der Vollständigkeit halber erwähnt, dass die Grundlage aller hier vorgestellten Multiplikationsverfahren die bekannte Methode der schriftlichen Multiplikation

$$M_3\,M_2\,M_1$$

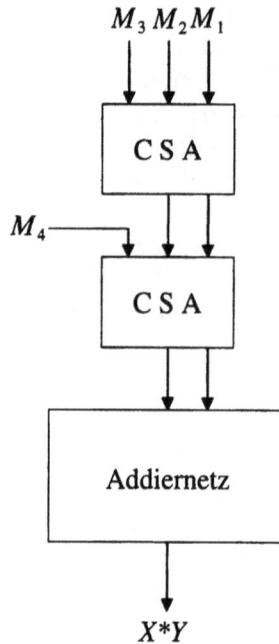

Abbildung 6.2: Carry-Save-Multiplikation.

ist, die im Prinzip auf die arabische Mathematik des 9. Jahrhunderts zurück geht (Al Chwarizmi) und die in Deutschland insbesondere durch die Bücher von Adam Riese im 15. Jahrhundert populär geworden ist. Diese Schulmethode führt — wie jeder weiß, der die „Päckchenmethode" kennt — bei dem Produkt zweier n-stelliger Zahlen zu einer Schrittzahl der Größenordnung n^2. Inzwischen kennt man Algorithmen (Karatsuba 1962, Schönhage und Strassen 1971), welche für sehr große n mit einer deutlich geringeren Schrittzahl auskommen: Die Größenordnungs-Potenz von n kann beliebig nahe an 1, aber oberhalb von 1, gewählt werden. Die Software-Implementierungen dieser (rekursiven) Algorithmen basieren aber darauf, dass für klein-dimensionierte Produkte die von uns beschriebenen Hardware-Techniken verwendet werden.

Die bisher beschriebenen Schaltungen bzw. Verfahren lassen sich auch zur Ausführung von Operationen an Gleitkomma-Zahlen benutzen, indem man die Mantissen und die Exponenten nacheinander in der Hardware verarbeitet. Zur Multiplikation (Division) sind dann die Mantissen zu multiplizieren (dividieren) und die Exponenten zu addieren (subtrahieren). Bei Addition bzw. Subtraktion von Gleitkomma-Zahlen muss man darauf achten, dass die Operanden gleiche Exponenten haben, was im Allgemeinen nur dadurch zu erreichen ist, dass der Operand mit dem kleineren Exponenten „denormalisiert" wird. Durch die *feste* Wortlänge und insbesondere durch die fest gewählte Anzahl von Bits zur Darstellung von Mantisse bzw. Exponent muss man dabei beachten, dass für Gleitkomma-Zahlen nicht alle der üblichen Rechengesetze gelten, da diese keinen Körper im Sinne der Algebra bilden. Wir erläutern dies am Beispiel des Assoziativgesetzes: Sei

$$x = +0,1235 \cdot 10^3$$
$$y = +0,5512 \cdot 10^5$$
$$z = -0,5511 \cdot 10^5$$

so gilt:

$$
\begin{aligned}
x + y &= +0,1235 \cdot 10^3 + 0,5512 \cdot 10^5 \\
&= +0,0012 \cdot 10^5 + 0,5512 \cdot 10^5 \\
&= +0,5524 \cdot 10^5
\end{aligned}
$$

$$
\begin{aligned}
(x + y) + z &= +0,5524 \cdot 10^5 - 0,5511 \cdot 10^5 \\
&= +0,0013 \cdot 10^5 \\
&= +0,1300 \cdot 10^3
\end{aligned}
$$

Andererseits gilt:

$$
\begin{aligned}
y + z &= +0,5512 \cdot 10^5 - 0,5511 \cdot 10^5 \\
&= +0,1000 \cdot 10^2
\end{aligned}
$$

$$
\begin{aligned}
x + (y + z) &= +0,1235 \cdot 10^3 + 0,1000 \cdot 10^2 \\
&= +0,1235 \cdot 10^3 + 0,0100 \cdot 10^3 \\
&= +0,1335 \cdot 10^3
\end{aligned}
$$

Das Assoziativgesetz ist verletzt: $(x+y)+z$ und $x+(y+z)$ haben verschiedene Werte.

Zusammenfassend gelten für das Rechnen mit Gleitkomma-Zahlen folgende Regeln: Seien $x = m_x \cdot 2^{d_x}$, $y = m_y \cdot 2^{d_y}$:

$$
\begin{aligned}
x + y &= (m_x \cdot 2^{d_x - d_y} + m_y) \cdot 2^{d_y} \text{ falls } d_x \leq d_y \\
x - y &= (m_x \cdot 2^{d_x - d_y} - m_y) \cdot 2^{d_y} \text{ falls } d_x \leq d_y \\
x \cdot y &= (m_x \cdot m_y) \cdot 2^{d_x + d_y} \\
x : y &= (m_x : m_y) \cdot 2^{d_x - d_y}
\end{aligned}
$$

Wenn diese Operationen mit den bereits bekannten Addierwerken ausgeführt werden sollen, muss die Behandlung von Mantissen und Exponenten im Allgemeinen softwaremäßig erfolgen. Für eine Addition bedeutet dies z. B. genauer:

1. Vergleich der Exponenten,

2. Shift der Mantisse der Zahl mit dem kleineren Exponenten,

3. Ausführung der eigentlichen Addition,

4. gegebenenfalls Normalisierung des Ergebnisses (siehe unten).

Um dies hardwaremäßig zu bewerkstelligen und damit die Ausführungszeit von Gleit-komma-Operationen in ähnliche Größenordnungen wie die von Festkomma-Opera-tionen zu bringen, sind viele Rechenanlagen mit separaten Gleitpunkt-Rechenwer-ken (*Floating-Point-Prozessoren*) ausgestattet. Diese verfügen dann über hinreichend lange Register zur Aufnahme von Operanden bzw. Ergebnissen, über eine geeignete Verknüpfungslogik und über ein eigenes Steuerwerk.

Schließlich sei erwähnt, dass bei Gleitkomma-Operationen sowohl *Overflows* als auch *Underflows* auftreten können. So führt z. B. die Addition

$$
\begin{array}{r}
0,537 \times 10^2 \\
+0,520 \times 10^2 \\
\hline
1,057 \times 10^2
\end{array}
$$

auf einen Overflow, da die Mantisse des Ergebnisses eine signifikante Ziffer *links* vom Komma besitzt. Entsprechend führt z. B. die Subtraktion

$$
\begin{array}{r}
0,5678 \times 10^5 \\
-0,5643 \times 10^5 \\
\hline
0,0035 \times 10^5
\end{array}
$$

zu einem Underflow, da jetzt eine 0 unmittelbar *rechts* vom Komma auftritt. Beides ist offensichtlich durch eine Normalisierung zu beheben.

Außerdem sei darauf hingewiesen, dass speziell eine Gleitkomma-Arithmetik in Rechnern stets mit *Rundungsfehlern* behaftet ist, welche zum Teil daher rühren, dass der Zwang zur Normalisierung ein „Abschneiden" signifikanter Ziffern erfordert.

6.4   Darstellung alphanumerischer Daten

Zum Abschluss dieser Ausführungen über Informationsdarstellung wollen wir uns noch mit der Darstellung alphanumerischer Daten, also insbesondere von Text, beschäf-tigen. Bei unseren Ausführungen haben wir uns zwar bisher auf arithmetische Ope-rationen auf Zahlen beschränkt, jedoch müssen reale Rechner in der Praxis auch eine Vielzahl anderer Aufgaben erledigen. Hierzu gehören z. B. die Verarbeitung, insbeson-dere Übersetzung von Befehlen einer (höheren) Programmiersprache (in ausführbare Befehle der Maschinensprache) oder — wenn man an das Arbeiten mit Texten, Datei-en oder Datenbanken denkt — das Klassifizieren und Sortieren von Text. Derartige Texte bestehen im Allgemeinen aus einer Vielzahl einzelner Zeichen wie Buchsta-ben, Ziffern, Punkt, Komma und anderer Sonderzeichen. Zur Verarbeitung von In-formationen, welche allgemein aus so genannten *Characters* bestehen, ist zunächst die Wahl einer geeigneten rechnerinternen Darstellung durch Bits wesentlich. Wie bei Zahlendarstellungen finden auch dabei wieder spezielle *Codes* (vgl. Abschnitt 5.4.2) Verwendung.

6.4.1   Der ASCII-Code

Beim Entwurf bzw. bei der Auswahl eines solchen Codes ist zuerst die Frage zu klären, welchen Umfang der darstellbare Zeichensatz haben soll. Stehen z. B. 64 Code-Worte als Bit-Folgen der Länge 6 zur Verfügung, so sind damit 26 Buchstaben, 10 Ziffern und

28 weitere Zeichen wie z. B. ( ) + − ∗ / ; , . darstellbar. Wenngleich 6-Bit-Codes für viele Anwendungen ausreichen, nimmt ihre Verwendung doch aus folgenden Gründen immer mehr ab: Erstens ist der Zeichensatz häufig nicht mehr ausreichend; es fehlt z. B. eine Unterscheidung zwischen Groß- und Kleinbuchstaben oder eine Verschlüsselung für Signale, welche speziell für die Kommunikation mit einem Rechner im Dialog (d. h. von einem Terminal aus) benötigt werden, wie z. B. „carriage return" (Abschicken einer Meldung an den Rechner), „end of line", „end of message" etc. Zweitens werden 6-Bit-Codes meist voll ausgeschöpft in dem Sinne, dass alle möglichen Codierungen auch tatsächlich verwendet werden. Im Sinne der Ausführungen zu Beginn von Abschnitt 5.4.2 ist dies im Hinblick auf eine gesicherte Datenübertragung wenig wünschenswert: Keine (bzw. geringe) Redundanz eines Codes hat nachteilige Auswirkungen auf die Möglichkeit zur Fehlererkennung bzw. -korrektur (vgl. Satz 5.2). Drittens ist bei den meisten modernen Rechnern die Wortlänge eine Zweierpotenz (8, 16, 32 oder 64 Bits), so dass Codeworte der Länge 6 Bits nicht optimal in ein Wort „gepackt" werden können.

Tabelle 6.2: 8-Bit ASCII Code.

Bits 7654 3210	P000	P001	P010	P011	P100	P101	P110	P111
0000	NULL	DC_0		0	@	P	'	p
0001	SOM	DC_1	!	1	A	Q	a	q
0010	EOA	DC_2	"	2	B	R	b	r
0011	EOM	DC_3	#	3	C	S	c	s
0100	EOT	DC_4	$	4	D	T	d	t
0101	WRU	ERR	%	5	E	U	e	u
0110	RU	SYNC	&	6	F	V	f	v
0111	BELL	LEM	'	7	G	W	g	w
1000	FE	S_0	(	8	H	X	h	x
1001	HT/SK	S_1	)	9	I	Y	i	y
1010	LF	S_2	∗	:	J	Z	j	z
1011	V/TAB	S_3	+	;	K	[	k	
1100	FF	S_4	,	<	L	\	l	ACK
1101	CR	S_5	−	=	M	]	m	UC
1110	SO	S_6	.	>	N	↑	n	ESC
1111	SI	S_7	/	?	O	←	o	DEL

Diese Gründe haben zur Bevorzugung von 8-Bit-Codes zur Textdarstellung geführt. Ein weit verbreiteter Standard ist heute der so genannte *ASCII-Code* (American Standard Code for Information Interchange), welcher den in Tabelle 6.2 gezeigten Aufbau hat. Die dabei verwendeten Steuerzeichen haben die in Tabelle 6.3 angegebene Bedeutung. Das achte Bit, welches in Tabelle 6.2 mit P bezeichnet ist, dient zur Paritätsprüfung (vgl. Aufgabe 5.2), wobei hier im Allgemeinen ungerade Parität verwendet wird. Die Darstellung der Zeichenkette „ASCII" lautet damit z. B.

$$\underbrace{1100\ 0001}_{A}\ \underbrace{1101\ 0011}_{S}\ \underbrace{0100\ 0011}_{C}\ \underbrace{0100\ 1001}_{I}\ \underbrace{0100\ 1001}_{I}$$

Tabelle 6.3: Bedeutung der ASCII-Steuerzeichen.

NULL	null character
SOM	Start of Message
EOA	End of Address
EOM	End of Message
EOT	End of Transmission
WRU	„Who are You" (enquiry)
RU	„Are You ... ? "
BELL	Audible Signal
FE	Format Effector
HT / SK	Horizontal Tabulation / Skip
LF	Line Feed
V / TAB	Vertical Tabulation
FF	Form Feed
CR	Carriage Return
SO	Shift Out
SI	Shift In
$DC_0 - DC_4$	Device Control (DC_0 : Data Link Escape)
ERR	Error
SYNC	Synchronous Idle
LEM	Logical End of Medium
$S_0 - S_7$	Separator Information
ACK	Acknowledgement
UC	Unassigned Control
ESC	Escape
DEL	Delete Idle

Neben dem ASCII-Code ist z. B. der von IBM entwickelte *EBCDIC-Code* (Extended Binary Decimal Interchange Code), der ebenfalls 8 Bit lang ist, in Gebrauch, insbesondere als interner Code bei IBM-Rechnern. Schließlich sei noch darauf hingewiesen, dass fast alle Rechner *mehrere* Characters in *einem* Speicherwort ablegen; diesen Vorgang bezeichnet man auch als „Packen". Dabei ist es dann Aufgabe der Rechnersteuerung, den Inhalt z. B. eines 32 Bit langen Wortes richtig zu interpretieren, etwa als 4 ASCII-Zeichen oder als 32 Bit lange Dualzahl.

6.4.2   Der Unicode

Eines der größten Probleme beim rechnerübergreifenden Datenaustausch mit klassischen Codes wie dem ASCII-Code ist der extrem kleine Zeichenvorrat. Der ASCII-Standard definiert lediglich 128 verschiedene Zeichen (einschließlich der Steuerzeichen). Sonderzeichen, die nicht zum Standardumfang des lateinischen Alphabets gehören, lassen sich zwar mit Hilfe so genannter *Codepages* in weiteren 128 Zeichen codieren (so dass sich insgesamt 256 darstellbare Zeichen ergeben), jedoch sind diese Codepages für jede Sprache anders aufgebaut und nicht kompatibel zueinander. Es ist also beispielsweise nicht möglich, ein ASCII-codiertes Dokument zu erzeugen, welches sowohl deutschen Text (nach ISO 8859-1) als auch Text mit kyrillischen Zeichen (nach

ISO 8859-5) enthält, da sowohl die im Deutschen benötigten Umlaute als auch die kyrillischen Zeichen beide in den erweiterten ASCII-Codebereich fallen und jeweils eine unterschiedliche Codepage verwenden. In anderen Schriftsprachen, die gar keine Verwandtschaft zu den auf lateinischen Buchstaben basierenden Sprachen haben, wie etwa dem Chinesischen, ist es darüber hinaus erforderlich, mit Hilfskonstrukten wie so genannten *Escape-Sequenzen* die jeweiligen Schriftzeichen mit dem begrenzten Zeichenvorrat des ASCII-Codes zu codieren.

Um diese Probleme zu umgehen und eine größere (de facto sogar weltweite) Kompatibilität zu erzielen, wurde der *Unicode* geschaffen. Ziel des Unicode ist es, alle weltweit existierenden und Sinn tragenden Zeichen quasi mit einer Nummer zu versehen und in *einem einzigen* Code zusammenzufassen. Darunter fallen nicht nur die Buchstaben, Symbole und Zeichen aller heute weltweit gebräuchlichen Schriftsprachen, sondern auch Zeichen aus Schriftkulturen, die zum Teil nicht mehr existieren (wie etwa die Ägyptischen Hieroglyphen). Dementsprechend ist der Coderaum des Unicode auch deutlich größer als der des ASCII-Codes: Ursprünglich war eine 16-Bit Codierung vorgesehen („UCS-2"), die bis zu 65.536 Zeichen ermöglicht. Da aber weltweit deutlich mehr Zeichen existieren, wurde der Coderaum um weitere 16 genauso große Bereiche aufgestockt („UCS-4"), so dass sich nun maximal 1.114.112 Zeichen (17×2^{16}) codieren lassen, welche in diesem Zusammenhang *Codepoints* genannt werden. Im aktuellen Unicode-Standard 4.0 sind allerdings lediglich etwa 9% der Codepoints mit Zeichen belegt.

Ein Codepoint ist ein eindeutiger 16-Bit-Wert im Unicode-Coderaum und dient nur zur eindeutigen Identifikation eines Zeichens (z. B. „Lateinisch Groß-A"). Somit macht der Unicode-Standard keine Aussage darüber, wie ein Zeichen graphisch dargestellt werden muss, da er lediglich die Zuordnung zwischen Codepoint und (abstraktem) Zeichen festlegt. Die gebräuchlichste Notation zur Bezeichnung eines Codepoints ist eine hexadezimale Darstellung mit dem Präfix U+, also z.B. U+0041 (hexadezimal 0041 = dezimal 0065 ist die Codierung von „A" = „Lateinisch Groß-A", in Übereinstimmung mit der Codierung des ASCII-Code, vgl. Tabelle 6.2).

Untergliedert wird der Unicode in 2 Byte große Codebereiche (so genannte *Planes*). Zusammen gehörige Zeichen innerhalb dieser Planes werden zu *Blöcken* (z. B. „Basic Latin") zusammengefasst. Zu den wichtigsten Planes gehört die BMP (*Basic Multilingual Plane*). Innerhalb dieser Plane befinden sich die meisten der heute relevanten Zeichen.

Ein besonderer Aspekt des Unicode liegt in seiner Unveränderlichkeit: Es dürfen Zeichen, die einmal in den Code aufgenommen wurden, nicht mehr entfernt oder verändert werden. Dementsprechend langwierig ist das Verfahren, bis ein neues Zeichen in den Code aufgenommen wird. Verantwortlich für die Weiterentwicklung und Pflege des Unicode-Standards ist das 1991 gegründete *Unicode Consortium* (siehe http://www.unicode.org), eine gemeinnützige Organisation, in der Unternehmen wie IBM, Sun Microsystems oder Microsoft vertreten sind. Auch von der *International Standards Organization* (ISO) wurde ein entsprechender Standard (ISO 10646) herausgegeben, welcher im Wesentlichen dem Unicode entspricht und als UCS (Universal Character Set) bezeichnet wird. Ein weiteres, relevantes Merkmal ist, dass der Unicode bidirektionale Schriften unterstützt, also sowohl solche, die von links nach rechts als auch solche, die von rechts nach links gelesen werden.

Zur konkreten Speicherung und Übertragung von Unicode-Zeichen in Texten zwischen unterschiedlichen Rechnern gibt es unterschiedliche Formate: Am gebräuchlichsten sind der UTF-8- und der UTF-16-Standard, daneben gibt es auch den UTF-32-Standard. UTF steht dabei für *Unicode Transformation Format* und bezeichnet ein Codierungsverfahren, mit dem sich die Unicode-Codepoints in dualer Form darstellen lassen. Mit jedem der UTFs lassen sich *alle* Unicode-Zeichen (Codepoints) darstellen. Eine verlustfreie Konvertierung zwischen den UTFs ist daher problemlos möglich. Die Formate unterscheiden sich lediglich hinsichtlich des verwendeten Codierungsverfahrens und des Speicherplatzbedarfs.

UTF-16 ist der älteste Standard und verwendet 2 bzw. 4 Byte zur Codierung eines Zeichens. In 2 Byte sind offensichtlich die Zeichen U+0000 bis U+FFFF unmittelbar darstellbar, da sie lediglich 2 Byte benötigen. Die Darstellung der Zeichen U+10000 bis U+10FFFF erfordert offensichtlich mehr als 2 Byte und wird deshalb in einen 4 Byte-Rahmen gepackt. UTF-16 ist speziell für die oben erwähnte BMP optimiert und ermöglicht es, die 65.535 Zeichen dieser Plane in nur 2 Byte auszudrücken. Somit lassen sich die meisten heute gebräuchlichen Zeichen mit 2 Byte codieren. Ein solches Paar aus 2 Bytes wird dabei als *Code Unit* bezeichnet.

Bei Zeichen, bei denen 2 Byte zur Codierung nicht ausreichen, bei denen also zwei Code Units von je 16 Bit zur Darstellung benötigt werden, muss zum Ausdruck gebracht werden, dass die jetzt verwendeten 4 Byte zusammengehören (um nicht mit zwei in 2 Byte dargestellten Zeichen verwechselt zu werden). Die Codierung erfolgt daher durch Paare spezieller Code Units, die auch als *Surrogate Pairs* bezeichnet werden. Die Kennzeichnung der Zusammengehörigkeit erfolgt mit Hilfe reservierter Bit-Strings, der so genannten *Surrogate* (High- und Low-Surrogate). Durch diese Kennzeichnung geht jedoch ein Teil der insgesamt 4 Byte, die theoretisch zur Codierung des Zeichens zur Verfügung stehen würden, verloren.

Als Beispiel betrachten wir die UTF-16-Codierung des Zeichens U+A42F9 (welches offensichtlich zwischen U+10000 und U+10FFFF liegt). Zur Darstellung hexadezimaler Zahlen bis zur Obergrenze 10FFFF reichen offensichtlich 21 Bit aus, so dass jedes Zeichen des hier betrachteten Bereichs allgemein in der Form

$$00000000\ 000z_1z_2z_3z_4z_5\ x_1x_2x_3x_4x_5x_6y_1y_2\ y_3y_4y_5y_6y_7y_8y_9y_{10}$$

geschrieben werden kann. Als einfacher Bit-String der Länge 32 wird das Zeichen U+A42F9 als

$$00000000\ 00001010\ 01000010\ 11111001$$

geschrieben. Daraus leitet sich die 32-Bit-Codierung unter Verwendung des

$$\text{High-Surrogate} \qquad\qquad 110110Z_1Z_2\ Z_3Z_4x_1x_2x_3x_4x_5x_6$$

mit

$$Z_1Z_2Z_3Z_4 = z_1z_2z_3z_4z_5 - 1$$

(da die Bitfolge $z_1z_2z_3z_4z_5$ den dezimalen Wert 32 nicht überschreitet, kann man durch Verminderung um 1 ein Bit einsparen und erhält dadurch $Z_1Z_2Z_3Z_4$) sowie des

$$\text{Low-Surrogate} \qquad\qquad 110111y_1y_2\ y_3y_4y_5y_6y_7y_8y_9y_{10}$$

ab; wir erhalten nämlich als UTF-16-Codierung von U+A42F9 den folgenden Bit-String:

11011010 01010000 11011110 11111001

Es ist offenkundig, dass der Rechner aus der Surrogat-Codierung den ursprünglichen Bitstring rekonstruieren kann.

UTF-8 ist eines der populärsten Formate und findet vor allem im Internet-Bereich Anwendung. So verfügen heute alle modernen Web-Browser und E-Mail-Clients über entsprechende Funktionen zum Codieren und Dekodieren von UTF-8. Das Besondere an UTF-8 ist die Tatsache, dass die 128 ASCII-Zeichen den ersten 128 UTF-8 Zeichen entsprechen und ebenfalls mit 8 Bit pro Zeichen codiert werden. Somit können auch Anwendungen, die eigentlich nicht Unicode-fähig sind, UTF-8 codierte Dateien lesen und schreiben. Natürlich werden dann Zeichen, die außerhalb des ASCII-Codebereichs liegen, nicht korrekt angezeigt. Diese werden nämlich mit 2 Byte codiert und erscheinen somit in einem nicht Unicode-fähigem Programm als Paar von zwei „kryptischen" Zeichen.

6.5 Übungen

Hinweis: Zu den mit * gekennzeichneten Übungen sind im Internet Lösungen erhältlich.

*6.1 (a) Geben Sie für die folgenden Zahlen jeweils die Vorzeichen-, Einer- und Zweier-Komplement-Darstellung an. Gehen Sie von einer Wortlänge von $n = 16$ aus.
$$+66, -101, -204, +198, -523, -1021$$

   (b) Geben Sie eine vereinfachte Vorschrift zur Berechnung des Zweier-Komplements einer Dualzahl an, mit der das Zweier-Komplement in *einem* Schritt erzeugt wird und nicht mit den zwei Schritten Komplementbildung und Addition von 1. Begründen Sie die Korrektheit ihrer Vorschrift.

   (c) Berechnen Sie im 4-Bit-Zweier-Komplement $4+3$, $-4+3$, $4+5$, $-4+(-5)$ und wandeln Sie das Ergebnis ins Dezimalsystem um.

   (d) Bei Addition positiver Zahlen erkennt man einen Überlauf am Auftreten eines Übertrags an der höchstwertigen Bitposition. Bei Addition im Zweier-Komplement wird dieser Übertrag normalerweise ignoriert. Warum? Woran kann man bei Addition im Zweier-Komplement einen Überlauf erkennen?

6.2 Für die folgenden Binär- bzw. Hexadezimalzahlen gebe man jeweils die entsprechende Dezimaldarstellung an unter der Annahme, dass jede Zahl (a) in Vorzeichen/Betrags-Darstellung bzw. (b) im Zweier-Komplement vorliege:

100001, 111100, 011111, 100000, 111111, 000000
FFFF, FE00, E021, FFFF2A72

6.3 Man gebe die kleinste und die größte im Zweier-Komplement darstellbare ganze Zahl an, falls $n = 8, 16, 32$ Bits zur Verfügung stehen.

6.4 Man stelle die folgenden Zahlen im *Zehner-Komplement* (mit 3 Stellen) dar:

$$5, -1, -123, 99, 256, -345$$

Welche Annahmen sind zur korrekten Interpretation des Ergebnisses notwendig?

6.5 Man führe folgende Operationen im Zweier-Komplement aus; für jede Operation gebe man an, ob ein Übertrag, ein Overflow oder beides auftritt. Zur Kontrolle transformiere man jeweils beide dualen Operanden sowie das Ergebnis ins Dezimalsystem:

$$00110 + 01110 , 10100 + 01111$$
$$10111 + 11110 , 10000 + 10000$$
$$00111 - 00101 , 00001 - 11111$$
$$10011 - 01011 , 11110 - 11111$$

6.6 (a) Wandeln Sie die Zahlen $1, -1, 100, -100, -127$ und -128 unter Verwendung einer festen Wortlänge von 8 Bit ins Einer- und Zweier-Komplement um (falls möglich).

(b) Geben Sie eine vereinfachte Vorschrift zur Berechnung des Zweier-Komplements einer Dualzahl an, mit der das Zweier-Komplement in *einem* Schritt erzeugt wird und nicht mit den zwei Schritten Komplementbildung und Addition von 1. Begründen Sie die Korrektheit Ihrer Vorschrift.

(c) Berechnen Sie im 4-Bit-Zweier-Komplement $4 + 3, -4 + 3, 4 + 5, -4 + (-5)$ und wandeln Sie die Ergebnisse ins Dezimalsystem um.

(d) Bei Addition positiver Zahlen erkennt man einen Überlauf am Auftreten eines Übertrages an der höchstwertigsten Bitposition. Bei Addition im Zweier-Komplement wird dieser Übertrag normalerweise ignoriert (warum?). Woran kann man bei Addition im Zweier-Komplement einen Überlauf erkennen?

6.7 Man konvertiere folgende dualen Gleitkomma-Zahlen ins Dezimalsystem:

$$0,110010 \quad 0,000001$$
$$0,1110001 \quad 0,101$$

6.8 Man konvertiere folgende Dezimalzahlen ins Dualsystem:

$$0,75 \quad 0,8125$$
$$0,4 \quad 0,153827$$

Man beachte, dass unendliche periodische Dualzahlen auftreten können!

6.9 Man normalisiere folgende dualen Gleitkomma-Zahlen relativ zu der jeweils in Klammern angegebenen Basis des Exponenten:

$$\begin{array}{ll}
0,00001\ (2) & 110,01\ (2) \\
1111,0\ (2) & 0,0001101\ (4) \\
101,101\ (8) & 1,0010011\ (8) \\
110,01\ (4) & 0,00000001\ (16)
\end{array}$$

6.10 Ein Computer stelle Gleitkomma-Zahlen wie folgt dar:

$$(\text{Vorzeichen, Mantisse, Exponent}) \quad \text{mit}$$

Vorzeichen (der Mantisse): 1 Bit; Mantisse: 10 Bits (ohne Vorzeichen), Vorzeichen/Betrags-Darstellung, normalisiert; Exponent: 5 Bits, Zweier-Komplement, Basis 8.

Man gebe die interne Darstellung folgender Dezimalzahlen in hexadezimaler Notation an:

$$\begin{array}{ll}
+12,25 & -0,55 \\
-0,001 & 0,0
\end{array}$$

6.11 Unter Verwendung der Konventionen aus Aufgabe 6.10 bestimme man die Dezimal-Darstellung folgender (hexadezimal dargestellten) Zahlen:

$$6012,\ 9A13,\ B00F,\ 0030,\ C40A,\ 47A0$$

6.12 Zur rechnerinternen Repräsentation von Zahlen in der Gleitkomma-Darstellung stehen 16 Bit zur Verfügung, von denen ein Bit für das Vorzeichen, zehn Bit für die Mantisse (d. h. Vorzeichen/Betrags-Darstellung für die Mantisse) und fünf Bit für den Exponenten (im Zweier-Komplement) zur Basis 2 verwendet werden. Ein „hidden bit" wird nicht benutzt.

(a) Stellen Sie $(10)_{10}, (10.5)_{10}, (10.125)_{10}$ und $(10.2)_{10}$ als normalisierte Gleitkomma-Zahlen dar.

(b) Führen Sie die Additionen $7 + 5.25$ und $80 + 0.3125$ in der normalisierten Gleitkomma-Darstellung durch. Konvertieren Sie die Summen ins Dezimalsystem.

(c) Welche positiven ganzen Zahlen sind (unter den gegebenen Voraussetzungen) normalisiert darstellbar?

*6.13 Gegeben sei der folgende Term:

$$(17.34)_{10} + (A63.12)_{16} - (27.65)_8 + (110110.01)_2$$

(a) Berechnen Sie das Ergebnis und stellen Sie es als IEEE Single Gleitkomma-Zahl dar.

(b) Wie groß ist der Fehler, der bei der Ergebnisdarstellung in (a) auftritt? Geben Sie den Fehler in Dezimaldarstellung an.

(c) Wie lässt sich der Fehler verringern? Unter welchen Bedingungen lässt sich ein solcher Fehler nicht nur verringern, sondern ganz vermeiden?

6.14 Man stelle die Zeichenkette „Informatik" dar im

(a) ASCII-Code ohne Parität
(b) ASCII-Code mit gerader Parität
(c) ASCII-Code mit ungerader Parität

und schreibe das Ergebnis jeweils oktal bzw. hexadezimal.

6.15 Unter Verwendung von 16 Bits und Zweier-Komplement stelle man -1 als ganze Zahl und im ASCII-Code dar; man schreibe das Ergebnis hexadezimal.

*6.16 Berechnen Sie die folgende Summe, bei der die Summanden im ASCII-Code angegeben sind.

$$IN - FO + 04$$

Das P-Bit (Parity-Bit) sei nicht gesetzt, sondern immer 0.

6.17 Man konstruiere ein Schaltwerk, das einen Größenvergleich zwischen zwei mit einem Vorzeichen behafteten 4-Bit Operanden X und Y durchführt. Man orientiere seinen Entwurf an der Konstruktion des in Abschnitt 5.3 vorgestellten Parallel-Addierwerks. Das Ergebnis soll im Anschluss an die Operation in einem Status-Register vorliegen, welches je ein Delay für die Fälle $X = Y$ bzw. $X > Y$ enthält.

6.18 Man nehme an, dass drei Operanden in dem in Anschluss an Beispiel 6.19 beschriebenen Format in drei 32-Bit-Registern gespeichert sind. Man gebe ein Schaltnetz zur Floating-Point-Multiplikation an, welches ein *nicht* normalisiertes Zwischenergebnis maximaler Genauigkeit erzeugt.

6.19 (a) Ermitteln Sie, welche Zeichen durch die folgenden Unicode-Codepoints codiert werden: U+0047, U+0075, U+0074, U+0021

(b) Stellen Sie die unter (a) genannten Codepoints in der UTF-16-Codierung dar.

(c) Bestimmen Sie die UTF-16-Codierung von U+1091F.

6.6   Bibliographische Hinweise

Weitere Einzelheiten zu den in diesem Kapitel behandelten Zahlendarstellungen (insbesondere auch zu Komplementdarstellungen aus mathematischer Sicht) entnehme man z. B. Carpinelli (2001). Implementierungen von Multiplizierern behandeln z. B. Spaniol (1976), Swartzlander (1997) oder Zargham (1996). Die Idee der Carry-Save-Multiplikation geht auf Wallace (1964) zurück. Schnelle Algorithmen für die Multiplikation werden von Knuth (1997) behandelt.

Für weitergehende Darstellungen der Gleitkomma-Arithmetik sei auf Hayes (1998), Hamacher et al. (2002), Ercegovac und Lang (2004) sowie Patterson und Hennessy (2005) verwiesen. Hwang (1979) beschreibt die Hardware-Realisierung entsprechender Operationen. Speziell zur Division sei ferner auf Oberman und Flynn (1997a, b) verwiesen; Blum und Wasserman (1996) behandeln Multiplikation und Division im

Hinblick auf den Fehler im ursprünglichen Design des Intel Pentium-Prozessors. Zum Unicode vergleiche man auch Tanenbaum (2006) sowie Aliprand et al. (2004).

Kapitel 7

Programmierbare Logik und VLSI

7.1 Einführung

Wir knüpfen zunächst an die in den Kapiteln 1 und 2 angestellten Überlegungen an: Dort haben wir einerseits (in Form der Darstellungssätze 1.6, 1.10 und 1.15) Methoden kennengelernt, für beliebige Schaltfunktionen Schaltnetze zu entwerfen. Dabei haben wir uns insbesondere für *zweistufige* (SOP- oder POS-) Realisierungen interessiert (wie sie z. B. durch DNF und KNF ermöglicht werden), da diese kurze Signallaufzeiten aufweisen. Außerdem haben wir in Abschnitt 3.1 für disjunktive Darstellungen eine Vereinfachungsstrategie diskutiert, deren Ziel es war, eine gegebene Boolesche Funktion möglichst kostengünstig — und das hieß dort: mit möglichst wenig Und- bzw. Oder-Gattern — zu realisieren. Einen Nachteil dieser Strategie haben wir bisher verschwiegen: Die Bauteile, welche man zur Realisierung einer z. B. Karnaugh-optimierten Funktion benötigt, haben unterschiedliche Formate. Beispielsweise hat ein Inverter einen Ein- und einen Ausgang, ein Und- oder ein Oder-Gatter aber schon zwei Eingänge und einen Ausgang; häufig haben wir auch Gatter mit mehr als zwei Eingängen verwendet (vgl. z. B. die Carry-Bypass-Schaltung in Abschnitt 2.5). Gerade dies ist jedoch problematisch, wenn man eine solche Schaltung in moderner Halbleitertechnik realisieren will, denn die heute möglichen Packungsdichten (von mehr als 10^5 Bauelementen auf einem quadratischen Chip der Kantenlänge 4 mm) erfordern einen weitgehend automatisierten Herstellungsprozess, welcher durch den Wunsch, viele *unterschiedlich* formatierte Gatter auf einem Chip unterzubringen, deutlich erschwert wird. Darüberhinaus ist auch schon das Design solcher *VLSI-Chips* eine schwierige graphentheoretische Aufgabe, die eine Reihe von Nebenbedingungen zu berücksichtigen hat. Grundsätzlich hat man diese Probleme zwar heute im Griff; wie wir zu Beginn von Abschnitt 2.1 bereits erwähnten, ist man heute in der Lage, irgendeinen „special purpose"-Chip kurzfristig herzustellen, aber die Situation bleibt unbefriedigend.

Man kennt andererseits insbesondere aus der Schaltkreistheorie auch andere Optimierungsprinzipien, wie z. B. das folgende: Man entwerfe Schaltungen, welche primär mit *möglichst wenig Gattertypen* auskommen (und sekundär auch noch möglichst

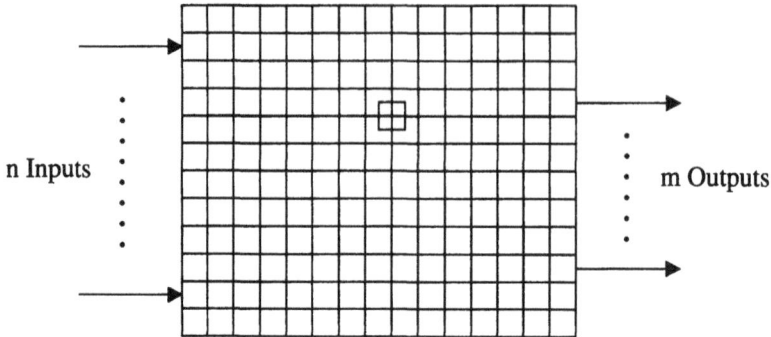

Abbildung 7.1: Prinzipaufbau eines PLAs.

wenig Gatter verwenden). Man darf dann natürlich nicht mehr erwarten, mit zweistufigen Schaltungen alle Probleme lösen zu können. Wie aus Satz 1.17 folgt, sind im
Prinzip alle Booleschen und damit auch alle Schaltfunktionen allein mit Nand- oder
mit Nor-Gattern realisierbar, aber der Beweis dieses Satzes zeigt, dass z. B. ein Oder-
Gatter nur durch drei Nand-Gatter ersetzbar ist, was bereits andeutet, dass es für
solche universelle Modulen keine „kurzen", übersichtlichen Normalformen gibt. (Die
absolute Minimierung der Gatter-Zahl ohne Rücksicht auf die Stufenzahl ist Gegen-
stand der Theorie der Schaltkreiskomplexität, vgl. die bibliographischen Hinweise zu
Kapitel 1.)

In diesem Kapitel werden wir eine neue Technik studieren, welche auf folgender
Idee beruht: Man entwerfe für verschiedene Schaltfunktionen einen universell verwendbaren *Einheitsbaustein* mit möglichst homogener Netzstruktur, der für *unterschiedliche* Anwendungen eingesetzt werden kann (vergleichbar einem Stück Holz,
aus welchem verschiedenartigste Figuren durch Schnitzen gefertigt werden können).
Naturgemäß wird ein solcher Baustein etwas aufwendiger sein als eine Schaltung, welche nur im Hinblick auf *eine* Anwendung entworfen wird, dafür darf man andererseits
einen übersichtlichen Aufbau sowie eine hohe Wartungsfreundlichkeit erwarten, was
insbesondere für die Herstellung, das Testen und den Betrieb eines solchen Bausteins
von großer Bedeutung ist. Bereits in Abschnitt 2.2 haben wir mit dem Multiplexer
MUX einen Baustein kennen gelernt, welcher universell alle n-stelligen Booleschen
Funktionen realisieren kann. Dabei kam es im Wesentlichen auf die geometrisch richtige Verschaltungsreihenfolge von vier verschiedenen Daten (0, 1, x_n und $\bar{x}_n$) auf die
2^{n-1} Inputs des MUX an.

7.2   Aufbau eines PLAs

Der heute tatsächlich verwendete Typ eines Einheitsbausteins ist das *Programmierbare Logische Feld* (engl. Programmable Logic Array, kurz *PLA*), welches prinzipiell
den in Abbildung 7.1 gezeigten Aufbau hat. Intern ist ein PLA gitterförmig verdrahtet, wobei jeder Kreuzungspunkt von zwei Drähten der Mittelpunkt eines einheitlich
formatierten Bausteins ist. Ein solches „Kästchen" ist in Abbildung 7.1 eingezeichnet;
in einer Ausschnittsvergrößerung sieht dieses wie in Abbildung 7.2 gezeigt aus.

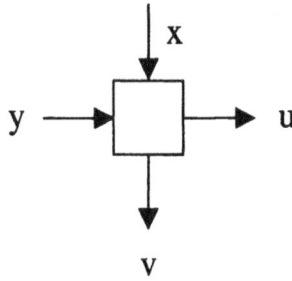

Abbildung 7.2: „Gitterpunkt" eines PLAs.

Identer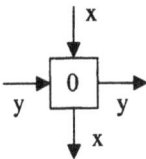

Addierer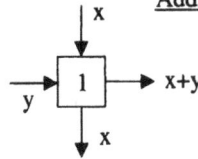

Multiplizierer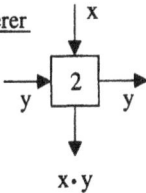

Negat-Multiplizierer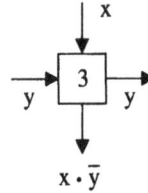

Abbildung 7.3: Bausteintypen eines PLAs.

Wir wollen die Wirkungsweise eines PLAs an vier verschiedenen Typen solcher „Gitterpunkte" demonstrieren; es wird sich zeigen, dass diese ausreichen. Wir bezeichnen die Typen mit 0, 1, 2, 3 mit der in Abbildung 7.3 gezeigten Bedeutung. Mindestens einer der beiden Inputs wird an einen Ausgang unverändert weitergegeben, beim Identer sogar beide. Der Addierer liefert am „rechten" Ausgang die Summe (im Sinne von „Oder") seiner Inputs, die Multiplizierer am „unteren" Ausgang $x \cdot y$ bzw. $x \cdot \overline{y}$. Angemerkt sei, dass diese Bausteine auch leicht durch Gatter beschreibbar sind (vgl. Abbildung 7.4). Statt der in Abbildung 7.4 angegebenen Darstellungen verwenden wir jedoch jetzt nur noch Kästchen der in Abbildung 7.3 gezeigten Art, wobei wir durch eine Beschriftung jeweils angeben, um welchen Typ es sich handelt. Legen wir nun ein Format für ein aus diesen Bausteinen bestehendes Feld fest, so lassen sich damit sofort Schaltungen für eine Vielzahl von Funktionen angeben:

Beispiel 7.1 Wir wählen $n = 5$ Inputs an der linken Seite, $m = 5$ Outputs an der rechten Seite und $k = 4$ Spalten. Ein entsprechendes PLA sieht dann wie in Abbildung 7.5 gezeigt aus (die oberen Inputs und die unteren Outputs werden mit der Außenwelt nicht verbunden).

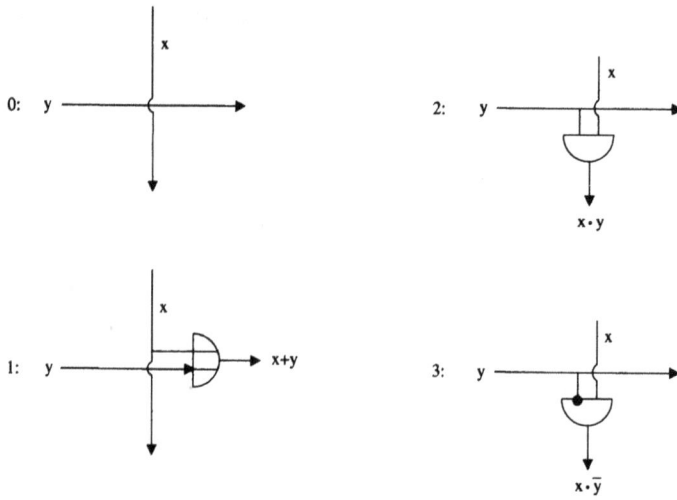

Abbildung 7.4: Realisierung der Bausteintypen eines PLAs.

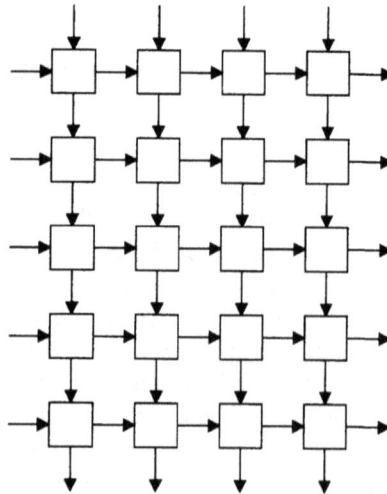

Abbildung 7.5: PLA-Schema zu Beispiel 7.1.

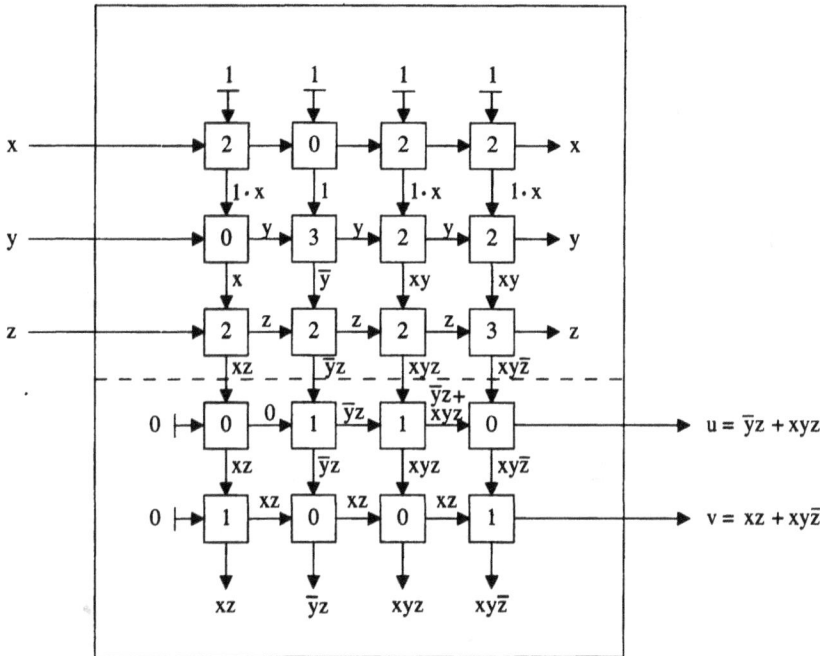

Abbildung 7.6: Interne Realisierung des PLA zu Beispiel 7.1.

Mit diesem PLA soll nun die Schaltfunktion

$$F : B^3 \to B^2, \text{ definiert durch}$$

$$F(x, y, z) := (\underbrace{\overline{y}z + xyz}_{u}, \underbrace{xz + xy\overline{z}}_{v})$$

realisiert werden. Dies bewerkstelligen wir wie folgt: Da nur drei der fünf vorhandenen Eingänge benötigt werden, „sperren" wir o. B. d. A. die unteren beiden durch Anlegen von Null. Wir „neutralisieren" die oberen Inputs der ersten Feld-Zeile durch Anlegen von Eins; von den Ausgängen brauchen wir in diesem Beispiel nur zwei. Da das Feld genau vier Spalten besitzt, können wir diese zur Erzeugung der vier Produktterme verwenden, welche wir für das Ergebnis benötigen; diese sind dann noch geeignet zu summieren und an die Ausgänge weiter zu leiten. Die eigentliche „Verschaltung" geschieht nun durch Eintragung von 0, 1, 2 oder 3 in die Kästchen des Feldes. Die Eintragung gibt dann jeweils an, um welchen Baustein-Typ es sich handelt. Der Leser möge verifizieren, dass die in Abbildung 7.6 gezeigte Realisierung obige Funktion F berechnet.

Nun ist unmittelbar klar, was das erwähnte „Sperren" mit 0 bzw. 1 bedeutet: Liegt am oberen Eingang eines Bausteins vom Typ 2 eine 1 an, so erscheint an *beiden* Ausgängen das links anliegende Eingangssignal; ist der Baustein vom Typ 3, erscheint am unteren Ausgang das Komplement des links anliegenden Inputs. Entsprechend bewirkt eine 0 am linken Eingang eines Bausteins vom Typ 1 ein „Auffächern" des oberen Inputs auf beide Outputs.   □

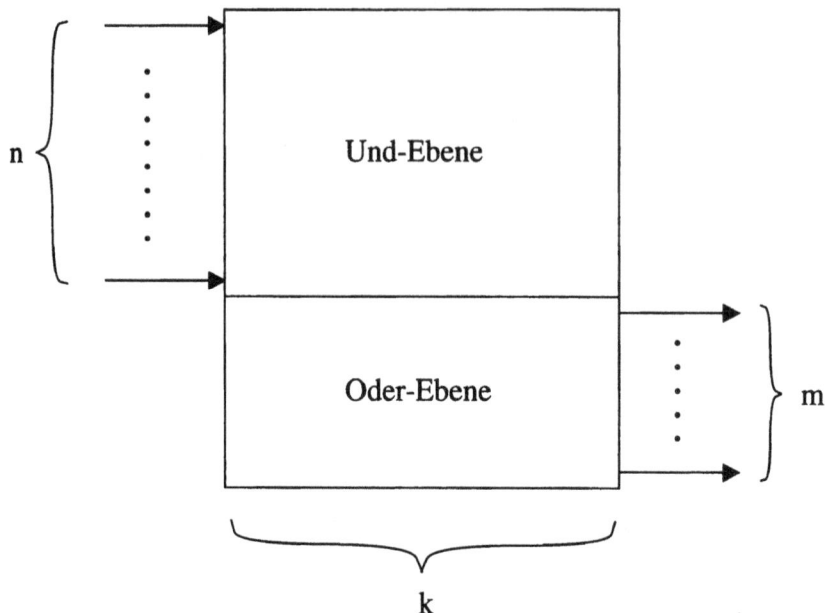

Abbildung 7.7: Logischer Aufbau eines PLAs.

Für die Funktion aus Beispiel 7.1 lässt die in Abbildung 7.6 angegebene Realisierung durch ein PLA eine typische Systematik erkennen: Oberhalb der gestrichelten Linie werden nur Bausteine der Typen 0, 2 oder 3 verwendet, darunter nur die Typen 0 oder 1. Ferner liegen die Inputs oberhalb dieser Linie an, die Outputs verlassen das Array darunter. Dies entspricht der generell verwendeten Trennung eines PLA in eine so genannte *Und-Ebene* (bestehend aus Identern und Multiplizierern) und eine *Oder-Ebene* (bestehend aus Identern und Addierern), so dass ein PLA grundsätzlich den in Abbildung 7.7 gezeigten logischen Aufbau hat. Wie aus Beispiel 7.1 hervorgeht, dient die Und-Ebene zur Erzeugung aller benötigten Produkt-Terme, die Oder-Ebene zur Erzeugung der entsprechenden Summen dieser Implikanten.

Formal verstehen wir unter einem PLA eine $(n + m) \times k$-Matrix, in welcher nur die Eintragungen 0, 1, 2 oder 3 nach dem beschriebenen Schema vorkommen. Dabei vereinbaren wir (vgl. Beispiel 6.1), dass in die Bausteine der obersten Zeile „von oben" Einsen gespeist werden, in die Bausteine der ersten Spalte „von links her" aber Nullen — sofern es sich hier um Mitglieder der Oder-Ebene handelt, d. h. nicht um Inputs. Wir werden von dieser Darstellungsform im Folgenden verschiedentlich Gebrauch machen.

Beispiel 7.1 (Fortsetzung): Das in Abbildung 7.6 angegebene PLA lässt sich kurz durch folgende Matrix beschreiben:

$$
\begin{array}{|cccc|}
\hline
2 & 0 & 2 & 2 \\
0 & 3 & 2 & 2 \\
2 & 2 & 2 & 3 \\
\hline
0 & 1 & 1 & 0 \\
1 & 0 & 0 & 1 \\
\hline
\end{array}
$$

□

Dieser *normierte* Aufbau eines PLAs durch Trennung in Und- und Oder-Ebene bewirkt also einen Aufbau jeweils eines Produktes des Ergebnisses in einer eigenen Spalte und die Bildung der Summen schließlich in einer eigenen Zeile. Zur Realisierung einer beliebigen Schaltfunktion $F : B^r \to B^s$ benötigt man damit ein PLA mit (mindestens) r Zeilen in der Und-, s Zeilen in der Oder-Ebene. Ist F in disjunktiver Form gegeben und kommen in den einzelnen Summen insgesamt t verschiedene Produkt-Terme vor, muss das PLA (mindestens) t Spalten haben. Ist F speziell eine Boolesche Funktion, d. h. $s = 1$, so braucht die Oder-Ebene nur aus einer Zeile zu bestehen.

Zur Historie: Ein Beispiel für ein typisches PLA, welches in den USA in der zweiten Hälfte der 70er Jahre häufig verwendet wurde, war der Typ DM 7575 der Firma National Semiconductor. Dieses hatte 14 Inputs, 8 Outputs und 96 Spalten, d. h. es bestand aus einer Und-Ebene der Größe $14 \times 96 = 1344$, einer Oder-Ebene der Größe $8 \times 96 = 768$ und damit aus insgesamt 2112 Bausteinen. Mit diesem PLA ließen sich also theoretisch $(2^8)^{2^{14}} = 2^{131072}$ Schaltfunktionen der Form $F : B^{14} \to B^8$ realisieren. *Eine* vierzehn-stellige Boolesche Funktion kann aber bis zu 16384 Minterme besitzen, und nur 96 von ihnen waren in den Spalten des DM 7575 gleichzeitig generierbar. (Diese und die folgende Überlegung betrifft offensichtlich nur solche Schaltfunktionen, welche in einer Minterm-Darstellung vorliegen.) Dies bedeutete scheinbar eine starke Einschränkung; andererseits waren auf diese Weise immer noch $(2^8)^{96} = 2^{768}$ Funktionen schaltbar, und man konnte dadurch eine Fülle von Anwendungen abdecken.

Wir fassen die bisherigen Überlegungen zusammen:

Satz 7.1 *(PLA-Satz)* Durch geeignete Eintragung in die PLA-Matrix kann *jede* Schaltfunktion der gewünschten Dimensionierung realisiert werden.

Beispiel 7.1 zeigt exemplarisch, was dabei mit „Eintragungen in die PLA-Matrix" gemeint ist. In Bezug auf das DM 7575-PLA bedeutet dieser Satz: Alle Schaltfunktionen mit bis zu 14 Inputs, bis zu 8 Outputs, welche gegebenenfalls nach geeigneter Minimierung durch eine disjunktive Form mit maximal 96 Implikanten darstellbar sind, lassen sich durch entsprechende „Programmierung" dieses PLA realisieren. Wie diese Programmierung tatsächlich erfolgen kann, werden wir weiter unten erläutern.

Wir bemerken noch, dass eine Optimierung der gegebenen Schaltfunktion z. B. nach Karnaugh oder Quine-McCluskey in vielen Fällen nicht erforderlich ist:

Beispiel 7.1 (Fortsetzung): Für $u = \overline{y}z + xyz$ und $v = xz + xy\overline{z}$ gilt offensichtlich:

$$
\begin{aligned}
u &= (x + \overline{x})\overline{y}z + xyz = x\overline{y}z + \overline{x}\,\overline{y}z + xyz \\
v &= x(y + \overline{y})z + xy\overline{z} = xyz + x\overline{y}z + xy\overline{z}
\end{aligned}
$$

Schon die Mintermdarstellung enthält also — wie die optimierte Darstellung — nur vier verschiedene Produktterme, welche sich in den vier Spalten des oben angegebenen PLA wie folgt realisieren lassen:

$$
\begin{array}{|cccc|}
\hline
2 & 2 & 2 & 3 \\
2 & 2 & 3 & 3 \\
2 & 3 & 2 & 2 \\
\hline
1 & 0 & 1 & 1 \\
\hline
1 & 1 & 1 & 0 \\
\hline
\end{array}
$$

Die erste Spalte realisiert dabei xyz, die zweite $xy\bar{z}$, die dritte $x\bar{y}z$, die vierte $\overline{xy}z$. □

Allgemein ist also eine Optimierung z. B. einer disjunktiven Normalform nicht erforderlich, solange die Anzahl der verschiedenen Summanden die Dimensionierung des PLA (genauer: die Anzahl seiner Spalten) nicht übersteigt. Es können ferner kleine Änderungen einer Schaltfunktion in der Mintermdarstellung leichter berücksichtigt werden. Deshalb ist für eine PLA-Realisierung eine (nicht-optimierte) Mintermdarstellung im Allgemeinen sogar vorzuziehen.

7.3   Programmierung von PLAs

Wie können nun die Eintragungen in eine PLA-Matrix für eine konkret gegebene Schaltfunktion vorgenommen werden? Anscheinend bieten sich zwei Möglichkeiten an: Einerseits lässt sich eine spezielle Eintragung *hardwaremäßig* durch eine geeignete Ätz-Maske erzeugen, welche drei verschiedene Ätz-Muster (entsprechend den Baustein-Typen 1, 2 und 3) ermöglicht („Hardware-Knipszange"). Die regelmäßige Geometrie eines PLAs erleichtert ein präzises Arbeiten dieser Art erheblich. Andererseits ist ein PLA dann nur noch für eine bestimmte Anwendung einsetzbar, denn physikalische Veränderungen wie Ätzungen können nicht mehr — oder nur mit großen Schwierigkeiten — rückgängig gemacht werden.

Eine andere, wesentlich flexiblere Programmierung eines PLAs besteht darin, die Eintragungen *softwaremäßig* vorzunehmen. Wir erläutern dieses Prinzip zunächst für einen einzelnen Baustein: Da wir oben vier verschiedene Typen benutzt haben, und da sich die Zahlen 0, 1, 2 und 3 durch zweistellige Dualzahlen darstellen lassen, versehen wir jeden Baustein der oben genannten Art noch mit zwei programmierenden *Zuleitungen*, über welche dann eingegeben oder *programmiert* werden kann, wie sich der Baustein verhalten soll. Ein Baustein bekommt damit das in Abbildung 7.8 angegebene Aussehen: x und y sind wie bisher die Datenleitungen, s und t Zuleitungen, die angeben, nach welcher Vorschrift u und v in Abhängigkeit von x und y zu bilden sind. Wir beschreiben das Verhalten dieses Bausteins in Tabelle 7.1. Daraus liest man sofort ab:

$$
\begin{aligned}
u &= y + \bar{s}tx, \\
v &= \bar{s}x + sx(t \leftrightarrow y).
\end{aligned}
$$

Eine Schaltung für diesen programmierbaren Baustein könnten wir mit den uns bekannten Methoden leicht angeben. Versehen wir nun in einem PLA der Größe $M =$

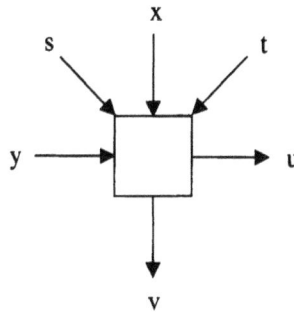

Abbildung 7.8: PLA-Baustein mit Zuleitungen.

Tabelle 7.1: Funktionale Beschreibung der Zuleitungen für ein PLA.

Baustein-Typ	s	t	v	u
0	0	0	x	y
1	0	1	x	$x+y$
2	1	0	$x \cdot y$	y
3	1	1	$x \cdot \overline{y}$	y

$(n + m) \times k$ die M Bausteine mit je zwei Zuleitungen, so kann offensichtlich jeder „Gitterpunkt" des PLAs durch entsprechende Ansteuerung zu einem bestimmten Verhalten veranlaßt werden. Die dazu benötigten $2M$ binären Informationen können dabei etwa in einem so genannten *Festwertspeicher* (engl. Read-Only-Memory, kurz ROM) abgelegt sein. Ein solcher Speicher ist dadurch gekennzeichnet, dass der in ihm einmal (z. B. durch Ätzen) abgelegte Inhalt nicht mehr veränderbar ist, also nicht mehr durch einen neuen Inhalt überschrieben werden kann. Ein ROM kann damit zur Programmierung eines PLAs verwendet werden, und durch Austausch des ROM lässt sich das PLA leicht umprogrammieren, d. h. dazu veranlassen, eine neue Schaltfunktion zu realisieren. Dadurch wird ein PLA also zu einem universell verwendbaren, „multi-purpose"-Baustein, wobei lediglich als gewisser Nachteil in Kauf zu nehmen ist, dass ein PLA-Programm, d. h. eine Bit-Folge der Länge $2M$, im Allgemeinen recht lang ist. Für den oben beschriebenen DM 7575-Baustein müßte ein entsprechendes ROM bereits $2 \cdot 2112 = 4224$ Bits speichern können. Mit der Kurzbeschreibung „1K" für $1024 = 2^{10}$ Bits benötigt man hier also ein ROM mit mehr als 4 K Bits Speicherkapazität. Dies kann heute jedoch nicht mehr als „Nachteil" angesehen werden, da die Preise für derartige Speicher derzeit jährlich um etwa 30% fallen.

Wir erwähnen noch eine andere, in der Literatur sehr häufig anzutreffende Darstellung der PLAs: Die strenge Trennung eines PLAs in Und- und Oder-Teil hat, wie oben erwähnt, zur Folge, dass man sich im Und-Teil auf die Baustein-Typen 0, 2 und 3, im Oder-Teil auf 0 und 1 beschränken kann. Im Und-Teil ist darüber hinaus Baustein 3 entbehrlich, wenn man die Anzahl der Inputs auf $2n$ verdoppelt und dann für jede Variable zusätzlich ihr Komplement in das Array hineinführt. In beiden Teilen des PLAs kommt man dann mit 2 Baustein-Typen aus (0/2 bzw. 0/1), von denen

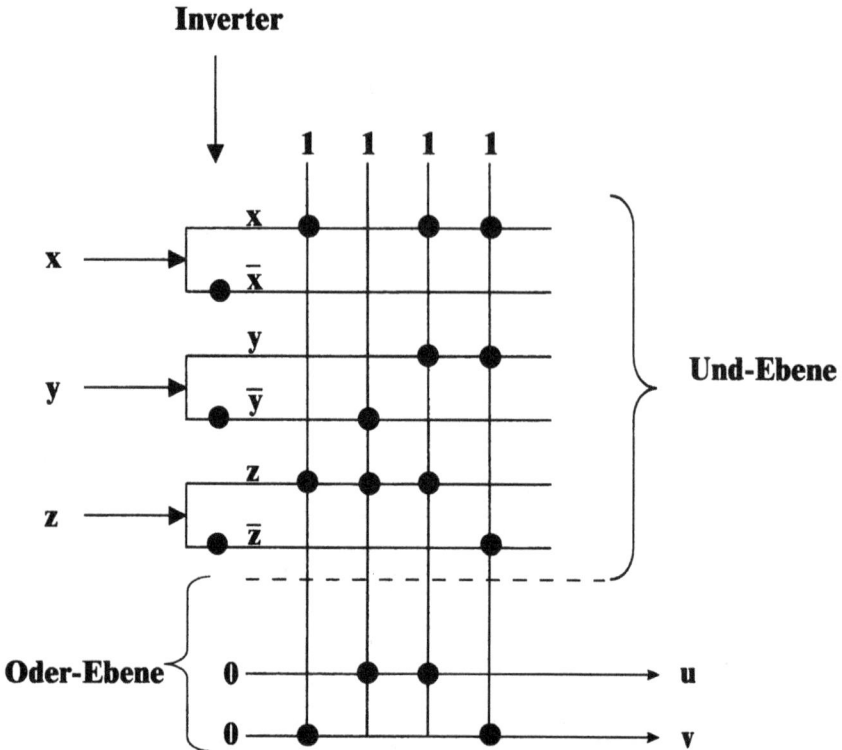

Abbildung 7.9: Alternative Darstellung des PLAs zu Beispiel 7.1.

dann in einem Gitter von Leitungen der von 0 verschiedene Typ durch einen Punkt gekennzeichnet wird. Wir nennen eine Darstellung von diesem Typ punkt-orientiert.

Beispiel 7.1 (Fortsetzung): Das in Abbildung 7.6 angegebene PLA erhält mit dieser Konvention das in Abbildung 7.9 gezeigte Aussehen. (Die Punkte in den Input-Verzweigungen bedeuten Inverter — im Gegensatz zu den Punkten im Inneren des PLAs.)   □

Abbildung 7.9 illustriert ein interessantes Problem von PLAs: Die Universalität dieses Einheitsbausteins wird mit einer gewissen Redundanz erkauft. Speziell sind im Innern des in Abbildung 7.9 gezeigten PLAs in der Und-Ebene von 24 Gitterpunkten nur 10 „besetzt"; in einer Chip-Realisierung würden nur an diesen 10 Stellen tatsächlich Schaltelemente angebracht.

Es gibt verschiedene Möglichkeiten, den Entwurf (Design) eines PLA für eine gegebene Schaltfunktion weiter zu optimieren. Einerseits können die aus Kapitel 3 bekannten Minimierungsverfahren dazu verwendet werden, die Anzahl der Spalten (also der Produktterme) zu reduzieren. Andererseits kann man durch eine so genannte *Faltung* die Anzahl der Zeilen der Und-Ebene verringern, wenn man Inputs findet, welche unterschiedliche Vertikal-Leitungen benötigen und dabei paarweise von links

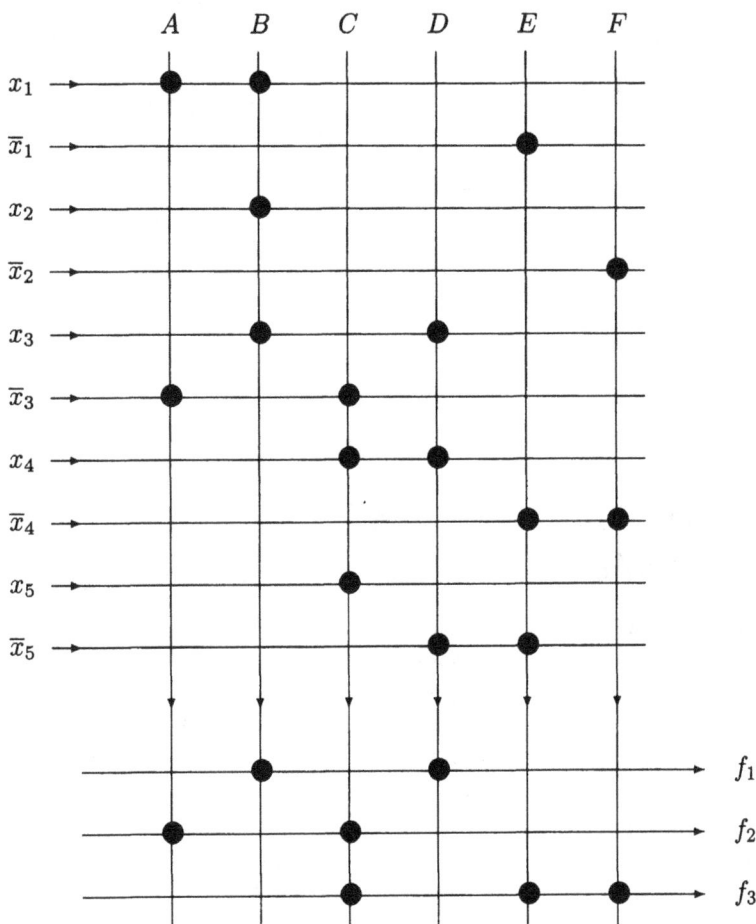

Abbildung 7.10: PLA für eine Funktion $F : B^5 \to B^3$.

bzw. von rechts her nicht kollidieren. So benutzt in dem in Abbildung 7.10 gezeigten Beispiel der Input x_1 die Drähte A und B, x_4 die sämtlich rechts davon liegenden Drähte C und D; ferner benutzt $\overline{x}_4$ die Leitungen E und F, x_5 den links von ihnen liegenden Draht C. Durch „Zusammenfächern" kann man hier Zeilen einsparen und überdies versuchen, durch kluge Anordnung der Vertikal-Leitungen dieses Verfahren zu optimieren. Bei großen Schaltungen kann der Rechenaufwand in der Entwurfsphase allerdings sehr groß werden, und dem Verfahren fehlt eine durchschlagende Akzeptanz, da offensichtlich durch diese Faltung nur eine Einsparung von höchstens 50% der Fläche der Und-Ebene möglich ist.

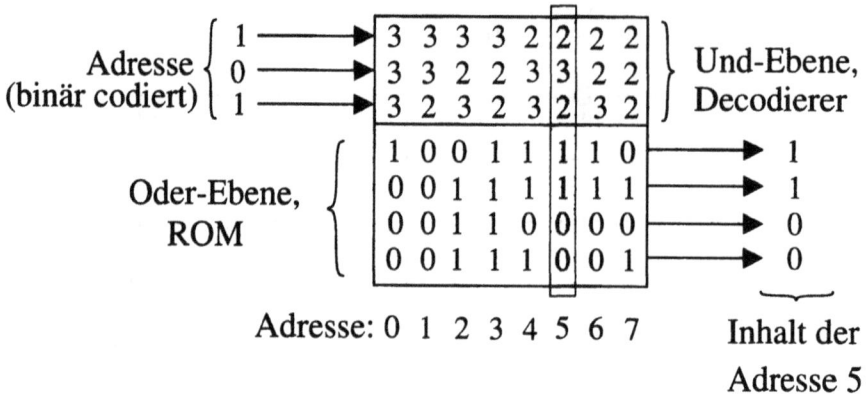

Abbildung 7.11: Beispiel eines Read-Only Memory (ROM).

7.4 Anwendungen von PLAs: ROMs und Mikroprogrammierung

Wir kommen nun auf einige *Anwendungen* der PLAs zu sprechen: Wichtig ist zunächst das bereits erwähnte ROM. Betrachten wir einen solchen Festwertspeicher für 2^n Worte der Länge m. Dieser kann aufgefasst werden als eine $m \times 2^n$-Matrix, deren Spalten den Adressen von 0 bis $2^n - 1$ entsprechen. Will man den Inhalt einer Adresse lesen, so kann man wie folgt verfahren: Man fasse das ROM als Oder-Ebene eines PLAs auf und erweitere diese durch Hinzunahme einer Und-Ebene der Dimensionierung $n \times 2^n$ zu einem PLA der Größe $(n + m) \times 2^n$, also mit n Inputs und m Outputs. (Diese Und-Ebene bezeichnet man häufig als *Adressdecodierer*.) Den Inhalt des ROM fasse man (zunächst) als Programmierung der Oder-Ebene des PLA auf, die Und-Ebene programmiere man (durch 2 und 3) so, dass in jeder Spalte genau der Minterm erzeugt wird, welcher diese Spalte dual codiert. Man beachte, dass dies genau die Technik des in Kapitel 2 behandelten Decoders ist. Gibt man dann eine ROM-Adresse i in Dualdarstellung ein, so wird nur in der i-ten Spalte eine Eins an den Oder-Teil übergeben, so dass der unter dieser Adresse stehende Wert ausgegeben wird.

Beispiel 7.2 Für $n = 3, m = 4$, sieht eine vollständige Lösung wie in Abbildung 7.11 angegeben aus, wobei der ROM-Inhalt zufällig gewählt ist. Wählt man z. B. über die Inputs die Adresse 5 an durch Eingabe von 101, so wird in der fünften Spalte der Und-Ebene (und nur in dieser) eine Eins erzeugt und in den unteren Teil weitergegeben; der genaue Ablauf ist wie in Abbildung 7.12 gezeigt. Völlig analog ist der weitere Ablauf in der Oder-Ebene; der Leser mache sich klar, wieso schließlich genau der Inhalt 1100 der Adresse 5 an den Ausgängen erscheint. □

Aus logischer Sicht ist ein ROM damit ein spezielles PLA, welches sogar mit nur *einer* Zuleitung pro Gitterpunkt auskommt, da in seiner Und-Ebene keine 0-Eintragungen vorkommen können (vgl. Abbildung 7.13. Für die praktische Verwendung eines PLA als ROM in der gerade beschriebenen Weise darf man erwarten, dass Ein- und Ausgänge der in Abbildung 7.13 gezeigten Schaltung jeweils mit einem Register versehen sind (wir werden diese Register im Zusammenhang mit dem

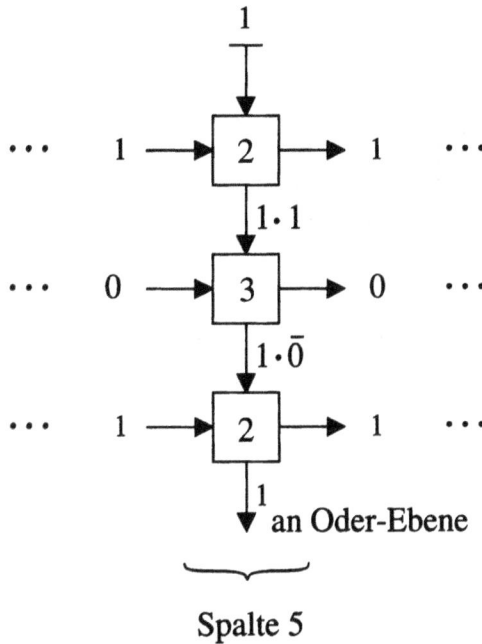

Abbildung 7.12: Auswahl einer Adresse (hier: 5) in einem ROM.

von Neumann-Rechnerkonzept auch als *Memory Address Register* für die Eingänge
bzw. als *Memory Buffer Register* für die Ausgänge bezeichnen; man vergleiche hierzu
Kapitel 8).

Eine weitere wichtige Anwendung der PLAs ist das von M. V. Wilkes schon 1951
vorgeschlagene Konzept der *Mikroprogrammierung*, auf welches wir jetzt zu sprechen
kommen. Wir knüpfen dazu an Kapitel 5 an, in welchem wir Schaltungen mit Spei-
cherelementen (Delays) kennen gelernt haben. Nicht nur Schaltnetze, sondern auch
Schaltwerke können ein PLA in einfacher Weise benutzen, wenn man wenigstens einen
Teil der Outputs über Delays wieder zu den Inputs zurückführt. Damit lässt sich
dann auch ein (beliebiges) Schaltwerk durch ein um Delays erweitertes PLA realisieren, prinzipiell wie in Abbildung 7.14 gezeigt. s der insgesamt $s + t$ Outputs werden
über s Delays, d. h. ein s-stelliges Register, an s der $r + s$ Inputs zurück geleitet. Die
übrigen t Outputs können als Steuerleitungen verwendet werden, welche Vorgänge an-
derwärts im Rechner anstoßen, die gemäß der momentanen Situation dort ausgelöst
werden müssen. Alle überhaupt vorkommenden Delays sind also an einer Stelle der
Schaltung übersichtlich untergebracht. Formal lässt sich dieses Schaltwerk wie in Kapitel 5 durch einen endlichen Automaten $A = (Q, \Sigma, \Delta, q_0, F, \delta)$ beschreiben, dessen
Übergangsfunktion

$$\delta : Q \times (\Sigma \cup \{\epsilon\}) \to Q \times (\Delta \cup \{\epsilon\})$$

nun die spezielle Form

$$\delta : B^s \times (B^r \cup \{\epsilon\}) \to B^s \times (B^t \cup \{\epsilon\})$$

ROM

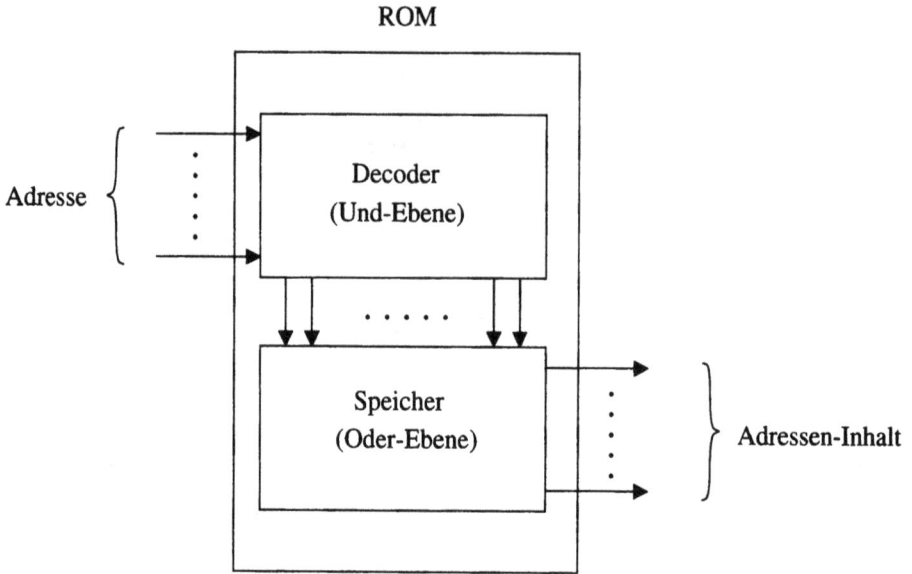

Abbildung 7.13: Anwendung eines PLA als ROM.

PLA

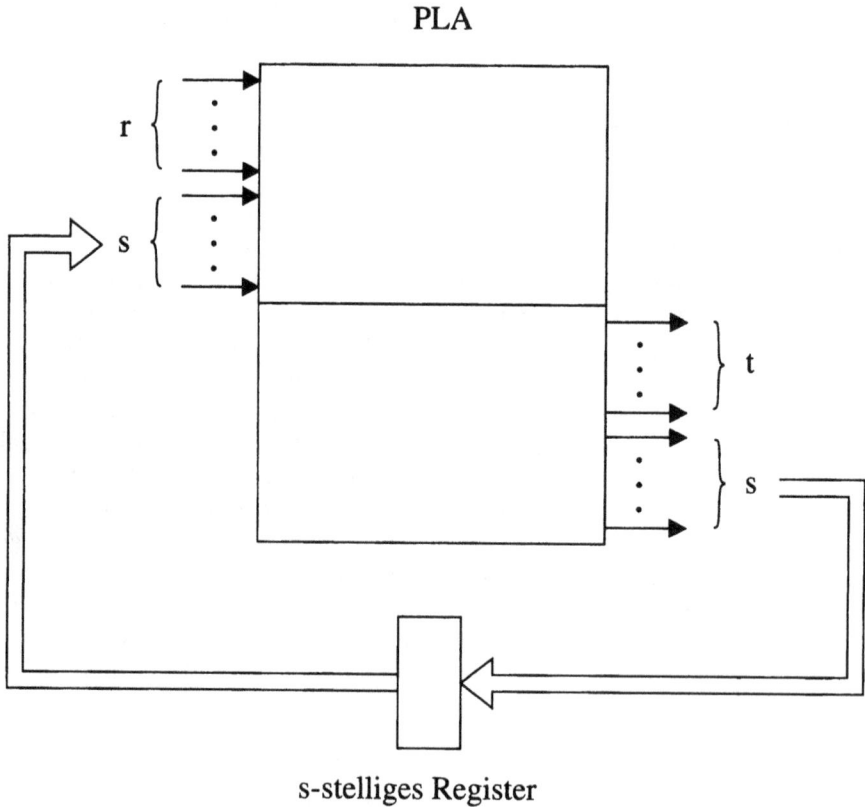

s-stelliges Register

Abbildung 7.14: Realisierung eines Schaltwerks durch ein PLA.

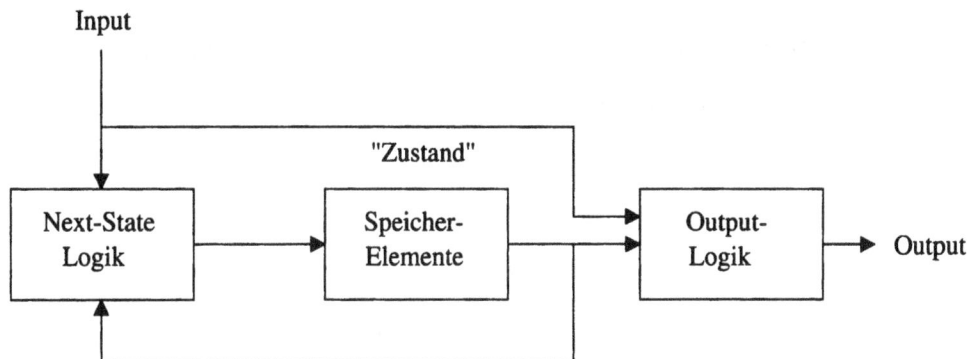

Abbildung 7.15: Prinzip eines sequentiellen Rechners.

annimmt. Die Berechnung des Folgezustands eines aktuellen Zustands erfolgt dabei durch die so genannte *Next-State-Logik*, die Berechnung des Outputs durch die *Output-Logik*. Dieses Vorgehen wird durch das in Abbildung 7.15 gezeigte „Prinzip-Schaltbild" des (klassischen) sequentiellen Rechners wiedergegeben.

Man beachte, dass unser Vorgehen so allgemein ist, dass auch umgekehrt *jeder beliebige* endliche Automat mit Ausgabe auf diese Weise realisiert werden kann. Damit ist gezeigt, dass der *abstrakte* Begriff des endlichen Automaten ein entscheidendes Hilfsmittel für das Verstehen der Arbeitsweise eines *konkreten* Rechners ist.

Beispiel 7.3 Realisierung eines dreistelligen Ringzählers im Gray-Code: $s = 3$ Outputs sind über ein dreistelliges Register an 3 Inputs rückzukoppeln; außerdem sei x ein weiterer (binärer) Input (d. h. $r = 1$), welcher etwa einen gewissen „Außenwelt"- Zustand angebe, und zwei weitere Outputs ($t = 2$) seien gemäß Tabelle 7.2 zu erzeugen. Daraus ist (z. B. nach Karnaugh) abzuleiten:

$$
\begin{aligned}
y_2 &= c_0 \\
y_1 &= x c_1 \bar{c}_2 + \bar{c}_0 c_1 \bar{c}_2 + c_0 \bar{c}_1 c_2 \\
C_2 &= \bar{c}_0 c_1 + c_0 c_2 \\
C_1 &= \bar{c}_0 c_1 + c_0 \bar{c}_2 \\
C_0 &= \bar{c}_1 \bar{c}_2 + c_1 c_2
\end{aligned}
$$

Damit erhalten wir eine PLA-Realisierung (als Schaltwerk) in Matrix-Form wie in Abbildung 7.16 gezeigt. □

Es ist nun unmittelbar einzusehen, dass auch kompliziertere Schaltwerke wie z. B. das Von-Neumann-Addierwerk und also generell die entscheidenden Grundbausteine eines getakteten Rechners durch PLAs (gegebenenfalls mit Delays) realisierbar sind, wobei Next-State- *und* Output-Logik in *ein* PLA eingebaut werden können. PLAs mit Delays heißen auch „integrierte PLAs"; ein solches PLA, welches z. B. von der Firma HP in den 70er Jahren für die Verwendung in kleineren Taschenrechnern hergestellt wurde, bestand aus 8 Delays, 16 Ein- und 30 Ausgängen sowie 72 Spalten (d. h. $r = 16, s = 8, t = 30, n = 16 + 8 = 24, m = 30 + 8 = 38, k = 72$).

Tabelle 7.2: Funktionstafel des Ringzählers aus Beispiel 7.3.

c_2	c_1	c_0	x	C_2	C_1	C_0	y_1	y_2
0	0	0	0	0	0	1	0	0
0	0	1	0	0	1	1	0	1
0	1	1	0	0	1	0	0	1
0	1	0	0	1	1	0	1	0
1	1	0	0	1	1	1	0	0
1	1	1	0	1	0	1	0	1
1	0	1	0	1	0	0	1	1
1	0	0	0	0	0	0	0	0
0	0	0	1	0	0	1	0	0
0	0	1	1	0	1	1	0	1
0	1	1	1	0	1	0	1	1
0	1	0	1	1	1	0	1	0
1	1	0	1	1	1	1	0	0
1	1	1	1	1	0	1	0	1
1	0	1	1	1	0	0	1	1
1	0	0	1	0	0	0	0	0

Beispiel 7.3 zeigt eine für eine (endliche) Maschine typische Situation: In Abhängigkeit vom aktuellen Zustand und gegebenenfalls von (weiteren) externen Inputsignalen wird ein bestimmter Output erzeugt und ein neuer Zustand erreicht. Anwendung hierfür ist z. B. eine durch die Outputlogik erzeugte Werkzeugmaschinensteuerung, aber auch — besonders wichtig — ein Rechner selbst, und zwar in der Form, dass ein integriertes PLA als *Kontrolleinheit* fungieren kann, welche eine andere Funktionseinheit des Rechners (etwa die eigentliche „Recheneinheit") steuert.

Beispiel 7.4 Am Ende von Abschnitt 5.3 haben wir bereits erwähnt, dass z. B. ein Von-Neumann-Addierwerk auch zur Subtraktion und — im Rahmen eines größeren „Programms" — zur Multiplikation und Division von Dualzahlen verwendet werden kann. Damit besitzen wir ein universelles Bauteil für einen Rechner. Stellen wir uns nun vor, wir hätten ein solches Addierwerk geeignet durch ein PLA realisiert, so genügen zunächst zwei Steuerleitungen, um Addition oder Subtraktion anzustoßen oder ein Multiplikations- bzw. Divisionsprogramm zu starten:

Signal	s	t	PLA-Aktion
0	0	0	Addieren
1	0	1	Subtrahieren
2	1	0	Multiplizieren („Start")
3	1	1	Dividieren („Start")

Ein derart „von außen" gesteuerter Von-Neumann-Addierer könnte z. B. wie in Abbildung 7.17 gezeigt aussehen.   □

Offen bleibt dabei nach wie vor, woher die Operanden bzw. die Steuersignale s und t kommen. Abweichend von der bisherigen Darstellung haben wir die Inputs und

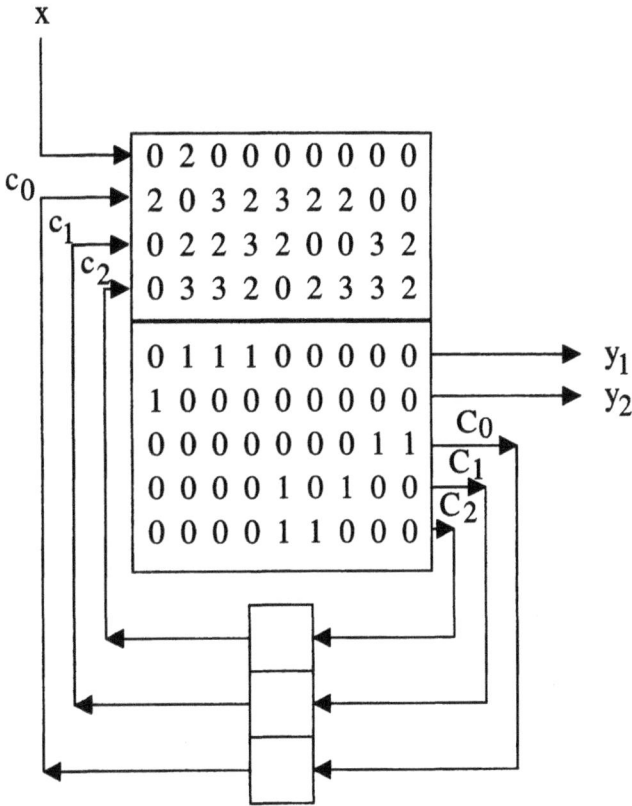

Abbildung 7.16: PLA zu Beispiel 7.3.

den Output nicht über das PLA laufen lassen. Wir nehmen stattdessen an, dass wir einen *Speicher* besitzen, welcher z. B. aus 10 achtstelligen Registern besteht, in dem der erste Operand auf Platz 2, der zweite auf Platz 3 steht und das Ergebnis auf Platz 1 abgelegt werden soll. Die „Steuerung", welche die Signale s und t generiert, muss dann also folgendes leisten:

1. Erkennen, welche Operation mit welchen Operanden auszuführen ist; sei dies etwa die Addition derjenigen Dualzahlen, welche auf den Plätzen 2 und 3 des Speichers stehen;

2. Transport dieser Zahlen in Akku bzw. Puffer;

3. Aktivierung des PLAs durch die Steuersignale $s = 0$ und $t = 0$ („Addition", siehe oben);

4. Speicherung des Ergebnisses auf Platz 1 des Speichers.

Als nächster Schritt könnte nun die Ausführung eines weiteren Befehls folgen. Die Steuerung muss also für jeden Maschinenbefehl einen spezifischen Ablauf erzeugen. Dazu kann man ein eigenes ROM verwenden. In diesem wird z. B. für einen Befehl, welchen der Benutzer durch „ADD X, Y" programmiert mit der Wirkung „$X \Leftarrow X +$

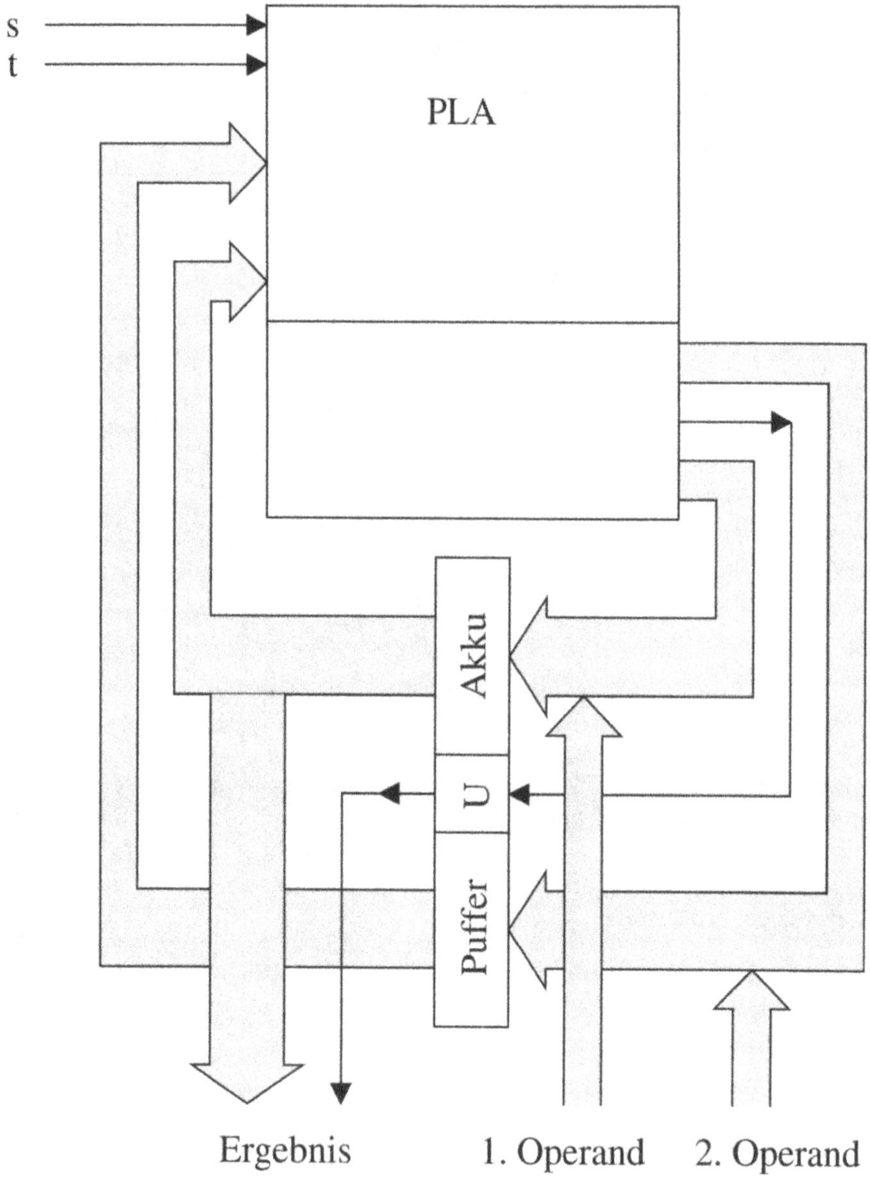

s

t

PLA

Akku

U

Puffer

Ergebnis   1. Operand   2. Operand

Abbildung 7.17: Prinzip eines Addierers bei Verwendung eines PLAs.

Y", die obige Schritt-Sequenz als eine Bit-Folge dargestellt. Sobald ein diesem ROM vorgeschalteter Decodierer (d. h. die zusätzliche Und-Ebene, welche das ROM zum PLA macht) erkennt, dass als nächstes dieser Befehl ausgeführt werden soll (d. h. eine entsprechende Spalte auswählt), wird der entsprechende ROM-Inhalt gelesen und dadurch der Ablauf obiger Schritt-Folge angestoßen.

Damit kann die Folge dieser Schritte durch ein „Programm" realisiert werden, welches z. B. einen Addier-Befehl auf der Hardware-Ebene eines Rechners tatsächlich ausführt. Ein solches Programm nennt man *Mikroprogramm*, und das Erstellen eines Mikroprogramms, d. h. die Speicherung geeigneter Bit-Folgen in einem „Steuer-ROM", bezeichnet man als *Mikroprogrammierung*. Die Idee hierzu geht wie bereits erwähnt auf M. V. Wilkes zurück; wir werden darauf in Teil II zurück kommen.

7.5   Klassifikation von Logik-Designs

Eines der Hauptprobleme der Informationstechnologie ist seit altersher die *Realisierung* der logischen Hardware. Das Wirrwarr der ersten Computerschaltungen, welches beim Löten oder Stecken von Drahtverbindungen im Raum entstand, bedeutete für die Praxis — Produktion und Kontrolle — ein schweres Handicap. Die programmierbare Logik des PLA bedeutete deshalb einen gewaltigen Fortschritt, da normierte Bauteile (Chips) und eine konzeptionell einfache Beschriftungs- und Korrektur-Technik zusammen mit der logischen Technik der disjunktiven (Normal-)Formen sowohl das Design vereinfachte als auch die Produktion erleichterte. Das zweidimensionale Gitter bewährte sich dabei als eine besonders brauchbare Modell-Struktur. Hierbei bleibt die logische Oberstruktur des „Und"- und des „Oder"-Teils eines PLA fest.

Die Beschränkung auf eine zweidimensionale Gitterstruktur erscheint z.Zt. unverzichtbar. Man hat hierbei allerdings nicht viele Möglichkeiten zu einer Effizienz-Verbesserung. Die weiter oben erwähnte Faltung von PLAs ist ein erster Versuch, noch etwas mehr Chip-Fläche einzusparen.

Ein wichtiger Spezialfall von PLAs, bei denen ja grundsätzlich Und- *und* Oder-Ebene programmierbar sind, besteht darin, dass jeder Ausgang der Oder-Ebene eine feste (oder beschränkte) Anzahl von Implikanten-Bedingungen hat. Wir betrachten z. B. eine *4-Segment-Anzeige* eines Displays, welches zu Bitfolgen der Länge 4 eine korrespondierende Figur aus den Kanten oder Nicht-Kanten eines Quadrates wie folgt ausgeben soll: Indiziert man die Kanten des Quadrates in der angegebenen Weise,

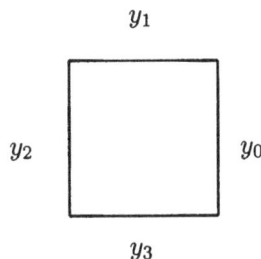

so soll bei Eingabe der Dualzahl $x = (x_3 x_2 x_1 x_0)_2$ die Kante y_i leuchten genau dann, wenn $x_i = 1$ ist. So leuchtet z. B. bei Eingabe von $x = (1111)_2$ das gesamte Quadrat, während bei Eingabe von $x = (1010)_2$ nur die beiden horizontalen Kanten leuchten. Da jede Kante bei genau 8 Eingaben aktiviert wird, kann man sich bei einer normierten Verdrahtung der Oder-Ebene darauf beschränken, nur die Und-Ebene zu programmieren. Ein solcher Baustein mit *Programmable-And-Logic* (in der Literatur auch als *Programmable Array Logic* bezeichnet) wird PAL genannt. Wir geben seine Schaltung in der punktorientierten Schreibweise an (zur Vereinfachung verzichten wir auf die Einzeichnung der obligatorischen horizontalen und vertikalen Linien):

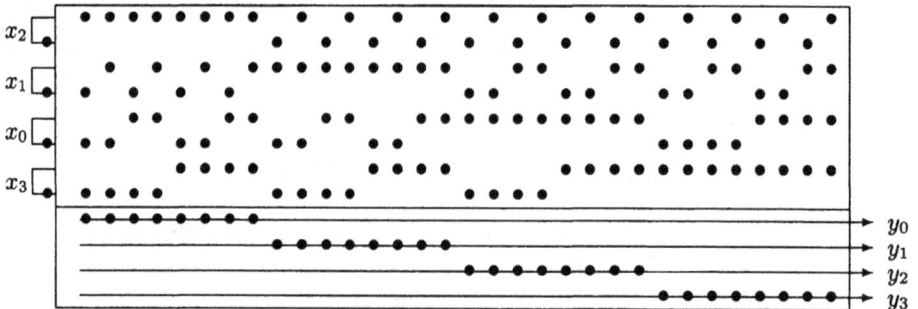

Die Oder-Ebene als stereotyp verdrahteter unterer Teil der Schaltung enthält dabei keine Eintragungsmöglichkeiten mehr.

Allgemein besteht ein PAL also wie ein PLA aus einer Und- und einer Oder-Ebene, jedoch ist nur die Und-Ebene programmierbar, die Oder-Ebene dagegen fest verdrahtet. Dadurch ist es bei einem PAL insbesondere nicht möglich, dass ein in der Und-Ebene erzeugter Produkt-Term in verschiedene, in der Oder-Ebene durch Summation erzeugte Outputs einfließt.

PALs werden heute in einer Vielzahl von Dimensionierungen hergestellt und typischerweise über eine Bezeichnung der Form $NNXMM$ identifiziert. Dabei geben die Dezimalziffern NN die Gesamtzahl der Input- und Output-Pins an, MM steht für die Anzahl der Pins, welche als Outputs benutzt werden können, der Buchstabe X gibt als Zusatzinformation z. B. an, ob das PAL Flip-Flops enthält. Ein Beispiel eines häufig verwendeten PAL ist der Typ 22V10, welcher 11 Eingänge in die Und-Ebene besitzt; ein weiterer Input kann auch als Takt verwendet werden. Dieser Typ hat also insgesamt 12 Inputs und 10 Outputs. Die Gatter der Oder-Ebene haben zwischen 8 und 16 Inputs.

PLAs und PALs sind prominente Beispiele für so genannte *Logik-Designs* bzw. für programmierbare Logikbausteine. Auf Grund der heute erzielbaren hohen Integrationsdichten werden beide Typen allerdings inzwischen als *einfache* Bausteine oder *Simple Programmable Logic Devices* (SPLDs) bezeichnet.

Ein nahe liegender Ansatz zur Effizienzverbesserung gegenüber PLAs und PALs besteht darin, alle vier Seiten eines Chip-Rechtecks zu nutzen für die besonders zeitkritische Eingabe und Ausgabe. Natürlich könnten dann im Inneren des Chips die Verarbeitungswege interferieren — glücklicherweise wächst der Flächeninhalt des Inneren eines Gitters quadratisch mit dem Umfang, so dass man bei hinreichender Größe der Lineardimension eines Chips mehr Platz im Inneren hat und brauchbare Schaltungskonzepte für die Logik finden kann. Man spricht hier von einem *komplexen*

Programmable Logic Devices (PLDs)

Simple PLDs   Complex PLDs
(SPLDs)   (CPLDs)

PLAs: PALs:
AND+OR   AND programmierbar,
programmierbar   OR fest

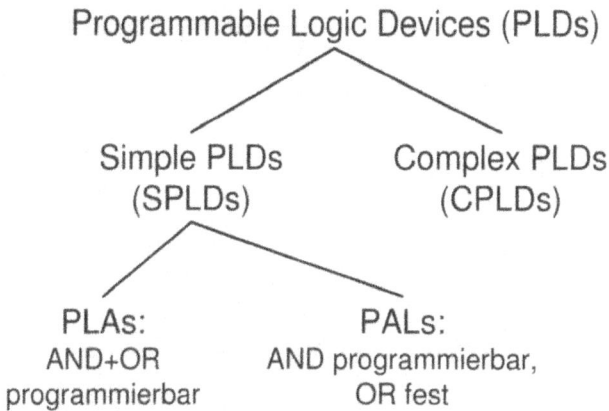

Abbildung 7.18: Klassifikation programmierbarer Logikbausteine.

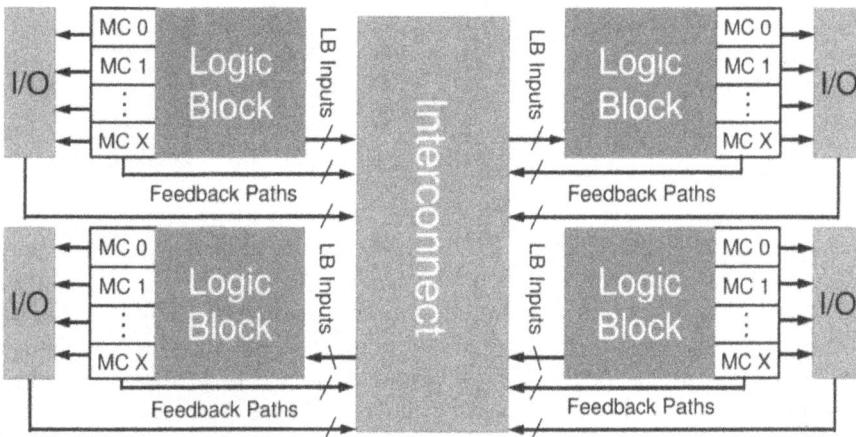

Abbildung 7.19: Prinzipschaltbild eines CPLD.

Logik-Design oder einer *Complex Programmable Logic Device* (CPLD). Insbesondere lassen sich auch durch unterschiedlich feine „Granulierungen" der Bausteine die verschiedenartigsten Ziele erreichen; wir wollen als nächstes auf diese Bausteine kurz eingehen. Die beschriebene Klassifikation ist in Abbildung 7.18 gezeigt.

CPLDs enthalten im Allgemeinen zwei oder mehr PLA- oder PAL-ähnliche Logik-Blöcke sowie programmierbare Verbindungen zwischen diesen, wie das in Abbildung 7.19 gezeigte Beispiel eines Schaltbildes der Firma Xilinx andeutet. Dabei sind die Gatter der Oder-Ebene, wie auch bei den meisten PALs, nicht direkt mit den Outputs verschaltet, sondern der Ausgang eines jeden Oder-Gatters ist mit einer zusätzlichen Logik ausgestattet, durch welche flexiblere Schaltungsmöglichkeiten gegeben sind. Das Oder-Gatter zusammen mit dieser Logik wird auch als *Makrozelle* bezeichnet (und in Abbildung 7.19 mit MC abgekürzt).

Als detaillierteres Beispiel eines CPLD betrachten wir die Familie Altera MAX 7000, welche Chips unterschiedlicher Dimensionierung umfasst: vom Typ 7032 mit 32

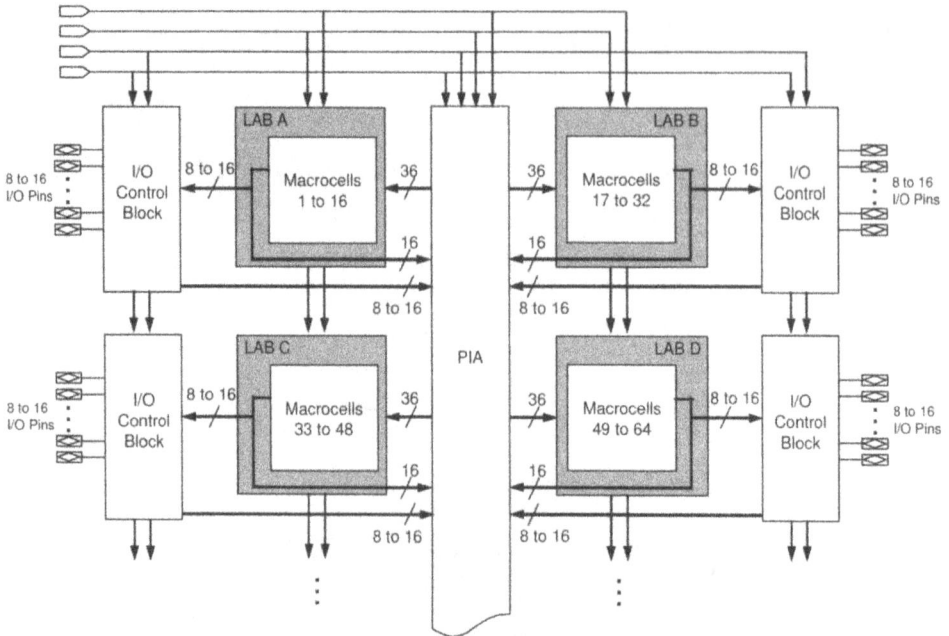

Abbildung 7.20: Struktur der Altera MAX 7032, 7064, 7096 CPLDs.

Makrozellen bis etwa zum 7512 mit 512 Makrozellen. Je nach Art der Programmierbarkeit werden zwei Hauptvarianten unterschieden. Abbildung 7.20 zeigt die Struktur der Typen 7032, 7064 und 7096 im Überblick. Jede dieser CPLDs hat (am oberen Rand) vier dedizierte Inputs, die für den Takt oder ein Reset-Signal verwendet werden können. Die *Logic Array Blocks* (LABs) enthalten jeweils 16 Makrozellen, und jeder LAB ist mit einem I/O-Kontrollblock verbunden, welcher über einen Pufferbereich die als Input oder Output nutzbaren Verbindungen zur Außenwelt anbindet. Jeder LAB ist ferner mit dem *Programmable Interconnect Array* (PIA) verbunden, über welches Verbindungen dynamisch hergestellt werden können.

Eine *Änderung* der Funktion eines logischen Chips kann durch die im Prinzip reife Technik des „Erasing" realisiert werden. Allerdings kommt man nicht ohne weiteres hinweg über die Zwänge, die das „Korsett" der Und-Oder-Philosophie auferlegt. Dies zwingt häufig zu einem vollständig neuen Entwurf. Es wäre aber für viele Anwendungen wünschenswert, zur „Laufzeit" eines Programms — wenigstens innerhalb weniger Millisekunden — eine Schaltung dynamisch vollständig rekonfigurieren zu können. Dieses Ziel wird durch FPGAs (Field Programmable Gate Arrays) erreicht. Wegbereiter dieser Technik waren die bahnbrechenden Entwicklungen der Firmen Xilinx und Altera. Die wirtschaftliche Bedeutung und die Breite der Produktionspalette für FPGA steigt ständig. Man kann heute FPGAs bauen, deren Gatterzahl bei konventionellem Entwurf im Millionenbereich läge.

Auch hierzu wird die rechteckige ebene Gitterstruktur beibehalten mit dem Prinzip der Realisierung der Input-Output-Peripherie in der geometrischen Peripherie des Chips. Das Innere eines solchen Chips enthält aber nunmehr eine regelmäßige Struktur von „Basiszellen"; diese können unterschiedlich festgelegt, im Idealfall sogar frei

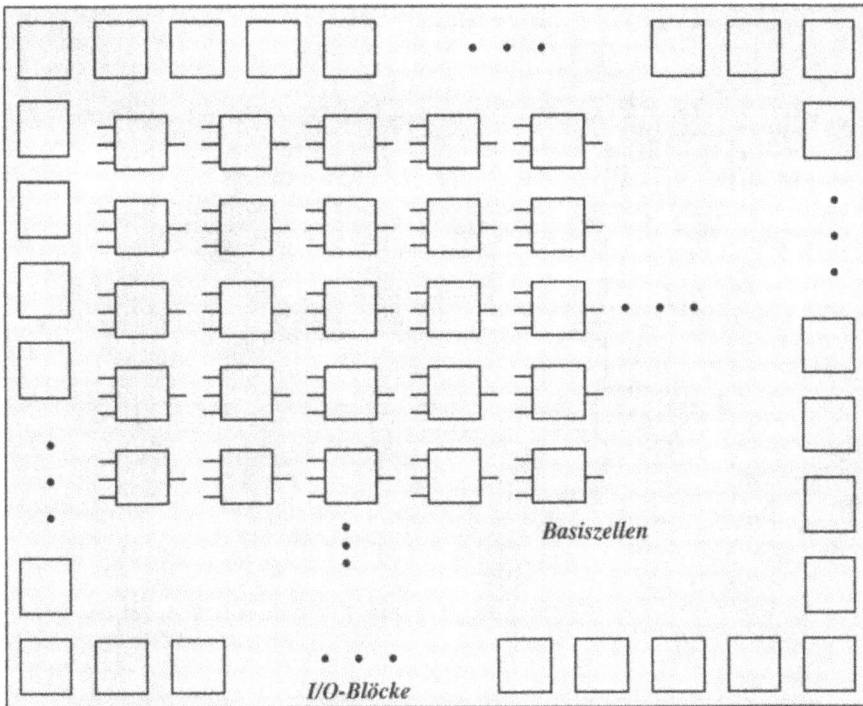

Abbildung 7.21: Prinzipielle FPGA-Struktur.

programmiert werden, z. B. als Boolesche Funktionen oder auch als Speicherzellen. Im Unterschied zu den oben beschriebenen SPLDs und CPLDs kennen FPGAs, die an sich auch „komplexe" Designs darstellen, keine explizite Und- bzw. Oder-Ebene mehr. Zwischen den Basiszellen gibt es eine Verbindungsstruktur von parallelen Signalwegen, die ebenfalls durch Aktivierung und Deaktivierung konfiguriert werden kann; diese Organisation ist in Abbildung 7.21 gezeigt.

Die Anzahl der Bausteine am Rand und die Dichte der Basiszellen im Inneren kann auf ganz unterschiedliche Weisen aufeinander abgestimmt werden. Die Flexibilität eines solchen Chips ist offensichtlich wesentlich größer als die eines klassischen PLA. Die *technische* Realisierung dieser beiden Einflussmöglichkeiten einerseits auf die Funktionalität der Basiszellen, andererseits auf das Aktivierungsmuster der Verbindungen, muss hier ungeklärt bleiben; nach den Ausführungen über die Produktion von PLAs scheint es aber plausibel, dass es (sogar viele) Möglichkeiten hierfür gibt. Die Entwurfsvielfalt in dieser Philosophie ist natürlich immens — sowohl was die Anzahl und die Anordnung der Pins für die Basiszellen angeht, als auch die Dichte und die Reichhaltigkeit der möglichen Schaltpunkte der Verbindungsschienen zwischen den Basiszellen.

Ganz sicher kann nicht zwischen beliebigen Pins beliebiger Basiszellen die Existenz einer direkten, schaltbaren Verbindung garantiert werden. Möglichkeiten, Erkenntnisse über die Verbindungsqualität von Netzen (vgl. Kapitel 13) anzuwenden, liegen aber auf der Hand. Auch lässt sich durch eine geschickte Platzierung von Basiszellen und durch eine Hierarchisierung der Verbindungen mit langen, schnellen sowie mit kurzen, schaltverzögerten Stücken Effizienz gewinnen.

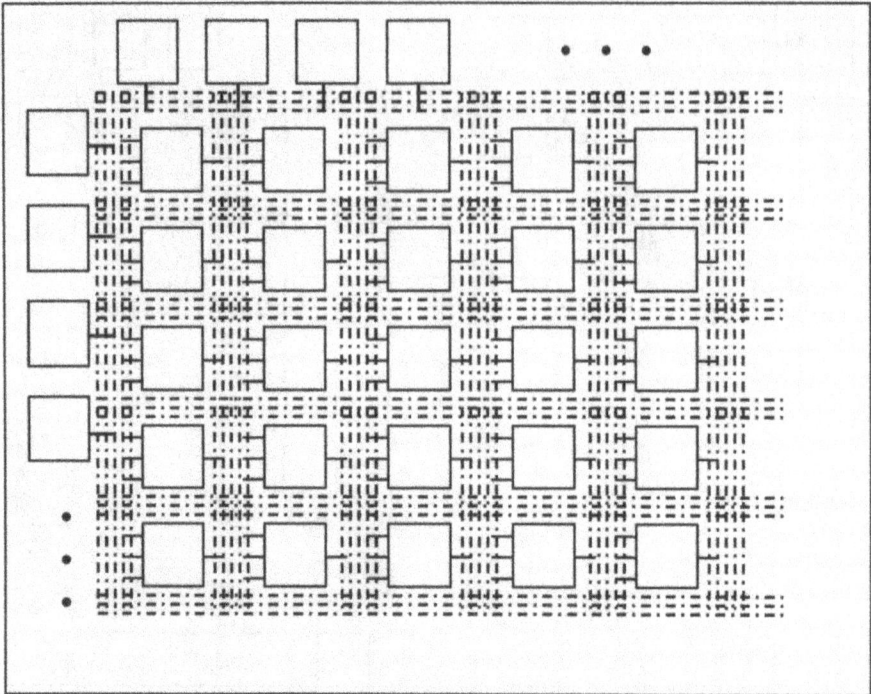

Abbildung 7.22: Prinzip der FPGA-Verbindungsstruktur.

7.6 Einführung in VHDL

Eine geeignete Programmierung mittels einer Hardware-Design-Sprache kann beim
Entwurf komplexer Schaltungen behilflich sein. Besonders bewährt hat sich für FPGAs
die Sprache *Verilog* sowie für den gesamten Bereich des Hardware-Entwurfs die Sprache VHDL (Very high speed integrated Hardware Description Language). Mit dieser
Sprache kann man tatsächlich Lösungen realisieren, welche scheinbar völlig dynamisch
den Wechsel von einer Schaltung zu einer anderen kompilieren können.

VHDL wurde ursprünglich vom US-Verteidigungsministerium initiiert. Diese Sprache wird durch einen (zuletzt 1993 aktualisierten) IEEE-Standard präzisiert, und sie
ist offen für Erweiterungen aus speziellen Anwendungsfeldern. Viele Eigenschaften
hat VHDL mit prozeduralen Programmiersprachen wie Pascal oder C gemeinsam: Sie
verfügt insbesondere über die üblichen Kontrollstrukturen (Sequenzierung, Schleifen,
Fallunterscheidungen, Sprünge) und über wohl vertraute Konzepte für Datenstrukturen sowie über die gängigen logischen und arithmetischen Operatoren. Auch genügt
sie den Paradigmen der *Modularität* (d. h. sie unterstützt die Aufteilung großer Funk-
tionsblöcke in abgeschlossene Unterblöcke) und der *Hierarchisierung* (Schachtelung
von Modulen). Die wichtigste Technik ist die *Abstraktion*, eine Methodik, verschiedene Teile eines Moduls unterschiedlich detailliert zu beschreiben.

Der Entwurf und die Realisierung eines Hardware-Moduls erfolgt bei VHDL mittels einer Top-Down-Abstraktion in vier Stufen: Zunächst wird das bloße Verhalten
gemäß einer vorgegebenen Spezifikation grob festgelegt, und zwar als eine asynchro-

ne reine Funktionsbeschreibung, also ohne Rücksichtnahme auf irgendeine Taktung. Der entscheidende und für VHDL typische Schritt vollzieht sich als Stufe 2 in der so genannten *Register Transfer* (RT) Ebene. Hier ist eine klare Unterteilung in die rein „kombinatorischen" und in die „Delay"-Komponenten des geplanten Moduls vorzunehmen. Diese Aufteilung verläuft entsprechend der konsequenten Zuordnung der Hardware-Bausteine, wie sie auch im vorliegenden Buch vorgenommen worden ist, nämlich in deren Zuordnung zu (asynchronen) Schalt*netzen* (Kapitel 1 und 2) einerseits und zu den Speicher-Delay (Flip-Flop)-Komponenten, welche gemäß Kapitel 5 zu Schalt*werken* führen. In dieser zweiten Entwurfsphase spielt die Beachtung des synchronisierenden Clock-Signals eine entscheidende Rolle. Typisch ist hier das Arbeiten mit einem Warte-Befehl (Wait), welcher das zeitliche Nebeneinander von Signalen regelt, die auf verschiedenen Wegen der Schaltung miteinander konkurrieren. In einer dritten (Logik-) Phase, die durch Synthese-Werkzeuge unterstützt wird, erfolgt die Beschreibung der Schaltung durch Gatter und Speicherelemente, so dass in der vierten Phase, die weitgehend unsichtbar für den Programmierer ist, das eigentliche Layout erfolgt.

Wesentlich ist bei diesem Ablauf die folgende Unterscheidung, welche wir auch im nachfolgenden Beispiel praktizieren werden:

1. Definition der benötigten Schittstellen,

2. Festlegen der Prozesslogik.

Nach den genannten Abläufen ist die Funktionsfähigkeit des Entwurfs im Hinblick auf das *reale* Zeitverhalten im Allgemeinen noch nicht gesichert. VHDL besitzt deshalb Funktionalitäten zur Verifikation: Erst *nach* dem Layout sind die Leitungslängen und die konkret auftretenden Verzögerungen bekannt, so dass festgestellt werden kann, ob innerhalb eines Taktes wirklich alle Signale zur Ruhe kommen.

Im Folgenden soll exemplarisch gezeigt werden, wie ein 4-Bit-Register **reg4** in VHDL modelliert wird. Abbildung 7.23 zeigt den gewünschten Baustein zunächst als Blackbox. Über die Schnittstellen **d0-d3** wird das 4-Bit-Muster angelegt, welches im Register gespeichert werden soll. Die Schnittstellen **q0-q3** dienen analog zum Auslesen des Speicherinhalts. Über den mit **clk** bezeichneten Eingang wird ein Taktsignal an den Baustein geleitet, welches ein zeit-diskretes Arbeiten, ausgehend von einer zentralen Clock, ermöglicht. Die Leitung **en** („enabled") signalisiert, ob die Werte, die an **d0-d3** anliegen, im Baustein gespeichert werden sollen (**en** = 1) oder nicht (**en** = 0).

Zunächst ist in VHDL die Schnittstelle des zu realisierenden Bausteins zu beschreiben. Dazu wird ein so genanntes *Entity* deklariert, welches das zu definierende Objekt repräsentiert, und es wird im Wesentlichen nur zwischen Ein- und Ausgabevariablen unterschieden:

```
entity reg4 is
  port (d0, d1, d2, d3, en, clk : in bit;
        q0, q1, q2, q3 : out bit);
end entity reg4;
```

Im nächsten Schritt wird die eigentliche Funktionalität, also die Prozesslogik beschrieben. Zur internen Speicherung der Werte in dem Registerbaustein werden vier neue,

reg4

```
          ┌─────────────────────┐
   ──────▶│  d0          q0      │──────▶
   ──────▶│  d1          q1      │──────▶
   ──────▶│  d2          q2      │──────▶
   ──────▶│  d3          q3      │──────▶
          │                     │
   ──────▶│  en                 │
   ──────▶│  clk                │
          └─────────────────────┘
```

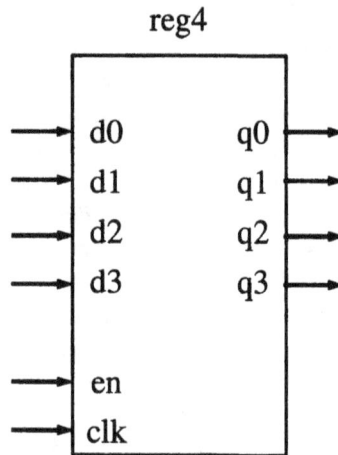

Abbildung 7.23: 4-Bit-Register **reg4** in schematischer Darstellung für VHDL.

interne Variablen definiert (`stored_d0-stored_d3`). Über die Direktive `wait` wird eine Synchronisation mit dem Takt erzielt. Danach wird der Zustand des Eingangssignals **en** überprüft und gegebenenfalls das anliegende Bitmuster in die internen Speichervariablen übertragen. Schließlich werden die Werte der internen Speichervariablen an die Ausgabeleitungen mit einer Verzögerung von 5 ns ausgegeben.

Dieses Beispiel illustriert insbesondere einige der speziellen Sprachkonstrukte von VHDL, die zur Beschreibung von Zeit-diskreten Prozessabläufen zur Verfügung stehen:

```
architecture behav of reg4 is begin
  storage : process is
          variable stored_d0, stored_d1, stored_d2, stored_d3 : bit;
          begin
            wait until clk = '1';
            if en = '1' then
              stored_d0 := d0;
              stored_d1 := d1;
              stored_d2 := d2;
              stored_d3 := d3;
            end if;
            q0 <= stored_d0 after 5 ns;
            q1 <= stored_d1 after 5 ns;
            q2 <= stored_d2 after 5 ns;
            q3 <= stored_d3 after 5 ns;
          end process storage;
end architecture behav;
```

Der oben beschriebene Registerbaustein lässt sich natürlich auch aus bereits existierenden Bausteinen modular zusammensetzen. Auch die Beschreibung derartiger Kompositionen ist mit VHDL möglich. Wir demonstrieren als Nächstes, wie das 4-Bit Re-

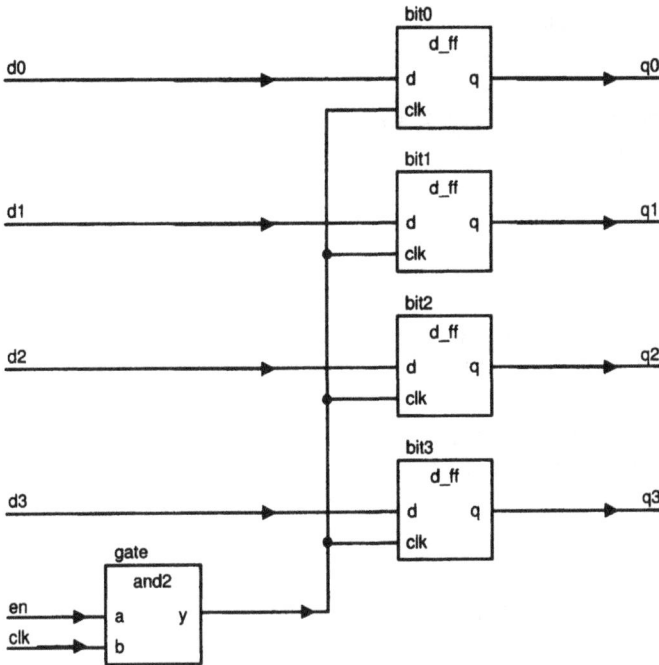

Abbildung 7.24: Komposition des 4-Bit-Registers aus elementaren Bausteinen.

gister **reg4** mit Hilfe von vier 1-Bit-Registern und einem Und-Gatter realisiert werden kann.

1. Wir spezifizieren zunächst das 1-Bit-Register (bzw. Flip-Flop) d_ff, welches in vier Exemplaren verwendet werden soll:

```
entity d_ff is
  port (d, clk : in bit; q : out bit);
end d_ff;

architecture basic of d_ff is begin
  ff_behavior : process is
  begin
    wait until clk = '1';
    q <= d after 2 ns;
  end process ff_behavoir;
end architecture basic;
```

2. Sodann spezifizieren wir das zweistellige Und-Gatter and2:

```
entity and2 is
  port (a, b : in bit; y : out bit);
end and2;
```

```
architecture basic of and2 is begin
  and2_behavior : process is
  begin
    y <= a and b after 2 ns;
    wait on a, b;
  end process and2_behavior;
end architecture basic;
```

3. Schließlich definieren wir die Zusammensetzung:

```
architecture struct of reg4 is
  signal int_clk : bit;
begin
  bit0 : entity work.d_ff(basic)
  port map (d0, int_clk, q0);
  bit1 : entity work.d_ff(basic)
  port map (d1, int_clk, q1);
  bit2 : entity work.d_ff(basic)
  port map (d2, int_clk, q2);
  bit3 : entity work.d_ff(basic)
  port map (d3, int_clk, q3);
  gate : entity work.and2(basic)
  port map (en, clk, int_clk);
end architecture struct;
```

Es sei schließlich betont, dass VHDL in besonderer Weise den Entwurf von FPGAs und deren Einbettung in größere Schaltungen unterstützt. Für eine vertiefte Beschäftigung mit VHDL sei auf die Literatur verwiesen.

7.7 VLSI-Schaltungen: Technologie und deren Grenzen

In den bisherigen Betrachtungen haben wir technologische Gesichtspunkte weitgehend ausgeklammert. Jedoch haben wir mit dem PLA und seinen Fortentwicklungen wie den CPLDs Bausteintypen vorgestellt und studiert, welche einem automatisierten Herstellungsprozess entgegen kommen. Es ist festzustellen, dass sich insbesondere die physikalische Realisierung von Rechnerbausteinen durch die Verwendung immer neuer Materialien sowie durch den Einsatz ständig verbesserter Herstellungsverfahren in den letzten Jahrzehnten drastisch verändert hat: Der 1946 an der University of Pennsylvania fertig gestellte Rechner ENIAC (Electronic Numerical Integrator And Computer) besaß 18.000 Röhren, benötigte eine Standfäche von 300 m^2, wog 30 t, hatte eine Leistungsaufnahme von 50.000 W und kostete damals rund 500.000 Dollar. Die Erfindung des Transistors im Jahre 1948 führte zur Entwicklung von Rechnern, welche vollständig aus so genannten diskreten Bauelementen aufgebaut und ab 1958 kommerziell verfügbar waren. Bereits zu Beginn der 60er Jahre wurde die erste *integrierte* Schaltung (engl.: Integrated Circuit, kurz IC) vorgestellt. Wesentliches Merkmal einer solchen Schaltung ist, dass *alle* Schaltungselemente — also Gatter, Delays *und* deren Verbindungsdrähte — in *einem* gemeinsamen Herstellungsprozess auf einem so genannten *Chip* gefertigt werden. Dieser Chip ist dabei meist ein Siliziumplättchen, und er befindet sich zum Zeitpunkt der Herstellung auf einer größeren Siliziumscheibe, dem so genannten *Wafer*. Der Wafer selbst hat einen Durchmesser zwischen 8 und 20 cm, so dass (bei einer Fläche von 20 bis 30 mm^2 pro Chip) im Allgemeinen mehrere hundert Chips gleichzeitig aus einem Wafer hergestellt werden können. Mit einem solchen Chip ist heute die Rechenleistung eines ENIAC aus einem Taschenrechner zu beziehen. Die Entwicklung rekonfigurierbarer Hardware und schließlich die „Entmaterialisierung" wichtiger Komponenten durch drahtlose Übertragungstechniken haben neue Akzente für die Zukunft gesetzt.

Ein weiteres wesentliches Kennzeichen der technologischen Entwicklung seit etwa 1965 war eine fortschreitende Miniaturisierung und — damit verbunden — die Möglichkeit, eine immer größer werdende Anzahl von Bauelementen auf einem Chip zu integrieren. Je nach Anzahl der logischen Gatter pro Chip unterschied man historisch wenigstens vier Stufen der Integration, wobei die Grenzen zwischen diesen Stufen je nach Kontext differieren können: SSI (Small Scale Integration) mit bis zu 10 Gattern pro Chip, MSI (Medium Scale Integration) mit bis zu 10^2 Gattern pro Chip, LSI (Large Scale Integration) mit bis zu 10^5 Gattern pro Chip und VLSI (Very Large Scale Integration) mit mehr als 10^5 Gattern pro Chip.

Es sei angemerkt, dass die Integrationsdichte manchmal auch in der Anzahl der Transistoren (und/oder anderer Bauelemente) pro Chip angegeben wird. Die oben angegebenen Anzahlen sind dann mit einem Faktor 3 bis 5 zu multiplizieren. Außerdem sei darauf hingewiesen, dass die Entwicklung noch nicht abgeschlossen ist; so reden einige Autoren bereits von ULSI (Ultra Large Scale Integration) als Fortsetzung des VLSI, jedoch verhindern physikalische Gesetzmäßigkeiten, z. B. Quanteneffekte im Nanobereich, eine Miniaturisierung „ad infinitum".

Als wesentliche Auswirkung der VLSI-Technologie erreicht man aus *logischer* Sicht neue Betrachtungsebenen. Um dies zu verdeutlichen, fassen wir die bisherigen Ausführungen wie folgt zusammen:

Auf einer *ersten Stufe* haben wir Schaltnetze betrachtet, welche aus Gattern bestehen, die ihrerseits durch Drähte verbunden sind. Logisch handelte es sich dabei um DAGs. Normierungen haben wir vorgenommen einerseits in Form von zweistufigen Schaltungen, welche sich aus den verschiedenen Normalformen ergeben und bei welchen sich Drähte nur im Bereich der Input-Leitungen kreuzen. Andererseits lässt sich generell eine Rechteckstruktur aller Verbindungen (durch die begriffliche Trennung einer horizontalen und einer vertikalen Ebene) durch das PLA erreichen.

Auf der *zweiten Stufe* gelangten wir durch die Einführung von Delays zu Schaltwerken bzw. Schaltkreisen, bei denen jetzt die DAG-Bedingung entfallen konnte. Die dadurch realisierbaren endlichen Automaten können zwar ein kompliziertes Über- und Untereinander von Verbindungsleitungen aufweisen, lassen sich jedoch durch die Kombination eines PLAs mit einem (noch extern untergebrachten) Register ebenfalls in gewisser Weise „normieren".

Neu ist nun auf der *dritten Stufe* eine Integration von Gattern *und* Delays in einer vorgefertigten *Gitter*-Struktur. Dies wird durch die VLSI-Technologie ermöglicht, so dass heute ein vollständiger Rechner auf einem (rechteckig formatierten) Chip untergebracht werden kann. (Typische Beispiele hierfür — wie Mikroprozessoren — werden wir in Teil II kennen lernen.) Es sei allerdings bemerkt, dass diese Integrationsaufgabe technologisch nicht leicht zu lösen ist; insbesondere ist es (noch) nicht möglich, Gatter und Delays in *einer* Ebene zu realisieren. Stattdessen werden verschiedene Ebenen mit unterschiedlichen (elektrischen oder elektronischen) Eigenschaften isoliert übereinander gelegt, und die einzelnen Ebenen werden mit Techniken gefertigt, welche der PLA-Herstellung vergleichbar sind.

Für den technologisch interessierten Leser sei bemerkt, dass man z. B. bei Verwendung der so genannten NMOS-Technologie (kurz für Negative Channel Metal Oxide Semiconductor) mit drei Ebenen-Typen auskommen musste. Eine Verbindungsleitung kann zwei Ebenen miteinander verbinden; die Isolation wird dann an einer geeigneten Stelle unterbrochen. Außerdem lassen sich Schaltelemente wie z. B. ein Transistor durch Entfernung der Isolation an einer bestimmten Stelle realisieren. Für unser derzeitiges Verständnis ist die Vorstellung ausreichend, dass man zwar mehrere Ebenen benötigt, jedoch im Allgemeinen mit einer geringen Anzahl davon auszukommen hat.

Es ergeben sich hier interessante theoretische Probleme: Zum einen kann man die Frage nach den *Grenzen* der Möglichkeiten von VLSI-Schaltungen untersuchen. Genauer bedeutet dies die Frage, wie klein und wie schnell ein VLSI-Chip, der eine bestimmte Aufgabe lösen soll, überhaupt sein kann. Zum anderen ergeben sich aus der Tatsache, dass leistungsfähige Hardware in Form von VLSI-Chips in großer Zahl und preiswert verfügbar ist, neue Möglichkeiten, bestimmte Probleme algorithmisch zu lösen. Insbesondere ist es häufig möglich, eine gegebene Aufgabe in Teilaufgaben zu zerlegen, deren Bearbeitung *parallel* erfolgen kann. Interessant ist darüber hinaus auch z. B. das Problem des *Layout* von VLSI-Schaltungen, d. h. der Entwurf eines Schaltplans, welcher weitgehend automatisiert in VLSI-Technologie realisiert werden kann. Wir wollen uns aber mit dieser Frage sowie mit dem Problem der Verdrahtung von Schaltelementen auf einem VLSI-Chip nicht mehr im Detail beschäftigen und verweisen hier auf die Literatur.

Neben logischen Elementen wie Gattern oder Delays und deren Verbindungsdrähten besitzt ein VLSI-Chip als dritte Komponente noch so genannte *System-Inputs* bzw. *-Outputs*, über welche Bits von *außen* dem Chip zugeführt werden. In der Realität kann man sich darunter die Füßchen oder *Pins* eines „Steckers" vorstellen, über welche der Chip mit der „Außenwelt" kommuniziert. Die Breite eines Pins ist jedoch groß im Vergleich zu Chip-internen Drähten, und es sei bemerkt, dass die Technologie derzeit noch nicht darauf verzichten kann oder will, durch steckbare Chips (Karten) einen Rechner z. B. aufzurüsten. Auf dem Chip existieren so genannte *Pads*, bei denen es sich um die Stellen handelt, an denen Pins mit dem Chip „verschmelzen" (Lötstellen). Von einem Pad gehen in den Chip interne Drähte hinein, welche gegebenenfalls verzweigen und dann in Gatter münden; man vergleiche hierzu Abbildung 7.25. Die Pads eines Chips sind aus technischen Gründen groß im Vergleich zu einem Gatter; sie können ein Vielfaches der Fläche des internen Drahtabstandes einnehmen. Man betrachtet deshalb aus logischer Sicht diejenigen Stellen im Chip, an denen sich die von den Pads in den Chip hineinführenden Leitungen bereits verjüngt haben auf die Chip-interne Breite. Eine solche, logisch punktförmige Stelle bezeichnet man als *Port*.

Auch die Frage nach der *Geschwindigkeit* von VLSI-Chips ist wichtig, da jeder Rechner *getaktet* arbeitet. Jedes Signal muss in einem Takt einen Draht bzw. ein Drahtstück ganz durchlaufen. Nur bei oberflächlicher Betrachtung kann man davon ausgehen, dass Drähte keine Verzögerungen bewirken. Im Zuge der fortschreitenden Miniaturisierung aller Bauelemente muss man aber beachten, dass Licht bzw. Strom

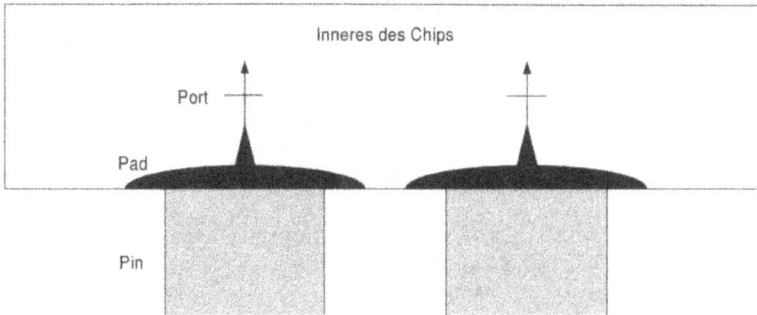

Abbildung 7.25: Die Schnittstelle eines Chips: zur Unterscheidung von Ports, Pads und Pins.

z. B. bei einem mit 10 GHz getakteten Rechner innerhalb eines Taktes höchstens einen Weg von 3 cm zurücklegen kann. Prinzipielle Grenzen der Technologie deuten sich damit bereits an!

Aber auch *problemspezifische* Grenzen der Technologie hat die Theorie gefunden: Man betrachte etwa das Problem, n Zahlen — mit welchem Algorithmus auch immer — Hardwaremäßig auf einem Chip zu sortieren. Wie „groß" (im Maß der Gitterpunktanzahl) muss der Chip sein, um bei gegebener Taktrate jede der prinzipiell $n!$ möglichen anfänglichen Reihenfolgen der Inputs in der richtigen Ordnung auszugeben? Schon rein gefühlsmäßig wird man sagen, dass das Problem „Sortieren" schwieriger ist als z. B. das bloße Addieren und dass es für eine gegebene Problemklasse so etwas wie einen „Erhaltungssatz" (Tradeoff) geben muss der folgenden Art: Je größer die Komplexität der Probleme, umso größer muss die Chipfläche oder die Taktrate sein. Tatsächlich hat man quantitative Aussagen dieser Art z. B. für das Sortierproblem beweisen können. Wir müssen hierzu auf die Literatur verweisen.

7.8 Übungen

Hinweis: Zu den mit * gekennzeichneten Übungen sind im Internet Lösungen erhältlich.

7.1 Man programmiere die Schaltfunktionen

$$F_1(x_1, x_2, x_3) = (x_1 x_3 + \overline{x}_2, \overline{x}_1 x_2 \overline{x}_3, x_1 x_2 x_3 + x_1 x_2 \overline{x}_3)$$

$$F_2(x_1, x_2, x_3, x_4, x_5) = (x_1 x_2 x_3 + x_4 x_5, \overline{x}_1 x_2 x_4 + \overline{x}_3 x_4 x_5,$$
$$x_1 x_2 x_3 + x_3 x_4 + x_3 \overline{x}_5 x_1 x_3 x_5)$$

in *einem* hinreichend dimensionierten PLA.

*7.2 Programmieren Sie die folgende Schaltfunktion in einem hinreichend dimensionierten PLA, ohne sie vorher zu vereinfachen:

$$F(x_1, x_2, x_3, x_4, x_5) =$$
$$(\overline{x_2}\,\overline{x_3} + x_2\,x_4,\ \overline{x_1}\,\overline{x_2}\,\overline{x_4} + x_1\,x_4\,x_5,\ x_1\,x_4\,x_5 + x_1\,\overline{x_2}\,x_4\,x_5 + \overline{x_1}\,\overline{x_3}\,\overline{x_4}, x_2\,x_4 + \overline{x_2}\,\overline{x_3})$$

Verwenden Sie die punkt-orientierte Schreibweise.

7.3 Man entwerfe eine PLA-Realisierung des Ringzählers aus Aufgabe 5.1.

7.4 Man programmiere das aus Abschnitt 2.4 bekannte asynchrone Addiernetz, welches um die dort beschriebene Bypass-Schaltung erweitert sei, in einem geeignet dimensionierten PLA.

*7.5 (a) Zeigen Sie, z. B. durch strukturelle Induktion, wie viele Spalten ein PLA haben muss, das einen Schritt des Von-Neumann-Addierers kodiert, abhängig von der Länge n der Summanden ($n \geq 2$). Das PLA soll die Inhalte von Akku, Puffer, Status und Übertrag berechnen.

   (b) Realisieren Sie ein vierstelliges Von-Neumann-Addierwerk durch ein PLA in Kombination mit Registern für Akku, Puffer, S und U. Verwenden Sie für die Notation der Gitterpunkte die Zahlendarstellung (0: Identer, 1: Addierer, 2: Multiplizierer, 3: Negat-Multiplizierer).

7.6 Man realisiere einen dual-dreistelligen Ringzähler durch ein PAL.

7.7 Man realisiere die Schaltfunktion $F : B^3 \rightarrow B^2$, definiert durch

$$F(x_1, x_2, x_3) = (x_1 x_2 \overline{x_3} + \overline{x_1} x_2 x_3 \,,\ \overline{x_1}\,\overline{x_2} + x_1 x_2 x_3)$$

durch ein PAL mit 3 Inputs und 2 Outputs, bei welchem die beiden Gatter der Oder-Ebene die Summe der Produktterme der ersten beiden bzw. der letzten beiden Spalten der Und-Ebene bilden.

7.8 Nach Satz 1.5 gibt es 256 verschiedene dreistellige Boolesche Funktionen, welche *alle* durch *ein* geeignet dimensioniertes PLA realisierbar sind. Man überlege, wie viele dieser Funktionen durch ein PAL des in Aufgabe 7.6 verwendeten Typs realisierbar sind.

7.9 In Abhängigkeit vom Messergebnis der vier binären Sensoren s, x, y und z sollen drei Statussignale u, v und w erzeugt werden mit folgender Bedeutung:

u (grün): wenigstens 3 Sensoren stehen auf 1 (Normalbetrieb)
v (gelb): nicht alle Sensoren stehen auf 1 (Warnung)
w (rot): höchstens 1 Sensor steht auf 1 (Alarm)

Gegeben sei ein punktorientiertes PAL mit vier Eingängen, welches 3 Ausgabesignale erzeugen kann, die jeweils von bis zu 4 Disjunktionen abhängen können. Man realisiere hiermit die gewünschte Überwachungsschaltung.

*7.10 Beim bekannten *River-Crossing-Problem* (RC) besteht die Aufgabe darin, einem Fährmann bei der Flussüberquerung zu helfen. Dieser hat das Problem, dass er einen Wolf, eine Ziege und einen Kohlkopf von einer Seite auf die andere zu transportieren hat, aber jeweils nur einen der drei mit in sein Boot nehmen kann. Zwar kann er die Transportobjekte am Ufer zurücklassen, aber der Wolf frisst die Ziege, falls diese beiden alleine am Ufer stehen (gleiches gilt für Ziege und Kohl).

Ein PLA kann das Problem der Flussüberquerung lösen. Entwickeln sie ein PLA, das zu einer gegebenen Konstellation der Positionen von Fährmann, Wolf, Ziege und Kohl den nächsten zur Überquerung nötigen Schritt (eventuell auch einen der möglichen nötigen Schritte) ausgibt. Die Richtung der Überquerung wird dabei über einen weiteren Eingang festgelegt.

Kodieren Sie die Eingänge wie folgt:

F (Fährmann), W (Wolf), Z (Ziege), K (Kohlkopf) jeweils $= 1$, falls das jeweilige Objekt „drüben" ist, und $= 0$, falls das Objekt „hier" ist.

R (Richtung) $= 1$, falls alle Objekte nach „drüben" sollen, und $= 0$, falls alle Objekte nach „hier" sollen.

Ihr PLA soll zusätzlich eine Ausgabe haben, die 1 genau dann ist, wenn die gegebene Konstellation eine im Sinne des RC erlaubte Position darstellt (keiner hat einen anderen gefressen), und 0 sonst.

Erläutern Sie, wie ein Nutzer die Schritte eines vollständigen Transports ermitteln kann und wie sich dies automatisieren lässt.

*7.11 Realisieren Sie die Schaltfunktion

$$F(x_1, x_2, x_3) = (f_1(x_1, x_2, x_3), f_2(x_1, x_2, x_3), f_3(x_1, x_2, x_3))$$

mit

$$
\begin{aligned}
f_1(x_1, x_2, x_3) &= x_1 x_2 + x_2 x_3 + x_1 x_3 + \overline{x}_1 \overline{x}_2 \overline{x}_3, \\
f_2(x_1, x_2, x_3) &= x_1 x_2 x_3 + x_1 x_2 + \overline{x}_1 \overline{x}_2 \overline{x}_3, \\
f_3(x_1, x_2, x_3) &= x_1 x_3 + \overline{x}_1 \overline{x}_2 \overline{x}_3 + x_2
\end{aligned}
$$

in einem PLA, in dessen Und-Ebene nur die Baustein-Typen 0 und 2 vorkommen (für jede Variable werde also auch ihr Komplement in das Array hineingeführt).

7.9 Bibliographische Hinweise

Zu den zu Beginn dieses Kapitels erwähnten universellen Schaltelementen auch im mehrstelligen Fall vergleiche man z. B. Davio et al. (1978). Zahlreiche PLAs und verwandte Strukturen sind heute als standardisierte „Katalog-Bausteine" verfügbar; hierzu sowie zur Minimierung und Fehlerdiagnose von PLAs vergleiche man McCluskey (1986), Kolla et al. (1989) oder Katz und Borriello (2005). Genaueres zur Faltung von PLAs findet man bei Möhring (1990) sowie Möhring et al. (1994).

ROMs finden heute z. B. bei der Code-Konvertierung (etwa natürliche Binär- in Gray-Codierung, vgl. Aufgabe 5.1), der Zeichengenerierung oder der Verschlüsselung von Daten Anwendung; weitere Einzelheiten hierzu entnehme man z. B. McCluskey

(1986), Protopapas (1988) oder Katz und Borriello (2005). Die Idee der Mikropro-grammierung wurde zuerst von Wilkes (1951) beschrieben; wir werden hierauf in Teil II genauer eingehen und dann insbesondere entsprechende Literaturhinweise geben. Zu den in Aufgabe 6.5 bzw. 6.6 erwähnten PALs vergleiche man Hamacher et al. (2002) sowie Katz (1994).

Zum komplexen Logik-Design, zu SPLDs, CPLDs und zu FPGAs vergleiche man Brown und Vranesic (2005), die auch den Baustein 22V10 genauer beschreiben, Siemers (2002) sowie Abke und Küter (2000). FPGA-Entwurf mit Verilog wird von Coffman (2000) beschrieben. Standardwerke für den Entwurf mit VHDL sind Ashenden (1998, 2002). Eine gute Einführung geben Reichardt und Schwarz (2003).

Die Angaben zum ENIAC Rechner basieren auf Muroga (1982). Einer der ersten in Transistor-Technik realisierten Rechner war die IBM 7090, welche z. B. von Bell und Newell (1971) beschrieben wurde.

Ein für die Theorie sehr brauchbares VLSI-Modell geht auf Ullman (1984) zurück. In der Literatur findet man eine Reihe weiterer Modelle für VLSI-Chips, z. B. bei Thompson (1980), Brent und Kung (1981) oder Lengauer (1990a, b), welche in den zugrunde gelegten Annahmen zum Teil vom Ullmanschen Modell abweichen. Zur Komplexität von Sortier-Chips verweisen wir ferner auf Thompson (1983).

Der an der Geschichte des Entwurfprozesses für VLSI-Chips interessierte Leser sei verwiesen auf Glasser und Dobberpuhl (1985), Kolla et al. (1989), Ullman (1984) sowie Weste und Eshraghian (1993). Das bereits in Kapitel 3 erwähnte „Design for Testability" ist gerade für VLSI-Chips von großer Bedeutung; einen Überblick hierzu gaben Gerner et al. (1986). Die Frage nach einem platzeffizienten Layout, insbesondere beim *algorithmischen* Entwurf von VLSI-Schaltungen, wurde z. B. von Ullman (1984), Leiserson (1980), Kolla et al. (1989) sowie Lengauer (1990b) genauer diskutiert. Schließlich sei für Einzelheiten zu Entwurfs- und Fabrikationsverfahren bzw. zur physikalischen Herstellung auf Maly et al. (1987), auf das klassische Werk von Mead und Conway (1980) sowie auf Griffin et al. (2001) hingewiesen. Erwähnenswert in diesem Zusammenhang ist ferner die CD-ROM des Bonner Arithmeums, siehe http://www.arithmeum.uni-bonn.de/, welche vier Geschichten enthält, die jeweils mit einem klassischen mathematischen Problem beginnen, die Lösung skizzieren und dessen Relevanz für moderne Anwendungen der diskreten Mathematik demonstrieren. Dabei ist die Chip-Herstellung ein zentrales Thema.

Teil II

Rechnerarchitektur (Globale Konzepte)

Nachdem wir im ersten Teil — einer „Bottom-Up"-Strategie folgend — eine Reihe von Modulen, welche in einem Rechner Verwendung finden, sowie Methoden, diese zu entwerfen, kennen gelernt haben, wollen wir uns nun der Frage nach dem Gesamtaufbau eines Rechners widmen. Wie bisher wollen wir dies aus logischer Sicht betreiben und nur gelegentlich technologische Fragen zur Motivation diskutieren. Außerdem beschränken wir uns in diesem Teil im Wesentlichen auf „klassisch" zu nennende Konzepte und Modelle; Alternativen hierzu werden wir in Teil III vorstellen.

Im Gegensatz zum letzten Teil verfolgen wir nun eine „Top-Down"-Strategie: In Kapitel 8 betrachten wir zunächst den globalen Aufbau des „Ur-Modells" eines Rechners, welches auf den Mathematiker John von Neumann zurückgeht. Dieses Kapitel bildet die Grundlage für die Kapitel 9 und 10, in welchen wir die grundlegenden Konzepte konkreter heutiger Rechnerarchitekturen vorstellen. Wir beschreiben in Kapitel 9 als Register-Register-Architektur den (RISC-) Mikroprozessor PowerPC 601 und in Kapitel 10 eine Register-Speicher-Architektur; dabei untersuchen wir das bereits in Kapitel 7 erwähnte Konzept der Mikroprogrammierung genauer. In Kapitel 11 gehen wir auf moderne Maßnahmen zur Leistungssteigerung von Rechnern, insbesondere Speicherverwaltung, Pipelining sowie den Tomasulo-Algorithmus, ein, welche in heutigen RISC-Architekturen zur Anwendung kommen. In Kapitel 12 beschreiben wir eine Reihe von Prozessor-Architekturen unter Berücksichtigung ihrer historischen Entwicklung.

Kapitel 8

Organisationsplan eines Von-Neumann-Rechners

In diesem Kapitel behandeln wir die grundlegende Organisationsprinzipen von Rechnern, die so genannte *Von-Neumann-Architektur*, welche aus den 40er Jahren stammt, aber bis heute ihre konzeptionelle Bedeutung nicht verloren hat. Sodann gehen wir auf moderne Klassifikationen von *Realisierungen* der Von-Neumann-Architektur ein, und zwar sowohl aus einer lokalen wir aus einer globalen Sicht. Diese Betrachtungen werden sodann in den beiden folgenden Kapiteln vertieft, in denen jeweils ein Beispiel für einen Prozessor einer bestimmten Klasse ausführlich behandelt wird.

Es muss erwähnt werden, dass Konrad Zuse in Deutschland in den 40er Jahren des 20. Jahrhunderts unabhängig von den Entwicklungen in den USA ebenfalls ein Rechnermodell entwickelt hat, das ebenfalls zur serienmäßigen Fertigung funktionsfähiger Rechner geführt hat. Hierzu sie auf die bibliographischen Hinweise verwiesen.

8.1   Einführung

Den prinzipiellen Aufbau eines sequentiellen Rechners haben wir in Abschnitt 7.4 bereits kennen gelernt: Abhängig vom aktuellen Input und einem aktuellen Zustand wird durch die Next-State-Logik ein Folgezustand berechnet und durch die Output-Logik ein Output erzeugt. Formal haben wir diese Arbeitsweise durch einen endlichen Automaten beschrieben. Wenngleich dieses Modell aufgrund seiner Universalität für theoretische Zwecke ausreicht, ist es dennoch für die Beschreibung der in konkreten Rechnern ablaufenden Vorgänge nicht geeignet, und zwar aus folgenden Gründen:

Zum einen ist die Darstellung der Behandlung von Daten de facto unzureichend, denn für einen endlichen Automaten gibt es zu jedem Zeitpunkt nur *einen* Input. Demgegenüber verarbeitet ein realer Rechner im Allgemeinen eine große Menge von Daten; diese werden gespeichert und nach einem gewissen Schema rechnerintern zwischen verschiedenen Modulen hin und her transportiert.

Zum anderen kann ein realer Rechner durch eine Programmsteuerung sein Verhalten ändern, die Funktionsweise eines endlichen Automaten hingegen ist fest vorgegeben. Es sei an dieser Stelle erwähnt, dass man durch eine Erweiterung des theo-

retischen Modellkonzeptes „endlicher Automat" zwar manchen dieser Aspekte modellieren kann — dies führt dann z. B. auf die Rechnermodelle *Kellerautomat* oder
Turingmaschine, welche wir hier nicht behandeln; jedoch lässt sich auch mit diesen
Modellen die volle Flexibilität eines realen Rechners höchstens im Prinzip, aber nicht
de facto nachbilden.

Wir machen uns daher ein anderes Bild von einem Rechner, welches zwar nach
wie vor eine logische Sicht reflektiert, aber — wie sich zeigen wird — der physikalischen Wirklichkeit am nächsten kommt. Dieses Modell geht auf die theoretischen
Arbeiten der Amerikaner Burks, Goldstine und von Neumann zurück und ist wie
folgt gekennzeichnet:

1. Ein (zentral gesteuerter) Rechner besteht aus den *drei Grundbestandteilen*

   - Zentraleinheit (*Central Processing Unit*, kurz CPU),
   - Speicher,
   - Ein/Ausgabe-Einheit (E/A-Einheit).

   Dazu kommen noch Verbindungen zwischen diesen Einheiten, so genannte Busse. Die CPU übernimmt die Ausführung von Befehlen sowie die dazu erforderliche Ablaufsteuerung. Im Speicher werden Daten *und* Programme als Bitfolgen
   abgelegt. Die Ein/Ausgabe-Einheit stellt die Verbindung zur Außenwelt her;
   über sie werden Programme und Daten ein- bzw. ausgegeben. Auf diese Einzelteile gehen wir weiter unten noch detaillierter ein.

2. Die Struktur des Rechners ist *unabhängig* von einem speziellen, zu bearbeitenden Problem. Dies wird erreicht, indem man für jedes neue Problem ein eigenes
   Programm im Speicher ablegt, welches dem Rechner sagt, wie er sich zu verhalten hat. Speziell dieser Aspekt hat zu der Bezeichnung „(programm-gesteuerter)
   Universalrechner" („*Stored-Program Machine*") geführt.

3. Programme *und* von diesen benötigte Daten werden in demselben Speicher abgelegt. Dieser wiederum besteht aus Plätzen fester Wortlänge, welche über eine
   feste *Adresse* einzeln angesprochen werden können. (Diese Unterscheidung wird
   heute in Zusammenhang mit der Harvard-Architektur, vgl. Kapitel 12, wieder
   aufgegeben.)

Die unter (1) oben beschriebene physikalische Struktur eines Von-Neumann-Rechners
ist in Abbildung 8.1 wiedergegeben. Wir werden zunächst auf diese Struktur näher eingehen, um anschließend die Arbeitsweise eines solchen Rechners erläutern zu können.

Wir beginnen mit der *CPU*: Gemäß den oben angegebenen Aufgaben Befehlsausführung und (Ablauf-) Steuerung besteht diese aus einem *Datenprozessor* und einem *Befehlsprozessor*. Die Aufgabe des Datenprozessors besteht in der „klassischen"
Verarbeitung von Daten, d. h. dem Ausführen von Berechnungen. Man redet bei dem
Weg, den Daten durch den Datenprozessor zu nehmen haben, auch vom *Datenpfad*
(engl. *Data Path*); Rechnerarchitekturen unterscheiden sich häufig im Entwurf ihrer
Datenpfade.

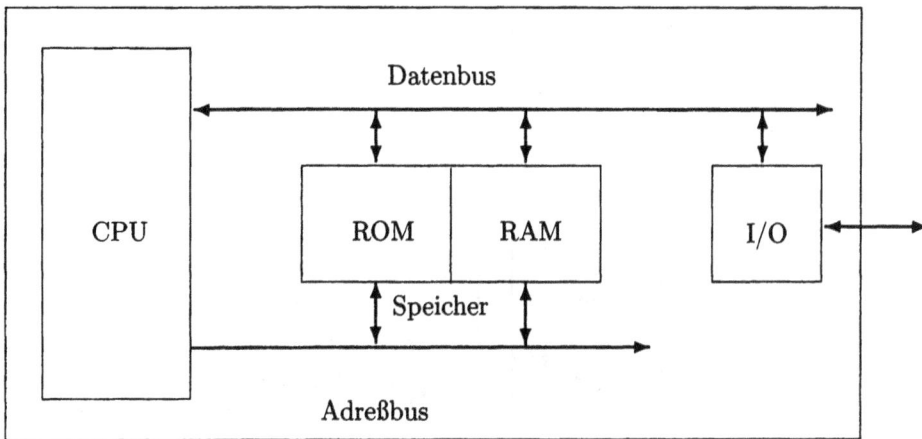

Abbildung 8.1: Struktur eines Von-Neumann-Rechners.

Zum Rechnen enthält der Datenprozessor ein Rechenwerk, die so genannte *Arith-metisch-Logische Einheit* (*Arithmetic Logical Unit*, kurz ALU), sowie (mindestens) drei Register zur Aufnahme von Operanden. Damit ist der Aufbau prinzipiell dem der aus Kapitel 5 bekannten Addierwerke ähnlich. Bei den Registern handelt es sich um einen *Akkummulator* A (häufig kurz Akku genannt), ein *Multiplikator-Register* MR (z. B. zur Aufnahme von Multiplikationsergebnissen) und ein *Link-Register* L (vorläufig als einstellig angenommen, zur Aufnahme z. B. eines Additionsübertrags), welche beide als Akku-Erweiterung angesehen werden können. Als drittes Register steht sodann noch das *Puffer-Register* (*Memory Buffer Register*) MBR zur Verfügung, über welches die Kommunikation mit dem Speicher abgewickelt wird.

Während man den Akku auch als „General Purpose"-Register bezeichnet, welches im Prinzip für jede im Rahmen eines Programms anfallende Aufgabe verwendet wer-den kann, stellen alle anderen in diesem Abschnitt erwähnten Register so genannte „Special Purpose"-Register dar, welche alle eine spezielle Funktion besitzen und aus-schließlich für diese verwendet werden können. Es sei auch bereits bemerkt, dass reale Rechner de facto über mehr als einen Akku verfügen.

Die Aufgabe des Befehlsprozessors besteht darin, Befehle zu entschlüsseln und deren Ausführung zu steuern. Dazu kann er sich folgender Register bedienen: Der ak-tuell bearbeitete Befehl befindet sich im *Befehlsregister* (*Instruction Register*) IR. Die Adresse des Speicherplatzes, welcher als nächstes anzusprechen ist, ist im *Speicher-adressregister* (*Memory Address Register*) MAR abgelegt. Die Adresse des nächsten auszuführenden Befehl wird darüberhinaus im *Befehlszähler* (*Program Counter*) PC gespeichert. Die Entschlüsselung eines Befehls erfolgt durch einen separaten (Befehls-)

CPU

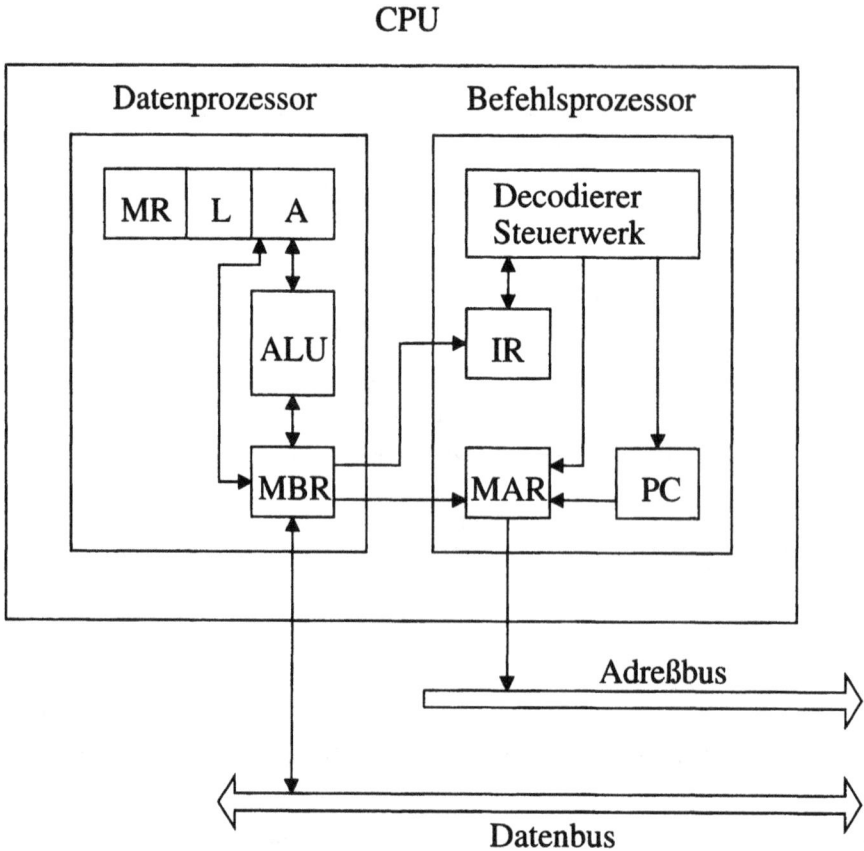

Abbildung 8.2: Struktur einer CPU.

Decodierer, die Steuerung der Ausführung schließlich durch ein Steuerwerk; auf diese beiden Bestandteile werden wir später genauer eingehen.

Damit erhalten wir insgesamt das in Abbildung 8.2 gezeigte detaillierte Bild einer CPU. Die Bedeutung der hier bereits eingezeichneten Verbindungen zwischen den einzelnen Teilen wird weiter unten klar, wenn wir die Arbeitsweise einer CPU erläutern.

Aus logischer Sicht besitzt ein Von-Neumann-Rechner neben der CPU einen *Speicher*, welcher begrifflich zusammengesetzt ist aus einem ROM- und einem RAM-Teil. Das *ROM* (*Read-Only Memory*) ist uns dabei bereits aus Kapitel 7 bekannt. Es handelt sich um einen Festspeicher, welcher einmal in ihm abgelegte Werte permanent speichert; sie sind nicht mehr veränderbar. Dieser Teil des Speichers enthält im Allgemeinen Befehle, welche die CPU häufig im Rahmen verschiedenster Aufgaben auszuführen hat. Wir werden auf das ROM in Kapitel 10 genauer eingehen, wenn wir das ebenfalls in Kapitel 7 bereits erwähnte Konzept der Mikroprogrammierung eines Rechners genauer behandeln. Das *RAM* (Random Access Memory) ist ein Speicher mit so genanntem *wahlfreiem* Zugriff, d. h. jede einzelne Speicherzelle kann direkt zwecks Lesen oder Schreiben über ihre Adresse angesprochen werden. Beide Speicherteile enthalten potentiell Daten *und* Programme (oder — wie sich noch zeigen wird

— Adressen), jedoch kann ein RAM für jede neue Aufgabe (jedes neue Programm) entsprechend neu geladen werden.

Die *Ein/Ausgabe-Einheit* („I/O-Unit") stellt, wie bereits erwähnt, die Schnittstelle des Rechners nach außen dar. Über diese können Daten und Programme ein- bzw. ausgegeben werden. Dies kann im Allgemeinen teilweise parallel erfolgen, falls der Rechner über verschiedene (Memory-) „Ports" verfügt.

Wir werden hierauf in Abschnitt 8.4 noch genauer eingehen, merken jedoch hier bereits an, dass diese Einheit selbsttätig eine Reihe von — im Vergleich zur CPU einfachen — Aufgaben zu erfüllen hat, welche bei der Ein- bzw. Ausgabe anfallen (z. B. die Umwandlung von Dezimal- in Dualzahlen). Wesentlich ist dabei, dass Input bzw. Output nicht notwendig durch die CPU gesteuert zu werden brauchen, sondern dass die I/O-Einheit dazu eigene „periphere Prozessoren" oder *Kanäle* besitzen kann (vgl. Abschnitt 8.4).

Die weiter oben bereits als weitere Bestandteile genannten *Busse* verbinden die drei Hauptelemente miteinander. Logisch handelt es sich dabei um eine oder mehrere Leitungen, auf welcher fest formatierte Bitfolgen transportiert werden, und zwar je nach Aufgabe des Busses in einer Richtung (wie im Falle des Adressbusses) oder in beide Richtungen (beim Datenbus). Wir werden hierauf in Abschnitt 8.5 zurückkommen.

Es sei an dieser Stelle darauf hingewiesen, dass wir uns hier zunächst nur für die *Organisation* eines Von-Neumann-Rechners interessieren. Darunter verstehen wir die logische Anordnung und das generelle Zusammenspiel der einzelnen Komponenten eines Rechners. Im Unterschied dazu werden wir uns in nachfolgenden Kapiteln mit der *Architektur* spezieller Rechner beschäftigen. Dieser Begriff bezieht sich auf das konkrete „Aussehen" eines bestimmten Rechners insbesondere aus der Sicht des (Assembler-) Programmierers, d. h. auf die spezielle (physikalische) Funktionalität (etwa in Form der vorhandenen allgemeinen und speziellen Register oder des Befehlssatzes), welche ihm zur Programmierung zur Verfügung steht. Während also im Allgemeinen viele Rechner die gleiche (allgemeine) Organisation besitzen, unterscheiden sie sich zum Teil wesentlich in ihrer (speziellen) Architektur, welche neben Hardware-Aspekten durchaus auch die (System-) Software (oder die hardwaremäßige Unterstützung für diese) einbezieht.

Es sei erwähnt, dass einige der für die Organisationsbeschreibung des Rechners wichtige Register dem Programmiermodell des Rechners nicht angehören müssen, d. h. für den Assembler-Programmierer unsichtbar bleiben. Hierzu gehören insbesondere die Register MAR, MBR und IR: Sie haben wohl z. B. aus der Sicht der Mikroprogrammierung (vgl. Abschnitt 10.3) Bedeutung, kommen aber bei der Beschreibung der Architektur eines Rechners (vgl. Abschnitt 10.1) nicht vor. Eine Zwischenstellung nimmt der Program Counter PC ein, der einerseits im Zuge der normalen Befehlsverarbeitung automatisch geändert wird, andererseits aber auch durch den Maschinen-Programmierer geändert werden kann (vgl. z. B. Sprungbefehle und Unterprogrammtechniken, wie sie in den Kapiteln 9 und 10 vorgestellt werden).

8.2 Die Arbeitsweise einer Zentraleinheit (CPU)

Nachdem wir uns einen (noch recht groben) Überblick über die Organisation bzw. Struktur eines Von-Neumann-Rechners verschafft haben, wollen wir nun dessen Arbeitsweise und speziell die der CPU erläutern. Dazu kommen wir zurück auf die im letzten Abschnitt angegebenen Kennzeichen (2) und (3): Die Bearbeitung eines speziellen Problems erfolgt gemäß einem Programm, bei welchem es sich um eine Folge von Befehlen handelt. Vor Beginn der Bearbeitung steht dieses zusammen mit den Daten, welche es benötigt, im Speicher. Daraus leiten sich die Charakteristika des Von-Neumann-Rechners ab:

1. Zu jedem Zeitpunkt führt die CPU *genau einen Befehl* aus, und dieser kann (höchstens) *einen* Datenwert bearbeiten (diese Philosophie wird im Allgemeinen durch „*Single Instruction — Single Data*", kurz SISD, abgekürzt).

2. Alle Speicherworte (d. h. Inhalte der Speicherzellen) sind als Daten, Befehle oder Adressen brauchbar. Die jeweilige Verwendung eines Speicherinhalts richtet sich nach dem momentanen Kontext.

3. Da also Daten und Programme nicht in getrennten Speichern untergebracht werden, besteht grundsätzlich keine Möglichkeit, die Daten vor ungerechtfertigtem Zugriff zu schützen.

Eine Befehlsfolge ist also zunächst eine Folge von Binärzahlen festen Formats, welche nach dem so genannten *Maschinencode* aufgebaut ist (vgl. Kapitel 9 und 10). Da Befehle in dieser Form nur schwer lesbar sind, stellt man dem Benutzer eines Rechners bequemere Darstellungen wie z. B. Assemblersprachen zur Verfügung, welche für jeden Befehl einen speziellen *Mnemocode* bereithalten. Damit lassen sich dann z. B. Additions- oder Multiplikationsaufgaben, aber auch komplexere Berechnungen in einer gedächtnisfreundlichen Terminologie formulieren. Auch hier verweisen wir für Beispiele auf die Kapitel 9 und 10 und erläutern an dieser Stelle nur den prinzipiellen Ablauf: Zentrale Bedeutung bei *jeder* Berechnung kommt dem Akku des Datenprozessors zu. Grundsätzlich ist dieser bei jeder arithmetischen oder logischen Operation beteiligt. Daraus folgt unmittelbar, dass auf die explizite Angabe des Akkus in vielen Befehlen verzichtet werden kann. *Einstellige* Operationen wie z. B. die (Boolesche) Negation oder die arithmetischen Operationen Wurzelziehen, Sinusberechnung usw. benötigen somit keinen Operanden (unter der Annahme, dass sich dieser im Akku befindet). Für *zweistellige* Operationen wie Addition oder Multiplikation reicht die Angabe des zweiten Operanden aus; dieser wird dann mit dem Inhalt des Akkus verknüpft, und das Ergebnis wird wieder im Akku abgelegt (analog der aus Abschnitt 5.3 bekannten Arbeitsweise eines Addierwerks). Diesen Befehlstyp nennt man auch *Ein-Adress-Befehl*; es sei angemerkt, dass man aus Gründen der Vereinfachung der Assembler-Programmierung speziell bei modernen „Implementierungen" der von Neumannschen Prinzipien auch Zwei-, Drei- oder sogar Vier-Adress-Befehle erlaubt (insbesondere dann, wenn mehr als ein Akku vorhanden ist); prinzipiell reichen jedoch Befehle mit einer Adresse aus.

Diese Voraussetzungen bedingen den für einen Von-Neumann-Rechner typischen Befehlsablauf: Da der Inhalt einer Speicherzelle als Bitfolge *weder selbstbeschreibend noch selbstidentifizierend* ist, muss der Rechner aufgrund des *zeitlichen Kontextes* selbst entscheiden, wie eine spezielle Bitfolge zu interpretieren ist. Technisch löst man dieses Problem, welches sich aus der Von-Neumann-Philosophie ergibt, durch das so genannte *Zwei-Phasen-Konzept* der Befehlsverarbeitung:

1. In der so genannten Interpretations- oder *Fetch-Phase* wird der Inhalt von PC nach MAR gebracht und der Inhalt dieser Adresse aus dem Speicher über MBR nach IR geholt. Der Rechner geht zu diesem Zeitpunkt davon aus, *dass* es sich bei dieser Bitfolge um einen Befehl handelt. Der Decodierer erkennt, um *welchen* Befehl und insbesondere um welchen Befehls*typ* es sich handelt. Nehmen wir an, der aktuelle Befehl ist ein „Memory-Reference-Befehl", welcher also — im Gegensatz etwa zu einem Halt-Befehl — einen zweiten Operanden aus dem Speicher benötigt, so weiß der Rechner, dass als nächstes dieser Operand aus dem Speicher geholt (unter erneuter Beteiligung von MAR) und in MBR abgelegt werden muss. Schließlich muss der Inhalt von PC aktualisiert werden (vgl. unten).

2. In der darauf folgenden *Execution-Phase* erfolgt die eigentliche Befehlsausführung sowie eine Initiierung der Fetch-Phase für den nächsten auszuführenden Befehl.

In der Realität sind diese Phasen komplizierter, da z. B. in der Fetch-Phase gegebenenfalls Adress-Berechnungen auszuführen sind oder der „Operand" des aktuellen Befehls ein „indirekter" sein kann, d. h. dass der Inhalt der Speicherzelle, deren Adresse er angibt, selbst wieder als Adresse aufzufassen ist. Insbesondere die Fetch-Phase bietet ferner ein Optimierungspotenzial dadurch, dass man sie in Teilphasen zerlegen und die Teilphasen *verschiedener* Befehle zeitlich überlappen kann („Pipelining", vgl. Kapitel 11).

Bei diesem zweistufigen Ablauf, welcher streng seriell zu erfolgen hat, spielt die Zeit, welche benötigt wird zur Interpretation des Befehls, zum Lesen des bzw. der Operanden aus dem Speicher, zum Ausführen des Befehls und zum Ablegen des Ergebnisses im Speicher, eine große Rolle. Bei ersten Realisierungen eines Von-Neumann-Rechners wie z. B. dem UNIVAC-System (vgl. die bibliographischen Hinweise) kostete die Befehlsausführung die meiste Zeit. Heute wird diese von den Speicherzugriffszeiten dominiert, d. h. die Ausführungszeit eines Befehls (durch die ALU) beträgt im Allgemeinen nur noch einen Bruchteil der Zeit, welche benötigt wird, um einen Speicherinhalt zu lesen und über den Bus zur CPU zu übertragen bzw. umgekehrt. Daher spricht man von dieser Kommunikation zwischen CPU und Speicher auch als vom *von Neumannschen Flaschenhals* (*Bottleneck*). Wir kommen darauf weiter unten zurück.

Eine Folge von Befehlen stellt ein *Programm* für einen Rechner dar. Ausgeführt werden die Befehle eines Programms im Allgemeinen in der Reihenfolge, in welcher sie (hintereinander) im Speicher abgelegt sind (und welche durch den Programmierer bestimmt wird). Dazu wird während der Interpretationsphase eines Befehls der Inhalt von PC, welcher die Adresse des nächsten auszuführenden Befehls angibt, lediglich um eins (bzw. um die Anzahl der Bytes, welche zur Speicherung des gerade ausgeführten Befehls benötigt werden) erhöht. Eine Ausnahme bilden (bedingte oder unbedingte) Sprungbefehle (z. B. bei Schleifenenden oder Unterprogramm-Sprüngen); in diesen Fällen ist PC neu zu laden. Beispiele hierfür werden wir insbesondere in Kapitel 10 kennen lernen; wir können jedoch bereits an dieser Stelle die Beschreibung der Fetch-Phase wie folgt zusammenfassen:

MAR ← PC;
MBR ← <MAR>;
IR ← MBR;
decodiere IR;
falls kein Sprungbefehl
      dann { stelle Operanden bereit; PC ← PC + 1 }
      sonst PC ← Sprungzieladresse;

(Die Schreibweise „<MAR>" bezeichnet dabei den Inhalt der Zelle mit der in MAR enthaltenen Adresse.)

Damit ist die Beschreibung des „klassischen" von Neumannschen Universalrechnerkonzepts und speziell der Arbeitsweise einer CPU zunächst einmal abgeschlossen. Wenngleich nahezu alle bis heute entwickelten Rechner mit *einer* CPU (so genannte Ein-Prozessor-Anlagen) dem Aufbau des Von-Neumann-Rechners folgen, so zeigten sich doch schon recht früh mehr oder weniger starke Abweichungen vom Ur-Modell, welche zum Teil durch technologischen Fortschritt, zum Teil aber auch durch grundsätzliche Unzulänglichkeiten wie z. B. den bereits erwähnten Bottleneck motiviert waren. Auf einige davon werden wir weiter unten und insbesondere in Kapitel 11 eingehen.

8.3 Der Speicher

Der Speicher eines Von-Neumann-Rechners und speziell dessen RAM-Anteil besteht konzeptionell aus einer Folge von Zellen, welche einzeln adressierbar sind. Hieraus ergeben sich unmittelbar zwei Kenngrößen: Die „Breite" m einer Zelle, d. h. ihre Länge in Bits, und die „Länge" N des Speichers insgesamt, d. h. die Gesamtzahl der Zellen. Ein zumeist verwendeter Wert für m ist 8, d. h. jede Speicherzelle umfasst 8 Bits oder 1 *Byte*. Die Zahl N ist im Allgemeinen eine höhere Zweierpotenz und hat also die Form $N = 2^n$ mit z. B.

- $n = 20$, d. h. $N = 2^{20} = (2^{10})^2 = 1.024 \cdot 1.024 = 1\,K \cdot 1\,K = 1\,M$ („Mega" bzw. „Megabyte" bei einem byte-adressierbaren Speicher) oder

- $n = 30$, d. h. $N = 2^{30} = (2^{10})^3 = 1.024 \cdot 1.024 \cdot 1.024 = 1\,M \cdot 1\,K = 1\,G$ („Giga" bzw. „Gigabyte" bei einem byte-adressierbaren Speicher) oder

- $n = 40$, d. h. $N = 2^{40} = (2^{10})^4 = 1.024 \cdot 1.024 \cdot 1.024 \cdot 1.024 = 1\,M \cdot 1\,M = 1\,T$ („Tera" bzw. „Terabyte" bei einem byte-adressierbaren Speicher) oder

- $n = 50$, d. h. $N = 2^{50} = (2^{10})^5 = 1.024 \cdot 1.024 \cdot 1.024 \cdot 1.024 \cdot 1.024 = 1\,G \cdot 1\,M = 1\,P$ („Peta" bzw. „Petabyte" bei einem byte-adressierbaren Speicher).

Weiter können bei modernen Rechnern auch bestimmte Vielfache der kleinsten adressierbaren Einheit direkt angesprochen werden, was dann etwa bei einem 32 Bit-Rechner auf Halbwort- (2 Bytes) oder Wort-Adressen (4 Bytes) führt. Ein Speicher mit z. B. 128 M Plätzen à 1 „Wort" (= 4 Bytes) hat damit insgesamt die Größe 512 M Byte, und es sei erwähnt, dass Speichergrößen heute meist in Megabyte (MB, entsprechend $2^{20} \approx 10^6$ Bytes) oder Gigabyte (GB, entsprechend $2^{30} \approx 10^9$ Bytes), gelegentlich auch schon in Terabyte (TB, entsprechend $2^{40} \approx 10^{12}$ Bytes) angegeben werden.

Wir wollen hier nicht auf die physikalische Realisierung von Speichern eingehen; hierzu vergleiche man die weiter unten angegebene Literatur. Es sei allerdings bemerkt, dass die Gesamtzahl N adressierbarer Einheiten direkt mit der Größe des MAR (vgl. Abschnitt 8.1) zusammenhängt: Für $N = 2^n$, was die Verwendung von Adressen zwischen 0 und $2^n - 1$ erlaubt, muss das MAR (mindestens) n Bits umfassen. Analog hängt die Größe des MBR mit den verwendbaren Clustern adressierbarer Einheiten zusammen: Falls man etwa bis zu 4 (aufeinander folgende) Bytes auf einmal ansprechen kann, so muss das MBR 32 Bits aufnehmen können.

Der Speicher eines Von-Neumann-Rechners, auch *Arbeits- oder Hauptspeicher* genannt, wurde bis etwa Mitte der 70er Jahre als Ferritkernspeicher realisiert. Dabei wurde bereits früh das Problem deutlich, dass die Ausführungszeit eines Programms wesentlich von der Speicherzugriffszeit des Rechners oder allgemein von der Zeit bestimmt wurde, welche die CPU zur Kommunikation mit ihrem Arbeitsspeicher benötigte. Durch heute erreichbare Gatterschaltzeiten (im Nanosekunden-Bereich) sind — wie oben erwähnt — tatsächlich Befehlsausführungszeiten vernachlässigbar gegenüber Zugriffszeiten zum Speicher.

Weiter beschleunigen kann man in dieser Situation nur durch eine effizientere Nutzung des Speichers, was zu einer *Speicherhierarchie* geführt hat, welche heute in jedem (Von-Neumann-) Rechner anzutreffen ist. Der Zentralprozessor kommuniziert dabei mit einer top-down organisierten *Folge von Speichern*, deren Preis (pro Bit) ab- und deren Größe und Zugriffszeit zunimmt mit wachsender „Entfernung" von der CPU. Der CPU unmittelbar als Speicherzellen zugeordnet sind nach wie vor die *Register*, wobei moderne Rechner auf mehr als drei von diesen im Daten- bzw. Befehlsprozessor zurückgreifen können. Insbesondere findet man heute im Allgemeinen mehrere Akkus oder *allgemeine* Register bzw. mehrere, dem Akku untergeordnete Multiplikandenregister im Datenprozessor; der Befehlsprozessor kann ferner über zusätzliche *spezielle* Register wie z. B. Index-Register verfügen, welche Adress-Berechnungen unterstützen. Auf der zweiten Ebene der Hierarchie befindet sich häufig ein so genannter *Cache-Speicher* als Bindeglied zwischen CPU und Arbeitsspeicher, in welchem die als nächstes benötigten oder häufig benutzten Daten und Befehle zwischengespeichert werden. Die diesen Speichern zugrunde liegende Idee ist die spekulative so genannte „90:10-Regel", welche besagt, dass (in den meisten Anwendungen) bei rund 90% aller Zugriffe nur etwa 10% der Daten, auf denen ein Programm insgesamt arbeitet, bereitstehen müssen. Referenzen auf Programmdaten sind also fast ausschließlich „lokaler" Natur. Es sei bereits an dieser Stelle bemerkt, dass moderne Realisierungen des Von-Neumann-Konzepts mehrere Cache-Levels (meistens Level 1 oder L1 sowie Level 2 oder L2) unterscheiden. Dabei ist ein L1-Cache stets und ein L2-Cache erst bei fortgeschrittener Technologie auf dem Prozessor-Chip untergebracht.

Die nächste Stufe enthält den eigentlichen Arbeits- oder *Primärspeicher*, welcher heute aus Halbleiter-Bauelementen besteht und normalerweise eine Größe im MB-Bereich hat. Beim Öffnen einer Datei wird diese in den Primärspeicher übertragen.

```
          ┌─────────────────────┐
          │         CPU         │
          └─────────────────────┘
                     ↕
          ┌─────────────────────┐
          │      Register       │
          └─────────────────────┘
                     ↕
          ┌─────────────────────┐
          │       Cache         │
          └─────────────────────┘
                     ↕
          ┌─────────────────────┐
          │    Hauptspeicher    │
          └─────────────────────┘
                     ↕
          ┌─────────────────────┐
          │   Hintergrund-      │
          │     speicher        │
          └─────────────────────┘
```

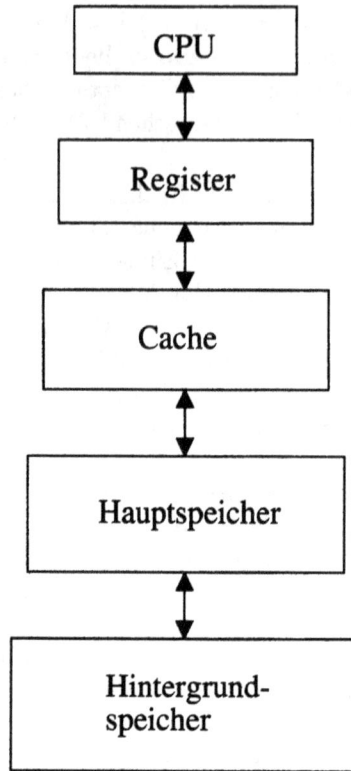

Abbildung 8.3: Speicherhierarchie.

Auf der untersten Stufe folgen dann *Sekundär-Speicher*, welche zur Aufnahme großer Datenmengen oder von Programmen dienen, auf die relativ selten zurückgegriffen werden muss. Hierzu werden magnetisierbare oder optische Medien verwendet. Insgesamt stellt sich die Speicherhierarchie wie in Abbildung 8.3 gezeigt dar.

Der weiter oben erwähnte ROM-Teil des Speichers dient unter anderem zur Aufnahme von System-Funktionen in Form von Mikroprogrammen. Daher wird dieser im Allgemeinen in das Steuerwerk des Befehlsprozessors integriert. Durch Fortschritte in der Technologie kommen heute statt ROMs auch PROMs (Programmable ROM), EPROMs (Erasable PROM) oder EEPROMs (Electrically EPROM) zum Einsatz, deren Speicherinhalt zwecks Austausch des Mikroprogramms gelöscht und neu beschrieben werden kann.

Wir wollen als nächstes kurz auf die Speicher, welche heute üblicherweise verwendet werden, etwas näher eingehen. Die oben beschriebene Hierarchie von Speichern, mit denen die Zentraleinheit eines Rechners kommuniziert, dient dazu, den Arbeitsspeicher der CPU so zu erweitern, dass die Bearbeitung großer Programme und großer Datenmengen möglich wird. Daneben kommt insbesondere magnetisierbaren Sekundärspeichern die Aufgabe zu, Programme und insbesondere Daten über längere Zeit und unabhängig von einer (permanenten) Stromversorgung zu konservieren. Dies führte bereits früh zur Entwicklung von Fest- bzw. Wechselplatten-Speichern sowie zum Einsatz von Magnetband-Geräten. Speziell im Zusammenhang mit der zunehmenden Verbreitung von Personal- und Arbeitsplatzcomputern („Workstations") hat dabei der Plattenspeicher eine rasante Entwicklung durchlaufen, welche im Wechselplatten-Bereich zunächst zu den Disketten und im Festplatten-Bereich zu den *Winchester-Platten* geführt hat.

Bei der *Diskette*, früher auch Floppy-Disk genannt, handelt es sich um eine flexible, mit einer magnetisierbaren Schicht versehene Kunststoffscheibe, welche in eine feste Hülle eingeschweißt ist. Auf dieser Scheibe werden Informationen auf konzentrischen Kreisen („Spuren") gespeichert, welche in direkt adressierbare Sektoren unterteilt sind. Disketten wurden erstmals 1970 vorgestellt und haben insbesondere in den 90er Jahren eine weite Verbreitung gefunden. Die Entwicklung hat insbesondere die Parameter Spurdichte, Aufzeichnungsdichte innerhalb der Spuren und ein- oder beidseitige Aufzeichnung stark beeinflußt. Am Anfang standen 8-Zoll-Disketten (entsprechend einem Durchmesser von $8 \cdot 2,54 = 20,32$ cm) mit einer Kapazität von 128 KB. Heute sind nur noch $3\frac{1}{2}$ -Zoll-Disketten mit einer Kapazität von 1,44 MB in Gebrauch. Die Bedeutung dieses Speichermediums nimmt auf Grund der Platzlimitierung allerdings ab. Als wesentliche Vorteile dieses Speichermediums galten stets leichte Auswechselbarkeit, Beschreibbarkeit und geringer Anschaffungspreis. Demgegenüber steht der Nachteil der leichten Verschmutzbarkeit und — unter Umständen als Folge hieraus — die Gefahr der Beschädigung, insgesamt also eine niedrige Lebensdauer. Man bedenke auch, dass die Daten eines einzigen Digitalbildes die Kapazität einer Diskette bereits übersteigen können. Wenngleich heute die meisten PCs und Notebooks noch über ein Diskettenlaufwerk als Standardausstattung verfügen, ist erkennbar, dass dies nicht mehr lange der Fall sein wird.

Von großer Bedeutung als externe Speicher sind heute optische Massenspeicher, insbesondere die aus der Audiotechnik stammende *CD-ROM (Compact Disk)* und die DVD (*Digital Versatile Disk*). Dies sind Festwertspeicher (ROM), untergebracht auf einer Scheibe von 8 cm Durchmesser. Die CD-ROM hat eine hohe Speicherkapazität von typischerweise 700 MB, welche es ermöglicht, auch Audio- oder Video-Daten auf diesem Medium abzulegen. Als technisch recht unempfindlicher Speicher basiert die CD-ROM auf Laser-Technik; Laser-Strahlen werden durch kleinste Vertiefungen („Dimples"), die auf einer als Spirale von innen nach außen angelegten Spur auf die Scheibe (Disk) aufgebracht worden sind, zu einem optischen Empfänger hin- oder davon fort gelenkt. Wichtige Einsatzfelder von CD-ROMs sind die Datensicherung sowie die Bereitstellung von Software-Paketen. Neben CD-ROMs, die nach einmaligem Beschreiben nur noch gelesen werden können, können heutige Rechner optische Speicher auch beschreiben („Brennen"), insbesondere sind CD-Recordable und CD-ReWritable (abgekürzt CD-R bzw. CD-RW) in Gebrauch.

Die DVD mit bis zu 17 GB Speicherkapazität ist heute ebenfalls weit verbreitet, und auch hier stehen Weiterentwicklungen (wie die HD-DVD, die HVD oder die Blu-Ray-Disk) vor der Markteinführung.

Winchester-Platten bzw. -Laufwerke sind Magnetplattenspeicher, welche im Gegensatz zu anderen magnetisierbaren Platten ganz aus Aluminium bestehen. Sie werden fest in ein Gehäuse montiert („Festplattenspeicher"). Der Name „Winchester", welcher heute nicht mehr explizit verwendet wird, war ursprünglich die IBM-interne Bezeichnung für ein Entwicklungsprojekt, durch welches 1973 mit der Vorstellung des

Modells 3340 diese Art Speichersystem auf den Markt gebracht wurde. Wesentliches Kennzeichen dieser Technik ist die Tatsache, dass die Schreib-Leseköpfe beim Anlaufen bzw. Stoppen nicht mehr abgehoben werden müssen. Ferner werden Platten und Köpfe hermetisch in ein Gehäuse eingeschlossen, so dass z. B. Staubfreiheit garantiert werden kann. Zahlreiche weitere Verbesserungen gegenüber herkömmlichen Plattenspeichern wie z. B. die Verwendung von Dünnfilm- statt Ferritköpfen, die Erhöhung der Schreibdichte durch neue Aufzeichnungsverfahren oder die Verkleinerung der Antriebssysteme, der Schreib-Lese-Controller und der Interfaces nach außen haben zu deutlich verringerten Größen geführt.

Es sei an dieser Stelle erwähnt, dass auch Magnetbänder sowie -kassetten trotz ihrer langsamen Zugriffszeit und der geringen Packungsdichte nach wie vor wichtig sind, da sie wegen ihrer großen Sicherheit insbesondere für die Langzeitarchivierung unentbehrlich sind. Die Betrachtung all dieser unterschiedlichen Speicherungstechniken lässt die Vermutung zu, dass die physikalischen Möglichkeiten zur Entwicklung noch leistungsfähigerer Speichermedien noch keineswegs ausgeschöpft sind. So wird es heute häufig nicht mehr als vorrangig angesehen, Programme hinsichtlich des Speicherplatzbedarfs zu optimieren.

Die moderne Entwicklung gibt dem Rechner eine neue mediale Dimension: Neben dem Wort (Text) wird auch das Bild und der Film in die Darstellungsmöglichkeiten integriert.

8.4   Die E/A-Einheit.
Das Konzept des Interrupts

In diesem Abschnitt behandeln wir den dritten Grundbaustein eines Von-Neumann-Rechners, die E/A-Einheit. Moderne Rechner besitzen meist, wie wir im nächsten Abschnitt noch genauer beschreiben werden, einen separaten I/O-Bus, welcher die E/A-Peripherie mit dem Primär- und/oder Sekundärspeicher verbindet. Dieser Bus wird häufig von einem eigenen I/O-Prozessor (und nicht von der CPU selbst) gesteuert. In diesem Abschnitt wollen wir erläutern, welche Möglichkeiten zum Entwurf eines solchen Prozessors heute Verwendung finden. Es sei bemerkt, dass wir uns hier nur mit dem I/O befassen, welcher die „Außenwelt" in dem Sinne betrifft, dass Daten oder Programme in einen Rechner eingegeben oder von diesem ausgegeben werden sollen; wir interessieren uns also nicht für rechnerinternen „Programm-I/O", d. h. die Frage, wie ein Programm die von ihm benötigten Daten aus dem Speicher in die CPU-Register bzw. umgekehrt überträgt.

Eine Ein- oder Ausgabe betrifft damit die Übertragung von Daten oder Programmen zwischen einem Endgerät und dem Speicher eines Rechners, wobei wir weiter unten noch kurz erläutern werden, was unter einem Endgerät verstanden werden kann. Insbesondere unter der Annahme, dass grundsätzlich die CPU alle Abläufe in einem Rechner kontrolliert, erfordert diese Übertragung offensichtlich eine Kontrolle, welche insbesondere folgenden Problemen Rechnung trägt:

1. Die CPU als das den Zugang zum Speicher kontrollierende Organ kann in dem Moment, in dem ein I/O-Gerät übertragen will, beschäftigt sein.

2. Falls das I/O-Gerät nur wesentlich langsamer als die CPU Daten senden bzw.

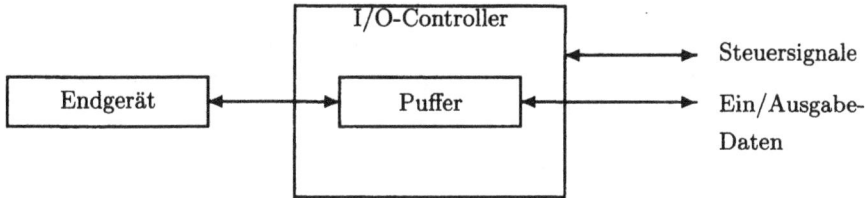

Abbildung 8.4: Organisation einer I/O-Einheit.

empfangen kann, so wird die CPU unter Umständen unnötig lange durch einen I/O-Vorgang blockiert.

Zur Lösung dieser Probleme besteht eine I/O-Einheit im Allgemeinen aus dem eigentlichen Endgerät sowie einem *I/O-Controller*, welche über eine Datenleitung miteinander verbunden sind. (Es sei bemerkt, dass ein Controller häufig mehrere Endgeräte gleichzeitig steuert.) Der Controller verfügt weiter über einen eigenen Puffer zur Zwischenspeicherung von Input oder Output sowie über zwei weitere Verbindungen: Über eine Datenleitung kann er mit dem Speicher kommunizieren; über eine Steuerleitung kann er daneben Kontrollsignale mit der CPU austauschen. Diese Situation ist in Abbildung 8.4 dargestellt. Die an die CPU gesendeten Signale umfassen etwa „send" (als Ausdruck eines Sendewunsches), „ack" zur Bestätigung eines Empfangs, „error" oder „done"; in umgekehrter Richtung können Signale wie „go", „ack", „error" oder „repeat" empfangen werden. Typische, heute verwendete I/O-Controller sind die Folgenden:

Ein *serieller* I/O-Controller (SIO) kann sowohl mit den an ihn angeschlossenen Endgeräten als auch mit CPU und Speicher nur über serielle Leitungen kommunizieren. Demgegenüber verfügt ein *paralleler* I/O-Controller (PIO) über parallele Busse zum Endgerät sowie zum Speicher hin. Eine Kombination aus beiden stellt ein heute hauptsächlich bei Mikrocontrollern verwendetes *Universal Asynchronous Receiver and Transmitter* (UART) dar, bei welchem Endgeräte (z. B. die Sensoren eines Motors, der von dem Mikrocontroller gesteuert wird) über serielle Leitungen angeschlossen sind und mit dem Speicher über einen parallelen Bus kommuniziert wird.

Generell müssen sich die beiden „Partner" eines I/O-Vorgangs, also I/O-Controller und CPU bzw. Speicher, zunächst über den Beginn dieses Vorgangs verständigen. Dazu verfügt der Controller über ein *Status-Wort*, welches in entsprechenden Flags z. B. anzeigt, ob der Controller bereit zum Senden oder Empfangen ist, und welches von der CPU inspiziert werden kann. Man spricht von einem *programmierten I/O*, falls die CPU dieses Abfragen in regelmäßigen Abständen (häufig) durchführt. Dabei wird unterstellt, dass die CPU einen I/O durchführt, sobald sie den Controller hierfür bereit vorfindet; nach Beginn der Übertragung leert bzw. füllt der Controller seinen Puffer in den bzw. aus dem Speicher und kommuniziert gleichzeitig mit dem an diesem Vorgang beteiligten Endgerät. Falls letzteres vergleichsweise langsam arbeitet, wird die CPU dadurch unnötig lange blockiert. Ein weiteres Problem dieser Vorgehensweise besteht darin, dass (speziell bei schnellen Endgeräten) ein „Scanning" des Controller-Status weitaus öfter als nötig durchgeführt wird.

Abhilfe schafft in dieser Situation das Konzept des *Interrupt-gesteuerten I/O*, welches auf folgender Idee beruht: Sobald ein bestimmtes Ereignis (z. B. „Controller bereit zum Senden") eintritt, wird ein spezielles Interrupt-Signal erzeugt und zur CPU geschickt. Diese unterbricht sodann das gerade ausgeführte Programm und reagiert auf dieses Ereignis, um anschließend die Programm-Ausführung fortzusetzen. Hierbei wird der Status des Controllers also nur „bei Bedarf" von der CPU inspiziert, so dass insbesondere unnötige Abfragen vermieden werden. Konkret kann damit z. B. eine Eingabe wie folgt ablaufen:

1. Das Endgerät ist bereit zur Übertragung von Daten in den Rechner; daher sendet der Controller ein Interrupt-Signal an die CPU.

2. Die CPU inspiziert den Controller-Status und sendet ein Start-Signal; danach kann sie ihre vorherige Tätigkeit fortsetzen.

3. Der Controller empfängt Daten vom Endgerät und speichert diese in seinem Puffer. Sobald der Puffer voll oder die Datenübertragung vom Endgerät beendet ist, sendet der Controller einen weiteren Interrupt an die CPU.

4. Die CPU unterbricht das gerade ablaufende Programm erneut und führt die Übertragung der Daten aus dem Controller-Puffer in den Speicher durch. Anschließend setzt sie die Ausführung des unterbrochenen Programms fort.

Man beachte, dass sowohl beim programmierten wie auch beim Interrupt-gesteuerten I/O die CPU grundsätzlich beteiligt ist, wenngleich sie bei der eigentlichen Übertragung nur eine steuernde Funktion (nicht aber eine „berechnende") übernimmt. Es ist daher nahe liegend, die CPU bei solchen Vorgängen weiter zu entlasten dadurch, dass diese Steuer-Funktionen in den I/O-Controller selbst verlagert werden. Dies führt auf eine weitere Klasse von Controllern, die *Direct Memory Access-* (DMA-) Controller, welche mit der CPU nur noch Steuerinformationen austauschen und daneben (über einen Bus) direkten Zugriff auf den Speicher haben. In diesem Fall sind Speicher und Controller nach dem Prinzip des „Cycle Stealing" miteinander verbunden: Tritt bei einem Speicherzugriff ein Konflikt mit der CPU auf, so wird dem DMA-Controller Vorrang gewährt; der CPU wird dann für einige Zeitzyklen der Zugriff zum Speicher entzogen.

Diese Idee der „Umgehung" der CPU bei der Ausführung einfacher Aufgaben hat zur Entwicklung eigenständiger *I/O-Prozessoren* geführt, welche heute gerade bei größeren Rechnern ausnahmslos verwendet werden, und welche neben dem reinen I/O eine Reihe weiterer Aufgaben (wie z. B. Paritätsprüfungen oder Code-Konvertierungen) übernehmen.

Das oben in Zusammenhang mit der Ein/Ausgabe eingeführte Konzept des Interrupts wird in Rechnern heute zur Lösung einer Reihe weiterer Aufgaben verwendet. Insbesondere unterscheidet man verschiedene Klassen von Interrupts in Abhängigkeit davon, an welcher Stelle sie auftreten oder wie die CPU auf sie reagiert:

- Ein *externer* Interrupt wird außerhalb der CPU verursacht; ein typisches Beispiel ist ein von einem I/O-Controller verursachter Interrupt. Demgegenüber wird ein *interner* Interrupt innerhalb der CPU erzeugt. Als Beispiele hierfür seien etwa Spannungsstörungen oder Programm-Fehler (z. B. Division durch Null), so genannte *Traps*, genannt.

- Ein *maskierbarer* Interrupt kann (vorübergehend) außer Kraft gesetzt werden, d. h. er wird von der CPU zunächst ignoriert. Dies ist insbesondere dann sinnvoll, wenn ein bestimmtes Programm oder Teile daraus ohne Unterbrechung ablaufen müssen; tritt während der Ausführung eines derartigen Programms ein solcher Interrupt auf und ist dieser maskiert, so reagiert die CPU erst nach Beendigung des Programmlaufs auf diesen. I/O-Interrupts sind im Allgemeinen maskierbar. Im Unterschied dazu führt ein *unmaskierbarer* Interrupt stets zu einer Unterbrechung der CPU.

Interrupts werden im Allgemeinen mit Prioritäten versehen, was insbesondere für ihre Verschachtelung von Bedeutung ist: Falls während der Reaktion der CPU auf einen bestimmten Interrupt ein weiterer auftritt, so ist es sinnvoll, die CPU nur dann erneut zu unterbrechen, wenn der zweite Interrupt eine höhere Priorität als der erste besitzt. Im Hinblick auf eine Maskierung wird es dann möglich, während einer Programmausführung nur die unmittelbare Reaktion auf Interrupts ab einer bestimmten Priorität aufwärts zu erlauben.

Die Reaktion einer CPU auf einen Interrupt erfolgt in der Form, dass zunächst das gerade laufende Programm unterbrochen wird. Sodann wird in Abhängigkeit von dem vorliegenden Interrupt ein spezielles Programm, der so genannte *Interrupt-Handler*, gestartet, welches im Speicher ab einer der CPU bekannten Adresse abgelegt ist. Nach Beendigung dieses Programms wird die Ausführung des zuvor unterbrochenen fortgesetzt.

Ein/Ausgabe-Geräte

Als Ein/Ausgabe-Geräte werden heute im Allgemeinen CRT- (*Cathode-Ray Tube*) oder Flüssigkristall-Bildschirme (*Liquid Crystal Displays*, kurz LCDs, auch „Flach-Bildschirme" genannt) eingesetzt, welche in Kombination mit einer Tastatur kurz als *Terminals* bezeichnet werden. Während der Bildschirm selbst grundsätzlich eine Ausgabe-Einheit darstellt, können Terminals insgesamt auf verschiedene Arten als Eingabe-Einheit verwendet werden. Die Tastatur kann zur Eingabe von (Kontroll-) Kommandos oder auf dem Bildschirm darzustellender Zeichen benutzt werden. Eine zentrale Rolle dabei spielt die Kontrolle des *Cursors*, welcher die Stelle auf dem Bildschirm bestimmt, an welcher das nächste eingegebene Zeichen angezeigt wird. Zur Bestimmung dieses „aktuellen Punktes" auf einem graphischen Bildschirm steht anstelle von Tasten zur Cursorsteuerung im Allgemeinen eine *Maus* zur Verfügung. Die Maus ist aus ergonomischer Sicht eine geniale Lösung, da sie der natürlichen Fähigkeit des Menschen, Bewegung in Aktion umzusetzen, in idealer Weise entgegenkommt.

Als weitere Eingabe-Einheit speziell bei Graphik-Terminals sei noch das *Graphik-Tablett* erwähnt, welches die bekannteste Art, graphische Information aufzuzeichnen („mit Papier und Bleistift") nachzubilden versucht. Es besteht aus einem speziellen Stift, mit welchem auf dem Tablett geschrieben werden kann; dieses wiederum ist mit Sensoren versehen, über welche die Position des Stiftes auf der Tablett-Oberfläche festgestellt (und auf den Bildschirm übertragen) werden kann. Auch eine Eingabe

durch Berührung des Bildschirms mit den Fingern ist bei manchen Geräten möglich
(„Touch Screen"), und man kann heute z. B. bei Tablet PCs auf den Bildschirm
schreiben, ohne eine Tastatur oder Maus zu benötigen. Prinzipiell gehört auch der
Scanner zu den Eingabe-Geräten (dieser sollte nicht verwechselt werden mit dem in
Abschnitt 10.2.1 behandelten Leseprogramm für Quellcode).

Lochkarten- bzw. -streifen-Leser und -Stanzer werden heute nicht mehr als E/A-
Geräte verwendet. Für die Ausgabe nach wie vor von hoher Bedeutung sind Drucker,
wobei mechanische (Trommel- oder Ketten-) Drucker speziell für hohe Geschwindigkeiten, Matrix-, thermische oder Laser-Drucker dagegen primär für hohe Qualität
eingesetzt werden. Schließlich seien noch Plotter zur Ausgabe spezieller Zeichnungen
(insbesondere Kurven) auf Papier erwähnt. Die multimediale Bedeutung des Computers wird auch dadurch bewusst, dass sowohl Lautsprecher als auch Birmschirmpro-
jektionsgeräte (Beamer) zu den Ausgabe-Geräten zu zählen sind.

Je nach Anzahl und Daten-Transfer-Geschwindigkeit werden I/O-Geräte über separate DMA-Kanäle mit dem Rechner verbunden, oder es werden mehrere Geräte
über einen Multiplexer (vgl. Abschnitt 2.2) an einen Kanal angeschlossen. Beim Anschluss von Peripherie kommen die im nächsten Abschnitt beschriebenen Busse zur
Anwendung.

8.5   Busse

In diesem Abschnitt wollen wir kurz einige wichtige Charakteristika der Verbindungen, also der Busse, zwischen den Hauptelementen eines Von-Neumann-Rechners behandeln; diese wurden ja bereits mehrfach angesprochen. Wesentlich ist zunächst die
z. B. im letzten Abschnitt im Zusammenhang mit SIO und PIO bereits angesprochene Unterscheidung zwischen seriellen und parallelen Bussen: Besteht ein Bus lediglich aus einer 1-Bit-Leitung, so lassen sich Bits über ihn nur seriell transportieren.
Diese billige, aber langsame Lösung wird häufig ersetzt durch schnelle, aber teurere
Parallel-Busse: Bei diesen können über parallele Leitungen mehrere Bits gleichzeitig übertragen werden. Da Busse mehrere Rechnerteile wahlweise verbinden, müssen
auch sie mit einer zentralen, synchronisierenden Steuerung versehen werden; neben
Daten- und Adressleitungen, wie in den Abbildungen 8.1 und 8.2 gezeigt, werden also
auch Steuerleitungen in einen Bus einbezogen. Da wir nur an einer logischen Sicht
interessiert sind, gehen wir auf das Problem der Realisierung einer solchen Steuerung
hier nicht ein.

Wenngleich man konzeptionell mit einem einzigen Bus auskommt, über welchen
dann Daten, Befehle, Adressen und Kontrollsignale je nach Bedarf transportiert werden und welcher dann als Systembus bezeichnet wird, wird meist zumindest zwischen
einem Daten- und einem Adressbus unterschieden. Dies ist dadurch motiviert, dass
die Länge einer Speicherzelle im Allgemeinen verschieden ist von der Länge ihrer
Adresse (vgl. vorletzter Abschnitt): Falls eine Speicherzelle m Bits aufnehmen kann,
zur Darstellung ihrer Adresse n Bits erforderlich sind und $m \neq n$ gilt, so ist es nicht
sinnvoll, den gleichen Bus zur Übertragung von Daten und Adressen zu verwenden,
da etwa im Fall $m > n$ bei einem parallelen m-Bit-Bus ein gewisser Anteil während
einer Übertragung ungenutzt bleibt.

Genauer besteht der folgende Zusammenhang zwischen der Größe eines Arbeitsspeichers und der „Breite" eines Busses, welcher diesen mit der CPU verbindet: Besitzt

der Speicher z. B. $2^{24} = 16 \cdot 1024 \cdot 1024 = 16$ M Plätze, so benötigt man ohne weitere Kunstgriffe zum Zugriff auf eine Speicherstelle eine Adresse der Länge 24 Bits. Der Adressbus muss dann also in der Lage sein, 24 Bits (seriell oder parallel) innerhalb eines Taktes zu transportieren. Umgekehrt lässt sich aus einer Angabe wie z. B. „24-Bit-Adressbus" damit auch die Anzahl der direkt adressierbaren Speicherplätze (2^{24}) errechnen. Besitzt ein Rechner andererseits etwa einen 32-Bit-Datenbus, so bedeutet diese Angabe, dass jeder Speicherplatz 4 Bytes enthält bzw. genauer, dass bis zu 4 Bytes in einem Zugriff angesprochen werden können (wenngleich die kleinste adressierbare Einheit etwa ein einzelnes Byte sein kann). Hieraus folgt, dass (speziell bei separatem Daten- und Adressbus) die Breite des Datenbusses mit der Länge des MBR und die des Adressbusses mit der Länge des MAR übereinstimmen muss.

Während die gerade beschriebene Unterteilung in Daten- und Adressbus auch auf den Leitungen *eines* Busses realisiert werden kann, werden in modernen Rechnern im Allgemeinen andere Unterscheidungen hinsichtlich der Aufgaben vorgenommen, für welche separate Busse verwendet werden. Hierfür gibt es mehrere Gründe:

1. Busse können *synchron* oder *asynchron* arbeiten. Synchron arbeitende Busse sind dabei einfacher zu realisieren, aber sie verlangen, dass alle angeschlossenen Komponenten mit der gleichen Geschwindigkeit arbeiten. De facto ist dies nicht der Fall, denn eine CPU arbeitet im Allgemeinen schneller als z. B. eine Festplatte. Ein synchron arbeitender Bus muss derartige Unterschiede durch eine geschickte Taktung ausgleichen. Bei einem asynchron arbeitenden Bus kann die CPU ihre Taktperiode an die Geschwindigkeit der Einheit, mit welcher sie gerade kommuniziert, anpassen; ein solcher Bus ist zwar aufwändiger zu realisieren, wird jedoch rechnerintern zumeist verwendet.

2. Ist nur ein Bus vorhanden, so ist dieser Allgemeinen einer kontinuierlichen hohen Belastung ausgesetzt dadurch, dass sämtliche angeschlossenen Systemkomponenten auf ihn zugreifen. Dies kann zu Wartesituationen führen (etwa dann, wenn der Bus durch einen I/O-Vorgang belegt ist und die CPU einen Speicherzugriff durchführen möchte); dies kann sogar zu Verklemmungen auf dem Bus führen, die dann eine Reset-Operation erfordern.

Es ist daher heute üblich, in einem Rechnersystem mehrere Busse vorzusehen, welche sich in ihrer Geschwindigkeit sowie in der Art und Anzahl ihrer angeschlossenen bzw. anschließbaren Komponenten unterscheiden. Als Beispiel zeigt Abbildung 8.5 ein System mit zwei Bussen, bei welchem die CPU mit dem Cache und dem Hauptspeicher über einen schnellen Prozessor/Speicherbus verbunden ist (welcher dann auch als der Systembus bezeichnet wird) und die langsameren E/A-Geräte an einen separaten E/A-Bus angeschlossen sind; an diesen können auch weitere Einheiten wie z. B. ein Grafik-Controller angeschlossen werden. Die Busse werden über eine so genannte *Bridge* miteinander verbunden (so dass auch Daten von aussen in den Hauptspeicher gelangen bzw. ausgegeben werden können.) Die Busse operieren grundsätzlich unabhängig voneinander mit im Allgemeinen deutlichen Geschwindigkeitsunterschieden (vgl. Abbildung 8.7 unten), und sie unterscheiden sich in der Länge. Abbildung 8.6 zeigt eine Variante eines Zweibussystems, bei welcher der Hauptspeicher direkt an die Bridge angeschlossen ist.

Wir bemerken abschließend, dass bei modernen Personalcomputern, Workstations sowie bei tragbaren Rechnern (Laptops) Busse gemäß speziellen Industriestandards

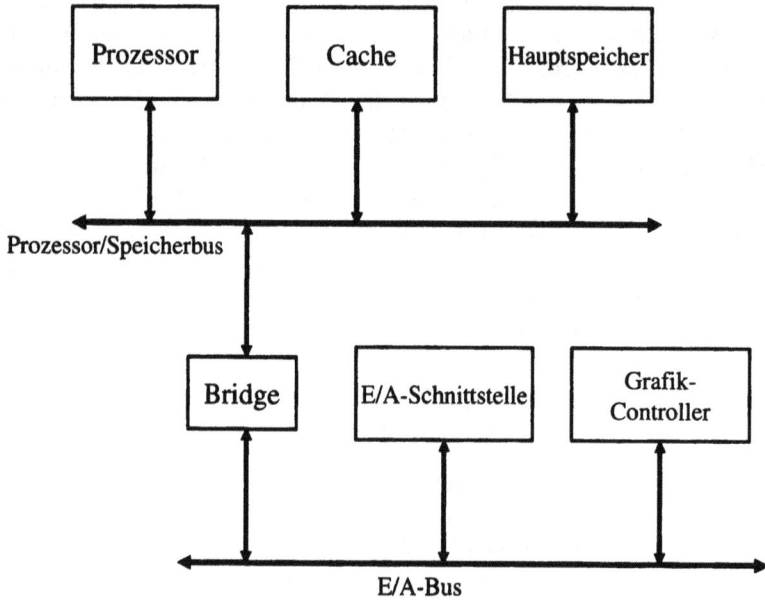

Abbildung 8.5: Zweibussystem.

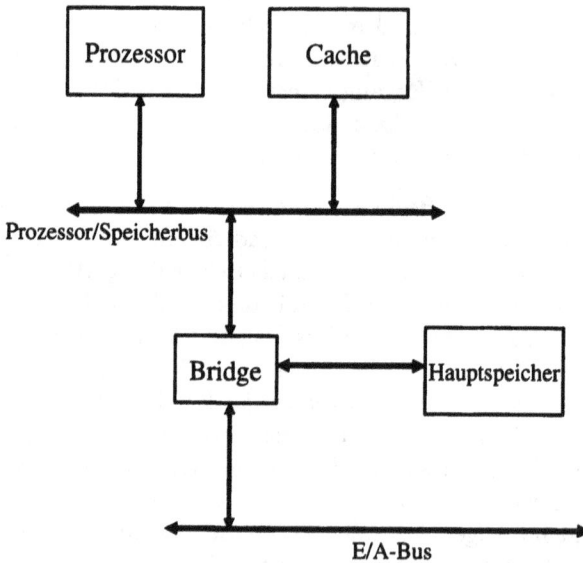

Abbildung 8.6: Variante des Zweibussystems.

verwendet werden, die dann als spezielle Baugruppen oder Steckkarten realisiert sind; einige dieser Standards sind die Folgenden:

- Der *PCI-Bus* (für *Peripheral Component Interconnect*) wurde ursprünglich von Intel als Prozessor-naher, aber Prozessor-unabhängiger Systembus entwickelt, um schnelle Komponenten (wie Grafik- oder Netzwerk-Kontroller) daran betreiben zu können. Die Verbindung zum Prozessorbus wird über eine *Host-to-PCI-Bridge*, die auch als *North Bridge* bezeichnet wird, hergestellt.

- Der so genannte *ISA-Bus* (für *Industry Standard Architecture*) wurde ursprünglich von IBM als Erweiterungsbus für Schnittstellensteuersignale entwickelt; heute wird er, wenn überhaupt noch, zum Anschluss langsamerer Peripheriegeräte verwendet und nicht selten mit einem PCI-Bus über eine *PCI-to-ISA-Bridge*, die auch als *South Bridge* bezeichnet wird, verbunden. Die Bezeichnung North bzw. South Bridge verdeutlicht Abbildung 8.7. Man erkennt an dieser Abbildung die hierarchische Anordnung der Busse in Bezug auf Geschwindigkeit und Breite. Für 32-Bit-Rechner wurde aus dem ISA-Bus der *EISA-Bus (Extended ISA)* entwickelt.

- Der *SCSI-Bus* (für *Small Computer System Interface*) ist ein standardisierter Peripheriebus mit einheitlicher Schnittstelle und nur einem Rechneranschluss, bei dem jedes an den Bus angeschlossene Gerät eine eigene Steuereinheit (einen so genannten *SCSI-Controller*) besitzt. Ein SCSI-Bus wird über einen *Host-Adapter* an den Systembus eines Rechners angeschlossen; ein SCSI-Bus ist ein paralleler Bus mit Übertragungsraten von bis zu 600 Mb/sec (bei Serial Attached SCSI).

- Ein serieller Peripheriebus ist der *USB* (für *Universal Serial Bus*), der für den Anschluss z. B. von Tastatur und Maus, aber auch für die Datenübertragung mit Hintergrundspeichern und E/A-Geräten eingesetzt wird (digitale Kameras besitzen heute meist eine USB-Schnittstelle zum schnellen Laden von Bildern auf einen Rechner). Über eine USB-Schnittstelle werden heute auch bereits bis zu 480 Mb/sec („USB 2.0 Hi-Speed") an Übertragungsrate erreicht.

- Der *Fire-Wire-Bus* stellt eine Implementierung des so genannten IEEE-1394-Standards dar und wird sowohl als Schnittstelle nach außen („Fire-Wire-Schnittstelle") wie als rechnerinterner Kabelstrang realisiert. Er erreicht derzeit eine Übertragungsrate von bis zu 800 Mb/sec („FireWire 800") und eignet sich damit z. B. für die Übertragung von Video-Daten zwischen einem Camcorder und einem Rechner. Noch höhere Raten sind bereits geplant.

8.6 Klassifikation von Von-Neumann-Rechnern

Die von Neumannschen Archtekturprinzipien für Rechner sind bis heute in vielfältiger Weise in konkreten Rechnern umgesetzt worden. Dabei hat sich herausgestellt, dass sie sich in unterschiedlicher Weise realisieren lassen, was in diesem Abschnitt angedeutet werden soll. Insbesondere wollen wir verschiedene Klassifikationsmöglichkeiten für Rechner und Prozessoren vorstellen, von denen exemplarisch zwei in den beiden folgenden Kapiteln auf der Ebene von Maschinenbefehlen, welche die Hardware eines

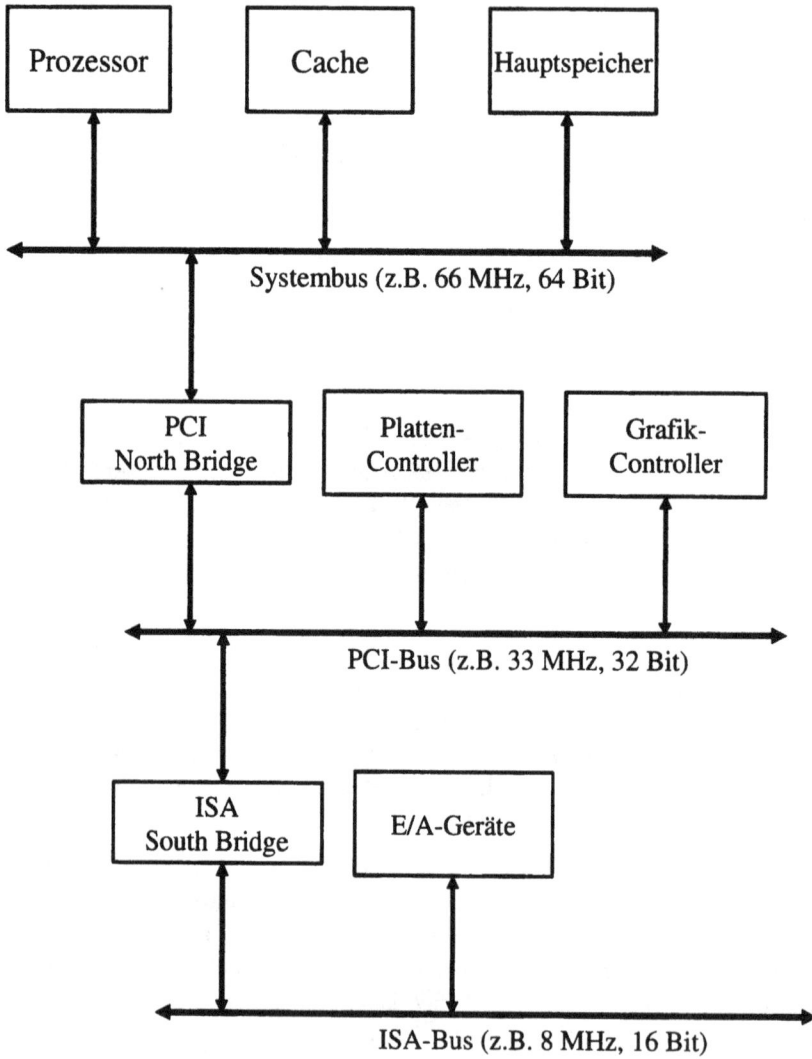

Abbildung 8.7: Dreibussystem mit PCI- und ISA-Bus.

Rechners ausführen kann, genauer behandelt werden; diese Klassifikation betrachtet *Prozessoren* aus der *lokalen* Sicht der internen Realisierung. Je nach dem, in welchem Kontext Prozessoren, die auf dem Von-Neumann-Prinzip basieren, eingesetzt werden, lassen sich *Rechner* auch aus einer *globalen* Sicht klassifizieren, worauf wir zuerst kurz eingehen.

8.6.1 Globale Rechner-Klassifikationen

Aus einer globalen Sicht, welche insbesondere ein Rechnersystem als Ganzes (und nicht nur den jeweils verwendeten Prozessor) betrachtet, war lange Zeit (de facto bis in die 90er Jahre) die folgende Einteilung nach Preis und Leistungsfähigkeit gängig:

1. Ein *Personalcomputer* (PC), ursprünglich auch als *Mikrocomputer* bezeichnet, bezeichnet einen Rechner auf Mikroprozessor-Basis, welcher im Allgemeinen nur von *einem* Benutzer gleichzeitig bedient wird. Bei älteren PCs (aus den 80er Jahren) war der Einbenutzerbetrieb eine durch das Betriebssystem und die geringe Verarbeitungsleistung gegebene Einschränkung; dem gegenüber sind moderne PC-Betriebssysteme vom Typ Windows oder Linux netzwerkfähig, d. h. ein solcher Rechner kann bei Vorhandensein der entsprechenden Hardware an ein Netzwerk angeschlossen werden und dann auf die netzweit verfügbaren Ressourcen zugreifen.

2. *Arbeitsplatzrechner* („Workstations") sind Rechner von deutlich höherer Leistungsfähigkeit als ein PC, welche unter der Kontrolle eines Mehrbenutzer-Betriebssystems arbeiten und häufig von vorne herein miteinander vernetzt sind. Sie leisten heute das, was früher, insbesondere in den 70er und 80er Jahren, von so genannten *Minicomputern* geleistet wurde.

3. *Großrechner* („Mainframes") sind Hochleistungs- bzw. Hochgeschwindigkeitsrechner, welche von vielen Anwendern gleichzeitig benutzt werden können und welche häufig über viele Prozessoren sowie über Spezial-Hardware verfügen. Insbesondere in den 60er und 70er Jahren waren Mainframes die dominante Rechnerform.

Die Grenzen zwischen diesen Kategorien sind im Laufe der Jahre fließend geworden. Was früher allein für Großrechner wichtige Kenndaten waren, kann inzwischen für jeden Rechner erfragt bzw. angegeben werden: Durchsatz, meist gemessen in MIPS (*Million Instructions Per Second*) oder FLOPS (*Floating Point Operations Per Second*), der maximale Hauptspeicherausbau, die Cachespeicher-Kapazität, die Art sowie die Anzahl der Kanäle zum Anschluss von Peripherie, die verwendeten Busse.

Durch die teilweise weiter oben bereits besprochene technologische Entwicklung auch in der Rechner-Peripherie, durch die Entwicklung des Server-Konzeptes, das Entstehen von Internet und World Wide Web (vgl. Kapitel 15) und durch den Erfolg kleinster Rechner als „persönliche digitale Assistenten" (PDAs, auch „Handheld-Computer" genannt) wird heute eine andere Klassifikation verwendet, welche nicht mehr nur technologisch, sondern auch durch moderne *Anwendungen* motiviert ist:

1. Der gesamte Bereich der Personalcomputer bis hin zur hochgerüsteten Workstation wird heute als der Bereich des *Desktop-Computing* bezeichnet. Desktop-Rechner basieren typischerweise auf Mikroprozessoren und werden nach wie

vor gemessen am Preis sowie an ihrer Leistung. Bei letzterer wird im Allgemeinen *Rechenleistung* von *Graphikleistung* unterschieden, und Rechenleistung wird nicht selten mit (hoher) Taktrate gleich gesetzt.

2. Als „Rückgrat" des Desktop-Computing werden in vielen Anwendungen heute *Server* eingesetzt, welche allgemeine Dienste übernehmen, die nicht nur für den einzelnen Benutzer relevant sind; Server dienen z. B. der zuverlässigen Langzeit-Speicherung von Daten oder der Bereitstellung von Funktionen und Diensten, die über das Internet bzw. über das Web angesprochen werden können. Server müssen sich durch hohe Verfügbarkeit, Zuverlässigkeit und Skalierbarkeit sowie hohen Durchsatz auszeichnen. Dieser Bereich von Rechneranwendungen wird entsprechend auch als *Server-Computing* bezeichnet.

3. Daneben werden Rechner heute vielfach im Kontext anderer Geräte eingesetzt, welche nach außen das Vorhandensein eines Rechners oder Prozessors nicht unbedingt erkennen lassen; man spricht dann von *eingebetteten Rechnern* bzw. von *eingebetteten Systemen* („Embedded Computers" bzw. „Embedded Systems"). Typische Anwendungen finden sich in Druckern, in Haushaltsgeräten (z. B. Waschmaschinen), in Geräten der Unterhaltungselektronik (z. B. Set-Top-Boxen, DVD- oder MP3-Spieler) oder der Kommunikationstechnik (z. B. Handys), in der Medizin, in Kraftfahrzeugen oder in der industriellen Automatisierung; in Analogie zu den obigen Bereichen spricht man hier vom *Embedded Computing*.

Beim Server-Computing liegt einerseits die Tatsache zugrunde, dass Rechner inzwischen meist miteinander vernetzt sind, und andererseits die Vorstellung, dass man Anwendungsprogramme nicht auf allen Rechnern, die an einer Vernetzung teilnehmen, installieren muss. Stattdessen werden bestimmte Programme bzw. Anwendungen nur auf spezifischen Rechnern installiert; wenn ein anderer Rechner eine solche Anwendung benutzen will, wird er zum so genannten *Client* und sendet dem betreffenden Server eine (Dienst-) Anforderung („Request"), welcher dieser mit einer Erbringung des Dienstes beantwortet („Reply"). Diese Situation ist in Abbildung 8.8 illustriert: Ein Rechner (untere Reihe) dient als Fileserver, einer als Druckerserver und einer als Datenbankserver; falls ein Client (obere Reihe) z. B. eine Datei öffnen möchte, wird diese beim Fileserver in einem entsprechenden Request angefordert und von diesem Server in einem Reply geliefert. Falls ein Client drucken möchte, schickt er den Druckauftrag an den Druckerserver. Datenbankanfragen werden entsprechend an den Datenbankserver geschickt und dort ausgeführt; ein Reply besteht in diesem Fall aus dem Ergebnis der Anfrage. Das Request-Reply-Prinzip ist in Abbildung 8.9 gezeigt.

Man beachte, dass das Client-Server-Prinzip in erster Linie ein Software-technisches Konzept darstellt, welches an sich keine speziellen Hardware-Anforderungen impliziert. Je nach Anwendung kann es jedoch sein, dass der von einem Server angebotene Dienst von so vielen Clients gleichzeitig angefordert wird, dass eine umfangreiche Hardware-Ausstattung (z. B. hohe Prozessorleistung oder hoher Hauptspeicherausbau) sinnvoll oder sogar erforderlich ist. Man denke in diesem Zusammenhang insbesondere an Web-Server und Web-basierte Dienste, deren inzwischen weite Verbreitung bzw. intensive Zunahme in den letzten Jahren in vielen Anwendungen auch einen Rückgang des Einsatzes von Großrechnern bewirkt hat.

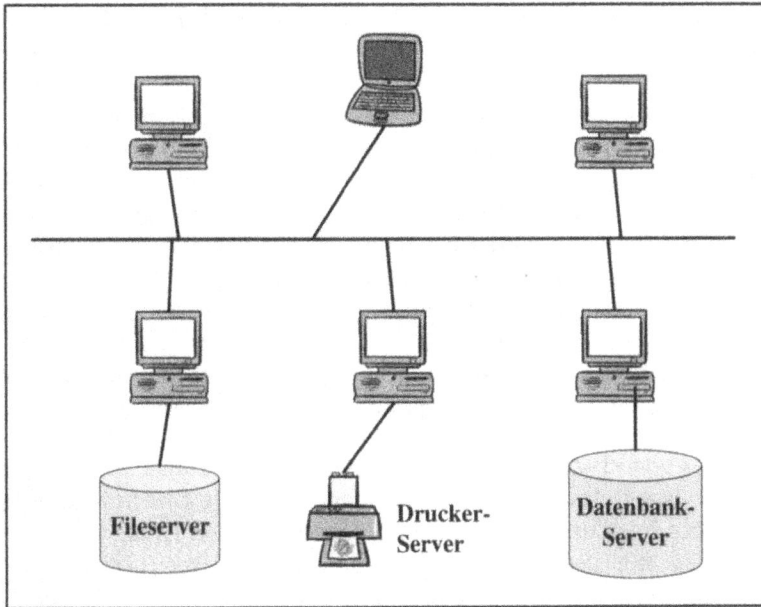

Abbildung 8.8: Vernetzte Rechnerkonfiguration mit Servern.

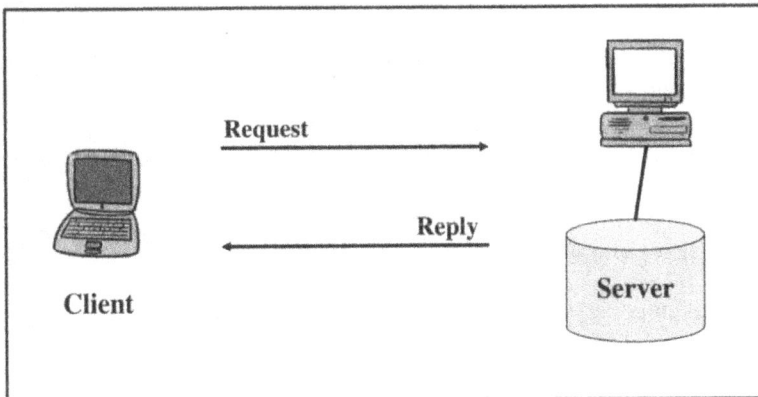

Abbildung 8.9: Request-Reply-Prinzip.

Eingebettete Rechner, also Rechner eingebaut in Systeme, welche die Anwesenheit des Rechners oder Prozessors nach außen nicht unbedingt erkennen lassen, stellen heute sogar den am stärksten wachsenden Anteil des Rechnermarktes dar; es werden mittlerweile jährlich weit mehr eingebettete Prozessoren hergestellt und verkauft als solche, die in Desktop-Systemen Verwendung finden. Bis auf wenige Ausnahmen (etwa in den erwähnten PDAs) sind eingebettete Systeme nicht frei programmierbar, sondern sie werden lediglich einmalig mit einem für eine spezifische Anwendung entwickelten (und optimierten) Programm geladen; dieses Programm wird, wenn überhaupt, danach nur gelegentlich aktualisiert. Derartige Programme sind auch heute noch meist in Assembler-Sprache geschrieben; nicht selten muss ein eingebettetes System Realzeit-Leistungsanforderungen genügen, welche nur mit hoch optimiertem Code erfüllt werden können. Weitere Anforderungen an ein solches System sind z. B. Anforderungen an die mechanische Robustheit und die Belastbarkeit, elektrische Anforderungen an Energieverbrauch oder Versorgungsspannung, ferner Schnittstellen- und Zuverlässigkeitsanforderungen. Man verwendet als eingebettete Systeme neben traditionellen Mikroprozessoren zwei spezielle Architekturformen:

- *Mikrocontroller*: Bei diesen handelt es sich um vollständige Rechnersysteme (mit CPU, Registern, Bus-Interface) auf einem Chip. Die Bus-Interface-Unit ist dabei programmierbar, so dass das Hinzufügen externer Komponenten erleichtert wird. Beim Speicher werden Programm- und Datenspeicher getrennt, und auf *einem* Chip können Taktgeber, Peripheriekomponenten (z. B. A/D- oder D/A-Wandler) sowie Komponenten zum Test der Systemverfügbarkeit integriert sein. Letztere kann z. B. über einen *Watchdog-Timer* getestet werden; dabei läuft ein Zähler, welcher kurz vor dem Überlauf durch die Software des System zurück gesetzt wird. Fehlfunktionen der Software werden dann an der Tatsache erkannt, dass der Timer übergelaufen ist.

- *Digitale Signal-Prozessoren* (DSPs): Bei diesen handelt es sich um spezielle Mikroprozessoren, deren Architektur im Hinblick auf Anwendungen in der Signalverarbeitung hin optimiert ist. Dort werden typischerweise analoge Signale abgetastet und in digitale Daten umgewandelt, sodann verarbeitet und schließlich wieder in analoge Signale zurück transformiert. Anwendungen umfassen z. B. die Filterung, Rauschunterdrückung oder Frequenzanalyse. Da in diesen Anwendungen im Allgemeinen hohe Datenmengen anfallen (Beispiel: Spracherkennung, Sprachausgabe), verbindet man einen DSP-Prozessor meist über einen Bus mit hoher Bandbreite mit einem Speicher. Die Architektur eines DSP-Prozessors unterscheidet sich in vielen Aspekten von einer traditionellen ISA-Architektur (vgl. nächster Unterabschnitt).

Wir werden auf eingebettete Systeme, Mikrocontroller und DSPs in Kapitel 12 zurück kommen.

8.6.2   Lokale Prozessor-Klassifikationen

Bei unserer in den nächsten beiden Kapiteln folgenden Darstellung legen wir eine andere, lokale Klassifikation von Prozessoren zu Grunde, und zwar die heute gängige Einteilung anhand der *Konzeption des Maschinenbefehlssatzes*. Diese Klassifikati-

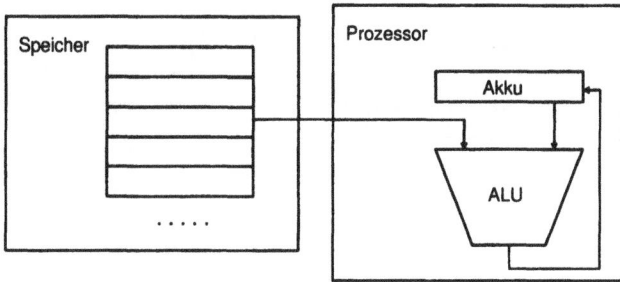

Abbildung 8.10: Akkumulator-Architektur.

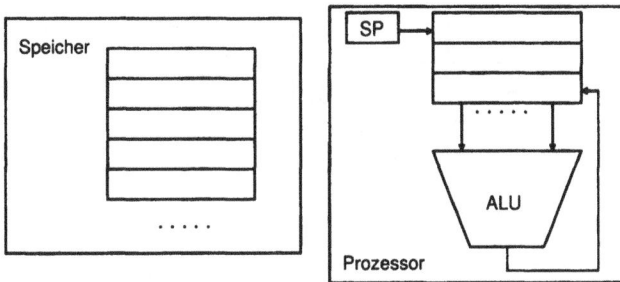

Abbildung 8.11: Stack-Architektur.

on betrachtet den Teil eines Rechners, der für den Programmierer sichtbar ist; man spricht auch von der *Instruction Set Architecture* (ISA) oder *ISA-Architektur*.

ISA-Architekturen differenzieren nach dem Prozessor-*internen* Speicher in die folgenden Kategorien:

- Akkumulator-Architektur

- Stack-Architektur

- Register-Speicher-Architektur

- Register-Register-Architektur

Abbildung 8.10 zeigt eine Akkumulator-Architektur, welche dem oben beschriebenen allgemeinen Von-Neumann-Prinzip unmittelbar entspricht. Hierbei befindet sich ein Operand implizit im Akku des Prozessors. Ein zweistellige Operation wie z. B. eine Addition erwartet daher stets einen Operanden im Akku; wird ein zweiter Operand benötigt, so wird dieser aus dem Speicher geladen. Das Ergebnis z. B. einer Addition wird in den Akku zurückgeschrieben

Abbildung 8.11 zeigt eine Stack-Architektur. Hierbei befinden sich die von einer arithmetischen oder logischen Instruktion zu verarbeitenden Daten implizit auf dem Stack (Kellerspeicher), und ein Rechenergebnis wird ebenfalls auf dem Stack abgelegt. Die Operanden z. B. einer Addition müssen also nicht explizit benannt werden, sondern es muss per Programm sichergestellt werden, dass die Operanden vor Ausführung der Operation auf dem Stack bereitliegen; die Additionsoperation etwa entfernt die obersten beiden Stack-Element, addiert sie in der ALU und schreibt das Ergebnis auf

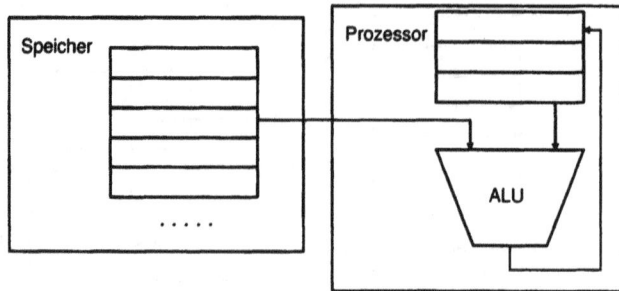

Abbildung 8.12: Register-Speicher-Architektur.

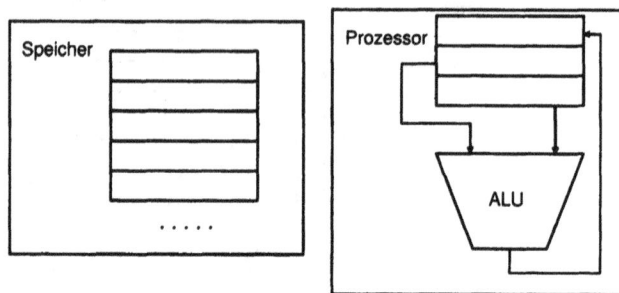

Abbildung 8.13: Register-Register-Architektur.

den Stack zurück. Ein Stack wird also nach dem *Last-In-First-Out-Prinzip* (LIFO) bearbeitet: Bei der Stack-Implementierung wird der nächste freie Stack-Platz jeweils über einen häufig SP genannten Zeiger („Stack-Pointer") angegeben; die Operationen *Einfügen* (PUSH) eines neuen Elements in die Folge der bereits vorhandenen und *Löschen* (POP) hieraus werden nur an dem durch SP referenzierten Ende der Folge ausgeführt.

Die nächsten beiden Architekturformen werden auch als Register-Architekturen bezeichnet; bei diesen gibt es ausnahmslos explizite Operanden, d. h. für eine Operation muss explizit angegeben werden, ob sich die zu verarbeitenden Operanden im Speicher oder in einem Register befinden. Abbildung 8.12 zeigt eine Register-Speicher-Architektur. Bei dieser Architektur ist es erlaubt, dass sich ein Operand in einem Register und ein zweiter im Speicher befindet. Wie wir (in Kapitel 10) noch sehen werden, können sich (im Falle einer zweistelligen Operation) auch beide Operanden im Speicher befinden. Die zur Verfügung stehenden Register haben symbolische Namen (wie z. B. R1 oder %r3), unter denen sie von einem Programm angesprochen werden können. Man unterscheidet bei dieser Architektur im Allgemeinen verschiedene Möglichkeiten, eine Speicheradresse anzugeben; diese Möglichkeiten werden auch *Adressierungsarten* genannt. Als Spezialform ist hier auch eine Speicher-Speicher-Architektur denkbar, bei welcher sich stets alle Operanden im Speicher befinden; eine solche Architektur wird jedoch in heute üblichen Prozessoren nicht verwendet.

Abbildung 8.13 zeigt als letzte Form eine Register-Register-Architektur. Hierbei befinden sich stets alle für die Ausführung einer Instruktion benötigten Operanden in Registern, und Ergebnisse werden ebenfalls in Registern abgelegt. Datentransport zwischen Registern und dem Speicher findet jetzt nur über spezielle Lade- und Speicher-Befehle statt. Aus diesem Grund wird die Register-Register-Architektur auch als *Load/Store-Architektur* bezeichnet.

Speziell in den 70er Jahren wurden Prozessoren im Allgemeinen mit einer Register-Speicher-Architektur sowie mit immer mächtigeren und umfangreicheren Maschinen-befehlssätzen ausgestattet. Dies war motiviert durch die Bemühung, die so genannte „semantische Lücke" zwischen den mächtigen Daten- und Kontrollstrukturen höher-er Programmiersprachen und den vergleichsweise einfachen Maschinenbefehlen einer Rechner-Hardware zu verkleinern. Einen typischen Vertreter dieser Klasse von Pro-zessoren werden wir in Kapitel 10 vorstellen. Hier sei lediglich bemerkt, dass Be-fehlssätze mit weit über 200 Befehlen keine Seltenheit waren; ferner wurde häufig eine hohe Anzahl von Adressierungsarten unterschieden, und ein „orthogonaler Be-fehlssatz" erlaubte sogar die weitgehend freie Kombinierbarkeit von Befehlstypen und Adressierungsarten. Eine Folge hieraus war eine meist vorliegende hohe Redundanz in der Befehlsstruktur, erkennbar etwa daran, dass sich ein und dieselbe Anweisung an den Prozessor auf mehrere Arten ausdrücken lässt. Die Bereitstellung eines umfangrei-chen Befehlssatzes hat eine Reihe von Konsequenzen für den Entwurf des Prozessors, etwa im Hinblick auf das Steuerwerk, welches entsprechenden Mikrocode für jeden dieser Befehle zu erzeugen hat, oder im Hinblick auf das Timing der Ausführung ei-nes Befehls, welches letztlich für den erzielbaren Durchsatz (in MIPS) verantwortlich ist.

Die „Entwurfsphilosophie" von Register-Speicher-Architekturen (insbesondere sol-chen, deren Grundlagen aus den 80er Jahren stammen) wird heute aus einer histo-rischen Perspektive als *Complex Instruction Set Computer* (CISC) bzw. als CISC-Architektur bezeichnet. Bei diesem Konzept ist ein gewisser *Overhead* vorhanden, welcher eine Leistungssteigerung „ad infinitum" verhindert und welcher im Wesentli-chen aus drei Merkmalen resultiert:

1. Der bereits erwähnte von Neumannsche Flaschenhals verhindert, dass die Ge-schwindigkeit, mit welcher auf einen Speicher zugegriffen werden kann, mit der einer CPU vergleichbar ist; als Ergebnis wird durch komplexe Instruktionen versucht, die CPU stärker als etwa einen Bus zu belasten.

2. Eine Reihe von Instruktionen bzw. Kombinationen von Instruktion und Adres-sierungsart wird nur in sehr speziellen Anwendungen tatsächlich verwendet; dennoch muss auch für diese der entsprechende Mikrocode vorgesehen werden.

3. Die bei CISC-Prozessoren übliche Mikroprogrammierung des Steuerwerks ist langsamer als eine fest verdrahtete Steuerung.

Die heute praktisch nur noch anzutreffenden Register-Register-Architekturen tragen diesen Erkenntnissen Rechnung und werden auch als *Reduced Instruction Set Compu-ter* (RISC) bezeichnet. Für die Evolution von CISC-Rechnern war das Ziel wesentlich, Prozessoren mit einer Vielzahl von Instruktionen auszustatten, welche auch komple-xe Aufgaben ausführen können. Das RISC-Konzept verfolgt eine entgegengesetzte Strategie; es entstand nach einer Reihe von Studien über die Art und Weise, wie Compiler für höhere Programmiersprachen von den Maschinenbefehlen eines gegebe-nen Prozessors tatsächlich Gebrauch machen. Hierbei zeigte sich vor allem, dass der von einem Compiler (automatisch) generierte Code nur selten von komplexen Instruktionen Gebrauch macht — man denke an die erwähnte Redundanz — und komplexe Instruktionen allenfalls dann von Bedeutung sind, wenn direkt in Assemblersprache programmiert wird. Bei einem RISC-Rechner ist der Entwurf des Befehlssatzes wesentlich von solchen Aspekten beeinflußt. Ein RISC-Prozessor weist im Allgemeinen mehrere oder sogar alle der folgenden Merkmale auf:

- Der Befehlssatz umfasst grundsätzlich wenige Instruktionen sowie Adressierungsarten (und ist häufig sogar auf bestimmte Anwendungen hin optimiert);

- durch eine Beschränkung auf einige wenige, elementare Grundfunktionen können die meisten Befehle innerhalb von einem Maschinen-Zyklus ausgeführt werden; man spricht in diesem Zusammenhang von *Clocks per Instruction* (CPI) und strebt also CPI = 1 an;

- auf den Hauptspeicher wird nur mit den bereits erwähnten Load- und Store-Befehlen zugegriffen, während alle anderen Befehle nur Register als Operanden haben;

- die Befehlsausführung wird unterstützt durch zusätzliche (in VLSI „leicht" realisierbare) Hardware wie etwa eine große Anzahl von Registern, welche durch eine spezielle „Fenstertechnik" von verschiedenen Prozeduren parallel benutzt werden können (vgl. unten);

- der Befehlsdecodierer bzw. das Steuerwerk ist fest verdrahtet, also nicht mikroprogrammiert oder mikroprogrammierbar (vgl. Kapitel 10);

- zur Unterstützung einer schnellen Befehls- und Operanden-Decodierung haben alle Instruktionen — im Unterschied zu CISC-Prozessoren — einfachere Formate;

- die Hardware wird durch spezielle Software, insbesondere optimierende Compiler, unterstützt, wobei das Ziel ist, möglichst viele Aufgaben von der Ausführungszeit in die Übersetzungszeit eines Programms zu verlagern und effizienten Code zu generieren.

Es sei ausdrücklich erwähnt, dass Abweichungen von diesen Architekturmerkmalen in konkreten Systemen häufig sind. So können z. B. Gleitkomma-Operationen sowie multiple Load-and-Store-Befehle häufig nicht in *einem* Maschinen-Zyklus ausgeführt werden. Auch auf Mikroprogrammierung wird nicht bei allen RISC-Prozessoren verzichtet.

8.7   Alternativen zum Von-Neumann-Konzept

Wenngleich sich moderne Computer zum Teil erheblich hinsichtlich internem Aufbau oder Geschwindigkeit unterscheiden, sind Ein-Prozessor-Anlagen fast ausschließlich nach den von Neumannschen Prinzipien aufgebaut. Insbesondere der erwähnte Bottleneck hat nicht nur zu immer weiter gehenden Verfeinerungen in der Realisierung dieses Konzeptes geführt, sondern auch Anlaß zur Entwicklung von Alternativen gegeben. Auf einige davon, insbesondere Parallelrechner und Mehrprozessorsysteme, werden wir in Teil III genauer eingehen; wir wollen hier abschließend aber schon einige Bemerkungen vorweg schicken:

Die bereits erwähnte SISD-Charakterisierung eines Von-Neumann-Rechners geht auf M. Flynn zurück, der Rechnerarchitekturen je nach der Anzahl gleichzeitig bearbeiteter Befehle bzw. Daten rein kombinatorisch wie folgt klassifiziert:

Single Instruction	-	Single Data	SISD
Single Instruction	-	Multiple Data	SIMD
Multiple Instruction	-	Single Data	MISD
Multiple Instruction	-	Multiple Data	MIMD

Diese Einteilung ist umstritten, da das Operationsprinzip einer bestimmten Rechnerarchitektur nicht berücksichtigt wird. Beispiele für SIMD- bzw. MIMD-Rechner werden wir in Kapitel 13 kennen lernen; zwei solche haben wir schon im letzten Kapitel im Zusammenhang mit systolischen Algorithmen vorgestellt. Das MISD-Prinzip, bei welchem ein Datum parallel von mehreren Befehlen verarbeitet wird, erscheint für Parallelrechner unrealistisch; es lassen sich hier auch keine Beispiele angeben.

Es gibt auch zahlreiche Anstrengungen, den Von-Neumann-Flaschenhals von der Software-Seite her in den Griff zu bekommen. Der Bottleneck und die von Neumannsche Form der Rechnerorganisation allgemein hängen mit wenigstens zwei fundamentalen Konzepten eng zusammen, welche in konventionellen höheren Programmiersprachen (wie Fortran, Cobol oder Pascal) anzutreffen sind: Die sequentielle Ausführung von Instruktionen und die (explizite) Speicherung von (veränderlichen) Werten. Ersteres entspricht dem sequentiellen Fetch/Execute-Zyklus, in welchem (Maschinen-) Instruktionen durch die Rechner-Hardware ausgeführt werden (vgl. Abschnitt 8.2). Das Variablen-Konzept höherer Programmier-Sprachen, welches es erlaubt, von einem Programmierer definierte Variablen über *Zuweisungen* (Assignment-Statements) zu verändern, und was zu der Bezeichnung *imperative* Sprachen geführt hat, entspricht dem Verhalten bzw. der Verwendung von Speicherzellen in einem Von-Neumann-Rechner: Ein (Daten-) Wert kann in einer Speicherzelle abgelegt und über den Namen (die Adresse) der Zelle angesprochen werden. Die Notwendigkeit der Benennung jeder einzelnen Zelle ist vor allem in der Assembler-Programmierung (vgl. Kapitel 9 und 10) evident; in einer Sprache auf höherer Abstraktionsebene werden hierzu Variablen verwendet. Eine Variable entspricht also einer benannten Speicherzelle, in welcher Werte abgelegt werden können. Man kann sich daher nicht darauf beschränken, von den Werten, die ein Programm berechnen soll, zu sprechen, sondern muss sich beim Programmieren auch mit ihrer Speicherung beschäftigen.

Hieraus folgt, dass viele Sprachen an dieser (speziellen) Form einer Rechnerorganisation orientiert sind. Eine wichtige Alternative hierzu stellen *funktionale* Programmiersprachen dar, welche auf den mathematischen Konzepten der Funktion sowie der Komposition und Anwendung von Funktionen basieren und insbesondere auf ein Variablen-Konzept verzichten. Das folgende Beispiel soll den unterschiedlichen Standpunkt, welcher von einer funktionalen gegenüber einer imperativen Sprache eingenommen wird, einführend erläutern:

Die Berechnung von Primzahlen werde anhand folgender Definition durchgeführt: Eine natürliche Zahl $p > 1$ ist prim, falls sie nur durch 1 und sich selbst teilbar ist. In einer Pascal-ähnlichen Sprache kann eine entsprechende Prozedur zur Berechnung aller Primzahlen zwischen 2 und einer vorgegebenen Obergrenze n wie folgt formuliert werden:

```
begin
    for i := 2 to n do
    begin
        j := 2; prim := true;
        while prim and j < (i div 2) do
            if i mod j ≠ 0
                then j := j + 1
                else prim := false;
        if prim then write(i)
    end
end;
```

(Dabei stehe „div" für eine Integer-Division ohne Rest und „mod" für den Divisionsrest.) Unter Verwendung einer funktionalen Sprache könnte man demgegenüber etwa wie folgt formulieren:

$$\text{prim}(n) \equiv \text{if } n = 2 \text{ then true else p}(n, n \text{ div } 2)$$

mit

$$\text{p}(n, i) \equiv \text{if } n \text{ mod } i = 0 \text{ then false else if } i = 2 \text{ then true else p}(n, i - 1)$$

Es sei bemerkt, dass imperative Sprachen gerade aufgrund ihrer „Maschinen-Nähe" im oben beschriebenen Sinne bis heute im Allgemeinen effizienter als funktionale Sprachen implementiert werden können. Auf der anderen Seite erzielen funktionale Sprachen einen höheren Abstraktionsgrad als imperative und vereinfachen damit letztlich die Aufgabe des Programmierens. Zur Implementierung derartiger Sprachen werden heute in zunehmendem Maße *Parallelrechner* (welche etwa auf dem in Kapitel 9 behandelten PowerPC basieren) und damit innovative Rechnerarchitekturen herangezogen.

Während die bisher genannten Konzepte für Programmiersprachen im Wesentlichen auf einem *prozeduralen* Ansatz basieren, bei welchem das Programm de facto eine Berechnungsvorschrift für das zu liefernde Ergebnis enthält, sind heute auch zunehmend *deskriptive* Sprachen von Interesse. Dabei wird die zu lösende Aufgabe in einer Form beschrieben, welche nicht angibt, *wie* diese zu lösen ist, sondern lediglich, *was* berechnet werden soll; es bleibt der Software des betreffenden Rechners überlassen, aus dieser Beschreibung ein ausführbares (prozedurales) Programm zu generieren. Wichtigster Vertreter dieser Art der Programmierung, welche wie die funktionale Programmierung im Zusammenhang mit einer Abkehr von der von Neumannschen Organisation steht, ist die *Logik-Programmierung*, bei der ein „Programm" eine Formel der mathematischen Logik darstellt. Als Beispiel betrachten wir die folgende Alternative zu den oben angegebenen Primzahl-Programmen:

$$\text{prim}(n) \text{ if } n > 1 \text{ and } n \text{ mod } i \neq 0 \text{ for all } i \text{ such that } 1 < i < n$$

Dies entspricht der Formel

$$(n > 1 \land \forall i \, (1 < i < n \Rightarrow n \text{ mod } i \neq 0) \Rightarrow n \text{ prim}.$$

Das bekannteste Beispiel einer Logik-orientierten Sprache ist *Prolog*.

Wesentlich bei diesen gerade skizzierten Sprach- und damit zusammenhängenden Rechnerentwicklungen ist ein gegenüber dem Von-Neumann-Rechner verändertes Operationsprinzip, welches dann häufig mit alternativer Architektur gekoppelt wird. Ein weiteres solches Prinzip besteht z. B. darin, die Daten *selbstidentifizierend* zu machen, so dass der Zugriff *assoziativ*, d. h. inhaltsorientiert (anstatt über Adressen) erfolgen kann. Des Weiteren können Daten *selbstbeschreibend* gemacht werden, was Anlaß zu Rechnerarchitekturen gegeben hat, welche eine Typenkennung von Daten hardwaremäßig unterstützen. Schließlich sind in diesem Zusammenhang auch *Datenfluss-Maschinen* zu erwähnen, deren Programmsteuerung intern durch den Fluss bestimmt ist, welchen Input-Daten zu durchlaufen haben.

8.8 Übungen

Hinweis: Zu den mit * gekennzeichneten Übungen sind im Internet Lösungen erhältlich.

8.1 Man beschreibe die wesentlichen Organisationsprinzipien eines Von-Neumann-Rechners.

8.2 Man beschreibe 4 verschiedene Register, welche in jedem Rechner anzutreffen sind, in ihrer jeweiligen Funktion.

8.3 Man begründe den Nutzen mehrerer Akkus durch Angabe, wie der Ausdruck

$$X := ((A + B) * C) + (D/E)$$

ausgewertet werden kann in Gegenwart von
(a) zwei Akkus
(b) vier Akkus.

*8.4 Betrachten Sie die folgenden „Design-Alternativen" für einen Rechner und diskutieren Sie deren Praktikabilität.

Alternative	MAR-Größe in Bits	Speichergröße	Länge eines Speicherwortes (in Bits)
a	32	2^{32}	28
b	32	2^{32}	12
c	30	2^{32}	32
d	34	2^{32}	32
e	32	32	2^{32}
f	2^{32}	32	32

8.5 Das MBR zusammen mit dem MAR (sowie geeigneter Decodier-Logik zur Ansteuerung eines Speicherplatzes) wird häufig als ein *Memory-Port* bezeichnet. Beim Entwurf eines Speichers kann man davon ausgehen, dass es für diesen lediglich einen Port gibt, über welchen dann jeder Lese- bzw. Schreibvorgang zu erfolgen hat. Eine Alternative hierzu besteht darin, den Speicher logisch in

verschiedene Blöcke zu unterteilen und für jeden Block einen eigenen Port vorzusehen; dies bezeichnet man auch als *Multiport-Memory*. Man diskutiere die
Vorteile einer derartigen Organisation und gebe Kriterien für eine Unterteilung
des Speichers an, durch welche Multiports optimal genutzt werden können.

8.6 Man beschreibe die Vor- und Nachteile einer Single-Bus- gegenüber einer Multi-
Bus-Organisation.

8.7 Die Eingabe von Daten in einen Rechner erfordert im Allgemeinen die Kontrolle
der CPU. Man überlege, inwieweit diese Kontrolle tatsächlich erforderlich ist,
falls die Eingabe
(a) mittels programmiertem I/O,
(b) über Interrupts,
(c) über einen DMA-Kanal
erfolgt.

8.8 Ein Interrupt wird von einer CPU im Allgemeinen erst dann behandelt, wenn
der gerade ausgeführte Befehl vollständig bearbeitet ist. Man überlege, welche
Probleme auftreten, falls die CPU die Ausführung eines Befehls unmittelbar
nach Empfang eines Interrupt-Signals unterbricht.

8.9 Die I/O-Peripherie eines Rechners bestehe aus zwei Plattenlaufwerken, mehreren Terminals sowie einer Realzeit-Clock. Alle diese Einheiten werden über
Interrupts bedient, wobei die Clock die CPU in regelmäßigen Abständen unterbricht und jedes Plattenlaufwerk einen Interrupt erzeugt, sobald eine Lese- oder
Schreib-Operation abgeschlossen ist. Man gebe ein geeignetes Prioritätenschema
zur Behandlung dieser Interrupts an.

8.10 Zur Bewertung der Leistung verschiedener Prozessoren werden (insbesondere in
Werbetexten) Größen wie Taktfrequenz, MIPS (Million Instructions Per Second)
und MFLOPS (Million Floating Point Operations Per Second) genannt. Ein
sinnvolles Maß zur Bewertung der Leistung einer CPU sollte so beschaffen sein,
dass sich eine höhere Leistung in einem schnelleren Antwortverhalten für eine
gegebene Berechnung widerspiegelt (also in einer Verkürzung der erforderlichen
CPU-Zeit).

   (a) Was bedeutet es, wenn eine CPU mit z. B. 200 MHz getaktet wird? Welche
       Aussagen lassen sich aufgrund der Angabe der Taktfrequenz über die zur
       Ausführung eines Befehls oder einer Befehlssequenz erforderliche CPU-Zeit
       ableiten? Welche weiteren Informationen werden ggf. benötigt?
   (b) Wieso sind MIPS als Maß der CPU-Leistung nur bedingt geeignet?
   (c) Welche Probleme ergeben sich bei der Verwendung von MFLOPS?

8.11 Nehmen Sie an, dass Cache-Zugriffe sechsmal schneller durchgeführt werden
können als Hauptspeicher-Zugriffe. Welche Beschleunigung wird durch Einsatz
eines Caches erzielt, wenn dieser in 90% der Zeit genutzt werden kann?

$$\left(\text{Beschleunigung} = \frac{\text{Ausführungszeit ohne Cache}}{\text{Ausführungszeit mit Cache}} \right)$$

*8.12 Ein einfaches Rechnersystem enthalte einen 2KB großen ROM-Chip, einen 2KB
      großen RAM-Chip und einen Parallelport mit vier Leitungen nach außen, die je
      8 Bit breit sind. Der Adressbus sei 16 Bit breit.

      Entwerfen Sie eine geeignete Adressierung dieser drei Chips. Weisen Sie den
      Chips dazu geeignete Adressbereiche zu und entwickeln sie für jeden Chip eine
      Schaltung, über die sein CS (Chip Select)-Eingang an den Adressbus angeschlos-
      sen werden kann.

      Beachten Sie, dass der Parallelport-Controller einen Adressbereich braucht, der
      es dem Chip erlaubt, aus der Adresse auf die angesprochene Leitung zu schließen.

8.13 Man diskutiere, warum im Server-Computing die Eigenschaften von Verfügbar-
     keit, Zuverlässigkeit und Skalierbarkeit von hoher Bedeutung sind. Als exem-
     plarische Anwendung betrachte man eine elektronische Bank.

8.9   Bibliographische Hinweise

Der an der historischen Entwicklung moderner Computer, von mechanischen, elek-
tro-mechanischen bis hin zu elektronischen Geräten, interessierte Leser sei auf die
Darstellung von Augarten (1984) sowie auf die von Randell (1973) herausgegebene
Sammlung von Originalarbeiten (z. B. von C. Babbage, H. Hollerith, K. Zuse, H.H.
Aiken oder J. von Neumann) verwiesen. Interessante Sammlungen historischer Rech-
ner findet man unter anderem im *Heinz-Nixdorf-Forum* in Paderborn, im Deutschen
Museum in München, im Computermuseum der RWTH Aachen, im *Tech Museum of
Innovation* in San Jose, Kalifornien sowie im *Computer History Museum* in Mountain
View, Kalifornien.

Das von Neumannsche Rechnerorganisations-Konzept wurde zuerst von Burks et
al. (1946) beschrieben. Eine Zusammenfassung wichtiger Realisierungen dieses Konzeptes und darauf aufbauender Weiterentwicklungen bis etwa 1970 wird von Bell und
Newell (1971) gegeben; diese behandeln unter anderem auch das in Abschnitt 8.2
erwähnte UNIVAC-System. Für weitere Einzelheiten zu diesem Organisationsprinzip
und seinen modernen Realisierungen vergleiche man Carpinelli (2001), Giloi (1993),
Hamacher et al. (2002), Patterson und Hennessy (2005) oder Tanenbaum (2006).
ROMs und RAMs werden in ihren technischen Einzelheiten etwa von Protopapas
(1988) behandelt. Krick und Dollas (1991) beschreiben die Behandlung des Fetch-
Execute-Zyklusses in Rechnern.

Einführende Darstellungen des RISC-Konzeptes, eine Diskussion dieses Ansatzes
im Vergleich zu CISC-Rechnern und eine Beschreibung der im Text erwähnten RISC-
Prozessoren findet man z. B. bei Bode (1990), Diefendorff und Allen (1992), Giloi
(1993), Hamacher et al. (2002) oder Mitchell (1991).

Aufsätze zur Evolution der Rechner-Architektur sind u.a. Hennessy und Jouppi
(1991) oder Stone und Cocke (1991), ferner Silc et al. (1999, 2000), Ungerer (2001)
sowie Brinkschulte und Ungerer (2002). Weicker (1990) stellt die bei der Leistungsmes-
sung von Rechnern verwendeten Benchmarks (z. B. Whetstone, Linpack, Dhrystone)
im Überblick dar. Zahlreiche weiter führende Literaturhinweise findet man bei Mudge
(1996). Moderne Bausteine und Prozessoren sowie der technische Aufbau von heutigen Computern werden z. B. von Beierlein und Hagenbruch (2004), von Flik (2005)

sowie von Williams (2001) beschrieben. Wolf (2001) ist das Standardwerk zu eingebetteten Systemen, Mikrocontrollern und Signalprozessoren; man vergleiche hierzu
ferner Beierlein und Hagenbruch (2004).

Die in Abschnitt 8.7 angegebene Klassifikation von Rechnern stammt von Flynn
(1972). Giloi (1993) diskutiert ausführlich die Problematik des von Neumannschen
Bottlenecks sowie das Konzept der Datenfluss-Maschinen. Zur funktionalen Programmierung vergleiche man Backus (1978) oder Louden (2002). Der letztgenannte Autor
diskutiert insbesondere die Unterschiede zwischen imperativen und funktionalen bzw.
deskriptiven Programmiersprachen genauer und gibt daneben eine kurze Einführung
in Prolog.

Kapitel 9

Architektur und Maschinenbefehle eines RISC-Prozessors

In diesem Kapitel behandeln wir exemplarisch die erste der beiden größeren, im letzten Kapitel eingeführten Architekturklassen: die Register-Register- bzw. RISC-Prozessoren und aus dieser Klasse speziell den PowerPC-Mikroprozessor. Die Entwicklung von RISC-Prozessoren bzw. -Systemen kann heute in fünf Generationen unterteilt werden: Sie begann in der zweiten Hälfte der 70er Jahre etwa gleichzeitig am IBM-Forschungszentrum in Yorktown Heights, an der Stanford University sowie an der University of California in Berkeley. Erste Resultate waren z. B. die RISC-I-und RISC-II-Prozessoren (Berkeley), von denen letzterer über 138 32-Bit-Register verfügte und dessen Befehlssatz nur 39 Instruktionen umfasste. Bei dieser ersten Generation war ferner die Komplexität der Prozessorchips gering; sie umfasste zwischen 20.000 und 100.000 Transistorfunktionen. RISC-Architekturen der 2. Generation hatten bereits umfangreichere Befehlssätze, welche meist Gleitkomma-Operationen beinhalteten. Auf dem Prozessor-Chip wurden jetzt zusätzliche Funktionen integriert (wie z. B. eine MMU); die Komplexität solcher Chips lag zwischen 300.000 und 1 Million Transistorfunktionen. Ein Beispiel für einen derartigen RISC-Prozessoren sind der Sun SPARC-Prozessor (vgl. Kapitel 12). RISC-Architekturen der 3. Generation sind vor allem durch chip-internen Parallelismus gekennzeichnet, wobei zahlreiche spezifische Techniken zur Anwendung kommen, die wir in Kapitel 11 behandeln werden. RISC-Architekturen der 4. Generation (wie die PowerPCs der Baureihe 7400) besitzen teilweise mehr als einen Cache, solche der 5. Generation (wie der PowerPC 970MP) verfügen zum Teil über mehrere Prozessor-Kerne, vereinigen also mehr als eine CPU (zwei beim 970MP) auf einem Chip.

Nun zur Architektur sowie zu den wesentlichen Eigenschaften und Programmierkonzepten des *PowerPC-Mikroprozessors*: Dieser Prozessor bzw. die ihm zugrunde liegende Architektur ist das Ergebnis einer Zusammenarbeit der Firmen Apple, IBM und Motorola und stellt heute im Bereich der Hochleistungspersonalcomputer eine der Hauptalternativen zu Prozessoren der Intel Pentium-Familie (vgl. Kapitel 12) dar. Bei der Entwicklung dieses Prozessors stand nicht eine bestimmte technische Vorgabe im Vordergrund, sondern es wurde ein Architekturkonzept sowie die Entscheidung, diese Architektur in RISC-Technologie zu realisieren, vorgegeben. Insbesondere die Architektur ist inzwischen von unterschiedlichen Chip-Herstellern und in einer Reihe von — zunehmend leistungsfähigeren — Versionen gebaut worden.

Wir verfolgen mit unserer Darstellung drei Ziele: Erstens wollen wir einen typischen RISC-Prozessor detaillierter beschreiben; in der Tat weist der PowerPC alle charakteristischen RISC-Merkmale auf, wenn man von seinem ungewöhnlich umfangreichen Befehlssatz absieht. Zweitens wollen wir anhand dieses Prozessors bzw. seines Befehlssatzes in die grundlegenden Ideen der Maschinen- und der Assemblerprogrammierung einführen. Drittens soll der Leser an zwei speziellen Beispielen — PowerPC in diesem Kapitel, WE32100 im nächsten — wichtige Unterschiede zwischen einem RISC- und einem CISC-Prozessor kennen lernen.

9.1   Die Architektur der PowerPC-Familie

Die PowerPC-Architektur, welche auf der POWER-Architektur von IBM aufbaut (und als Akronym von *Performance Optimization With Enhanced RISC Performance Computing* gedeutet werden kann), ist die gemeinsame Basis einer Familie von Mikroprozessoren, deren erste und zweite Generation die Modelle 601, 603, 604 und 620 umfasste; eine genauere Auflistung der einzelnen Generationen sowie der diesen zugerechneten Prozessortypen findet man z. B. in der Internet-Enzyklopädie Wikipedia unter `http://de.wikipedia.org/wiki/PowerPC`. Sie definiert aus logischer Sicht drei Verarbeitungseinheiten, welche sich die Ausführung von Befehlen teilen:

1. Die *Branch Processing Unit* (BPU) holt Befehle aus dem Speicher und bearbeitet *Sprungbefehle* bzw. Verzweigungen unmittelbar (also ohne Rückgriff auf andere Einheiten);

2. die *Integer Unit* (IU) bearbeitet Integer-Instruktionen;

3. die *Floating Point Unit* (FPU) bearbeitet Gleitkomma-Instruktionen.

Abbildung 9.1 zeigt diese logische Sicht im Überblick. Eine Implementierung dieser Architektur kann mehrere parallel arbeitende Kopien jeder dieser Einheiten umfassen (vgl. Abbildung 9.9); die oben genannten Mitglieder der PowerPC-Prozessorfamilie besitzen jeweils eine BPU, eine FPU sowie 1 bis 3 IUs.

Der PowerPC ist (bis zum Modell 604) ein 32-Bit-Rechner. Zur Nummerierung der Bits in Registern beim PowerPC sei an dieser Stelle bemerkt, dass diese anders als bei vielen anderen Prozessoren von rechts nach links aufsteigend erfolgt, also das niedrigstwertige (rechteste) Bit eines Wortes im Sinne des Dualsystems die höchste Bitnummer (31) erhält, entsprechend das höchstwertige (linkeste) Bit die Bitnummer 0. Man bezeichnet diese Systematik auch als den *Big-Endian-Modus*; daneben kann ein PowerPC auch im *Little-Endian-Modus* betrieben werden, in welchem die Bitnumerierung von rechts nach links erfolgt.

Die IU verfügt über 32 allgemeine Register sowie einen für eine RISC-Architektur ungewöhnlich umfangreichen Befehlssatz; sie führt neben arithmetischen, logischen und z. B. Speicherzugriffsoperationen auch Adressberechnungen aus. Die FPU besitzt

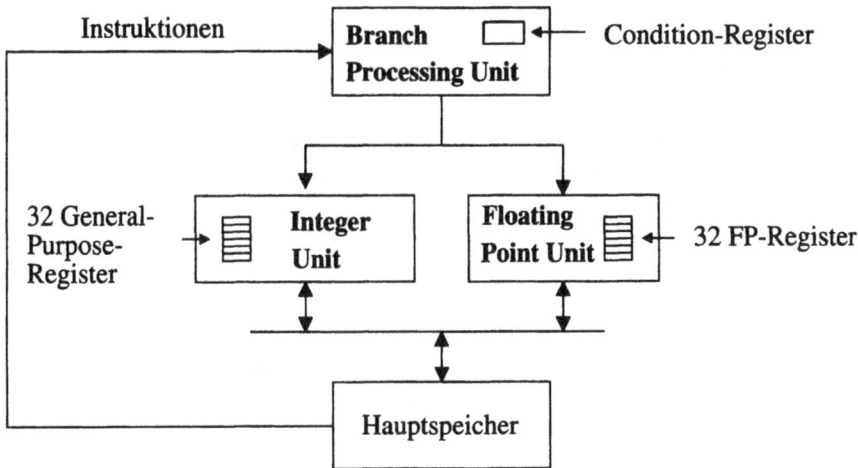

Abbildung 9.1: Gemeinsame logische Architektur der PowerPC-Prozessorfamilie.

32 doppelt genaue, also im Allgemeinen 64 Bit breite Register für Gleitkommaoperationen. Letztere werden gemäß dem so genannten *IEEE-754-Standard* für binäre Gleitpunktarithmetik auf Operanden mit einfacher oder doppelter Genauigkeit ausgeführt.

Die BPU ermöglicht es, gewisse Sprungbefehle parallel zu den Befehlen der anderen Einheiten auszuführen; dazu umfasst sie drei Register:

1. Das *Link-Register* (LR) wird bei bestimmten Verzweigungsbefehlen im Zusammenhang mit der Ausführung von Unterprogrammen benutzt;

2. das *Count-Register* (CTR) wird zur Implementierung von Schleifen verwendet;

3. das *Condition-Register* (CR) besteht aus 8   4-Bit-Bedingungsfeldern, auf welche zahlreiche Befehle zugreifen können.

Im CR-Register sind unter anderem die *Condition Codes* untergebracht, und zwar für Integer-Operationen in den Bits 0–3 (Feld CR0 des CR-Registers), für Floating-Point-Operationen in den Bits 4–7 (Feld CR1 des CR-Registers). Für Integer-Operationen haben diese die folgenden Bedeutungen:

- Bit 0: Das *Negative-Flag* LT wird gesetzt, falls die gerade ausgeführte Operation ein negatives Ergebnis geliefert hat.

- Bit 1: Das *Positive-Flag* GT wird gesetzt, falls die gerade ausgeführte Operation ein positives Ergebnis ungleich 0 geliefert hat.

- Bit 2: Das *Zero-Flag* EQ wird gesetzt, falls die letzte Operation das Ergebnis 0 hatte.

- Bit 3: Das *Summary-Overflow-Flag* SO wird gesetzt, falls bei der letzten Operation ein Overflow aufgetreten ist; dieses Bit ist eine Kopie des Overflow-Bits im XER-Register (siehe unten).

Die PowerPC-Architektur ist speziell hinsichtlich der Realisierung der FPU nicht genau festgelegt, und sie erlaubt Implementierungen mit zwei verschiedenen Adressbreiten:

- Eine 32-Bit-Realisierung hat logische Adressen der Länge 32 Bit, virtuelle Adressen der Länge 52 Bit, physikalische Adressen der Länge 32 Bit sowie 32 Bit breite allgemeine Register;

- eine 64-Bit-Realisierung hat demgegenüber logische Adressen der Länge 64 Bit, virtuelle Adressen der Länge 80 Bit, physikalische Adressen der Länge 64 Bit sowie 64 Bit breite allgemeine Register.

Die Architektur sieht, insbesondere im Unterschied zu dem im nächsten Kapitel vorgestellten CISC-Prozessor WE32100, keinen „eingebauten" Stack vor, d. h. Push- und Pop-Operationen sind im Befehlssatz nicht enthalten. Ein Stack kann allerdings per Programm simuliert werden, wobei dann eins der allgemeinen Register als Stack Pointer benutzt wird. Ferner ist zu bemerken, dass es sich bei der PowerPC-Architektur um eine reine Load/Store-Architektur in dem in Abschnitt 8.6 beschriebenen Sinne handelt. Es ist daher z. B. nicht möglich, Speicherinhalte scheinbar direkt zu manipulieren. Stattdessen muss das betreffende Datum zuerst in ein Register geladen werden; dort kann es bearbeitet und schließlich wieder im Speicher abgelegt werden.

Der PowerPC 601, den wir im Folgenden genauer erläutern, ist, wie erwähnt, eine 32-Bit-Implementierung der PowerPC-Architektur. Sein Befehlssatz umfasst mehr als 200 Befehle; sein Steuerwerk ist fest verdrahtet. Seine (superskalare) Prozessororganisation kann bis zu drei Befehle pro Takt den Ausführungseinheiten IU, FPU, BPU zuordnen; diese können also parallel arbeiten. Die meisten Befehle sind in einem Takt ausführbar; der Befehlssatz ist einheitlich aufgebaut und daher schnell dekodierbar. Der 601 umfasst neben den drei Ausführungseinheiten mit ihren beiden Registersätzen auf dem Chip eine *Instruction Unit*, eine *Memory Management Unit* (MMU) für Adressberechnungen, einen 32 KB-Cache für Instruktionen und Daten sowie eine *Memory Unit* (MU) zur Pufferung von Read- bzw. Write-Operationen. Abbildung 9.2 zeigt die Komponenten des PowerPC 601 im Überblick; wir erläutern die Speicherkonzepte in Abschnitt 11.1 genauer.

Die *Instruction Unit*, welche die BPU enthält, kontrolliert den Instruktionsfluss zu den Ausführungseinheiten. Dazu umfasst sie eine *Instruction Queue*; sie bestimmt jeweils die Adresse der nächsten zu holenden Instruktion unter Rückgriff auf die BPU. Die Instruction Queue kann bis zu acht Befehle aufnehmen, was genau einem Cache-Block entspricht, und kann, wie in Abbildung 9.3 illustriert, aus dem Cache über eine Leitung der Breite 256 Bit in einem Takt gefüllt werden. Sie ist unterteilt in eine untere (Q0 bis Q3) und eine obere (Q4 bis Q7) Hälfte; erstere kann von der BPU nach Sprungbefehlen durchsucht werden. Insbesondere werden Integer- sowie Sprungbefehle aus Q0 bis Q3 an ihre entsprechenden Ausführungseinheiten weitergegeben. Q4 bis Q7 dienen als Puffer zur Reduktion der Cache-Zugriffe. Um zu verhindern, dass der unterste Platz Q0 bei blockierter Integer-Pipeline belegt ist, wurde ein Warte-Platz „Q0 Hold" eingerichtet, aus dem sich die Integer Unit bedient, sobald sie in der Lage ist, neue Instruktionen auszuführen. Die BPU ist ferner in der Lage, Sprünge vorher zu sagen. Da derartige Vorhersagen falsch sein können, muss der Prozessor gegebenenfalls einen korrekten Ausführungszustand wiederherstellen; hierzu ist unter anderem eine spezielle Hardware vorhanden.

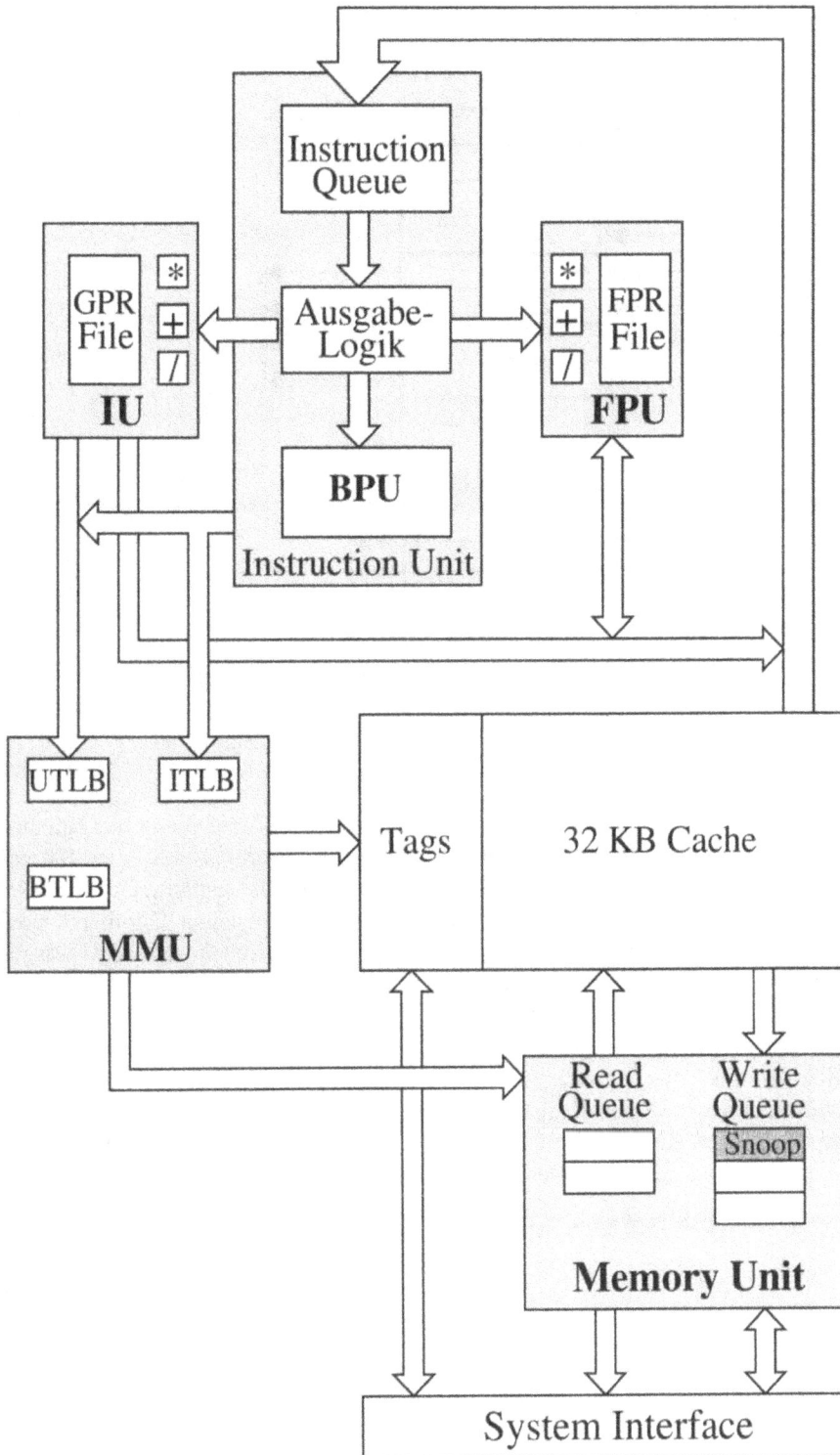

Abbildung 9.2: 601-Implementierung der PowerPC-Architektur.

Vom Cache

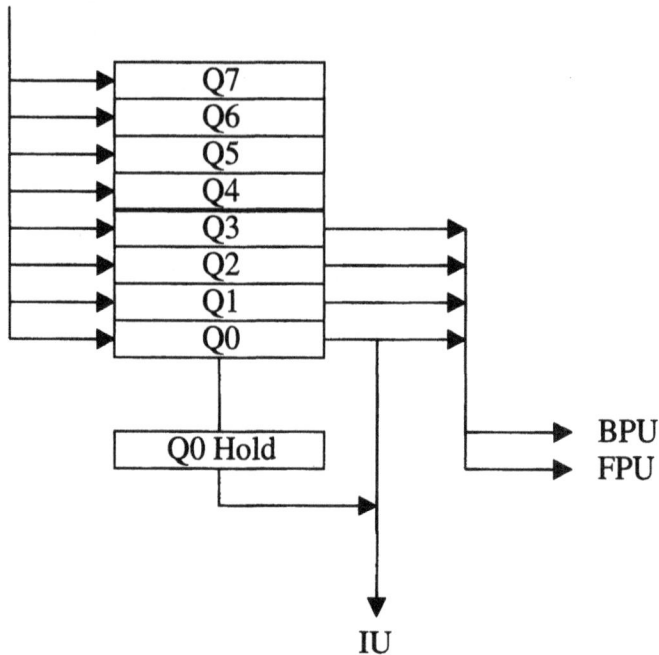

Abbildung 9.3: Instruction Queue des PowerPC 601.

Die *Integer Unit* des 601 bearbeitet die meisten Integer-Befehle in nur einem Takt; sie führt ferner die Speicheroperationen (Load- sowie Store-Befehle) aus. Sie verfügt über 32 allgemeine Register, hier *General Purpose Register* genannt und mit GPR0– GPR31 bezeichnet, eine ALU, einen Multiplizierer sowie einen Dividierer und hat den in Abbildung 9.4 gezeigten Aufbau. Im Unterschied zu in der ALU ausgeführten Befehlen erfordert eine Multiplikation 5 oder 10 Takte in Abhängigkeit von der Länge des zweiten Operanden, eine Division braucht sogar 36 Takte. Die Integer Unit verfügt ferner über das *Integer Exception Register* (XER), in dem unter anderem das Overflow-Bit OV, das Summary-Overflow-Bit SO sowie das Carry-Bit CA des 601 untergebracht sind. Dieses Register wird bereits dem *Supervisor Programming Mode* des 601 zugerechnet, worauf wir weiter unten eingehen werden, und in diesem Zusammenhang als SPR1 bezeichnet.

Befehle werden grundsätzlich in den vier Pipeline-Stufen

1. Fetch,

2. Decode,

3. Execute,

4. Writeback

ausgeführt. Um Verzögerungen durch vorhandene Datenabhängigkeiten zu vermeiden, kann ein Resultat aus Stufe 4 der Ausführung eines Befehls auch direkt an Stufe 3

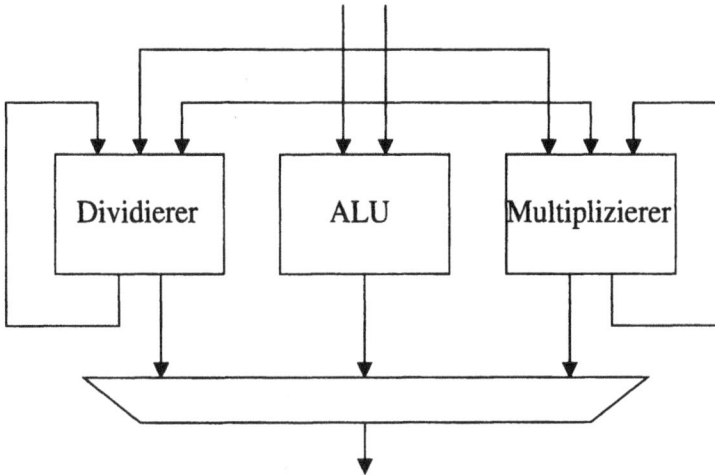

Abbildung 9.4: Aufbau der Integer Unit des PowerPC 601.

der Ausführung eines nachfolgenden Befehls weitergereicht werden; dies wird auch als *Feed Forwarding* (Weiterreichen) bezeichnet.

Die *Floating-Point Unit* (FPU) des 601 kennt einfache sowie doppelte Genauigkeit (*Single* bzw. *Double Precision*) als normalisierte Zahlenformate, ein denormalisiertes Format zur Darstellung sehr kleiner Zahlen sowie das NaN-Format (*Not a Number*, z. B. ∞). Sie enthält ein *Multiply-Add-Array* für Berechnungen, welches in Abbildung 9.5 gezeigt ist, das *Floating-Point Status and Control Register* (FPSCR) sowie 32   64-Bit-Floating-Point-Register mit den Bezeichnungen FPR0–FPR31. Die FPU besitzt vier Pipelinestufen, die sich an die Befehlsbereitstellung und -zuordnung (Fetch bzw. Buffering) anschließen. Nach dem Decodieren besteht die erste Ausführungsstufe aus einem Multiplizierer und die zweite aus einem Addierer, bei welchem aus Summen und Überträgen der Multiplizierstufe ein Zwischenergebnis gebildet wird. Diese Multiply-Add-Kombination ist ein typischer Ablauf für die im Horner-Schema vorkommenden Rechenvorgänge.

Wir beschreiben als nächstes das *Programmiermodell* des PowerPC 601, also die Anzahl, Funktion und Bezeichnung der Register. Wie bereits erwähnt, verfügt der 601 über die 32 allgemeinen Register GPR0–31, die 32 Floating-Point-Register FPR0–31 sowie die speziellen Register LR, CR, CTR, XER oder FPSCR. Diese Register bilden zusammen mit dem Multiplikationsregister MQ und den beiden Registern RTCU und RTCL (*Real Time Clock Upper/Lower*) zur Zeitmessung per Echtzeituhr die so genannten *User-Register*, welche einem Programmierer zur Verfügung stehen. Andere Implementierungen der PowerPC-Architektur als die des PowerPC 601 verwenden anstelle der Echtzeituhr einen 64-Bit-Zähler, der von der Prozessor-Clock gespeist wird und der in den dann vorhandenen Registern TBU und TBL (*Time Base Upper/Lower*) verwaltet wird. Abbildung 9.6 gibt eine Übersicht über die User-Register des PowerPC 601.

Operanden

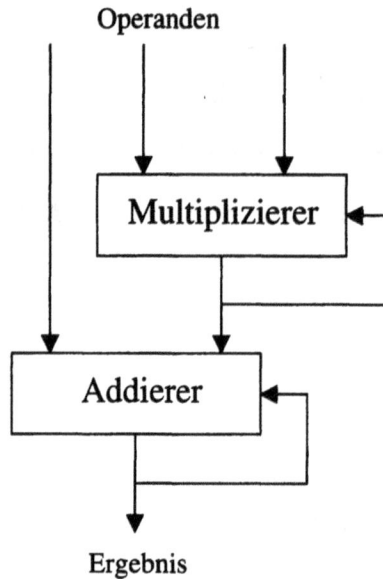

Abbildung 9.5: Multiply-Add-Array der FPU des PowerPC 601.

Einige der genannten speziellen Register werden auch als die *User-Level Special Purpose Register* bezeichnet und wie folgt benannt:

MQ:	SPR0
XER:	SPR1
RTCU:	SPR4
RTCL:	SPR5
LR:	SPR8
CTR:	SPR9

Neben den User-Registern verfügt der 601 über zahlreiche weitere Register, welche nur in der Betriebsart des *Supervisor-Modus* verwendbar sind und damit z. B. für eine Assembler-Programmierung nicht benutzbar sind. Diese *Supervisor-Register* umfassen z. B. das *Machine State Register* (MSR), die 16 Segment-Register SR0–15, 8 *Instruction Block Address Translation Register* (IBAT0U/L–IBAT3U/L) sowie das *Table Search Description Register* (SDR1) für Hash-Adressen in die Seitentabelle. Das MSR gibt den jeweiligen Zustand des Prozessors wieder. Durch einen Interrupt, beim PowerPC durchgehend als *Exception* bezeichnet, werden bestimmte Bits im MSR geändert; auch bestimmte Instruktionen haben Einfluss auf dieses Register. Beispiele spezieller Bits im MSR sind die Folgenden:

User Environment

Universal Register (Integer)

0   31

| GPR 0 |
| GPR 1 |
| $\vdots$ |
| GPR 31 |

Floating-Point Register

0   63

| FPR 0 |
| FPR 1 |
| $\vdots$ |
| FPR 31 |

Integer Exception Register

0   31

| XER |

FP Status/Control Register

0   31

| FPSCR |

Multiplication Register

0   31

| MQ |

Condition Register

0   31

| 0 | 1 | 2 | 3 | 4 | 5 | 6 | 7 |

Count Register

0   31

Link Register

0   31

Virtual Environment

Real-Time Clock

0   31

| RTCU |
| RTCL |

(nur 601)

Time Base

· 0   31

| TBU |
| TBL |

(nicht 601)

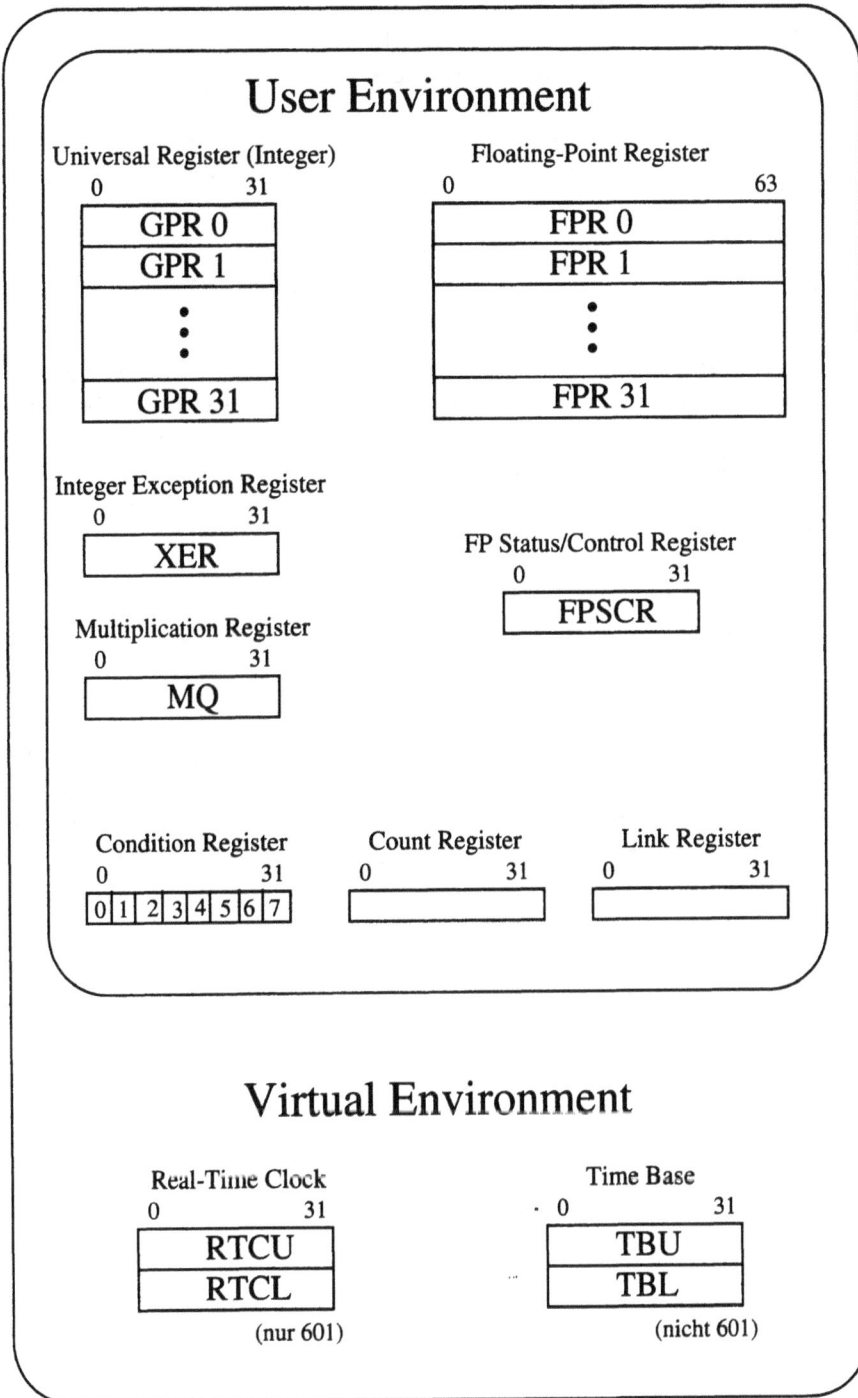

Abbildung 9.6: User-Register des PowerPC 601.

Bit-Nr.	Bezeichnung	Bedeutung
16	EE	External Exception enable: 0: externe Interrupts werden ignoriert 1: externe Interrupts werden akzeptiert
17	PR	Privilege level: 0: Prozessor kann User- und Supervisor-Instr. ausführen 1: Prozessor kann nur User-Instruktionen ausführen
18	FP	Floating Point available: 0: Prozessor führt keine FP-Operationen aus 1: Prozessor kann FP-Operationen ausführen

Befindet sich der Prozessor im User-Modus, so sind Assemblerprogramme ausführbar. Im Supervisor-Modus hat dagegen das Betriebssystem die Kontrolle über die CPU, und es sind keine Benutzerprogramme ausführbar. Diese Unterscheidung ist heute in Rechnern üblich und dient vor allem dem Schutz des Prozessors z. B. gegen eine Manipulation seiner Statusregister von außen oder gegen ein Schreiben in Bereiche des Hauptspeichers, in denen das Betriebssystem abgelegt ist (Speicherschutz).

9.2   Befehlsformate und Befehlssatz des PowerPC 601

Wir wollen als nächstes einige Befehlsformate sowie den Befehlssatz des PowerPC 601 vorstellen. Dabei werden wir auch auf die verfügbaren Adressierungsarten eingehen und Beispiele von Assemblerprogrammen für diesen Prozessor geben. Grundsätzlich lassen sich die über 200 vorhandenen Befehle in die folgenden Klassen einteilen:

- Integer-Befehle

- Load/Store-Befehle

- Floating-Point-Befehle

- Prozessor-Kontroll-Befehle

Die meisten Befehle fallen in die Klasse der Integer-Befehle, so dass wir diese im Folgenden genauer aufschlüsseln werden in arithmetische, logische, Shift- und Rotations-, Vergleichs- und Sprungbefehle.

Grundsätzlich sind alle Instruktionen einheitlich 4 Bytes lang und im Speicher auf Wortgrenzen (also durch 4 teilbare Adressen) ausgerichtet. Die Bits 0–5 spezifizieren jeweils den so genannten *primären* Operationscode (Op-Code); einige Befehle besitzen darüber hinaus einen *sekundären* Op-Code. Die restlichen Bits eines Befehls enthalten eines oder mehrere Felder für die verschiedenen Befehlsformate. Insgesamt werden 12 32-Bit-Formate (I, B, SC, D, DS, X, XL, XFX, XFL, XO, A, M) und 4   64-Bit-Formate (DS, XS, MD, MDS) unterschieden.

Op-Code	rD	rA	rB	weitere Angaben

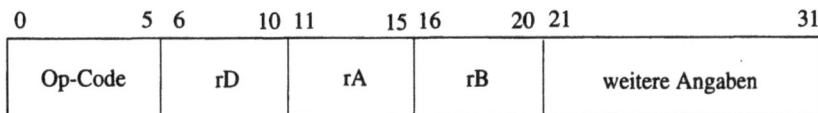

Abbildung 9.7: Format eines Additions-Befehls.

9.2.1 Arithmetische und logische Befehle

Arithmetische Befehle auf ganzzahligen Operanden dienen der Ausführung arithmetischer Operationen wie Addition, Subtraktion, Multiplikation und Division. Die einfachste Form der Addition lautet abgekürzt

$$\text{add rD, rA, rB}$$

und bedeutet, dass das Ergebnis der Addition der Inhalte der Register rA und rB im Destinationsregister rD abgelegt wird; hier wie auch im Folgenden handelt es sich bei diesen Quell- bzw. Ziel-Registern stets um Register aus den 32 allgemeinen Registern der Integer Unit (GPR0–31).

Abbildung 9.7 veranschaulicht das Grundprinzip der internen Darstellung dieses Befehls: Während die ersten 6 Bits für den Operations-Code (Op-Code) für Additionen reserviert sind, werden in den darauf folgenden 15 Bits die drei beteiligten Register angegeben — offensichtlich sind bei 32 vorhandenen Registern 5 Bits für jedes Register erforderlich. Von den dann verbleibenden 11 Bits sind die Bits Nr. 21 (OE-Bit) und Nr. 31 (Rc-Bit) für die Spezifikation weiterer Typen von Additions-Befehlen von besonderer Bedeutung. Diese beiden Bits entscheiden darüber, ob das Condition-Register oder die Overflow-Bits im XER-Register oder beide aktualisiert werden sollen. In Abhängigkeit davon, welcher Additionsbefehl gewählt wird, werden das OE-Bit (OV/SO Enable) bzw. das Rc-Bit (Record-Bit zur Beeinflussung von CR) wie folgt gesetzt:

bei der Abkürzung add rD, rA, rB   ist OE = 0, Rc = 0
bei der Abkürzung add. rD, rA, rB ist OE = 0, Rc = 1
bei der Abkürzung addo rD, rA, rB ist OE = 1, Rc = 0
bei der Abkürzung addo. rD, rA, rB ist OE = 1, Rc = 1

Im Einzelnen gilt:

- Ist OE = 1, so ist XER von der Operation betroffen;

- ist Rc = 1, ist das CR0-Feld von CR von der Operation betroffen.

Als Beispiel betrachten wir den Befehl

$$\text{add r18, r7, r29}\,,$$

dessen interne Darstellung in Abbildung 9.8 gezeigt ist. Dieser Befehl hat das so genannte *XO-Format*. Der Op-Code „31" gibt eine Grobeinordnung des Befehls (Integer-Befehl, Format aus der X-Kategorie) an; die drei folgenden Zahlen stehen für die hier beteiligten Operanden-Register. Der Wert 0 in Bit 21 bedeutet, dass das Integer Exception Register nicht betroffen ist. Die Zahl 266 als erweiterter Op-Code (*Extended*

0	5	6	10	11	15	16	20	21		31

31	18	7	29	0	266	0

Abbildung 9.8: Spezieller Additions-Befehl im XO-Format.

Opcode) charakterisiert die Art der hier auszuführenden Addition. Der Wert 0 in Bit 31 bedeutet, dass das CR0-Feld des Condition Registers nicht betroffen ist. Die interne Darstellung lautet in Dualform somit

$$011111|10010|00111|11101|0|100001010|0$$

oder in Hexadezimalform

$$7E47EA14 \ .$$

Weitere Additionsbefehle mit analogem Aufbau bzw. analoger Differenzierung sind:

- **addc**: add carrying, bei OE = 1 ist im XER auch CA betroffen

- **adde**: add extended, das CA-Bit wird ebenfalls addiert

- **addi**: add immediate, z. B. add rD, rA, SIMM, wodurch das Ergebnis der Addition des Inhalts von rA und des *Signed Immediate*-Operanden SIMM in rD abgelegt wird. Ein SIMM ist dabei eine ganze Zahl mit Vorzeichen, welche unmittelbar im Befehl angegeben wird; in der internen Darstellung stehen für diese Zahl 16 Bits zur Verfügung.

- **addic**: add immediate carrying

- **addis**: add immediate shifted

- **addme**: add to minus one extended

- **addze**: add to zero extended

Beispiel 9.1 Falls Paare konsekutiver Register zur Darstellung doppelt langer Integer-Zahlen verwendet werden, so lässt sich eine Addition der Form

$$(r_1, r_2) + (r_3, r_4) = (r_5, r_6)$$

durch

```
addc r6, r2, r4
adde r5, r1, r3
```

realisieren.   □

Tabelle 9.1 gibt eine Übersicht über die zu diesen Befehlen gehörenden Op-Codes, gegebenenfalls die erweiterten Op-Codes sowie die jeweilige Format-Kategorie. Die Befehle im XO-Format sind sämtlich gleichartige Varianten des Befehls add. Sie können in den Bits 21 und 31 noch variiert werden. Das Befehls-Format D deutet auf eine andere Art der Addition hin, nämlich die Immediate-Addition. Als Beispiel hierzu betrachten wir den Befehl

Tabelle 9.1: Additions-Befehle und deren interne Darstellung.

Abkürzung	Op-Code	erweit. Op-Code	Format
addc	31	10	XO
adde	31	138	XO
addi	14	–	D
addic	12	–	D
addis	15	–	D
addme	31	234	XO
addze	31	202	XO

$$\texttt{addi r18, r7, -27511}\,,$$

welcher die Zahl -27511 zum Inhalt von r7 addiert und das Ergebnis in r18 ablegt. Da nur einer der beiden Operanden per Register spezifiziert ist und bei Befehlen des Formats D die Varianten in den Bits 21 und 31 nicht sinnvoll sind, stehen für den zweiten Operanden 16 Bits (die Bits 16 bis 31) zur Verfügung. Deshalb lautet die binäre Darstellung des Befehls

$$001110|10010|00111|1001010010001001$$

und die hexadezimale

$$3A479489\,.$$

Weitere arithmetische Befehle sind subf (subtract from), neg (negate), mull (multiply low), mulh (multiply high) oder divw (divide word), wobei bei den letzten drei eine Unterscheidung zwischen *signed* und *unsigned*, also Operanden mit bzw. ohne Vorzeichen gemacht wird.

Zu den logischen Befehlen gehören unter anderem die Booleschen Operationen and, or, xor, nand, nor, eqv (equivalent), ferner exts (extend sign) oder cntlzw (count leading zeros word). Aus der Liste der Shift- und Rotate-Befehle seien z. B. rlwnm (rotate left word then AND with mask), ferner sl (shift left) oder sr (shift right) erwähnt.

Beispiel 9.2 Gesucht ist ein Programm zur Berechnung des Mittelwerts zweier ganzer Zahlen. Diese seien in den Registern r3 und r4 abgelegt, das Ergebnis stehe am Ende in r3. Die nachstehend angegebene Folge von Befehlen leistet dies:

```
add r5, r3, r4
srawi r5, r5, 1
addze r3, r5
```

Zunächst werden die Inhalte von r3 und r4 addiert und in r5 abgelegt. Der Befehl srawi (shift right algebraic word immediate) verschiebt den Inhalt von r5 um 1 Bit nach rechts, was einer Division ohne Rest durch 2 entspricht, und legt das Ergebnis wieder in r5 ab. Da beim Shift das rechteste Bit „herausfällt", wird am linken Rand um ein Vorzeichen erweitert („Sign Extension"), d. h. das vorletzte Bit wird dupliziert.

Ist der ursprüngliche Inhalt von r5 negativ und fällt rechts eine 1 heraus, so wird das CA-Bit in XER gesetzt. Der dritte Befehl addiert dieses Bit zum Inhalt von r5 und legt das Ergebnis wie gewünscht in r3 ab.   □

Integer-Vergleichs-Befehle benutzen die weiter oben bereits erwähnten 4-Bit-Felder im Condition-Register CR; es gibt z. B. die Befehle `cmp` (compare) oder `cmpl` (compare logical). Bei Branch- bzw. Sprungbefehlen, welche in den beiden letzten Beispielen bereits vorkamen, wird unterschieden zwischen absoluter und relativer Adressierung (d. h. relativ zur aktuellen Programmposition), zwischen bedingten und unbedingten Sprüngen sowie zwischen Sprüngen zum Link-Register und solchen zum Count-Register. Ferner kann man den Counter (SPR9) für Zählschleifen verwenden, und auf dem Count-Register können bestimmte logische Operationen ausgeführt werden (wie z. B. im Befehl `cmpi cr0, 0, r4, 0`).

9.2.2   Load/Store-Befehle

Alle bisher beschriebenen Befehle arbeiten ausschließlich auf Registern. Es gibt also z. B. keinen Additions-Befehl, falls einer der Summanden im Speicher steht; wie wir im nächsten Kapitel sehen werden, ist dies bei CISC-Prozessoren im Allgemeinen anders. Der PowerPC 601 benötigt als echter RISC-Prozessor demgegenüber Lese- und Schreibbefehle, welche den Transport von Bytes zwischen Registern und Hauptspeicher bewerkstelligen. Dazu verfügt er über eine Reihe von *Load/Store-Befehlen*, bei welchen man die Stelle, an welcher sich ein Operand befindet, durch unterschiedliche *Adressierungsarten* beschreiben kann. Im Einzelnen kennt der PowerPC die Folgenden:

- *Register Indirect with Immediate Index:* Eine effektive Adresse wird gebildet durch Addition eines in der Instruktion gelieferten Index-Wertes zum Inhalt eines ebenfalls angegebenen Registers.

- *Register Indirect with (Register) Index:* Eine effektive Adresse wird durch Addition der Inhalte zweier in der Instruktion angegebener Register gebildet.

- *Register Indirect:* Der Inhalt eines in der Instruktion angegebenen Registers wird als Adresse aufgefasst.

Bei den *Integer-Load/Store-Befehlen* wird eine Quelle (Source S), ein Ziel (Destination D) sowie eventuell eine *Update-Form* angegeben, welche dafür sorgt, dass die generierte effektive Adresse im Quell-Register abgelegt wird, falls dieses nicht 0 und ungleich dem Ziel-Register ist. Die Befehle können die Datentypen *Byte, Halfword* oder *Word* (ab der erzeugten effektiven Adresse) aus dem Speicher laden oder dort speichern, wobei beim Typ *Halfword* (16 Bit) durch Wahl der jeweiligen Befehlsversion *zero* oder *algebraic* angegeben werden kann, ob die nicht geladene linke Hälfte des Zielregisters mit 0 oder 1 aufgefüllt wird.

Es gibt eine Reihe weiterer Integer-Load/Store-Befehle, z. B. solche mit Byte-Vertauschung oder solche, die auf bis zu 32 Register gleichzeitig wirken.

9.2.3 Floating-Point-Befehle

Für sämtliche Floating-Point-Befehle sind zunächst die vorhandenen Floating-Point-Zahlendarstellungen relevant, bei denen es sich, wie bereits erwähnt, um die im IEEE-754-Standard festgelegten handelt. Im Einzelnen wird unterschieden:

- *Single Precision:*
  Vorzeichen Bit 0, Exponent Bits 1–8, Mantisse Bits 9–31

- *Double Precision:*
  Vorzeichen Bit 0, Exponent Bits 1–11, Mantisse Bits 12–63

- diverse Exponentendarstellungen mit Offset (biased)

Beispiele enstprechender Befehle sind unter anderem die Floating-Point-Load/Store-Befehle (lfp, sfp) in Single/Double-Precision-Version (lfps, lfpd, sfps, sfpd) sowie die arithmetischen Befehle wie fadd, fsub, fmul oder fdiv. Wir erwähnen schließlich noch die Floating-Point-Move-Befehle fmr (FP Move Register), fneg (FP Negate), fabs (FP Absolute Value) und fnabs (FP Negative Absolute Value).

9.2.4 Prozessor-Kontroll-Instruktionen

Als letzte größere Gruppe von Befehlen erwähnen wir die Befehle zur Kontrolle des Prozessors. In diese Kategorie fallen Befehle zur direkten Manipulation bestimmter Register (z. B. Kopieren eines Registerinhalts in das MSR, das CR oder eines der SPR-Register). Des Weiteren gehören hierzu Befehle, die auf den Cache wirken, z. B. einen Cache-Block als ungültig kennzeichnen, Lesen oder Schreiben auf dem Cache simulieren oder einen Cache-Block auf 0 setzen (mit dem Befehl dcbz [*data cache block set to zero*]: alle Bytes in dem Block bzw. Cache-Sektor, der das von effektiven Adresse adressierte Byte enthält, werden auf Null gesetzt). Ferner gibt es Befehle zur Manipulation der Segment-Register, den Befehl sc (*system call*) zur Übertragung der Kontrolle über die CPU von einem laufenden Programm an das Betriebssystem sowie dessen Gegenstück rfi (*return from interrupt*). Diese Liste ließe sich fortsetzen.

In diesem Zusammenhang sind auch die Befehle lwarx (*load word and reserve indexed*) sowie stwcx (*store word conditional indexed*) zu erwähnen, durch welche zum einen eine Load- bzw. eine Store-Operation durchgeführt wird; zum anderen wird bereits beim Load die Adresse des gelesenen Speicherwortes für ein nachfolgendes Store reserviert.

9.3 Assemblerprogrammierung und Beispielprogramme

Wie wir inzwischen wissen, verarbeitet ein Rechner intern ausnahmslos Folgen von Bits, wobei es bei der Ausführung eines Programms jeweils vom aktuellen Kontext abhängt, ob eine bestimmte Bitfolge als Befehl, Datum oder Adresse interpretiert wird. Für den Benutzer eines Rechners ist die Darstellungsform von Befehlen als Bitfolgen offensichtlich schwierig zu handhaben. Aus diesem Grund steht für die maschinennahe Programmierung eines Rechners stets eine *Assemblersprache* zur Verfügung, in der mnemonische Abkürzungen für die Befehle verwendet werden. Eine Assemblersprache ist damit auf einem Abstraktionsniveau angesiedelt, welches zwischen dem einer höheren Programmiersprache (wie C oder Java) und dem der reinen Maschinensprache liegt.

Während der Benutzer einer höheren Sprache sich nicht für die Architektur des Rechners, auf welchem sein Programm ablaufen soll, zu interessieren braucht, sind sowohl Assembler- als auch Maschinensprache davon abhängig. Als Beispiel betrachten wir die folgende if-Abfrage in Pascal:

if K < 5 then A := A + B;

Wesentlich ist, dass der Programmierer Variablen (und gegebenenfalls Datenstrukturen) deklarieren und sodann damit arbeiten kann, *ohne* sich um deren interne Speicherung kümmern zu müssen.

Auf der Ebene der Assemblerprogrammierung ist das anders: Wenngleich auch eine solche Sprache im Allgemeinen über die Möglichkeit verfügt, Variablen zu deklarieren, und Datenstrukturen wenigstens simulieren kann, obliegt es jetzt dem Programmierer, hierfür zunächst Speicherplatz zu reservieren und sodann die Manipulation der Variablen auf der Ebene symbolischer Adressen (gegebenenfalls unter Zuhilfenahme der vorhandenen Register) zu beschreiben.

Wir halten gewisse Unterschiede zwischen einer höheren Programmiersprache und einer Assemblersprache fest:

1. In einer höheren Sprache abgefasste Programme sind leichter lesbar und veränderbar sowie maschinenunabhängig.

2. Häufig sind *mehrere* Assemblerbefehle erforderlich, um *einen* Befehl einer höheren Sprache zu repräsentieren.

Ein in einer Sprache wie C oder Java geschriebenes Programm muss vor seiner Ausführung in ein Programm in Maschinensprache übersetzt werden, eine Aufgabe, welche von einem *Compiler* für diese Sprache übernommen wird. Entsprechend muss ein Assemblerprogramm in Maschinensprache transformiert werden, welche insbesondere frei von Deklarationen, Variablennamen oder Labels ist. Diese Übersetzung wird von einem *Assembler* (vgl. Kapitel 10) bewerkstelligt, welcher ähnlich einem Compiler ein *Quellprogramm* in ein *Objektprogramm* übersetzt (und daneben z. B. Fehlermeldungen sowie ein Listing generiert). Wir werden noch darauf eingehen, wie ein Assembler für jeden einzelnen Assemblerbefehl eine bestimmte Folge von Bytes generiert und dabei insbesondere (symbolische) Programm-Referenzen codiert; die oben in Zusammenhang mit den Additions-Befehlen des PowerPC angestellten Überlegungen sind dabei relevant. Erst das hieraus resultierende Maschinenprogramm kann dann auf der Hardware des gegebenen Rechners ausgeführt werden.

Es sei bemerkt, dass die Programmierung in einer Assemblersprache auch heute noch eine Reihe von Anwendungen hat. Insbesondere ist ein direkt in einer solchen Sprache geschriebenes Programm meistens effizienter als ein entsprechendes Programm in einer höheren Sprache, d. h. seine Ausführungszeit ist kürzer; daneben sind z. B. zur Programmierung eines I/O-Controllers spezielle Instruktionen erforderlich (etwa zum Abfragen einzelner Flags), welche in einer höheren Sprache im Allgemeinen nicht zur Verfügung stehen.

Wir haben mit den verwendeten Abkürzungen für die Befehle des PowerPC bereits Formulierungen in der Assemblersprache dieses Prozessors angegeben. Diese Abkürzungen sind also keinesfalls frei wählbar, sondern formatgebunden, denn sie müssen eindeutig in die entsprechenden Maschinenbefehle (Bitfolgen) übersetzt werden. Dies ist die Aufgabe des Assemblers.

Um über die Anzahl bereits generierter Bytes Buch zu führen, verwendet ein Assembler einen Zähler, den so genannten *Location Counter* (LC), welcher zu Beginn einer Übersetzung zu 0 intialisiert wird. Für jeden assemblierten Befehl wird LC dann um die gerade erzeugte Anzahl von Bytes (im Falle des PowerPC also stets 4) erhöht. Zu jedem Zeitpunkt der Übersetzung repräsentiert der Wert von LC damit die Adresse des nächsten verfügbaren Bytes, wobei diese Adresse *relativ* zum Programmanfang (Adresse 0) gewählt ist. (Wir werden in Kapitel 10 diskutieren, auf welche Weise ein Linker sowie ein Lader derartige relativen Adressen in *absolute* Speicheradressen transformiert.) Ferner darf ein Assemblerprogramm symbolische Namen (und Adressen) enthalten, welche geeignet zu ersetzen sind, bevor das Programm ausgeführt werden kann. Dies geschieht grundsätzlich dadurch, dass dem betreffenden Namen der Wert von LC an der Stelle des Programms, an welchem der Name „deklariert" wird, zugewiesen wird. Um derartige Zuweisungen durchführen zu können, legt der Assembler eine *Symboltabelle* an, in welcher alle in einem Programm auftretenden Symbole zusammen mit dem entsprechenden Wert von LC festgehalten werden. (Da Programme *Vorwärtsreferenzen* enthalten können, kann ein Assembler nicht notwendig in *einem* Durchgang Symbole erkennen *und* jeweils den entsprechenden LC-Wert festhalten; dies erfordert im Allgemeinen *zwei* Phasen.)

Wir geben als nächstes einige Assemblerprogramme an, welche die Anwendung verschiedener Befehle des PowerPC 601 illustrieren sollen.

Beispiel 9.3 PowerPC-Assemblerprogramme können wie gewöhnliche Unterprogramme z. B. innerhalb eines C-Programms aufgerufen werden; es ist dann lediglich der Assembler anzuweisen, das Programmstück als Assemblerprogramm zu behandeln. Eine in diesem Sinne vervollständigte Funktion für die in Beispiel 9.2 angegebene Befehlsfolge lautet:

```
// Funktion mittelwert
//
asm int mittelwert(int, int)
{
    add r5, r3, r4
    srawi r5, r5, 1
    addze r3, r5
    blr
}
```

Durch `asm` wird der Assembler aufgerufen; die Funktion `mittelwert` erwartet zwei Parameter vom Typ `int` (integer) und liefert ein Ergebnis vom gleichen Typ. □

Beispiel 9.4 Das folgende Programm, welches wir wieder in vollständiger Form als Funktion angeben, berechnet den größten gemeinsamen Teiler zweier ganzer Zahlen nach dem Euklidischen Algorithmus:

```
// GGT-Berechnung mit Hilfe des Euklidischen Algorithmus
//
asm int ggt(int, int)
{
        fralloc                 // notwendig, um Spruenge innerhalb
                                // des Unterprogramms zuzulassen
        cmp cr0, 0, r3, r4      // r3 kleiner als r4?
        bge label               // falls ja, vertausche r3 und r4
        mr r5, r3
        mr r3, r4
        mr r4 r5
label:
        bl mod                  // sonst: weiter ab hier
                                // Sprung nach mod zwecks
                                // Modulo-Berechnung: r3 := r3 mod r4
        mr r5, r3               // vertausche r3 und r4
        mr r3, r4
        mr r4, r5
        cmpi cr0, 0, r4, 0      // waere noetig, falls subf statt
                                // subf. benutzt
        bne label               // wiederhole, bis Rest = 0
        frfree                  // Gegenstueck zu fralloc
        blr                     // Ruecksprung ins Hauptprogramm
mod:
        divw r5, r3, r4         // r5 := Quotient
        mullw r5, r5, r4        // r5 := Quotient * Divisor
        subf. r3, r5, r3        // r3 := Rest
                                // Suffix '.' fuehrt zum Update von CR
                                // (Vergleich mit  0)
        blr                     // Ruecksprung aus mod-Berechnung
}
```

Es sei darauf hingewiesen, dass sich dieses Programm verbessern lässt (vgl. Aufgabe 9.4).   □

Beispiel 9.5 Das folgende Programm dient dem Feststellen einer Ordnung auf in Registern vorliegenden Zahlen:

```
// Funktion ordnung stellt fest, ob r3 < r4 < r5 gilt
//
asm int ordnung(int, int, int)
{
        cmp cr0, 0, r3, r4      // Vergleich von r3 mit r4 (CR-Bit 0)
        cmp cr1, 0, r4, r5      // Vergleich von r4 mit r5 (CR-Bit 4)
        crand 8, 4, 0           // Und-Verknuepfung der Vergleiche
        blt cr2, *+12           // falls r3 < r4 < r5:
                                // Sprung zu 'li r3, 1'
        li r3, 0                // 0 = false als Ergebnis
```

```
        blr              // Ruecksprung ins Hauptprogramm
        li r3, 1         // 1 = true als Ergebnis
        blr              // Ruecksprung ins Hauptprogramm
}
```

In diesem Programm wird durch den ersten cmp-Befehl der Inhalt von r3 mit dem von r4 verglichen, wobei beide Operanden als ganze Zahlen mit Vorzeichen behandelt werden; das Ergebnis (0 oder 1) wird im ersten Bit des Feldes CR0 des Condition-Registers abgelegt. Die 0 als zweiter Operand des Befehls bedeutet, dass die beiden nachfolgenden Operanden (r3 und r4) 32-Bit-Operanden sind. Analog legt der zweite cmp-Befehl sein Vergleichsergebnis im ersten Bit des Feldes CR1 von CR ab. Der dritte Befehl legt das Ergebnis von „Bit 0 ∧ Bit 1" des Condition-Registers in Bit 8 dieses Registers ab. Sind die Zahlen wie gewünscht geordnet, werden die nächsten beiden Befehle übersprungen. Als Programmergebnis steht am Ende in r3 eine 0 oder eine 1.   □

Das folgende Beispiel illustriert die Verwendung einiger Load/Store-Befehle:

Beispiel 9.6 Vertauschung von Speicherworten an vorgegebenen Adressen:

```
asm void swap(int * , int *)
{
        lwzx r5, r0, r3    // r5 <- (0 + (r3))
        lwz r6, 0(r4)      // r6 <- (0 + (r4))
        stwx r6, r0, r3    // (0 + (r3)) <- r6
        stw r5, 0(r4)      // (0 + (r4)) <- r5
        blr
}
```

Der erste Load-Befehl („load word and zero extended") addiert 0 zum Inhalt von r3 und lädt den Inhalt der so erhaltenen Adresse in Register r5; hier wird die Adressierungsart *Register Indirect with Index* benutzt. Der zweite Load-Befehl geht analog vor, allerdings unter Verwendung des Adressierungsmodus *Register Indirect with Immediate Index*. Die nachfolgenden Store-Befehle haben analoge Erläuterungen.   □

Wir wollen anhand der im letzten Beispiel verwendeten Load- und Store-Befehle weiter erläutern, wie Instruktionen rechnerintern gespeichert werden. Aus der Befehlstabelle des Rechners kann man auch hier entnehmen, wie die einzelnen Bits auf die unterschiedliche, im Befehl unterzubringende Information verteilt werden, im letzten Beispiel wie folgt:

```
        lwzx r5, r0, r3    01111100101000000001100000101110
        lwz r6, 0(r4)      10000000110001000000000000000000
        stwx r6, r0, r3    01111100110000000001100100101110
        stw r5, 0(r4)      10010000101001000000000000000000
```

Die Codierung des ersten Befehls ist wie folgt zusammengesetzt: Bits 0–5 enthalten den Op-Code (31), Bits 6–10 die Nummer des Zielregisters (hier 5), Bits 11–15 bzw. 16–20 die Nummern der Quellregister (hier 0 bzw. 3), Bits 21–30 den erweiterten

Op-Code 23, Bit 31 eine 0. Dieser Befehl verwendet das X-Format. Die Codierungen der anderen Befehle folgen einer ähnlichen Zusammensetzung. Als hexadezimale Darstellung des Programms ergibt sich damit:

$$7CB0182E|80C40000|7CC01A2E|A0B40000$$

Das folgende Beispiel zeigt eine Verwendung von Floating-Point-Befehlen.

Beispiel 9.7 Wurzelberechnung nach dem Newton-Verfahren:

$$a_0 := a \text{ (Radikand)}, \quad b_0 := 0$$
$$a_{n+1} := (a_n + b_n)/2, \quad b_{n+1} := a/a_{n+1}$$

```
asm double wurzel(double, double)
{       // berechnet die Quadratwurzel (f1, a) bis zu
        // einer vorgg. Genauigkeit (f2)

        fmr f4, f1          // f4 <- f1      (a0=a)
        fsub r5, r5, r5     // f5 loeschen  (b0=0)
        b const             // f3 mit Wert 2 laden

cont:
        fadd f7, f4, f5     // f7 <- an + bn
        fdiv f4, f7, f3     // a(n+1) <- f7 / 2
        fdiv f5, f1, f4     // b(n+1) <- a / a(n+1)
        fsub f6, f4, f5     // Differenz a(n+1), b(n+1)
        fabs f6, f6         // f6 = |a(n+1) - b(n+1)|
        fcmpu cr0, f6, f2   // Differenzbetrag mit vorgg.
                            // Genauigkeit vergleichen
        bgt cont            // noch nicht genau genug
        fmr f1, f5          // Rueckgabewert bereitstellen
        blr

const:
        addi SP, SP, -8     // Stackplatz bereitstellen
        xor r3, r3, r3      // r3 = 0x00000000
        stw r3, 4(SP)
        lis r3, 0x40000     // r3 = 0x40000000
        stw r3, 0(SP)
        lfd f3, 0(SP)       // f3 = 0x4000000000000000
        addi SP, SP, 8      // Stackplatz freigeben
        b cont
}
```

Das Programm ist im Wesentlichen selbsterklärend; es wird daher hier nicht näher erläutert.   □

Beispiel 9.8 Matrizenmultiplikation: Das nachfolgend angegebene Programm bildet das Produkt zweier 3×3-Matrizen bestehend aus Floating-Point-Zahlen doppelter Genauigkeit:

```
asm void matmult(double *, double *, double *)
{
      li r6, 3                    // Anz. Schleifendurchlaeufe aussen
      li r7, 3                    // Anz. Schleifendurchlaeufe innen
      addi r3, r3, -8             // fuer ein Load mit Update
      addi r5, r5, -8

loop1:
      lfdu f1, 8(r3)             // f1, f2, f3 <- Zeile 1. Matrix
      lfdu f2, 8(r3)
      lfdu f3, 8(r3)

      mtctr r7                    // CTR = innere Schleife (loop2)

loop2:
      addi r4, r4, -24
      lfdu f4, 24(r4)           // f4, f5, f6 <- Spalte 2. Matrix
      lfdu f5, 24(r4)
      lfdu f6, 24(r4)
      addi r4, r4, -40

      fsub f7, f7, f7            // f7 loeschen
      fmadd f7, f1, f4, f7      // f7 <- f1 * f4 + f7
      fmadd f7, f2, f5, f7      // f7 <- f2 * f5 + f7
      fmadd f7, f3, f6, f7      // f7 <- f3 * f6 + f7
      stfdu f7, 8(r5)           // Ergebniselement speichern

      bdnz loop2                 // decrement, not zero -> loop2
      addi r4, r4, -24

      addi r6, r6, -1            // decrement
      cmpi cr0, 0, r6, 0
      bne loop1                  // not zero -> loop1
      blr
}
```

Man beachte, dass in diesem Beispiel die FP-Multiply-Add-Befehle verwendet werden, welche Multiplikation und Addition kombinieren (vgl. Abbildung 9.5).   □

Beispiel 9.9 Wir illustrieren den Gebrauch der Befehle lwarx und stwcx am Beispiel eines Programmstücks zur Realisierung eines *Semaphors*. Ein Semaphor kann zur Kontrolle bzw. Synchronisation der Ausführung so genannter *kritischer Bereiche* von Programmen dienen, als welche man Programmteile bezeichnet, in denen z. B. von mehreren Programmen gemeinsam benutzte Variablen oder Speicherbereiche manipuliert werden und die daher unter *wechselseitigem Ausschluss* ausgeführt werden müssen: Wenn ein Programm seinen kritischen Bereich ausführt, darf kein zweites Programm gleichzeitig dasselbe tun. Ein Semaphor kontrolliert, einer Baustellenampel vergleichbar, den Eintritt in einen kritischen Bereich. Will ein Programm seinen kritischen Bereich ausführen, muss es das Semaphor auf 0 setzen; hat es seinen kritischen Bereich ausgeführt, setzt es das Semaphor wieder auf 1. Die Problematik besteht darin, dass andere Programme ebenfalls Zugriff auf das Semaphor haben und ihn unmittelbar nach einer 0-Setzung verändern können.

In der Assemblersprache des PowerPC lässt sich die gerade gegebene Beschreibung z. B. wie folgt umsetzen:

```
        li r4, 0           // r4 <- 0
loop:
        lwarx r5, 0, r3    // r5 <- Semaphor
        stwcx. r4, 0, r3   // Semaphor auf 0 setzen
        bne cr0, loop      // Schleife, falls Reservierung verloren
        cmpwi cr1, r5, 0   // Semaphor mit 0 vergleichen
        be cr1, loop       // Semaphor war bereits vor dem Laden 0,
                           // daher weiter warten (war er 1,
                           // ist er frei)
kritBer:
        ...
        li r4, 1           // r4 <- 1
        stw r4, 0, r3      // Semaphor freigeben
```

In diesem Programmstück wird angenommen, dass sich das Semaphor im Speicher unter der in Register r3 enthaltenen Adresse befindet. Wesentlich ist hier die Verwendung des Load mit Reservierung der Adresse, aus der geladen wird; das darauf folgende Store benutzt diese unmittelbar wieder, falls kein anderes Programm zwischenzeitlich darauf zugegriffen hat.   □

9.4 PowerPC-Versionen

Zum Abschluss unserer Architekturbeschreibung des PowerPC 601 seien einige Daten erwähnt, in denen sich die anderen Versionen vom 601 unterscheiden:

- Der 603 sowie der 604 besitzen wie der 601 eine 32-Bit-Architektur, verfügen über 4 GB (2^{32} Byte) logischen und physischen Adressraum sowie über 4 Petabyte (4 PB = 2^{52} Byte) virtuellen Speicher. Pages haben die Größe 4 KB, Segmente die Größe 256 MB. Ferner gibt es 16 Segmentregister, 2 BAT-Arrays und separate TLBs für Daten und Instruktionen, die beim 603 je 64 Einträge, beim 604 je 128 Einträge haben.

- Der 620 besitzt eine 64-Bit-Architektur, verfügt über 1 Terabyte (1 TB = 2^{40} Byte) physischen sowie 2^{64} Byte logischen Adressraum; der virtuelle Speicher kann 2^{80} Byte groß sein. Page- und Segment-Größe sind gegenüber den anderen Implementierungen unverändert, jedoch verfügt der 620 über 2 voll-assoziative Übersetzungscaches mit je 64 Einträgen für Daten und Instruktionen sowie einen Unified TLB mit 128 Einträgen.

- Eine andere Implementierung der PowerPC-Architektur, welche im Unterschied zu den bisher beschriebenen nicht von IBM, sondern von Motorola stammt, ist

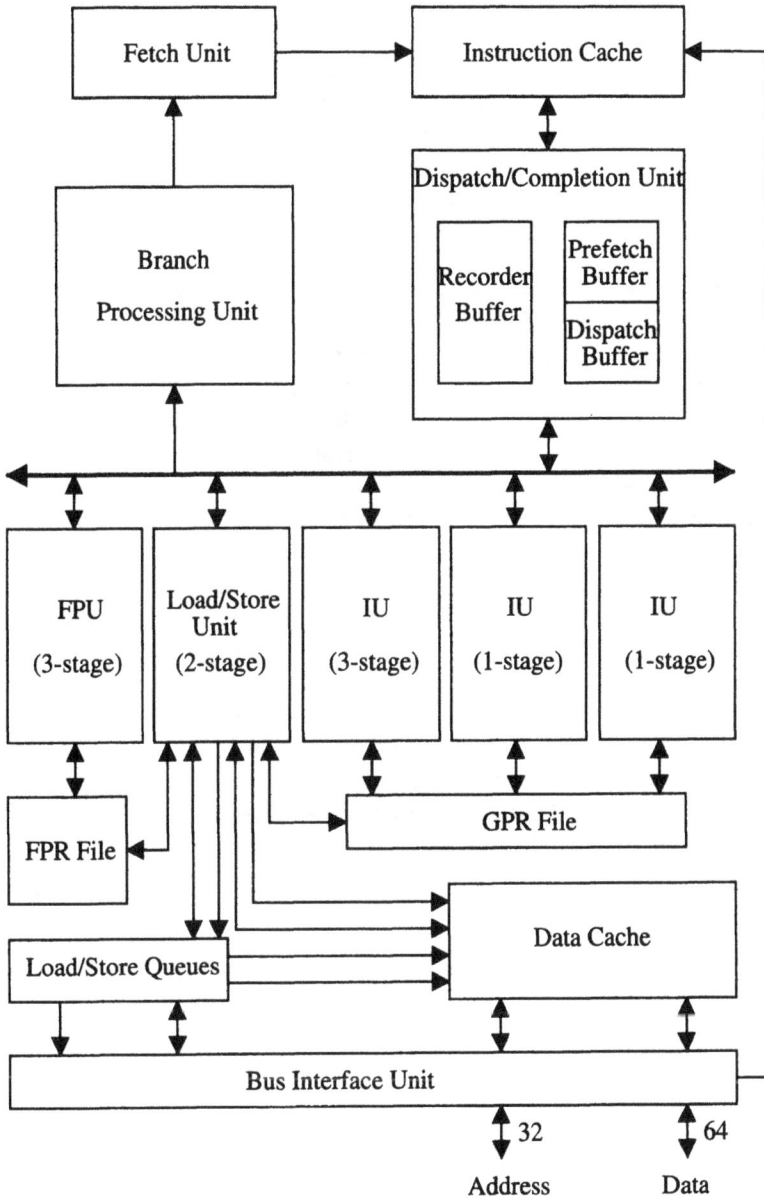

Abbildung 9.9: Architektur des PowerPC 604.

der MPC7450. Dieser Prozessor der 4. Generation wird z. B. im Apple Power Mac G4 eingesetzt und erlaubt Taktraten bis 733 MHz. Es handelt sich um einen superskalaren Prozessor (vgl. Kapitel 11) mit einer siebenstufigen Pipeline; pro Takt können bis zu 4 Instruktionen an die insgesamt 11 Funktionseinheiten übergeben werden.

- Eine moderne PowerPC-Implementierung (der 5. Generation) ist z. B. das bereits erwähnte Modell 970, bei welchem in der Variante 970MP zwei vollständige Prozessorkerne auf einem Chip integriert sind. Jeder Kern verfügt über einen eigenen Level-2-Cache, wobei einer der Kerne zum Stromsparen automatisch abgeschaltet wird, falls das System aktuell nicht voll beansprucht wird. Hier wird also bereits ein Multiprozessorsystem auf PowerPC-Basis realisiert.

Abbildung 9.9 zeigt die Architektur des PowerPC 604, welche bereits erheblich komplexer ist als die in diesem Abschnitt beschriebene Architektur des 601 (vgl. Abbildung 9.2). Wesentliche Unterschiede bestehen z. B. in der Tatsache, dass der 604 über *getrennte* Cache-Speicher für Daten bzw. Instruktionen verfügt. Außerdem besitzt er drei separate Integer Units, von welchen die eine hauptsächlich Multiplikationen und Divisionen, die beiden anderen einfache arithmetische und logische Operationen ausführen. Die Ausführungseinheiten sind hier unter Umständen mit mehreren Verarbeitungsstufen ausgestattet. Weitere Einzelheiten entnehme man der unten angegebenen Literatur.

PowerPC-Prozessoren werden vor allem in Rechner der Hersteller Apple und IBM eingebaut. Der Aufbau eines typischen Rechnersystems, welches auf dem PowerPC 601 basiert, ist in Abbildung 9.10 gezeigt. Bei dem hier gezeigten System handelt es sich um einen vergleichsweise einfachen PC, bei welchem der Prozessor-Chip mit einem DRAM-Hauptspeicher (kurz für *Dynamic Random Access Memory*) und einem Erweiterungsbus (Expansion Bus) für I/O verbunden ist. An den Erweiterungsbus können diverse I/O-Controller sowie Sekundärspeicher-Controller angeschlossen werden; er hat eine geringere Bandbreite als der Prozessorbus.

9.5 Übungen

9.1 Man beschreibe Unterschiede zwischen dem Location-Counter LC eines Assemblers und dem Program-Counter PC eines Rechners.

9.2 Man gebe eine Folge von Befehlen zur Berechnung von $f(x) = 3x^3 + 2x^2 - 4x + 2$ an. Dabei sei x ein Wort in r1.

9.3 Man gebe Assembler-Befehle zur Simulation folgender Kontrollstrukturen (in Pascal) an:

(a) `while X > Y do S;`
(b) `if A = B then begin X := X + 1; Y := Z end else A := B;`
(c) `for J := LAST downto FIRST do S;`

9.4 Das in Beispiel 9.4 angegebene Assembler-Programm zur GGT-Berechnung nach dem Euklidischen Algorithmus lässt sich dahingehend verbessern, dass auf die

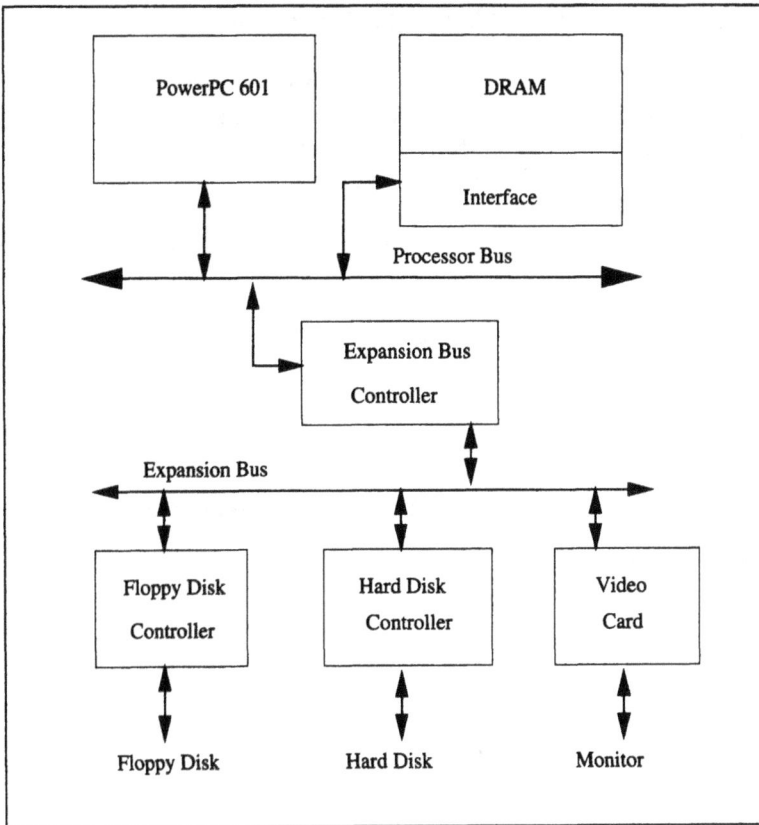

Abbildung 9.10: PC-Rechnersystem auf Basis des PowerPC 601.

Sprungmarke **mod** verzichtet wird. Man gebe ein entsprechend optimiertes (und kürzeres) Programm an.

9.5 Der Prozeß des Sicherns und Zurückschreibens von CPU-Registern bei einem Prozedur-Aufruf wird häufig als *Context Switching* bezeichnet. Man beschreibe, wie dieses Umschalten zur Behandlung von Interrupts verwendet werden kann.

9.6 Man erläutere Vorteile und Nachteile von Rechnerarchitekturen, die nach der RISC-Philosophie entworfen sind.

9.7 Man schreibe ein Assemblerprogramm, welches eine ganze Zahl n einliest und für $n \geq 0$ die Fakultät $n!$ als Ergebnis liefert. Für $n < 0$ soll als Ergebnis -1 berechnet werden.

  (a) Man entwerfe informal ein solches Programm Zeile für Zeile unter der Annahme, dass die Eingabe n sich in Register r1 befindet. Das Ergebnis wird in Register r2 erwartet.

  (b) Man schreibe hierfür ein Assemblerprogramm in der Sprache des PowerPC.

9.6   Bibliographische Hinweise

Unsere Darstellung der PowerPC-Architektur sowie des PowerPC 601 folgt Motorola
(1993) sowie von Staudt (1994). Weitere Quellen hierzu sind z. B. Beierlein und Hagenbruch (2004), Carpinelli (2001), Hamacher et al. (2002), Tabak (1995), IBM (1994)
oder Weiss und Smith (1994). Einen Vergleich des PowerPC 601 mit dem Alpha 21064
von DEC findet man bei Smith und Weiss (1994). Weitere Übersichtsartikel zum PowerPC im Allgemeinen und zum 603 im Besonderen sind bei Ullah und Brownfield
(1994) zu finden.

Darüber hinaus sei nochmals auf den entsprechenden Eintrag der Wikipedia-
Enzyklopädie verwiesen, der im Internet unter

$$\text{http://de.wikipedia.org/wiki/PowerPC}$$

zu finden ist, ferner z. B. auf die von IBM unter

http://www-306.ibm.com/chips/techlib/techlib.nsf/productfamilies/PowerPC

bereitgestellte Übersicht.

Kapitel 10

Eine Register-Speicher-Architektur. Rechnersteuerung

In diesem Kapitel behandeln wir — als Kontrastprogramm zu den Betrachtungen des vorigen Kapitels — die Verarbeitung von Maschinenbefehlen in einem Prozessor mit Register-Speicher-Architektur (einem „CISC-Prozessor"), und wir verwenden diesen gleichzeitig zur Erläuterung der Steuerung eines Rechners. Konkret ziehen wir als Beispiel den Mikroprozessor WE32100 von AT&T heran, ein mit 32-Bit-Architektur ausgestatteter Rechner, in welchem viele „klassische" Mikroprozessor-Eigenschaften anzutreffen sind. Insbesondere werden wir an diesem Rechner unsere im letzten Kapitel begonnenen Betrachtungen zur Assemblerprogrammierung weiter führen, um dadurch wichtige Unterschiede zwischen RISC und CISC bzw. den jeweils zu Grunde liegenden Architekturformen herauszuarbeiten.

10.1 Architektur und Befehle des AT&T WE32100

Der WE32100 ist ein 32-Bit-Mikroprozessor, welcher von AT&T in den 80er und frühen 90er Jahren in Rechnern verschiedener Größenordnungen verwendet wurde. Der Prozessor wurde mit einer Taktfrequenz von 18 MHz betrieben und erreichte dadurch eine Verarbeitungsleistung von mehr als 2 MIPS (Million Instructions Per Second). Der WE32100 verfügt über eine 32-Bit-CPU sowie je einen 32-Bit-Adress- bzw. -Daten-Bus. Er besteht im Wesentlichen aus folgenden Komponenten:

1. Der *Main Controller* ist verantwortlich für das Holen und Decodieren von Instruktionen sowie für die Steuerung von Fetch- und Execute-Unit während einer Befehlsausführung. Darüber hinaus obliegt ihm die Behandlung von Interrupts.

2. Die *Fetch-Unit* sorgt für das Bereitstellen von Operanden aus dem Speicher. Dazu verfügt sie über einen eigenen Controller, einen Instruction-Cache, welcher 64 32-Bit-Worte aufnehmen kann, eine Instruction Queue sowie ein spezielles

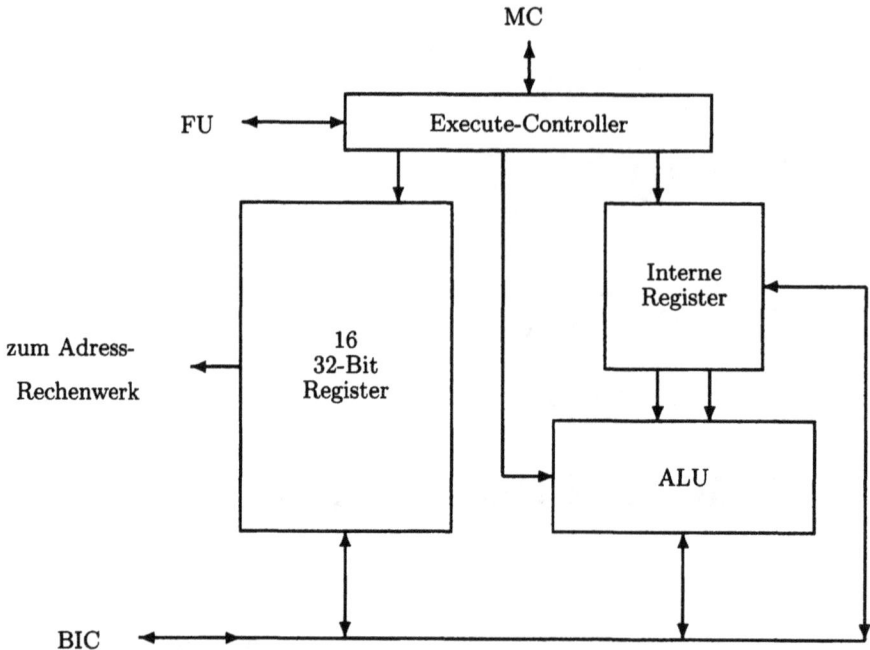

Abbildung 10.1: Execute-Unit des WE32100.

Rechenwerk für Adressberechnungen. Die Instruction Queue wird zum *Prefetching* von Befehlen benutzt, d. h. die Execute-Phase eines Befehls kann mit der Fetch-Phase des nächsten auszuführenden Befehls überlappt werden.

3. Die *Execute-Unit* führt insbesondere alle arithmetischen, logischen, Shift- und Rotations-Operationen aus und berechnet den Wert der diversen Flags in Abhängigkeit vom Ergebnis einer gerade ausgeführten Operation. Sie umfasst einen Execute-Controller, welcher alle Abläufe in dieser Einheit steuert, sechzehn 32-Bit-Register, welche dem Benutzer zur Verfügung stehen, interne Register, welche ein Programmierer nicht verwenden kann, sowie eine ALU.

Der Aufbau der Execute-Unit ist in Abbildung 10.1 gezeigt.

Zum Verständnis der Architektur dieses Prozessors sind vor allem die Kenntnis der folgenden beiden Aspekte wesentlich:

1. Die Anzahl, Bezeichnung und Funktion der einzelnen *Register* (das Programmiermodell des Rechners),

2. die Datentypen, welche der Prozessor (und damit auch der Speicher) unterstützt.

Die sechzehn Register, welche dem (Assembler-) Programmierer zur Verfügung stehen, gliedern sich in neun allgemeine Register (%r0 bis %r8; wir benutzen hier und im Folgenden meist die AT&T-Nomenklatur zur Benennung der Register) sowie sieben

```
          31                    0
         ┌─────────────────────┐
         │        %r0          │
         ├─────────────────────┤
         │        %r1          │
         ├─────────────────────┤
         │        %r2          │
         ├─────────────────────┤
         │        %r3          │
         ├─────────────────────┤
         │        %r4          │
         ├─────────────────────┤
         │        %r5          │
         ├─────────────────────┤
         │        %r6          │
         ├─────────────────────┤
         │        %r7          │
         ├─────────────────────┤
         │        %r8          │
         ├─────────────────────┤
         │      %r9 : FP       │
         ├─────────────────────┤
         │     %r10 : AP       │
         ├─────────────────────┤
         │     %r11 : PSW      │
         ├─────────────────────┤
         │     %r12 : SP       │
         ├─────────────────────┤
         │    %r13 : PCBP      │
         ├─────────────────────┤
         │     %r14 : ISP      │
         ├─────────────────────┤
         │     %r15 : PC       │
         └─────────────────────┘
```

FP: Frame Pointer
AP: Argument Pointer
PSW: Processor Status Word
SP: Stack Pointer
PCBP: Process Control Block Pointer
ISP: Interrupt Stack Pointer
PC: Program Counter

Abbildung 10.2: Programmiermodell (16 Register) des WE32100.

Register für spezielle Aufgaben (%r9 bis %r15), von denen wir einige noch genauer erläutern werden. Abbildung 10.2 zeigt das Programmiermodell des WE32100. Die speziellen Register können bis auf den Program Counter (%r15) grundsätzlich wie die allgemeinen Register verwendet werden; allerdings sind die Register 14 (ISP), 13 (PCBP) und 11 (PSW) privilegiert in dem Sinne, dass nur unter bestimmten Bedingungen (im so genannten „kernel mode") schreibend auf sie zugegriffen werden kann. Die Register 12 (SP), 10 (AP) und 9 (FP) werden von Befehlen zur Verwaltung eines *Stacks* bzw. eines *Prozedur-Rahmens* im Hauptspeicher benutzt.

Das *Prozessor-Statuswort* in Register 11 enthält gewisse Status-Informationen über den Mikroprozessor sowie den gerade ablaufenden Prozess. Von besonderer Bedeutung sind dabei die vier *Flags* N, Z, V und C, welche sich in den Bit-Positionen 21 bis 18 befinden und folgende Bedeutung haben:

- N: Das *Negative-Flag* wird gesetzt, falls die gerade ausgeführte Operation ein negatives Ergebnis geliefert hat;

- Z: Das *Zero-Flag* wird gesetzt, falls die letzte Operation das Ergebnis 0 hatte;

- V: Das *Overflow-Flag* wird gesetzt, falls bei der letzten Operation ein Overflow (vgl. Kapitel 6) aufgetreten ist;

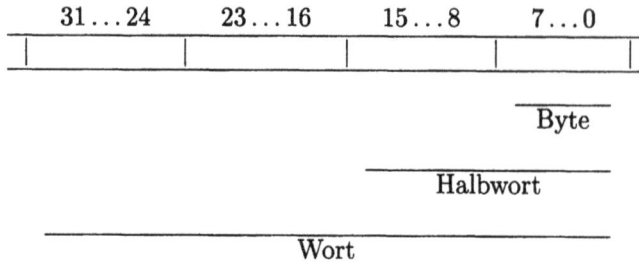

Abbildung 10.3: Die Datentypen Byte, Halbwort und Wort.

- C: Das *Carry-Flag* wird entsprechend gesetzt, falls bei der gerade ausgeführten Operation ein Übertrag aufgetreten ist.

Diese Flags werden insbesondere von bedingten Sprung- bzw. Verzweigungs-Befehlen getestet; ein solcher Befehl wird nur dann ausgeführt, wenn das entsprechende Flag (oder eine Kombination von Flags) gesetzt ist.

Der *Process Control Block Pointer* (%r13) enthält die Anfangsadresse eines Blocks von Kontrollinformationen für den gerade ablaufenden Prozess. Ein solcher Block umfasst unter anderem die (ursprünglichen und aktuellen) Inhalte von PSW, PC und SP sowie die letzten Inhalte der Register 0 bis 10. Durch Sicherung dieser Informationen wird es möglich, ein gerade laufendes Programm zu unterbrechen — etwa zur Behandlung eines Interrupts, vgl. Kapitel 8 — und die Ausführung zu einem späteren Zeitpunkt wieder aufzunehmen. Der *Interrupt Stack Pointer* (%r14) enthält die 32-Bit-Adresse des obersten Elementes des Interrupt-Stacks, auf welchem der aktuelle Inhalt von PCBP abgelegt wird, falls der gerade laufende Prozess unterbrochen wird und die CPU zunächst den Interrupt behandelt. Dieser Stack ist in der gleichen Weise organisiert wie der dem Programmierer zur Verfügung stehende Stack.

Der WE32100 unterstützt die vier Datentypen Bit, Byte, Halbwort (2 Bytes) und Wort (4 Bytes). Der bis auf 2 MB ausbaubare Hauptspeicher ist Byte-adressierbar, so dass ein Datum von Datentyp „Byte" unter jeder Adresse gespeichert werden kann. Entsprechend kann ein Datum von Typ „Halbwort" [„Wort"] nur unter einer durch 2 [4] teilbaren Adresse abgelegt sein. In allen drei Fällen werden die einzelnen Bits beginnend mit 0 von rechts nach links nummeriert (vgl. Abbildung 10.3). Das rechteste Bit (Bit 0) wird dabei jeweils als „LSB" (*least significant bit*), das linkeste (Bit 7 bzw. 15 bzw. 31) als „MSB" (*most significant bit*) bezeichnet. Im Gegensatz zum PowerPC verwendet der WE32100 also den Little-Endian-Modus.

10.1.1   Zur Assembler-Sprache des WE32100

Zunächst sei bemerkt, dass ein in der auf dem WE32100 zur Verfügung stehenden Sprache geschriebenes Assemblerprogramm generellen Formatierungsregeln zu folgen hat und wie alle derartigen Programme aus zwei Arten von Statements besteht: Assembler-Direktiven und Prozessor-Instruktionen.

Eine *Assembler-Direktive* ist ein Kommando an den Assembler, welches von diesem nicht in ausführbaren Code übersetzt wird. Grundsätzlich beginnt eine solche *Pseudoinstruktion* mit einem Punkt, gefolgt von einem Schlüsselwort. Die globale

Struktur eines Assemblerprogramms für den WE32100 wird unter Verwendung der Pseudoinstruktionen .text und .data festgelegt. Generell beginnt ein Programm oder eine Prozedur mit einem .text-Teil, welcher die Prozessorbefehle enthält; dieser wird gefolgt von einem .data-Teil, welcher alle Daten (-Strukturen), mit denen das Programm arbeitet, umfasst. Im .text-Teil können weitere Assembler-Direktiven auftreten wie z. B. .globl zur Deklaration eines extern (d. h. außerhalb des aktuellen Programms) bekannten Namens oder .set zur Deklaration und Initialisierung von Konstanten. Im .data-Teil werden typischerweise Direktiven wie .byte, .half, .word oder .zero verwendet, wobei die ersten drei jeweils Daten des entsprechenden Typs initialisieren und die letzte eine bestimmte Anzahl von Bytes zu 0 initialisiert. Wesentlich für die Verarbeitung dieser Direktiven durch den Assembler ist, dass sie lediglich Einträge in die Symboltabelle liefert sowie den Wert des Location Counters beeinflusst.

Das allgemeine Format einer Prozessor-Instruktion bzw. eines Assembler-Befehls lautet:

[Label] mnemonischer Operations-Code [Operanden] [Kommentar]

Die in eckigen Klammern angegebenen Bestandteile sind dabei optional. Labels beginnen stets mit einem Buchstaben, ein Operationscode wird jeweils in Großbuchstaben angegeben, und Kommentare beginnen mit #.

Jedem Befehl kann ein *Label* vorangestellt werden. Dabei handelt es sich um einen vom Programmierer vergebenen Namen *für einen Speicherplatz*. Derartige Bezeichner („symbols") werden für verschiedene Zwecke in einem Assemblerprogramm verwendet; insbesondere unterscheidet man *vordefinierte* Bezeichner (wie z. B. die Namen der Register — %r0, %r1 usw. — oder die einzelnen Befehlscodes) und *frei definierbare* (für Labels, Konstanten, Variablen und anderes). Jeder Bezeichner besitzt einen *Wert* sowie einen bestimmten *Typ*, wobei wir uns hier nur für die Typen TEXT und DATA interessieren: Ein Bezeichner vom Typ TEXT bzw. DATA wird innerhalb der .text-bzw. .data-Sektion eines Programmes definiert. Unter „definieren" wird dabei die Zuweisung eines Wertes an den Bezeichner verstanden. Dies wird vom Assembler unter Rückgriff auf LC durchgeführt.

Der Op-Code eines Assembler-Befehls bezeichnet eine Operation, welche vom Prozessor ausgeführt werden soll. Dazu benötigt die CPU drei Arten von Informationen:

1. die Operation,

2. Anzahl, Speicherungsort und Typ der Operanden,

3. Speicherungsort und Typ des Ergebnisses.

Die *Operation* wird typischerweise in den ersten drei oder vier Buchstaben des mnemonischen Befehlsnamens codiert, wie z. B.

MOV	für	„move"
ADD	für	„add"
SUB	für	„subtract"
DEC	für	„decrement"
CLR	für	„clear"
MCOM	für	„move complemented"
MOVA	für	„move address"

Bei vielen Befehlen bezeichnet ein weiterer Buchstabe den *Datentyp* von Operanden *und* Ergebnis, wie z. B.

> MOVB   für   „move byte"
>
> CMPH   für   „compare halfword"
>
> LLSW   für   „logical left shift word"

Die *Anzahl* der Operanden wird entweder explizit angegeben, oder sie liegt durch die betreffende Operation implizit fest. Beispiele für den ersten Fall sind

$$\text{ADDW2, SUBH2, ANDB2,}$$

solche für den letzteren

$$\text{MOVW, DECW, CMPB, JSB.}$$

Für jeden (Quell- oder Ziel-) *Operanden*, welcher in einem Befehl verwendet wird, muss angegeben werden, wo sich dieser befindet. Hierzu stehen eine Reihe von Möglichkeiten zur Verfügung, welche allgemein als *Adressierungsarten* (engl. addressing modes) bezeichnet werden; wir behandeln die Adressierungsarten hier nur soweit, wie sie zum Verständnis von Beispielen erforderlich sind. Von gewissen Ausnahmen abgesehen können diese Modi für jeden Operanden unabhängig vom betreffenden Op-Code verwendet werden; man spricht aus diesem Grunde von einem *orthogonalen* Befehlssatz. Bei Instruktionen mit mehr als einem Operanden ist deren Anordnung wesentlich; so bedeutet z. B.

$$\text{MOVW src, dst}$$

den Transport des mit src („source") bezeichneten Operanden nach dst („destination"), aber nicht umgekehrt. Entsprechend bezeichnet

$$\text{SUBW3 src1, src2, dst}$$

die Operation

$$\text{dst} \leftarrow (\text{src2} - \text{src1})$$

Ein Operand kann sich an einer von drei Stellen befinden: in einem Register, im Speicher oder in der Instruktion selbst. Hier liegt, wie in Kapitel 8 beschrieben, ein wichtiger Unterschied zwischen einer Register-Speicher- und einer Load/Store-Architektur vor! Falls sich ein Operand in einem Register befindet, so wird dieser durch Angabe des Register-Namens angesprochen. Als Beispiel für diese *Register-Modus* genannte Adressierungsart betrachten wir die folgenden Befehle:

1. Durch INCW %r2 wird der (32-Bit-) Inhalt von Register 2 um den Wert 1 erhöht.

2. Durch MOVW %r0, %r1 wird der Inhalt von %r0 nach %r1 kopiert; in diesem Fall sind *beide* Operanden im Register-Modus angegeben.

Wir wollen als nächstes kurz auf die maschineninterne Darstellung von Befehlen eingehen und damit die verfügbaren *Befehlsformate* besprechen. Zunächst sei bemerkt, dass der Assembler Label- und Kommentar-Anteil einer Befehlszeile bei der Erzeugung von Maschinencode ignoriert; für Labels wird lediglich ein entsprechender Eintrag in der

Op-Code	0 bis 4 Operanden		
	mmmm r r r r		...	...

1-2 Bytes	Adr.- Modus	Regi- ster	0 bis 4 Daten-Bytes
		erster Operand	

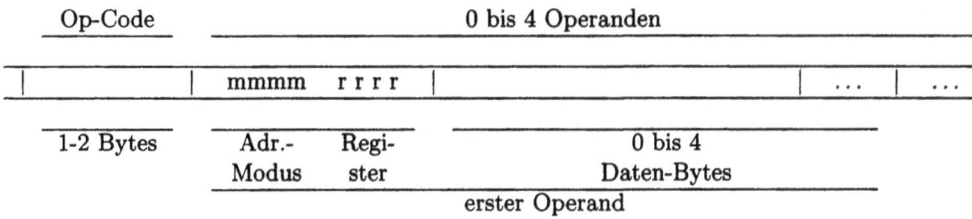

Abbildung 10.4: Befehlsformate des WE32100.

Symboltabelle generiert, so dass das Label referenzierbar ist. Der einer Prozessor-Instruktion entsprechende *Maschinenbefehl* besteht damit aus einem Op-Code- und einem Operanden-Anteil. Der *Op-Code* besteht bei den meisten Befehlen aus einem Byte; einige wenige, hier nicht behandelte Operationen benötigen zwei Bytes. Jeder Befehl kann bis zu vier Operanden haben, welche jeweils durch ein *Deskriptor-Byte* und bis zu vier *Daten-Bytes* repräsentiert werden. Diese interne Darstellung ist in Abbildung 10.4 zusammengefasst. Ein Deskriptor-Byte besteht aus zwei Teilen: Das linke Nibble (Halbbyte) codiert die gewählte Adressierungsart, das rechte ein Register.

Als erstes Beispiel betrachten wir den Befehl MOVW %r0, %r1 (vgl. oben): Der Op-Code wird hexadezimal durch „84" codiert. Der erste Operand ist im Register-Modus (Hex-Code 4) angegeben und befindet sich in Register 0; seine Codierung lautet daher hexadezimal „40". Entsprechend erhält man „41" für den zweiten Operanden und damit insgesamt die drei Bytes „84 40 41" für diesen Befehl. Man beachte, dass beide Operanden in diesem Fall nur ein Deskriptor-Byte, aber keine (weiteren) Daten-Bytes erfordern.

Es sei bemerkt, dass der WE32100 auch ein *Stack-Konzept* im Hauptspeicher unterstützt; dies ist vor allem für die Programmierung von Prozeduren hilfreich. Wesentlich ist, dass dem Prozessor zu jedem Zeitpunkt die Adresse des obersten Stack-Elementes bekannt sein muss. Der WE32100 benutzt dazu Register 12, den *Stack Pointer*, welcher *hier* die Adresse des nächsten *freien* Platzes auf dem Stack angibt. Da ein Stack im Hauptspeicher realisiert wird, sind zu einer korrekten Verwaltung zwei weitere Zeiger notwendig: Der erste gibt die Anfangsadresse des Stacks an, der zweite zeigt auf das Endes des im Hauptspeicher für den Stack maximal reservierten Platzes. Beide Zeiger sind für den Programmierer jedoch nicht zugänglich und können daher hier vernachlässigt werden. Der Stack wird speziell im Zusammenhang mit Unterprogramm-Sprüngen und Prozedur-Aufrufen verwendet. Wird z. B. während der Bearbeitung eines (Haupt-) Programms zu einem Unterprogramm verzweigt, so wird dadurch die sequentielle Bearbeitung vorübergehend unterbrochen und der Program Counter mit der Anfangsadresse des Unterprogramms geladen. Damit nach Ausführung des Unterprogramms das rufende Programm korrekt weitergeführt werden kann, muss PC mit der entsprechenden Rücksprungadresse geladen werden können; diese wird dazu vor Ausführung des Unterprogramms auf dem Stack abgelegt. Wir werden darauf weiter unten zurückkommen.

10.1.2 Adressierungsarten

Wir wenden uns als nächstes einigen wichtigen Adressierungsarten des
WE32100 zu, welche speziell zur Beschreibung von Operanden bereitstehen und in
dieser oder ähnlicher Form von jedem modernen Prozessor unterstützt werden. Den
Register-Modus haben wir weiter oben bereits vorgestellt. Dabei wird der Operand
durch den Namen des Registers, in welchem er sich befindet, beschrieben. Im oben
erwähnten Beispiel

$$\text{MOVW \%r0, \%r1}$$

sind wir davon ausgegangen, dass *beide* Operanden vom Datentyp Wort sind. Dieser
Transfer-Befehl erlaubt, wie eine Reihe anderer Befehle, auch die Verwendung anderer
Datentypen. So wird durch

$$\text{MOVB \%r0, \%r1}$$

lediglich ein Byte und durch

$$\text{MOVH \%r0, \%r1}$$

nur ein Halbwort von %r0 nach %r1 transferiert. Im ersten Fall bezieht sich dieser
Transfer auf die rechtesten 8, im zweiten auf die rechtesten 16 Bits von %r0. Beide
Datentypen werden jedoch auf 32 Bits wie folgt erweitert: Für den Byte-Operanden
werden die „fehlenden" 24 Bits mit 0 besetzt („Zero Extension"), für den Halbwort-
Operanden werden die linken 16 Bits mit dem Wert von Bit 15, welches jetzt als
Vorzeichen-Bit aufgefasst wird, besetzt („Sign Extension"). Ist z. B.

$$\text{09 AB F8 12}$$

der aktuelle (hexadezimale) Inhalt von %r0, so erhält %r1 durch obigen MOVB-Befehl
den Wert

$$\text{00 00 00 12}$$

und durch den MOVH-Befehl den Wert

$$\text{FF FF F8 12 .}$$

Die gleichen Konventionen finden bei allen anderen Befehlen, welche eine Unterscheidung zwischen B-, H- und W-Datentyp erlauben, Anwendung.

Beim so genannten *Immediate-Modus* („unmittelbar") befindet sich der Operand
direkt in der betreffenden Instruktion, was insbesondere beim Arbeiten mit Konstanten Anwendung findet. Der Operand wird durch & gekennzeichnet und kann z. B. eine
Dezimalzahl (beginnend mit einer Ziffer zwischen 1 und 9), eine Oktalzahl (beginnend
mit 0) oder eine Hexadezimalzahl (beginnend mit 0x) sein. Als Beispiel wird durch

$$\text{MOVW \&0x7F, \%r1}$$

das Register %r1 mit dem Wert 00 00 00 7F geladen. Eine entsprechende Wirkung
hat

$$\text{MOVW \&0x72AC54B7, \%r1}$$

Hierzu sei jedoch bemerkt, dass der erste Operand dieses Befehls im Speicher in *umgekehrter* Reihenfolge der Bytes abgelegt wird. Sein Maschinencode lautet daher:

$$84 \ 4F \ B7 \ 54 \ AC \ 72 \ 41 \ ,$$

wobei 4F *nicht* für %r15 (den Program Counter), sondern für „word immediate" steht. Entsprechend wird der erste angegebene Befehl durch

$$84 \ 4F \ 7F \ 00 \ 00 \ 00 \ 41$$

intern codiert.

Im *Register-Deferred-Modus*, welcher auch als eine Form der *indirekten* Adressierung angesehen werden kann, befindet sich die *Adresse* des Operanden in einem Register, nicht jedoch der Operand selbst. Syntaktisch wird dies durch eine Klammerung ausgedrückt. So bewirkt z. B.

$$\texttt{MOVW (\%r0), \%r1} \ ,$$

dass der aktuelle Inhalt von %r0 als Adresse aufgefasst und der unter dieser Adresse gespeicherte Wert nach %r1 gebracht wird.

Eine typische Anwendung dieser Adressierungsart ist z. B. die Ausführung derselben Operation auf einem „Block" von Operanden, welche in konsekutiven Speicherplätzen abgelegt sind. Die Anfangsadresse des Blocks kann dann in einem Register abgelegt werden; durch entsprechendes Erhöhen dieser Adresse kann auf die einzelnen Operanden dann in einheitlicher Weise zugegriffen werden.

Auf die weiteren, von der Assembler-Sprache des WE32100 bereitgestellten (insgesamt 18 verschiedenen) Adressierungsarten wollen wir hier nicht eingehen.

10.1.3 Befehle und Programmbeispiele

Die Befehle des WE32100 lassen sich in die folgenden Klassen einteilen:

1. Transfer-Befehle

2. Arithmetische und logische Befehle

3. Vergleiche und Tests

4. unbedingte und bedingte Sprungbefehle

5. Prozedur-Sprünge

Aus jeder dieser Klassen stellen wir als nächstes einige repräsentative und illustrieren sodann deren Gebrauch an einige Beispielen.

Wichtige Transfer-Befehle sind z. B. die Folgenden:

Mnemonisch	hex. Op-Code	Bedeutung
MOVB	87	move byte
MOVW	84	move word
MOVAW	04	move address (word)

Additions-Befehle des WE32100 (für ganzzahlige Operanden) sind die Folgenden (wir verwenden hier wie im Folgenden die übliche Terminologie, die Auswahl genau einer Möglichkeit aus mehreren Alternativen durch geschweifte Klammern mit zwischen gestellten senkrechten Strichen zu bezeichnen):

Mnemonisch	hex. Op-Code	Bedeutung
ADDB{2|3}	9F bzw. DF	add byte
ADDH{2|3}	9E bzw. DE	add halfword
ADDW{2|3}	9C bzw. DC	add word

Analog existieren arithmetische Befehle zur Subtraktion (SUB für die Datentypen B, H oder W sowie 2 oder 3 Operanden), Multiplikation (MUL), Division (DIV), Modulo-Operation (MOD) sowie zum Inkrementieren (INC) bzw. Dekrementieren (DEC). Hierbei gilt für die 2-Operanden-Befehle generell die Syntax opcode src, dst mit der Bedeutung

$$\text{dst} \leftarrow \text{dst} \; \{ \; + \; | \; - \; | \; * \; | \; \div \; | \; \text{mod} \; \} \; \text{src} \; ,$$

wobei $\div$ für eine Integer-Division und „mod" für eine Modulo-Operation (Rest einer Integer-Division) steht. Entsprechend gilt für die 3-Operanden-Befehle die Syntax opcode src1, src2, dst mit der Bedeutung

$$\text{dst} \leftarrow \text{src1} \; \{ \; + \; | \; - \; | \; * \; | \; \div \; | \; \text{mod} \; \} \; \text{src2} \; .$$

INC und DEC haben jeweils nur einen Operanden. Alle gerade genannten Befehle haben Einfluss auf die vier Flags in PSW; es gilt z. B. nach Ausführung einer Addition der Form ADDW2 src, dst:

$$N = 1 \text{ falls dst} + \text{src} < 0$$
$$Z = 1 \text{ falls dst} + \text{src} = 0$$
$$C = 1 \text{ falls ein Übertrag aufgetreten ist}$$
$$V = 1 \text{ falls ein Overflow aufgetreten ist}$$

Insbesondere tritt ein Overflow dann auf, wenn das Ergebnis der betreffenden Operation nicht durch 32 Bits dargestellt werden kann; die höchstwertigen Bits werden dann abgeschnitten, und das V-Flag wird gesetzt.

Wichtige logische Befehle sind die Folgenden:

Mnemonisch	hex. Op-Code	Bedeutung
ANDB{2|3}	BB bzw. FB	and
ORH{2|3}	B2 bzw. F2	or
XORW{2|3}	B4 bzw. F4	exclusive or
CLRB	83	clear
ROTW	D8	rotate (word)
LLSH3	D2	logical left shift
LRSW3	D4	logical right shift

Die Syntax der Operanden lautet grundsätzlich wieder opcode src, dst für 2-Operanden- und opcode src1, src2, dst für 3-Operanden-Befehle. Im ersten Fall wird für AND, OR bzw. XOR

$$\text{dst} \leftarrow \text{dst} \ \{ \ \wedge \ | \ \vee \ | \ \nleftrightarrow \ \} \ \text{src}$$

(bitweise) berechnet (vgl. Kapitel 1); im zweiten Fall wird für AND bzw. OR die entsprechende Operation ausgeführt, für XOR hingegen

$$\text{dst} \leftarrow (\text{src} \nleftrightarrow \text{mask})$$

Bei „mask" handelt es sich dabei um eine explizit anzugebende Bit-Maske (vgl. oben). Der CLR-Befehl hat nur einen Operanden. Die folgende Tabelle gibt wichtige Vergleichs- bzw. Test-Befehle des WE32100 an:

Mnemonisch	hex. Op-Code	Bedeutung
CMPB	3F	compare byte
CMPH	3E	compare halfword
CMPW	3C	compare word
TSTH	2A	test

Der CMP-Befehl mit der Syntax src1, src2 berechnet „src2 − src1" in einem internen Register (also ohne Veränderung der Operanden) und setzt die Flags entsprechend dem Ergebnis. Für die Verwendung dieses Befehls speziell in Zusammenhang mit einer nachfolgenden Verzweigung, welche in Abhängigkeit von den Flags erfolgt, ist diese Semantik wesentlich. So wird z. B. in der Befehlsfolge

```
        ⋮
CMPW X, Y
BLEB OUT
        ⋮
```

zur Marke OUT verzweigt, falls Y ≤ X ($\Longleftrightarrow$ Y − X ≤ 0) gilt; der der Verzweigung vorangehende Befehl muss also das N- oder das Z-Flag (oder beide) gesetzt haben.

In der nachfolgenden Tabelle sind eine Reihe von Sprung-Befehlen zusammengestellt:

Mnemonisch	hex. Op-Code	Bedeutung
BR{B|H}	7B bzw. 7A	branch
JMP	24	jump
BE{B|H}	7F bzw. 7E	branch on equal
BNE{B|H}	77 bzw. 76	branch on not equal
BL{B|H}	4B bzw. 4A	branch on less than
BGE{B|H}	43 bzw. 42	branch on greater than or equal

Wesentlich bei diesen Befehlen ist eine Unterscheidung zwischen *unbedingten* und *bedingten* Sprüngen. Die einfachste Form des unbedingten Sprungs ist der JMP-Befehl (mit der Syntax JMP dst), welcher einem GOTO höherer Programmiersprachen entspricht. Durch diesen Befehl wird der Program Counter PC mit der Adresse des Sprungziels neu geladen; der Sprung erfolgt also unabhängig von der aktuellen Position. Im Unterschied dazu wird durch einen BR-Befehl *relativ* zur aktuellen Position gesprungen, d. h. ein so genannter *Offset* wird zum Inhalt von PC addiert; da der Offset wieder als ganze Zahl im Zweier-Komplement aufgefasst wird, kann insbesondere vorwärts oder rückwärts gesprungen werden.

Bei allen Branch-Befehlen wird durch die Endung B bzw. H zum Ausdruck gebracht, wie weit das Sprungziel von der aktuellen Position entfernt ist: Wie wir aus Kapitel 6 wissen, können durch ein Byte (8 Bits) die Zahlen von -128 bis $+127$ dargestellt werden; daher kann das in einem Branch-B-Befehl angegebene Ziel von der aktuellen Position um bis zu 128 Bytes rückwärts oder um bis zu 127 Bytes vorwärts entfernt sein. Entsprechendes gilt für die Halbwort-Versionen der einzelnen Branch-Befehle; in allen Fällen wird vom Assembler überprüft, ob der Programmierer die vorgegebenen Grenzen eingehalten hat.

In der nächsten Tabelle sind die wesentlichen Befehle zum Arbeiten mit Unterprogrammen bzw. Prozeduren angegeben, wobei diese Unterscheidung hier im Hinblick auf die effiziente Ausführung von in einer höheren Programmiersprache (insbesondere C) geschriebenen Programmen vorgenommen wird.

Mnemonisch	hex. Op-Code	Bedeutung
BS{B|H}	37 bzw. 36	branch to subroutine
JSB	34	jump to subroutine
RSB	78	return from subroutine
CALL	2C	call procedure
RET	08	return from procedure
SAVE	10	save registers
RESTORE	18	restore registers

Die Unterbrechung eines sequentiellen Programmablaufs durch Verzweigung zu einem Unterprogramm erfolgt im Allgemeinen durch den JSB- oder den BS-Befehl, wobei neben einer Modifikation von PC jetzt zusätzlich die Rücksprungadresse (d. h. die Adresse des diesem Sprungbefehl im rufenden Programm folgenden Befehls) auf dem Stack abgelegt wird. Durch den RSB-Befehl wird diese Adresse wieder vom Stack entfernt und in PC abgelegt.

Der WE32100 verfügt daneben über ein leistungsfähiges Prozedur-Konzept, welches insbesondere die bisher nicht behandelten Register 10 und 9 (vgl. Abbildung 10.2) einbezieht. Zum Aufruf einer Prozedur dient der CALL-Befehl mit der Syntax CALL src, dst. Bei dst handelt es sich im Allgemeinen um einen Prozedur-Namen, für welchen vom Assembler eine Start-Adresse ermittelt wird; diese wird dem Register PC zugewiesen; wie bei einem JSB wird die Rücksprungadresse auf dem Stack gesichert. Der erste Operand src dient als Initialisierung für den *Argument-Pointer* AP (%r10); hierbei wird unterstellt, dass an die gerufene Prozedur 0 oder mehr Argumente (Parameter) übergeben werden, welche das rufende Programm vor Ausführung des CALL-Statements auf dem Stack abgelegt hat. AP kann dann so gesetzt werden, dass er z. B. auf das erste dieser Argumente zeigt. Damit wird es möglich, innerhalb der Prozedur auf die Argumente relativ zu AP zuzugreifen und nicht relativ zu SP; wird der Stack auch von der Prozedur benutzt, so ändert sich der Wert von SP laufend, der von AP bleibt hingegen konstant. Die Ausführung des CALL-Befehls beinhaltet ferner ein Ablegen des alten Inhalts von AP auf dem Stack. Der Befehl RET(urn) ist „invers" zu CALL; durch ihn wird insbesondere der Argument-Pointer mit dem alten Wert geladen, PC wird mit der Adresse des nächsten auszuführenden Befehls im rufenden Programm geladen, und die Argumente werden von Stack entfernt. Einem CALL-Befehl in einem rufenden Programm muss daher stets ein RET-Befehl im gerufenen Programm entsprechen.

Zwei weitere „komplementäre" Instruktionen sind SAVE und RESTORE: Durch SAVE kann der Inhalt der Register 3 - 9 auf dem Stack gesichert werden; daneben wird durch diesen Befehl der *Frame-Pointer* (FP, %r9) mit der Adresse des Speicherplatzes initialisiert, welcher unmittelbar auf den für die Sicherung der Register reservierten Block folgt. Dieser Befehl hat die Syntax SAVE %rn mit $n \in \{3, \ldots 9\}$ und bewirkt ein Ablegen der Inhalte von %rn bis einschließlich %r9 auf dem Stack, so dass der alte Inhalt von FP stets gesichert wird. Dabei wird jedoch in jedem Fall für alle sieben Register auf dem Stack Platz gelassen, auch dann, wenn etwa nur drei tatsächlich gesichert werden. Durch RESTORE wird dies rückgängig gemacht; zuvor auf dem Stack abgelegte Registerinhalte werden also wieder in den entsprechenden Registern abgelegt (und vom Stack entfernt), und FP wird auf den letzten Wert zurückgesetzt. Hieraus folgt, dass ein SAVE %rn zu Beginn einer Prozedur stets von einem RESTORE %rn an deren Ende gefolgt werden sollte (und nicht etwa von RESTORE %rm mit $m \neq n$). Es sei bemerkt, dass jedes Hauptprogramm für den WE32100 zum Zwecke der korrekten Kommunikation mit dem Betriebssystem des Prozessors mit SAVE %fp zu beginnen und mit RESTORE %fp; RET zu enden hat.

Wir geben als nächstes zwei Beispiele für vollständige Programme bzw. für Programmteile für den WE32100 an, wobei uns neben der Benutzung der Assemblersprache auch der entsprechende Maschinencode interessiert.

Beispiel 10.1 Das folgende (vollständige) Programm schreibt die Zeichenkette „Sample Program!" auf den Standard-Ausgabefile (etwa ein Terminal); es erwartet keinen Input:

```
        .globl main
        .text
        .set EOL, 0x0
main:
        SAVE %fp
        MOVAW mesg, %r3
loop:
        MOVB (%r3), %r0
        CMPB &EOL, %r0
        BEB exit
        PUSHW %r0
        CALL -4(%sp), putchar
        ADDW2 &1, %r3
        BRB loop
exit:
        RESTORE %fp
        RET
        .data
mesg:
        .byte 0x53, 0x61, 0x6D, 0x70
        .byte 0x6C, 0x65, 0x20, 0x50
        .byte 0x72, 0x6F, 0x67, 0x72
        .byte 0x61, 0x6D, 0x21, 0x0
```

Tabelle 10.1: Rechnerinterne Darstellung des Programms aus Beispiel 10.1.

$(LC)_{10}$	$(LC)_{16}$	Maschinenbefehl	mnemonischer Op-Code
0	0	10 49	SAVE
2	2	04 7F 28 00 00 00 43	MOVAW
9	9	87 53 43	MOVB
12	C	3F 6F FF 40	CMPB
16	10	7F 15	BEB
18	12	A0 40	PUSHW
20	14	2C CC FC 7F 60 00 00 00	CALL
28	1C	9C 4F 01 00 00 00 43	ADDW2
35	23	7B E6	BRB
37	25	18 49	RESTORE
39	27	08	RET
40	28	53 61 6D 70	
44	2C	6C 65 20 50	
48	30	72 6F 67 72	
52	34	61 6D 21 00	

Zur Erläuterung dieses Programms sei Folgendes bemerkt: Nach Sicherung des altes FP-Inhalts wird zunächst die Start-Adresse des in der .data-Sektion deklarierten Byte-Felds mesg in Register 3 geladen. Sodann wird das erste dieser Bytes nach Register 0 transferiert. Falls es sich dabei um die ASCII-Codierung von end of line (EOL) handelt, wird zum Programmende (exit) verzweigt; anderenfalls wird der aktuelle Inhalt von Register 0 als (einziges) Argument an die Prozedur putchar übergeben. Es sei bemerkt, dass es sich bei dieser Prozedur um eine in der Sprache C geschriebene Prozedur zur Ausgabe eines Zeichens handelt, welche von einem Assembler-Programm aus aufgerufen werden kann (das gleiche gilt für eine Reihe weiterer C-Prozeduren). Danach wird zur Marke loop zurückgesprungen, und die Ausgabe der unter mesg gespeicherten Zeichen wird solange iteriert, bis die Codierung von EOL gelesen wurde.

Wir geben als nächstes die rechnerinterne Darstellung dieses Programms an. Dazu sei angenommen, dass die Prozedur putchar ab der hexadezimalen Adresse 60 (relativ zum Anfang dieses Programms) gespeichert sei. Tabelle 10.1 gibt für jeden vom Assembler erzeugten Maschinenbefehl den entsprechenden LC-Wert dezimal und hexadezimal an; man beachte, dass alle Programmadressen *relativ* zum Programmanfang zu verstehen sind (und nicht etwa als absolute Hauptspeicher-Adressen) und dass rechnerintern nur hexadezimale Werte (als Abkürzung für Bitfolgen) verwendet werden. Daneben zeigt die Tabelle jeweils den Op-Code des einer Code-Zeile entsprechenden Befehls. Wie weiter oben bemerkt, erzeugen die diversen Assembler-Direktiven keinen ausführbaren Code. Die drei Labels loop, exit und mesg werden jeweils in Adressen (LC-Werte) übersetzt und sodann entsprechend verwendet. Insbesondere erhält mesg den hexadezimalen Wert 28; dieser wird als Operand im Absolute-Modus im MOVAW-Befehl in Zeile 2 eingesetzt. Die Adressen der beiden anderen Labels werden hier lediglich durch (relative) Branch-Befehle referenziert; daher wird z. B. BEB exit intern durch 7F 15 codiert, wobei 15 den dezimalen Wert +21 im Zweier-Komplement

Tabelle 10.2: Assemblerprogramm zu Beispiel 10.2.

	Assembler-Programm	Maschinenprogramm	Kommentar
	`.globl main`		
	`.text`		
`main:`	`SAVE %fp`	10 49	
	`MOVW &0x1000, %r3`	84 4F 00 10 00 00 43	Initialisierung eines „Index-Registers"
	`CLRW %r2`	80 42	Initialisierung der relativen Adresse
	`CLRW %r0`	80 40	Initialisierung des Ergebnis-Registers
`repeat:`	`ADDW2 (%r3), %r0`	9C 53 40	Addition der nächsten Zahl
	`ADDW2 &0x4, %r2`	9C 4F 04 00 00 00 42	Inkrementierung des Zählers
	`ADDW2 &0x4, %r3`	9C 4F 04 00 00 00 43	Berechnung der Adresse der nächsten Zahl
	`CMPH &0x28, %r2`	3E 5F 28 00 42	Test, ob alle Zahlen addiert wurden
	`BLB repeat`	4B EA	verzweige relativ um -22, falls Test negativ
	`RESTORE %fp`	18 49	
	`RET`	08	

darstellt. Enthält PC den dezimalen Wert 16 (d. h. die Byte-Adresse des BEB-Befehls), so entsteht hieraus durch Addition von 21 der Wert 37, d. h. die Byte-Adresse des mit der Marke exit versehenen RESTORE-Kommandos. (Hierzu sei bemerkt, dass der Program Counter des WE32100 erst *am Ende* der Ausführung des aktuellen Befehls inkrementiert wird.) Entsprechendes gilt für BRB loop: Zum Inhalt von PC ist jetzt -26 zu addieren, was im Zweier-Komplement durch E6 dargestellt wird. Weiter ist zu beachten, dass FF bzw. FC die Zweier-Komplement-Darstellung von -1 bzw. -4 ist.   □

Das folgende Beispiel soll die Verwendung der indirekten Adressierung erläutern; speziell demonstrieren wir den Gebrauch des Register-Deferred- sowie des Register-Displacement-Modus.

Beispiel 10.2 Es soll die Summe von 10 natürlichen Zahlen vom Datentyp Wort berechnet werden, welche im Speicher in aufeinander folgenden Plätzen ab Adresse 0x1000 abgelegt seien. Das in Tabelle 10.2 gezeigte Programm verwendet den Register-Deferred-Modus. Es sei erwähnt, dass der Kern dieser Prozedur unter Verwendung des Register-Displacement-Modus kürzer auch wie folgt geschrieben werden kann:

```
           CLRW  %r2
           CLRW  %r0
repeat:    ADDW2 0x1000(%r2), %r0
           ADDW2 &0x4, %r2
           CMPH  &0x28, %r2
           BLB repeat
```

□

10.1.4   Unterschiede zum PowerPC

Die vorangegangenen Beschreibungen haben wichtige Unterschiede zwischen einem
RISC- und einem CISC-Prozessor offen gelegt, welche wir hier noch einmal zusammenfassen wollen. Wenn man von den technischen Daten absieht, sind zumindest die
folgenden Unterschiede deutlich geworden:

1. Der WE32100 besitzt *keine* Load/Store-Architektur und kann daher Daten un-
   mittelbar im Speicher manipulieren, also ohne sie per Programm zunächst in ein
   Register laden zu müssen. Allerdings erfordert eine solche Manipulation mehr
   Zeit als eine Datenmanipulation direkt im Prozessor.

2. Während die (wenigen verfügbaren) Adressierungsarten beim PowerPC nur bei
   den Load/Store-Befehlen verwendbar sind, können die 18 Adressierungsarten
   des WE32100 in fast allen Befehlen, in denen Operaden zu beschreiben sind,
   verwendet werden.

3. Wie die Beispielprogramme bzw. deren rechnerinterne Darstellung zeigen, kann
   beim WE32100 jeder Befehl in Abhängigkeit von Anzahl und Typ seiner Operanden jeweils eine andere Hexadezimaldarstellung haben.

   Wie wir im letzten Kapitel gesehen haben, hat dem gegenüber jeder Befehl beim
   PowerPC eine interne Darstellung der festen Länge 4 Byte.

Es sei abschließend bemerkt, dass es hinsichtlich einer Programmierung auf Assem-
blerebene auch *Gemeinsamkeiten* gibt. Konkret kann bei beiden Prozessortypen wie
folgt vorgegangen werden: Das Assembler-Quellprogramm wird zunächst in einem File abgelegt, welcher durch den Assembler verarbeitet wird. Falls dabei Fehler erkannt
werden (z. B. Syntaxfehler, Referenzierung eines nicht definierten Labels usw.), so
werden diese dem Programmierer mitgeteilt. Anderenfalls wird ein lauffähiges Objektprogramm generiert. Werden bei dessen Ausführung weitere Fehler (in der Programm-
Logik) aufgedeckt, so ist es häufig sinnvoll, zu deren Lokalisierung den *Debugger* des
Programmiersystems heranzuziehen. Ein Laufzeitfehler, welcher das Programm vorzeitig enden („abstürzen") lässt, erzeugt einen Speicher-Abzug (*Core Dump*), welcher
die Inhalte sämtlicher Register sowie der vom Programm benutzten Speicherplätze
(in Hexadezimal-Darstellung) zum Zeitpunkt des Programmendes angibt. Dieser kann
von einem Debugger analysiert werden; insbesondere ist es im Allgemeinen möglich,
das Programm unter der Kontrolle des Debuggers Befehl für Befehl („single stepping")
so auszuführen, dass die jeweils bewirkte Veränderung der Inhalte von Registern bzw.
Speicher erkennbar ist. Ein Debugger stellt daher ein wichtiges Hilfsmittel zur Feh-
lersuche in Assemblerprogrammen dar.

10.2 Assembler, Linker und Lader

In diesem Abschnitt knüpfen wir an die Ausführungen aus Kapitel 9 sowie aus dem vorigen Abschnitt an und beschreiben zunächst den Prozess der Assemblierung genauer. Wie schon in Kapitel 9 erwähnt, steht dazu der *Assembler* zur Verfügung, welcher ein *Quellprogramm* in Assembler-Sprache als Input akzeptiert und hieraus ein *Objektprogramm* als Output erzeugt. Um dieses Objektprogramm zur Ausführung zu bringen, ist der Einsatz eines *Linkers* sowie eines *Laders* erforderlich; wir wollen auf die Einzel-Aufgaben und die Arbeitsweisen dieser Programme im Folgenden kurz eingehen.

10.2.1 Der Assembler

Aus Kapitel 9 sowie aus Abschnitt 10.1 haben wir bereits eine gewisse Vorstellung über die Aufgaben, welche ein Assembler zu bewältigen hat:

1. Überprüfung der Syntax aller verwendeten Assembler-Direktiven und Prozessor-Instruktionen;

2. Verarbeitung der Pseudo-Instruktionen;

3. Auflösung symbolischer Referenzen in einem Programm unter Rückgriff auf den Location Counter LC;

4. Generierung von Maschinencode für jede Prozessor-Instruktion.

Im Prinzip ist es denkbar, dass ein Assembler ein gegebenes Quellprogramm einmal vollständig liest und dabei seine diversen Aufgaben erledigt. Die folgenden beiden Beispiele zeigen, welche Probleme dabei auftreten können; hier und im Folgenden beziehen wir uns bei Beispielen für Befehle stets auf die Sprache des WE32100.

In einem Programm trete der Befehl JSB **sub** auf; hierdurch wird zu einem Unterprogramm namens **sub** verzweigt. Der Assembler muss das *Symbol* **sub** durch einen *Wert*, genauer also eine (Anfangs-) Adresse ersetzen können. Falls **sub** erst nach der .text-Sektion des rufenden Programms vom Assembler verarbeitet wird, ist dieser Wert unbekannt, wenn der Assembler **sub** „liest".

Ein ähnliches Problem tritt bereits dann auf, wenn ein Programm einen Befehl wie z. B. PUSHW X enthält, welcher ebenfalls einen symbolischen Namen verwendet. Falls X eine Variable bezeichnet, welche erst in der .data-Sektion des Programms deklariert wird, so ist der Wert von X noch unbekannt, wenn der Assembler das Symbol zum ersten Mal „sieht".

In beiden Fällen liegt eine *Vorwärtsreferenz* (engl. *forward reference*) vor, welche von einem Assembler nur dadurch behandelt werden kann, dass er das Quellprogramm *zweimal* durchläuft; man spricht dann von einem *2-Phasen-Assembler*. (Es sei bemerkt, dass ein 1-Phasen-Assembler verwendet werden kann, falls Vorwärtsreferenzen ausgeschlossen sind.) In diesen Phasen sind im Einzelnen folgende Aufgaben zu bewältigen:

- *Phase 1:* Das Quellprogramm wird zunächst von einem *Scanner* vollständig gelesen und in *Token* genannte Einzelteile zerlegt; gleichzeitig werden verschiedene Tabellen generiert, von welchen vor allem die *Symboltabelle* genannt sei; diese

enthält einen Eintrag für jedes im Quellprogramm vorkommende, vom Programmierer definierte Symbol.

- *Phase 2:* Sodann wird das Programm einem *Parser* übergeben, welcher eine
  Syntax-Überprüfung vornimmt; schließlich wird der *Objektcode* erzeugt.

Wir wollen die beiden Phasen mit ihren insgesamt vier Schritten genauer erläutern:
Der *Scanner* ist das Subsystem (Unterprogramm) des Assemblers, welchem ein zu
assemblierendes Quellprogramm zuerst übergeben wird. Seine Aufgabe besteht darin,
das Programm in einzelne, nicht weiter zerlegbare Bestandteile zu zerlegen, welche
als *Token* bezeichnet werden. Als Beispiel betrachten wir das folgende WE32100-
Statement:

loop: MOVW X, %r0

Aus der Sicht des Scanners, welcher diese Zeile Zeichen für Zeichen liest, besteht diese
zunächst aus 17 (ASCII-) Characters, wobei Blanks mitgezählt werden. Die Blanks
sowie die Symbole „:" und „," dienen insbesondere zur Separierung einzelner Bestandteile des Befehls; entsprechend erkennt der Scanner in diesem Fall die folgenden neun
Token:

Token-Nr.	Inhalt
1	loop
2	:
3	(Blank)
4	MOVW
5	
6	X
7	,
8	(Blank)
9	%r0

Offensichtlich kann jede Prozessor-Instruktion eines Assembler-Programms entsprechend zerlegt werden (unabhängig davon, ob sie syntaktisch korrekt aufgebaut ist
oder nicht). Auf diese Weise entsteht eine umfangreiche Menge von Token, welche
vom Scanner in (syntaktische) Klassen zerlegt wird; dabei werden insbesondere solche Token, welche sich im Hinblick auf die syntaktische Korrektheit des Programms
gleich „verhalten", der gleichen Klasse zugeordnet. In obigem Beispiel ist es in diesem
Sinne offensichtlich unerheblich, ob das im Befehl verwendete Symbol den Namen X
oder irgendeinen anderen Namen hat; insbesondere können alle vom Programmierer
verwendeten Namen einer Klasse („identifier") zugeordnet werden. Ähnliche Beobachtungen gelten etwa für die in den einzelnen Befehlen verwendeten Op-Codes oder
für Operanden z. B. im Immediate-Modus.

Von besonderer Bedeutung in Phase 1 ist die Isolation des Op-Codes eines Statements, durch welche der Assembler erkennen kann, ob der aktuell assemblierte Befehl
eine Prozessor- oder eine Pseudo-Instruktion ist, sowie die Erkennung aller vom Programmierer eingeführten Symbole und Literale; letztere sind im Programm verwendete Konstanten, für welche der Assembler Speicherplatz zu reservieren hat.

Zur korrekten Verarbeitung eines Statements in dieser Phase und speziell zur korrekten Aktualisierung des Location Counters muss der Assembler auf eine *Befehls-Tabelle* und eine *Pseudobefehls-Tabelle* zugreifen können. Die Befehls-Tabelle kann z. B. folgende Form haben:

Mnemocode	Opcode (hex.)	Format	Länge
⋮	⋮	⋮	⋮

Für jede Prozessor-Instruktion muss diese Tabelle über deren internen Opcode, das bzw. die möglichen Formate sowie die Länge (in Bytes) des entsprechenden Maschinenbefehls Auskunft geben. Das Format gibt dabei insbesondere an, welche Adressierungsarten für die in der Instruktion auftretenden Operanden erlaubt sind, da hiervon die Gesamtlänge abhängt. Die Pseudobefehls-Tabelle muss für jede mögliche Assembler-Direktive Angaben darüber enthalten, welche Aktionen vom Assembler als Reaktion auf diese Direktive im Einzelnen auszuführen sind.

Die in Phase 1 anzulegende Symbol-Tabelle kann z. B. das folgende Format haben:

Name	bereits definiert	Wert (von LC)	Fehler
⋮	⋮	⋮	⋮

In das Namensfeld wird der Name eines gerade gelesenen Symbols eingetragen, falls dieses noch nicht in der Tabelle auftritt. In der zweiten Spalte wird notiert, ob das betreffende Symbol bereits definiert, d. h. ihm ein LC-Wert zugewiesen wurde. Dieser Wert wird gegebenenfalls in die dritte Spalte eingetragen. In der Fehler-Spalte kann z. B. notiert werden, ob ein bestimmtes Symbol nicht oder doppelt definiert wurde. Der erstere Fall liegt etwa dann vor, wenn in einer Instruktion eine Sprungmarke referenziert wird, welche im Programm nicht als Label einer (anderen) Instruktion auftritt; der letztere Fall ist gegebenen, wenn das gleiche Label mehreren Instruktionen vorangestellt wird.

Als Ergebnis der ersten Phase wird das ursprüngliche Quellprogramm im Allgemeinen in einer so genannten *Zwischenform* vorliegen, welche zusammen mit den in Phase 1 generierten Tabellen an Phase 2 übergeben wird. Die Aufgabe dieser Phase besteht im Einzelnen in der Syntaxüberprüfung des Quellprogramms bzw. dessen Zwischenform, der Codegenerierung, der Erzeugung eines Listings (gegebenenfalls mit Fehlermeldungen) und der Erzeugung eines Objektmoduls, welches an den Linker oder direkt an den Lader übergeben wird.

Die Aufgabe des Parsers besteht darin, das Programm auf syntaktische Korrektheit zu überprüfen. Die folgenden Statements zeigen (für die Sprache des WE32100) Beispiele syntaktisch inkorrekter Instruktionen, welche also zurückzuweisen sind:

```
MOW %r0, %r1
ANDW2 %r0, %r1, %r2
ANDW2 %r0, &40
```

(Der Leser mache sich an dieser Stelle klar, worin jeweils der Fehler besteht.) Wir wollen auf den Entwurf eines Parsers hier nicht im Einzelnen eingehen, bemerken jedoch, dass hierbei das in diesem Text bereits mehrfach erwähnte Konzept des *endlichen Automaten* (vgl. etwa Kapitel 5) ausreicht und zum Einsatz kommt. Grundsätzlich wird jedes im gegebenen Programm vorkommende Statement vom Parser tokenweise verarbeitet, wobei die Einhaltung der grammatikalischen Regeln der betreffenden Sprache überprüft wird. Dies lässt sich durch einen endlichen Automaten grob wie folgt modellieren: Zustände des Automaten, d. h. sein (endliches) Gedächtnis, werden dazu benutzt zu speichern, welche (korrekten) Teile eines aktuellen Statements bereits gelesen wurden. Aus dem Startzustand geht der Automat also z. B. nach dem Lesen eines Labels in einen Zustand „Label erkannt" über, in welchem er als nächstes einen mnemonischen Befehlscode oder eine Assembler-Direktive erwartet. Zustandsübergänge werden in Abhängigkeit vom aktuellen Input-Token vorgenommen, wobei von jedem Zustand aus der Übergang in einen Fehler-Zustand möglich sein muss. Wesentlich ist für den Parser einerseits, dass die Grammatik der zugrunde liegenden (Assembler-) Sprache vollständig (in Automatenform) „codiert" vorliegt, und dass ihm die in Phase 1 generierte Symbol- sowie die Literal-Tabelle zur Verfügung stehen.

Unter Rückgriff auf die Befehls- sowie die Pseudobefehls-Tabelle kann in Phase 2 schließlich der Maschinencode für das verarbeitete Quellprogramm erzeugt werden, wobei zu beachten ist, dass alle Programmadressen relativ zum Programmanfang (Adresse 0) angegeben werden. Das (im Allgemeinen im Sekundärspeicher abgelegte) Objektprogramm ist also in der vom Assembler erzeugten Form noch nicht ausführbar; zum Zwecke der Ausführung muss eine Umsetzung des logischen Adressraums auf den physikalischen vorgenommen werden (vgl. auch Speicherverwaltung in Kapitel 11). Wir wollen als nächstes kurz auf die Teile der System-Software eingehen, welche diese Aufgabe erledigen.

10.2.2   Der Linker

Die Aufgabe eines *Linkers* besteht darin, ein assembliertes Programm für seine Ausführung vorzubereiten. Ein vom Assembler erzeugtes Objektprogramm kann z. B. aus den folgenden Gründen nicht unmittelbar ausführbar sein: Falls das Programm Teile einer Programmbibliothek benutzt, müssen diese zunächst bereitgestellt werden. Falls ein Programm aus einem Hauptprogramm besteht, welches eine Reihe von Prozeduren aufruft, und diese Prozeduren zum Zwecke der Modularisierung getrennt vom Hauptprogramm assembliert werden, so liefert der Assembler eine Reihe von Objektfiles, deren logische Zusammengehörigkeit für den Rechner nicht erkennbar ist; jeder einzelne dieser Files repräsentiert zunächst einen eigenen (bei Adresse 0 beginnenden) logischen Adressraum. Der Linker hat dann dafür zu sorgen, dass diese Adressräume zu *einem* Adressraum zusammengesetzt werden. Das dabei zu lösende *Relokationsproblem* sowie das *Problem externer Referenzen* sei an folgendem Beispiel verdeutlicht:

Ein Hauptprogramm mit zwei Unterprogrammen sei in drei separaten Files gespeichert, welche einzeln assembliert und in Objektfiles abgelegt werden. Die resultierende Situation ist in Abbildung 10.5 gezeigt (wobei wir Instruktionen in mnemonischer Form angeben).

Falls HP, UP1 und UP2 im Hauptspeicher hintereinander ab Adresse 100 gespeichert würden, ergeben sich die folgenden Anfangsadressen:

Objektfile HP

Adr.	Instruktion
0	BRB 200
⋮	
200	MOVW P, %r0
⋮	
300	JSB UP1
⋮	
400	RET

Objektfile UP1

Adr.	Instruktion
0	BRB 300
⋮	
⋮	
300	MOVW Q, %r0
⋮	
500	JSB UP2
⋮	
600	RSB

Objektfile UP2

Adr.	Instruktion
0	BRB 200
⋮	
200	MOVW R, %r0
⋮	
400	RSB

Abbildung 10.5: Getrennt assemblierte, zusammengehörige Objektfiles.

Objektfile	ab Adresse
HP	100
UP1	500
UP2	1100

Offensichtlich sind damit alle Sprungzieladressen ungültig geworden, da sich durch die Veränderung der Anfangsadressen der einzelnen Files alle relativen Adressen innerhalb der Files verändert haben; das Programm ist also (noch) nicht ausführbar.

Der Linker hat dafür zu sorgen, dass die (in diesem Beispiel drei) verschiedenen logischen Adressräume zu einem zusammen*gebunden* werden; dabei sind insbesondere Referenzen innerhalb eines Objektmoduls entsprechend zu korrigieren (man spricht von einer *Relokation*) und Referenzen auf externe Module (Unterprogramme) durch die jeweilige neue (logische) Anfangsadresse zu ersetzen. Dazu kann zunächst eine Tabelle aller „zu linkenden" Module angelegt werden, in welche insbesondere die Länge eines jeden Moduls eingetragen wird. Sodann ist jedem Modul eine aktuelle Startadresse zuzuweisen. Alle Instruktionen, welche eine Speicherreferenz in der oben gezeigten Form enthalten, müssen bestimmt werden; zu jeder solchen Referenz ist eine *Relokations-Konstante* zu addieren, bei welcher es sich um die (neue) Anfangsadresse des betreffenden Objektfiles handelt. Unterprogrammsprünge sind entsprechend zu korrigieren. Als Ergebnis entsteht ein ausführbares Programm als „Lademodul", welcher dem Lader übergeben wird.

In Abbildung 10.6 fassen wir die Abläufe bei der Verarbeitung eines Programms noch einmal zusammen: Ein vom Programmierer erstelltes Quellprogramm wird — sofern es in einer höheren Programmiersprache geschrieben ist — zunächst einem Compiler übergeben. Dieser liefert ein Objektprogramm, was dem Assembler übergeben wird. Der Assembler erzeugt daraus ein assembliertes Programm und übergibt dieses an den Linker, der gegebenenfalls unter Rückgriff auf eine Programmbibliothek ein ausführbares Programm erzeugt und dabei eventuell separat assemblierte Programmteile zusammenfügt.

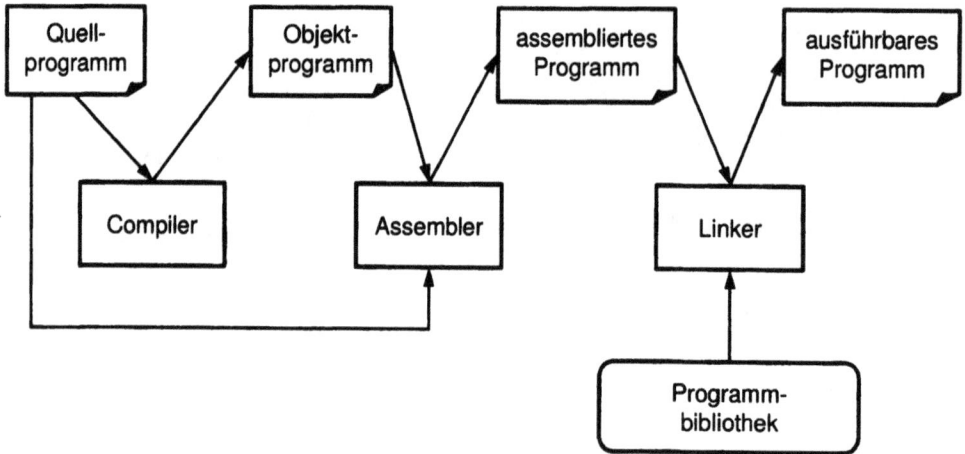

Abbildung 10.6: Vom Quell- zum ausführbaren Programm.

10.2.3   Der Lader

Die wesentliche Aufgabe eines *Laders* ist, ein assembliertes und vom Linker vorbereitetes Objektprogramm von Sekundärspeicher in den Hauptspeicher zu laden und dessen Ausführung zu starten (durch Laden des Program Counters mit der Anfangsadresse des Programms). Diese Aufgabe besteht aus den vier Teilschritten

1. Allokation (Zuweisung) von Speicherplatz für das Programm (bzw. — bei Verwendung von Paging — eines „Anfangsstücks" hiervon);

2. Binden, d. h. Ersetzen logischer Programm-Adressen durch physikalische Hauptspeicher-Adressen;

3. Relokation, d. h. Anpassung aller adreßabhängigen Referenzen im betreffenden Programm an dessen aktuelle Position im Hauptspeicher;

4. Laden des Programms in den dafür reservierten Bereich.

Während also ein Linker die einzelnen Teile eines Programms im logischen Adressraum miteinander „verknüpft", falls diese separat assembliert wurden, hat der Lader unter Umständen ein Binden vorzunehmen. Hierunter wird allgemein das Ersetzen einer logischen (symbolischen oder virtuellen) Adresse durch eine physikalische verstanden. Offensichtlich kann dies auch zu einem anderen Zeitpunkt als zur Ladezeit vorgenommen werden (zur Assemblierzeit, zur Link-Zeit, zur Ausführungszeit oder sogar zum Zeitpunkt der Erstellung des Programms).

In Abhängigkeit davon, welche dieser Aufgaben tatsächlich dem Lader überlassen werden, können verschiedene Arten von Ladern unterschieden werden, von denen hier die wichtigsten genannt seien: Ein nach dem *Assemble-and-Go*-Prinzip arbeitender Lader ist de facto ein erweiterter Assembler, welcher generierten Code direkt im Hauptspeicher ablegt und am Ende von Phase 2 die Ausführung des erzeugten Codes initiiert. Wesentliche Nachteile dieses Ansatzes sind, dass keine Segmentierung verwendet werden kann und dass das Programm vor jeder Ausführung erneut assembliert werden muss.

Ein *Absolutprogramm-Lader* erwartet ein bereits gebundenes Programm, welches dann ab einer vom Programmierer anzugebenden („absoluten") Startadresse in den Hauptspeicher geladen wird. Das Binden muss in diesem Fall also abgeschlossen sein, bevor der Lader aktiv wird; es ist unter Umständen vom Programmierer selbst durchzuführen.

Ein *Relativprogramm-Lader* legt ein Programm nicht ab einer festen, sondern ab einer aktuell verfügbaren Adresse im Hauptspeicher ab. Dies setzt voraus, dass alle Programmadressen *relativ* zum Programmanfang gehalten sind; der Lader ersetzt diese durch ihren jeweils endgültigen Wert. Bei Verwendung eines solchen Laders fügt der Assembler häufig gewisse Zusatz-Informationen („Relokations-Bits") an die von ihm erzeugten Maschinenbefehle an, durch welche der Lader erkennt, ob dieser Befehl während einer Relokation zu bearbeiten ist. Derartige Information kann auch außerhalb des Programms in Form eines *Transfer-Vektors*, welcher auch die Namen der aufgerufenen Unterprogramme umfasst, an den Lader übergeben werden. Ein Nachteil dieser Form des Laders besteht darin, dass nach dem Laden alle Adressen an feste Positionen gebunden sind. Eine Verallgemeinerung dieses Lader-Typs ist der *direktlinkende Lader*, welcher insbesondere zur Unterstützung eines segmentierten virtuellen Speichers verwendet wird.

Schließlich seien noch die *dynamischen* Lader erwähnt, welche besonders das in Zusammenhang mit einem Paging vorzunehmende Ein- bzw. Auslagern von Seiten im Hauptspeicher unterstützen. Falls eine Programmseite ausgelagert und zu einem späteren Zeitpunkt wieder in den Hauptspeicher eingelagert wird, hat sich im Allgemeinen ihre Anfangsadresse verändert. Hieran müssen die relativen Programmadressen angepaßt werden, was ein dynamischer Lader im Allgemeinen unter Verwendung eines *Basisregisters*, in welchem die aktuelle Anfangsadresse abgelegt wird, durchführt. In diesem Fall wird ein Binden also zur Laufzeit durchgeführt.

10.3 Rechnersteuerung, insbesondere durch Mikroprogrammierung

In Kapitel 8 haben wir erläutert, dass die Konzeption des Von-Neumann-Rechners eine zweistufige Befehlsverarbeitung erfordert:

1. Fetch-Phase:

1. Ausgabe des Inhalts von PC (d. h. der Adresse des nächsten auszuführenden Befehls) an den Speicher (d. h. an MAR, über den Adressbus).

2. Decodierung dieser Adresse durch den Adressdecoder des Speichers, Anwahl dieser Adresse und Ablage deren Inhalts in MBR.

3. Ausgabe des Inhalts von MBR über den Datenbus an die CPU, d. h. der Befehl steht auf dem Datenbus zur Verfügung.

4. Ablegen des Befehls in IR.

5. Decodieren des Op-Code-Anteils; Erkennen des Befehls sowie der Anzahl der von ihm benötigten Operanden.

6. Gegebenenfalls Decodierung des/der Operanden und Bereitstellung der Quell-Operanden (eventuell unter erneutem Zugriff auf den Speicher).

7. Aktualisierung von PC.

2. Execution-Phase:

1. Ausführung des Befehls.

2. Gegebenenfalls Setzen der Flags.

3. Ablage des Ergebnisses im Ziel-Operanden (gegebenenfalls wieder unter Zugriff auf den Speicher).

4. Initiierung der nächsten Fetch-Phase.

Diese Folge von Einzelschritten, welche mit dem Holen und der Ausführung eines Befehls verbunden ist, wird auch als ein *Befehls-Zyklus* (engl. instruction cycle) bezeichnet. Ein solcher Zyklus wird in realen Rechnern, wie durch obige Einteilung angedeutet, durch eine Folge von elementaren Signalen implementiert, welche z. B. vom Typ „Memory Read", „Memory Write" oder „Internal Operation" sein können. Die Summe der Ausführungszeiten dieser Signale ist ein in der Regel kleines Vielfaches der Takt-Zykluszeit. Wesentlich ist, dass ein Befehlsablauf in gleich lange Teilschritte zerlegt wird, so dass auch ein Pipelining (vgl. Abschnitt 11.2) möglich ist. Die Länge eines Takt-Zyklus (kürzer auch „Takt" genannt) wird von der Rechner-*Clock* bestimmt.

Wir wollen uns hier nicht weiter mit den Abläufen während einer Befehlsausführung aus dieser Sicht befassen; dazu verweisen wir den Leser auf die weiter unten angegebene Literatur, in welcher insbesondere auf das „Timing" von Rechnern genauer eingegangen wird. Wir nehmen im Folgenden vereinfachend an, dass jeder Einzelschritt der Fetch- bzw. Execution-Phase einem Takt-Zyklus entspricht; de facto wird die Arbeitszeit für jeden dieser Schritte ein jeweils kleines ganzzahliges Vielfaches dieser Takt-Zykluszeit sein.

Die kritischen Vorgänge in dem oben gezeigten Ablauf eines Fetch/Execute-Zyklusses sind die *Decodierung* von Adressen bzw. Befehlen, da diese Steuersignale so zu erzeugen haben, dass eine korrekte Befehlsausführung gewährleistet ist. Daher wollen wir diese Vorgänge etwas genauer untersuchen.

Das Problem der *Adress*decodierung ist uns bereits aus Abschnitt 7.4 bekannt. Dort wurde dargestellt, wie die Und-Ebene eines PLAs als Decodierteil eines ROMs verwendet werden kann. Für einen 32-Bit-Adressbus (wie beim WE32100) hätte ein entsprechendes PLA 32 Eingänge. Damit lässt sich ein ROM mit 2^{32} Speicherplätzen adressieren. Enthält jeder Platz ein 32-Bit-Wort, so hat das PLA 32 Ausgänge, welche mit dem Datenbus verbunden werden. Weiter unten werden wir sehen, dass die *Befehls*decodierung prinzipiell ähnlich abläuft.

Zuvor wollen wir jedoch kurz andeuten, wie Adressdecodierung ursprünglich betrieben wurde. Als Beispiel ziehen wir dazu einen 8-Bit-Universalrechner heran, welcher Mitte der 70er Jahre von J. Giese an der RWTH Aachen modellmäßig entwickelt wurde. Dieser Rechner verwirklichte das Von-Neumann-Konzept in idealer Weise, wenngleich seine Hardware aus heutiger Sicht stark abgemagert erscheint. Die CPU

Adressbits

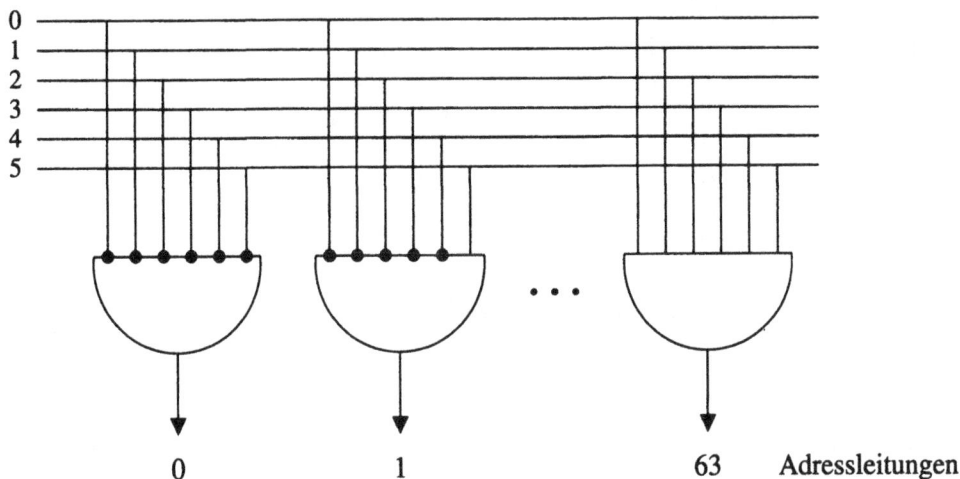

Abbildung 10.7: Fest verdrahteter Adress-Decodierer.

dieses Rechners war im Wesentlichen gemäß dem in Kapitel 8 angegebenen Plan aufgebaut, wobei jedes Register des Datenprozessors eine Länge von 8 Bits hatte. Der Speicher bestand aus $64 = 2^6$ Plätzen, ebenfalls jeweils 8 Bits lang. Dementsprechend haben Adressen des Giese-Rechners die Länge 6 Bits, so dass 2 Bits für den Operationscode zur Verfügung stehen. Trotz dieser Beschränkung auf nur 4 Befehlstypen handelt es sich um einen Universalrechner, welcher prinzipiell Aufgaben wie ein moderner Mikroprozessor übernehmen kann. Die Adressdecodierung wurde durch eine spezielle asynchrone Decodier-Schaltung vorgenommen, welche intern *fest verdrahtet* war und den in Abbildung 10.7 gezeigten Aufbau (aus Gattern) hatte. Jede Adressleitung ist für die Ansteuerung eines Speicherplatzes zuständig; eine „1" auf einer dieser Leitungen signalisiert die Auswahl des entsprechenden Platzes.

Bei der Befehlsdecodierung wurde völlig analog verfahren: Die einzelnen Befehlstypen entsprechend den Codierungen (in leicht verständlicher Terminologie)

00	für	ADD
01	für	STORE
10	für	JUMP
11	für	Befehle ohne Adressen (wie z. B. HALT)

wurden durch eine entsprechend kleine Schaltung erkannt. Das MAR-Register benötigte also nur 6 Bits, das IR-Register sogar nur 2.

CISC-Rechner gehen mittlerweile bei der Befehlsdecodierung und der daraus resultierenden Ablaufsteuerung anders vor: Wie bei der Adressdecodierung finden auch hier (durch den Rechner-Takt synchronisierte) PLAs Anwendung, was wir in Kapitel 7 bereits kurz erwähnt haben, und diese werden *mikroprogrammiert*. Durch diese Bezeichnung soll insbesondere zum Ausdruck kommen, dass auch die „unterhalb" der Ebene der Assembler-Programmierung [„Makro-Programmierung"] direkt auf der Hardware eines Rechners ablaufenden „elektrischen Vorgänge", insbesondere das Öffnen und Schließen von Schaltern, in Programm-Form beschrieben werden können.

Wir beschreiben zunächst genauer, was im Einzelnen zu geschehen hat, und zwar wieder am Beispiel des WE32100-Befehls `ADDW2 %r1, %r0`: Nachdem in der Fetch-Phase die Codierung 9C 41 40 in IR abgelegt wurde, muss das Steuerwerk erkennen, dass eine Addition von zwei 32-Bit-Operanden ausgeführt werden soll, und Steuersignale für den Kontrollbus erzeugen, welche in der Execution-Phase dafür sorgen, dass der Inhalt von %r1 und der von %r0 an die ALU übergeben werden, die diese Inhalte addiert und das Ergebnis wieder in %r0 ablegt. Bei anderen Befehlen wie z. B. `ADDW2 (%r1), %r0` muss diese Steuerung noch mehr bewerkstelligen, hier nämlich das Übertragen des Inhalts der Speicherstelle mit der in %r1 angegebenen Adresse in die ALU sowie die Addition dieses Wertes zum Inhalt von %r0.

Wir wollen dies für `ADDW2 %r1, %r0` konkretisieren und nehmen idealisierend an, dass jedes CPU-Register über zwei Steuerleitungen in bzw. out verfügt; eine 1 auf der ersten Leitung bedeutet, dass ein neuer Inhalt in das Register geladen wird, während eine 1 auf der zweiten Leitung bedeutet, dass das Register seinen Inhalt an ein bestimmtes Ziel abgibt. Weiter unterstellen wir, dass jede Aktion der ALU (insbesondere also eine Addition) unter Rückgriff auf die internen Register (vgl. Abbildung 10.1) abläuft. Insbesondere sind zwei zu addierende Operanden zunächst in je einem internen Register abzulegen; das Additionsergebnis befindet sich zunächst ebenfalls in einem internen Register und wird erst von dort in sein „Ziel" transferiert. In der „Sprache der Steuersignale" lässt sich die Ausführung des Befehls `ADDW2 %r1, %r0` dann wie folgt beschreiben, wobei ein „Schritt" der Form x-in [x-out] eine Kurzform für „setze das Steuersignal x-in [x-out] auf 1" sei:

Schritt	Aktion (Steuersignale)
1	PC-out; MAR-in; read; tempa-in;
2	tempa-out; add; tempb-in;
3	tempb-out; PC-in; wait for RCS;
4	MBR-out; IR-in;
5	%r1-out; tempa-in;
6	%r0-out; tempb-in;
7	tempa-out; tempb-out; add; tempc-in;
8	tempc-out; %r0-in;

Jeder Schritt soll dabei im Wesentlichen einem Maschinenzyklus entsprechen. In Schritt 1 wird der Inhalt von PC an MAR übergeben, es wird eine Lese-Aktion ausgeführt, und der Inhalt von PC wird an das interne Register tempa (zwecks Inkrementieren) übergeben. In Schritt 2 gibt Register tempa seinen Inhalt an die ALU ab, welche diesen inkrementiert und das Ergebnis in Register tempb ablegt. In Schritt 3 wird PC mit einem neuen Inhalt geladen; sodann ist auf ein „Read-Completed-Signal" (RCS) zu warten, welches anzeigt, dass der Lese-Vorgang im Speicher beendet ist. Der nächste auszuführende Maschinenbefehl befindet sich jetzt in MBR und kann in Schritt 4 in IR abgelegt werden. Mit der (oben nicht explizit gezeigten) Decodierung des Op-Code-Anteils dieses Befehls ist die Fetch-Phase abgeschlossen. In den Schritten 5 und 6 werden die zu addierenden Operanden in den internen Registern tempa bzw. tempb abgelegt. In Schritt 7 erfolgt die eigentliche Addition mit Ablage des Ergebnisses in tempc, welches schließlich in Schritt 8 in Register 0 abgelegt wird.

Die gerade beschriebenen Schritte 1-4 bzw. 5-8 sind in den Abbildungen 10.8 bzw. 10.9 noch einmal veranschaulicht; bei diesen Abbildungen beachte man, dass jeder

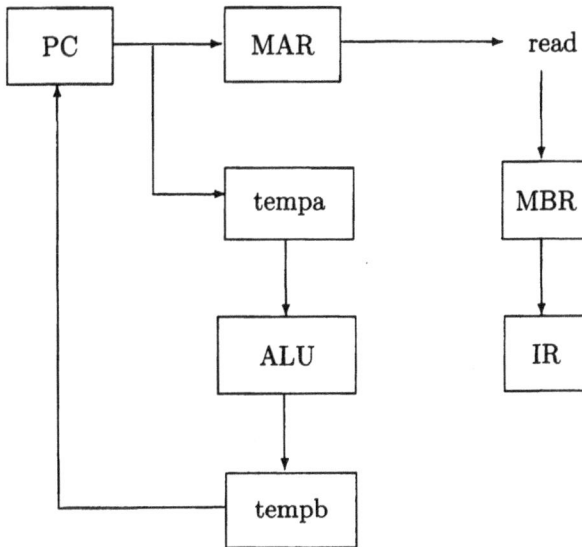

Abbildung 10.8: Illustration der Fetch-Phase.

zwei Stellen verbindende Pfeil das out-Signal seines Anfangspunktes als in-Signal in seinen Endpunkt transportiert.

Die Entschlüsselung von Adressen, Befehlen und Operanden sowie die Steuerung der Ausführung eines Befehls wird bei CISC-Rechnern nahezu ausschließlich durch *Mikroprogrammierung* realisiert. Die Idee dazu geht, wie in Kapitel 7 bereits erwähnt, auf M. V. Wilkes zurück und lässt sich wie folgt beschreiben: Jeder Ablauf, der vom Steuerwerk für die Ausführung eines bestimmten Befehls generiert werden muss, besteht wie oben angedeutet aus einer Folge elementarer („Signal-Erzeugungs"-) Operationen, wobei für verschiedene Befehle diese so genannten Mikrooperationen oder *Mikrobefehle* z. T. übereinstimmen können (z. B. ist für ADDW2 %r1, %r0 und ADDW2 %r2, %r0 lediglich die Bereitstellung des ersten Operanden unterschiedlich). Daher ist es nicht erforderlich, zu einem vorgegebenen Befehlssatz alle möglichen, daraus erzeugbaren Ablauffolgen zu speichern oder gar fest zu verdrahten (dies ist schon bei Befehlssätzen geringen Umfangs nicht mehr möglich). Es reicht aus, die verschiedenen Mikrooperationen, welche für jeden einzelnen Befehl zu einem *Mikroprogramm* zusammengesetzt werden, in einem speziellen Speicher zu halten und sodann sicherzustellen, dass für jeden Befehl das entsprechende Mikroprogramm gestartet, d. h. die „richtige" Folge von Mikrobefehlen generiert wird. Die von Wilkes vorgeschlagene Realisierung dieses Konzeptes haben wir prinzipiell bereits kennen gelernt: In Abschnitt 7.4 haben wir erläutert, wie auch Schaltwerke ein PLA benutzen können. Abbildung 7.14 modifizieren wir jetzt wie in Abbildung 10.10 gezeigt.

Der Operationscode eines Befehls wird analog zur Adressdecodierung beim ROM durch einen Decoder entschlüsselt (auf der Und-Ebene des PLAs). Dadurch wird in diesem Spezialfall *genau eine* Zeile der *Control Memory* ausgewählt, in welcher die

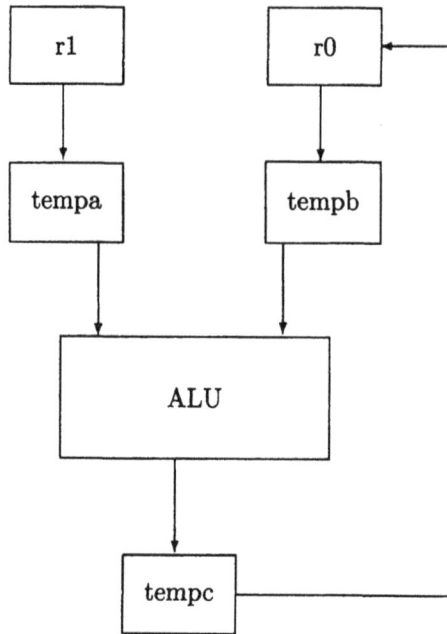

Abbildung 10.9: Illustration der Execute-Phase.

Mikrobefehle gespeichert sind und welche in realen Rechnern wie jeder Speicher über ein MAR, in diesem Zusammenhang im Allgemeinen *Microprogram Counter* genannt, und ein MBR (*Microinstruction Register*) verfügt. Jede solche Zeile enthält in dem Teil, welcher der *Steuermatrix* S zuzurechnen ist, die Signale, welche im Falle der Aktivierung über Steuerleitungen an die CPU oder den Speicher abgegeben werden. S enthält also die eigentlichen Mikrobefehle. Daneben enthält jede solche Zeile einen weiteren Teil, welcher in der *Ablauflogik* A (auch Befehlsfolgematrix genannt) abgelegt ist. Durch diesen Teil wird festgelegt, welcher Mikrobefehl als nächster (im Rahmen einer spezifischen Befehlsausführung) durch Rückkopplung aktiviert werden soll. Dazu wird der Inhalt des Registers R ganz oder teilweise neu geladen, so dass nach dem nächsten Takt durch einen im Allgemeinen veränderten Input für den Decoder eine neue Zeile der Control Memory angesteuert wird. Schließlich ist noch zu erwähnen, dass der Ablauf eines Befehls auch durch Flags beeinflussbar ist, welche ebenfalls Inputs für den Decoder liefern.

Die Ablauflogik (in der Sprechweise aus Kapitel 7: die Next-State-Logik) ist dabei in der Lage, in Abhängigkeit vom aktuell zu bearbeitenden Befehl unterschiedlich lange Mikroprogramme zu generieren.

Control Memory oder Control Store

(Und-Ebene) (Oder-Ebene)

Decoder S A

Flags

R z. B. zur ALU

IR

Datenbus

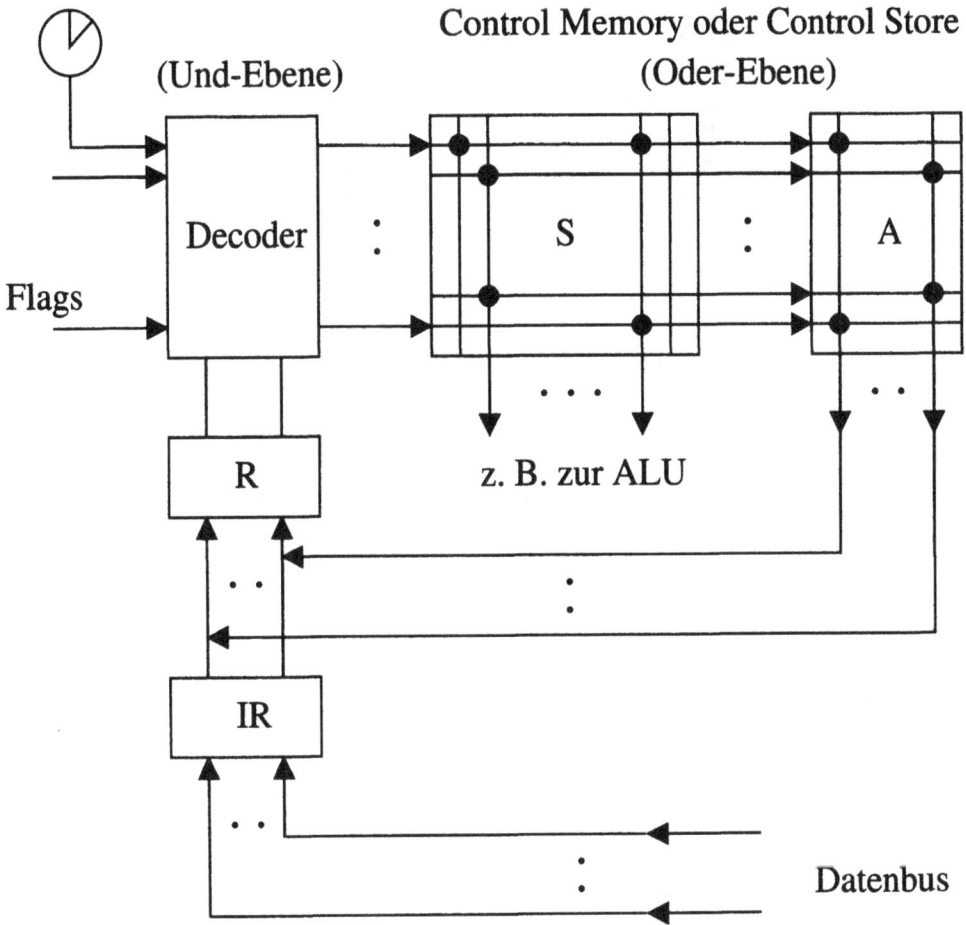

Abbildung 10.10: Prinzip der Mikroprogrammierung.

Am Beispiel des Befehls `ADDW2 %r1, %r0` wollen wir exemplarisch ein der oben gezeigten Signal-Folge entsprechendes „Mikroproprogramm" angeben; jede Spalte der folgenden Tabelle enthält einen „Mikrobefehl", welcher genau die für den betreffenden Schritt erforderlichen Steuersignale angibt (wobei 1 für „Signal gesetzt" und 0 für das Gegenteil steht; das hier verwendete Ablaufdiagramm müßte eigentlich unter Vertauschung von Zeilen und Spalten angeschrieben sein!):

Schritt →	1	2	3	4	5	6	7	8
PC-in	0	0	1	0	0	0	0	0
PC-out	1	0	0	0	0	0	0	0
MAR-in	1	0	0	0	0	0	0	0
MBR-out	0	0	0	1	0	0	0	0
IR-in	0	0	0	1	0	0	0	0
read	1	0	0	0	0	0	0	0
tempa-in	1	0	0	0	1	0	0	0
tempa-out	0	1	0	0	0	0	1	0
tempb-in	0	1	0	0	0	1	0	0
tempb-out	0	0	1	0	0	0	1	0
tempc-in	0	0	0	0	0	0	1	0
tempc-out	0	0	0	0	0	0	0	1
add	0	1	0	0	0	0	1	0
%r1-in	0	0	0	0	0	0	0	0
%r1-out	0	0	0	0	1	0	0	0
%r0-in	0	0	0	0	0	0	0	1
%r0-out	0	0	0	0	0	1	0	0

Ein Mikrobefehl besteht hier also aus 17 Bits; zur Speicherung nur dieses „Programms" ist ein Control Store der Größe $17 \times 8 = 136$ Bits erforderlich. Es sei bemerkt, dass das in der weiter oben angegebenen Darstellung verwendete Read-Completed-Signal hier vernachlässigt wurde. Mikroprogramme realisieren also stereotype Abläufe in einem Rechner, wie sie auch in völlig anderen Zusammenhängen auftreten (vgl. die Übungen zu Kapitel 7).

Der oben erwähnte Giese-Rechner repräsentiert einen völlig anderen Zugang zum Entwurf des Steuerwerks eines Rechners, welcher, wie in Kapitel 9 bereits erwähnt, heute insbesondere in Zusammenhang mit dem RISC-Konzept wieder von hoher Bedeutung ist. Das Steuerwerk muss dabei zunächst einen *fest verdrahteten* Befehlsdecodierer enthalten. Abhängig vom aktuellen erkannten Befehl werden sodann Steuersignale erzeugt, welche die ebenfalls fest verdrahtete Ablaufsteuerung über spezielle Leitungen asynchron anstoßen. Eine Taktung und Rückkopplung gemäß dem Wilkesschen Konzept ist dabei nicht vorgesehen. Stattdessen werden z. B. (mehrere) Ringzähler benutzt, welche für jeden auszuführenden Befehl die Ausführung des nächsten Befehls hinreichend lange verzögern.

Zusammenfassend geben wir folgende Definition der Mikroprogrammierung:

Definition 10.1 *Mikroprogrammierung* ist eine Technik für den Entwurf und die Implementierung der Ablaufsteuerung einer Datenverarbeitungsanlage unter Verwendung einer Folge von Steuersignalen zur Interpretation fester und dynamisch änderbarer Datenverarbeitungsfunktionen. Diese Steuersignale, welche auf Wortbasis organisiert sind (Mikrobefehle) und in einem festen oder dynamisch änderbaren Speicher (Mikroprogrammspeicher, Control Memory) gehalten werden, stellen die Zustände derjenigen Signale dar, die den Informationsfluss zwischen den ausführenden Elementen (Hardware) steuern und für getaktete Übergänge zwischen diesen Signalzuständen sorgen.

Im Vergleich zur festen Verdrahtung aller Funktionen eines Steuerwerkes bietet eine Mikroprogrammierung unter anderem folgende *Vorteile*:

1. Mit relativ wenigen Mikrobefehlen lässt sich im Allgemeinen schon ein recht umfangreicher Befehlssatz implementieren. Die Kosten dieser Realisierung sind durch die Verwendung von ROM-Bausteinen wesentlich geringer als die der „herkömmlichen" Vorgehensweise.

2. Durch den Austausch der Control Memory ist es möglich, den Mikro- und damit den Maschinen-Befehlssatz zu verändern (z. B. um einen Rechner an veränderte Aufgabenstellungen anzupassen).

3. Durch den deutlich geringeren Hardwareaufwand eines Rechners, welcher Mikroprogrammierung verwendet, wird sowohl die Entwicklung als auch die Wartung des Rechners vereinfacht.

Als *Nachteil* ist anzusehen, dass die Ausführung einer mikroprogrammierten Operation im Allgemeinen *länger* dauert als bei fester Verdrahtung derselben Operation, denn das entsprechende Mikroprogramm muss schrittweise aus der Control Memory gelesen werden. Für jeden Befehl sind im Allgemeinen mehrere (vergleichsweise langsame) ROM-Zugriffe erforderlich.

Hinsichtlich der Verwendung dieses Konzepts unterscheidet man heute zwei Arten von Rechnern: *Mikroprogrammierte* Rechner sind solche, deren CPU in einem ROM *alle* Mikrobefehle bzw. -programme, die so genannte *Firmware*, enthält. Dieses ROM wird vom Rechnerhersteller programmiert und kann lediglich durch Austauschen verändert werden. *Mikroprogrammierbare* Rechner hingegen besitzen einen *Writable Control Store* (WCS), welcher z. B. durch ein PROM oder ein EPROM realisiert ist und durch den Benutzer des Rechners neu geladen werden kann. Damit ist man also in der Lage, den Maschinenbefehlssatz eines Rechners zu verändern, insbesondere auch so, dass hinsichtlich der Abarbeitung von Maschinenbefehlen der Rechner einen anderen Rechner nachbildet. Diesen Vorgang der hardwareunterstützten oder mikroprogrammierten Rechner-Simulation bezeichnet man als *Emulation*.

Bei der Mikroprogrammierung selbst unterscheidet man ebenfalls zwei Arten: Bei der von uns dargestellten *horizontalen* Mikroprogrammierung entsprechen die einzelnen Bits eines Mikroprogrammwortes (einer Zeile des Control Stores) bestimmten Mikrooperationen (insbesondere mittels der Ausgänge der Steuermatrix S, vgl. obiges Beispiel). Diese Operationen können dann parallel angestoßen werden. Bei *vertikaler* Mikroprogrammierung wird die Zuordnung zwischen den Bits eines Mikroprogrammwortes und den assoziierten Operationen durch einen so genannten Mikrooperationscode (verschlüsselt) bestimmt (vgl. die unten angegebene Literatur).

10.4　Übungen

Hinweis: Zu den mit * gekennzeichneten Übungen sind im Internet Lösungen erhältlich.

10.1　Man gebe einen WE32100-Befehl an, welcher dem Symbol ALPHA den Wert 10
　　　zuweist.

10.2　Es gelte LC = B2A4, wenn der Assembler eines WE32100-Programms die fol-
　　　genden Statements liest:

```
LAENGE: .word 27
BREITE: .word 8
```

　　　Welcher Wert wird LAENGE bzw. BREITE zugewiesen?

10.3　Gegeben sei eine im Speicher unter fortlaufenden Adressen abgelegte Folge von
　　　Bytes (dezimale Anfangsadresse 10000, Länge der Folge 1000 Zahlen). Man
　　　schreibe ein Assemblerprogramm für den WE32100, welches die größte dieser
　　　Zahlen bestimmt. Man beschreibe, an welcher Stelle sich nach Beendigung des
　　　Programms das Resultat befindet.

10.4　Der aktuelle hexadezimale Inhalt von %r3 sei 00029A7C, der von %r4 FFED5836;
　　　das im Speicher ab der Adresse 29A7C gespeicherte Wort enthalte 00000028.
　　　Für jeden der folgenden Befehle gebe man den Inhalt von %r3 bzw. %r4 nach
　　　dessen Ausführung an:

```
MOVW %r3, %r4
MOVB %r4, %r3
MOVW (%r3), %r4
```

10.5　Jeder in der folgenden Liste angegebene Befehl benutze die gleiche Anfangsbe-
　　　dingung: %r5 enthalte 0x4, %r8 enthalte 0x1004, und die Speicherplätze 0 [4, 8,
　　　1000, 1004, 1008] enthalten 0x1008 [0x0, 0xC, 0x8, 0x1008, 0x1000]. Für jeden
　　　Befehl gebe man an, welcher dieser Plätze sich ändert, und wie der neue Inhalt
　　　lautet:

```
MOVW %r5, %r8
MOVW &0x8, %r5
MOVW %r8, (%r5)
MOVW 0x1000(%r5), %r8
MOVW %r8, -0x4(%r5)
MOVW 0x4(%r8), (%r5)
ADDW2 (%r8), 0x1004(%r5)
ADDW3 0x4(%r5), (%r8), %r8
MOVW *0x4(%r8), %r5
MOVW *$0x1008, %r8
```

10.6　Man schreibe Instruktionen zur Ausführung folgender Aufgaben und gebe je-
　　　weils an, wie die Flags N, Z, V und C des WE32100 von diesen beeinflusst
　　　werden:

$$14 - 2,\ 15 - 16,\ 1 - 1,\ 1 - (-1)$$

10.7 In einem Assembler-Programm kommen die folgenden identischen Befehle unmittelbar hintereinander vor:

```
ADDW2 beta, %r2
ADDW2 beta, %r2
```

Ist ihre Übersetzung in Maschinencode ebenfalls identisch?

10.8 Der folgende Ausschnitt eines PASCAL-Programms sortiert ein Array list von
num Zahlen in aufsteigender Reihenfolge nach dem Verfahren *Bubble-Sort*:

```
last := num;
while last > 0 do
        begin
                pairs := last - 1;
                last := 0;
                for j := 1 to pairs do
                        if list[j] > list[j+1] then
                                begin
                                        temp := list[j];
                                        list[j] := list[j+1];
                                        list[j+1] := temp;
                                        last := j;
                                end
        end;
```

Benachbarte Listenelemente werden sequentiell verglichen und gegebenenfalls
vertauscht so, dass nach dem ersten Durchlauf das größte Element am Ende
steht. Dieses Durchlaufen wird solange iteriert, bis kein Austausch mehr statt-
findet. In der oben angegebenen Prozedur wird dies beschleunigt dadurch, dass
darüber Buch geführt wird, an welcher Stelle der letzte Austausch stattgefunden
hat; die Variable last gibt die Stelle an, an welcher sich das letzte, nicht korrekt
sortierte Element befindet. pairs gibt die Anzahl zu vergleichender Zahlenpaare
an.

Man schreibe eine Assembler-Prozedur für Bubble-Sort, welche die Parameter
list (die Anfangsadresse des Arrays) und num (Anzahl der Elemente) auf dem
Stack erwartet. Alle Zahlen seien vom Datentyp Wort.

10.9 Man erweitere das in Abschnitt 10.3 für das Beispiel des Befehls ADDW2 %r1,
%r0 entwickelte „Mikroprogramm" für den Fall, dass für beide Operanden der
Register-Deferred-Modus erlaubt ist.

*10.10 Ein Rechner stelle Befehle intern mit 16 Bits dar, wobei 4 Bits für den Op-
Code und die restlichen 12 für 3 Adressen von jeweils 4 Bit Länge. Der Rechner
verfüge über 16 Register und arithmetische Operationen können ausschließlich
in Regsitern ausgeführt werden. Durch die oben genannte Aufteilung können
dann 16 3-Adressbefehle unterschieden werden.

Überlegen Sie, wie anstelle dessen nur 15 3-Adressbefehle, zusätzlich aber 14 2-Adress-, 31 1-Adress-Befehle und 16 Befehle ohne Adressen kodiert werden können.

10.11 Die in Aufgabe 10.10 zu Grunde gelegte Idee des „erweiterten Op-Codes", welche in den in diesem Kapitel beschriebenen Rechnern fast ausnahmslos verwendet wird, wende man auf folgende Situation an: In einem 36-Bit-Format sollen

- 7 Befehle mit 2 15-Bit-Adressen und einer 3-Bit-Registernummer,
- 500 Befehle mit einer 15-Bit-Adresse und einer 3-Bit-Registernummer,
- 50 Befehle ohne Adressen oder Register

codiert werden.

10.12 Für die in den Beispielen 10.1 und 10.3 angegebenen Programme gebe man jeweils den Inhalt einer entsprechenden Symboltabelle an.

10.13 Man gebe eine möglichst vollständige Liste von (syntaktischen) Fehlern an, welche der Parser eines Assemblers erkennen können muss.

10.14 Assembler-Sprachen erlauben häufig die Verwendung so genannter *Makros*, also von Abkürzungen für (vorher definierte) Befehlsfolgen. Bei der Assemblierung eines entsprechenden Programms (durch einen „Makro-Assembler") werden diese Makros *expandiert*, d. h. jeder Makro-Aufruf wird durch seine Definition ersetzt. Man überlege, wie die beiden Phasen der Assemblierung zu erweitern sind, falls Makros benutzt werden dürfen.

10.15 Der WE32100-Assembler unterhält de facto mehrere Location Counter, z. B. jeweils einen für die .`text`- und die .`data`-Sektion eines Programms. Man überlege, auf welche Weise in diesem Fall ein Objektmodul erzeugt werden kann.

10.16 Ein Linker verarbeite fünf Objektmodule mit den Längen 200, 800, 700, 400 und 1200 Bytes. Wie lauten die entsprechenden Relokations-Konstanten, falls die Module in dieser Reihenfolge gelinkt werden sollen?

10.5   Bibliographische Hinweise

Allgemeine Einführungen in die Architektur von Register-Speicher-Prozessoren geben z. B. Hennessy und Patterson (2003), Giloi (1993) oder Ungerer (1989). Zu 16-Bit-Mikroprozessoren vergleiche man Wakerly (1981), zu 32-Bit-Mikros Mitchell (1991), zu Mikroprozessoren allgemein auch Hamacher et al. (2002) sowie Beierlein und Hagenbruch (2004).

Eine Übersicht über den WE32100-Mikroprozessor findet man bei Mitchell (1991), detaillierte Informationen dagegen in den einschlägigen Manuals von AT&T (1985, 1986). Jacobs (1986) beschreibt die Entwicklung dieses Mikroprozessors und dabei speziell die verschiedenen Schritte seiner Implementierung in VLSI. Weitere Einzelheiten über Adressierungstechniken findet man z. B. bei Hamacher et al. (2002), Hennessy und Patterson (2003) oder Tanenbaum (2006). Die in Zusammenhang mit einem Befehls- bzw. einem Maschinenzyklus zu lösenden Timing-Probleme behandelt Protopapas (1988).

Zum Entwurf sowie zur Implementierung von Assemblern, Linkern und Ladern sei verwiesen auf Donovan (1972), Patterson und Hennessy (2005) sowie Tanenbaum und Woodhull (2006).

Die beiden zentralen Ansätze „feste Verdrahtung" bzw. „Mikroprogrammierung" zum Entwurf eines Steuerwerks werden detaillierter z. B. von Hamacher et al. (2002), Hennessy und Patterson (2003) sowie Tanenbaum (2006) diskutiert. Der in Abschnitt 10.3 erwähnte, an der RWTH Aachen entwickelte Rechner wird von Giese (1976) ausführlich dargestellt. Die Idee der Mikroprogrammierung wird erstmals von Wilkes (1951) beschrieben. Definition 10.1 stammt von Husson (1970). Zur Unterscheidung zwischen mikroprogrammierten und mikroprogrammierbaren Rechnern vergleiche man Salisbury (1976), zu der zwischen horizontaler und vertikaler Mikroprogrammierung auch Tanenbaum (2006), der insbesondere auch den heute vielfach anzutreffenden Begriff der *Nanoprogrammierung* erläutert.

Kapitel 11

Optimierung von Ressourcen-Nutzung und Prozessorleistung

In diesem Kapitel behandeln wir unterschiedliche Maßnahmen zur Optimierung der Ressourcen-Nutzung in einem Rechner sowie Maßnahmen zur Verbesserung der Prozessorleistung, welche über die Vergrößerung der Registeranzahl, die Verbreiterung von Bussen oder die schlichte Erhöhung der Taktrate hinaus gehen. In die erste Kategorie fällt insbesondere die *Speicherverwaltung*, die sich einerseits mit den physikalischen Grenzen der verschiedenen Arten von Speichern auseinander setzen muss und die andererseits die Einzelheiten der an dieser Stelle bereits bekannten Speicherhierarchie vor einem Programmierer „verbergen" soll. Die Speicherverwaltung ist vornehmlich eine Aufgabe des Betriebssystems eines Rechners; sie wird jedoch durch Hardware-Maßnahmen ergänzt. Durch Unterstützung der Verwaltung des Speichers mittels spezieller Hardware lassen sich Betriebssystemfunktionen und speziell Funktionen zur virtuellen Speicherverwaltung in den Prozessor verlagern; um dies einordnen zu können, gehen wir zunächst kurz auf die Aufgaben eines Betriebssystems ein.

In die zweite Kategorie fallen Maßnahmen, die sich in einer bestimmten Organisation der Hardware eines Prozessors niederschlagen. Sämtliche hier in diesem Zusammenhang beschriebenen Maßnahmen kommen speziell in modernen Register-Register-Architekturen (RISC-Prozessoren) zum Einsatz; wir zählen dazu insbesondere das so genannte *Pipelining*, das zunächst in seinen Grundideen erläutert und sodann zu unterschiedlichen Formen superskalarer Architekturen ausgebaut wird. Bei Verwendung von Pipelining, also der zeitlich verzahnten Ausführung mehrerer Instruktionen, kann es zu speziellen *Hasards* kommen, die dann einer Auflösung bedürfen. Eine gänzliche Vermeidung von Hasards ist durch dynamisches Scheduling von Instruktionen zu erzielen, bei welchem die durch ein Programm gegebene Reihenfolge von Instruktionen vom Prozessor unter Umständen unterlaufen wird. Man spricht dann von einer Out-of-Order-Befehlsausführung. Hierzu stellen wir insbesondere den Tomasulo-Algorithmus vor, welcher bereits in den 60er Jahren entwickelt wurde und nach wie vor aktuell ist.

Abschließend gehen wir kurz auf neuere Formen der Leistungssteigerung ein, wie die Sprungvorhersage oder VLIW-Architekturen („Very Large Instruction Words").

11.1 Virtuelle Speicherverwaltung

Zur Vorbereitung unserer ersten Klasse von Maßnahmen zur Leistungssteigerung, bei denen es um die Unterstützung von Adressberechnungen und Speicherverwaltung durch zusätzliche Hardware geht, gehen wir zunächst kurz auf Betriebssysteme aus einer allgemeinen Perspektive ein. Sodann stellen wird das Konzept des virtuellen Speichers vor und betrachten zwei klassische Konzepte zu dessen Verwaltung: Paging und Segmentierung. Schließlich beschreiben wir am Beispiel des nun schon bekannten PowerPC, welche Maßnahmen man hardwareseitig zur Unterstützung dieser Konzepte heute verwendet.

11.1.1 Aufgaben von Betriebssystemen

Bei den Ausführungen in Kapitel 9 über die Programmierung des PowerPC bzw. in Kapitel 10 über den des WE32100 haben wir unterstellt, dass dem Benutzer zum Arbeiten mit dem Prozessor nur die Befehle einer maschinennahen Sprache zur Verfügung stehen. Diese Art der Programmierung ist auch heute noch von Bedeutung, insbesondere in Zusammenhang mit dem in Kapitel 8 bereits erwähnten *Embedded Computing*. In den 50er und frühen 60er Jahren hatte der Benutzer eines Rechners praktisch nur die Möglichkeit, Programme in Maschinencode abzufassen und dann selbst für das Einlesen und die Ausführung derselben zu sorgen. Die Entwicklung schnellerer Rechner ließ diesen häufig erforderlichen Eingriff von Menschenhand schnell zu kostspielig werden. So kam man bereits früh zur Entwicklung von System-Programmen, welche dem Benutzer derartige Aufgaben abnehmen und ihm so den Umgang mit dem Rechner erleichtern. Da die Komplexität und Flexibilität moderner Rechenanlagen darüber hinaus verbietet, nur einem einzigen Benutzer den Rechner zur Verfügung zu stellen, entstanden schließlich Programmsysteme, welche alle im Rechner auftretenden Abläufe kontrollieren und steuern und dadurch die Verbindung zwischen der Hardware des Rechners und den Benutzern herstellen. Ein solches Programmsystem heißt im Allgemeinen Sprachgebrauch *Betriebssystem* (engl. *Operating System*), und es umfasst nach DIN 44300 „die Programme eines digitalen Rechensystems, die zusammen mit den Eigenschaften der Rechenanlage die Basis der möglichen Betriebsarten des digitalen Rechensystems bilden und insbesondere die Abwicklung von Programmen steuern und überwachen."

Das Betriebssystem stellt also das „Interface" zwischen dem Benutzer bzw. seinem Anwenderprogramm einerseits und der Rechner-Hardware andererseits dar. Es ist damit eingebettet in eine Hierarchie von Abstraktions- bzw. Sprachebenen, welche heute in jedem Rechner anzutreffen ist und welche sich insgesamt wie folgt darstellt:

1. Hochsprachen-Ebene

↓ Compiler

2. Assemblersprachen-Ebene

↓ Assembler

3. Betriebssystem-Ebene

↓ partielle Interpretation

4. Maschinen-Ebene

↓ Interpretation

5. Mikroprogramm-Ebene

↓ direkte Ausführung

6. Hardware-Ebene

Die Ebene 1 wird in diesem Text nicht näher behandelt. Die Ebene 6 haben wir in Teil I, die Ebenen 2, 4, und 5 in den voran gegangenen Kapiteln dieses Teils behandelt. Um die Ebene 3 geht es in diesem Abschnitt.

Das Betriebssystem umfasst eine Vielzahl von Programmen, die so genannte *System-Software*, welche unter anderem folgende Aufgaben zu erledigen haben:

1. Bereitstellung und Verwaltung eines File-Systems, welches es den Benutzern ermöglicht, umfangreiche Programm- oder Daten-Sammlungen auf Sekundärspeicher zu halten;

2. Überwachung und Verwaltung der Hardware-Betriebsmittel (wie CPU, Hauptspeicher, Hintergrundspeicher, Peripherie-Geräte) und der Software-Betriebsmittel (wie Programme, Dateien, Datenbanken); hinsichtlich der Speicher-Verwaltung dabei speziell „Abbildung" eines virtuellen auf einen realen Speicher;

3. Abwicklung aller „Jobs", welche von Benutzern stammen, d. h. insbesondere Ermöglichung einer zeitlich überlappten Verarbeitung und Steuerung der Ausführungsreihenfolge verschiedener Jobs (*Multiprogramming*);

4. Überwachung der Auslastung bzw. Performance des Rechners sowie Optimierung dieser z. B. durch Vergabe von Prioritäten;

5. Behandlung von Hard- und Software-Fehlern, Durchführung interner Diagnoseläufe sowie Maßnahmen zum Datenschutz (gegen unberechtigten Zugriff auf Hardware, Software oder Daten) und zur Datensicherung (insbesondere zum Schutz gegen Verlust von Daten nach Auftreten eines System-Fehlers);

6. Kommunikation mit dem Benutzer sowie gegebenenfalls dem Operateur der Maschine, aber auch mit dem *Programmiersystem* des Rechners, welches im Allgemeinen die Programme enthält, welche der Benutzer zum Schreiben oder Lauffähigmachen seiner Programme benötigt (z. B. Editoren, Compiler, Assembler, Linker, Lader, Debugger etc.);

7. gegebenenfalls Durchführung von *Multiprocessing*, das heißt gleichzeitige Steuerung aller Abläufe in mehreren Prozessoren, und Überwachung von Netzwerk-
Hard- und -Software zur *Kommunikation* mit anderen Rechnersystemen.

Bei einem Betriebssystem handelt es sich um ein spezielles Programm-System, welches meist (ganz oder teilweise) in einem separaten Teil des Arbeitsspeichers gehalten
wird, der für den Benutzer nicht zugänglich ist. Bei größeren Rechnern, deren Betriebssystem viele Funktionen umfasst, wird häufig nur der so genannte *Systemkern*
(vgl. unten) im Arbeitsspeicher gehalten; dieser lädt dann andere, aktuell benötigte
Teile des Betriebssystems vom Hintergrundspeicher dynamisch nach.

Grundsätzlich lassen sich diese Aufgaben in *externe* und *interne* Aufgaben einteilen. Unter externen werden dabei in erster Linie die Dienste verstanden, welche das Betriebssystem dem Benutzer (über eine spezielle *Benutzerschnittstelle*) zur Verfügung
stellt, während die internen alle Aspekte der Verwaltung von System-Ressourcen zur
Gewährleistung eines effizienten Betriebs umfassen. Ein Benutzer kommuniziert mit
einem Betriebssystem im Allgemeinen über eine eigene Sprache, die so genannte *(Job)
Control Language* oder *Command Language* des Systems. Die Kommandos einer solchen Sprache dienen z. B. zur Identifikation des Benutzers gegenüber dem Rechner,
zum Zugriff auf Dateien (*Files*), zum Aufruf eines speziellen Compilers oder Assemblers, zum Start eines Übersetzungs- oder Programmlaufs usw. Im Allgemeinen handelt
es sich bei dieser Sprache um eine *interaktive* Sprache, welche meist sogar über spezielle Menüs bedient wird. Über die Benutzerschnittstelle werden dem Benutzer ferner
Fehler (etwa in der Verwendung eines Kommandos, der Überschreitung zulässiger
File-Größen oder der Ausführung eines Programms) mitgeteilt.

Ein wichtiger Bestandteil eines Betriebssystems ist das von diesem verwaltete
File- oder Datei-System. Einem einzelnen Benutzer wird durch das Betriebssystem
häufig ein bestimmter Plattenspeicher-Bereich zugewiesen, in welchem alle Files dieses
Benutzers gespeichert werden, und welcher meist gegen einen Zugriff durch andere
Benutzer z. B. über ein Passwort geschützt werden kann. Alternativ dazu können die
Files aller Benutzer auch in einem gemeinsamen Bereich im Sekundärspeicher gehalten
werden.

Durch Multiprogramming wird ein Rechner für mehrere Benutzer gleichzeitig
verfügbar; daneben wird es hierdurch möglich, verschiedene Teile eines Rechnersystems (wie Plattenlaufwerke, I/O-Einheiten und CPU) parallel aktiv zu halten. Ein
wichtiger Teilaspekt dieser Betriebsform ist die Vergabe der CPU an rechenbereite
Programme („Scheduling") so, dass ein möglichst optimaler Gesamtdurchsatz und eine faire Bearbeitung aller Programme erzielt wird. Als Folge eines Multiprogramming
kann angesehen werden, dass der (Haupt-) Speicher, welcher jedem einzelnen Programm zur Verfügung gestellt wird, einer sorgfältigen Verwaltung bedarf. Diese beinhaltet einerseits, dass eine korrekte Ausführung jedes einzelnen Programms möglich
ist. Andererseits muss sie dafür sorgen, dass kein Programm auf einen Speicher-
Bereich zugreift, welcher einem anderen Programm zugeordnet ist. Eine heute meist
anzutreffende Form der Speicher-Verwaltung ist die Bereitstellung eines *virtuellen*
Speichers, durch welchen der physisch vorhandene Real-Speicher aus der Sicht des
Benutzers auf eine „beliebige" Größe erweitert wird.

Betriebssysteme lassen sich auf verschiedene Weisen klassifizieren, wobei die dabei
zu Grunde gelegten Merkmale zum Teil der historischen Entwicklung entsprechen;
mögliche Charakteristika sind die Folgenden:

- Größe der zugrunde liegenden Hardware-Konfiguration: Unter diesem Aspekt kann man Betriebssysteme einteilen in solche für Desktop-Computer (einschließlich PC), für Mainframes oder für eingebettete Rechner. Ferner sind Betriebssysteme für Einprozessor-Rechner von solchen für Mehrprozessor-Systeme („Multiprocessing") bzw. vernetzte Systeme („verteilte Betriebssysteme") zu unterscheiden.

- Typ der (primär) unterstützten Anwendung: Ein vor allem in früheren Jahren häufig verwendeter Betriebssystem-Typ war das Stapelverarbeitungs-System, bei welchem der Benutzer von seinem Job während dessen Bearbeitung völlig isoliert wurde („*Batch-Processing*"). Im Unterschied dazu kann der Benutzer mit einem *interaktiven* Betriebssystem auch während der Bearbeitung eines Jobs kommunizieren. Ein *Realzeit-Betriebssystem* ist ein System für spezielle Anwendungen (wie etwa die Luftverkehrs-Kontrolle oder die Überwachung einer Fertigungsstraße), welches primär mit Datenerfassungsgeräten (und weniger mit Benutzern) kommuniziert. Jeder von dort erhaltene Input ist innerhalb einer vorgeschriebenen Zeit zu bearbeiten, damit keine Input-Daten verlorengehen und Antworten in „Realzeit" gegeben werden; zeitkritische Jobs werden mit hoher Priorität bearbeitet. Bei Anwendungen, in welchen primär auf große Datenbestände in stets der gleichen oder einer ähnlichen Weise zugegriffen wird (wie z. B. bei der Kontenverwaltung einer Bank, einem Flugreservierungssystem oder einem automatisierten Telefonauskunftssystem), kommen häufig *transaktionsorientierte* Betriebssysteme zum Einsatz, bei welchen jeder von außen eingehende Auftrag in eine Folge („Transaktion") einzelner Schritte zerlegt wird, die zeitlich überlappt verarbeitet werden.

- Portabilität: Während Betriebssysteme zunächst auf ein spezielles Rechnersystem zugeschnitten waren, existieren heute — insbesondere durch die rasante Entwicklung kleiner und mittlerer Rechnersysteme — auch portable Betriebssysteme, welche hardwareunabhängig auf verschiedenen Rechnertypen lauffähig sind. Als Beispiele für die erste Kategorie seien etwa VM oder MVS von IBM genannt; ein wichtiger Vertreter der zweiten Kategorie ist UNIX bzw. dessen moderner Nachfolger Linux.

- Struktur: Ein Betriebssystem kann *monolithisch* organisiert sein, d. h. es besteht aus einer Sammlung von Einzelprogrammen für verschiedene Funktionen, deren Ausführung jedoch lediglich einen einzigen Prozess erzeugt. Innerhalb dessen wird die Kontrolle von einem Programm an ein anderes über Prozeduraufrufe oder Programmverzweigungen weitergegeben. Benutzer-Programme werden dabei als Unterprogramme aufgefasst, welche das Betriebssystem dann ausführt, wenn keine System-Programme auszuführen sind.

Eine heute weit verbreitete Alternative hierzu ist, im Hauptspeicher des betreffenden Rechners lediglich einen *Betriebssystem-Kern* (engl. *Kernel*) zu halten, welcher die wichtigsten auszuführenden Funktionen bzw. Operationen bereitstellt, aus denen weitere (bei Bedarf) abgeleitet werden können. Ein solcher Kernel ist häufig als Sammlung *nebenläufiger Prozesse* realisiert, wobei unter einem Prozess eine „aktive Einheit" — ein Programm oder eine Menge von Programmen — verstanden werden kann, welche ausführbar ist bei Verfügbar-

keit der CPU. Zu den Aufgaben des Betriebssystems gehören in diesem Fall auch
die Verwaltung der Prozesse selbst sowie die Ermöglichung von Kommunikation
zwischen diesen.

Im folgenden Abschnitt betrachten wir die für moderne Prozessoren besonders wichtige Speicherverwaltung genauer.

11.1.2   Virtuelle Speicherung mittels Paging

In Kapitel 8 haben wir im Rahmen der Vorstellung der Organisation eines Von-Neumann-Rechners bereits verschiedene Typen von Speichern kennengelernt, über welche
ein moderner Rechner verfügt. Neben diversen Registern ist in jedem Rechner ein
Haupt- oder Arbeitsspeicher vorhanden; die Menge der in diesem Speicher physikalisch vorhandenen Speicherplätze bildet den so genannten *physikalischen Adressraum*,
welchen wir mit $\mathcal{P}$ bezeichnen. $\mathcal{P}$ besitzt im Allgemeinen eine lineare Anordnung,
so dass sich die einzelnen Plätze mit 0 beginnend aufsteigend nummerieren lassen.
Eine Adresse dient zur Auswahl eines bestimmten Platzes im Arbeitsspeicher. Dem
physikalischen Adressraum steht der so genannte *logische Adressraum* $\mathcal{L}$ gegenüber.
Dieser wird „aufgespannt" von der kleinsten und der größten Adresse, welche ein
Benutzer in einem Programm verwendet. (Programm-) Speicherplätze in $\mathcal{L}$ werden
durch Programmadressen ausgewählt. Hierdurch werden Beziehungen innerhalb eines
Programms oder Bezüge zu den Daten, welche ein Programm benutzt, hergestellt.

Die Aufgabe der Speicherverwaltung eines Betriebssystems besteht grob in der
Zuordnung von logischen zu physikalischen Adressen, d. h. im Auffinden einer geeig-
neten Abbildung $\mathcal{L} \to \mathcal{P}$. Offensichtlich bereitet dies keine Probleme, falls $|\mathcal{L}| \leq |\mathcal{P}|$
gilt, da dies bedeutet, dass der betreffende Rechner einen Arbeitsspeicher besitzt, des-
sen Größe die „Aufnahme" jedes logischen Adressraumes gestattet. Es sei angemerkt,
dass bei den meisten modernen Mikroprozessoren bzw. Rechnern diese Situation (in
Bezug auf jeden *einzelnen* Benutzer) praktisch gegeben ist.

Der „klassische" Fall ist jedoch nach wie vor der, dass $|\mathcal{L}| > |\mathcal{P}|$ gilt; mit einer
heute weit verbreiteten Wortlänge von 32 Bits lassen sich z. B. 2^{32} Adressen bilden. Bei 4 Byte pro Speicherwort entspräche dies einer Hauptspeicherkapazität von
$2^{32} \cdot 4 = 2^{34} = 16$ GB. Eine derart große Arbeitsspeicherkapazität ist auch heute erst
bei Servern, nicht aber in Desktop-Rechnern vorhanden; selbst wenn sie vorhanden
ist, sind dem logischen Adressraum, welchen ein einzelnes Programm benutzen kann,
dadurch Grenzen gesetzt, dass der Hauptspeicher eines Rechners nicht allein einem
einzigen Benutzer zur Verfügung steht. Ferner werden Teile des Hauptspeichers stets
von der System-Software belegt. Andererseits ist der logische Adressraum im Allgemeinen immer auf einen physikalischen abbildbar, wenn dieser als aus Haupt- *und*
Hintergrundspeicher bestehend gedacht und auch verwaltet wird, da Hintergrundspeicher wie Magnetplatten heute mit derartigen Kapazitäten ausgestattet sind.

In dem Fall, dass der für Benutzerprogramme zugelassene logische Adressraum $\mathcal{L}$
größer ist als der physikalisch vorhandene Hauptspeicher $\mathcal{P}$, spricht man vom Konzept
der *virtuellen Speicherung*. Die Aufgabe der Speicherverwaltung besteht dann darin,
dafür zu sorgen, dass alle logischen Adressen verwendet werden können. Dazu wird
der logische Adressraum auf einen Hintergrundspeicher abgebildet, welcher in *Seiten*
(engl. *pages*) fester Länge (z. B. 4 oder 8 KB) unterteilt wird. Der Hauptspeicher wird
entsprechend in so genannte *Seiten-Rahmen* (*page frames*) derselben Länge eingeteilt.

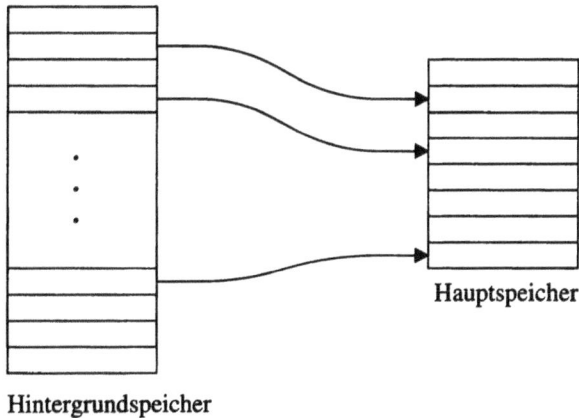

Abbildung 11.1: Prinzip der virtuellen Speicherung.

Tabelle 11.1: Beispiel einer Seitentabelle (Seitengröße 2 KB).

Nr. der Seite	Seite im Hsp.	Nr. des Frames	Adresse im Hsp.	Adresse im Sek.-Speicher
0	no	–	–	AA0000
1	yes	5	1A32	AA0800
2	no	–	–	AA1000
3	yes	7	2A32	AA1800
4	yes	3	0A32	AA2000
⋮	⋮	⋮	⋮	⋮

Bei der Ausführung des betreffenden Programms werden nur jeweils einige Seiten des virtuellen Speichers im Hauptspeicher gehalten (vgl. Abbildung 11.1).

Eine *virtuelle* Adresse besteht bei dieser Form der Speicherverwaltung also aus zwei Teilen: Einer *Seiten-Nummer* bzw. einer logischen Seiten-Adresse p und einem *Offset* o, d. h. einer relativen Adresse innerhalb der betreffenden Seite. In einem (Assembler-) Programm verwendete Adressen werden von der System-Software des betreffenden Rechners in diese Form gebracht; der Programmierer braucht nicht zu wissen, auf welche Weise der Speicher intern verwaltet wird. Zur Umsetzung virtueller in reale Adressen („*address translation*") benutzt das System eine *Seitentabelle*, deren Funktion in Abbildung 11.2 gezeigt ist und welche z. B. ähnlich der in Tabelle 11.1 gezeigten aufgebaut sein kann. Da alle Seiten im Sekundärspeicher gehalten werden (und gegebenenfalls von dort in den Hauptspeicher kopiert werden), enthält die Seitentabelle jeweils auch die Sekundärspeicheradresse einer Seite (und nur diese, falls sich die Seite aktuell nicht im Hauptspeicher befindet).

Ein virtuelle Adresse der Form (p, o) wird damit wie folgt verarbeitet: Zunächst wird der durch p referenzierte Eintrag in der Seitentabelle gelesen. Falls dieser anzeigt, dass sich die betreffende Seite bereits im Hauptspeicher befindet, so kann p durch die Anfangsadresse des entsprechenden Seiten-Rahmens ersetzt werden. Der Offset o,

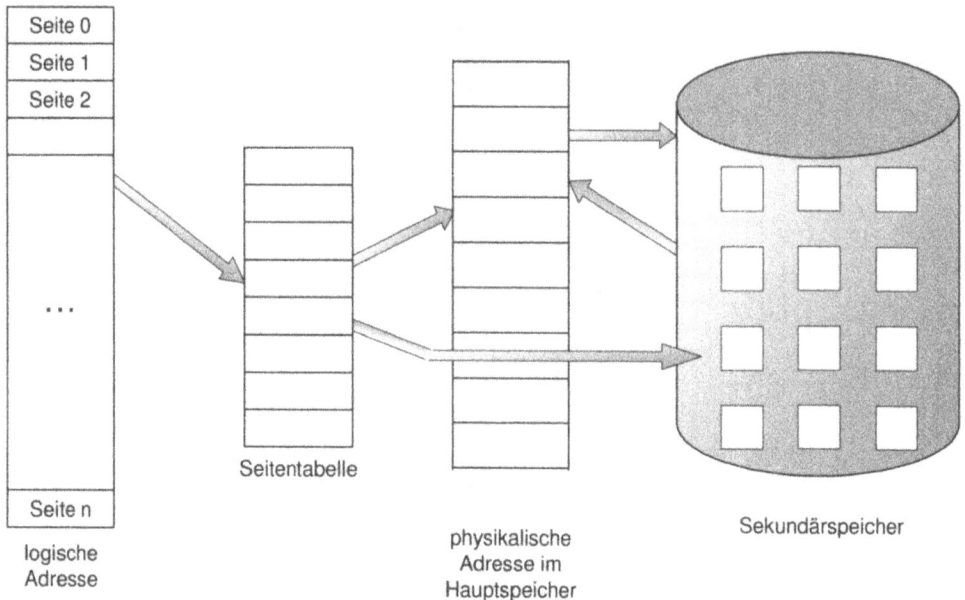

Abbildung 11.2: Funktionsweise der virtuellen Speicherung.

welcher sich auf den Anfang der Seite bzw. eines sie enthaltenden Rahmens bezieht, gibt dann die referenzierte Stelle an (gegebenenfalls nach Addition des Offsets zur Rahmen-Anfangsadresse). Abbildung 11.3 zeigt eine graphische Darstellung dieser Umsetzung, welche de facto einen Spezialfall der Adressberechnung bei Verwendung einer Segmentierung darstellt, auf welche wir weiter unten eingehen. Es sei bemerkt, dass eine Seitentabelle stets auch ein so genanntes *Dirty Bit* enthält, welches durch eine 1 anzeigt, ob die Seite seit ihrem Einlagern in den Hauptspeicher verändert wurde.

Spricht ein laufendes Programm eine Adresse an, deren zugehörige Seite sich noch nicht im Hauptspeicher befindet, spricht man von einem *Page-Fault*. Diese Seite wird dann dynamisch nachgeladen, wobei ihre (Sekundärspeicher-) Adresse wieder aus der Seitentabelle entnommen werden kann. Dieses Verfahren bezeichnet man als *Demand Paging* (Seitennachladen bei Bedarf). Ist im Hauptspeicher kein freier Rahmen mehr verfügbar, so muss eine bereits vorhandene Seite ausgelagert werden. Eine häufig verwendete Strategie zur Bestimmung der auszulagernden Seite ist die *LRU-* (Least Recently Used-) *Regel*: Das Betriebssystem führt für jede im Hauptspeicher befindliche Seite Buch über den Zeitpunkt bzw. die Häufigkeit, zu dem bzw. mit der sie zuletzt angesprochen wurde; die „am wenigsten zuletzt benutzte" Seite wird dann überschrieben oder — falls sie verändert wurde — in den Hintergrundspeicher zurückgeschrieben.

Empirische Untersuchungen haben ergeben, dass sich Programme oft „lokal" verhalten, d. h. in einem bestimmten Zeitintervall τ wird jeweils nur eine bestimmte Anzahl von Seiten angesprochen (vgl. die in Kapitel 8 erwähnte 90 : 10 - Regel), und die Wahrscheinlichkeit für das Auftreten eines Page-Faults in diesem Zeitintervall ist gering. In der Theorie der Betriebssysteme führt dies auf die Definition des so genannten *Working-Set* eines Programms: Der Working-Set $W(t, \tau)$ gibt die Menge der

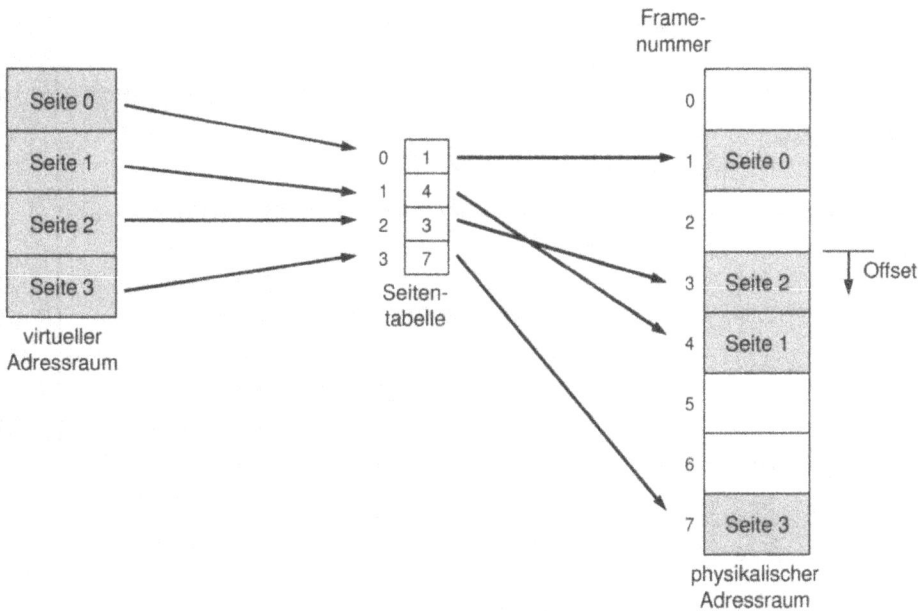

Abbildung 11.3: Adressumsetzung beim Paging.

Seiten an, welche ein Programm in Zeitintervall $[t - \tau, t]$ anspricht. Das so genannte „Working-Set-Prinzip" besagt, dass im Normalfall ein Programm laufen kann, wenn „sein Working-Set im Hauptspeicher ist". Untersuchungen der Funktion W haben ergeben, dass sich aufgrund ihrer mathematischen Eigenschaften geeignetere Strategien für Seitenwechsel realisieren lassen als z. B. die LRU-Regel.

11.1.3   Segmentierung

Eine andere Form der Speicherverwaltung ist die *Segmentierung*. Dabei wird der logische Adressraum $\mathcal{L}$ in Segmente im Allgemeinen *unterschiedlicher* Länge zerlegt. Der Benutzer verfügt dadurch über einen zweidimensionalen Adressraum (bzw. über mehrere, voneinander unabhängige logische Adressräume), da sich jede Adresse aus einer Segmentadresse und einer (relativen) Adresse innerhalb eines Segments zusammensetzt. Da Segmente noch zu groß sein können, um als ganzes in den Arbeitsspeicher geladen zu werden, wird jedes Segment zusätzlich in Seiten (wie beim Paging) unterteilt. Segmente können damit seitenweise in den Hauptspeicher gebracht werden.

Die Adressumsetzung umfasst jetzt gegenüber dem oben für das Paging skizzierten Verfahren einen weiteren Schritt: Eine virtuelle Adresse, welche aus einer Segment-Nummer s, einer Seiten-Nummer p sowie einem (Seiten-) Offset o besteht, wird in eine physikalische transformiert unter Rückgriff auf eine *Segmenttabelle* sowie auf dieser zugeordnete Seitentabellen. Dieses Verfahren ist in Abbildung 11.4 skizziert: Die Segment-Nummer o zeigt auf einen Eintrag in der Segmenttabelle, welcher (unter anderem) die Anfangsadresse der Seitentabelle für dieses Segment angibt. Die Seiten-Nummer p referenziert eine Seite in dieser Tabelle; der Offset o gibt eine relative Adresse innerhalb dieser Seite an. Die Umsetzung umfasst also den zusätzlichen

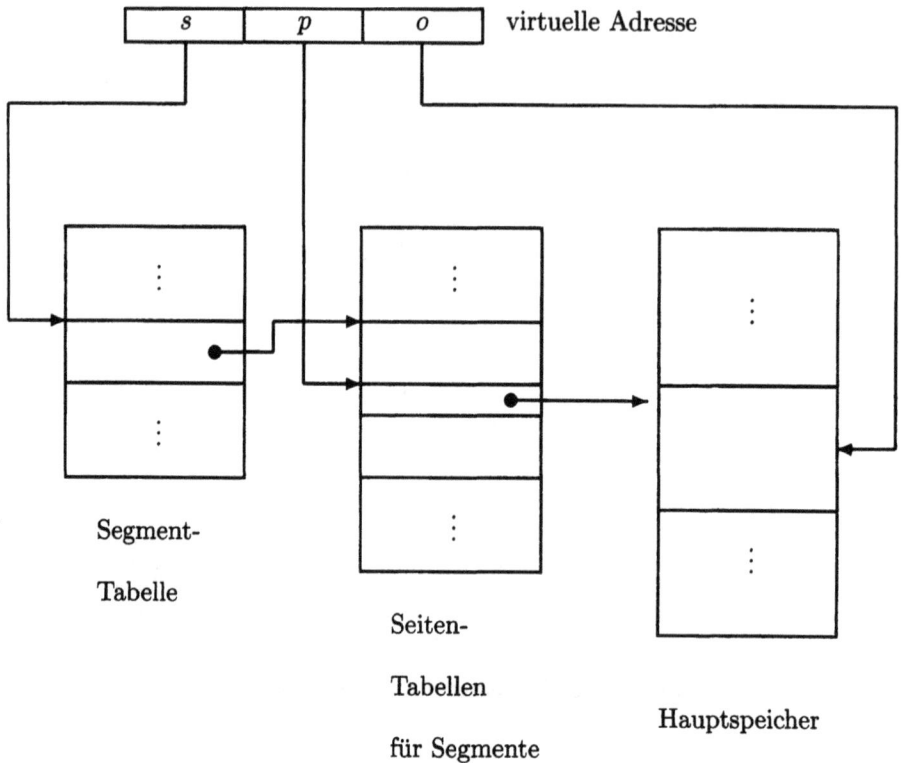

Abbildung 11.4: Adressumsetzung bei einer Segmentierung.

Schritt der Assoziierung einer Seitentabelle mit einem bestimmten Segment.

Eine Segmentierung findet z. B. Anwendung in Programmen, welche umfangreiche und dynamisch wachsende oder schrumpfende Tabellen unterhalten (wie etwa ein Compiler); eine solche Tabelle kann dann in einem eigenen Segment gehalten werden, so dass ihre Längenveränderung andere Programmteile nicht beeinflusst. Ein anderes Beispiel ist in Abbildung 11.5 gezeigt: Hier ist ein Programm mit zwei Unterprogrammen und zwei Funktionen in fünf Teile wie angegeben zerlegt. Ferner ist unterstellt, dass Segmente direkt auf den Hauptspeicher abgebildet werden können, so dass die Segmenttabelle jetzt lediglich die Anfangs- oder *Basisadresse* eines Segments im Hauptspeicher und die jeweilige Segmentlänge („Limit") enthalten muss.

Als drittes Beispiel zeigt Abbildung 11.6, wie verschiedene Prozesse durch Segmentierung Programme, in diesem Fall einen Editor, gemeinsam benutzen können (sofern die Programme, die einem „Sharing" unterzogen werden sollen, als „reentrant" ausgelegt sind). Die beiden Prozesse, die den Editor verwenden wollen, binden diesen jeweils logisch in ihren Adressraum als eigenes Segment ein. Physikalisch jedoch werden beide „Kopien" des Editors nur einmal gespeichert, und zwar in demselben Adressbereich, was sich in gleichen Einträgen an den entsprechenden Stellen der jeweilgen Segmenttabellen niederschlägt.

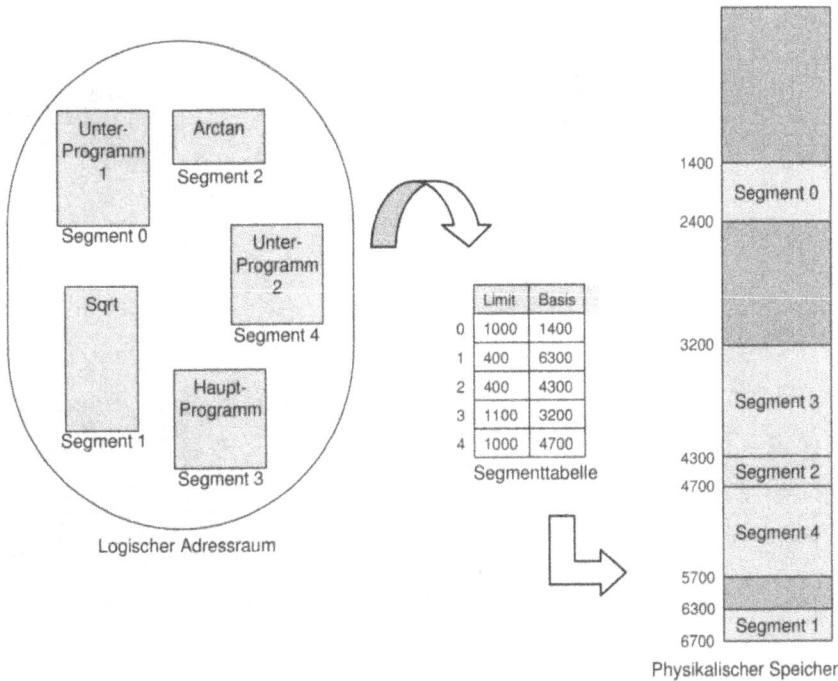

Abbildung 11.5: Beispiel für die Verwendung von Segmentierung.

Ein wesentlicher Unterschied zum Paging besteht darin, dass eine Segmentierung vom *Programmierer* vorgenommen bzw. gesteuert wird, während ein reines Paging — wie oben erwähnt — für ihn unsichtbar ist. Die Segmentierung ermöglicht ferner, einzelne Segmente mit unterschiedlichen Zugriffsberechtigungen oder Schutzvorkehrungen zu versehen (z. B. „read only", „read or write", „execute only").

Alle Paging-Strategien können jedoch zu Problemen führen, wenn die Maschine in der Lage ist, *Multiprogramming*-Betrieb durchzuführen. In diesem Fall werden im Allgemeinen mehrere rechenbereite Programme bzw. einzelne Seiten davon gleichzeitig im Hauptspeicher gehalten. Wird nun jedem dieser Programme die CPU nur für eine so genannte *Zeitscheibe* zur Verfügung gestellt, so können sich gemäß dem Working-Set-Prinzip aufeinanderfolgende Programme durch gegenseitige Überlagerung ihrer Working-Sets derart behindern, dass der Rechner im Extremfall überwiegend Seitenwechsel durchführen muss („Thrashing").

Die zur Ausführung der oben beschriebenen Adressabbildungen zu unterhaltenden Seiten- bzw. Segmenttabellen, welche unter Umständen nicht ständig im Hauptspeicher gehalten werden können, werden häufig durch erhöhten Hardware-Aufwand — etwa durch spezielle Register oder Speicher — unterstützt. Insbesondere kommen hier *Assoziativspeicher* oder in Zusammenhang mit den bereits erwähnten Cache-Speichern zumindest assoziative Zugriffstechniken zum Einsatz, bei denen Speicherplatz*adressen* einen Teil des Speicherplatz*inhalts* darstellen. Cache-Speicher finden auch Verwendung zur Unterstützung von Strategien zur Behandlung von Page-Faults; sie dienen dann zur Pufferung einzulagernder oder ausgelagerter Seiten entsprechend dem „lokalen" Programmverhalten.

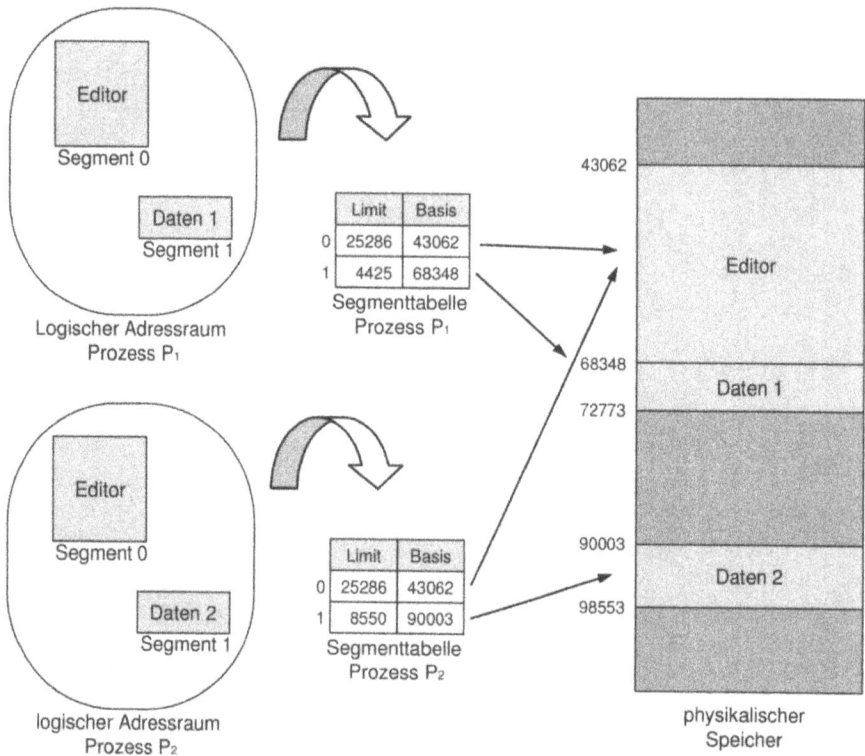

Abbildung 11.6: Mehrfachverwendung von Programmen durch Segmentierung.

Moderne Prozessoren verfügen über auf dem Prozessor-Chip untergebrachte Hardware-mäßige Unterstützung für eine Speicherverwaltung der hier beschriebenen Art; hierauf gehen wir als nächstes am Beispiel des PowerPC genauer ein.

11.1.4 Beispiel einer hardware-mäßigen Unterstützung: Cache und MMU des PowerPC

In einem modernen Prozessor werden Befehlsadressen, welche im Laufe der Abarbeitung eines Programms anzusprechen sind, von einer *Memory Management Unit* (MMU) generiert; wir haben dies im Zusammenhang mit dem PowerPC 601 in Kapitel 9 bereits erwähnt. Eine von der MMU erzeugte Adresse wird über deren Adressschnittstelle auf den Adressbus des Prozessors gelegt und über diesen an den Speicher weiter geleitet. Dabei wird auch der zwischen Prozessor und Hauptspeicher liegende Cache zur Beschleunigung der Abläufe herangezogen.

Die *Memory Management Unit* (MMU) des PowerPC übersetzt logische in physikalische Adressen, und zwar sowohl für Datenadressen bei Load- bzw. Store-Befehlen als auch für Befehlsadressen. Die PowerPC-Architektur kennt insgesamt vier Arten der Adressübersetzung:

1. *Direct Address Translation*: Bei dieser Art findet de facto keine Übersetzung statt; logische und physikalische Adresse stimmen überein. Es kommen ferner

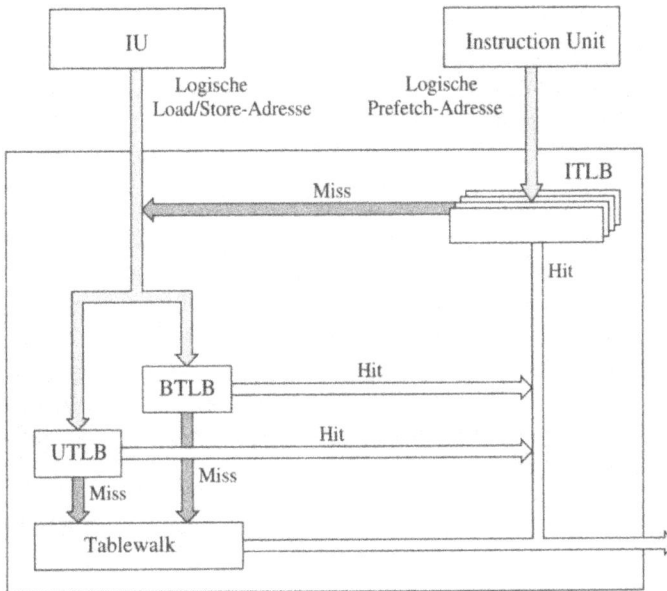

Abbildung 11.7: Adressübersetzungskomponenten der MMU beim PowerPC 601.

keine Speicherschutzmechanismen zur Anwendung, d. h. diese Form der Übersetzung kann sowohl im User- als auch im Supervisor-Modus angewendet werden.

2. *Block Address Translation*: Diese Art der Übersetzung bietet die Möglichkeit, Speicherbereiche, die größer sind als 1 Page, zusammenhängend im physikalischen Speicher abzulegen. Es sind 8 Blockgrößen zwischen 128 KB und 8 MB verfügbar; die Übersetzung wird über die im *Block Translation Lookaside Buffer* (BTLB) zusammengefassten Register gesteuert, welche mit BAT0–3 bezeichnet werden (kurz für *Block Address Translation*).

3. *Page Address Translation*: Diese Übersetzungsart wird von der *Page Table* (Seitentabelle) im Hauptspeicher bestimmt, welche für jede Seite (Page) der Größe 4 KB einen Eintrag enthält. Damit man weitgehend ohne Hauptspeicherzugriffe auskommt, werden die letzten 256 Übersetzungsergebnisse in einem speziellen Cache, dem *Unified Translation Lookaside Buffer* (UTLB) gehalten. Für Zugriffe der Instruction Unit werden ferner vier Übersetzungsergebnisse im *Instruction Translation Lookaside Buffer* (ITLB) aufbewahrt. Es sei bemerkt, dass der PowerPC nicht nur Paging, sondern *Paged Segmentation* verwendet.

4. *I/O Controller Interface Translation*: Diese Art der Übersetzung liefert eine I/O Controller Interface Adresse für Zugriffe auf periphere Geräte oder Systembusse.

Abbildung 11.7 zeigt die Komponenten zur Adressübersetzung beim PowerPC 601: Logische Adressen aus der Integer Unit oder der Instruction Unit werden zunächst mit den Inhalten der diversen Puffer verglichen. Im Fehlerfall („Miss") wird entweder weiter gesucht oder eine neue Adresse unter Rückgriff auf die Seitentabelle im Hauptspeicher bestimmt; letzteres wird als *Tablewalk* bezeichnet.

Abbildung 11.8 zeigt, wie die allgemeine PowerPC-Architektur einen Übergang von einer logischen Adresse (LA) zu einer virtuellen Adresse (VA) sowie von dort zu einer physikalischen Adresse (PA) vorsieht. In dieser Abbildung bedeutet z. B. „LA[0:3]" die Bits mit den Nummern 0–3 (also die linkesten bzw. obersten) einer 32-Bit-langen logischen Adresse. Die in dieser Abbildung gezeigte Struktur wird bis auf kleine Unterschiede von allen bisherigen PowerPC-Implementierungen verwendet.

Wir haben in Kapitel 8 beschrieben, dass man mit Hilfe einer Hierarchie von Speichern den von Neumannschen Flaschenhals auszuweiten versucht. Insbesondere sieht man heute zwischen den CPU-Registern und dem Hauptspeicher eine oder sogar mehrere Ebenen von Cache-Speichern vor. Ein Cache nutzt die Lokalität von Zugriffen bzw. Referenzen aus; wie erwähnt bedeutet dies, dass die Wahrscheinlichkeit, dass Daten nach einem erfolgten Zugriff erneut benötigt werden, um so größer ist, je kürzer der letzte Zugriff auf diese Daten zurückliegt. Bei der Verwendung eines Cache muss man zwei Fragen beantworten:

1. Wie stellt man fest, ob sich ein gesuchtes Datum aktuell im Cache befindet?

2. Falls es sich im Cache befindet, wie findet man es?

Man kennt im Wesentlichen drei Organisationsformen für einen Cache: Bei einem *direkt adressierten* („direct-mapped") Cache wird jedem Hauptspeicherplatz genau ein Platz im Cache zugeordnet. Kann der Cache also z. B. $8 = 2^3$ Blöcke aufnehmen, wird ein Speicherblock bei Anforderung in dem Cache-Block abgelegt, dessen Nummer sich aus der Speicheradresse modulo 8 ergibt. Hierbei stelle man sich unter einem Block eine Seite (Page) oder einen formatierten Teil davon vor. Bei einem *voll assoziativen* Cache kann ein Speicherblock an jeder Stelle im Cache stehen, so dass zur Suche nach einem Block der gesamte Cacheinhalt zu durchsuchen ist; über eine spezielle Komparator-Hardware erfolgt eine Suche jedoch assoziativ. Bei einem *satzassoziativen* („set-associative") Cache gibt es eine feste Menge von Plätzen (ein „Set"), auf denen ein Speicherblock abgelegt werden kann; bei n Plätzen heißt der Cache n-fach satzassoziativ. Jeder Block wird dabei auf ein eindeutig bestimmtes Set abgebildet, kann aber auf jedem Position innerhalb des Set abgelegt werden. Diese Organisationsform kombiniert somit die beiden zuvor genannten.

Der in Kapitel 9 vorgestellte PowerPC 601 besitzt einen 32 KB großen On-Chip-*Cache*, welcher achtfach satzassoziativ organisiert ist. Der Cache kann sowohl Daten als auch Instruktionen aufnehmen und unterscheidet sich damit wesentlich von anderen Prozessoren, bei welchen im Allgemeinen getrennte Cache-Speicher für Daten bzw. Befehle vorgesehen sind. Der 601-Cache besteht aus 8 Sets mit je 64 Zeilen mit je 2 Sektoren pro Zeile sowie je 8 Worten pro Sektor. Aus dieser Aufteilung, welche in Abbildung 11.9 illustriert ist, ergibt sich die Größe

$$8 \times 64 \times 2 \times 8 \times 32 \text{ Bit} = 32 \text{ KByte}.$$

An jeder Cache-Zeile, die auch als *Cacheline* bezeichnet wird und die Einheit darstellt, die in einer Operation aus dem Hauptspeicher übertragen werden kann, befinden sich außerdem Adresstags und Statusbits. Der Cache dient, wie erwähnt, grundsätzlich der Vermeidung von Speicherzugriffen durch Zwischenspeicherung von Daten oder Befehlen; bei einem *Cache-Hit* befindet sich ein gesuchtes Datum bzw. eine gesuchte

LA[0:31]

LA[20:31]

Segment
Register

BTLB

LA[0:19]

| BAT 0 |
| BAT 1 |
| BAT 2 |
| BAT 3 |

LA[0:3]   LA[0:14]

VA[0:23]   PA[0:14]

LA[4:13]   LA[15:19]

VA[0:33]   TLB   PA[0:19]

=

LA[4:19] = VA[24:39]

PA[0:19]

PA[0:19]

PA[0:31]

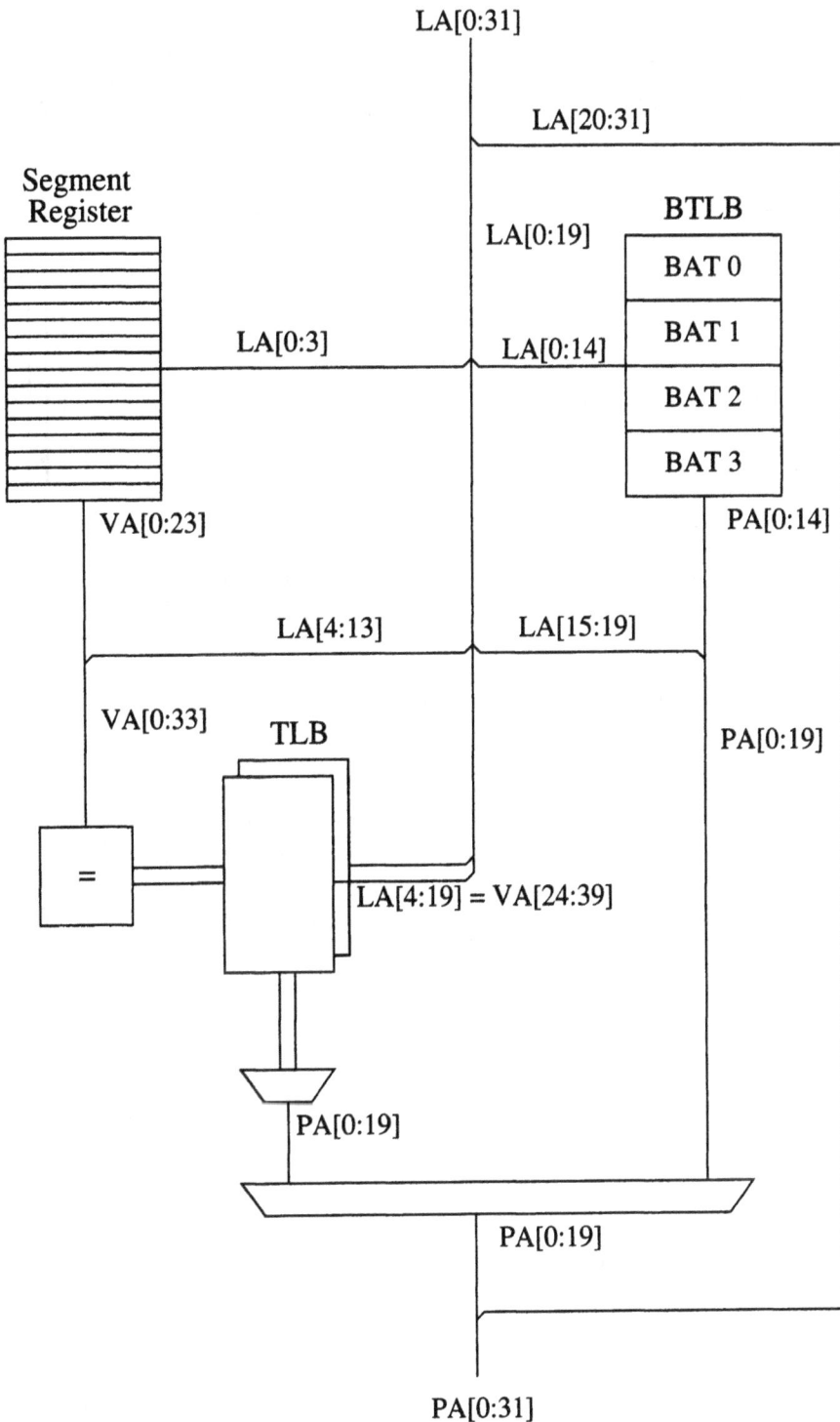

Abbildung 11.8: Memory Management Unit der PowerPC-Architektur.

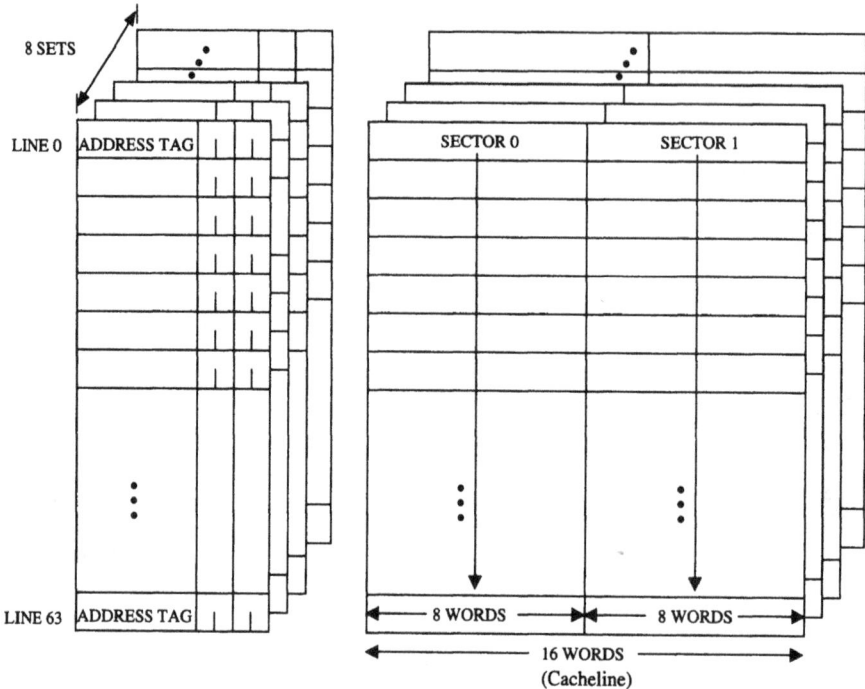

Abbildung 11.9: Cache-Organisation des PowerPC 601.

Instruktion im Cache, bei einem *Cache-Miss* wird ein bestimmter Bereich, welcher das gesuchte Datum bzw. die Instruktion umfasst, aus dem Speicher nachgeladen. In der Regel wird ein Cache daher das Datum, auf welches die CPU als nächstes zugreift, bzw. die Instruktion, die als nächste ausgeführt werden soll, enthalten.

Ein Nachteil des kombinierten Daten- und Instruktions-Caches ist die Gefahr von Zugriffskonflikten, wenn von unterschiedlichen Einheiten des Prozessors gleichzeitig Daten und Befehle angefordert werden. Solche Konflikte werden unter anderem durch möglichst breite Datenpfade zu den mit dem Cache verbundenen Einheiten minimiert, wie aus Abbildung 11.10 an den externen Verbindungen des Cache-Interfaces zu ersehen ist.

Die Schnittstelle zwischen dem Cache und dem Systembus-Interface bildet die *Memory Unit*, welche alle Zugriffe, die vom Cache auf den Bus gehen, in zwei Warteschlangen verwaltet (vgl. Abbildung 11.11): Die *Read-Queue* enthält bis zu zwei Adresseinträge; die *Write-Queue* kann einen Cache-Sektor von 4×64 Bit zwischenspeichern, wobei im Allgemeinen nur zwei der drei verfügbaren Plätze gebraucht werden. Der dritte Platz dieses Puffers wird ferner zum *Snooping* (Schnüffeln) benutzt:

Falls ein Rechnersystem aus mehreren PowerPC-Prozessoren aufgebaut wird, so können diese Prozessoren über einen gemeinsamen Bus an denselben Hauptspeicher angeschlossen sein. Falls dann mehrere Prozessoren auch Daten gemeinsam verwenden, ist dafür zu sorgen, dass diese Verwendung in *kohärenter* Weise erfolgt, d. h. das System muss dafür sorgen, dass immer die aktuellen und nie veraltete Werte eines Datums gelesen werden. Beim Snooping hört jeder Prozessor am Bus die Adressen mit, welche die anderen Prozessoren auf den Bus legen. Die erschnüffelten Adressen

Physikalische   Zur
Adresse (von MMU) Instruction Zum   Zum
                    Queue   FPR   GPR

256   64   32

Snoop-Adresse
(von System-   Cache Arbitration   Liest
Interface)   128   aus
                    Integer Retry   Cache   Buffer
                    FP Retry   Interface   Zum
                                                     256   Write-
                    Instruction Retry   Buffer

Cache   Cache
Tags   Memory

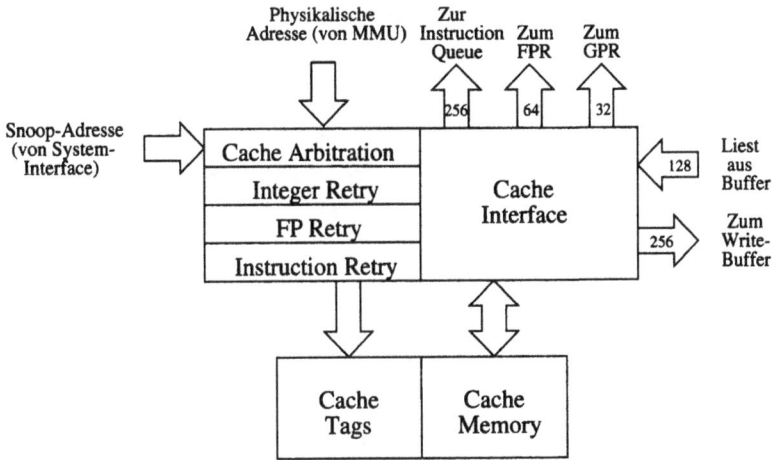

Abbildung 11.10: Anbindung des 601-Cache an andere Einheiten.

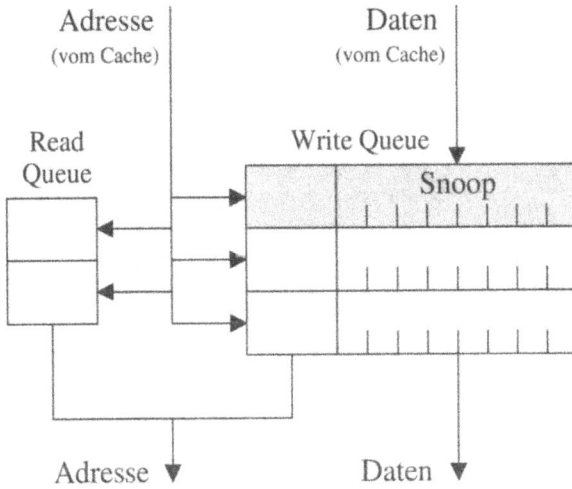

Adresse   Daten
(vom Cache)   (vom Cache)

Read   Write Queue
Queue   Snoop

Adresse   Daten

Abbildung 11.11: Warteschlangen der Memory Unit des 601.

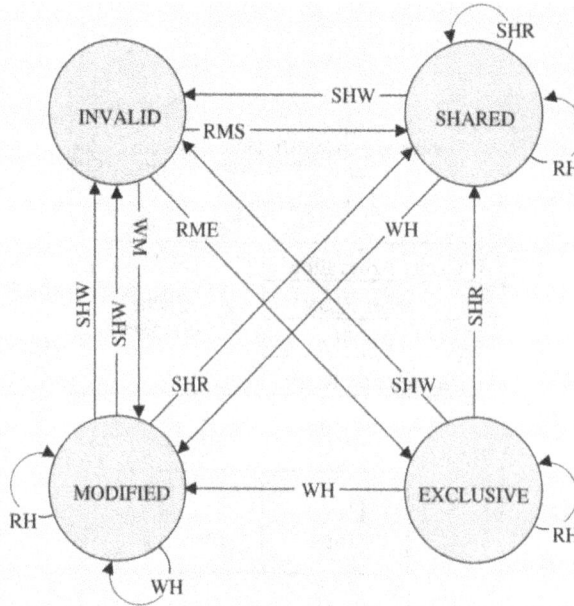

RH: Read Hit
RMS: Read Miss Shared
RME: Read Miss Exclusive
WH: Write Hit
WM: Write Miss
SHR: Snoop Hit on a Read
SHW: Snoop Hit on Write or
     Read-with-Intent-to Modify

Abbildung 11.12: Zustände beim MESI-Protokoll.

werden mit den Adressen der Blöcke im eigenen Cache verglichen; bei einer Übereinstimmung wird wie folgt vorgegangen: Bei einem Schreibzugriff wird der im Cache
gespeicherte Block für ungültig erklärt. Bei einem Lesezugriff wird der Bus unterbrochen, falls das betreffende Datum verändert wurde; der Schnüffler schreibt sodann
den betreffenden Block in den Hauptspeicher und startet die unterbrochene Aktion
neu.

Als Kohärenzprotokoll in Zusammenhang mit dem Snooping verwendet der PowerPC das so genannte *MESI-Protokoll*, welches jeder Cacheline einen der vier Zustände
M (Modified), E (Exclusive), S (Shared) oder I (Invalid) zuordnet. Dieses Protokoll
ist in Abbildung 11.12 als Zustandsübergangsdiagramm dargestellt. Man erkennt insbesondere an diesem Diagramm, welche Ereignisse welche Art von Zustandsübergang
hervorrufen. Befindet sich z. B. eine Cacheline im Zustand *Shared*, so bewirkt ein
Schreibzugriff auf den Speicher gleichzeitig ein Schreiben des vorgehaltenen Datums
im Cache (Write Hit) sowie einen Übergang der betreffenden Cacheline in den Zustand
Modified.

32 Bit logische Addresse

	0 3 4	19 20	31
	SR# (4 bit)	API (6 bit)	Byte Offset (12 bit)

Page Index (16 bit)

Segment
Registers

52 Bit virtuelle Addresse

0	23 24	39 40	51
Virtual Segment ID (VSID) (24 bit)	Page Index (16 bit)	Byte Offset (12 bit)

Virtual Page Number (VPN)

UTLB/Page
Table

PTE

32 Bit physikalische Addresse

Physical Page Number (PPN) (20 bit)	Byte Offset (12 bit)

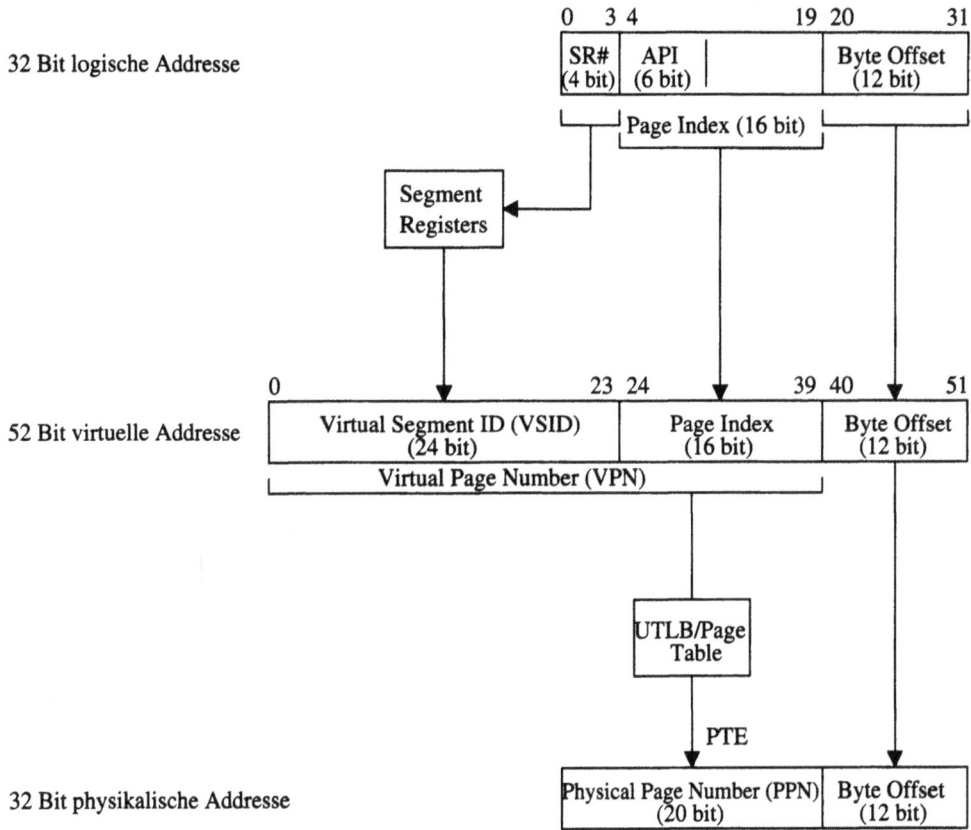

Abbildung 11.13: Transformation logischer in physikalische Adressen.

11.1.5   Adresstransformation beim PowerPC

Wir beschreiben abschließend die Transformation logischer in physische Adressen beim PowerPC 601, welche die oben beschriebene Segmentierung verwendet, Segmente in Pages unterteilt und logische Adressen während der Ausführung eines Programms zunächst in virtuelle und schließlich in physikalische Adressen übersetzt. Wie oben beschrieben, erfordert eine Kombination von Paging und Segmentierung eine zweistufige Übersetzung, welche bei den 32-Bit-Implementierungen der PowerPC-Architektur wie folgt abläuft (vgl. Abbildung 11.13): Aus logischen Adresse der Länge 32 Bit bestimmen die Bits 0–3 die Nummer eines der 16 Segmentregister (SR), welche zusammen die Segmenttabelle bilden. Die niederwertigen 28 Bits der logischen Adresse legen eine Seitennummer (also einen Eintrag aus der Page-Table) von 16 Bits sowie einen Byte-Offset von 12 Bits innerhalb der adressierten Seite fest. Aus dem ausgewählten Segmentregister wird ein als *Virtual Segment Identifier* (VSID) bezeichneter Adressteil der Länge 24 Bit zur Bildung einer virtuellen Adresse der Länge insgesamt 52 Bit entnommen. Die VSID und die 16 Bits der Page-Nummer bilden zusammen die *Virtual Page Number* (VPN), welche unter Verwendung der Seitentabelle bzw. des UTLB in eine physikalische Seitennummer der Länge 20 Bit transformiert wird. Diese bildet dann zusammen mit dem 12-Bit-Offset eine physikalische Adresse der Länge 32 Bit.

| instruction fetch | → | data fetch | → | execute | → | result write |

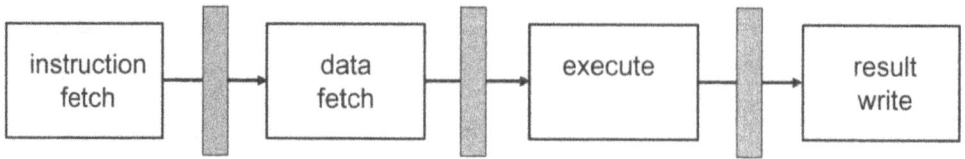

Abbildung 11.14: Prinzip des Befehlsphasen- (Instruction Level-) Pipelining (ILP).

Es sei abschließend bemerkt, daß auf dem Prozessor-Chip untergebrachte MMUs für heutige Prozessoren typisch sind, wie sich an den Beispielen in Kapitel 12 noch zeigen wird.

11.2 Pipelining

Die im letzten Abschnitt behandelten Maßnahmen zur Optimierung der Ressourcen-Nutzung in einem Prozessor nutzen hardwareseitig im Wesentlichen den technologischen Fortschritt aus, durch welchen sich immer mehr Funktionen eines Rechners in die Hardware verlagern und sogar auf dem Prozessorchip unterbringen lassen. Dem gegenüber betrachten wir in diesem Abschnitt sowie den folgenden Maßnahmen, welche auf einer Verbesserung der Ablauforganisation in einem Prozessor oder einer Optimierung der Befehlsverarbeitung (oder auf Kombinationen hiervon) basieren; diese Maßnahmen haben auch Einfluß auf den Entwurf des Instruktionssatzes eines Prozessors, was wir hier allerdings nicht im Detail behandeln. Wir beginnen in diesem Abschnitt mit dem Pipelining, bei welchem eine *Durchbrechung* des in Kapitel 8 beschriebenen (starren) *Von-Neumann-Prinzips* dadurch erfolgt, dass im Rechner an sich sequentiell ablaufende Aktivitäten zeitlich miteinander verzahnt werden.

11.2.1 Grundlegende Ideen

An mehreren Stellen eines Rechners werden stets Aktivitäten gleichzeitig durchgeführt, welche aufeinander aufbauen bzw. bei denen das Ergebnis der einen eine nachfolgende anstößt oder ermöglicht. Ein typisches Beispiel ist Bearbeitung von Befehlen im Rahmen des in Kapitel 8 beschrieben Fetch-Execute-Zyklus. Grundsätzlich werden Befehle der Reihe nach bearbeitet, und zwar jeweils mit beiden Phasen. Dies lässt sich dadurch verbessern, dass man z. B. die Execute-Phase eines Befehls mit der Fetch-Phase des nächsten auszuführenden Befehls überlappt. Zerlegt man die Fetch-Phase weiter, z. B. in das Holen des Instruktionsteils eines Befehls und das Holen des Operandenteils, und entsprechend die Execute-Phase in die eigentliche Ausführung des betreffenden Befehls sowie das Schreiben der Ergebnisse (vgl. Abbildung 11.14), so ergibt sich eine vierstufige Verarbeitung pro Befehl, wobei die einzelnen Stufen voneinander unabhängig bearbeitet werden können. Dies eröffnet die Möglichkeit, die Verarbeitungsstufen mehrerer Befehle zeitlich so zu überlappen, wie dies in Abbildung 11.15 für drei Befehle gezeigt ist. Man spricht hier auch von *Parallelität auf Instruktionsebene* (*Instruction-Level Parallelism*, kurz ILP).

Man mache sich an dieser Stelle klar, dass man durch Pipelining nicht die einzelnen Phasen bzw. Schritte, die ausgeführt werden sollen, beschleunigen kann, wohl aber

instruction fetch	data fetch	execute	result write		
	instruction fetch	data fetch	execute	result write	
		instruction fetch	data fetch	execute	result write

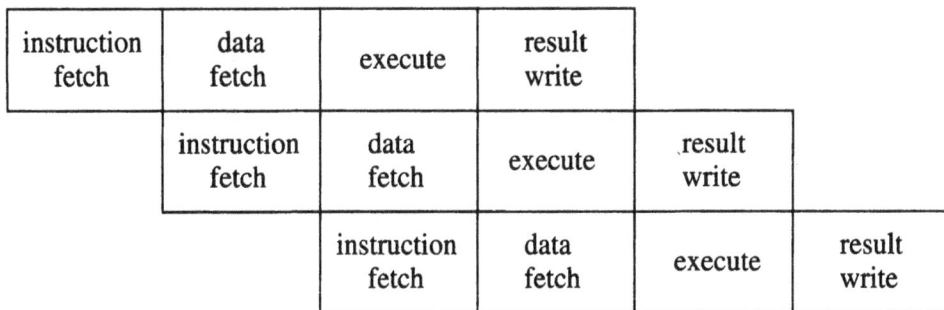

Abbildung 11.15: Einfaches Befehlsphasen-Pipelining.

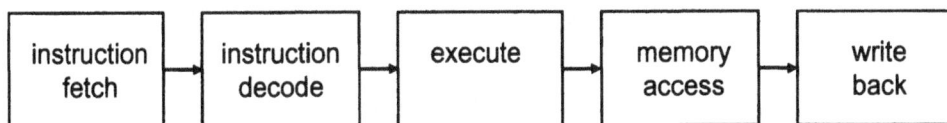

| instruction fetch | → | instruction decode | → | execute | → | memory access | → | write back |

Abbildung 11.16: 5-stufige RISC-Pipeline.

den Durchsatz insgesamt. Ein dabei nicht unwesentlicher Aspekt des Pipelining ist das genaue *Timing* der einzelnen Stufen. Insbesondere sollte eine Zerlegung von Abläufen in der in Abbildung 11.14 angegeben Art im Idealfall so beschaffen sein, dass alle Stufen bzw. Stationen in der Pipeline in etwa gleiche Bearbeitungszeit (also gleiche Anzahl von Taktzyklen) erfordern. Dies ist schon dann schwierig, wenn während einer Stufe auf den Hauptspeicher zugegriffen werden muss, während einer anderen jedoch nicht. Damit beim Pipelining nicht zu viele Hauptspeicherzugriffe erfolgen, können zwischen die einzelnen Stufen Caches als Zwischenspeicher gesetzt werden. Abbildung 11.14 deutet an, dass auf diese Weise Ergebnisse der ersten Stufe an die zweite, der zweiten an die dritte usw. weiter gereicht werden können.

Für den Effizienzgewinn, der mit einer Pipeline zu erzielen ist, ist ferner wichtig, welche Bearbeitungsdauern für die einzelnen Stationen in der Pipe unterstellt werden müssen. Offensichtlich wird eine Pipeline stets durch ihre langsamste Station limitiert. Für den Leistungsgewinn ist ferner die „Tiefe" der Pipeline wesentlich; so lässt sich etwa durch fünf Stufen mehr Parallelarbeit erzielen als durch vier, was dann gegenüber Abbildung 11.14 z. B. auf die in Abbildung 11.16 gezeigte fünf-stufige Pipeline führt. Offensichtlich kann man die Verarbeitung von Befehlen noch viel genauer unterteilen, etwa in Abhängigkeit davon, welcher Befehlstyp gerade ausgeführt werden soll. So hatte z. B. ein Intel Pentium 4 anfangs eine 20-stufige, mittlerweile eine 31-stufige Pipeline. Man spricht in diesem Zusammenhang auch von *Superpipelining*. Hierbei ist zu bedenken, dass beim Pipelining ein gewisser Zusatzaufwand („Overhead") dadurch entsteht, dass eine Pipeline anfangs gefüllt werden muss. Wie wir noch sehen werden, kann es ferner zu Anhängigkeiten zwischen den Stufen kommen, in denen sich unterschiedliche Befehle gerade befinden, was im Extremfall dazu führt, dass eine Pipeline vollständig entleert werden muss.

Abbildung 11.16 zeigt die für einen RISC-Prozessor „klassische" 5-Stufen-Pipeline, bei welcher die einzelnen Stufen wie folgt ablaufen:

Takt 1	Takt 2	Takt 3	Takt 4	Takt 5

IFetch	Dcd	Exec	Mem	Wr

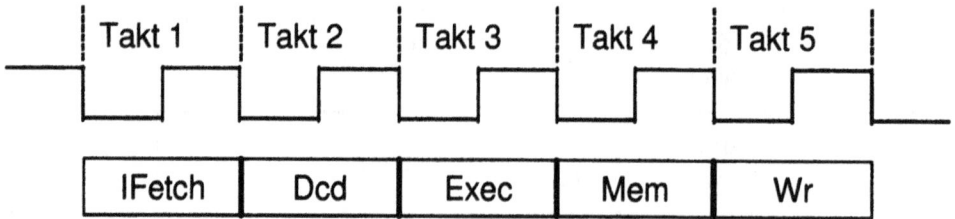

Abbildung 11.17: 5-stufige RISC-Pipeline mit Taktung.

1. *Instruction Fetch* (im Folgenden auch mit „IFetch" abgekürzt): Der Inhalt des Program Counter wird an den Speicher gesandt; die unter der betreffenden Adresse gespeicherte Instruktion wird geholt.

2. *Instruction Decode* („Dcd"): Die Instruktion wird decodiert. Da ein RISC-Prozessor eine Register-Register-Architektur besitzt, kann sich die Instruktion, sofern es sich um eine arithmetische oder eine logische Operation handelt, nur auf bereits in Registern vorliegende Operanden beziehen; diese Register werden gleichzeitig gelesen.

3. *Execute* („Exec"): Handelt es sich bei der Instruktion um eine arithmetische oder eine logische Operation, wird diese ausgeführt; handelt es sich um eine Adressberechnung, wird eine effektive Adresse bestimmt. Man beachte, dass eine Load/Store-Architektur eine derartige Kombination von Aktivitäten erlaubt, da es keine Befehle gibt, bei denen sowohl z. B. eine Addition und gleichzeitig eine Adressberechnung (zum Zugriff auf einen benötigten Operanden) erfolgen.

   Es sei bemerkt, dass der Übergang von Instruction Decode zu Execute auch als *Instruction Issue* oder *Instruktionszuordnung* bezeichnet wird.

4. *Memory Access* („Mem"): Handelt es sich bei der Instruktion um einen Ladebefehl, so wird jetzt die im vorherigen Schritt berechnete Speicheradresse angesprochen und gelesen; handelt es sich um einen Schreibbefehl, werden jetzt Daten aus Registern in den Speicher übertragen.

5. *Write Back* („Wr"): Das Instruktionsergebnis wird in ein Register geschrieben, und zwar sowohl bei einem Ladebefehl (bei welchem aus dem Speicher gelesen wurde) als auch bei einem arithmetischen oder logischen Befehl.

Abbildung 11.17 zeigt die aus Abbildung 11.16 bekannte Pipeline mit einer Angabe einer idealisierten Taktung (vgl. superskalare Befehlszuordnung). Man kann sich jetzt überlegen, dass bei dieser Aufteilung z. B. ein Sprungbefehl zwei Takte, ein Schreibbefehl 4 und jede andere Instruktion 5 Takte benötigt.

Mit der gerade beschriebenen Pipeline lässt sich eine Programmfluß jetzt wie in Abbildung 11.18 gezeigt veranschaulichen. Wesentlich für die Realisierung eines entsprechenden Prozessors ist nun die Zuordnung von Verarbeitungseinheiten zu den einzelnen Stationen. Hiermit werden wir uns weiter unten bei den Datenpfaden befassen. Wir erkennen an dieser Stelle auch, welche Konsequenzen sich bereits jetzt für den Entwurf eines Befehlssatzes ergeben: Idealerweise sind alle Befehle gleich lang und

Zeit

| IFetch | Dcd | Exec | Mem | WB |

| | IFetch | Dcd | Exec | Mem | WB |

| | | IFetch | Dcd | Exec | Mem | WB |

| | | | IFetch | Dcd | Exec | Mem | WB |

| | | | | IFetch | Dcd | Exec | Mem | WB |

Programmfluß

| | | | | | IFetch | Dcd | Exec | Mem | WB |

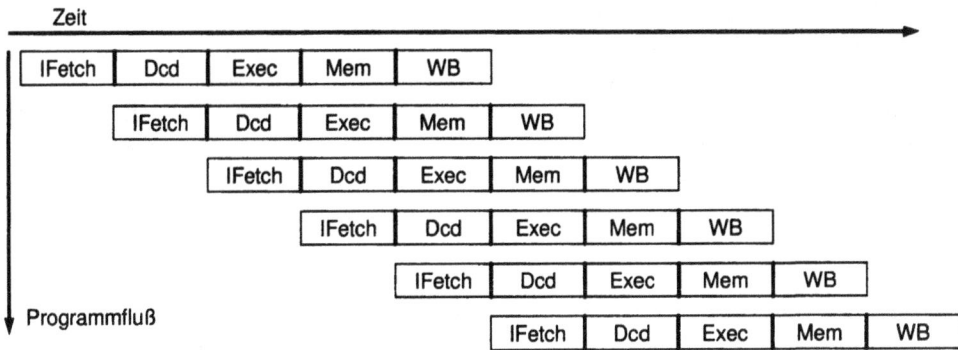

Abbildung 11.18: Zeitlicher Programmfluß bei 5-stufiger Pipeline.

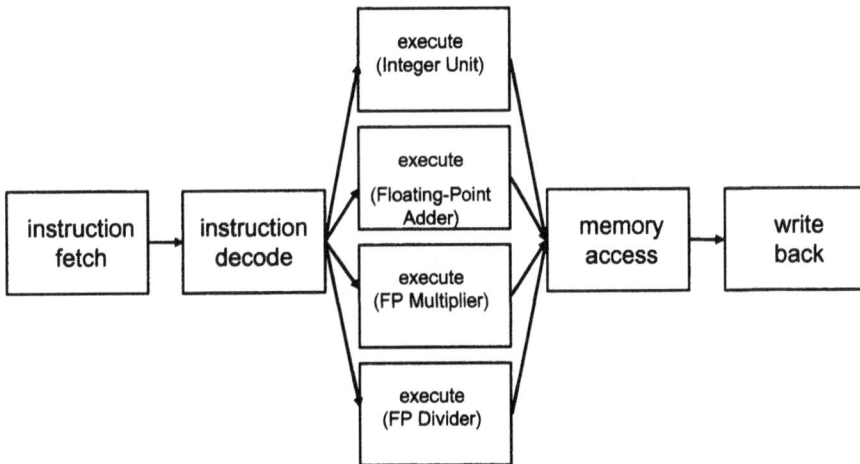

Abbildung 11.19: Prinzip einer Superskalar-Architektur.

kommen mit einigen wenigen Formaten aus; ferner sind Operanden vorzugsweise in Load- oder Store-Befehlen enthalten. Diese Kennzeichen sind bei RISC-Prozessoren typischerweise gegeben, weshalb sich bei diesen das Pipelining besonders erfolgreich durchgesetzt hat.

11.2.2 Superskalare Befehlszuordnung

Die bisherigen Betrachtungen zum Pipelining unterstellen, dass es sich bei den Instruktionen speziell im Fall von arithmetischen Operationen um Integer-Operationen handelt, welche im Wesentlichen alle innerhalb von einem Taktzyklus ausgeführt werden können. Für Gleitkomma-Operationen ist dies nicht mehr der Fall, so dass eine Pipeline zur überlappten Verarbeitung von Integer- sowie Floating-Point-Operationen mit mehreren Ausführungseinheiten ausgestattet werden kann; man spricht dann von einer *Superskalar*-Architektur. Als Beispiel zeigt Abbildung 11.19 eine Pipeline mit vier verschiedenen Ausführungseinheiten: Eine Integer-Einheit zur Ausführung von Load- sowie Store-Befehlen, ganzzahligen arithmetischen Befehlen sowie Verzweigungen, einen Gleitkomma-Addierer, einen Multiplizierer für Integer- sowie Gleitkomma-Zahlen und einen Dividierer.

Moderne RISC-Prozessoren umfassen typischerweise auf einem Chip mehrere Rechenwerke im gerade gezeigten Stil, welche es ermöglichen, mehrere Maschinenbefehle aus einem Befehlsstrom parallel zu verarbeiten; es wird also CPI < 1 angestrebt (vgl. Abschnitt 8.6). Im Allgemeinen wird dabei der unterschiedlichen Ausführungsdauer von Integer- und Floating-Point-Befehlen Rechnung getragen dadurch, dass die Ausführungseinheiten für letztere in mehrere Stufen entsprechend der Anzahl der jeweils benötigten Taktzyklen unterteilt werden.

Bei einer superskalaren Pipeline wird gelegentlich das Zuordnen einer Instruktion zu einer Ausführungseinheit als separate Stufe der Pipeline eingerichtet, so dass sich an ein *Instruction Decode* ein *Instruction Issue* oder *Dispatch* anschließt. Außerdem sei bemerkt, dass auf Grund unterschiedlich langer Verweildauern von Befehlen in ihren Ausführungseinheiten ein Effekt auftreten kann, den die folgende Darstellung andeuten soll:

Takt	1	2	3	4	5	6	7	8	9	...
Befehl i:	f	d	e	m	w					
Befehl $i+1$:		f	d	e	e	e	e	m	w	
Befehl $i+2$:			f	d	e	m	w			

Befehl i durchläuft dabei die fünf Pipeline-Stufen (instruction fetch, instruction decode, execute, memory access, write back) als Integer-Befehl. Bei Floating-Point-Befehl $i+1$ dauert die Execute-Phase vier Taktzyklen, so dass Integer-Befehl $i+2$ die Pipeline insgesamt früher verlassen kann als der vorhergehende Befehl; die Befehlsbearbeitungen enden also außerhalb der gegebenen Programmreihenfolge. Man spricht in diesem Fall auch von einer *Out-of-Order Completion*; wird dieses zugelassen, muss durch eine *Rückordnungsstufe (Retirement Unit)* sichergestellt werden, dass die von den Befehlen gelieferten Ergebnisse nachfolgenden Instruktionen wieder in der richtigen Reihenfolge zur Verfügung gestellt werden. Wir werden im nächsten Unterabschnitt sehen, dass superskalare Architekturen darüber hinaus auch eine Out-of-Order *Execution* zulassen.

11.2.3 Pipeline-Hasards

Man kann bei einer Pipeline wie der in Abbildung 11.16 oder 11.17 gezeigten grundsätzlich davon ausgehen, dass in jedem Taktzyklus die Bearbeitung eines neuen Befehls gestartet werden kann, wie das die Abbildungen 11.15 und 11.18 andeuten. Allerdings gibt es beim Pipelining Situationen, welche *Hasards* genannt werden, in denen die nächste anstehende Instruktion nicht in dem für sie vorgesehenen Taktzyklus verarbeitet werden kann. Im Einzelnen unterscheidet man drei Arten von *Pipeline-Hasards*:

1. *Strukturelle Hasards* resultieren aus Ressourcenkonflikten, bei denen die Hardware nicht jede beliebige Kombination von überlappt ausgeführten Operationen unterstützt. Dies kann etwa dann auftreten, wenn für bestimmte Teile der Hardware (z. B. einen Cache) nur eine exklusive Nutzung möglich ist und keine Mehrfachnutzung durch Befehle in unterschiedliche Ausführungsstadien.

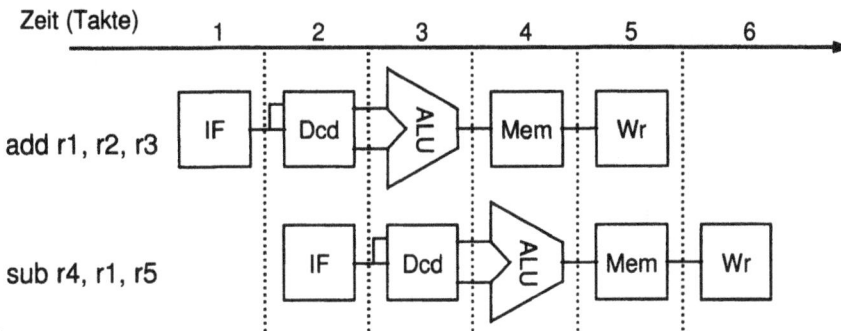

Abbildung 11.20: Datenharsard zwischen Addition und nachfolgender Subtraktion.

2. *Datenhasards* entstehen, wenn eine Instruktion von den Ergebnissen einer vorhergehenden abhängt, mit deren Bearbeitung sie in der Pipeline überlappt ist. Beispiele sind das Lesen von Daten, bevor sie geschrieben wurden, oder das Schreiben in ein Register, bevor dessen alter Inhalt ausgelesen werden konnte.

3. *Kontrollhasards* entstehen durch das Pipelining von *Verzweigungen* und anderen Instruktionen, welche den Program Counter verändern. Ein Sprungbefehl ändert den Program Counter bei einer Pipeline der in Abbildung 11.16 gezeigten Art erst in der letzten Phasen (beim Write Back), so dass die Pipeline in der Zwischenzeit keine weiteren Befehle bearbeiten kann, denn es ist ja nicht bekannt, welche Instruktionen nach dem Sprung ausgeführt werden sollen.

Hasards können es notwendig machen, einen so genannten *Stillstand* (engl. *Stall*) der Pipeline herbeizuführen. Kommt es während der Bearbeitung eines Befehls zu einem Stillstand, so wirkt sich dieser auf alle nachfolgenden Befehle aus; vorher bearbeitete müssen dagegen weiter bearbeitet werden, da der Hasard ansonsten nicht aufgelöst werden kann.

Wir wollen uns hier mit Datenhasards etwas genauer befassen und betrachten dazu ein einfaches Beispiel von PowerPC-Instruktionen (vgl. Abschnitt 9.2.1):

add r1, r2, r3
sub r4, r1, r5

Offensichtlich wird das vom ersten Befehl in r1 erzeugte Ergebnis vom zweiten bereits benötigt. Da der Additionsbefehl das Ergebnis aber erst in seiner letzten Phase in den Speicher schreibt, muss der Subtraktionsbefehl solange verzögert werden. Abbildung 11.20 veranschaulicht diese Situation, wobei für die Execute-Phase hier eine ALU gezeigt ist und der „Eingangshaken" in die Decodierungsphase diesen Vorgang ikonisch untermalen soll. Das Ergebnis der Addition wird erst in Takt 5 in den Speicher geschrieben, wird jedoch vom der Subtraktion bereits in Takt 4 benötigt. Abhilfe schafft in einer solchen Situation die Einfügung einer so genannten *Bubble* (Blase) in die Pipeline, welche dafür sorgt, dass durch Leeroperationen oder Wartetakte, also eine Verzögerung der nachfolgenden Operation, eine passende Synchronisation herbeigeführt wird. Abbildung 11.21 zeigt das Ergebnis einer Einfügung von Bubbles in die Pipeline aus Abbildung 11.20.

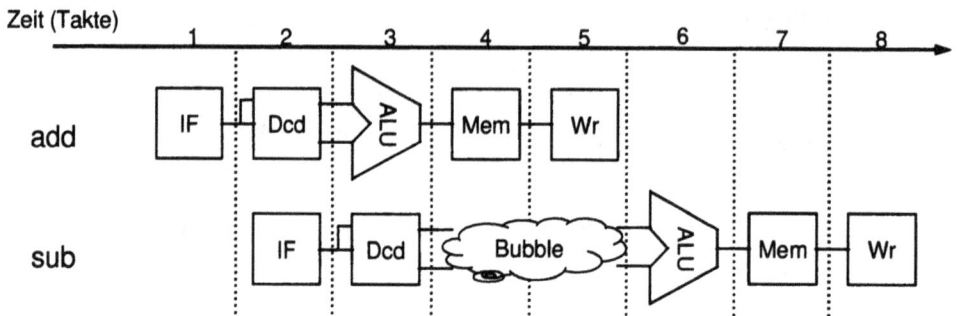

Abbildung 11.21: Auflösung eines Datenharsard durch Bubble-Einfügung.

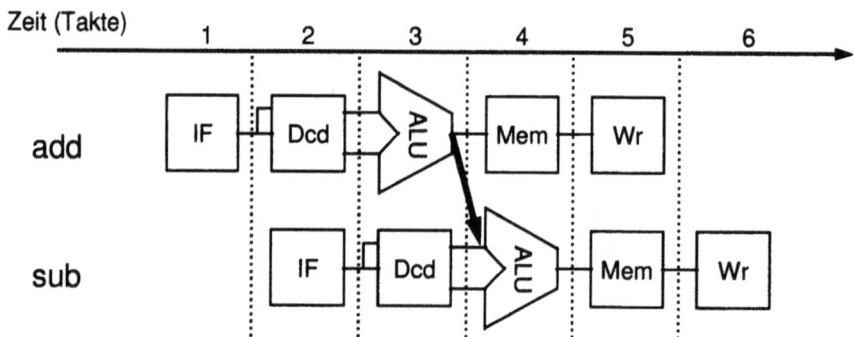

Abbildung 11.22: Elimination eines Datenharsard durch Forwarding.

Da Datenabhängigkeiten der gerade gezeigten Art zwischen aufeinander folgenden Instruktionen durchaus häufig vorkommen, werden auch andere Abhilfen verwendet, etwa das *Forwarding* von Daten zwischen Instruktionen. In unserem Beispiel, bei dem es sich um einen „Read-After-Write-Hasard", kurz RAW-Hasard handelt, muss mit dem Beheben des Datenhasard nicht gewartet werden, bis die Addition vollständig abgeschlossen ist und die Pipeline verlassen hat. Das Additionsergebnis kann bereits unmittelbar nach Abschluss der Execute-Phase an die Subtraktion übergeben werden; es wird so *vorzeitig* weitergereicht. Dies ist in Abbildung 11.22 illustriert.

Ein Forwarding wie gerade beschrieben ist offensichtlich nur unter bestimmten Umständen zulässig bzw. möglich; insbesondere muss die Zielphase später ausgeführt werden als die Phase, von der das Forwarding ausgeht. Es sei bemerkt, dass man neben den gerade behandelten RAW-Hasards auch *Write-After-Write-* (WAW) sowie *Write-After-Read-Hasards* (WAR) kennt, auf die wir hier hier nicht eingehen.

11.3   Dynamisches Scheduling von Instruktionen nach Tomasulo

Wie wir gesehen haben, stellt das Forwarding eine Möglichkeit dar, Datenabhängigkeiten in einer Pipeline zu *vermeiden*. Falls ein Forwarding nicht möglich ist, kommt es zu einem Stillstand („Stall") der Pipeline, so dass keine weiteren Instruktionen geholt oder zugewiesen werden können, bis die Datenabhängigkeit aufgelöst ist. Zur Vermeidung von Effizienzverlusten in einer solchen Situation werden im Wesentlichen zwei Arten von Techniken verwendet:

- Bei einem *statischen Scheduling* wird von Seiten des Compilers der verwendeten Programmiersprache versucht, die auszuführenden Instruktionen so anzuordnen, dass Datenhasards vermieden werden. Techniken dieser Art werden überwiegend in eingebetteten Prozessoren, aber auch in neueren 64-Bit-Architekturen (wie z. B. dem Itanium-Prozessor) eingesetzt.

- Bei einem *dynamischen Scheduling* ordnet die Prozessor-Hardware die anstehenden Instruktionen so um, dass Hasards vermieden werden. Techniken dieser Art finden hauptsächlich in Desktop- und Server-Prozessoren wie Pentium, PowerPC, UltraSPARC oder auch AMD Athlon Anwendung.

Grundsätzlich geht es bei beiden Formen des Scheduling um eine möglichst schnelle Bearbeitung der Instruktionen eines in Ausführung bzw. in der Pipeline befindlichen Programms, um eine gute Ausnutzung der vorhandenen Funktionseinheiten des Prozessors und um einen Schutz von Registern und Speicher bei auftretenden Abhängigkeiten.

Zum Zwecke des dynamischen Scheduling kann man z. B. zwischen die Phasen *Instruction Decode* und *Execute* (vgl. Abbildungen 11.16 und 11.19) noch eine Phase *Read Operands* einfügen, in welcher gewartet wird, bis keine Datenhasards mehr auftreten können. Sodann werden die für die aktuelle Operation behötigten Operanden gelesen. Dabei passieren also sämtliche Instruktionen die Decode-Phase in der vorgegebenen Reihenfolge; sie können in der Read-Operands-Phase gestoppt werden oder sich sogar gegenseitig überholen. Auf diese Weise entsteht eine *Out-of-Order-Execution*, d. h. eine Ausführung von Instruktionen nicht mehr in der ursprünglichen Reihenfolge (was die oben erwähnte Out-of-Order-Completion zur Folge hat).

Wir wollen als nächstes ein Verfahren zum dynamischen Scheduling vorstellen, welches bereits in den 60er Jahren von R. Tomasulo für die Floating-Point-Einheiten der IBM 360/91 entwickelt wurde, also zu einer Zeit, als man beispielsweise noch keine Cache-Speicher kannte. Die zentrale Frage, von der Tomasulo ausging, war, wie man über eine Pipeline ablaufende Programmausführungen fortsetzen kann in Gegenwart von Abhängigkeiten zwischen einzelnen Befehlen oder auch zwischen Blöcken von Befehlen.

Wir erläutern das Verfahren exemplarisch anhand der Betrachtung folgendes Programmstücks, für welches wir Befehle in Anlehnung an die Floating-Point-Befehle des PowerPC verwenden:

```
lfp  f6, 34(r2)
lfp  f2, 45(r3)
fmul f0, f2, f4
fsub f8, f6, f2
fdiv f10, f0, f6
fadd f6, f8, f2
```

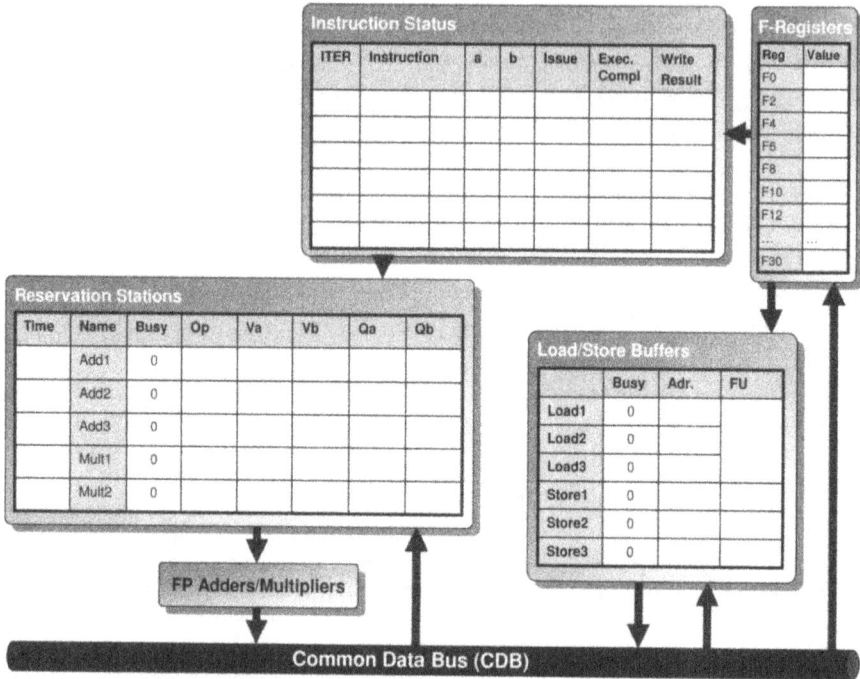

Abbildung 11.23: Arbeitseinheiten für dynamisches Scheduling.

Zunächst werden zwei Floating-Point-Load-Befehle ausgeführt; sodann werden eine Multiplikation, eine Subtraktion, eine Division und eine Addition in dieser Reihenfolge durchgeführt. Das Laden der Operanden am Anfang erfolgt indirekt in die Floating-Point-Register f6 bzw. f2; letzteres bzw. beide werden von nachfolgenden Operationen angesprochen. Offensichtlich besteht z. B. zwischen der zweiten und der dritten Instruktion eine Datenabhängigkeit, da der Load-Befehl ein Ergebnis produziert, welches der nachfolgende Multiplikationsbefehl benötigt. Würden diese Operationen ohne weitere Vorkehrungen in eine Pipeline geschoben, würde es zu einem Datenhasard kommen. Eine so genannte *Antiabhängigkeit* liegt zwischen den letzten beiden Befehlen vor: Beide Instruktionen benutzen Register f6, aber zwischen ihnen gibt es bezüglich dieses Registers keinen Datenfluß, da die Addition nicht den Inhalt von f6 liest und die voran gestellte Division den anfangs in f6 geladenen Wert verarbeitet (und nicht das Ergebnis der Addition). Man spricht hier auch von einer *Namensabhängigkeit.* Eine solche liegt auch dann vor, wenn zwei aufeinander folgende Befehle ihre Ergebnisse in dasselbe Register schreiben. Wir wollen andeuten, dass das Verfahren von Tomasulo dafür sorgt, dass Hasards vollständig vermieden werden.

Beim Tomasulo-Algorithmus erscheint die Programmausführung nach außen so, als ob sie die gegebene Reihenfolge einhielte. Instruktionen in einer Namensabhängigkeit können dabei parallel ausgeführt werden, denn es wird durch *Register-Umbenennung (Register Renaming)* dafür gesorgt, dass Registernamen so verändert werden, dass kein Konflikt mehr vorliegt. Dazu verwendet das Verfahren einen grundsätzlichen Hardware-Aufbau der Pipeline, wie er in Abbildung 11.23 gezeigt ist.

Die erforderliche Hardware umfasst mehrere Einheiten: Befehle, die aus dem Speicher geholt werden und als nächstes auszuführen sind, werden in der Einheit *Instruction Status* abgelegt. Diese decodiert die Befehle und gibt sodann über ihren jeweiligen Status Auskunft. Im Einzelnen wird hier die Instruktion notiert, ihre mit *a* und *b* bezeichneten Operanden sowie zur besseren Illustration die Takte, in denen sie ankommt („Issue"), ihre Ausführung beendet bzw. ihr Ergebnis schreibt. In der mit *ITER* bezeichneten Spalte lassen sich beispielsweise Schleifeniterationen mitzählen (vgl. zweites Tomasulo-Beispiel auf beiliegender DVD).

Alle Einheiten kommunizieren über einen *Common Data Bus* (CDB), welcher außerdem an den Speicher angeschlossen ist. Der CDB transportiert Registerinhalte, die nach ihrer Herkunft (also von einer Funktionseinheit berechnetes Ergebnis oder Inhalt eines Load-Buffers) über so genannte *Tags* identifiziert werden. Der CDB gibt ferner Rechenergebnisse parallel an *alle* Funktionseinheiten und Register weiter, welche diese Ergebnisse benötigen.

Ein decodierter Befehl wird an eine der Funktionseinheiten geschickt (z. B. einen Addierer oder einen Multiplizierer). Jede Funktionseinheit (im Beispiel drei Addierer und zwei Multiplizierer) verfügt in unserem Beispiel über *eine* so genannte *Reservierungsstation* (*Reservation Station*). Hierbei handelt es sich um Puffer, in welchen die Befehle und ihre Operanden solange abgelegt werden, bis die entsprechende Funktionseinheit bereit ist, sie auszuführen. Die Reservation Stations leisten das eigentliche Register Renaming. Eine solche Station puffert einen Operanden, sobald er verfügbar ist, so dass dieser anschließend nicht mehr aus einem Register geholt werden muss. Noch ausstehende Instruktionen legen bereits die Reservation Station fest, deren zugeordnete Funktionseinheit den von ihnen benötigten Input liefern wird.

Eine Reservation Station besitzt mehrere Teile, welche wir in Abbildung 11.23 sowie in den nachfolgenden Abbildungen wie folgt bezeichnen: In der Spalte *Time* werden bei Operationsausführung Takte herunter gezählt (vgl. die Beispiele auf der beiliegenden DVD). *Busy* ist ein Flag, welches angibt, ob die betreffende Station (und ihre zugehörige Funktionseinheit) aktuell belegt (1) ist oder nicht (0). *Op* gibt die auszuführende Operation an. *Va* und *Vb* enthalten die *Werte* der Quelloperanden; *Qa* und *Qb* geben an, welche Reservation Station den betreffenden Quelloperanden produziert bzw. welcher Load-Buffer (siehe unten) ihn liefert.

Der Lese- bzw. Schreib-Verkehr mit dem Speicher wird über *Load/Store-Puffer* abgewickelt; Operanden und Ergebnisse werden gleichzeitig vom CDB aus in Floating-Point-Register (F-Register) geschrieben.

Falls sich aufeinander folgende Schreiboperationen auf ein und dasselbe Register in der Ausführung überlappen, wird nur die zeitlich letzte Schreiboperation zum Aktualisieren des Registers benutzt; die vorhergehenden werden durch Umbenennung in ihrer Wirkung auf dieses Register „neutralisiert". Beim Instruction Issue, wenn also eine Instruktion den Decodierer verlässt, werden nämlich die Registerbezeichner noch ausstehender Operanden in den Namen der Reservation Station umbenannt, die das Renaming leistet. Im Allgemeinfall können einer Funktionseinheit auch mehrere Reservation Stations zugerodnet werden; damit sind dann aus syntaktischen Namensabhängigkeiten resultierende Hasards vermeidbar.

Das eigentliche Verfahren, welches wir an dem oben gezeigten Code-Beispiel illustrieren wollen, läuft pro Instruktion in drei Stufen ab:

1. *Issue*: Die nächste Instruktion wird geholt. Falls eine Reservation Station frei
   ist, wird die Instruktion decodiert und in einer Reservation Station abgelegt;
   dabei werden Registeroperanden bereits umbenannt.

2. *Execute*: Falls alle Operanden bereitstehen, wird die betreffende Instruktion
   ausgeführt; ansonsten wird der CDB „beobachtet".

3. *Write result*: Über den CDB wird das Ergebnis an alle wartenden Einheiten
   verteilt, und die betreffende Reservation Station wird als (wieder) bereit gekennzeichnet.

Wir wollen an dieser Stelle ausnutzen, dass der vorliegenden Auflage unseres Buches
eine DVD beigelegt ist. Auf dieser ist das vorliegende Beispiel sowie ein weiteres in
animierter Form enthalten, so dass der Leser den Ablauf des Verfahrens über viele
Takte hinweg nachvollziehen kann. Wir beschränken uns hier auf die Beschreibung
dessen, was in den ersten vier Takten der Bearbeitung passiert (vgl. Abbildungen
11.24-11.27).

In Takt 1 (Abbildung 11.24) wird die Instruktion lfp f6, 34(r2) aus dem Speicher geholt. Im Instruction Status ist abzulesen, dass die Bearbeitung dieser Instruktion in Takt 1 beginnt. Der erforderliche Speicherzugriff belegt den Load-Buffer Load1;
Register f6 erwartet das Ergebnis der Ladeoperation aus Load1.

In Takt 2 (Abbildung 11.25) folgt die nächste Lade-Operation, deren Speicherzugriff den Load-Buffer Load2 belegt und deren Ergebnis in Register f2 erwartet wird.

In Takt 3 (Abbildung 11.26) beginnt die Bearbeitung der Multiplikationsoperation.
Diese belegt die Reservation Station Mult1, wobei die Operandenregister umbenannt
werden: f2 erwartet ja das Ergebnis Load2 und wird daher in Load2 umbenannt, was
in der *Qa*-Spalte vermerkt wird. Der zweite Operand wird direkt aus dem Register
f4 des Registerfiles (FR) bezogen. In Takt 3 endet ferner die Ausführung der ersten
Lade-Operation, und es wird in f0 vermerkt, dass in diesem Register das Ergebnis
der ersten Multiplikation (Reservation Station Mult1) abgelegt werden soll.

In Takt 4 (Abbildung 11.27) beginnt die Bearbeitung der Subtraktionsoperati-
on. Der erste Lade-Befehl schreibt sein Ergebnis überall dort hin, wo Load1 steht,
hier also nach f6, und gibt seinen Load-Buffer wieder frei. Dadurch hat Register f6
jetzt einen Wert, der aus dem Speicher (M = Memory) unter der Adresse A1 = 34 +
r2 geholt wurde. Da Subtraktion und Addition, wie wir wissen, technisch von *einer*
Funktionseinheit ausgeführt werden können, belegt die Subtraktion die erste Reservation Station (Add1) mit Wert M(A1) des ersten Operanden und Bezug Load2 des
zweiten.

Man mache sich (gegebenenfalls nach Durcharbeiten der Animationen) klar, wieso der Tomasulo-Algorithmus funktioniert: Register Renaming sorgt dafür, dass Na-
menskonflikte nicht auftreten, de facto sogar nicht zwischen parallel ausgeführten
Iterationen einer Schleife (vgl. zweites Beispiel auf der DVD). Die Reservation Stations ermöglichen es ferner, dass sich Instruktionen scheinbar „überholen" können,
dass es also trotz *In-Order-Issue* zu *Out-of-Order-Execution* und de facto sogar zu
Out-of-Order-Completion kommen kann.

Clock 1

Instruction Status

ITER	Instruction	a	b	Issue	Exec. Compl	Write Result
	lfp	f6	34	r2	1	

Reservation Stations

Time	Name	Busy	Op	Va	Vb	Qa	Qb
	Add1	0					
	Add2	0					
	Add3	0					
	Mult1	0					
	Mult2	0					

Load/Store Buffers

	Busy	Adr.	FU
Load1	1	34+r2	
Load2	0		
Load3	0		
Store1	0		
Store2	0		
Store3	0		

F-Registers

Reg	Value
F0	
F2	
F4	
F6	Load 1
F8	
F10	
F12	
...	...
F30	

FP Adders/Multipliers

Common Data Bus (CDB)

Clock 2

Instruction Status

ITER	Instruction	a	b	Issue	Exec. Compl	Write Result
	lfp	f6	34	r2	1	
	lfp	f2	45	r3	2	

Reservation Stations

Time	Name	Busy	Op	Va	Vb	Qa	Qb
	Add1	0					
	Add2	0					
	Add3	0					
	Mult1	0					
	Mult2	0					

Load/Store Buffers

	Busy	Adr.	FU
Load1	1	34+r2	
Load2	1	45+r3	
Load3	0		
Store1	0		
Store2	0		
Store3	0		

F-Registers

Reg	Value
F0	
F2	Load 2
F4	
F6	Load 1
F8	
F10	
F12	
...	...
F30	

FP Adders/Multipliers

Common Data Bus (CDB)

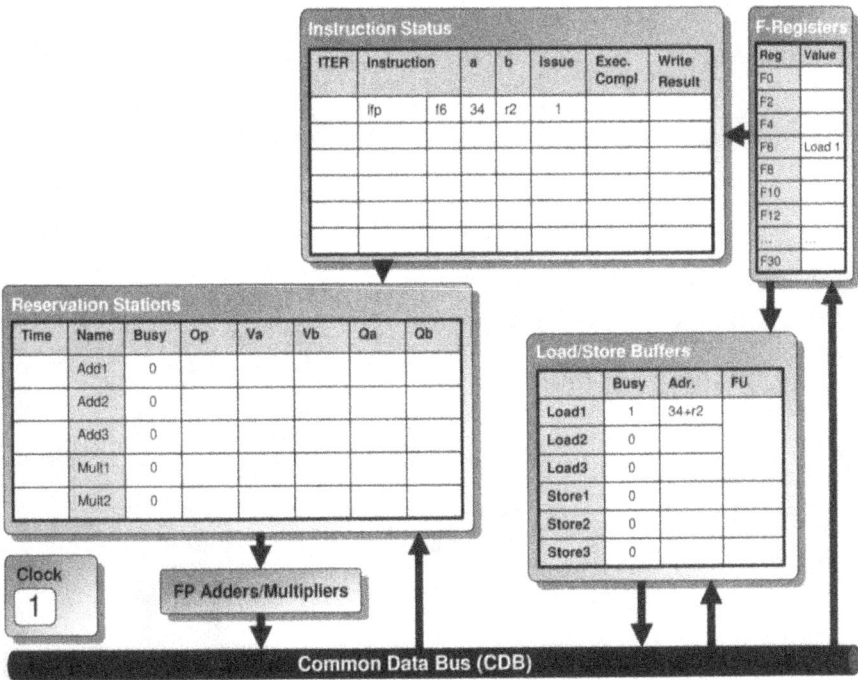

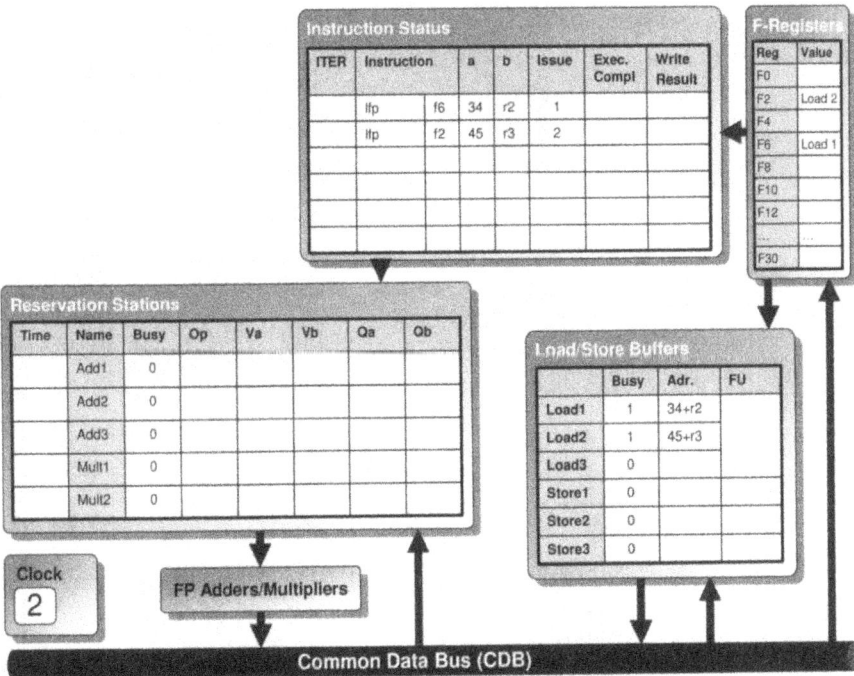

Abbildung 11.25: Tomasulo-Algorithmus, Takt 2.

Instruction Status

ITER	Instruction	a	b	Issue	Exec. Compl	Write Result
	lfp	f6	34	r2	1	3
	lfp	f2	45	r3	2	
	fmul	f0	f2	f4	3	

F-Registers

Reg	Value
F0	Mult1
F2	Load2
F4	
F6	Load1
F8	
F10	
F12	
...	...
F30	

Reservation Stations

Time	Name	Busy	Op	Va	Vb	Qa	Qb
	Add1	0					
	Add2	0					
	Add3	0					
	Mult1	1	fmul			FR(f4)	Load2
	Mult2	0					

Load/Store Buffers

	Busy	Adr.	FU
Load1	1	34+r2	
Load2	1	45+r3	
Load3	0		
Store1	0		
Store2	0		
Store3	0		

Clock **3**

FP Adders/Multipliers

Common Data Bus (CDB)

Instruction Status

ITER	Instruction	a	b	Issue	Exec. Compl	Write Result
	lfp	f6	34	r2	1	3	4
	lfp	f2	45	r3	2	4	
	fmul	f0	f2	f4	3	
	fsub	f8	f6	f2	4	

F-Registers

Reg	Value
F0	Mult1
F2	Load2
F4	
F6	M(A1)
F8	Add1
F10	
F12	
...	...
F30	

Reservation Stations

Time	Name	Busy	Op	Va	Vb	Qa	Qb
	Add1	1	fsub	M(A1)			load2
	Add2	0					
	Add3	0					
	Mult1	1	fmul			FR(f4)	Load2
	Mult2	0					

Load/Store Buffers

	Busy	Adr.	FU
Load1	0		
Load2	1	45+r3	
Load3	0		
Store1	0		
Store2	0		
Store3	0		

Clock **4**

FP Adders/Multipliers

Common Data Bus (CDB)

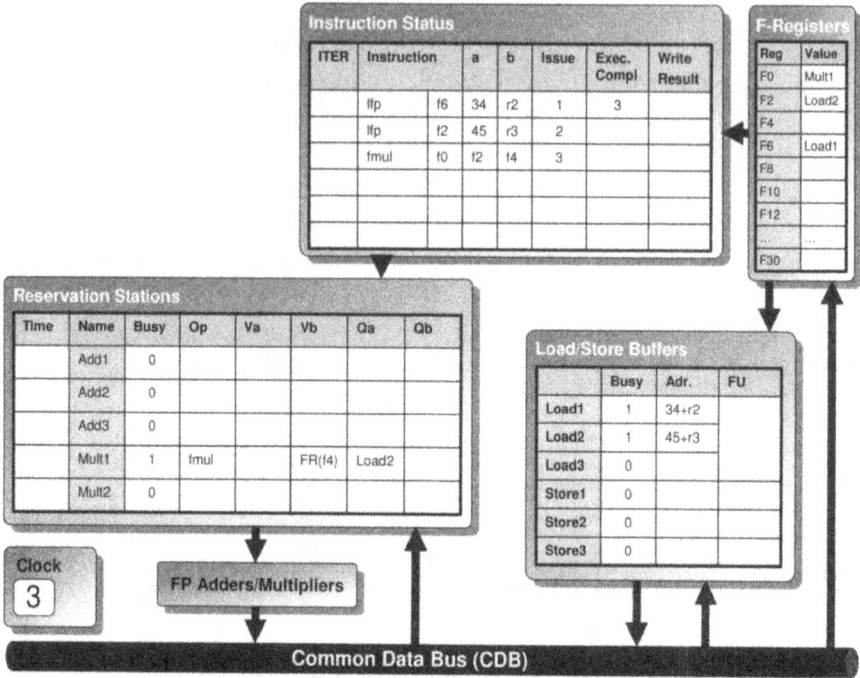

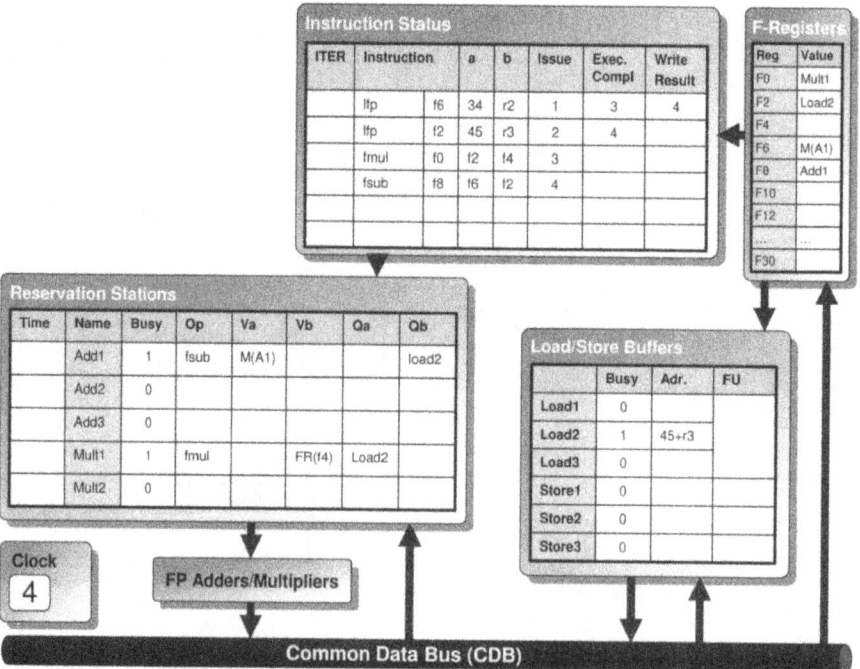

Abbildung 11.27: Tomasulo-Algorithmus, Takt 4.

Es sei abschließend bemerkt, dass der Tomasulo-Algorithmus für beliebige Registeranzahlen und Funktionseinheiten funktioniert und daher gut skalierbar ist. Dies ist einer der Gründe, warum sich das Verfahren auch in modernsten Prozessoren hoher Beliebtheit erfreut. Weitere Einzelheiten zu diesem Verfahren entnehme man der unten angegebenen Literatur.

11.4 Weitere ILP-Techniken

Die im letzten Abschnitt beschriebene Technik zur Vermeidung von Pipeline-Hasards ist eine von mehreren Techniken zur Erzielung von Parallelität auf Instruktionsebene (*Instruction-Level Parallelism*, kurz ILP); wir erwähnen in diesem Abschnitt einige weitere, die heute in Prozessoren in vielfältigen Kombinationen zur Anwendung kommen.

Zunächst lassen sich auch für Kontrollhasards Überlegungen anstellen, welche denen für Datenhasards vergleichbar sind: Eine *Reduktion von Kontrollhasards* ist von Bedeutung, da in einem Programm nicht selten bis zu 20% der Befehle (bedingte) Sprungbefehle sind; Kontrollhasards sind de facto sogar häufiger als Datenhasards. Da hier, wie erwähnt, insbesondere bei bedingten Sprungbefehlen das Sprungziel erst in der Write-Back-Phase bekannt ist, so dass solange keine weiteren Befehle geholt werden können, bieten zwei Techniken Abhilfe, die ebenfalls kurz erwähnt seien:

- Durch Einsatz zusätzlicher Hardware, insbesondere eines zusätzlichen Addierers ist es möglich, die Berechnung eines Sprungziels bereits in der Decodier-Phase eines Befehls durchzuführen.

- Bei der *Sprungvorhersage* (engl. *Branch Prediction*) wird versucht, das Ziel des Sprungs vorherzusagen; da diese Vorhersage falsch sein kann, muss der Einsatz dieser Technik mit Maßnahmen zum schnellen Rücksetzen flankiert werden.

- Ferner kann über den Ausgang eines Sprungs noch weiter gehend *spekuliert* werden, indem das weitere Programm spekulativ *ausgeführt* wird. Man benötigt dann offensichtlich Vorkehrungen für den Fall, dass sich die Spekulation im Nachhinein als falsch erweist.

Eine besonders einfache Form der Sprungvorhersage besteht darin, *alle* in einem Programm vorkommenden Sprünge entweder voreingestellt abzulehnen oder sie ohne Gewähr durchzuführen. Hier macht man sich allgemeine Programmstatistiken zunutze, die z. B. besagen, dass bedingte Sprünge häufiger ausgeführt als abgewiesen werden.

Als einfaches Beispiel für ein spekulatives Vorgehen betrachten wir die Befehlsfolge

```
A = B + C;
if A=5 then D = F + G;
```

Die Berechnungen von A- bzw. D-Wert sind offensichtlich voneinander unabhängig, allerdings benötigt die zweite Zuweisung das Ergebnis der ersten um zu wissen, ob sie überhaupt ausgeführt werden soll. Ein mit Spekulation arbeitender Prozessor wird versuchen, das *wahrscheinliche* Ergebnis der Bedingung vorherzusagen. Statistiken zeigen hier, dass moderne Prozessoren Trefferquoten von etwa 90 % erreichen; in den übrigen Fällen muss natürlich die gesamte bereits vorsortierte Pipeline gelöscht und neu gefüllt werden.

Man beachte, dass Sprungvorhersage und die weiter gehende Spekulation sich wesentlich darin unterscheiden, dass bei einer Vorhersage Befehle nur geholt und zugewiesen, bei der weiter gehenden Spekulation darüber hinaus aber auch ausgeführt werden. Zur Behandlung inkorrekter Spekulationen werden, ähnlich wie bei der Behandlung von Datenhasards, insbesondere hardwarebasierte Techniken eingesetzt.

Als weitere Technik zur Leistungssteigerung von (RISC-) Prozessoren wird das Prinzip der *Very Long Instruction Word*-Maschine (kurz VLIW-Maschine) verwendet. Dabei werden vom Compiler der betreffenden Sprache eine gewisse Anzahl von einfachen, voneinander unabhängigen Befehlen in *ein* Maschinenwort fester Länge gepackt. Ein solcher zwischen 128 und 512 Bit langer „Superbefehl" wird dann im Instruktionsspeicher so zerlegt, dass unabhängige Funktionseinheiten angesprochen oder Load/Store- bzw. Sprungaktivitäten ausgeführt werden. Der Vorgang der Parallelisierung auf Maschinenbefehlsebene wird hierbei also gewissermaßen von der Hardware des Rechners in den Compiler verlagert. Die Befehle in einem solchen „VLIW-Wort" werden sodann gleichzeitig geholt, decodiert, zugewiesen und ausgeführt. Sollten Befehle nicht gleichzeitig ausführbar sein, so ist im entsprechenden VLIW-Wort nur ein Befehl enthalten

Ein VLIW-Prozessor besteht wie eine Superskalar-Architektur aus mehreren, nebenläufig arbeitenden Ausführungseinheiten, wobei allerdings keine dynamischen Befehlszuordnungen und keine Out-of-Order-Ausführungen stattfinden. Die Hardware eines solchen Prozessors ist daher einfacher aufgebaut als die eines superskalaren Prozessors, und die Planung von Operationen und Speicherzugriffen erfolgt bereits durch den Compiler. Ein VLIW-Prozessor kann insbesondere auf vom Compiler nicht vorhersehbare Ereignisse (wie einen Cache-Fehlzugriff) nicht so flexibel reagieren wie ein Superskalar-Prozessor.

Derzeit wird die VLIW-Technik unter anderem bei Signalprozessoren eingesetzt, allerdings findet man VLIW-Konzepte auch in der von Intel und HP gemeinsam entwickelten IA-64-Architektur, einer 64-Bit-Architektur, die z. B. in den Intel-Prozessoren *Itanium* und *Itanium 2* eingesetzt wird: Das Befehlsformat dieses Prozessors ist ein Dreibefehlsformat und damit einem Dreifach-VLIW-Format ähnlich. Diese beiden Hersteller bezeichnen dieses Format als *Explicit Parallel Instruction Computing* (EPIC).

11.5   Grenzen der Parallelarbeit: Scheduling bei zwei Prozessoren

In diesem Abschnitt wollen wir ein konzeptionelles Problem andeuten, welches bei Erhöhung der Anzahl der Ausführungseinheiten eines Rechners entsteht. Denn es ergibt sich dadurch nicht nur mehr Rechenleistung, sondern auch das Problem der Zuordnung von ausführungsbereiten Befehlen oder Programmen zu ALUs oder allgemeiner zu CPUs. Wir unterstellen für unsere Betrachtungen vereinfachend, dass ein Rechner über mehrere CPUs verfügt und dass ausführbare Programme oder *Prozesse* verschiedenen Prozessoren zugeteilt werden können. Eine Aufgabe des Betriebssystems besteht in der möglichst optimalen Auslastung aller Prozessoren. Der allgemei-

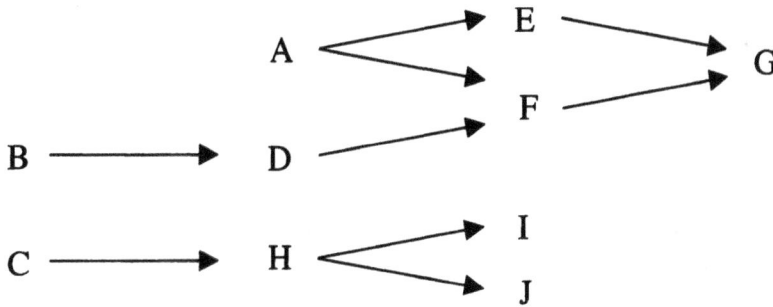

Abbildung 11.28: Präferenzordnung zu Beispiel 11.1.

ne Fall des „Parallel Processing" wird in Teil III behandelt. In diesem Abschnitt soll das soeben angesprochene Problem des *zentralen Scheduling von mehreren Jobs auf mehreren Prozessoren* näher betrachtet werden. Dabei wollen wir insbesondere andeuten, dass Scheduling-Probleme mit mathematischen Modellen und Methoden behandelt werden können, wie dies in der Theorie der Betriebssysteme geschieht. Darüber hinaus wird sich zeigen, dass z. B. zum Überdeckungsproblem oder zum Traveling Salesmann-Problem (vgl. Kapitel 4) in gewissem Sinne eine „enge" Verwandtschaft besteht.

Wir betrachten dazu folgendes Modell: n Jobs (Prozesse), deren einzelne Zeitdauern bekannt seien, sollen auf zwei Prozessoren, welche als gleichartig angenommen werden, non-preemptive bearbeitet werden, d. h. jeder angefangene Job wird beendet und vorher nicht unterbrochen.

Beispiel 11.1 Es sei $n = 10$; für die einzelnen Jobs seien folgende Längen bekannt:

Jobs	A	B	C	D	E	F	G	H	I	J
Längen	8	2	3	3	7	7	18	2	8	8

Weiter nehmen wir an, dass es auf der Menge der Jobs eine (z. B. technologisch bedingte) Präferenzordnung gibt, die angibt, welcher Job vor welchem anderen bearbeitet werden muss; in Beispiel 11.1 etwa sehe diese Ordnung wie in Abbildung 11.28 gezeigt aus. (Wir nehmen an, dass sich die Präferenzordnung als DAG darstellen lässt). Für die Bearbeitung der zehn Jobs soll weiter gelten, dass (nach Möglichkeit) kein Prozessor untätig sein darf, solange noch ein Job ansteht („no idle"). ☐

Für Beispiel 11.1 stellt dann der in Abbildung 11.29 gezeigte Plan einen möglichen Schedule dar (hier wie auch im Folgenden dargestellt durch einen so genannten „Gantt-Plan"; dies ist ein besonders in der Netzplantechnik übliches Beschreibungsmittel). Nach insgesamt 33 Zeiteinheiten sind alle Jobs unter Einhaltung der Ordnung bearbeitet, und kein Prozessor war während dieser Zeit untätig. Es ist klar, dass in diesem Beispiel eine kürzere Gesamtzeit nicht erreichbar ist, so dass dieser Schedule optimal ist.

Eine andere mögliche Reihenfolge ist in Abbildung 11.30 gezeigt; dieser Schedule ist nicht optimal, da P_0 eine Zeit lang unbeschäftigt ist, was, wie wir gerade gesehen haben, vermieden werden kann; außerdem werden jetzt 46 Zeiteinheiten für die gesamte Bearbeitung benötigt.

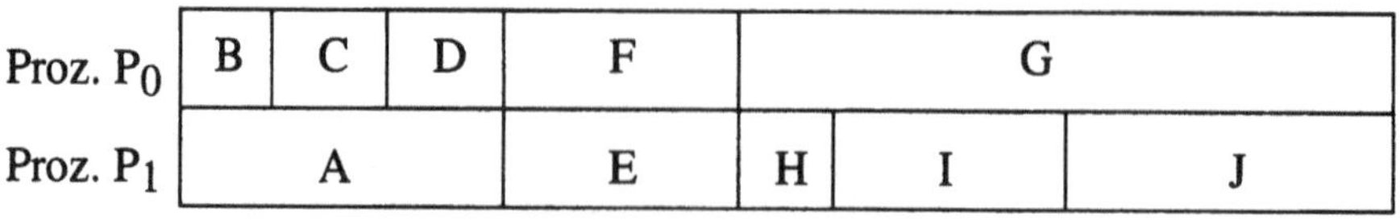

Proz. P_0	B	C	D	F		G		

| Proz. P_1 | A | | E | H | I | | J | |

Abbildung 11.29: (Optimaler) Schedule zu Beispiel 11.1.

| Proz. P_0 | B | D | I | ///// | E | G $\cdots$ |

| Proz. P_1 | C | H | J | A | F | ///// |

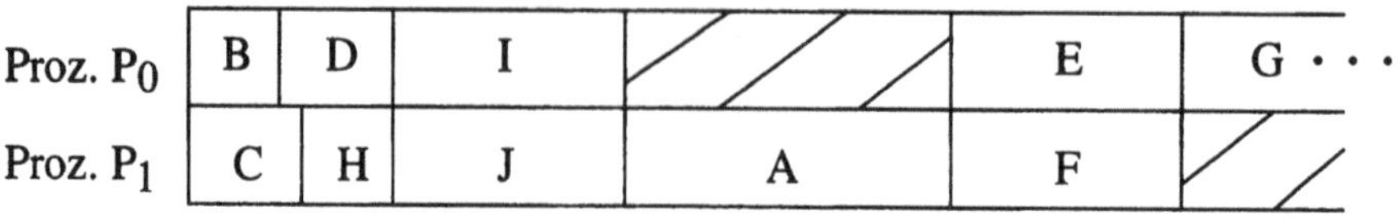

Abbildung 11.30: (Suboptimaler) Schedule zu Beispiel 11.1.

Bezeichnet man die kürzeste Zeit, in welcher eine gegebene Menge von Jobs bearbeitet werden kann, mit T_{opt}, so besteht die Aufgabe also darin, einen Schedule zu finden, welcher T_{opt} erreicht. Das Auffinden eines solchen „optimalen Schedules" bzw. die Bestimmung von T_{opt} kann algorithmisch naiv wie folgt geschehen: Man ordne dem Job i (für $i = 1, \ldots, n$) den Wert 0 oder 1 zu, je nach dem, ob er auf Prozessor P_0 oder P_1 gerechnet wird. Jeder Schedule ist dann darstellbar als Folge von Nullen und Einsen der Länge n, und die Zeitdauer T eines Schedule erhält man als

$$T = \max\left\{ \sum_{p_i=0} t_i, \sum_{p_i=1} t_i \right\} ;$$

dabei sei t_i die Dauer von Job i und p_i die Angabe über den Prozessor, auf welchem Job i gerechnet wird. Der optimale Schedule ergibt sich dann durch Aufstellung aller relevanten Folgen, Berechnung der entsprechenden Werte von T und Auswahl eines Schedules mit minimalem T. Allerdings gibt es für n Jobs 2^n (also exponentiell viele!) derartige Bit-Folgen. Dieser naive Algorithmus ist also als nicht effizient einzustufen. Im Hinblick auf die Ausführungen in Kapitel 4 kann man sogar zeigen:

Satz 11.1 T_{opt} ist in polynomieller Zeit bestimmbar genau dann, wenn das Überdeckungsproblem in polynomieller Zeit lösbar ist.

Dies bedeutet, dass das hier betrachtete Scheduling Problem „n Jobs mit vorgegebenen Joblängen (> 1) und Präferenzordnung auf zwei Prozessoren" zur Klasse der NP-vollständigen Probleme zu rechnen ist.

Für das oben von uns betrachtete 2-Maschinen-Problem lässt sich eine Lösung „schnell" ermitteln, wenn alle Joblängen identisch sind (und daher zu 1 normiert werden können). Für den hier in Rede stehenden, allgemeineren Fall trifft dies jedoch nicht zu, und daher ist es nahe liegend, nach *Heuristiken* zu suchen, welche nicht notwendig einen optimalen Schedule liefern, jedoch in polynomieller Zeit einen solchen, für den das Verhältnis seiner Zeitdauer T zu T_{opt} größenordnungsmäßig bekannt und günstig ist.

Zwei solche so genannte *Approximationsalgorithmen* wollen wir hier vorstellen: Der weiter oben für die Situation aus Beispiel 11.1 angegebene optimale Schedule wurde mit der *CPM-Heuristik* (Critical Path Method) ermittelt. Dabei wählt man

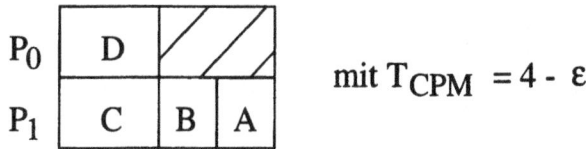

Abbildung 11.31: CPM-generierter Schedule zu Beispiel 11.2.

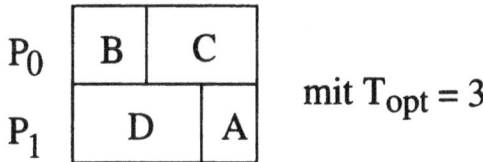

Abbildung 11.32: Optimaler Schedule zu Beispiel 11.2.

von den „rechenbereiten" Jobs, welche also in der Ordnung keinen noch abzuarbeitenden Vorgänger mehr haben, als nächstes einen solchen, für den eine Kette der von ihm ausgehenden unerledigten Jobs maximal ist. Im Beispiel oben wurde mit A auf Prozessor P_1, B und auf P_0 begonnen; für A hat jede „Nachfolgerkette" die Länge 2, für B die Länge 3. Da B fertig wird, während A noch rechnet, ist ein Nachfolger für B auf P_0 auszuwählen. Hierfür kommen C und D in Frage, und o. B. d. A. wird C ausgeführt. Nach Beendigung von C kommt nur D als nächster Job in Frage usw.

Naturgemäß liefert die CPM-Methode im Allgemeinen nur „suboptimale" Lösungen:

Beispiel 11.2 Es sei $n = 4$, und für die Jobs seien folgende Längen vereinbart:

Jobs	A	B	C	D
Längen	$1 - \epsilon$	1	2	$2 + \epsilon$

mit der Ordnung „B < A". CPM liefert dann den in Abbildung 11.31 gezeigten Schedule, für welchen $T_{\text{CPM}} = 4 - \epsilon$ gilt. Dagegen hat ein optimaler Schedule die in Abbildung 11.32 gezeigte Form mit $T_{opt} = 3$. □

Allgemein gilt:

Satz 11.2 Sei T_{CPM} die Gesamtdauer eines Schedules, welcher mit der CPM-Heuristik ermittelt wurde, und T_{opt} die Gesamtdauer eines optimalen Schedules, so gilt:

$$\frac{T_{\text{CPM}}}{T_{opt}} \leq \frac{4}{3}$$

bzw. allgemein für m Prozessoren

$$\frac{T_{\text{CPM}}}{T_{opt}} \leq 2 - \frac{2}{m + 1}.$$

Das bedeutet, dass die CPM-Methode ein Ergebnis liefert, welches um höchstens 33% schlechter als das optimale ist.

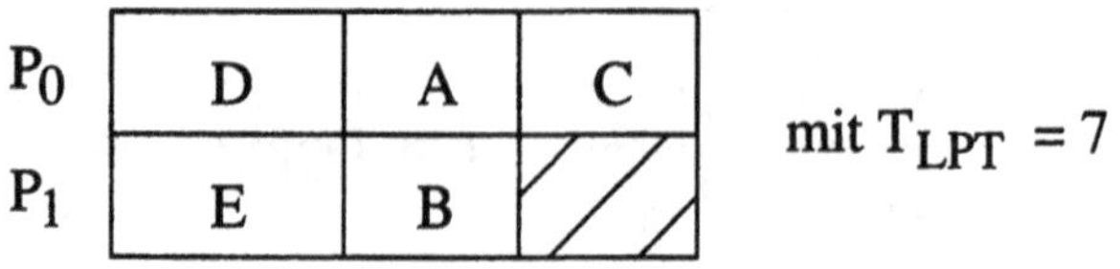

Abbildung 11.33: LPT-generierter Schedule zu Beispiel 11.3.

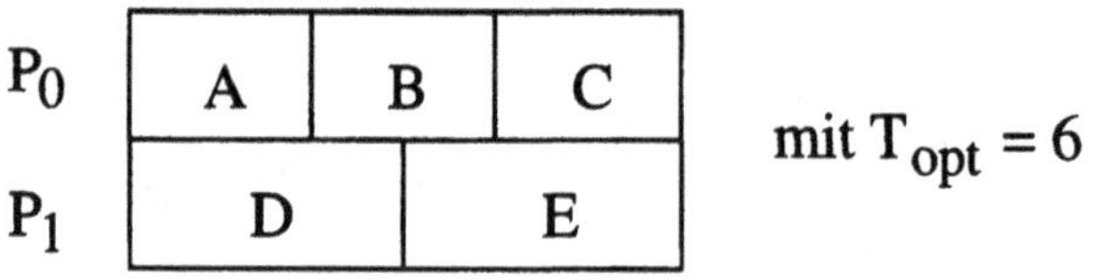

Abbildung 11.34: Optimaler Schedule zu Beispiel 11.3.

In dem Spezialfall, dass der die Ordnung darstellende DAG eine leere Kantenmenge besitzt, dass also keine Präferenzordnung vorgegeben ist, geht die CPM-Methode in die so genannte *Greedy-* oder *LPT-Heuristik* (Largest Processing Time) über. Dabei werden zuerst die Jobs mit der längsten Zeitdauer verarbeitet; die verbleibenden werden anschließend „irgendwie" auf die Prozessoren verteilt:

Beispiel 11.3 Es sei $n = 5$, und es seien fünf Jobs mit folgenden Längen gegeben:

Jobs	A	B	C	D	E
Längen	2	2	2	3	3

LPT liefert dann den in Abbildung 11.33 gezeigten Schedule, für welchen $T_{\text{LPT}} = 7$ gilt. Optimal ist dagegen das in Abbildung 11.34 gezeigte Ergebnis mit $T_{opt} = 6$. □

Für die LPT-Methode gilt ein ähnlicher Satz wie für CPM:

Satz 11.3 Sei T_{LPT} die Gesamtdauer eines Schedules, welcher mit der LPT-Methode ermittelt wurde, und T_{opt} wie oben, dann gilt:

$$\frac{T_{\text{LPT}}}{T_{opt}} \leq \frac{7}{6}$$

bzw. allgemein für m Prozessoren

$$\frac{T_{\text{LPT}}}{T_{opt}} \leq \frac{4}{3} - \frac{1}{3m}.$$

Man überlegt sich leicht, dass es sich bei den Verfahren CPM und LPT jeweils um polynomielle Verfahren handelt; so kommt man z. B. für LPT bei n Jobs mit größenordnungsmäßig $n \cdot \log_2 n$ Schritten aus (sogar unabhängig von der Anzahl der zur Verfügung stehenden Prozessoren), da ein Schedule im Wesentlichen durch Sortieren der Jobs nach fallenden Dauern gefunden werden kann.

11.6 Übungen

Hinweis: Zu den mit * gekennzeichneten Übungen sind im Internet Lösungen erhältlich.

11.1 Man gebe eine kurze Beschreibung der wesentlichen Aufgaben und Funktionen eines Betriebssystems.

11.2 Man überlege, auf welche Weise ein Betriebssystem *erstmalig* in den Hauptspeicher eines Rechners geladen werden kann.

11.3 Falls ein Betriebssystem Multiprogramming unterstützt, können mehrere Programmierer den betreffenden Rechner gleichzeitig benutzen. Dies kann zu Sicherheitsproblemen führen. Man überlege, worin diese bestehen können und welche Möglichkeiten der Abhilfe denkbar sind.

*11.4 Ein virtueller Speicher bestehe aus 16 Seiten der Größe 1KB, für welche im Hauptspeicher 4 Seitenrahmen zur Verfügung stehen. Seite 0 enthält die (Byte-) Adressen 0−1023, Seite 1 die Adressen 1024−2047 usw. Weiter laute der aktuelle Inhalt der Hauptspeicherrahmen wie folgt:

Rahmen	Seite
0	8
1	6
2	2
3	14

(a) Aus wie vielen Bits bestehen virtuelle und physikalische Adressen?

(b) Welche virtuellen Adressen können einen Page-Fault verursachen?

(c) Welche physikalischen Adressen werden beim Zugriff auf die virtuellen Adressen 0, 2050, 15000, 8186, 8200, 15360 und 6500 angesprochen?

(d) Geben Sie für einen allgemeineren Fall eine Funktion an, deren Parameter eine virtuelle Adresse ist. Der Funktionswert sei −1, falls ein Page-Fault auftritt, sonst die physikalische Adresse. Greifen Sie auf die Funktion `aktRahmen(vAdr)` zurück; diese gibt die Nummer des Rahmens zurück, falls die Adresse geladen ist und −1 sonst. Die Größe eines Rahmens sei gegeben durch den Parameter `lRahmen`.

11.5 Bei der Verwendung von Paging wird stets unterstellt, dass alle Seiten eine unveränderliche (statische) Länge haben. Hieraus resultiert, dass Teile einer Page (etwa am „Ende" eines logischen Adressraums bzw. eines Programms) ungenutzt bleiben. Diese Situation ist vermeidbar durch die Verwendung von *dynamischem* Paging, bei welchem Seitengrößen nach Bedarf verändert werden können. Man überlege, wie bei einem solchen Ansatz die Umsetzung virtueller auf reale Adressen vorgenommen werden kann und welche Probleme auftreten.

11.6 Eine Alternative zur in Abschnitt 11.1 beschriebenen LRU-Seitenersetzungsstrategie ist die *NRU-Regel* (kurz für *Not Recently Used*). Man überlege, unter welchen Voraussetzungen diese gegenüber LRU zu bevorzugen ist. Man stelle die gleiche Überlegung für eine FIFO-Strategie (*First In First Out*) an.

11.7 Ein segmentierter Speicher bestehe aus in Seiten unterteilten Segmenten. Eine virtuelle Adresse der Länge 16 Bits umfasse 3 Bits für die Segment-Nummer, 3 Bits für die Seiten-Nummer und 10 Bits für den Offset. Man bestimme die Größe des logischen Adressraums.

11.8 Segmente können unter anderem zur Aufnahme von Programmen verwendet werden, welche von mehreren Benutzern gleichzeitig verwendet werden (wie etwa ein Compiler). Man entwerfe eine Segment-Tabelle, welche ein solches *Sharing* von Segmenten unterstützt.

11.9 In Analogie zu einem Page-Fault können bei einer Segmentierung *Segment-Faults* auftreten. Man gebe eine geeignete Strategie an, einen solchen zu beheben.

*11.10 Ein Prozess fordere fünf Seiten a, b, c, d und e an in der Reihenfolge a, b, c, d, a, b, e, a, b, c, d, e. Man beschreibe, wie die Seitenersetzungsstrategien FIFO bzw. LRU die Anforderung verarbeiten (und wann sie dabei einen Page-Fault erzeugen) unter der Annahme, dass das Betriebssystem dem Prozess

(a) maximal drei,

(b) maximal vier

Seitenrahmen gleichzeitig zur Verfügung stellt.

11.11 Gegeben sei eine virtuelle Speicherverwaltung mit einer Seitengröße von 4KB. Betrachten Sie die in Abbildung 11.35 gezeigt Situation: Ein Programm beginne in einem virtuellen Adressraum an der Adresse $(1000)_{16}$ (Marke **start**), ende bei $(4768)_{16}$ (Marke **end**) und enthalte bei Adresse $(2A60)_{16}$ (Marke **jump**) einen relativen bedingten Sprungbefehl zu der Marke **label**, die an der Adresse $(3200)_{16}$ auftritt. Die Seiten des virtuellen Adressraumes werden von der Seitenverwaltung wie in der Abbildung gezeigt auf physikalische Seiten im Hauptspeicher abgebildet. Welche physikalischen Adressen gehören im Hauptspeicher zu den einzelnen Marken?

*11.12 Cache C1 habe 16 1-Wort Blöcke und Cache C2 habe 4 4-Wort Blöcke (beides seien direct-mapped Caches). Nehmen Sie an, dass die Kosten für einen Cache Miss bei C1 8 Zyklen und bei C2 11 Zyklen betragen. Geben Sie, unter der Annahme, dass die Caches zu Beginn leer sind, eine Folge von Adressen an, für die C2 eine niedrigere Miss Rate als C1 hat, gleichzeitig aber mehr Zeit mit der Bearbeitung von Cache Misses verwendet.

11.13 Betrachten Sie die in Abbildung 11.36 gezeigte Situation, welche während der Abarbeitung des angegebenen PowerPC-Programms mittels einer fünfstufigen Pipeline auftreten kann (das kritische Register **r1** ist fett gekennzeichnet). Überlegen Sie, wie die in der Abbildung gezeigten Datenhasards durch einen geeigneten Einsatz von Forwarding vermieden werden können.

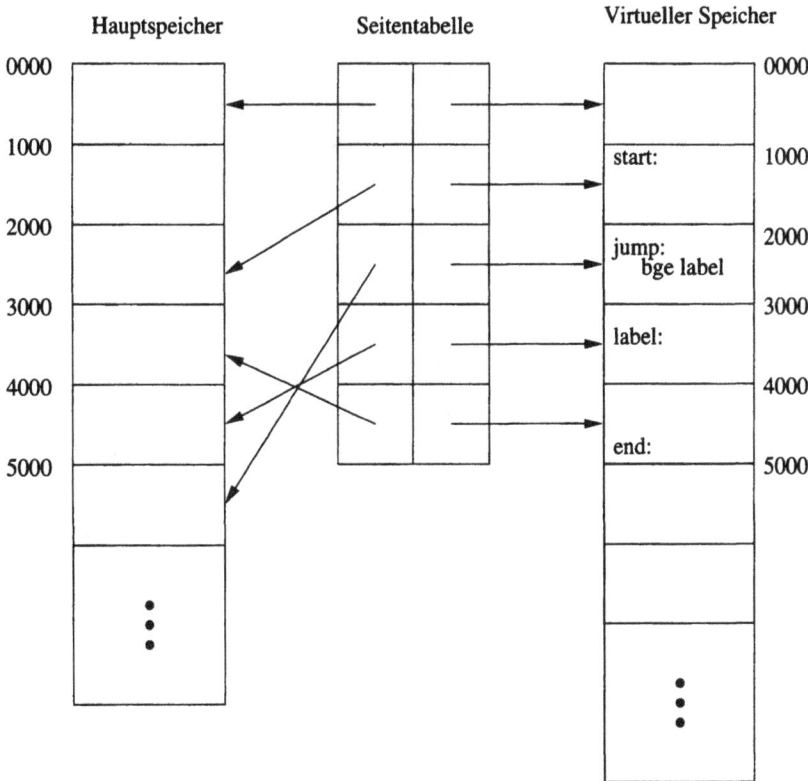

Abbildung 11.35: Situation im Speicher zu Aufgabe 11.11.

11.14 Gegeben seien zwölf Jobs, die auf zwei nichtunterbrechenden, gleichartigen Prozessoren bearbeitet werden sollen. Die Längen der Jobs seien bekannt:

Jobs	A	B	C	D	E	F	G	H	I	J	K	L
Längen	5	10	2	6	5	4	9	6	8	2	1	1

Ferner gebe es die in Abbildung 11.37 gezeigte Präferenzordung für die Ausführung der Jobs.

(a) Bestimmen Sie einen Schedule mit der CPM-Heuristik (critical path method).

(b) Ist der Schedule aus a) optimal (Begründung!)? Geben Sie gegebenenfalls einen Schedule mit minimaler Gesamtbearbeitungszeit an.

11.7 Bibliographische Hinweise

Umfassende Einführungen in das Gebiet der Betriebssysteme entnehme man z. B. Silberschatz et al. (2005) oder Tanenbaum (2001). Den Entwurf eines Betriebssystems beschreiben Tanenbaum und Woodhull (2006) am Beispiel Minix. Den Entwurf und die Implementierung des UNIX-Betriebssystems beschreibt Bach (1986). Allgemeine Einführungen in den Aufbau und den Gebrauch dieses Systems geben ferner Bourne

Zeit (Takte)

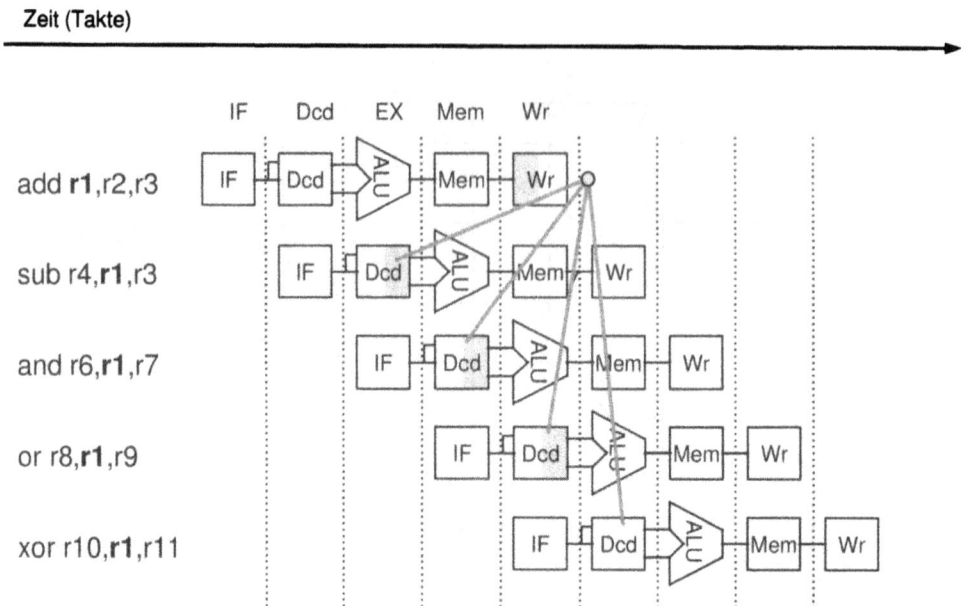

Abbildung 11.36: Datenhasards zu Aufgabe 11.13.

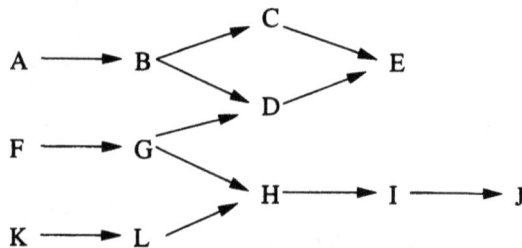

Abbildung 11.37: Präferenzordnung zu Aufgabe 11.14.

(1982), Christian und Richter (1993) oder Ritchie und Thompson (1974); moderne Einführungen geben z. B. Peek et al. (2001), Raymond (2001), oder Siever et al. (2005).

Einzelheiten zum Working-Set bzw. zum Working-Set-Prinzip entnehme man Denning (1968) oder Denning und Schwartz (1972). Eine Beschreibung der Speicherverwaltungsverfahren Paging bzw. Segmentierung findet man etwa bei Silberschatz et al. (2005) sowie Tanenbaum (2001).

Eine ausführliche Darstellung von Pipelining-Techniken und deren Umsetzung in modernen RISC-Prozessoren findet man bei Hennessy und Patterson (2003) sowie bei Patterson und Hennessy (2005). Unter anderem beschreiben diese Autoren ausführlich die Technik des so genannten *Scoreboarding* sowie das Verfahren von Tomasulo zur dynamischen Verfolgung von Datenabhängigkeiten; letzteres geht zurück auf Tomasulo (1967). Man vergleiche zu diesen Techniken auch Tanenbaum (2006). Daneben verweisen wir für weitere Informationen zu den in den Abschnitten 11.2 und 11.4

beschriebenen oder erwähnten Techniken auf Silc et al. (1999, 2000), Ungerer (2001) oder auch Pankratius (2002). Brinkschulte und Ungerer (2002) behandeln insbesondere Superskalar- und VLIW-Architekturen. Mueller und Paul (2000) beschreiben den vollständigen Entwurf eines RISC-Prozessors mit Pipelining.

Die Sätze 11.2 und 11.3 gehen auf Graham (1969) zurück; dieser Arbeit entnehme man auch weitere Details zu den angegebenen Heuristiken. Zu dem in Abschnitt 11.5 behandelten speziellen Scheduling-Problem existiert eine Vielzahl von Varianten, von denen einige polynomielle Lösungsverfahren besitzen, viele ebenfalls NP-vollständig sind, für wieder andere die Frage nach dieser Einordnung nicht geklärt ist.

Kapitel 12

Weitere Prozessor-Beispiele

In diesem Kapitel wollen wir eine Reihe weiterer Prozessoren vorstellen, welche in der Entwicklung moderner Computer besondere Bedeutung erlangt haben und in der Praxis heute teilweise *noch*, teilweise *wieder* anzutreffen sind. Dabei erheben wir — gemäß der generellen Philosophie dieses Textes — keinen Anspruch auf Vollständigkeit oder höchste Aktualität, sondern beschreiben ausgewählte Prozessoren der Hersteller Zilog, Intel, Motorola und Sun. Die Beschreibung konkreter Architekturen hat dabei jeweils lediglich Übersichtscharakter, denn zur Arbeit mit einem konkreten Prozessor ist das Studium einschlägiger Handbücher selbstverständlich unerlässlich. Von historischer Bedeutung ist dabei z. B. der Zilog Z80, welcher 1976 verfügbar wurde und einer der ersten Mikroprozessoren war, welcher in *Personal* und *Home Computern* eingesetzt wurde und diesen zu einer weiten Verbreitung verhalf. Wir gehen in diesem Kapitel zur Vervollständigung unserer Ausführungen auch auf Prozessoren ein, die man heute als eingebettete Systeme z. B. in Handheld-Computern, PDAs, Spielekonsolen oder Handys findet; Bemerkungen zu Mikrocontrollern und digitalen Signalprozessoren runden die Darstellung ab.

12.1 Zilog-Prozessoren

Einer der ersten Mikroprozessoren, der eine weite Verbreitung erreicht hat, war der Typ Z80 der Zilog Corporation. Wir beginnen mit einer Vorstellung der Architektur des Z80-Systems. Dabei wird der Leser die wesentlichen Aspekte des Von-Neumann-Prinzips unmittelbar wiedererkennen, andererseits aber auch feststellen, wie weit sich bereits der Z80 von einem „reinen" Von-Neumann-Rechner unterscheidet. Danach beschreiben wir moderne Nachfolger des Z80.

12.1.1 Zilog Z80

Der Z80 war Teil eines Mikrocomputersystems, welches aus mehreren Komponenten bestand, die einzeln als ICs verfügbar waren und im Allgemeinen auf einer Platine geliefert wurden. Ein Standard-Z80-System hatte etwa den in Abbildung 12.1 gezeigten Aufbau. Dieses Bild ist dem in Kapitel 8 für den allgemeinen Von-Neumann-Rechner angegebenen sehr ähnlich (vgl. Abbildung 8.1) und bedarf daher nur einer kurzen

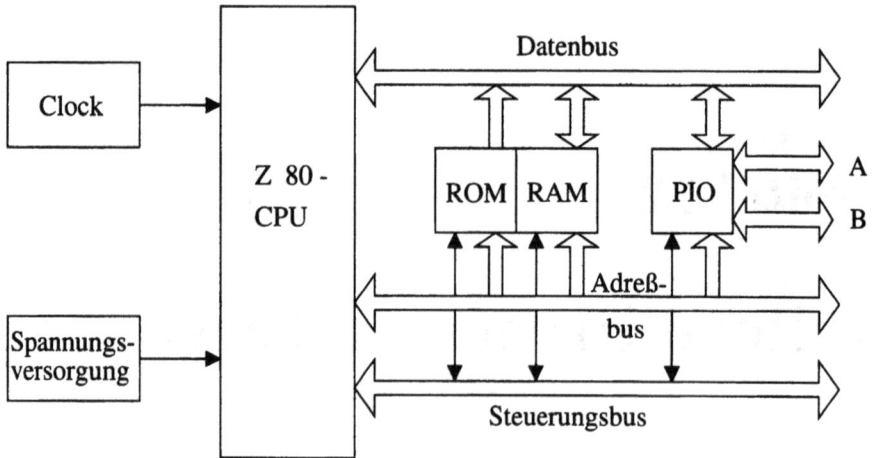

Abbildung 12.1: Aufbau eines Z80-Systems.

Erläuterung: Der Z80 war die CPU des Systems; auf seinen Aufbau gehen wir weiter unten ein. Das System besaß drei Busse: Einen 8 Bit breiten Datenbus, einen 16 Bit breiten Adressbus sowie einen Steuerungsbus, welcher Signale zur Synchronisation des Systems übertrug. Die Speicherteile ROM und RAM sind ebenfalls aus Kapitel 8 bekannt. Der Verkehr mit der Außenwelt wurde über ein oder mehrere *Interfaces* (Schnittstellen) abgewickelt, wobei die PIO das am häufigsten verwendete war. Diese besaß mindestens zwei I/O-Ports (A und B) und konnte auch durch eine SIO (vgl. Abschnitt 8.4) ersetzt werden. Die Rechner-Clock bestand aus einem Quarz und einem Taktgeber; schließlich war das System mit einer Spannung von 5 V zu versorgen. Auf weitere Bestandteile, welche für ein reales System benötigt wurden, wollen wir nicht eingehen.

Die Z80-CPU war auf einem IC mit 40 Anschlüssen (8 für den Datenbus, 16 für den Adressbus, 13 für den Steuerungsbus, 2 für die Spannung, 1 für den Takt) untergebracht und hatte den in Abbildung 12.2 gezeigten logischen Aufbau. Ein interner (Daten-) Bus verband die ALU mit den Registern bzw. (über eine Bussteuerung S_1) mit dem Datenbus. Die CPU-Register waren ebenfalls über eine Steuerung S_2 mit dem Adressbus verbunden. Von diesen Registern getrennt war das Instruktionsregister IR, welches hier aus zwei acht Bit langen Registern I und R ("Interrupt" bzw. "Refresh") bestand.

An CPU-Registern standen sechzehn 8-Bit- und vier 16-Bit-Register zur Verfügung (vgl. Abbildung 12.3). Bei letzteren handelte es sich um die beiden Indexregister IX und IY, den Befehlszähler PC und den Stapelzeiger SP (zur Bearbeitung von Interrupts, nicht von gewöhnlichen Prozedur-Aufrufen). Die sechzehn 8-Bit-Register waren in einen Hauptregister- und einen Zweitregister-Block unterteilt, welcher jeweils aus acht identischen Registern bestand. Jeder Block enthielt einen Akku A, ein Flag-Register F, welches wieder als Erweiterung des aus Kapitel 8 bekannten Link-Registers verstanden werden kann, und sechs Universalregister B, C, D, E, H und L (die letztgenannten Bezeichnungen stehen für "High" bzw. "Low"). Dabei wurden die Register des zweiten Blocks durch ' von denen des Hauptblocks unterschieden.

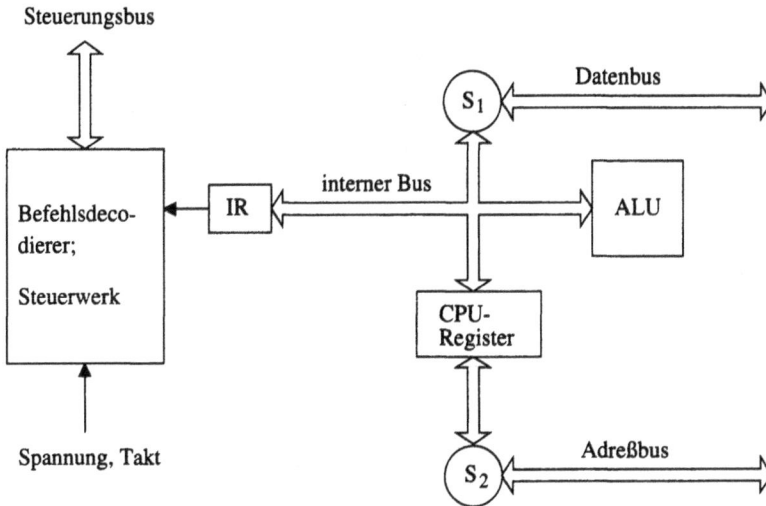

Abbildung 12.2: Organisation einer Z80-CPU.

Zu jedem Zeitpunkt konnte immer nur ein Registersatz benutzt werden, jedoch war es möglich, zwischen den Blöcken umzuschalten. Dadurch konnte ein Block als CPU-interner Speicher verwendet werden, so dass die Anzahl der Zugriffe auf den (außerhalb des Z80-ICs untergebrachten) Hauptspeicher verringerbar war („Flaschenhals"). Man beachte, dass Cache-Speicher zur Zeit des Z80 unbekannt waren, ebenso eine Prozessorchip-interne Verwendung der in Kapitel 11 beschriebenen Techniken zur Speicherverwaltung oder zum Pipelining.

Die sechs Universalregister eines Blocks besaßen außerdem eine Verbindung zum Adressbus. Daher sind sie in Abbildung 12.3 zu Paaren zusammengefasst; zwei benachbarte Register konnten entweder 8 Bit lange Daten oder eine 16 Bit lange Adresse enthalten. Es sei erwähnt, dass jeder der beiden Registersätze zum Datenbus hin mit einem Multiplexer ausgestattet war, welcher Daten, die über den (internen) Datenbus in die CPU gelangten, in einem der sechs auswählbaren Register ablegte. Auf diese Einzeichnung ist in Abbildung 12.3, welche im Übrigen eine detaillierte Übersicht über die Z80-Architektur gibt, verzichtet. Die beiden Flag-Register F und F' waren wie die Universalregister 8 Bit lang; es wurden jedoch nur sechs Bits benutzt; die Inhalte der beiden anderen waren immer zufällig. Ein Flag-Register hatte folgendes Aussehen:

7	6	5	4	3	2	1	0
S	Z	-	H	-	P/V	N	C

Die einzelnen Bits hatten im Wesentlichen die vom WE32100 her bekannten Bedeutungen: Das *Carry-Flag* C wurde bei arithmetischen Operationen gesetzt, falls ein Über- oder Untertrag aufgetreten war; bei Rotations- oder Shift-Operationen wurde das Carry-Flag unter Umständen als neuntes Bit des Akkus aufgefasst. Das *Subtract-Flag* N wurde für BCD-Arithmetik (vgl. Kapitel 6) verwendet. Das *Parity/Overflow-Flag* P/V diente zur Anzeige entweder der Parität des Ergebnisses von logischen, Rotate-, Shift- oder Input-Befehlen oder als Hinweis auf einen Overflow bei einer

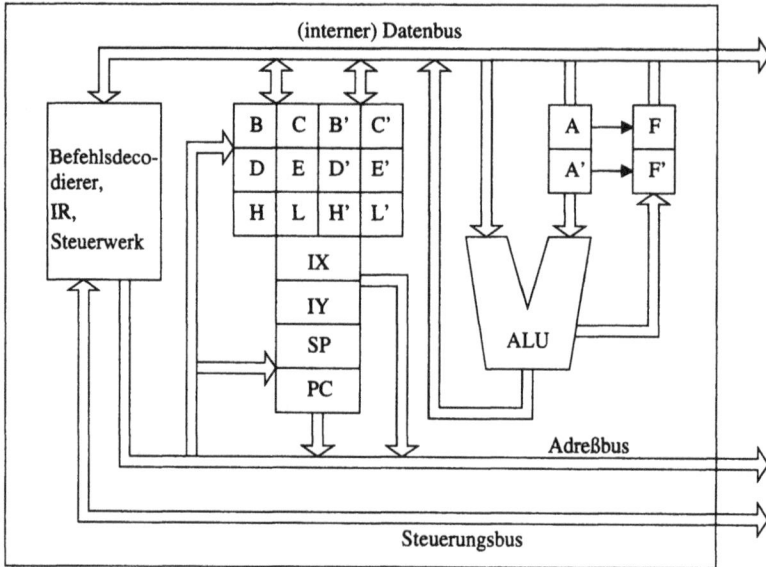

Abbildung 12.3: Architektur des Zilog Z80.

Zweierkomplement-Arithmetik. Das *Half-Carry-Flag* H wurde ebenfalls für BCD-Arithmetik verwendet. Das *Zero-Flag* Z wurde in Abhängigkeit vom Akku-Inhalt gesetzt (und zwar auf 1, falls der Akku-Inhalt $= 0$ war). Das *Sign-Flag* S schließlich enthielt eine Kopie des höchstwertigen Bits des Ergebnisses einer Operation, welches im Allgemeinen im Akku stand; es zeigte an, ob das Ergebnis einer im Zweier-Komplement ausgeführten Operation positiv (0) oder negativ (1) war. Die Verwendung der einzelnen Flags entsprach im Prinzip der des WE32100, so dass wir auf weitere Einzelheiten hierzu verzichten können.

Der Befehlssatz des Z80 umfasste insgesamt 158 Befehle (darunter alle 78 Instruktionen des „Konkurrenten" Intel 8080, zu welchem er daher „Software-kompatibel" war); diese ließen sich in folgende Gruppen einteilen:

1. Daten-Transfer, z. B. LD src, dst für „load" oder EX für „exchange",

2. Daten-Bearbeitung, z. B. ADD src für „addiere src zum Inhalt des Akkus", ADC src für „addiere src und Carry-Flag zum Inhalt des Akkus" sowie SUB, SBC, AND, OR, XOR, DAA oder Shift-Befehle zur Simulation eines (nicht explizit vorhandenen) Multiplikations-Befehls,

3. Tests und (bedingte sowie unbedingte) Sprünge, z. B. JP dst oder JP cond, dst,

4. Ein/Ausgabe,

5. Steuerbefehle, z. B. NOP für „no operation" oder HALT.

Ein Befehl konnte zwischen 1 und 4 Bytes lang sein in Abhängigkeit von der Anzahl sowie der Darstellungsform der Operanden; das erste Byte enthielt jeweils den Op-Code. Der Z80 kannte verschiedene Adressierungsarten wie den Register-Modus, den

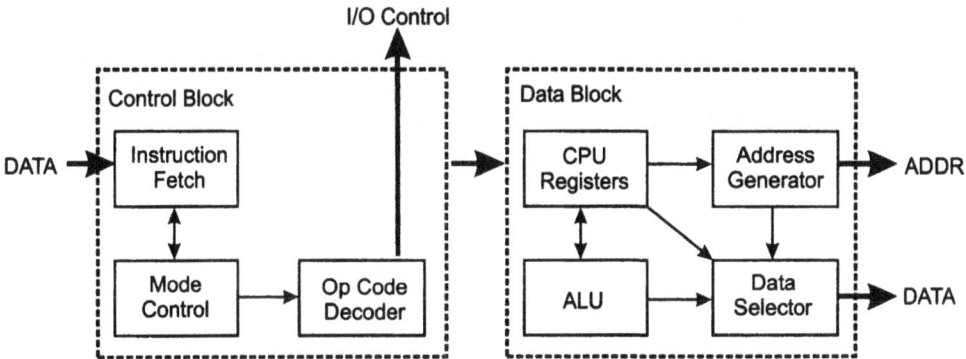

Abbildung 12.4: Blockschaltbild des eZ80.

Immediate- und den Absolute-Modus; darüber hinaus konnte relativ und — unter Verwendung der Indexregister — indiziert adressiert werden.

Der Z80 wurde außer von Zilog selbst auch von anderen Chip-Herstellern produziert, darunter Sharp, SGS, NEC oder National Semiconductor. Ab etwa 1989 wurde der Z80 unter anderem in Spielekonsolen wie dem Nintendo GameBoy eingesetzt.

12.1.2 Moderne Zilog-Prozessoren

Nachfolger des Z80 waren zunächst z. B. der Z800 (ebenfalls ein 8-Bit-Prozessor) und der Z8000 (ein 16-Bit-Prozessor); heutige Prozessor-Baureihen sind der Z8, der Z80, der eZ80 sowie der Z180. Wenngleich Zilog-Prozessoren im Bereich des Desktop-Computing heute praktisch keine Rolle mehr spielen, sind sie inzwischen von hoher Bedeutung im *Embedded Computing* (vgl. Kapitel 8 und weiter unten). Interessanterweise wurde die Architektur des Z80 in ihrer Grundform bis heute beibehalten, wenngleich sich natürlich die Details der Implementierung kontinuierlich verändert haben. So hat z. B. eine Z180-CPU eine Taktrate von 33 MHz und kann bis zu 1 MB Speicher adressieren, eine Z380-CPU hat intern eine 32-Bit-Architektur und kann bis zu 4 GB Speicher adressieren. Anwendung finden diese Prozessoren z. B. in Druckern, Fax-Geräten oder ISDN- sowie GSM-Modems. Der eZ80, dessen Blockschaltbild in Abbildung 12.4 gezeigt ist, wird von Zilog selbst als in Hardware gebauter „Web-Server" bezeichnet, welcher konzipiert ist für eingebettete Systeme, die HTML sowie die im Internet verwendeten Protokolle (vgl. Kapitel 15) verstehen müssen. Der eZ80 ist ein 8-Bit-Mikroprozessor, der bestimmte 16- oder 24-Bit-Operationen ausführen kann. Seine Architektur unterscheidet zwischen einem *Kontrollblock* und einem *Datenblock*. Im Kontrollblock werden Instruktionen geholt und die möglichen Prozessorzustände (Halt, Sleep, Interrupt, Debug, ADL [Address and Data Long]) unterschieden. Der Op-Code-Decoder ist ähnlich einem mikroprogrammierten ROM organisiert. Der Datenblock enthält die CPU-Register, die ALU, einen Adressengenerator, welcher die Adressen für sämtliche Speicherzugriffe erzeugt, sowie einen Datenselektor, welcher Daten auf den Datenbus sendet. Der eZ80 verfügt über eine Pipeline, in welcher Holen, Decodieren und Ausführen konsekutiver Instruktionen überlappt werden können. Der Prozessor kann im Z80-Modus betrieben werden, in welchem er Programme ausführen kann, die schon vor 30 Jahren für den Z80 geschrieben wurden.

Die Mitglieder der heutigen Zilog-Produktfamilie umfassen Mikroprozessoren, die als eingebettete Prozessoren verwendet werden, ferner die bereits in Kapitel 8 erwähnten digitalen Signalprozessoren (DSPs) und Mikrocontroller. Aktuelle Einzelheiten findet man im Internet unter http://www.zilog.com.

12.2 Intel-Prozessoren

In diesem und dem folgenden Abschnitt behandeln wir Mikroprozessoren, welche durch eine Verwendung in kommerziell sehr erfolgreichen Rechnerbaureihen (z. B. von IBM, HP oder Compaq im Fall Intel bzw. von Apple im Fall Motorola) eine weite Verbreitung erfahren haben. Bei diesen handelt es sich wie schon bei der Z80-Reihe jeweils um Prozessor-*Familien*, deren einzelne Mitglieder auf den gleichen Entwurfsprinzipien basieren und welche im Allgemeinen aufwärtskompatibel zueinander sind. Auch in der Architektur unterscheiden sich die Prozessoren einer Familie im Allgemeinen nur wenig.

12.2.1   Intel 8086 und 8088

Wie bereits erwähnt, erschien 1978 der Intel 8086, 1979 kam der Intel 8088 hinzu. Beides waren 16-Bit-Mikroprozessoren und konnten bis zu 1 MB Hauptspeicher adressieren, jedoch verfügte der 8086 über einen 16-Bit-Datenbus, der 8088 nur über einen 8-Bit-Datenbus. Die Taktfrequenz des 8086 betrug anfangs 5 MHz und wurde später auf bis zu 10 MHz erhöht, was einer in etwa verzehnfachten Ausführungsgeschwindigkeit gegenüber dem 8080 entsprach. Der 8086 verfügte über 29.000 Transistoren. Die Prozessoren 8086 und 8088 wiesen sehr viele Gemeinsamkeiten auf; insbesondere war ihre Architektur nahezu identisch, und sie waren Software-kompatibel. Daher beschränken wir uns zunächst auf die Beschreibung des 8088 und geben nur gelegentlich die Unterschiede zum 8086 an.

Die Architektur des 8088 gibt Abbildung 12.5 wieder. Logisch zerfällt der 8088 (wie der 8086) in eine Execution-Unit EU (in Abbildung 12.5 links bzw. unterhalb der gestrichelten Linie gezeigt) und eine Bus-Interface-Unit BIU (in Abbildung 12.5 rechts bzw. oberhalb der gestrichelten Linie gezeigt). Die EU enthält die allgemeinen Register für Daten und Adressen, die ALU und die Logik zur Steuerung der Ausführung von Befehlen. Die BIU enthält die Schnittstelle zum Bus (welche bei Port A fünf Steuerleitungen und bei Port B zwanzig binäre Adress- bzw. Datenleitungen bedient), die Segment-Register, den Befehls-Zeiger und die Befehlswarteschlange. Die Wirkungsweise soll im Folgenden skizziert werden. Die Ausführungssteuerung besitzt fünfzehn weitere Anschlüsse (z. B. für die Unterbrechungs-Steuerung), welche wir nicht weiter erläutern.

Die BIU holt die Befehle aus dem Speicher und nimmt eine Zwischenspeicherung in der Warteschlange vor. Letztere besteht beim 8088 aus vier 8-Bit-Registern, beim 8086 aus sechs solchen Registern. Ist die EU bereit, einen neuen Befehl auszuführen, so holt sie die entsprechende Anzahl von Bytes aus dieser Warteschlange und führt den Befehl aus. Während dessen füllt die BIU die Schlange selbsttätig auf, so dass Fetch- und Execution-Phase einer Befehlsbearbeitung zeitlich verzahnt ablaufen (Pipelining). Die EU ist nicht mit der „Außenwelt" verbunden. Falls ein Befehl die Übertragung von Operanden zwischen der EU und dem Speicher oder einer E/A-Einheit erfordert, so

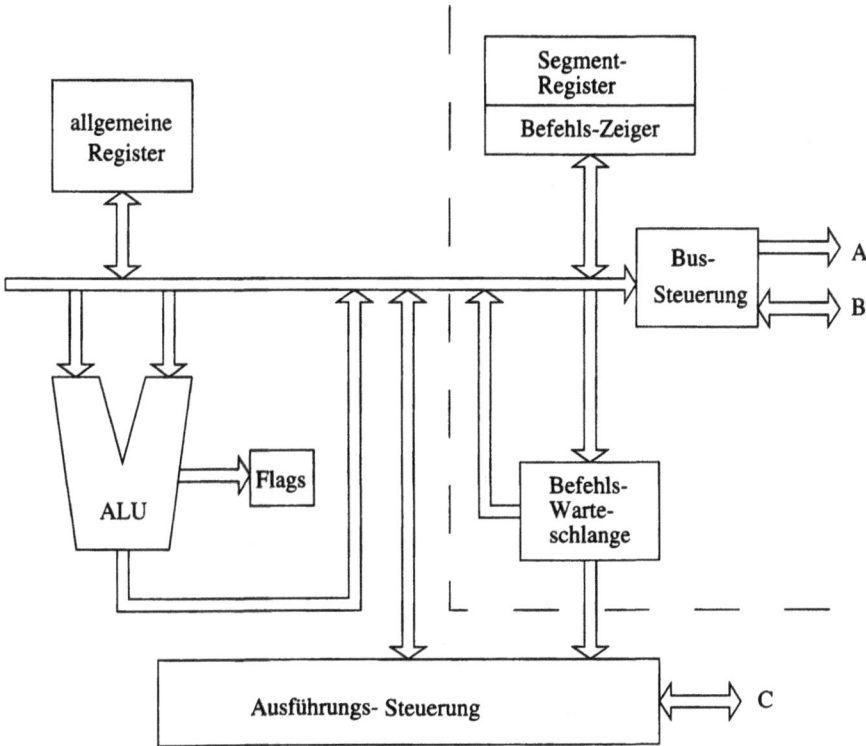

Abbildung 12.5: Architektur des Intel 8088.

delegiert die EU diese Aufgabe an die BIU. Trifft eine derartige Anforderung während einer gerade ablaufenden Auffüllung der Warteschlange ein, so wird diese Auffüllung zuerst beendet; erst danach wird der EU-Wunsch befriedigt.

Der 8088 verfügt über einen 8-Bit-Datenbus, kann jedoch 16-Bit-Daten verarbeiten. Ein 16-Bit-Datum muss demnach in zwei „Schüben" in die CPU transportiert werden. Dies erfolgt über den Port B (vgl. Abbildung 12.5); dieser verfügt über einen Multiplexer, welcher über die niedrigsten 8 Bits des 20 Bits umfassenden Adressbusses auch Daten überträgt. Daten werden in den allgemeinen Registern abgelegt, von denen insgesamt acht vorhanden sind: Akku AX = (AH, AL), Basc BX = (BH, BL), Count CX = (CH, CL), Data DX = (DH, DL), Stack Pointer SP, Base Pointer BP, Source Index SI und Destination Index DI. Dabei bedeutet bei den vier erstgenannten Registern die Paar-Schreibweise, dass das betreffende Register zwei Bytes umfasst, welche unter den angegebenen Namen einzeln angesprochen werden können.

Dieser Block von acht 16-Bit-Registern zerfällt logisch in einen vierelementigen Block von Daten-Registern (AX - DX) und einen Block von vier Zeiger- bzw. Index-Registern. Die Daten-Register sind jeweils in einen H- und einen L-Anteil zerlegt (für „High" bzw. „Low" wie beim Z80) und können somit wahlweise als zwei 8- oder ein 16-Bit-Register benutzt werden. Prinzipiell ist jedes dieser vier Register als Akku verwendbar, und jedes von ihnen kann Operanden für arithmetische oder logische Operationen aufnehmen. Jedoch benutzen bestimmte Befehle automatisch nur bestimmte Register; z. B. wird bei Adressrechnungen nur BX verwendet (als „Basisregister"), und in Schleifen wird nur CX als Zähler verwendet. Im Vergleich zum Z80 entspricht AX in etwa dem Akku A des Z80, BX dem Registerpaar HL, CX dem Paar BC und DX dem Paar DE.

Die Register SP und BP werden auch als Zeigerregister bezeichnet. Sie werden primär für Adressierungszwecke verwendet, können aber auch 16-Bit-Operanden für arithmetische oder logische Operationen aufnehmen. Die Indexregister SI und DI können ebenfalls für letzteren Zweck eingesetzt werden, werden aber typischerweise für so genannte String-Operationen benutzt.

Der 8088 besitzt ein 9-Bit-Flagregister („Prozessor-Status-Wort") mit folgendem Aufbau:

$$\boxed{T}\ \boxed{D}\ \boxed{I}\ \boxed{O}\ \boxed{S}\ \boxed{Z}\ \boxed{A}\ \boxed{P}\ \boxed{C}$$

Diese Flags sind beim 8086 auf ein 16-Bit-Register verteilt. Die linken drei (Trap, Direction, Interrupt-Enable) heißen auch Steuerungs-Flags und können durch ein Programm zur Steuerung der CPU gesetzt werden; ist z. B. T gesetzt, so wird die CPU nach jeder Befehlsausführung angehalten, damit der Programmierer die erfolgte Veränderung der Registerinhalte nachvollziehen kann (Debugging). Die rechten sechs Flags (Overflow, Sign, Zero, Auxiliary Carry, Parity, Carry) werden auch als Status-Flags bezeichnet; sie haben im Wesentlichen die gleiche Funktion wie beim WE32100 bzw. beim Z80; lediglich ein Overflow wird hier durch ein separates Flag angezeigt.

Wie bereits erwähnt, verfügt der 8088 über einen 20-Bit breiten Adressbus. Damit sind also $2^{20} = 1.048.576$ oder 1 MB Speicherplätze adressierbar. Da alle Register nur 16 Bits lang sind, müssen die fehlenden 4 Bits durch eine Adressumsetzung ergänzt werden: Der logische Adressraum eines Programms wird unterteilt in Segmente (vgl. Kapitel 11) der Länge jeweils 64 KB und auf den physikalischen Speicher in der hier vorliegenden Realisierung dadurch abgebildet, dass zu einer logischen 16-Bit-Adresse der Inhalt eines der vier 16-Bit-Segment-Register addiert wird. Jedes dieser Register enthält die Anfangsadresse eines Segmentes, und sein Inhalt wird vor Ausführung dieser Addition um vier Bits nach links verschoben:

Segmentanfangsadr.:		s_{15}	s_{14}	s_{13}	s_{12}	s_{11}	$\ldots$	s_0	0	0	0	0
logische Adresse:	+	0	0	0	0	l_{15}	$\ldots$	l_4	l_3	l_2	l_1	l_0
phys. Adresse:		p_{19}	p_{18}	p_{17}	p_{16}	p_{15}	$\ldots$	p_4	p_3	p_2	p_1	p_0

Es entsteht so eine 20-Bit-lange physikalische Adresse. Es sei angemerkt, dass die Segmentierung also zur Speicherverwaltung dient und logische Adressen daneben durch spezielle Adressierungsverfahren bestimmt werden können.

Der Register-Block der BIU besteht aus einem Instruction Pointer IP sowie den vier Segment-Registern CS (Code-Segment), DS (Data Degment), SS (Stack-Segment) und ES (Extra-Segment). Der Befehls-Zeiger IP entspricht dabei dem Program Counter PC in unserem allgemeinen Modell aus Kapitel 8.

Wir bemerken abschließend, dass die Mikroprozessoren Intel 8086 und 8088 Teil einer umfangreichen Baustein-Familie waren. Von den verwendeten Coprozessoren verdient insbesondere der 8087 Erwähnung, welcher für die schnelle Verarbeitung numerischer Daten entwickelt wurde. Dazu besitzt er unter anderem acht 80-Bit-Register und spezielle Befehle für trigonometrische, logarithmische und arithmetische Operationen auf verschiedensten Datentypen wie z. B. 64-Bit-Integer- oder Real- Zahlen.

12.2.2 Intel 80386 und 80486

Die Nachfolger von 8086 und 8088 waren und sind vor allem dadurch gekennzeichnet, dass immer mehr Funktionen auf einem einzigen Chip vereinigt werden konnten. So verfügte bereits der 1983 vorgestellte 80286 über eine auf dem Prozessorchip untergebrachte Memory Management Unit. Diese Entwicklung zeigt, dass bereits in den 80er Jahren Ein-Chip-Mikroprozessoren mit „Systemeigenschaften" angestrebt wurden. Dazu gehören insbesondere Speicherschutz gegen unberechtigte oder fehlerhafte Zugriffe im Mehrbenutzerbetrieb sowie Systemschutz gegen Verändern fremder Daten oder Programme. Wir wollen als nächstes kurz auf die 32-Bit-Nachfolger der oben beschriebenen Prozessoren eingehen, welche insbesondere über derartige Eigenschaften verfügen.

Die Funktionalität des 80386 kann als Obermenge der Funktionalität des 8086 angesehen werden; insbesondere seine Architektur weist eine Reihe von Gemeinsamkeiten mit diesem Vorläufer auf, so dass unter anderem Kompatibilität auf der Ebene vom Objektcode erreicht wird. Der 80386 wird in einem 132-poligen Gehäuse geliefert und besteht aus einer CPU, einer MMU, welche wie beim 80286 auf dem Prozessor-Chip untergebracht ist, sowie einem Bus-Interface. Im Einzelnen setzt sich die CPU aus einer Execution-Unit (EU), einer Instruction-Unit (IU) und einem mikroprogrammierten Steuerwerk zusammen; es ist jedoch kein Instruction-Cache in diese integriert (bzw. auf dem Prozessor-Chip untergebracht). Die EU enthält die ALU sowie acht allgemeine Register; die IU decodiert den Op-Code-Anteil eines auszuführenden Befehls und legt das Ergebnis in einer Instruction-Queue ab, wobei der aktuell zu bearbeitende Befehl einem Prefetch-Puffer der Größe 16 Bytes entnommen wird. Das bereits beim 8086/8088 verwendete Befehlsphasen-Pipelining wird dadurch in weitere Teilschritte zerlegt (insgesamt werden acht Pipelining-Stufen unterschieden) und trägt damit wesentlich zu einem erhöhten Durchsatz bei.

Die MMU umfasst eine Segmentation- sowie eine Paging-Unit; die dabei zu Grunde liegende Speicherverwaltungs-Technik haben wir in Kapitel 11 vorgestellt. Es sei hier lediglich bemerkt, dass einzelne Segmente eine Größe von bis zu 4 GB haben können und in Pages der Länge 4 KB unterteilt werden; es können bis zu 16.384 Segmente (pro „Task") verwendet werden, so dass der „virtuelle Adressraum" (vgl. Kapitel 11) insgesamt die Größe 64 TB (Terabytes; 1 TB = 10^{12} B) haben kann.

Insgesamt verfügt der 80386 über 32 Register (unterschiedlicher Länge) gemäß folgender Aufteilung:

1. Acht allgemeine 32-Bit-Register (wie oben erwähnt) mit den Bezeichnungen EAX, EBX, ECX, EDX, ESI, EDI, EBP bzw. ESP; bei diesen handelt es sich um die vom 8088/8086 her bekannten Register, welche auf doppelte Länge erweitert wurden.

2. Sechs 16-Bit-Segment-Register CS, SS, DS, ES, FS und GS, welche im Wesentlichen den Segment-Registern der BIU des 8086 entsprechen (sowie sechs dem Programmierer nicht zugängliche Segment-Deskriptor-Register).

3. Ein 32-Bit-Instruction-Pointer IP (vgl. 8086) sowie ein 32-Bit-Flag-Register EFLAGS.

4. Vier 32-Bit-Kontroll-Register CR0 bis CR3, welche Informationen über den aktuellen Zustand des Prozessors enthalten.

5. Zwei 48-Bit- sowie zwei 16-Bit-Register (GDTR und IDTR bzw. LDTR und TR) zur Unterstützung von Steuerungs-Funktionen (z. B. in Zusammenhang mit der Behandlung von Interrupts).

6. Sechs 32-Bit-Debug-Register (DR0-3, DR6, DR7) und zwei 32-Bit-Test-Register (TR6, TR7), welche zur Analyse von Programmen (Debugging) bzw. für einen Selbsttest verschiedener Prozessor-Bestandteile (wie der verwendeten PLAs, insbesondere des Control-Memory-ROMs) verwendet werden können.

Der 80386 unterstützt 16 verschiedene Datentypen, darunter Bit, Bit-Feld (bis zu 32 Bits lang), Bit-String (bis zu 4 GB lang), Byte, Wort (2B), Doppelwort (4B), Quadwort (8B) (die letzten vier jeweils in Signed- und Unsigned-Version, d. h. für ganze Zahlen mit bzw. ohne Vorzeichen), BCD und Char (Byte-Darstellung eines ASCII-Symbols). Durch Hinzunahme des 80387-Coprozessors können ferner 32-, 64- oder 80-Bit-Gleitkommazahlen verarbeitet werden.

Der Prozessor wurde in CHMOS III-Technologie hergestellt und vereinigte auf einem Chip rund 270.000 Transistoren. Er konnte mit 12,5 oder 16 oder 20 MHz getaktet werden. Die Länge T von einem Takt-Zyklus bei 16 MHz beträgt damit 62,5 nsec; hieraus resultiert bei einer durchschnittlichen Befehlsausführungs-Dauer von $4T$ ein Durchsatz von 4 MIPS. Der 80386 kann in zwei verschiedenen Betriebsarten gefahren werden: Im *Real (Address) Mode* verhält er sich wie ein schneller, mit 32-Bit-Registern versehener 8086. Im *Protected (Virtual Address) Mode* steht dagegen die volle 386-Funktionalität, insbesondere die Speicher-Verwaltung für den virtuellen Adressraum sowie ein 4-Ebenen-Schutzmechanismus, zur Verfügung. Bei letzterem handelt es sich um eine Realisierung des weiter oben erwähnten Speicher- bzw. System-Schutzes, welcher insbesondere Benutzerprogramme voneinander und von den Programmen des Betriebssystems isoliert und vor unberechtigten Übergriffen sichert; es sei bemerkt, dass diese Funktionen beim 80386 durch die MMU realisiert werden.

1989 wurde mit dem 80486 ein weiteres Mitglied dieser Prozessorfamilie vorgestellt; dieser Prozessor war einer der ersten Chips, welcher mehr als eine Million Transistoren enthielt. Er umfasste im Wesentlichen eine dem 80386 ähnliche Integer-CPU, eine dem 80387 ähnliche Floating-Point-CPU, einen Cache der Größe 8 KB sowie Vorkehrungen zur Unterstützung von Mehrprozessor-Anwendungen. Der adressierbare Speicherraum betrug 4 GB, und ein wesentlicher Unterschied zum 80386 bestand darin, dass etwa die Hälfte aller Instruktionen in nur einem Taktzyklus (anstatt zwei) ausgeführt wurden. Durch eine Steigerung der Taktfrequenz auf bis zu 66 MHz war eine enorme Geschwindigkeitsverbesserung gegenüber den Vorgängern möglich. Zur Erzielung eines hohen Durchsatzes machte der 80486 ferner intensiven Gebrauch von Parallelverarbeitung und Pipelining; insbesondere konnten die Integer- und die Floating-Point-CPU parallel Befehle ausführen.

12.2.3 Intel Pentium

1993 wurde der Pentium verfügbar. Dieser Prozessor basiert auf einer Superskalar-Architektur, welche wir im vorigen Kapitel bereits erläutert haben. Beim Intel Pentium ist das Prinzip dieser Architektur in Form von zwei (nahezu) unabhängigen Integer-Pipelines (die sich lediglich einer gemeinsamen Fetch-Phase bedienen) sowie einer Gleitkomma-Pipeline realisiert, wodurch man sich bereits auf der Grenze zum Parallelrechner-Konzept befindet. Hierdurch wird gegenüber einem 80486 praktisch ein verdoppelter Durchsatz erzielt. Der Intel Pentium weist gegenüber seinen Vorgängern zahlreiche weitere Verbesserungen bzw. Neuerungen auf, von denen hier nur die Folgenden genannt seien:

- Mehr fest verdrahtete Befehle (d. h. Verwendung einer Technik, welche vor allem in RISC-Prozessoren Anwendung findet),

- getrennte Daten- und Befehls-Cachespeicher der Größe jeweils 8 KB,

- 64-Bit-Datenbus, 32-Bit-Adressbus,

- Taktraten von 75 MHz bis 200 MHz,

- Speicherverwaltungseinheit für Demand Paging (vgl. Kapitel 11),

- eingebaute Fehlererfassungs- und Prüffunktionen,

- Hardware-Debug-Unterstützung.

Die Architektur des Pentium I ist in Abbildung 12.6 gezeigt. Von der Busschnittstelle gelangen die Daten und Befehle zunächst in den 8 KB großen Daten- bzw. Befehls-Cache (Code-Cache). Die Trennung von Daten- und Befehls-Cache soll Kollisionen zwischen Datenzugriffen und Befehls-Prefetching vermeiden. Jeder Cache ist zweifach Set-assoziativ (vgl. Abschnitt 10.1.4) und hat eine Cache-Line-Größe von 32 Byte. Bei Zugriffen auf die Caches wird wie beim PowerPC das MESI-Kohärenzprotokoll verwendet. Für den Daten-Cache werden dabei alle vier Zustände dieses Protokolls benutzt (vgl. Abbildung 10.8), für den Befehls-Cache jedoch nur die beiden Zustände *Shared* bzw. *Invalid*, da dieser nicht beschreibbar ist. Sobald ein Cache-Speicher voll ist, werden die Cache-Lines mit dem Least-Recently-Used-Algorithmus (LRU) ersetzt.

Jeder der beiden Caches besitzt einen *Translation Lookaside Buffer* (TLB). Der TLB ist ein Teil der Memory Management Unit des Pentium und hat die Aufgabe, logische in physikalische Adressen zu konvertieren. Im Prinzip ist der TLB eine Hardware-Tabelle, die zu jedem Eintrag einer logischen Adresse die entsprechende physikalische Adresse enthält. Bei einem Speicherzugriff wird im TLB nachgesehen, ob bereits ein Eintrag zu der entsprechenden Adresse vorhanden ist. Wenn das der Fall ist, wird die physikalische Adresse aus dem TLB ausgelesen. Ansonsten wird die physikalische Adresse berechnet, und die Einträge im TLB werden aktualisiert, bevor der eigentliche Speicherzugriff erfolgt. Da bei jedem Speicherzugriff diese Konvertierung quasi nebenbei erfolgt, kommt es zu der Bezeichnung „lookaside".

Eine wesentliche Neuerung beim Pentium ist die Branch-Prediction-Unit (BPU). Ihr Ziel ist es, Programmausführungen dadurch zu beschleunigen, dass Sprünge innerhalb eines Programms spekulativ vorhergesagt werden (vgl. auch Abschnitt 11.4). Sie besteht aus einer BPU-Steuereinheit und einem Branch Target Buffer (BTB). Der BTB ist de facto ein Cache mit 256 Einträgen, der die Zieladressen eines Sprungs und dessen Häufigkeit enthält (*History Bits*). Im Falle einer falschen Vorhersage (*not taken branch*) muss die BPU-Steuerlogik die richtigen Befehle holen und dafür sorgen, dass die Pipelines, die jetzt falsche Befehle enthalten, geleert werden. Das Konzept der Branch Prediction ist allerdings beim Pentium nicht völlig neu, da es z. B. auch im PowerPC implementiert wurde.

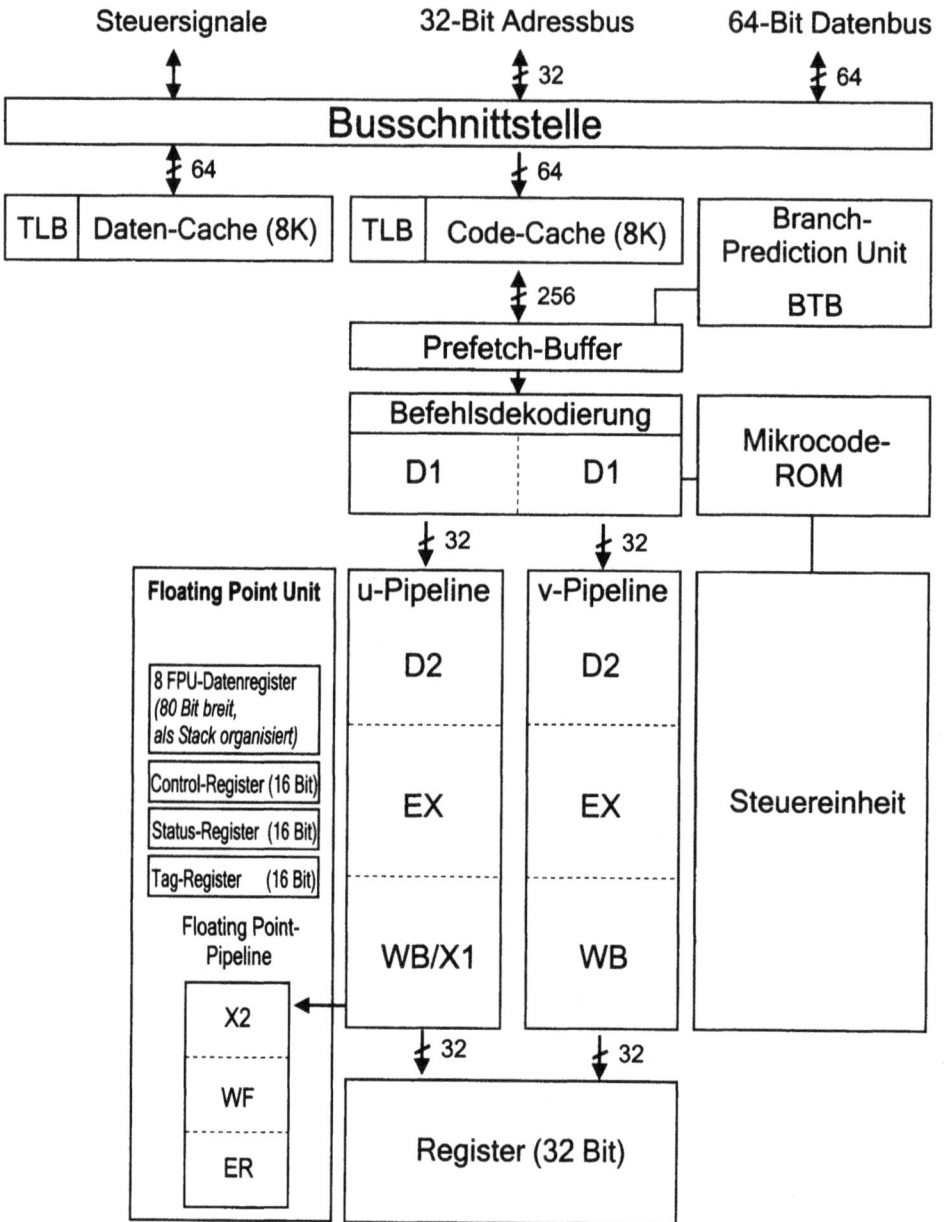

Abbildung 12.6: Architektur des Intel Pentium I.

Die Steuereinheit kontrolliert zwei Integer-Pipelines und eine Gleitkomma-Pipeline. Zur besseren Unterscheidung werden die Integer-Pipelines mit „u" und „v" bezeichnet. Diese Pipelines haben jeweils fünf Stufen, die Gleitkomma-Pipeline hat acht Stufen, wobei sie sich die ersten fünf Stufen mit der u-Pipeline teilt. Die u-Pipeline kann *alle* Befehlsarten ausführen, während die v-Pipeline nur „einfache" Befehle ausführen kann, wie z. B. MOV, PUSH, POP, JMP oder Integer-Befehle. Die beiden Integer-Pipelines sind unterteilt in die Phasen *Prefetch* (PF), *Decode1* (D1), *Decode2* (D2), *Execute* (EX) und *Write Back* (WB).

Zum Ablauf der Verarbeitung: Auszuführende Befehle werden vor ihrer Verarbeitung vom Code-Cache in den Prefetch-Buffer geholt. Der Prefetch-Buffer besteht de facto aus zwei getrennten Puffern: Der erste holt die Befehle in linearer Folge aus dem Cache, der zweite holt die Befehle aus dem Cache gemäß der BPU, damit der benötigte Code vor der Ausführung auf jeden Fall bereit steht. Anschließend wird ermittelt, ob eine „Paarung" zweier Befehle möglich ist: Eine Paarung ist genau dann möglich, wenn zwei Befehle bei der Ausführung nicht voneinander abhängen und somit parallel ausführbar sind. Wenn das zutrifft, wird das betreffende Befehlspaar gleichzeitig von den weiteren Stufen der u- bzw. v-Pipeline verarbeitet; ansonsten wird nur die u-Pipeline gefüllt, während die v-Pipeline keine Eingabe erhält. Im Idealfall werden pro Takt zwei Integer-Befehle oder ein Gleitkomma-Befehl abgearbeitet. Ob eine Paarung von Befehlen möglich ist, entscheidet eine eigene Paarungslogik nach bestimmten Regeln, auf welche wir hier nicht näher eingehen. Anzumerken ist noch, dass Compiler bereits optimierten Code erzeugen können, so dass besonders viele Befehle gepaart werden können.

In der nächsten Phase (D1) werden beim ersten Dekodierungsanlauf die Befehle in Mikroinstruktionen zerlegt. Bei der Befehlsdekodierung muss ein (komplexer) Befehl zunächst einmal erkannt werden, damit der Prozessor danach im Mikrocode-ROM nachsehen kann, welche Folge von Mikrobefehlen zu diesem Befehl gehört. Die Operanden-Adressen werden in der zweiten Dekodierungsphase (D2) bestimmt. Danach folgt die eigentliche Ausführung des Befehls (EX), bei der ALU-, Cache- und Speicherzugriffe stattfinden. Die Ergebnisse werden in der Write Back-Phase (WB) gesichert.

Zur Beschreibung der Floating Point Unit (FPU): Diese besitzt neben der FPU-Pipeline noch eigene Register. Die acht FPU-Datenregister sind jeweils 80 Bit breit und als Stack organisiert. Jegliche Adressierung der FPU-Datenregister erfolgt relativ zu demjenigen Register, welches sich oben auf dem Stack befindet. Die Nummer des Registers, welches aktuell oben ist, wird im TOP-Feld des Status-Registers der FPU gespeichert. Ladeoperationen dekrementieren TOP um 1 und laden dann den Wert in das aktuelle Top-Of-Stack-Register. Sobald Werte in ein FPU-Datenregister geschrieben werden, werden sie automatisch in das Gleitkommaformat konvertiert, sofern sie nicht schon dieses Format haben. Speicheroperationen schreiben den Wert des Top-Of-Stack-Registers in den Speicher und inkrementieren entsprechend TOP um 1. Bei möglichen Sonderfällen werden Exceptions ausgelöst.

Das Status-Register der FPU enthält neben dem TOP-Zeiger noch verschiedene Flags. Im 16-Bit-Wort des Control-Registers werden Rechengenauigkeit und Rundungsmethoden festgelegt. Das Tag-Register enthält Metainformationen über jedes der acht Datenregister. In jeweils 2 Bit wird für jedes Datenregister festgehalten, ob es gültig, gleich Null, unendlich oder leer ist.

Zur Verarbeitung in der Floating Point Unit: Wie bereits erwähnt, teilt sich die FPU-Pipeline bei der Verarbeitung von Gleitkommabefehlen fünf Stufen mit der u-Pipeline, da eine Paarung von Integer- und Gleitkommabefehlen ausgeschlossen ist. Dabei schreibt die letzte Stufe (WB/X1) die Operanden in die FPU-Datenregister und übergibt den jeweiligen Befehl an die Ausführungsstufe X2 der FPU-Pipeline. Der Pentium verfügt hier für eine schnelle Ausführung über fest verdrahtete Addierer, Multiplizierer und Dividierer. In der Stufe WF werden die Ergebnisse in das Top-Of-Stack-Register geschrieben. Die letzte Stufe (ER) aktualisiert die restlichen FPU-Register und meldet eventuelle Fehler.

Es sei noch bemerkt, dass der einzige FPU-Befehl, den die v-Pipeline auch ausführen kann, der Befehl FXCH ist, bei welchem es sich um einen Datentransferbefehl handelt, der die Werte zweier FPU-Datenregister vertauscht.

Abschließend seien noch einige zusätzliche Features des Pentium-Prozessors beschrieben. Er verfügt über eine so genannte *Dual-Processing-Fähigkeit*, welche es ermöglicht, dass zwei Pentium-Prozessoren zusammen geschaltet werden können. Dies ist so konzipiert, dass zusammen geschaltete Prozessoren gegenüber dem betreffenden Gesamtsystem als *ein* Prozessor erscheinen. Cache-Kohärenz, Busarbitrierung (Entscheidungslogik für Buszuordnung) sowie Interruptunterstützung zwischen den Prozessoren wird dabei durch die bereits vorhandene Logik des *Advanced Programmable Interrupt Controllers* (APIC) sichergestellt. Der Pentium verfügt ferner über verschiedene Fehlererfassungs-Funktionen. Beispielsweise werden die Code- und Datencaches, deren TLBs, das Mikrocode-ROM, sowie die Daten, welche vom Daten- und Adressbus kommen, einer ständigen Paritätsprüfung unterzogen. Eine andere Neuerung ist der „Functional Redundancy Check", welcher einen Betrieb mit zwei Pentium-Prozessoren erlaubt, die sich gegenseitig auf Fehler prüfen. Weiterhin wird Debugging und Performance-Monitoring durch zusätzliche Hardware (z. B. Debug-Register und verschiedene Pins) unterstützt.

12.2.4   Pentium Pro

Im Unterschied zum Pentium hatte der Pentium Pro, dessen Architektur in Abbildung 12.7 gezeigt ist, drei 12-stufige Pipelines. Der Adressbus wurde auf 36 Bit erweitert, und der 256 KB große L2-Cache (vgl. Abschnitt 8.3) wurde auf den Prozessor-Chip integriert, so dass er mit vollem CPU-Takt angesprochen werden konnte. Im Multi-Processing-Betrieb konnten bis zu vier Pentium Pro Prozessoren ohne zusätzliche Logik zusammenarbeiten.

Die wesentliche Neuerung gegenüber dem Pentium war die dynamische Befehlsausführung, die Out-of-Order Execution (vgl. Kapitel 11), die kurz skizziert werden soll. Man stelle sich ein Programmstück vor, in welchem eine Instruktion i ein Datum aus dem Speicher liest und die nachfolgenden Instruktionen a, b und c irgendwelche anderen Registerinhalte manipulieren. Das Lesen aus dem Speicher kostet Zeit, und die Bearbeitung von a, b und c muss daher warten. Wir nehmen weiterhin an, dass nur a das Ergebnis von i benötigt, jedoch b und c unabhängig davon ausgeführt werden können. Bei einer dynamischen Befehlsausführung wird genau das erkannt: Während i noch auf den Speicher zugreift, werden b und c bereits ausgeführt und deren Ergebnisse zwischengespeichert. Wenn i ausgewertet ist, wird die Folge i, a, b, c somit insgesamt schneller abgearbeitet.

Steuersignale   36-Bit Adressbus   64-Bit Datenbus

Busschnittstelle

| TLB | Daten-Cache (8K) | | TLB | Code-Cache (8K) | Branch-Prediction (BTB) |

Fetch

Fetch/Decode Unit   Mikrocode-ROM

Load   Dispatch/Execute Unit   Instruction Pool

Store   Retirement Unit

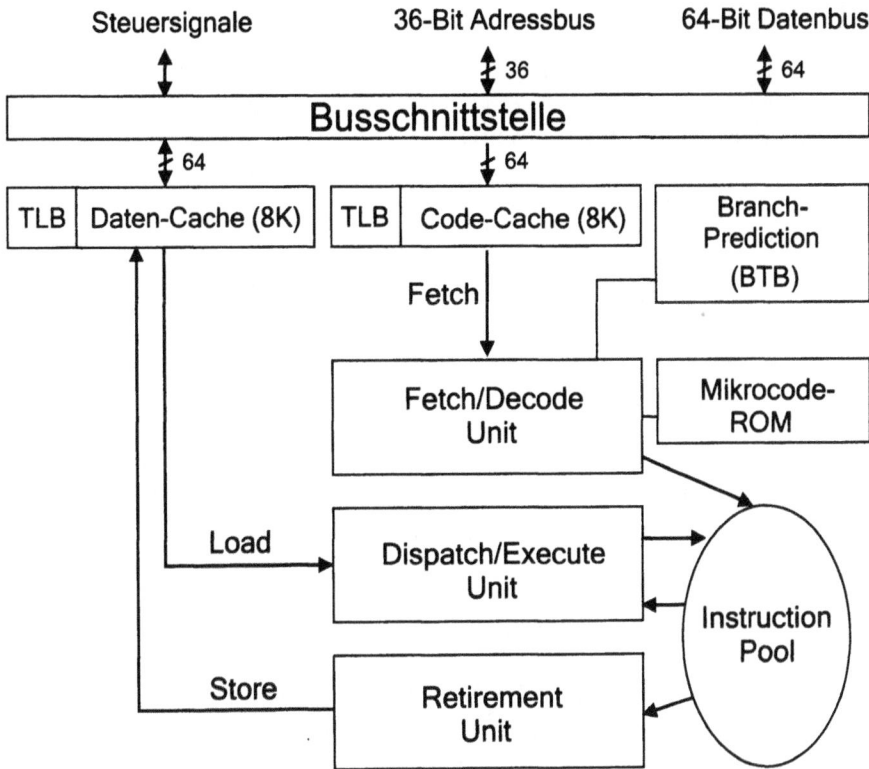

Abbildung 12.7: Architektur des Intel Pentium Pro.

Bei der dynamischen Befehlsausführung wird, wie auch in Kapitel 11 erläuert, die lineare Abarbeitung zwischen Fetch- und Execute-Phase aufgehoben. Die Fetch/Decode-Einheit nimmt Befehle aus dem Cache und generiert daraus Mikrobefehle, welche in den Instruction-Pool kommen. Anschließend ist es die Aufgabe der Dispatch/Execute-Einheit, Interdependenzen zwischen den Instruktionen zu erkennen und eine Out-of-Order-Ausführung zu starten. Die Ergebnisse werden nicht in den Daten-Cache, sondern zurück in den Instruction Pool geschrieben, da ansonsten die originäre Programmreihenfolge verloren ginge. Die Retirement Unit sorgt dafür, dass die Ergebnisse der fertig bearbeiteten Befehle in der richtigen Reihenfolge wieder in den Daten-Cache geschrieben werden.

Der Pentium Pro macht auch vom so genannten *Register Renaming* Gebrauch, das für die Out-of-Order-Ausführung verwendet wird. Hiermit sollen bei Datenabhängigkeiten die Pipeline-Hasards durch Pufferung der Registerwerte vermieden werden. Intern besitzt der Pentium Pro 40 Register, die alle 32 Bit breit sind. Dabei entscheidet der Prozessor, wie die acht Standard-Register, die der Programmierer sieht, den internen Registern zugewiesen werden.

12.2.5 Pentium II und III

Basierend auf der Architektur des Pentium Pro wurde der Pentium II entwickelt. Der Code- und Datencache wurden jetzt vierfach Set-assoziativ (vorher: zweifach) organisiert und von 8 KB auf 16 KB erweitert. Der L2-Cache, dessen Größe zwischen 256 KB und 2 MB betragen konnte, war nicht auf dem Prozessorchip integriert, sondern in einem gemeinsamen Gehäuse (Single-Edge-Contact-Gehäuse). Die Taktrate der Pentium II-Prozessoren reichte von 233 MHz bis 450 MHz. Eine zusätzliche Neuerung waren die *Multimedia Extensions* (MMX), welche die Performanz von Multimedia-Anwendungen mit einem neuen Registersatz von acht 64-Bit Registern und 57 neuen MMX-Befehlen steigern sollten. (Tatsächlich benutzten die MMX-Register physikalisch die bereits vorhandenen FPU-Register).

Multimedia-Anwendungen, insbesondere Bildverarbeitung sind besonders aufwändig. Sie erfordern viel Arbeit mit Daten, aber keine komplizierten Rechnungen. Oft müssen in Multimedia-Anwendungen mehrere kleine Datenpakete auf einmal mit dem gleichen Befehl bearbeitet werden, um beispielsweise die Farbe mehrerer Pixel einer Grafik um einen bestimmten Betrag zu ändern. MMX verfolgt dabei das gleiche Konzept wie das Parallelrechner-Konzept SIMD (vgl. Kapitel 14), indem z. B. für den Datentyp `Byte` jeweils 8 Byte zu einem „Packed-Byte“-Datentyp zusammengefasst werden und darauf ein MMX-Befehl ausgeführt wird, der alle Bytes in der gleichen Weise verändert.

Der Pentium III wurde 1999 der Nachfolger des Pentium II, mit Taktfrequenzen zwischen 450 MHz und 1.2 GHz. Über einen Systembus, der mit maximal 133 MHz getaktet werden konnte, waren Datentransferraten von 1,06 GB/s vom und zum Prozessor möglich. Es gab diverse Neuerungen, wie z. B. die *Dual Independent Bus Architecture* (DIB), die *Internet Streaming Extensions* (70 neue Befehle) und eine eindeutige Seriennummer für jeden Pentium III. Die Architektur ist jedoch der des Pentium II sehr ähnlich.

Eine moderne Variante des Pentium III ist der Pentium M, welcher 2003 primär für die Verwendung in Notebooks herausgebracht wurde. Er ist dementsprechend z. B. durch eine reduzierte Taktrate auf einen niedrigen Stromverbrauch hin optimiert, da dies zur Verlängerung der Batterielaufzeit in Notebooks beiträgt. Der Pentium M wurde inzwischen zur Centrino-Plattform für Notebooks weiterentwickelt, welche u. a. die Fähigkeit zur drahtlosen Kommunikation (WLAN) auf dem Prozessorchip integriert.

12.2.6 Pentium 4 und Nachfolger

Der aktuelle Meilenstein in der Pentium-Entwicklung ist der Pentium 4 mit Taktraten von bis zu 3,8 GHz (in der Ausführung „Prescott“, Stand Herbst 2005) und 125 Millionen Transistoren auf dem Chip. Die Tiefe der Pipelines wurde auf 31 Stufen erweitert (*Hyper Pipelined Technology*). Ebenfalls sind höhere Datentransferraten vom und zum Prozessor von 8,5 GB/s durch einen 1066 MHz schnellen Frontsidebus möglich. Ferner gibt es beim Pentium 4   144 neue Instruktionen (*Streaming SIMD Extensions 2*), und die Breite der FPU-Register wurde auf 128 Bit erweitert. Auch die Branch-Prediction-Logik wurde vergrößert: Der Branch Target Buffer (BTB) ist jetzt 4 KB groß und speichert mehr History-Informationen als vorher, so dass Fehlprognosen um etwa 33% gegenüber den Vorgängern verringert werden. Schließlich sei erwähnt, dass

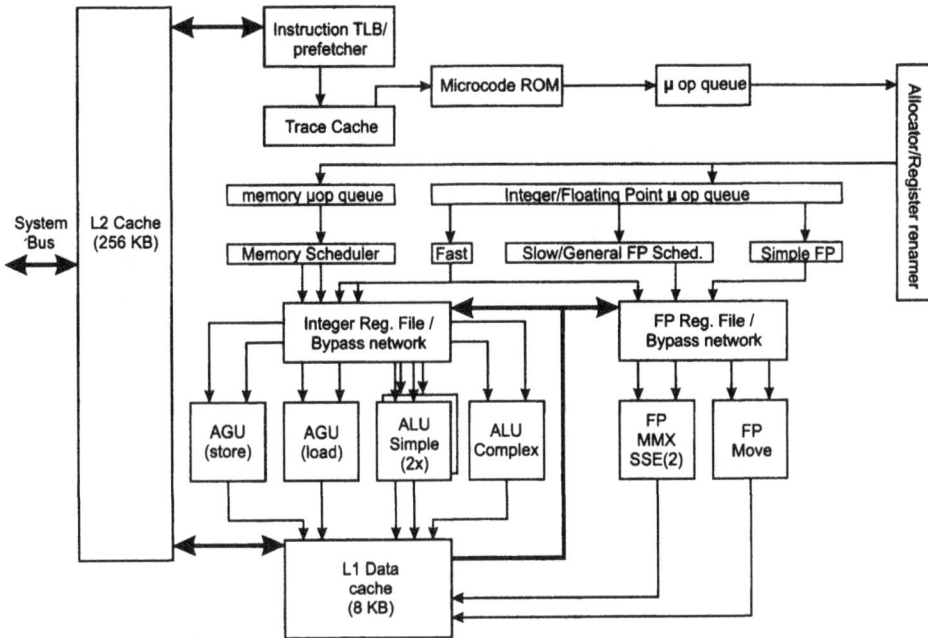

Abbildung 12.8: Architektur des Intel Pentium 4.

die ALUs mit doppeltem Prozessortakt arbeiten, damit Integer-Befehle in einem halben Takt ausgeführt werden können (*Rapid Execution Engine*). Abbildung 12.8 gibt einen Eindruck von der Architektur des Pentium 4.

Der aktuelle Stand bei Intel-Prozessoren ist die Integration mehrerer Prozessorkerne auf einem Chip. Insbesondere wurde im Frühjahr 2005 der Pentium D präsentiert, welcher zwei vollständige Kerne („Dual Core") in einem Gehäuse enthält. Die beiden Prozessorkerne werden mit gleicher Taktfrequenz betrieben und benutzen gemeinsame Schnittstellen mit dem Speicher. Jeder Kern verfügt allerdings über seinen eigenen Registersatz sowie einen Cache. Eine weitere Entwicklung ist der Übergang von 32-Bit- zu 64-Bit-Prozessoren in der *Itanium*-Baureihe, bei welcher der x86-Befehlssatz nur noch emuliert wird. Einzelheiten findet man im Internet unter http://www.intel.com.

12.3 Motorola-Prozessoren

In diesem Abschnitt beschreiben wir eine weitere zentrale Familie von Mikroprozessoren, die Motorola 680x0-Prozessoren. Diese stellten insbesondere in den 80er Jahren zusammen mit den oben beschriebenen Intel 80x86-Prozessoren die wichtigsten CISC-Prozessoren dar, welche sich in ihrer Architektur an größeren Rechnern (insbesondere DEC VAX) der 70er Jahre orientierten. Wir beginnen mit dem 1979 eingeführten Typ 68000 und gehen sodann kurz auf die wichtigsten Unterschiede zu seinen Nachfolgern ein.

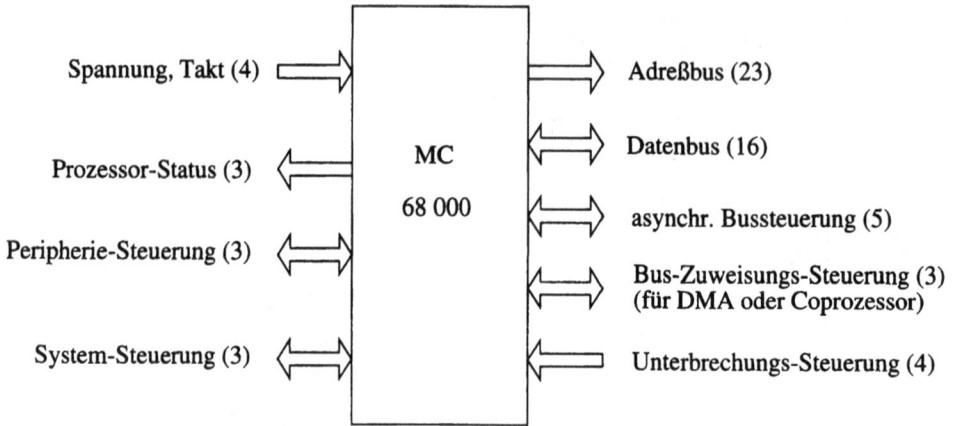

Abbildung 12.9: Gehäuseanschlüsse des MC68000.

12.3.1   Motorola 68000

Der Mikroprozessor MC68000 wurde anfangs in einem 64-poligen Gehäuse geliefert, dessen Anschlüsse in Abbildung 12.9 (von welcher nur Adress- und Datenbus erläutert werden) schematisch dargestellt sind. Wie die oben beschriebenen Intel-Typen 8088 bzw. 8086 war der MC68000 ein 16-Bit-Mikroprozessor, da seine Informationsgrundeinheit 16 Bits lang war. Über den 16-Bit breiten Datenbus ließ sich eine Information nur dieser Länge zum Speicher, zu einer E/A-Einheit oder in die CPU übertragen. Im Gegensatz zu den Intel-Prozessoren ist hier der Datenbus vom Adressbus getrennt; es findet kein Multiplex-Betrieb für gemeinsam benutzte Leitungen statt. Über den 23-Bit breiten Adressbus kann der 68000 ferner $2^{23} = 8.388.608$ Speicherworte à 16 Bits direkt adressieren. Über jeweils eine Leitung der asynchronen Bussteuerung ist es darüber hinaus möglich, zwischen den beiden Bytes, aus denen ein Speicherwort zusammengesetzt ist, zu unterscheiden, so dass Adressen (auf Byte-Basis) insgesamt 24 Bits lang sind, d. h. $2^{24} = 16$ MB Speicher direkt adressierbar sind. Dieser Umfang veranlaßte die Entwickler des 68000, auf Speicherverwaltungsmechanismen wie Paging oder Segmentierung (zugunsten der Verarbeitungsgeschwindigkeit) zunächst zu verzichten.

Intern verfügt der MC68000 über eine 32-Bit-Struktur gemäß Abbildung 12.10. Auffallend ist zunächst die Unterscheidung zwischen Datenregistern (D0 bis D7) und Adressregistern (A0 bis A6). Die acht 32-Bit-Datenregister können für alle Operationen, welche auf Bytes (8 Bits), Worten (16 Bits) oder Doppelworten (32 Bits) arbeiten, benutzt werden. Die jeweils verwendete Datenlänge wird dabei im Operationscode des Befehls spezifiziert. Byteoperationen vollziehen sich wie beim WE32100 jeweils in den Bits 0 bis 7, Wort- bzw. Doppelwortoperationen zusätzlich in den nächst höherwertigen. Die sieben 32-Bit-Adressregister dienen primär zur Aufnahme von Operandenadressen.

Die 32-Bit-Register A7 bzw. A7' sind Stapelzeiger (Stack Pointer), welche nur abwechselnd aktiv sind in Abhängigkeit von der Betriebsart des Systems: Im Hinblick auf die im letzten Abschnitt erwähnten Systemeigenschaften kennt der 68000 einen so genannten *Systemmodus* und einen *Benutzermodus*. Im Systemmodus steht der volle

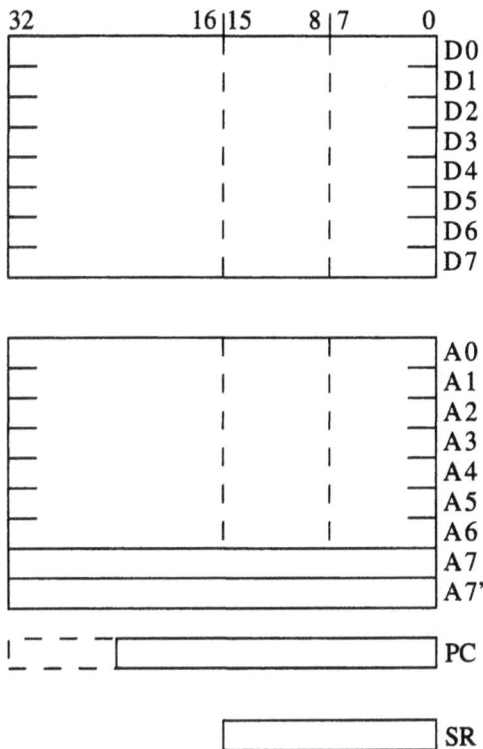

Abbildung 12.10: Programmier-Modell des MC68000.

Befehlsumfang des MC68000 zur Verfügung, insbesondere auch die Befehle, welche die CPU anhalten (STOP), eine Systemrücksetzung (RESET) anstoßen oder die linken acht Bits des SR-Registers („System-Byte", siehe unten) verändern. Außerdem ist nur in diesem Modus ein lesender oder schreibender Zugriff auf A7 *und* A7' möglich.

Im Benutzermodus sind die genannten Befehlstypen nicht verfügbar, und es kann nur A7 verwendet werden. Diese Unterscheidung ist historisch gesehen ein erster Schritt in Richtung auf das Ziel, *mehrere* Benutzer mit *einer* CPU arbeiten zu lassen, ohne dass eine gegenseitige Beeinflussung erfolgt.

Der Program Counter PC ist ebenfalls ein 32-Bit-Register, von welchem jedoch nur die Bits 0 bis 23 an den Adressbus angeschlossen sind. Das Status-Register SR ist ein 16-Bit-Register mit dem in Abbildung 12.11 gezeigten Aufbau. Das Benutzerbyte, welches auch als Condition-Code-Register bezeichnet wird, umfasst neben den vier bereits bekannten Flags C (Carry), V (Overflow), Z (Zero) und N (Negative, entsprechend „Sign" beim Z80 oder Intel 8088) das X-Flag (Extend). Dieses Bit wird in Abhängigkeit vom Ergebnis bei arithmetischen Operationen mit erhöhter Genauigkeit auf den gleichen Wert wie C gesetzt. Das Systembyte zeigt im S-Flag an, ob der System- (1) oder der Benutzermodus (0) vorliegt. Das Trace-Flag T steuert — ähnlich wie das entsprechende Bit beim 8088 — die eingebaute Fehlererkennungsschaltung. Die drei verbleibenden Bits I_2, I_1, I_0 dienen zur Maskierung von Interrupts (vgl. Abschnitt 8.4).

Ein an den MC68000 angeschlossener Speicher ist (wie oben erwähnt) Byte-adres-

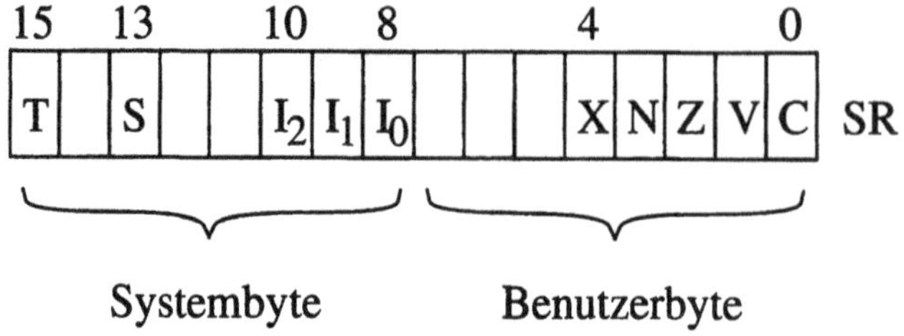

```
  15   13      10   8        4        0
 ┌───┬────┬─┬─┬─┬─┬─┬──┬─┬─┬─┬─┬─┐
 │ T │ S  │ │ │I₂│I₁│I₀│  │X│N│Z│V│C│  SR
 └───┴────┴─┴─┴─┴─┴─┴──┴─┴─┴─┴─┴─┘
```

Systembyte	Benutzerbyte

Abbildung 12.11: Status-Register des MC68000.

sierbar, und die meisten Befehle können wahlweise 1-, 2- oder 4-Byte-Operanden spezifizieren. 2- und 4-Byte-lange Operanden werden (wie auch z. B. beim WE32100) jeweils ab einer durch 2 bzw. 4 teilbaren Adresse gespeichert; einzelne Bytes können auch über ungerade Adressen angesprochen werden. Der MC68000 verfügt über 14 verschiedene Adressierungsarten, welche sich in Register-direkt-, Adressregister-indirekt-, Absolut-, Relativ-, Unmittelbar- und Implizit-Modus einteilen lassen. Diese Adressierungsarten sind (ebenfalls wie z. B. beim WE32100) nicht an bestimmte Befehlstypen gebunden; sie können prinzipiell mit jedem Befehl („orthogonal") kombiniert werden. Die Befehle selbst lassen sich in die von den bereits vorgestellten Prozessoren her bekannten Gruppen einteilen. Allerdings ist der Befehlssatz mit 61 Instruktionen wesentlich kleiner als z. B. der des Z80. Dies bedeutet aber keine Einschränkung, da einerseits Befehle und Adressierungsarten, andererseits auch Befehle und Operandengrößen frei kombinierbar sind. 1-, 2- oder 4-Byte-Operanden bewirken hier sogar keinen Unterschied im mnemonischen Befehlscode. Schließlich ist zu erwähnen, dass auch die Datentypen Bit und BCD-Zahl (4 Bits) verarbeitet werden können, wobei die BCD-Arithmetik auf Addition, Subtraktion und Komplementieren beschränkt ist. Dagegen umfasst die Dualarithmetik Befehle für die vier Grundrechenarten, z. T. mit Vorzeichen oder Erweiterung auf höhere Genauigkeit.

Auf eine weitere Beschreibung des Datenprozessors im MC68000 wollen wir verzichten. Es sei jedoch bemerkt, dass zwei separate ALUs vorhanden sind, welche jeweils 16-Bit-Daten- oder Adress-Operationen ausführen können. Der Befehlsprozessor des MC68000 verfügt über ein mikroprogrammiertes Steuerwerk, welches mit dem Datenprozessor so gekoppelt ist, dass Holen, Decodieren und Ausführen von Befehlen überlappt verläuft. Neben einem Mikroprogrammspeicher besitzt der MC68000 auch einen so genannten Nanoprogrammspeicher, welcher von einzelnen Mikrobefehlen angesprochen werden kann.

Wie der Intel 8086/8088 war auch der MC68000 primär für den Einsatz in leistungsfähigen Mikrocomputersystemen konzipiert. In einer derartigen Umgebung ist es heute die Ausnahme, dass ein Benutzer sich der Assemblersprache des Systems bedient. Um die Fähigkeit des Systems voll nutzen zu können, ist im Allgemeinen ein Betriebssystem sowie Compiler für höhere Programmiersprachen wie Pascal erforderlich. Darüber hinaus haben wir bereits bei der Vorstellung des WE32100 (und auch bei der Behandlung des 80386) gesehen, dass die Architektur moderner (Mikro-) Prozessoren in zunehmendem Maße auf die effiziente Ausführung von in einer höheren Sprache geschriebenen Programmen ausgerichtet wird (im Gegensatz zu einer reinen Unterstützung von Assembler-Programmierung). Auch der 68000 hat inzwischen Erweiterungen in dieser Richtung erfahren, auf welche wir als nächstes eingehen.

12.3.2 Motorola 68020

Der MC68020 ist ein „echter" 32-Bit-Prozessor (im Unterschied zum 68000 insbesondere also ausgestattet mit einem 32-Bit-Datenbus). Seine Basis-Architektur ist mit der des 68000 identisch, weist jedoch eine Reihe von Erweiterungen auf, welche auf eine erhöhte Leistungsfähigkeit abzielen. Insbesondere wurde das in Abbildung 12.10 gezeigte Programmier-Modell des 68000 für den Benutzer-Modus übernommen, wobei lediglich der Program Counter PC auf 32 Bits erweitert wurde; im Supervisor-Modus (System-Modus) stehen zusätzlich folgende Register zur Verfügung:

1. *Zwei* weitere 32-Bit-Stack-Pointer A7' (Interrupt Stack Pointer) bzw. A7" (Master Stack Pointer).

2. Ein 32-Bit-Vektor-Basisregister VBR, welches die aktuelle Basisadresse einer 1 KB langen Tabelle mit den Anfangsadressen der vorhandenen Interrupt-Handler enthält.

3. Zwei Drei-Bit-Funktionscode-Register (SFC und DFC), welche zum „Umschalten" zwischen den für Programme bzw. für Daten reservierten Speicherbereichen bei Speicherzugriffen verwendet werden.

4. Zwei 32-Bit-Register zur Kontrolle (CACR) bzw. Adressierung (CAAR) des auf dem 68020-Chip integrierten Cache-Speichers der Größe 256 B.

Die interne Organisation des 68020 ist erheblich komplexer als die des 68000. Wesentlich ist zunächst, dass alle Busse und Funktionseinheiten 32 Bits breit sind. Der Prozessor gliedert sich in eine *Execution-Unit* (EU), eine *Control-Unit* mit Mikro- und Nanoprogramm-ROM, eine *Instruction-Unit*, bestehend aus Instruction-Decoder und Instruction-Prefetcher, einen *Bus-Controller*, einen *Instruction-Cache* der Größe 256 B und einen *Cache-Tag-Buffer*. Die EU setzt sich aus den drei Teilen *Instruction-Address-Section*, *Operand-Address-Section* und *Data-Section* zusammen, von denen jede (ähnlich dem 68000) über eine eigene ALU verfügt. Während die EU einen Befehl ausführt, bereitet die Control-Unit die Ausführung des nächsten vor, und die Instruction-Unit holt und decodiert bereits den übernächsten. Die drei Teile der EU können unabhängig voneinander parallel arbeiten, etwa wie folgt: Während die Instruction-Address-Section die Adresse einer neuen Instruktion berechnet, kann die Operand-Address-Section die Adresse eines Operanden berechnen oder einen Speicherzugriff anstoßen, und die Data-Section kann Berechnungen gemäß dem aktuell bearbeiteten Befehl ausführen.

Der Cache erlaubt eine weitere Steigerung der Parallelarbeit wie folgt: Eine von der Instruction-Address-Section berechnete Adresse eines neuen Befehls wird an den Cache-Tag-Buffer übergeben, welcher feststellt, ob sich dieser Befehl bereits im Instruction-Cache befindet. Ist dies der Fall, so wird der Befehl von dort in die Instruction-Unit transferiert; anderenfalls ist ein Speicher-Zugriff erforderlich. Während ein Befehl aus dem Cache ausgelesen wird, kann die EU gleichzeitig Operanden bearbeiten.

Die Instruktionen des 68020 umfassen insbesondere die des 68000, wobei jetzt 32-Bit-Operanden verarbeitet werden können. Neue Instruktionen sind z. B. solche für die Verarbeitung von Bit-Feldern variabler Länge.

Tabelle 12.1: Kenndaten der MC68000-Familie (Auswahl).

Typ	68000	68020	68030	68040	68060
Breite Datenbus in Bit	16	8, 16, 32	8, 16, 32	32	32
Breite Adressbus in Bit	24	32	32	32	32
Größe des Befehlscache in Byte	—	256	256	4.096	8.192
Größe des Datencache in Byte	—	—	256	4.096	8.192
virtueller Adressraum	nein	ja	ja	ja	ja

12.3.3   Motorola 68030, 68040 und 68060

Der MC68030, welcher 1988 vorgestellt wurde, unterscheidet sich in zwei wesentlichen Aspekten vom 68020: Zusätzlich zum Instruktions-Cache enthält er einen Daten-Cache der gleichen Größe, und er enthält eine Memory Management Unit (MMU). Der Daten-Cache kann bis zu 16 Blöcke von je vier Langworten aufnehmen. Der 68030 besitzt ferner je zwei unabhängige Daten- bzw. Adressbusse, sein Hauptspeicher kann bis auf 64 MB ausgebaut werden, und er erreicht durch eine gesteigerte Taktfrequenz einen erheblich höheren Durchsatz als der 68020.

Die Execution-Unit des 68030 erzeugt virtuelle Adressen. Der Cache-Zugriffsmechanismus bestimmt auf der Basis virtueller Adressen, ob sich ein aktuell benötigter Operand im Cache befindet. Gleichzeitig übersetzt die MMU die virtuelle Adresse in eine physische, so dass im Fall eines „Cache-Faults" (der gesuchte Operand befindet sich nicht im Cache) die zum Speicherzugriff benötigte Adresse unmittelbar verfügbar ist.

Der 1990 vorgestellte MC68040 unterscheidet sich vom 68030 insbesondere durch eine Integration weiterer Funktionalität auf dem Prozessorchip. Seine MMU hat zwei unabhängige Cache-Speicher für Adressberechnungen, welche die gleichzeitige Berechnung von Adressen für Befehle und Daten erlauben. Intern verfügt der Prozessor dementsprechend über mehrere Busse. Er umfasst ferner eine Floating-Point-Einheit sowie Funktionen zur Überwachung der Aktivitäten auf dem externen Bus. Diese letztgenannte Eigenschaft ist wesentlich für eine Verwendung dieses Prozessors in Multiprozessor-Systemen.

Das letzte Mitglied der 68000-Familie war der MC68060; danach wurde diese Prozessor-Baureihe zugunsten des PowerPC eingestellt. Vereinfachte Versionen des MC68020 sowie des MC68040 finden sich heute in den Microcontrollern der Coldfire-Baureihe. Die zentralen Charakteristika der wichtigsten Mitglieder der 68000-Familie sind in Tabelle 12.1 zusammengefasst; man vergleiche hierzu auch

http://www.cpu-collection.de/.

12.3.4   DragonBall-Prozessoren

Ähnlich wie bei Zilog sind die modernen Nachfolger der 680x0-Serie eingebettete Prozessoren bzw. Mikrocontroller, die in diesem Fall insbesondere in Handheld-Computern (insbesondere in solchen mit Palm-Betriebssystem) zum Einsatz kommen. Motorola bietet dabei 8-Bit-, 16-Bit- sowie 32-Bit-Mikrocontroller an, von denen letztere (in der Familie MC683xx) unmittelbare Weiterentwicklungen der Prozessoren 68000 und

8-/16-Bit
68000 BUS
INTERFACE

CLOCK
SYNTHESIZER
AND
POWER
CONTROL

SYSTEM
INTEGRATION
MODULE
(SIM28)

PCMCIA 1.0
SUPPORT

RTC

PROCESSOR
CONTROL
AND
PORTC

INTERRUPT
CONTROLLER

68EC000 HCMOS
STATIC
CORE

DYNAMIC BUS SIZING EXTENSION

PWM
MODULE

DUAL
16-BIT
TIMER
MODULE

68EC000 INTERNAL BUS

LCD
CONTROL
MODULE

MASTER
SPI

SLAVE
SPI

UART
WITH
INFRA-RED
SUPPORT

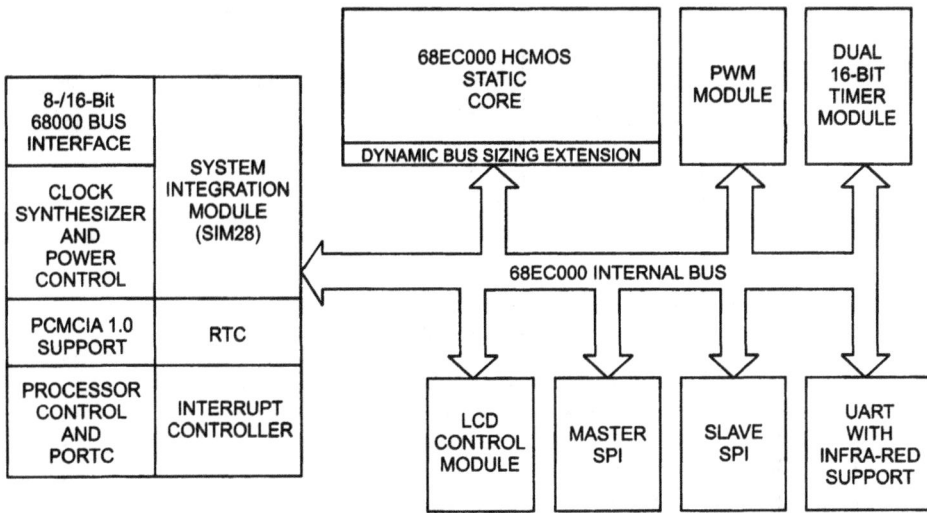

Abbildung 12.12: MC68328 DragonBall-Prozessor.

68020 sind. Als Beispiel betrachten wir den auf dem 68000 basierenden *DragonBall-Prozessor* MC68328, dessen grobes Blockschaltbild in Abbildung 12.12 gezeigt ist. Dieser Prozessor besitzt als erster Prozessor der 68000er Reihe z. B. einen LCD-Controller, wie er für die Displays tragbarer Geräte benötigt wird. Er ist Code-kompatibel mit dem MC68000 und kann über 32-Bit-Adressen insgesamt 4 GB Speicher adressieren. Der mit 16,67 MHz getaktete Prozessor ermöglicht eine Verarbeitungsleistung von bis zu 2,7 MIPS. Interessant ist auch, dass die Prozessor-Clock zum Zweck des Einsparens von Energie angehalten werden kann. Das *System Integration Module* (SIM28) dient der einfache Anschließbarkeit von externen Komponenten wie z. B. einem (auch in Kapitel 8 erwähnten) Watchdog-Timer, einem Flash-Speicher oder einer PCMCIA-Schnittstelle. Der Prozessor unterstützt die (drahtlose) Infrarot-Kommunikation, besitzt zwei *Serial Peripheral Interface (SPI) Ports*, einen *Pulse Width Modulation (PWM) Output* zur Erzeugung von Klängen. Er wird mit 5 oder 3,3 V Spannung betrieben.

Eine Weiterentwicklung, der MC68VZ328 Dragonball VZ-Prozessor, wird mit 33 MHz getaktet und erfordert weniger Chip-Fläche als der MC 68328. Ein Blockdiagramm seines Aufbaus ist in Abbildung 12.13 gezeigt. Durch die doppelt hohe Taktung erreicht dieser Prozessor eine Verarbeitungsleistung von 5.4 MIPS. Auch in anderen Aspekten ist dieser Mikrocontroller eine Weiterentwicklung des oben beschriebenen; er verfügt z. B. über zwei UART-Infrarot-Ports und über zwei PWM-Module für die Klangerzeugung.

Aktuelle Einzelheiten findet man im Internet auf der Seite der inzwischen von Motorola unter dem Namen *Freescale Semiconductor* abgespaltenen Halbleitersparte unter `http://e-www.motorola.com/` bzw. unter `http://www.freescale.com/`.

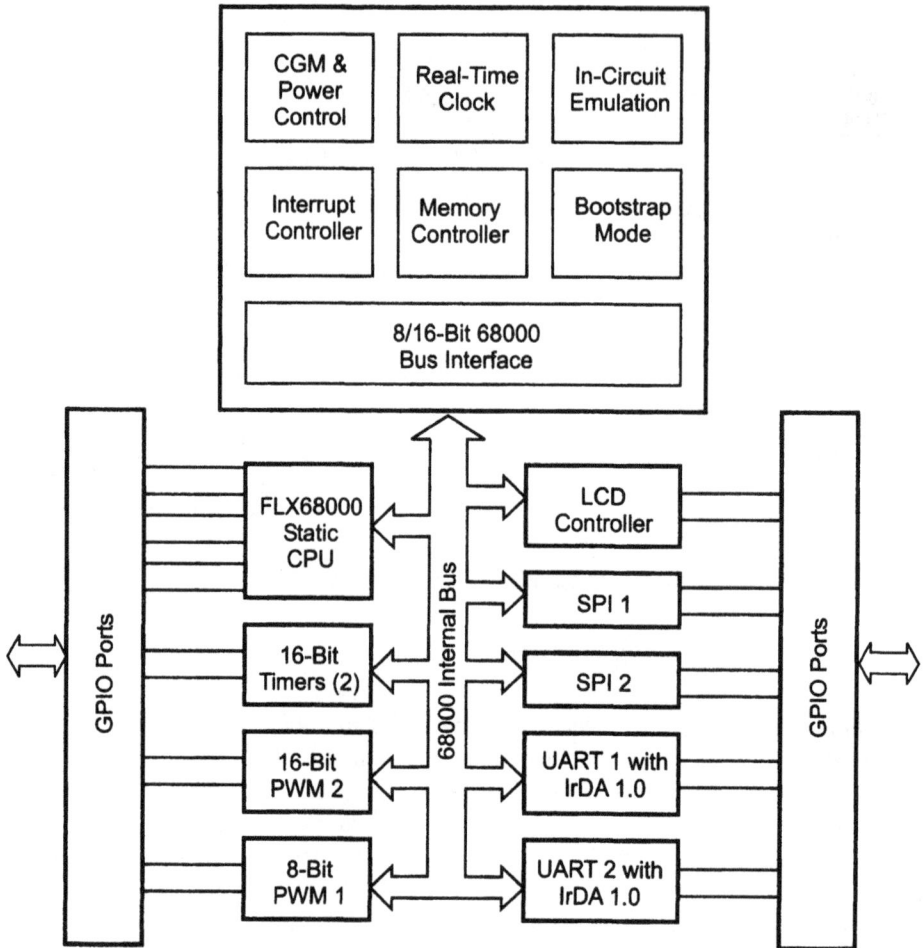

Abbildung 12.13: MC68VZ328 DragonBall VZ-Prozessor.

12.4   SPARC-Prozessoren

In diesem Abschnitt wollen wir kurz auf eine andere Prozessor-Familie eingehen, welche im Unterschied zu den meisten der oben beschriebenen Intel- und Motorola-Prozessoren eine RISC-Architektur darstellt, die SPARC-Architektur von Sun Microsystems. SPARC ist ein Akronym für *Scalable Processor ARChitecture*, wobei Skalierbarkeit hier im Hinblick auf eine Implementierbarkeit der Architektur in unterschiedlichen Technologien (z. B. CMOS, ECL) gemeint ist. Die SPARC-Architektur ist eine echte RISC-Architektur mit den dem Leser inzwischen vertrauten Merkmalen. Ähnlich wie beim PowerPC wurde hier die so genannte „Außen-Architektur", d. h. die verhaltensmäßige Beschreibung eines Rechners auf einer abstrakten Ebene, offen gelegt; diese umfasst alle diejenigen Prozessorteile, die zur Software (insbesondere zum Betriebssystem sowie für einen Compiler) sichtbar werden, also Datentypen,

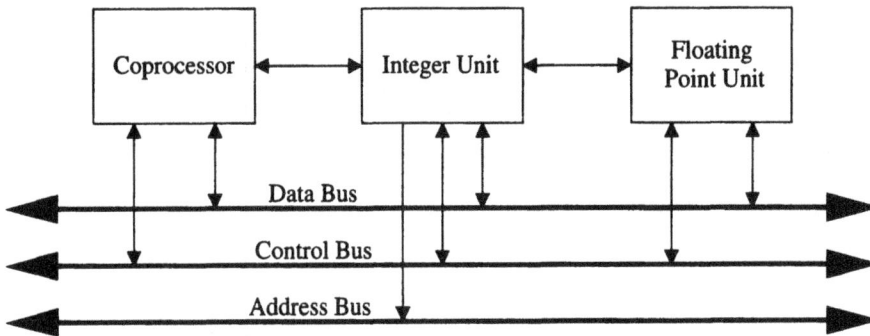

Abbildung 12.14: Übersicht der SPARC-Architektur.

Maschinenoperationen, Programmiermodell oder Unterbrechungssystem. Die SPARC-Architektur hat verschiedene Evolutionsstufen durchlaufen (Version 7 [V7] 1987, Version 8 [V8] 1990, Version 9 [V9] 1993) und wird heute von vielen Herstellern gebaut (z. B. Fujitsu, Cypress Semiconductor, LSI Logic oder Texas Instruments).

Eine Übersicht über die SPARC-Architektur gibt Abbildung 12.14. Die Architektur umfasst eine Integer Unit, eine Floating-Point Unit sowie einen optionalen Coprozessor; jede dieser Einheiten hat einen eigenen Registersatz und kann parallel zu den anderen arbeiten. Zu einem SPARC-Gesamtsystem gehören ferner zumindest eine Memory Management Unit sowie ein Cache. Letzterer ist über einen Speicherbus an den Hauptspeicher angeschlossen und kann in jedem Zyklus einen Befehl an die Integer Unit liefern.

Abbildung 12.15 zeigt den internen Aufbau der Integer Unit. Im Unterschied zum PowerPC arbeitet die SPARC-Architektur mit so genannten *Register-Fenstern*. Wir wollen diese Technik kurz erläutern: Jeder Proceduraufruf erzeugt einen Prozedur-Rahmen, welcher in Registern abgelegt wird, wobei man Parameter-Register, lokale und temporäre Register unterscheiden kann. Letztere dienen der Übergabe von Parametern an eine (von der gerade ausgeführten) aufgerufene Prozedur. Durch einen solchen Aufruf werden die temporären Register der rufenden Prozedur zu den Parameter-Registern der gerufenen, so dass diese Register von beiden Prozeduren überlappt benutzt werden. Es wird bei einem neuen Aufruf also lediglich ein „Register-Fenster" „umgeschaltet", so dass eine Parameter-Übergabe *ohne* Speicherzugriff erfolgen kann. Da es bei der SPARC-Architektur zwischen 2 und 32 solcher Fenster mit je $16 + 8$ Registern geben kann, hat eine Implementierung (bei V7 oder V8) zwischen 40 (= $2 \times 16 + 8$) und 520 (= $32 \times 16 + 8$) allgemeine Register. Wichtige spezielle Register der Integer Unit sind die Folgenden:

- Der *Program Counter* (PC) enthält stets die Adresse des aktuellen Befehls; der *next Program Counter* (nPC) enthält dem gegenüber die Adresse des nächsten auszuführenden Befehls.

- Das *Processor State Register* (PSR) enthält den aktuellen Prozessor-Status mit den Condition Codes N, Z, V und C (für Negative, Zero, Overflow und Carry) und den *Current Window Pointer* (CWP) der Länge 5 Bit, einen Zeiger auf das aktuell benutzte Register-Fenster.

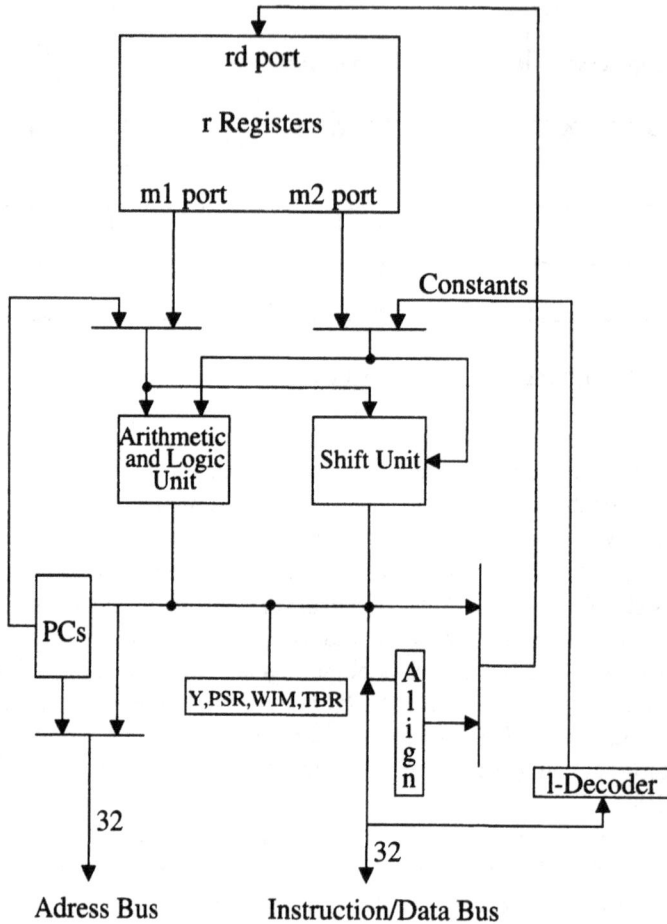

Abbildung 12.15: Integer Unit der SPARC-Architektur.

- Die *Window Invalid Mask* (WIM) besteht aus 32 Bits, von denen Bit Nr. i gesetzt ist, falls Fenster i „invalid", also aktuell nicht belegt ist.

- Das *Trap Base Register* (TBR) enthält einen Zeiger auf den Trap-Handler; Register Y dient der Erzeugung von 64-Bit-Multiplikationsergebnissen.

Pro Prozedur sind de facto sogar $24 + 8 = 32$ Register verwendbar, welche bei V8 32 Bit breit sind, bei V9 64 Bit. Die 32 Register eines Programms werden wie folgt aufgeteilt:

r0–r7	global, d. h. allen gemeinsam
r8–r15	Ausgabe-Parameter, zugleich
	Eingabe des nachfolgenden Programms
r16–r23	lokal
r23–r31	Eingabe-Parameter

Den Kern der Integer Unit bildet eine vierstufige Befehlspipeline mit den üblichen Phasen *Instruction Fetch, Instruction Decode, Execute* und *Write Back*. Bei Sprungbefehlen bedient sich der Prozessor der Technik des *Delayed Branch*: Eine Sprungs-adresse ist nach Befehlsphase 2 bekannt, die Sprungbedingung aber erst nach Phase 3. Da sich mehrere Befehle überlappt in der Pipeline befinden, nimmt der Prozessor bei einem Sprungbefehl i spekulativ an, dass dieser auszuführen ist. Jedoch erfolgt die Ausführung um eine Phase verzögert, d. h. der nächste Befehl $i + 1$ wird immer ausgeführt, dann erst der Sprung. War der Sprung falsch, d. h. die Sprungbedingung nicht erfüllt, wird der unter der Sprungzieladresse ausgeführte Befehl annulliert, und es wird mit der Bearbeitung von $i + 2$ fortgefahren. Offensichtlich muss bei einer sol-chen Vorgehensweise der betreffende Compiler in der Lage sein, den Slot $i + 1$ mit einer sinnvollen Operation (häufig die leere Operation NOP) zu füllen.

Der SPARC-Befehlssatz umfasst nur 69 Befehle, davon 14 für Floating-Point-Operationen. Im Einzelnen sind die Befehle wie folgt kategorisierbar:

- Load/Store-Befehle: L, ST; nur diese greifen auf den Hauptspeicher zu;

- arithmetische Befehle: ADD, SUB, MUL

- logische und Shift-Befehle: AND, OR, XOR, SL, SR

- bedingte Sprungbefehle: B (Branch on)

- Unterprogramm-Organisation: SAVE, RESTORE, CALL, JMPL (Jump and Link)

- Read/Write-Register: R, W

- Ausnahmebehandlung: T (Trap)

- sonstige Befehle: SWAP, SETHI (*swap register with memory, set high 22 bits of register*)

Die Befehle operieren auf den vier Integer-Datentypen *Byte*, *Halfword*, *Word* und *Doubleword*. Es werden drei Befehlsformate unterschieden, welche alle die einheitliche Länge von 32 Bit aufweisen. Die 64-Bit-V9-Architektur kennt gegenüber V7 und V8 weitere Befehle, z. B. LDX, STX (Load/Store extended word, jeweils 64 Bit); außerdem beziehen sich LDD und STD, also Load/Store Doubleword, jetzt auf 128-Bit-Operanden.

Beispiel 12.1 Das folgende SPARC-Assemblerprogramm realisiert eine Integer-Addi-tion doppelter Genauigkeit:

```
LDD [%r2], %r6        // lade ersten Operanden
LDD [%r3], %r8        // lade zweiten Operanden
ADDcc %r7, %r9, %r11  // addiere zuerst niedrig wertige Stellen
ADDX %r6, %r8, %r10   // addiere restliche Stellen mit Carry
STD %r10, [%r4]       // speichere Ergebnis
```

Die zu addierenden Werte stehen in jeweils zwei konsekutiven Speicherworten, deren Adressen sich in r2 bzw. r3 befinden. Das Ergebnis wird ab der in r4 angegebenen Adresse abgelegt. □

```
┌─────────────────────────────────┐         ┌─────────────────────────────────┐
│ Prefetch and Dispatch Unit (PDU) │────────▶│                                 │
│  ┌───────────────────────────┐  │         │ Memory Management Unit (MMU)    │
│  │ Instruction Cache and Buffer │◀────────│                                 │
│  └───────────────────────────┘  │         └─────────────────────────────────┘
└─────────────────────────────────┘                         ▲
                                                            │
┌─────────────────────────────────┐         ┌─────────────────────────────────┐
│ Grouping Logic │ Int.Reg.and Annex│───────▶│      Load Store Unit (LSU)      │
│──────────────────────────────────│         │─────────────────────────────────│
│   Integer Execution Unit (IEU)   │◀────────│ Data Cache │ Load Queue │ Store Queue │
└─────────────────────────────────┘         └─────────────────────────────────┘
                                                            ▲
┌─────────────────────────────────┐         ┌─────────────────────────────────┐
│   Floating Point Unit (FPU)      │◀────────│                                 │   External
│─────────────┬───────────────────│         │    External Cache Unit (ECU)    │◀─▶ Cache RAM
│             │    FP Multiply    │         │                                 │
│             │────────FP Add─────│         └─────────────────────────────────┘
│   FP Reg    │    FP Divide      │                        ▲
│             │───────────────────│                        │
│             │  Graphics Unit (GRU) │         ┌─────────────────────────────────┐
└─────────────┴───────────────────┘         │  Memory Interface Unit (MIU)    │
                                             └─────────────────────────────────┘
                                                            │
                                                            ▼
                                                           Bus
```

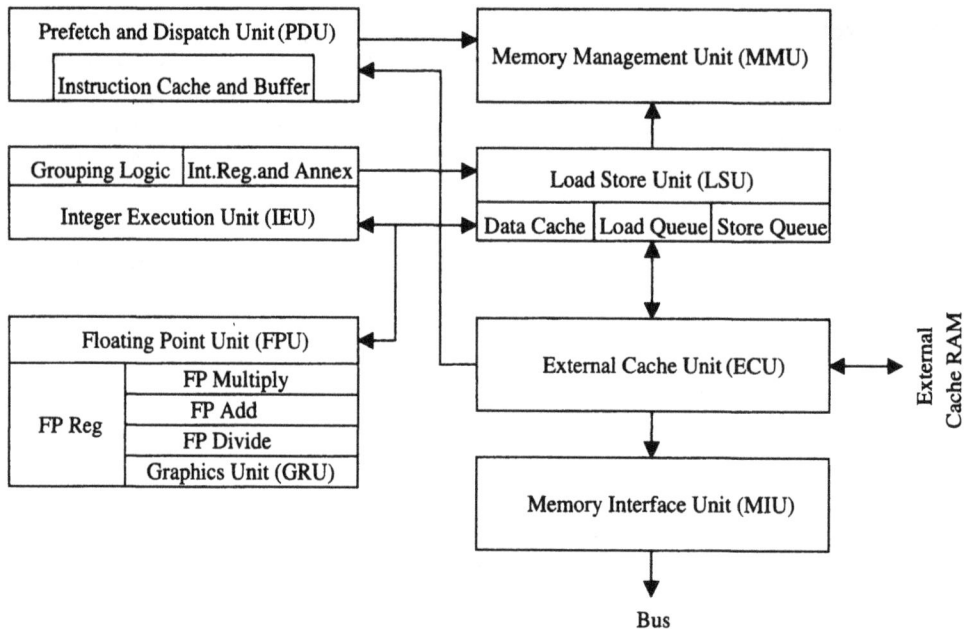

Abbildung 12.16: Architektur des UltraSPARC-Prozessors.

Die SPARC-V9-Architektur wird von Sun heute in den Implementierungen z. B. UltraSPARC-I, UltraSPARC-II, UltraSPARC-III sowie IIIi, UltraSPARC-IV und UltraSPARC-T1 verwendet, welche mit 167 MHz aufwärts (derzeit bis 1,2 GHz) getaktet werden. Bei V9 werden sowohl Adressen als auch Daten als 64 Bit-Werte behandelt. Abbildung 12.16 zeigt die Architektur eines solchen Prozessors. Zu den Merkmalen der superskalaren UltraSPARC-Prozessoren gehören unter anderem die neunstufige Pipeline, welche bis zu 4 Instruktionen pro Takt holen und decodieren und sodann an eine der beiden Integer- oder eine der beiden Floating-Point-Ausführungs-einheiten (welche auch ein Write-Back besorgen) zuweisen kann. Die spezielle *Prefetch and Dispatch Unit* (PDU) sorgt dabei für ein kontinuierliches Nachladen von Instruk-tionen, welche nach dem Decodieren in einem Instruction Buffer zwischengespeichert werden können. Die UltraSPARC-I verwendet dabei einen 16 KB Daten- sowie einen 16 KB Instruktionscache auf dem Chip, ferner einen bis 4 MB externen Cache. Zusätz-lich zu dem oben beschriebenen SPARC-Instruktionssatz wurden für die UltraSPARC eine Reihe weiterer Befehle für Graphik- und Multimedia-Anwendungen eingeführt; diese werden als das Visual Instruction Set (VIS) bezeichnet. Das VIS umfasst unter Anderem parallele Vektoroperationen auf Bildpunkten oder Signal-Samples (kleine Abschnitte), die jeweils in 64-Bit-Worte gepackt sein müssen. Die VIS-Instruktionen haben eine gewisse Ähnlichkeit mit den weiter oben erwähnten MMX-Befehlen von Intel.

Die seit 2001 verfügbare UltraSPARC-III verwendet eine 14-stufige Pipeline; sie besitzt insgesamt sechs Ausführungseinheiten, was übersichtsartig in Abbildung 12.17 gezeigt ist. Sie besitzt ferner neben Daten- und Instruktions-Cache einen separaten Prefetch-Cache, welcher bis zu 8 von der Hardware oder der Software ausgelöste

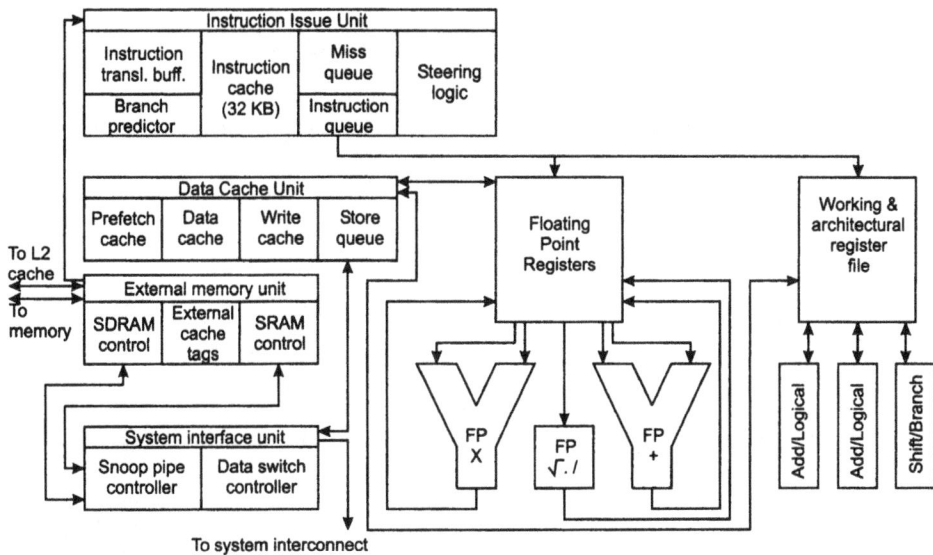

Abbildung 12.17: Architektur des UltraSPARC III-Prozessors.

Prefetch-Anforderungen unterstützt. Weitere Einzelheiten können der unten angegebenen Literatur entnommen werden. Aktuelle Einzelheiten findet man im Internet unter http://www.sun.com/.

12.5 Eingebettete Prozessoren und Systeme

Wir haben in Kapitel 8 bereits bemerkt, dass Prozessoren heute vielfach in andere Geräte eingebaut werden, wobei dann das Vorhandensein des Prozessors nach außen oft nicht mehr erkennbar ist, und dass man in einem solchen Fall von *eingebetteten Prozessoren* spricht. Ferner haben wir bemerkt, dass eingebettete Prozessoren im Allgemeinen nicht frei programmierbar sind, sondern auf eine bestimmte Anwendung hin optimiert und mit einem festen Programm bzw. mit einem festen Funktionsumfang versehen sind. Die Programmierschnittstelle eines eingebetteten Prozessors ist somit dem Endbenutzers des betreffenden Produkts (z. B. Digitalkamera) nicht zugänglich; eine Interaktion mit dem Prozessor erfolgt ausschließlich über die betreffende Anwendung. Wir haben auch bereits auf die Unterscheidung zwischen Mikrocontrollern und Digitalen Signalprozessoren (DSPs) hingewiesen.

In diesem Kapitel haben wir bereits einige Prozessoren beschrieben, die früher als eigenständige Mikroprozessoren eingesetzt wurden und heute nur eingebettet verwendet werden; hierzu zählen der Zilog eZ80 oder der Motorola DragonBall. Abbildung 12.18 zeigt ein typisches Einsatzszenario für einen eingebetteten Prozessor. Dieser umfasst eine CPU, die wie in anderen Systemen auch mit einem Speicher sowie einem I/O-System über einen Bus verbunden ist. Wir unterstellen in dieser Abbildung, dass Ein- und Ausgabe analog erfolgen, dass es sich bei dem einbettenden Gerät also z. B. um ein Handy (mit Mikrofon als Eingabe und Lautsprecher als Ausgabe) handelt.

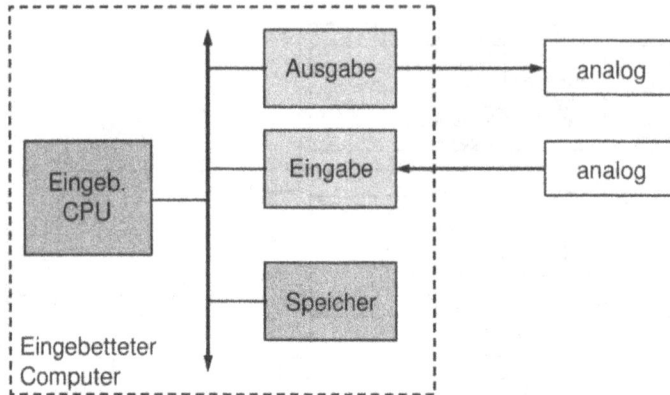

Abbildung 12.18: Eingebettetes System (mit analogen Schnittstellen).

Eine zentrale Architektur für eingebettete Prozessoren stammt von der Firma *Advanced RISC Machines* (ARM). Die ARM-Architektur ist durch einen kompakten Befehlssatz gekennzeichnet, welcher Optimierungen etwa im Hinblick auf den Stromverbrauch erlaubt und daher für den Einbau z. B. in mobile Geräte (PDAs, Handys, MP3-Spieler, Smart Cards) besonders geeignet ist. Prozessoren mit ARM-Architektur werden z. B. von Intel, Motorola bzw. Freescale, Samsung, Toshiba, Nintendo, Sony oder Texas Instruments in Lizenz hergestellt. Bei ARM-Prozessoren wie bei anderen eingebetteten Prozessoren auch geht es stets um einen möglichst guten Kompromiss zwischen Preis und Leistung.

Abbildung 12.19 zeigt als erstes Beispiel eines Systems mit eingebetteten Prozessoren den groben Aufbau eines CD- oder auch eines MP3-Spielers. Ein solches System besitzt einerseits eine CPU für die Verarbeitung von Audio-Daten, also z. B. die Dekompression von im MP3-Format gespeicherten Musikdaten. Andererseits umfasst ein solches System typischerweise eine CPU zur Steuerung der Abtastmechanik eines CD-Spielers, einen so genannten *Jitter-Speicher* zum Ausgleich von Bewegungen des Geräts („Anti-Shock") oder einen Bildschirm zur Anzeige von so genannten *ID3-Tags*. Dies sind Metadaten (Zusatzinformationen), die im Allgemeinen in MP3-codierten Dateien enthalten sind (und z. B. den Namen des Albums oder des Künstlers zu einem Musikstück angeben). ID3 steht dabei für *Identify an MP3*.

Abbildung 12.20 zeigt als zweites Beispiel den groben Aufbau einer Digitalkamera. Zentraler Baustein ist hier eine Microcontroller-Unit (MCU) zur Verarbeitung von Bilddaten. Er simuliert den zu belichtenden Film in klassischen Kameras. Ferner sind verschiedene ASICs (Application-Specific Integrated Circuits) vorhanden, z. B. zur Steuerung der Schnittstelle zu einem PC, auf den gespeicherte Bilder herunter geladen werden können. Der LCD-Bildschirm (auf der Kamera-Rückseite) gibt dem Benutzer die Kontrolle über das Bild. Vergleichbare Schaltbilder ließen sich auch z. B. für diverse Telematik-Systeme in Fahrzeugen oder für den Aufbau von Handys angeben.

Während man klassischerweise, also beim von Neumannschen Rechnermodell, *keine* Aufteilung des Speichers in unterschiedliche Bereiche vornimmt, sondern grundsätzlich *jeder* Speicherplatz für Daten, Adressen oder Befehle verwendet werden kann, geht man insbesondere bei Signalprozessoren dazu über, physikalisch zwischen ei-

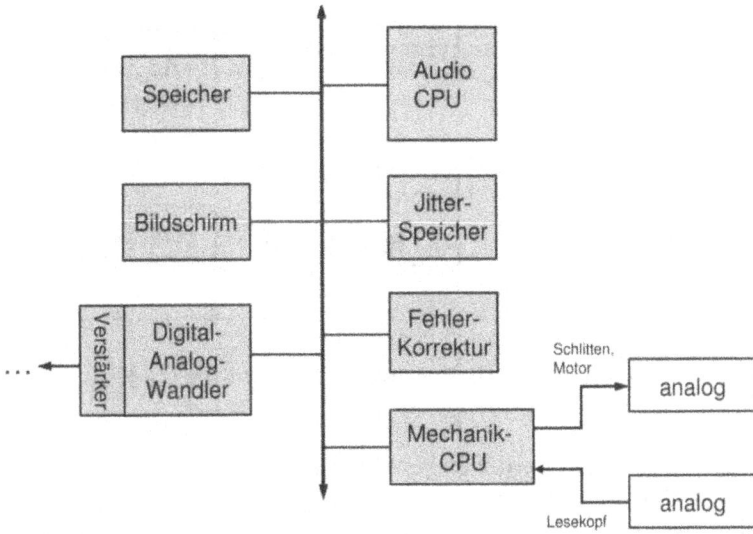

Abbildung 12.19: Aufbau eines CD- bzw. MP3-Spielers.

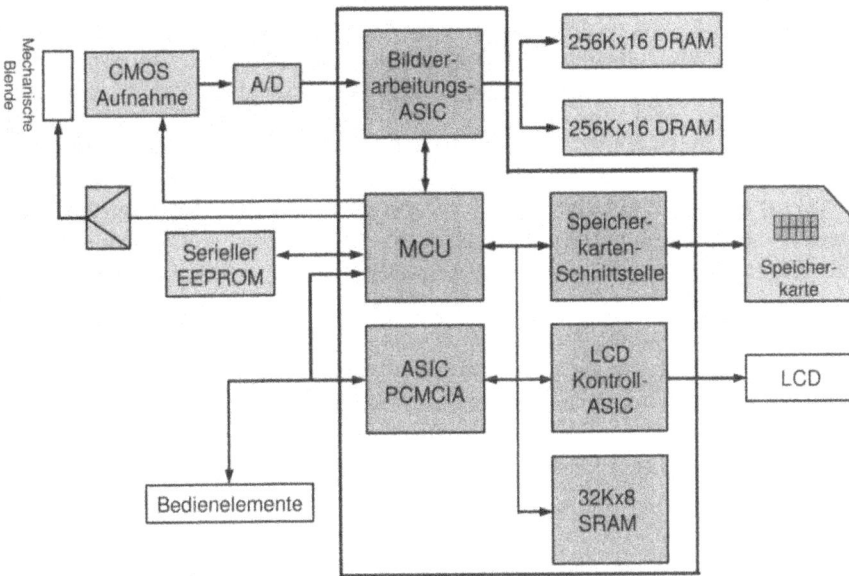

Abbildung 12.20: Aufbau einer Digitalkamera.

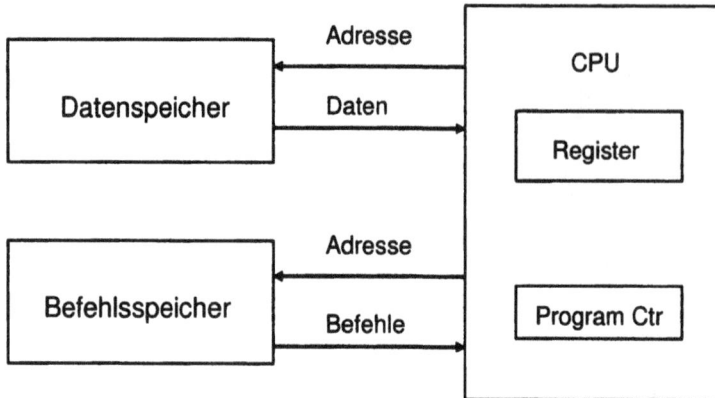

Abbildung 12.21: Prinzip der Harvard-Architektur.

nem *Befehlsspeicher* und einem *Datenspeicher* zu unterscheiden; man bezeichnet dies als *Harvard-Architektur*. Das Prinzip ist in Abbildung 12.21 gezeigt. Eine Harvard-Architektur kann keinen sich selbst verändernden („reflektiven") Code nutzen, sie erlaubt allerdings, dass Befehle und zugehörige Daten in *einem* Taktzyklus in die CPU geladen werden können, so dass zwei (oder sogar mehr) simultane Speicherzugriffe ermöglicht werden. Moderne Prozessoren mit Harvard-Architektur können sogar mehrere Rechenwerke parallel mit Daten und Befehlen versorgen. Die meisten heutigen DSPs nutzen eine Harvard-Architektur zur Optimierung des Datenstroms, insbesondere zur Verbesserung der Bandbreite zum Speicher.

Als Beispiel erwähnen wir die Baureihe TMS320C203 von Texas Instruments: Die CPU verfügt über zwei 32-Bit-Akkus, eine 32-Bit-ALU, einen so genannten Barrel Shifter sowie weitere Register. Auf dem Chip befindet sich ein 256×16-Bit Befehlsspeicher sowie ein 256×16- und ein 32×16-Bit Datenspeicher.

Während einige Hersteller eingebetteter Prozessoren auf eine große Modellvielfalt setzen und je nach Anwendung ein spezifisches Modell bereithalten, greifen neuere Entwicklungen wieder auf die Idee der bereits erwähnten ASICs zurück: Für eine gegebene (und meist neue) Anwendung wird ein spezifischer Chip durch angemessene Konfiguration von Bauteilen erzeugt. Als Beispiel für diesen Ansatz erwähnen wir abschließend die Vorgehensweise der Firma *Tensilica*. Hier geht man von einer vorgefertigten Funktionsbibliothek aus, welche aus DSPs und peripheren Blöcken besteht. In Kombination mit einer Software-Entwicklungsumgebung für den gewünschten Instruktionssatz wird ein Mikroprozessor-Generator angestoßen, der letztlich einen Prozessor-Baustein mit hoch spezialisierter Architektur erzeugt.

Zu den Konfigurationsoptionen für einen Prozessor gehören dabei die Anzahl und der Typ von Interrupts, die Größe von Instruction und Data Cache, die Größe des Registerfiles oder die Anzahl der Breakpoints, welche zum Debugging von Code gesetzt werden können. Der eigentliche (Xtensa genannte) Generator basiert auf der Sprache *Tensilica Instruction Extension* (TIE), welche z. B. eine Reihe von Befehlsformaten und -typen umfasst. Die Vorgehensweise ist in Abbildung 12.22 illustriert. Der Xtensa-Generator erzeugt dabei Register-Transfer-Logik als Output, und zwar wahlweise in VHDL oder in der Sprache Verilog. Es lassen sich auf diese Weise sehr

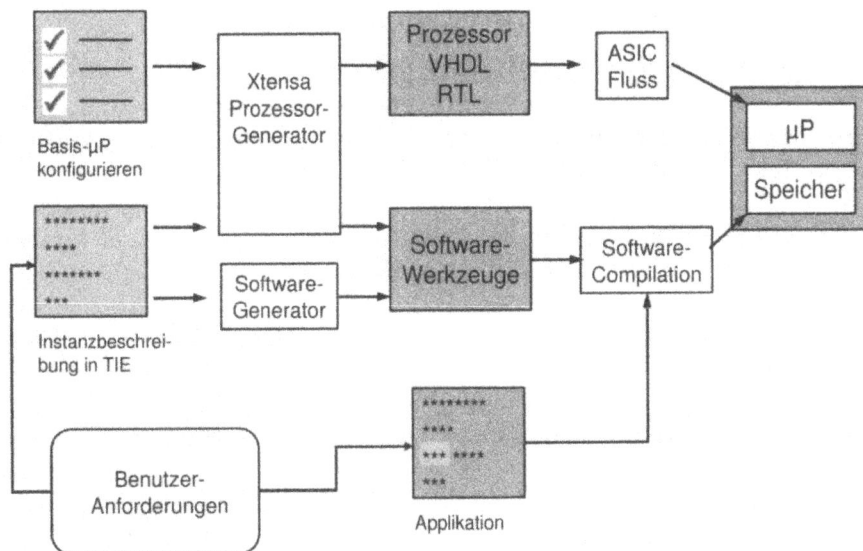

Abbildung 12.22: Tensilica-Ansatz TIE.

flexible und an spezifische Anforderungen angepasste Prozessoren entwickeln, wie sie von modernen Anwendungen gefordert werden.

12.6 Übungen

12.1 Der MC68000 verfügt zur Beschleunigung des Kontext-Umschaltens über den MOVEM-Befehl („move multiple registers"), durch welchen die Inhalte mehrerer Register gleichzeitig im Speicher gesichert bzw. von dort zurück geschrieben werden können. Im Register-Indirekt-Modus benötigt der MOVEM-Befehl $8 + 4n$ Taktzyklen zur Sicherung von n 16-Bit-Registern; zum Zurückschreiben werden $12 + 4n$ Zyklen benötigt.

Prozess A verwende 8 Register, während Prozess B 4 Register verwenden möge. Unter Annahme einer Takt-Rate von 8 MHz berechne man die Dauer eines Umschaltens von A auf B bzw. umgekehrt.

12.2 32-Bit-Mikroprozessoren unterscheiden sich von ihren 16-Bit-Vorläufern im Allgemeinen durch eine effizientere Unterstützung höherer Programmiersprachen. Als Beispiel nehmen wir an, dass der für einen Befehl einer höheren Sprache generierte Maschinencode des MC68000 eine Ausführungsdauer von $79\,T$ benötigt, während der entsprechende Code des MC68020 in Zeit $24\,T$ ausgeführt werden kann. Unter der Annahme, dass beide Prozessoren mit 8 MHz getaktet werden, berechne man die jeweilige Ausführungszeit in Sekunden.

12.3 Man gebe an, welche Entwurfsentscheidungen der Designer eines Rechners hinsichtlich der Architektur, des Befehlssatzes und der Organisation von einem Fetch/Execute-Zyklus zu treffen hat.

12.7 Bibliographische Hinweise und historische Ergänzungen

Der erste Mikroprozessor war der 1971 von Intel vorgestellte Typ 4004, welcher eine Wortlänge von 4 Bit hatte und lediglich 4.096 Speicherplätze der Länge 4 Bit adressieren konnte. Dieser wurde bereits 1973 abgelöst von den 8-Bit-Prozessoren Intel 8080 und Motorola 6809. 1978 begann das Zeitalter der 16-Bit-Prozessoren (Intel 8086 und 8088, Motorola 68000), 1986 das der 32-Bit-Prozessoren (Intel 80386, Motorola 68020).

Für weitere Informationen zu Intel-Prozessoren sei z. B. auf Brey (2005), Crawford (1990), Messmer und Dembowski (2003), Hamacher et al. (2002) oder Protopapas (1988) verwiesen. Zum Fehler im ursprünglichen Pentium-Design vergleiche man, wie in Kapitel 6 bereits erwähnt, Blum und Wasserman (1996). Die Erweiterung MMX der Pentium-Architektur behandeln Peleg et al. (1997). Uhlig et al. (2005) beschreiben die in modernen Intel-Prozessoren zum Einsatz kommende Virtualisierungstechnik.

Stritter und Gunter (1979) stellen die Architektur des MC68000 genauer vor; Zolnowsky und Tredennick (1979) beschreiben die internen Abläufe in diesem Prozessor. Weitere Quellen zu diesem Prozessor und seinen im Text genannten Nachfolgern sind etwa Edenfield et al. (1990a, b), Noor (1994) oder Protopapas (1988). Williams (2001) beschreibt den Mikrocontroller Motorola MC68300; man vergleiche auch hierzu Beierlein und Hagenbruch (2004). Weitere Erläuterungen der SPARC-Architektur entnehme man z. B. Kain (1996) oder Tabak (1995), zur ULTRASparc III auch Tanenbaum (2006).

Ein umfassende Übersicht über sämtliche hier beschriebene Prozessoren sowie über moderne Architekturprinzipen findet man bei Korneev und Kiselev (2004). Zur Entwicklung von Mikroprozessoren vergleiche man ferner Sohi (2001).

Wolf (2001) oder Noergaard (2005) behandeln den Entwurf eingebetteter Systeme und CPUs. Einzelheiten zu den im Text genannten Prozessoren und Firmen findet man stets aktuell im Internet. Konfigurierbare Prozessoren beschreiben die Tensilica-Ingenieure Leibson und Kim (2005). Eine Einführung in das zunehmend an Bedeutung gewinnende Gebiet der Systems-on-Chips (SoC) geben Jerraya et al. (2005); man vergleiche hierzu auch Diaz et al. (2005). Als Fortentwicklung der RISC-Architekturen werden hier auch die so genannten *EDGE-Architekturen* (Explicit Data Graph Execution) angesehen; man vergleiche Burger et al. (2004).

32-Bit-Mikroprozessoren sind mittlerweile in Leistungsbereiche vorgedrungen, welche bis in die erste Hälfte der 80er Jahre ausschließlich so genannten Minicomputern vorbehalten waren. Ein typischer Vertreter dieser Klasse war die Rechner-Familie PDP-11 der Digital Equipment Corporation (DEC), welche 1970 vorgestellt wurde. Viele Charakteristika dieser Serie (wie Umfang des Flag-Registers, Stack-Pointer-Register, verschiedene Adressierungsarten, Byte-adressierbarer Speicher oder auch 16-Bit-Wortlänge) wurden von anderen Herstellern für nachfolgende Entwicklungen übernommen und sind heute typischerweise in Mikroprozessoren anzutreffen. Von DEC wurde 1978 als Weiterentwicklung dieser Serie die VAX-11/780 vorgestellt; VAX ist dabei eine Kurzform für Virtual Address Extension. Diese soll andeuten, dass die Architektur der VAX primär auf die Unterstützung eines virtuellen Speicherkonzepts angelegt war. Die VAX-Serie wurde später nach oben und unten erweitert. Alle Rechner dieser Serie verfügen über die gleiche Architektur, einen weitgehend identischen

Befehlssatz, gleiche Adressierungsarten und gleiche Datentypen. Sie können alle mit dem gleichen Betriebssystem arbeiten und unterscheiden sich primär in der Verarbeitungsgeschwindigkeit, dem möglichen Hauptspeicherausbau, dem Vorhandensein bzw. der Größe des Cache-Speichers, der Größe der Control Memory des Steuerwerks und den Anschlussmöglichkeiten für Peripherie. Eine Beschreibung der DEC PDP-11 findet man bei Wakerly (1981). Die Assemblerprogrammierung dieser Rechner-Familie behandelt z. B. Schneider (1985). Zur Architektur sowie zur Assembler-Programmierung von Rechnern der VAX-11 Serie vergleiche man z. B. Baase (1992) oder Schneider et al. (1987).

Architekturprinzipien, welche früher in Großrechnern erstmalig angewendet wurden, finden sich heute in nahezu allen Rechnern wieder. Hierzu zählen der Aufbau einer CPU, insbesondere die Unterscheidung zwischen Integer- und Floating-Point-Einheiten, Techniken zur Adressierung des Speichers, der Entwurf von Befehlssätzen oder die Organisation der I/O-Einheit. Wesentlich beeinflusst wurden moderne Rechnerarchitekturen von IBM-Großrechnern der 60er und 70er Jahre, was im vorigen Kapitel bei der Behandlung des Tomasulo-Algorithmus bereits angedeutet wurde. Deshalb wollen wir in diesem Abschnitt zu diesen einige Bemerkungen machen. Zentraler Unterschied zwischen Großrechnern und Mini- bzw. Mikrocomputern ist nach wie vor, dass umfangreichere Hardware zur Verfügung steht, welche z. B. im Hinblick auf spezielle Prinzipien hin ausgelegt oder optimiert ist. Exemplarisch erwähnen wir hier das Prinzip der *Virtualität*, welches wir in Kapitel 11 in Form des virtuellen *Speichers* genauer erläutert haben. Neben diesem Konzept zur Speicherverwaltung findet häufig auch das Konzept der virtuellen *Maschine* Anwendung. Darunter kann einerseits die funktionelle Simulation eines bestimmten Rechners durch die Hardware einer anderen Maschine („Host-Rechner"), deren Struktur von der virtuellen verschieden ist, verstanden werden. Unter einer virtuellen Maschine kann andererseits aber auch eine spezielle Organisation der Laufzeitumgebung in einem Multitasking-Betrieb verstanden werden: Dem einzelnen Benutzer wird dabei die Illusion vermittelt, dass der Rechner, auf welchem sein Programm läuft, ihm exklusiv zur Verfügung steht; im Falle mehrerer Benutzer wird jedem seine eigene virtuelle Maschine zugeordnet. Es ist dann Aufgabe des Betriebssystems, die anscheinend parallel laufenden virtuellen Maschinen auf die de facto vorhandene reale Maschine (welche auch mehrere Prozessoren enthalten kann) abzubilden. Man vergleiche hierzu Smith und Nair (2005).

Von besonderer Bedeutung für die Architektur von Großrechnern und in der Folge auch für die Architektur kleinerer Systeme war die Einführung des IBM Systems /360 im Jahre 1964. Dieses führte erstmals das heute verbreitete Konzept der „aufwärts kompatiblen Prozessor-Familie" ein. Der Datenprozessor umfasste sechzehn allgemeine 32-Bit-Register für Daten oder Adressrechnungen sowie (optional) vier 64-Bit-Register für Gleitkomma-Arithmetik. Ferner wurden die Datentypen Integer (8, 16 oder 32 Bits), Floating-Point (32 oder 64 Bits), BCD, Character-String (im 8-Bit-EBCDIC-Code, vgl. Abschnitt 6.4) und Bit-String unterstützt. Der Hauptspeicher war Byte-adressierbar und hatte eine maximale Größe von 16 MB (= 2^{24} B); entsprechend hatten Adressen eine Länge von 24 Bits, wobei 12 Bits ein Displacement darstellten, welches zum Inhalt eines Basisregisters addiert wurde. Die I/O-Kanäle waren direkt mit dem Speicher verbunden, und neben den allgemeinen Registern gab es weitere, spezielle (wie ein Instruction-Register, Program Status Word, MAR, MBR, oder Program Counter).

Bereits 1971 wurde als Nachfolger der /360-Serie die /370-Serie eingeführt, welche
später durch die Großrechner-Reihen 303x, 308x und 309x abgelöst wurde; darüber
hinaus wurde die /370-Architektur auch auf Minicomputer-Familien z. B. der Seri-
en IBM 9370 und IBM 4300 übertragen. Erweiterungen betrafen insbesondere die
Verwendung von 31-Bit-Adressen („Extended Architecture" XA), was einen theoretischen Hauptspeicherausbau von bis zu 2^{31} B = 2.048 MB = 2 GB ermöglichte. Bode
und Händler (1983) stellen das System IBM /360 sowie das Konzept der virtuellen
Maschine ausführlich dar; zum System /370 vergleiche man ferner Ungerer (1989). Die
Assembler-Programmierung dieser Rechner-Familie behandeln z. B. Carrano (1988)
oder Kacmar (1988); Hoskins (1993) beschreibt die Serie ES/9000.

Teil III

Parallelverarbeitung (Alternative Rechnerkonzepte)

Wir wollen in diesem dritten Teil das Umfeld des klassischen Von-Neumann-Rechners verlassen und alternative Architekturen studieren. Wir beginnen in Kapitel 13 mit Grundkonzepten und Grundmodellen. Insbesondere erfolgt eine Behandlung typischer *Netzwerke*, welche Prozessoren so verbinden, dass eine parallele Verarbeitung möglich wird. Dabei wird sich einerseits zeigen, dass derartige Netzwerke als spezielle Graphen auch aus theoretischer Sicht auf interessante Probleme führen. Andererseits dient dieses Kapitel als Vorbereitung für Kapitel 14, in welchem wir exemplarisch einige prominente *Parallelrechner-Architekturen* vorstellen werden. Neben schon fast "klassisch" zu nennenden Vorschläge wie dem Illiac IV erwähnen wir z. B. auch heute verbreitete SIMD-, MIMD- sowie Cluster-Systeme.

Kapitel 15 stellt als Alternative zur Parallelverarbeitung die Grundlagen der Rechnernetz-Technik vor. In einem Rechnernetz sind im Allgemeinen mehrere autonome Rechner, welche unter Umständen als Server nur für spezielle Aufgaben vorgesehen sind, über ein lokales bzw. globales Netz miteinander verbunden. Rechnernetze sind heute allgegenwärtig, und zwar sowohl lokale Netze als auch das Internet.

Kapitel 13

Grund-Konzepte und -Modelle für die Parallelverarbeitung

13.1 VLSI-Algorithmen. Systolische Netze

Die technischen Möglichkeiten zur Herstellung sehr großer integrierter Schaltungen forcieren die Entwicklung von Modellen für Parallelrechner. Eines der beliebtesten ist das klassische Modell der systolischen Netze. Hier wird in gewissem Sinne das Funktionieren des Blutkreislaufs, der durch den systolischen Druck gekennzeichnet ist, simuliert. Wir unterstellen hierzu (ähnlich wie in Abschnitt 5.4), dass die VLSI-Technologie Schaltelemente zur Verfügung stellt, welche gewisse (einfache) Funktionen — wie Addition, Multiplikation oder Vergleich von (nicht notwendigen binären) Zahlen — ausführen können und welche auch eine gewisse Speicherkapazität besitzen. Diese Schaltelemente, für welche wir hier auch die Bezeichnung „Prozessoren" verwenden, seien ferner billig herzustellen und, falls nötig, auch in hinreichend großer Zahl auf einem Chip verfügbar.

Wie in der Einführung erwähnt, liegt der praktische Nutzen in der Möglichkeit, größere Aufgaben unter Umständen so in Teilaufgaben zerlegen zu können, dass deren Bearbeitung *parallel* erfolgen kann. Dies hat in den letzten Jahrzehnten zur Entwicklung spezifischer Algorithmen für eine Reihe von Problemen (wie z. B. Suchen und Sortieren, Matrizenmultiplikation, Operationen auf Datenbanken, Pattern Matching, Polynom-Multiplikation, Bildverarbeitung) geführt, welche nicht nur schneller arbeiten als die vorher bekannten (sequentiellen) Algorithmen; viele dieser parallelen Algorithmen sind zudem auch darauf ausgelegt, direkt in geeigneter (VLSI-) Hardware ausgeführt zu werden; die softwaremäßige Realisierung (durch ein Programm) tritt dabei in den Hintergrund. Wir stellen an die Hardware, welche zur Lösung eines bestimmten Problems zur Verfügung stehe, leicht zu erfüllende Anforderungen:

1. Es gibt Prozessoren mit je drei Ein- bzw. Ausgängen (welche an den Ausgängen über Delays verfügen, so dass jedes Ergebnis wenigstens für die Dauer eines Taktes gespeichert werden kann) der in Abbildung 13.1 gezeigten Art. (Diese

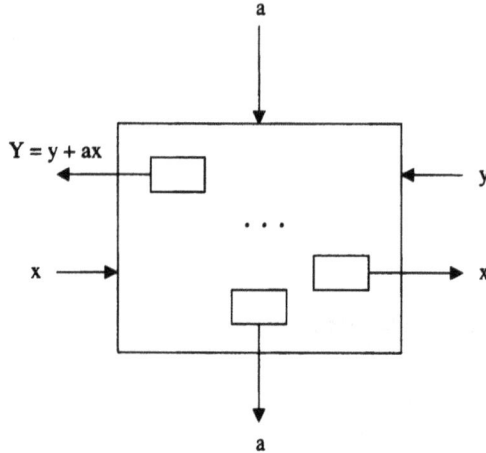

Abbildung 13.1: VLSI-„Prozessor".

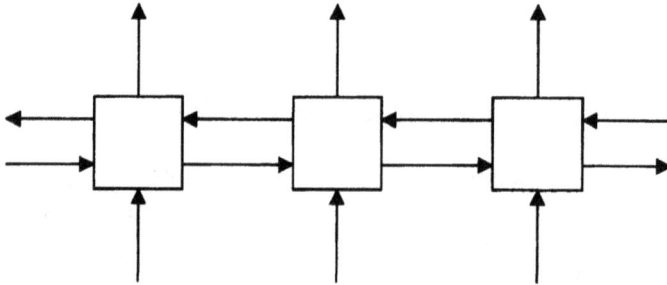

Abbildung 13.2: Prozessor-Pipeline.

Anforderung erfolgt nur exemplarisch im Hinblick auf ein von uns angestrebtes Beispiel; Varianten sind denkbar).

2. Die Arbeit eines Prozessors oder mehrerer gekoppelter Prozessoren des unter 1. beschriebenen Typs erfolgt getaktet, also unter der Synchronisation einer globalen Clock. Dies bedeutet insbesondere, dass Inputs in einem festgelegten Taktrhythmus eingelesen und Outputs im gleichen Rhythmus ausgegeben werden.

Es sind verschiedene Arten der Kopplung von Prozessoren denkbar. Wir stellen einige davon hier und in den nachfolgenden Abschnitten dieses Kapitels (sowie im nächsten Kapitel) vor, wobei für das Folgende wesentlich ist, dass es zwischen einzelnen, beteiligten Prozessoren nur „lokale" Verbindungen gibt, so dass sich insgesamt eine regelmäßige Struktur ergibt:

(a) *Prozessor-Reihe* („Pipeline"): „Innere" Prozessoren haben jeweils zwei Nachbarn (vgl. Abbildung 13.2).

(b) *Prozessor-Feld* (Maschen-Verbindung, vgl. Kapitel 14 und dort speziell die Architektur des Rechners Illiac IV): „Innere" Prozessoren haben jeweils vier Nach-

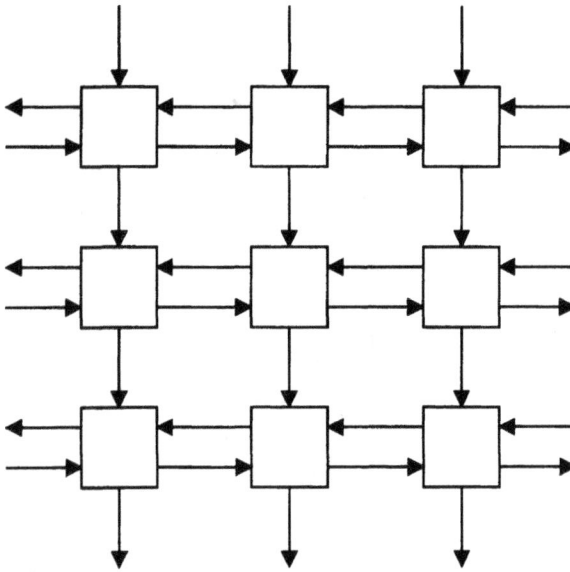

Abbildung 13.3: (Quadratisches) Prozessor-Feld.

barn (vgl. Abbildung 13.3). Man erkennt, dass in diesem Feld eine Parkettierung der Ebene durch Quadrate (oder allgemeiner durch Rechtecke) zugrunde liegt. Hierdurch wird die Kopplung von inneren Prozessoren mit genau vier Nachbarn motiviert. Eine andere kreuzungsfreie Kopplung mit sogar sechs Nachbarn ist möglich, da eine Parkettierung der Ebene mit gleichartigen Sechsecken realisierbar ist:

(c) *Sechseck-Parkettierung*: „Innere" Prozessoren haben jeweils sechs Nachbarn (vgl. Abbildung 13.4).

Unterstellt man eine getaktete Arbeitsweise einer Anordnung der in Abbildung 13.3 oder 13.4 gezeigten Art gemäß einer zentralen Clock, so kann man sich gut vorstellen, wie die Input-Daten rhythmisch in die Anordnung hinein treten, diese durchlaufen und wieder verlassen. Ebenso werden die Outputs ($Y = y + a \cdot x$ für jeden beteiligten Prozessor) in diesem Rhythmus berechnet. Da diese Situation dem Pulsieren des Blutes durch die menschlichen Blutbahnen ähnelt, wird für derartige Anordnungen bereits seit den 70er Jahren die Bezeichnung *systolisches Netz* (Systolic Array) verwendet.

Es sei bemerkt, dass für die Einfügbarkeit von Prozessoren in Netze der geschilderten Art nur die „Vernetzungssyntax" (und nicht die speziellen Ausgabefunktionen) entscheidend ist. Es können also auch systolische Netze mit unterschiedlich rechnenden Prozessoren gleicher I/O-Syntax realisiert werden. Außerdem gibt es unter Umständen für die I/O-Syntax der einzelnen Prozessoren Variationsmöglichkeiten: Es könnte z. B. in dem in Abbildung 13.4 gezeigten Sechseck-Gitter bei jedem Prozessor ein zusätzlicher Ausgabepfeil nach rechts oben weisen (und demnach ein zusätzlicher Inputpfeil links unten ankommen).

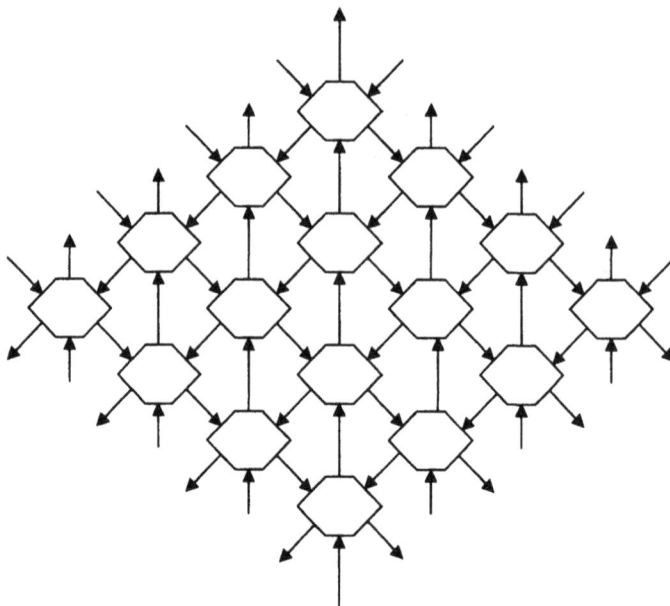

Abbildung 13.4: Hexagonales Prozessor-Feld.

Wir beschränken uns hier zunächst auf ein systolisches Netz von Typ (a) (Reihe, Pipeline) und werden beschreiben, wie mit Hilfe dieses Netzes die Multiplikation einer Matrix mit einem Vektor in einem Spezialfall effizient realisiert werden kann.

Wir betrachten nämlich so genannte *Band-Matrizen*, bei welchen alle Koeffizienten $\neq 0$ auf einem Band entlang der Hauptdiagonalen platziert sind.

Definition 13.1 Eine Matrix $\mathcal{A} = (a_{ij}), 1 \leq i \leq n, 1 \leq j \leq m$, heißt (p, q)-*Bandmatrix* (mit der „Bandbreite" $p + q - 1$), falls gilt:

$$a_{ij} \begin{cases} = 0 & \text{falls } j \geq i + p \text{ oder } j \leq k \text{ für } i = q + k \\ \text{beliebig} & \text{sonst} \end{cases}$$

Eine $(2, 4)$-Bandmatrix (mit der Bandbreite 5) hat also zum Beispiel die in Abbildung 13.5 gezeigte Gestalt. Wir erwähnen, dass in vielen Anwendungen mit intensiven Matrixrechnungen die Spezialisierung auf bandbeschränkte Matrizen systematisch angestrebt wird. Dies gilt z. B. für die gesamte Finite-Element-Numerik.

Ist nun $\mathcal{A}$ eine (p, q)-Bandmatrix der Dimension (n, n) und x ein n-elementiger Vektor, so ist das Produkt $Y = \mathcal{A} \cdot x$ ebenfalls ein n-elementiger Vektor. Für den oben angedeuteten Spezialfall $p = 2, q = 4$ sehen die ersten sechs Elemente von Y etwa wie folgt aus:

$$\begin{aligned}
y_1 &= a_{12}x_2 + a_{11}x_1 \\
y_2 &= a_{23}x_3 + a_{22}x_2 + a_{21}x_1 \\
y_3 &= a_{34}x_4 + a_{33}x_3 + a_{32}x_2 + a_{31}x_1
\end{aligned}$$

$$p$$

$$
\mathcal{A} = \left(
\begin{array}{ccccccc}
a_{11} & a_{12} & & & & & \\
a_{21} & a_{22} & a_{23} & & & O & \\
a_{31} & a_{32} & a_{33} & a_{34} & & & \\
a_{41} & a_{42} & a_{43} & a_{44} & a_{45} & \cdots & \\
& a_{52} & a_{53} & a_{54} & a_{55} & a_{56} & \\
& & a_{63} & a_{64} & a_{65} & a_{66} & a_{67} \\
& & & a_{74} & a_{75} & a_{76} & \\
& O & & & a_{85} & &
\end{array}
\right)
$$

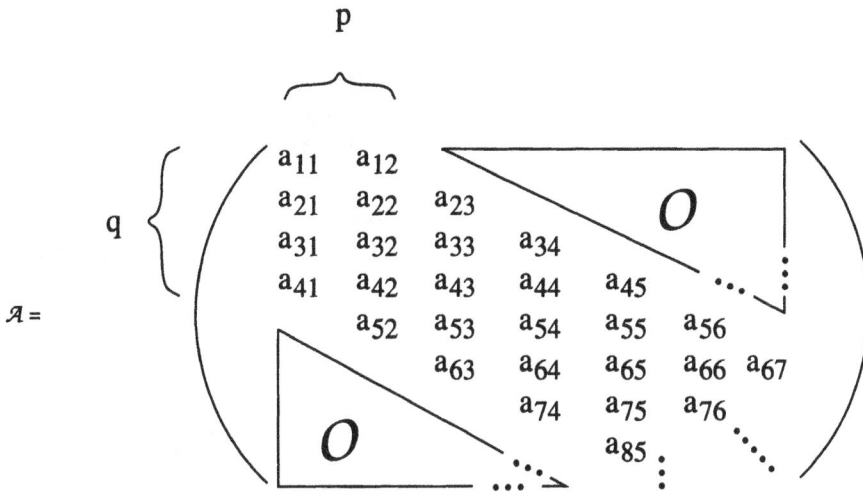

Abbildung 13.5: (2, 4)-Bandmatrix.

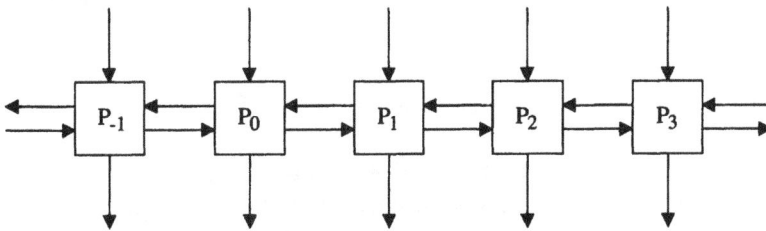

P$_{-1}$ P$_0$ P$_1$ P$_2$ P$_3$

Abbildung 13.6: Fünfelementige Prozessor-Pipeline.

$$
\begin{aligned}
y_4 &= a_{45}x_5 + a_{44}x_4 + a_{43}x_3 + a_{42}x_2 + a_{41}x_1 \\
y_5 &= a_{56}x_6 + a_{55}x_5 + a_{54}x_4 + a_{53}x_3 + a_{52}x_2 \\
y_6 &= a_{67}x_7 + a_{66}x_6 + a_{65}x_5 + a_{64}x_4 + a_{63}x_3
\end{aligned}
$$

Man beachte, dass die beschränkte Bandbreite von $\mathcal{A}$ (hier 5) zur Folge hat, dass jedes Element von Y entsteht durch Summation von höchstens fünf Produkten von Koeffizienten aus $\mathcal{A}$ und x. Diese Tatsache wird jetzt ausgenutzt zur Entwicklung der folgenden hardwaremäßigen Lösung dieses „Problems":

Wir verwenden eine Pipeline bestehend aus fünf Prozessoren des oben beschriebenen Typs (vgl. Abbildung 13.6). Bevor wir beschreiben können, auf welche Weise diese Pipeline arbeitet, machen wir noch folgende Feststellungen: Für die Indizes i, j der Koeffizienten a_{ij} einer gegebenen Bandmatrix $\mathcal{A}$ gilt:

1. $i = j$, falls a_{ij} auf der Hauptdiagonalen von $\mathcal{A}$ liegt, d. h. falls $i - j = 0$.

2. Entlang jeder weiteren Diagonalen (parallel zur Hauptdiagonalen) ist die *Differenz* der Indizes jeweils konstant, z. B. oberhalb der Hauptdiagonalen:

$$1 - 2 = 2 - 3 = 3 - 4 = 4 - 5 = \ldots = -1$$

und unterhalb davon:

$$2 - 1 = 3 - 2 = 4 - 3 = 5 - 4 = \ldots = 1$$
$$\text{bzw.} \quad 3 - 1 = 4 - 2 = 5 - 3 = 6 - 4 = \ldots = 2$$
$$\text{bzw.} \quad 4 - 1 = 5 - 2 = 6 - 3 = 7 - 4 = \ldots = 3$$

3. Zieht man Linien durch $\mathcal{A}$, welche zur Haupt- bzw. den Nebendiagonalen orthogonal verlaufen, so haben die Indizes der auf diesen Linien liegenden Koeffizienten jeweils gleiche *Summe*, z. B.

$$
\begin{array}{cccccc}
 & & & 1 + 1 & & = 2 \\
 & & 2 + 1 = & & 1 + 2 & = 3 \\
 & 3 + 1 = & & 2 + 2 & & = 4 \\
4 + 1 = & & 3 + 2 = & & 2 + 3 & = 5 \\
 & 4 + 2 = & & 3 + 3 & & = 6 \\
5 + 2 = & & 4 + 3 = & & 3 + 4 & = 7 \\
 & 5 + 3 = & & 4 + 4 & & = 8 \\
6 + 3 = & & 5 + 4 = & & 4 + 5 & = 9 \\
\cdots & \cdots & \cdots & \cdots & \cdots & \cdots
\end{array}
$$

Diese Beobachtungen nutzen wir zum Entwurf eines Eingabeplanes für die Pipeline aus fünf Prozessoren aus:

Wir benennen die Prozessoren wie in Abbildung 13.6 angegeben von links nach rechts mit P_{-1}, P_0, P_1, P_2 und P_3 (entsprechend den fünf möglichen Index-Differenzen). Als nächstes wird $\mathcal{A}$ um 135 Grad nach links gekippt, so dass das Band jetzt von unten nach oben verläuft. Die so gekippte Matrix lassen wir von oben auf die Pipeline treffen. Von links nach rechts lassen wir die Koeffizienten von x die Pipeline durchlaufen und von rechts nach links die mit 0 initialisierten Koeffizienten des Ergebnisvektors Y. Damit liegt also die in Abbildung 13.7 gezeigte prinzipielle Situation vor.

Man erkennt an diesem Bild bereits die grundlegende Idee dieser „Rendezvous-Technik": Das Element a_{ij} von $\mathcal{A}$ trifft auf den Prozessor P_k, falls $k = i - j$ gilt, d. h. die Spalten der gekippten Matrix treffen jeweils auf den a-Eingang des gleichen Prozessors. In den Zeilen der gekippten Matrix haben Indexpaare jeweils gleiche Summen, und da der Übergang von einem Koeffizienten a_{ij} z. B. zu seinem rechten Zeilennachbarn i um 1 erhöht, j aber um 1 vermindert, die Indexdifferenz also um 2 „springt", müssen die Elemente einer Zeile jeweils um einen Prozessor versetzt eingegeben werden.

Zur Berechnung des korrekten Ergebnisses ist jetzt noch festzulegen, in welchem Takt y_1, x_1 und a_{11} in die Pipeline eintreten und mit welchem Abstand die weiteren Elemente folgen. Diesen Ablauf legen wir wie folgt fest: Im ersten Takt wird nur y_1 — mit 0 initialisiert — in P_3 eingegeben und im zweiten Takt von P_3 an P_2 weitergereicht. Im dritten Takt erreicht y_1 — noch immer unverändert — den Prozessor P_1; außerdem wird in diesem Takt x_1 in P_{-1} eingegeben. In Takt 4 liegen dann x_1 und y_1 an den entsprechenden Eingängen von P_0 an, und genau in diesem Takt beginnt die Eingabe des Bandes von $\mathcal{A}$, genauer von a_{11} in P_0. Da P_0 somit an allen drei Eingängen ein nicht-triviales Input-Signal vorliegen hat, kann dieser Prozessor $Y = a_{11}x_1 + y_1 = a_{11}x_1$ berechnen und in Takt 5 als neuen Wert von y_1 an P_{-1} weitergeben.

$$\vdots$$

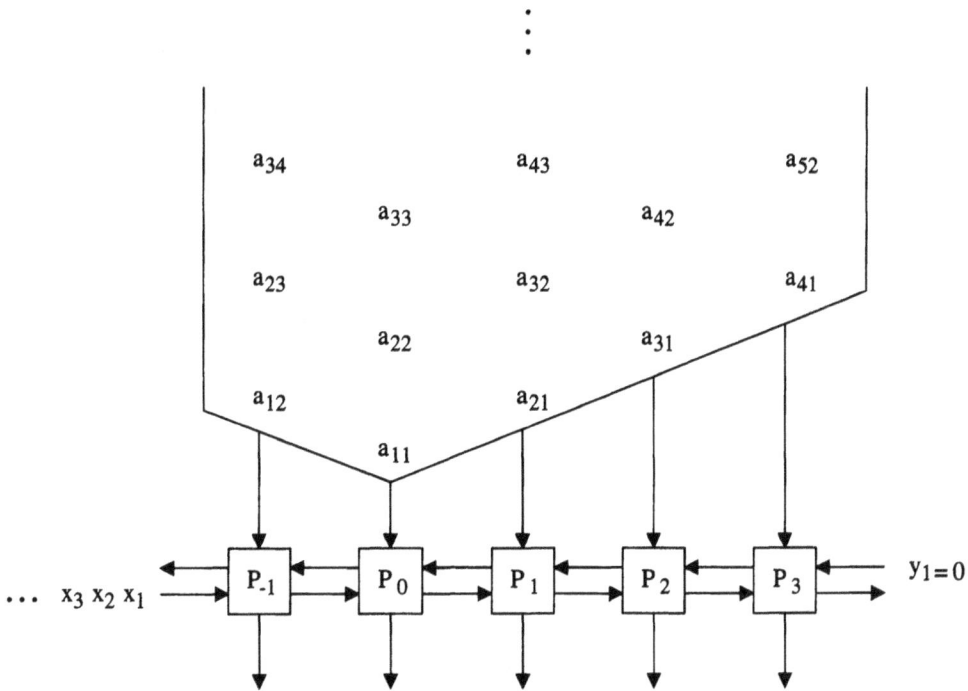

Abbildung 13.7: Organisation der (syst.) Matrix-Vektor-Multiplikation.

Im dritten Takt wurde außerdem y_2 — ebenfalls mit 0 initialisiert — in P_3 eingegeben und in Takt 4 noch unverändert an P_2, in Takt 5 an P_1 weitergereicht. In diesem fünften Takt trifft y_2 in P_1 auf a_{21} und x_1; P_1 kann daher das erste Teilergebnis des zweiten Ergebniskoeffizienten $y_2 = a_{21}x_1$ berechnen. Am linken Rand der Pipeline, also in Prozessor P_{-1}, liegen in diesem Takt die Inputs x_2, a_{12} und $y_1 = a_{11}x_1$ an, so dass P_{-1} den ersten (vollständigen) Ergebniskoeffizienten $y_1 = a_{12}x_2 + a_{11}x_1$ berechnet und in Takt 6 ausgibt.

Tabelle 13.1 zeigt den Ablauf der Berechnung im Einzelnen während der ersten zwölf Takte. Man erkennt, dass nach Ablauf von $p + q - 1 = b$ Takten (hier: 5) das erste Ergebnis die Pipeline links verlässt, und dass sodann nach jedem zweiten Takt eine weitere Komponente des Ergebnisvektors vollständig berechnet ist. Hat der Vektor Y genau n Komponenten, so ist die Berechnung von Y offensichtlich nach $2n+b$ Takten abgeschlossen. Ein sequentieller Algorithmus, welcher diese Aufgabe auf *einem* Prozessor löst, würde demgegenüber größenordnungsmäßig $b \cdot n$ Takte benötigen.

Wir verweisen unsere Leser auch an dieser Stelle auf die dieser Auflage beigefügte DVD, auf welcher der gerade beschriebene Ablauf der Matrix-Vektor-Multiplikation in visualisierter Form wiedergegeben ist.

Die oben beschriebene Pipeline lässt sich auch zur Berechnung von $Y = \mathcal{A} \cdot x + d$ verwenden, wobei d ein n-elementiger Vektor ist. Jedes y_i ist dann mit d_i (anstatt mit 0) zu initialisieren.

Wir wollen abschließend skizzieren, wie sich der gerade beschriebene systolische Algorithmus zur Matrix-Vektor-Multiplikation auf die Multiplikation von Matrizen

Tabelle 13.1: (Teilweiser) Ablauf der Matrix-Vektor-Multiplikation.

Takt	P_{-1} x	P_{-1} a	P_{-1} y	P_0 x	P_0 a	P_0 y	P_1 x	P_1 a	P_1 y	P_2 x	P_2 a	P_2 y	P_3 x	P_3 a	P_3 y
1															
2															$y_1(=0)$
3	x_1														
4															$y_2(=0)$
5	x_2	a_{12}	$y_1=a_{11}x_1$	x_1	a_{11}										
6						y_1			y_1						$y_3(=0)$
7	x_3	a_{23}	$y_2=a_{22}x_2+a_{21}x_1$	x_2	a_{22}	$y_2=a_{21}x_1$	x_1	a_{21}				y_1			
8						$y_3=a_{32}x_2+a_{31}x_1$			y_2			y_2	x_1	a_{41}	$y_4(=0)$
9	x_4	a_{34}	$y_3=a_{33}x_3+a_{32}x_2+a_{31}x_1$	x_3	a_{33}		x_2	a_{32}	$y_3=a_{31}x_1$	x_1	a_{31}	y_3			
10						$y_4=a_{43}x_3+a_{42}x_2+a_{41}x_1$	x_3	a_{43}	$y_4=a_{42}x_2+a_{41}x_1$	x_2	a_{42}	$y_4=a_{41}x_1$	x_2	a_{52}	$y_5(=0)$
11	x_5	a_{45}	$y_4=a_{44}x_4+a_{43}x_3+a_{42}x_2+a_{41}x_1$	x_4	a_{44}		x_4	a_{54}	$y_5=a_{53}x_3+a_{52}x_2$	x_3	a_{53}	$y_5=a_{52}x_2$			
12				x_5	a_{55}	$y_5=a_{54}x_4+a_{53}x_3+a_{52}x_2$				x_4	a_{64}	$y_6=a_{63}x_3$	x_3	a_{63}	$y_6(=0)$

verallgemeinern lässt. Dazu seien zwei $(n \times n)$-Matizen $\mathcal{A}$ und $\mathcal{B}$ gegeben, wobei $\mathcal{A}$ eine (p,q)-, $\mathcal{B}$ eine (q,p)-Bandmatrix sei. Das Produkt $\mathcal{C} = \mathcal{A} \cdot \mathcal{B}$ ist dann eine $(p+q-1, p+q-1)$-Bandmatrix. Wie oben sei $b = p+q-1$. Zur Berechnung von $\mathcal{C}$ verwenden wir ein hexagonales Feld der in Abbildung 13.4 gezeigten Form, welches aus b^2 Prozessoren besteht; ist z. B. $p = 2$, $q = 3$ und daher $b = 4$, so enthält das Feld 16 Prozessoren, vgl. Abbildung 13.8. Jeder dieser Prozessoren hat die gleiche Funktionalität wie die oben verwendeten; in Analogie zu Abbildung 13.1 sollen Inputs und Outputs jetzt wie folgt verteilt sein:

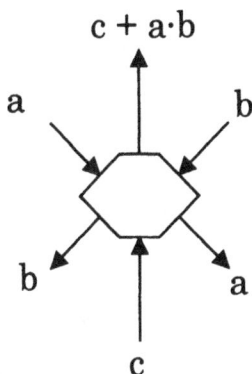

Zum Entwurf des Feldes sind Vorüberlegungen hinsichtlich der Inputs und Outputs bzw. der Taktung anzustellen, welche zu den oben für die Matrix-Vektor-Multiplikation angestellten analog sind; daher gehen wir hier nicht auf alle Einzelheiten ein. Insbesondere betrachten wir lediglich exemplarisch die Multiplikation zweier Matrizen mit der Bandbreite 4; diese seien wie folgt gegeben:

$$\mathcal{A} = \begin{pmatrix} a_{11} & a_{12} & 0 & 0 & \\ a_{21} & a_{22} & a_{23} & 0 & \\ a_{31} & a_{32} & a_{33} & a_{34} & \cdots \\ 0 & a_{42} & a_{43} & a_{44} & \\ 0 & 0 & a_{53} & a_{54} & \text{ß} \end{pmatrix} \qquad \mathcal{B} = \begin{pmatrix} b_{11} & b_{12} & b_{13} & 0 & \\ b_{21} & b_{22} & b_{23} & b_{24} & \\ 0 & b_{32} & b_{33} & b_{34} & \cdots \\ 0 & 0 & b_{43} & b_{44} & \\ 0 & 0 & 0 & b_{54} & \text{ß} \end{pmatrix}$$

Für die Koeffizienten der Ergebnis-Matrix $\mathcal{C}$ gilt dann z. B.

$$\begin{aligned} c_{11} &= a_{11}b_{11} + a_{12}b_{21} \\ c_{12} &= a_{11}b_{12} + a_{12}b_{22} \\ c_{21} &= a_{21}b_{11} + a_{22}b_{21} \end{aligned}$$

usw.

Ein hexagonales systolisches Feld zur Multiplikation von $\mathcal{A}$ und $\mathcal{B}$ hat dann den in Abbildung 13.8 gezeigten Aufbau. Die Matrix $\mathcal{A}$ wird von links oben nach rechts unten durch das Feld gepumpt, die Matrix $\mathcal{B}$ entsprechend von rechts oben nach links unten. Wie bei der Matrix-Vektor-Multiplikation werden beide Matrizen dazu so gedreht, dass jede Koeffizientenzeile des Bandes genau eine Prozessor-Reihe durchläuft.

A

B

a_{23}

b_{32}

$c_{11}=$
$a_{11}b_{11}+a_{12}b_{21}$

a_{32}　　a_{22}　　　　a_{12}　　　　b_{21}　　　　b_{22}　　　b_{23}

a_{31}　　a_{21}

$a_{11}\cdot$
b_{11}　b_{11}

b_{12}

b_{13}

a_{11}

c_{11}
$=0$

0

C

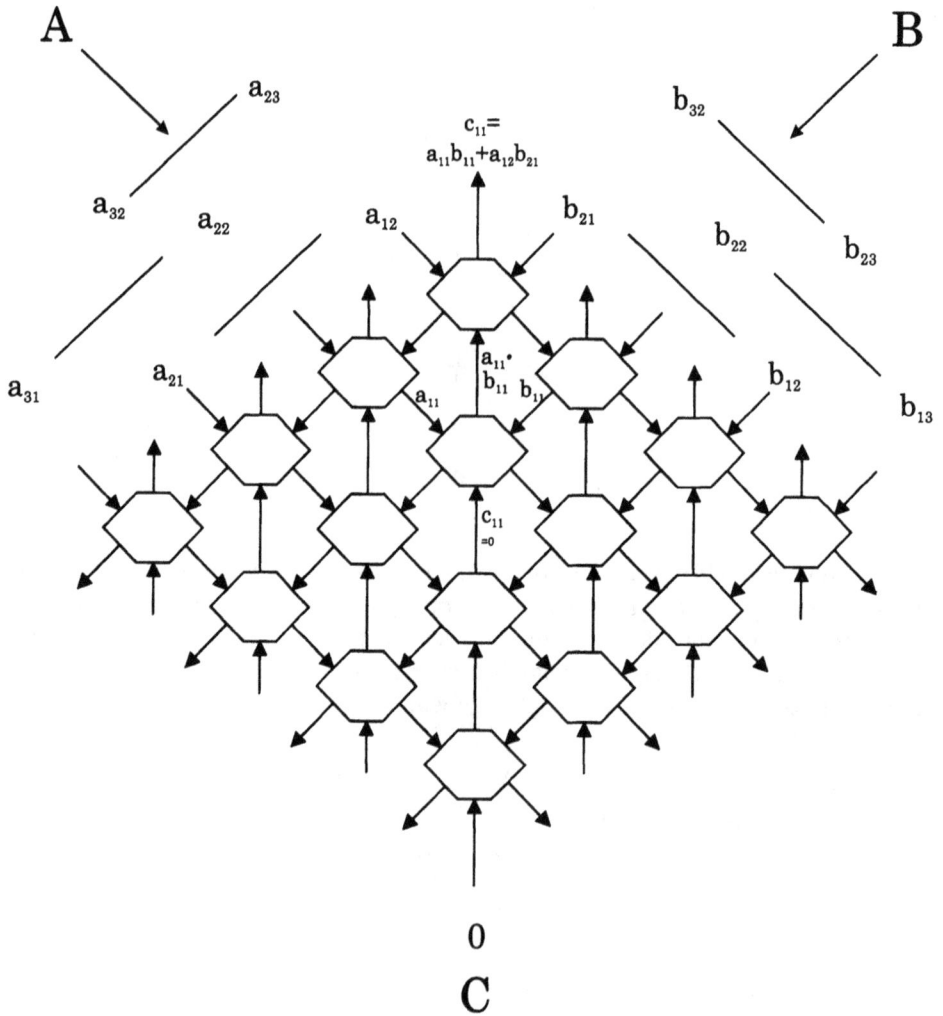

Abbildung 13.8: Hexagonales Prozessor-Feld für die Matrix-Multiplikation.

Die Ergebnismatrix C durchläuft das Feld von unten nach oben, wobei ihre Koeffizienten zu 0 initialisiert sind. In Abbildung 13.8 ist die Situation dargestellt, dass im zweitobersten Prozessor der mittleren Spalte a_{11}, b_{11} und c_{11} (=0) anliegen, was durch geeignete Taktung erreicht wird. Bei diesem Prozessor erscheint dann am oberen Ausgang $a_{11} \cdot b_{11}$. Dieses Ergebnis trifft im nächsten Takt im obersten Prozessor der mittleren Spalte mit a_{12} und b_{21} zusammen, so dass nach oben der erste Ergebniskoeffizient $c_{11} = a_{11}b_{11} + a_{12}b_{21}$ das Feld verlässt. Alle weiteren Berechnungen verlaufen analog, wovon sich der Leser selbst überzeugen möge.

Die von uns gegebenen Beispiele für systolische Schaltungen dürften den Leser überzeugt haben, dass die VLSI-Technik eine entscheidende Basis für die Entwicklung neuer Rechner-Architekturen liefert. Zwar spielen systolische Rechner der von uns geschilderten Art gegenwärtig keine Rolle in der kommerziellen Rechentechnik. Die Methodik des Entwurfs und der Analyse solcher Schaltungen kann aber hilfreich sein beim Design von parallelen Zusammenschaltungen anspruchsvollerer Rechner zu leistungsfähigen Clustern. Ein zusätzliches Problem beim Entwurf systolischer Netze ist selbstverständlich die *Verifikation*, welche sicherstellt, dass der Entwurf tatsächlich das Behauptete leistet.

13.2 SIMD-Rechner. Das Speicherproblem. Die PRAM

Wir betrachten noch einmal das Problem der Matrix-Vektor-Multiplikation: Im vorigen Abschnitt haben wir zur Lösung dieses Problems (bei Matrizen vorgegebener Bandbreite) ein systolisches Feld skizziert, welches insbesondere durch einen hohen Grad an Parallelität gekennzeichnet war. Noch deutlicher wird der durch Parallelverarbeitung erzielbare Effekt bei der Matrix-Addition (sowie bei der Matrix-Multiplikation, vgl. Abschnitt 13.5): Seien A und B zwei $(n \times n)$-Matrizen, so ist deren Summe durch

$$\begin{aligned} A + B &= (a_{ik}) + (b_{ik}) \\ &= (a_{ik} + b_{ik}) \ , \ 1 \le i, k \le n \end{aligned}$$

beschreibbar. An n^2 Stellen wird dabei die *gleiche* Operation an jeweils *verschiedenen* Daten ausgeführt. Kurz ist dies durch „single instruction — multiple data" (SIMD, vgl. Kapitel 8) zu charakterisieren, und es ist nahe liegend, zur Lösung dieser Aufgabe einen Rechner der gleichnamigen Kategorie heranzuziehen. Ein (parallel arbeitender) Rechner mit n^2 Prozessoren kann die Aufgabe offensichtlich in *einem* Schritt lösen, falls die Daten an den „richtigen" Stellen zur Verfügung stehen. Demgegenüber benötigt ein (von Neumannsches) Ein-Prozessor-System n^2 Schritte.

Wir werden in Abschnitt 13.4 und im nächsten Kapitel unter anderem „Array-Prozessoren" kennen lernen, welche für diese Form der Parallelverarbeitung konzipiert sind. Bei der Realisierung paralleler Systeme stellt sich das Problem, dass die Anzahl der verfügbaren Prozessoren begrenzt ist, wenngleich diese Zahl heute sehr hoch sein kann. Daher ist es noch nicht sinnvoll anzunehmen, dass — im Beispiel der Matrix-Addition — für *jeden* möglichen Wert von n tatsächlich n^2 Prozessoren verfügbar sind.

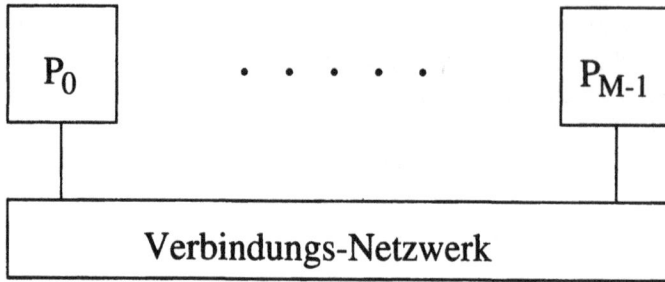

Abbildung 13.9: Prinzip der Vernetzung von Prozessoren.

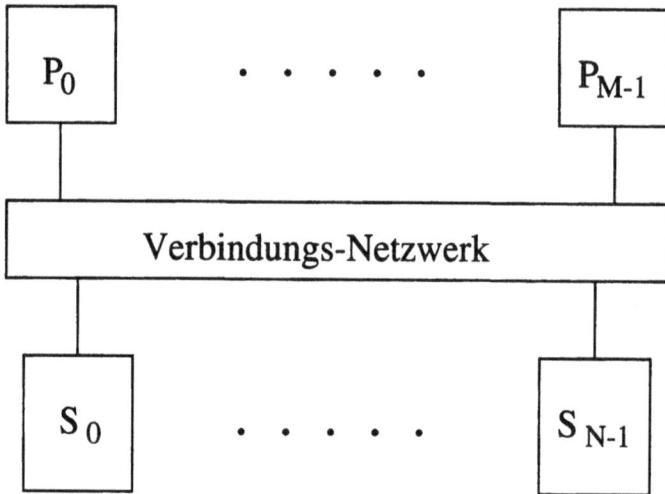

Abbildung 13.10: Vernetzte Prozessoren mit globalem Speicher.

Stattdessen wird (wie in Abschnittt 13.1) die Anzahl der Prozessoren im Allgemeinen wesentlich kleiner sein als die „Größe" der zu lösenden Aufgabe.

Abhilfe schafft in dieser Situation eine geeignete Kombination von Pipelining und Parallelverarbeitung durch ein so genanntes *Verbindungsnetzwerk*, über welches die vorhandenen Prozessoren „kommunizieren" (Daten austauschen etc.). Die Ausgangssituation lässt sich dabei anschaulich wie in Abbildung 13.9 (so genannte *Shared-Nothing-* bzw. *Distributed-Memory-Architektur*) darstellen. Dabei wird unterstellt, dass jeder der M Prozessoren $P_0, \ldots, P_{M-1}$ über einen eigenen Arbeitsspeicher verfügt, welcher nur ihm zugänglich ist. Häufig wird auch angenommen, dass der Arbeitsspeicher (etwa in Form von N getrennten Speicherboards $S_0, \ldots, S_{N-1}$) global verfügbar ist, so dass Prozessoren und Speicherblöcke zu verbinden sind (vgl. Abbildung 13.10, so genannte *Shared-Memory-Architektur*).

In beiden Fällen lassen sich so genannte statische oder starre sowie programmierbare Verbindungsnetzwerke unterscheiden: Bei *statischen* Netzwerken sind die Prozessoren untereinander bzw. mit den Speicherboards starr oder durch starre Alternativen, die nur als ganzes (global) schaltbar sind, verbunden. Bei *programmierbaren* Netzwerken können einzelne Verbindungen je nach Bedarf lokal hergestellt werden.

Dazu verwendet man *Schalter*, welche häufig mehrstufig angeordnet sind. Den dabei offensichtlichen Nachteilen des hohen Hardwareaufwandes für Schalter sowie der dadurch erzwungenen höheren Bearbeitungszeit steht der Vorteil großer Flexibilität gegenüber. Dagegen sind statische Netzwerke im Allgemeinen schnell, aber — wenn überhaupt — nur unter Zuhilfenahme geeigneter Algorithmen „universell" verwendbar. Für beide Klassen werden wir in den nächsten Abschnitten typische Vertreter vorstellen und andeuten, wie sie zur Lösung bestimmter Probleme benutzt werden können.

Wir wollen uns in diesem einleitenden Abschnitt zunächst mit Shared-Memory-Modellen für die Parallelverarbeitung befassen. Die Vorstellung, dass ein aus vielen Prozessoren bestehender Parallelrechner über nur *einen* — gemeinsamen — Speicher verfügt, ist gedanklich zunächst von hoher Attraktivität: Nicht nur erscheint dann eine Mehrfach-Speicherung der gleichen Daten bei verschiedenen Prozessoren überflüssig. Auch die Vorstellung, dass es einen verbindlichen Datenzustand gibt und nicht mehrere, möglicherweise inkonsistente Versionen bei verschiedenen Prozessoren, scheint ideal zu sein (vgl. das Problem der Cache-Kohärenz in Kapitel 14). Deshalb ist dieses Rechnermodell der Parallelen-Random-Access-Maschine PRAM das nächstliegenste und auch allgemeinste Parallelrechner-Modell.

Das Shared-Memory-Konzept des gemeinsamen Speichers bringt allerdings auch zwei gravierende Probleme mit sich: Das erste ist *logischer* Natur: Paralleler Lese- oder Schreib-Zugriff aller Prozessoren auf einen Speicher könnte zu gegenseitigen Störungen führen. Während dies beim *Lese*-Zugriff relativ unproblematisch ist und höchstens dann technisch relevant sein würde, wenn etwa ein Lesevorgang eine Information schwächen würde, kann ein gleichzeitig stattfindender *Schreib*versuch mehrerer unabhängiger Prozessoren an die gleiche Stelle des gemeinsamen Speichers semantisch problematisch sein. Man kann sich in manchen Situationen hier durchaus ein sinnvolles (und technisch realisierbares) Vorgehen denken: So sind z. B., falls *Zahlen* als Daten zu speichern sind, das *kumulative* Modell (die *Summe* aller parallelen Eintragungen steht im Speicher) oder das *Kaliber*modell (das *Maximum* aller parallelen Eintragungen steht im Speicher) übliche Varianten einer so genannten CRCW-PRAM (*Concurrent Read, Concurrent Write*). Der gebräuchlichste Typ der PRAM ist allerdings die CREW (*Concurrent Read, Exclusive Write*), bei der zwar alle Prozessoren gleichzeitig die an einer Stelle stehenden Daten lesen dürfen, ein Schreibvorgang allerdings nur von einem — durch das Programm festgelegten — Prozessor durchgeführt werden darf. Die rein theoretisch ebenfalls noch denkbaren PRAM-Varianten EREW (*Exclusive Read, Exclusive Write*) oder gar ERCW sind von geringerer Bedeutung. Es sei aber bemerkt, dass sich alle diese PRAM-Varianten prinzipiell gegenseitig simulieren können, wenn auch unter Umständen nur mit einem zusätzlichen Zeitaufwand.

Das zweite mit der PRAM auftretende Problem ist *technologischer* Natur: Es ist heute technisch noch nicht möglich, einen Parallelrechner zu bauen, bei dem *alle* von sehr vielen Prozessoren mit *allen* Adressen eines gemeinsamen Random-Access-Speichers direkt verbunden sind. So würde etwa eine PRAM mit $2^{10} = 1024$ Prozessoren und 2^{20} Speicherplätzen die immense Zahl von $2^{30} \approx 10^9$ Direktverbindungen erfordern. Man kann also eine ideale PRAM realistischer Größe heute (noch) nicht verwirklichen, höchstens durch mehr oder weniger indirekte Ersatzschaltungen simulieren. Hierauf wird mit dem Konzept der Speicherkopplung in Kapitel 14 eingegangen werden.

Trotz dieser Schwierigkeiten gilt die PRAM als ein wichtiges Rechnermodell für die Parallelverarbeitung mit einer ähnlichen grundsätzlichen Bedeutung, wie es die Turing-Maschine oder die Random-Access-Maschine für das sequentielle Rechnen sind. Wichtige Probleme der parallelen Datenverarbeitung sind für die PRAM in grundsätzlicher Weise durchanalysiert worden, insbesondere das Problem der Matrix-Multiplikation oder das Sortier-Problem.

Als einziges und extremes Beispiel behandeln wir kurz das von uns immer wieder beschriebene fundamentale Problem der Multiplikation zweier $n \times n$-Matrizen $\mathcal{A}$ und $\mathcal{B}$ zu einer Produktmatrix $\mathcal{C}$. Auf einer CRCW-PRAM nach dem kumulativen Modell ist dies mit n^3 Prozessoren in *beschränkter Zeit* wie folgt durchführbar: Bekanntlich ist ja bei dieser Aufgabenstellung

$$c_{jk} = \sum_{i=0}^{n-1} a_{ji} \cdot b_{ik}$$

für jedes j und k mit $0 \leq j, k \leq n-1$ zu berechnen. Wir verwenden n^3 Prozessoren, die wir mit dem Tripel ijk indizieren, sowie einen gemeinsamen Speicher, welcher drei Matrizen $\mathcal{A} = (a_{ij})$, $\mathcal{B} = (b_{ij})$ und $\mathcal{C} = (c_{ij})$ enthält. Anfangs seien selbstverständlich die Matrizen $\mathcal{A}$ und $\mathcal{B}$ bereits in den Speicher geladen. Die Rechnung verläuft nun in vier Zeitschritten wie folgt ab:

1. Jeder Prozessor P_{ijk} holt sich a_{ji} aus der Matrix $\mathcal{A}$ und speichert es in seinem (wenigstens zweielementigen) separaten Speicher.

2. Jeder Prozessor P_{ijk} holt sich b_{ik} aus der Matrix $\mathcal{B}$ und speichert es.

3. Jeder Prozessor P_{ijk} berechnet das Produkt $a_{ji} \cdot b_{ik}$.

4. Jeder Prozessor P_{ijk} schreibt das in Schritt 3 berechnete Ergebnis in den Speicherplatz c_{jk} des gemeinsamen Speichers.

Die Annahme des *kumulativen* CRCW-Modells garantiert nun, dass hiernach an der Stelle c_{jk} die erwünschte *Summe* steht. Damit ist die Rechnung nach vier Einzelschritten beendet.

Der Leser wird an der überraschenden Perfektion dieses Parallelrechners selbst ein Gefühl für den hohen Grad an Idealisierung gewinnen, welcher mit dem Modell der PRAM verbunden ist und welcher dieses unrealistisch macht. Wir werden uns deshalb in den folgenden Abschnitten nur noch mit solchen Parallelrechnern befassen, bei denen ein verteilter Speicher vorliegt und die Prozessoren durch ein Verbindungsnetz miteinander kommunizieren oder bei denen bei einem gemeinsamen Speicher das Idealkonzept der PRAM aufgelockert worden ist.

Es sei angemerkt, dass wir in diesem Kapitel an die jeweils beteiligten Prozessoren nur die Anforderung stellen, dass sie durch einen endlichen Automaten beschreibbar sind. In der Literatur wird die Tatsache, dass es sich dabei nicht notwendig um vollständige CPUs (im Sinne von Kapitel 8) handelt, durch die Bezeichnung „Processing Elements" zum Ausdruck gebracht.

13.3 Kommunikation bei verteiltem Speicher: Superkonzentratoren

In der Parallelverarbeitung spielen Systeme mit verteiltem Speicher und mit Kommunikationsnetz, wie bereits erwähnt, eine maßgebende Rolle. Ihre Modellierung gibt uns nicht nur Hinweise für den Entwurf und die Programmierung von Parallel*rechnern*, sondern sie ist auch anwendbar auf andere Kommunikations-Szenarien wie z. B. auf den Telefonverkehr. Knoten mit ihren Inputs und Outputs sind dabei Teilnehmer, welche durch ein Netzwerk verbunden sind, das möglichst universell sein sollte. Der so genannte Kreuzschienenschalter (vgl. Abbildung 13.11), der alle Inputs mit allen Outputs direkt verbindet, ist eine Verbindungsstruktur mit dieser Eigenschaft, jedoch hat er den Nachteil des hohen Hardware-Aufwands. Diese Tatsache führt auf einen Aspekt beim Entwurf von Netzwerken, der immer stärker in den Vordergrund rückt: die *Komplexität* von Verbindungsnetzwerken, d. h. die Anzahl der Schalter bzw. der „Netzknoten". Dieser Hardware-Aufwand hat auch Einfluss auf die Zeit, welche benötigt wird, um eine bestimmte Verbindung herzustellen. So kann man z. B. über eine Kreuzschiene (mit vielen Schaltern) sicher schneller eine Input-Output-Zuordnung vornehmen als z. B. über ein dreistufiges Ω-Netzwerk (welches unter Umständen mit weniger Schaltern auskommt, vgl. Abschnitt 13.6). Diese Überlegungen wollen wir nun präzisieren.

Wir beginnen mit einigen Begriffen aus der Graphentheorie:

Definition 13.2 Sei $G = (P, K)$ ein DAG (vgl. Kapitel 1).

(a) Ist $x \in P$ ein Input von G (im Sinne von Definition 1.7), so heißt die Anzahl der von x ausgehenden Kanten der *Outdegree* (Außengrad) von x. Entsprechend heißt für einen Output $y \in P$ die Anzahl der in y einmündenden Kanten der *Indegree* (Innengrad) von y.

(b) Eine Folge $w = (p_1, \ldots, p_n)$ von Punkten von G heißt ein *Weg* von p_1 nach p_n in G, falls für $i = 1, \ldots, n - 1$ gilt:

$$(p_i, p_{i+1}) \in K$$

(c) Zwei Wege w_1 und w_2 in G heißen *Ecken-disjunkt*, falls keine Ecke von w_1 in w_2 vorkommt und umgekehrt.

Damit lassen sich die hier zu betrachtenden Verbindungsnetzwerke auch wie folgt beschreiben:

Definition 13.3 Sei G ein DAG mit n Inputs und m Outputs.

(a) G heißt (n, m)-*Konzentrator* $(n \geq m)$, falls sich je m Inputs Ecken-disjunkt mit den Outputs verbinden lassen.

(b) G heißt n-*Superkonzentrator*, falls $n = m$ gilt und sich für jedes $k \leq n$ je k Inputs Ecken-disjunkt mit k Outputs verbinden lassen.

Inputs   Outputs

G_1 :

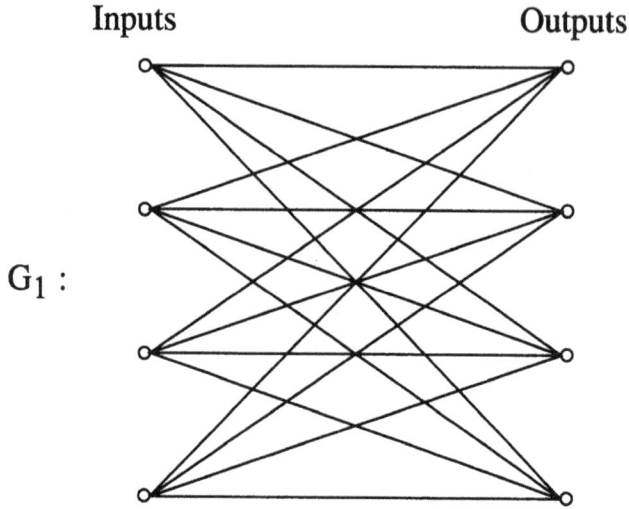

Abbildung 13.11: 4×4-Crossbar Switch G_1.

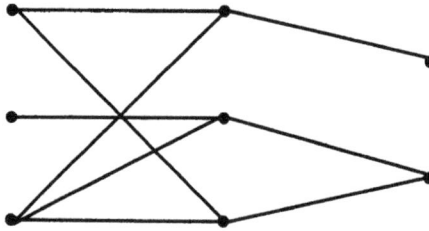

Abbildung 13.12: Graph G_2 zu Beispiel 13.2 ((3,2)-Konzentrator).

In den folgenden Beispielen sind alle Graphen jeweils von links nach rechts orientiert.

Beispiel 13.1 Gegeben sei ein 4×4-Crossbar Switch (vgl. Abbildung 13.11). Offensichtlich ist G_1 ein (4,4)-Konzentrator und ein 4-Superkonzentrator.   □

Beispiel 13.2 Gegeben sei der in Abbildung 13.12 gezeigte Graph G_2: G_2 ist ein (3,2)-Konzentrator, da sich alle Paare von Inputs Ecken-disjunkt mit den Outputs verbinden lassen. G_2 ist jedoch kein Superkonzentrator (wegen $n = 3 \neq 2 = m$).   □

Beispiel 13.3 Wir betrachten den in Abbildung 13.13 gezeigten Graphen G_3: Man überlegt sich leicht, dass G_3 ein 4-Superkonzentrator ist. Vier Ecken-disjunkte Wege sind z. B.

$$
\begin{aligned}
w_1 &= (0, 4, 8, 14) \\
w_2 &= (1, 7, 10, 12) \\
w_3 &= (2, 6, 11, 15) \\
w_4 &= (3, 5, 9, 13).
\end{aligned}
$$

□

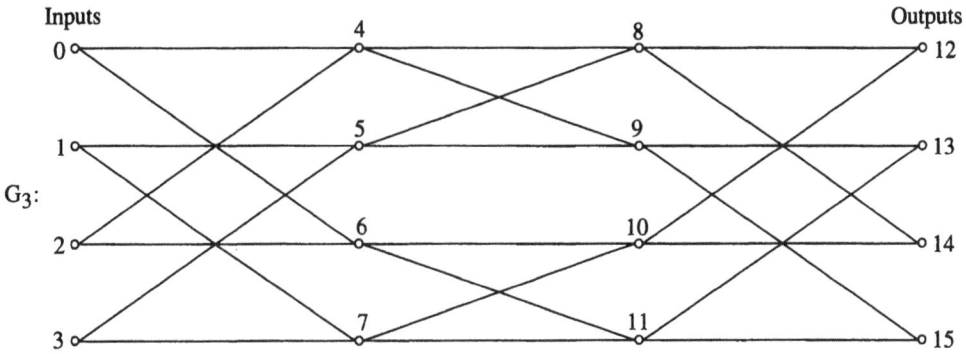

Abbildung 13.13: Graph G_3 zu Beispiel 13.3 (4-Superkonzentrator).

Die nachfolgende Tabelle stellt die wichtigsten Unterschiede zwischen den beiden 4-Superkonzentratoren der Beispiele 13.1 bzw. 13.3 zusammen:

$n = 4$	Anzahl Punkte	Anzahl Kanten	Anzahl Stufen
G_1	$8 = 2n$	$16 = n^2$	2
G_3	$16 = 4n$	$24 = 3n \log_2 n$	4

Die in dieser Tabelle enthaltenen Ergebnisse sollen darauf hinweisen, dass es n-Superkonzentratoren gibt, welche größenordnungsmäßig mit wesentlich weniger als n^2 Verbindungskanten auskommen. Es ist gezeigt worden, dass auch Superkonzentratoren existieren, deren Kantenzahl nur *linear* von der Punktezahl n abhängt.

Wir wollen nun auf einige Anwendungen insbesondere der Superkonzentratoren zu sprechen kommen. Zunächst bemerken wir, dass diese Verbindungsnetzwerke mit wenig Kanten hohen Komfort bieten; dieser besteht darin, dass durch Betätigung der „richtigen" Schalter *alle* Daten *gleichzeitig* von den Inputs zu den Outputs übertragen werden können. Daher kommen sie z. B. beim Anschluss vieler Terminals an einen oder mehrere Rechner zum Einsatz. Für den Telefonverkehr sind sie allerdings nur bedingt geeignet, da sie nur eine Menge-zu-Menge-Zuordnung und keine Punkt-zu-Punkt-Zuordnung garantieren. Für Kommunikationsaufgaben mit sehr aufwändigen Verbindungskosten (z. B. Transatlantikverbindungen) kann es durchaus interessant sein, dass man bereits mit *linearem* Aufwand *jede* Menge A durch eine geeignete bijektive Abbildung Φ mit einer gleichmächtigen (Ziel-) Menge B verbinden kann. Eine letztlich gewünschte gezielte Punkt-zu-Punkt-Kommunikation zwischen $a \in A$ und $b \in B$ vermöge einer vorgegebenen *Permutation* π von A nach B kann dann gegebenenfalls vor Ort (= am Ziel) durch eine weniger aufwändige *lokale* Permutationsschaltung zwischen den (mehr oder weniger zufällig bestimmten) durch Φ angewählten Kommunikationspartnern $\Phi(a) \in B$ und den eigentlich gewünschten Partnern $\pi(a) \in B$ hergestellt werden.

Nicht jeder Superkonzentrator ist ein universelles Permutationsnetz! Das Beispiel von Abbildung 13.14 zeigt einen 4-Superkonzentrator, der kein universelles 4-Permutationsnetz ist. Die Permutation

i	1	2	3	4
$\pi(i)$	2	3	1	4

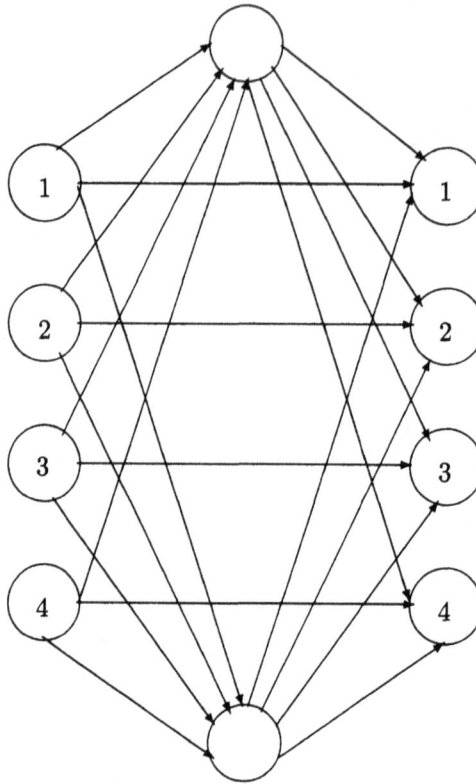

Abbildung 13.14: Nicht-universelles Permutationsnetz (4-Superkonzentrator).

lässt sich nicht realisieren, nicht einmal die Teilpermutation

$$\begin{array}{c|ccc} i & 1 & 2 & 3 \\ \hline \pi(i) & 2 & 3 & 1 \end{array}$$

kann man schalten. Dagegen ist hier jede Menge A auf jede gleichmächtige Menge B durch eine geeignete Bijektion abbildbar. So ist z. B. $A = \{1, 2, 3\}$ auf $B = \{1, 2, 3\}$ durch die Bijektion Φ mit

$$\begin{array}{c|ccc} i & 1 & 2 & 3 \\ \hline \Phi(i) & 1 & 2 & 3 \end{array}$$

abbildbar.

Der Unterschied zwischen den Anforderungen an einen Superkonzentrator und an ein universelles Permutationsnetz lässt sich auch durch einen Vergleich der insgesamt zu erfüllenden Verbindungsaufgaben illustrieren: In einem n-Superkonzentrator muss jede der $\binom{n}{i}$ i-elementigen Input-Mengen mit jeder der $\binom{n}{i}$ i-elementigen Output-Mengen durch je i Verbindungen verschaltet werden ($1 \le i \le n$). Dies erfordert die Lösung von insgesamt

$$s(n) = \sum_{i=1}^{n} i \cdot \binom{n}{i}^2$$

(im Allgemeinen nicht voneinander unabhängigen) Verbindungsaufgaben. Demgegenüber müssen zur Realisierung *aller* $n!$ Permutationen je n Verbindungen, insgesamt also

$$t(n) = n \cdot n!$$

Verbindungsmöglichkeiten garantiert werden. Man kann zeigen, dass

$$s(n) = \frac{n}{2} \cdot \binom{2n}{n}$$

ist und dass (ab $n = 6$) $t(n) > s(n)$ wird. So ist z. B. $t(8) = 322.560$ und $s(8) = 51.480$; für große n wächst $t(n)$ wesentlich schneller als $s(n)$. Die Schaltung von Permutationen ist also wesentlich aufwändiger als die Schaltung von Mengen-Bijektionen.

Offen bleibt an dieser Stelle allerdings das gesamte Routing-Problem, d. h. die Frage, *wie* gewünschte Verbindungen hergestellt werden können.

Eine Anwendung finden Superkonzentratoren in der theoretischen Informatik im Zusammenhang mit Komplexitätsuntersuchungen für bestimmte Probleme wie Polynom-Multiplikation oder diskrete Fourier-Transformation. Wir können hier nicht auf diese Probleme eingehen, bei denen als allgemeines Hilfsmittel zur Modellierung von Zeit- bzw. Platzbedarf das so genannte *Pebble-Game* im Zusammenhang mit Superkonzentratoren benutzt wird.

Angesichts der relativen geringen Verbindungsleistung, welche also Superkonzentratoren gegenüber universellen Permutationsnetzen bieten, hat man sich für die Praxis mehr und mehr auf die Entwicklung und Verwendung der letztgenannten Netze konzentriert. Dieses Vorgehen ist umso vielversprechender, als sich der Aufwand bei universellen Permutationsnetzen keineswegs als dramatisch höher im Vergleich zum Aufwand für Superkonzentratoren darstellt. Wir werden uns deshalb in den folgenden Abschnitten nur noch mit dem Ziel beschäftigen, gute Permutationsnetze zu entwickeln.

13.4 Spezielle Permutationsnetze: Ring, Shuffle, Mesh, Hypercube

Wir beginnen mit einem dem Leser bereits vertrauten Beispiel für ein statisches Netzwerk, der *Pipeline*: Gegeben seien $M = 8$ Prozessoren. Eine Pipeline lässt sich damit wie in Abbildung 13.15 dargestellt aufbauen (vgl. Kapitel 11). Eine derartige Verbindungsstruktur, bei welcher die Prozessoren „am Rand" (hier P_0 und P_7) nicht verbunden sind, bezeichnet man auch als *offen*. Demgegenüber werden in einem *geschlossenen* System zyklisch benachbarte Ränder ebenfalls verbunden (*wrap-around*,

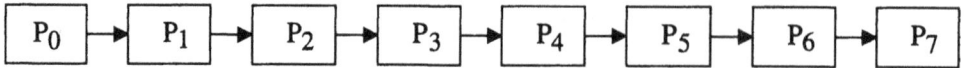

Abbildung 13.15: (Offene) Prozessor-Pipeline.

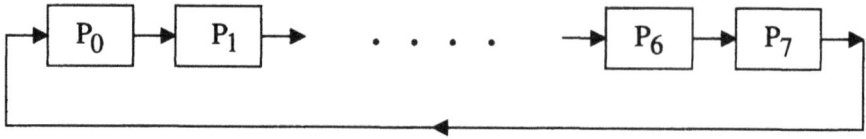

Abbildung 13.16: (Geschlossene) Prozessor-Pipeline (Ring).

vgl. hierzu auch die Definition des Karnaugh-Diagramms in Abschnitt 3.1); diese Konfiguration ist in Abbildung 13.16 gezeigt. In diesem Fall spricht man auch von einem *ringförmigen* Verbindungsnetzwerk oder kurz von einem *Ring*.

Man kann mit dieser Darstellungstechnik auch allgemeinere Situationen modellieren: Für den Fall z. B., dass zusätzlich zu den M Prozessoren N Speichermodule an das Netzwerk angeschlossen sind, wobei wir zur Vereinfachung $N = M$ setzen, lässt sich dieses Verbindungsnetzwerk auch wie in Abbildung 13.17 gezeigt darstellen. Die Speichermodule werden dabei begrifflich ebenfalls als Prozessoren modelliert (vgl. Abschnitt 13.1).

Fasst man den Index i von Prozessor P_i als dessen Adresse auf, so lässt sich der in den Abbildungen 13.15 – 13.17 veranschaulichte Datentransfer formal durch eine bijektive *Verbindungsfunktion* auf der Menge der Prozessor-Adressen beschreiben. Im eben betrachteten Fall handelt es sich speziell um eine *Permutation* dieser Adressen, welche gegeben ist durch

$$\pi(i) := i + 1 \bmod M \ .$$

Allgemein bezeichnet man Verbindungsnetzwerke, deren Verbindungsfunktion durch eine Permutation darstellbar ist, als *Permutationsnetzwerke* oder kürzer als *Permutationsnetze*. Verallgemeinernd werden wir auch zulassen, dass die zentrale Schaltung mehrerer Permutationen $\pi_1, \ldots, \pi_k$ (wahlweise) möglich ist, so dass ein Verbindungsnetzwerk alternativ durch eine *Menge* von Verbindungsfunktionen beschrieben werden kann. Die Abbildung einer Prozessoradresse i durch eine Verbindungsfunktion f auf

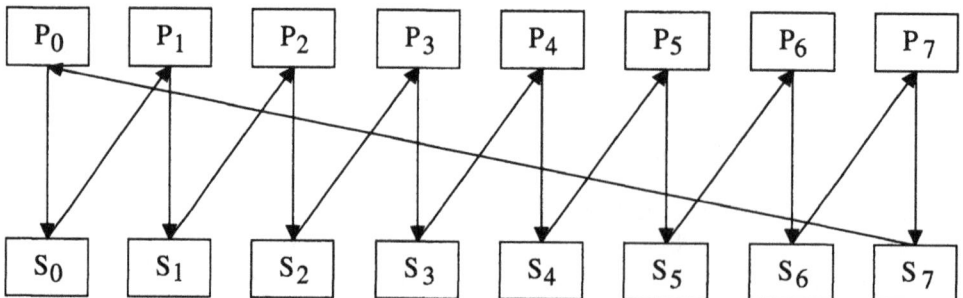

Abbildung 13.17: (Geschlossene) Prozessor-Speicher-Pipeline.

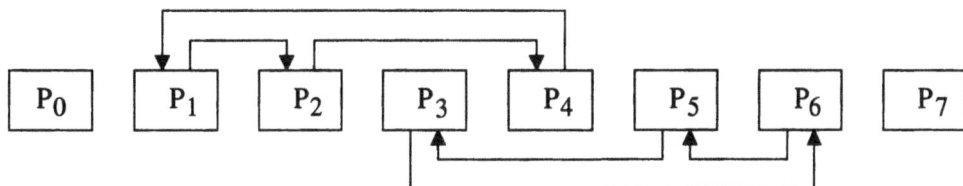

Abbildung 13.18: Perfect-Shuffle-Netzwerk.

die Adresse $f(i)$ entspricht physikalisch dem Senden von Daten von Prozessor P_i an Prozessor $P_{f(i)}$.

Ein solches Permutationsnetzwerk wird als *universell* bezeichnet, wenn man *jede* Permutation einer Menge von M Prozessoradressen durch eine Folge in den Permutationen $\pi_1, \ldots, \pi_k$ darstellen kann. Die durch diese Folge realisierte Permutation entspricht dem gruppentheoretischen Produkt der in der Folge auftretenden Permutationen. Universalität ist aber eine sehr starke Anforderung, welche im hier diskutierten Zusammenhang noch unrealistisch ist.

Das oben angegebene Permutationsnetzwerk ist in diesem Sinne jedenfalls nicht universell. Wir bemerken aber, dass man durch eine geeignete Folge von Permutationen *ein* Datum von P_i nach P_j bringen kann für jede Wahl von i und j. (Dies bedeutet gruppentheoretisch die so genannte Transitivität der von den Permutationen $\pi_1, \ldots, \pi_k$ erzeugten Untergruppe der symmetrischen Gruppe $\mathcal{S}_M$ über den M Prozessoradressen, während Universalität die so genannte M-fache Transitivität bedeutet.) Im Mittel werden für die oben angegebene Transportaufgabe $\frac{M}{2}$ Schritte benötigt.

Es sei ferner erwähnt, dass es sich bei der Pipeline bzw. dem zyklischen Shift um einen Spezialfall des „Wrap-Around Plus-Minus 2^i“- (WPM2I-) Netzwerkes handelt, dessen $2m$ Verbindungsfunktionen (bei $M = 2^m$ Prozessoradressen) wie folgt definiert sind:

$$\mathcal{W}_{+i}(j) = j + 2^i \bmod M$$

$$\mathcal{W}_{-i}(j) = j - 2^i \bmod M$$

mit $0 \le j \le M - 1$ und $0 \le i \le m - 1$. Für $i = 0$ und $M = 8$ erhält man hieraus z. B.

$$\mathcal{W}_{+0}(j) = j + 1 \bmod 8$$

und somit den in Abbildung 13.16 gezeigten Ring; die durch $\mathcal{W}_{-0}$ beschriebene Verbindung ergibt sich durch Umkehrung sämtlicher Pfeilrichtungen in dieser Abbildung.

Wir werden als nächstes ein (Permutations-) Netzwerk betrachten, welches Datentransport zwischen einzelnen Prozessoren im Mittel in weniger als $\frac{M}{2}$ Schritten bewerkstelligt. Dieses Netzwerk verbindet $M = 2^m$ Prozessoren gemäß Abbildung 13.18 (für $m = 3$). Diese Darstellung wird übersichtlicher durch Einzeichnung einer identischen Kopie jedes Prozessors (in Analogie zu Abbildung 13.16; vgl. Abbildung 13.19). Die Verbindungsfunktion dieses Netzwerkes ist offensichtlich durch die Permutation

$$\pi(i) := 2i \bmod (2^m - 1)$$

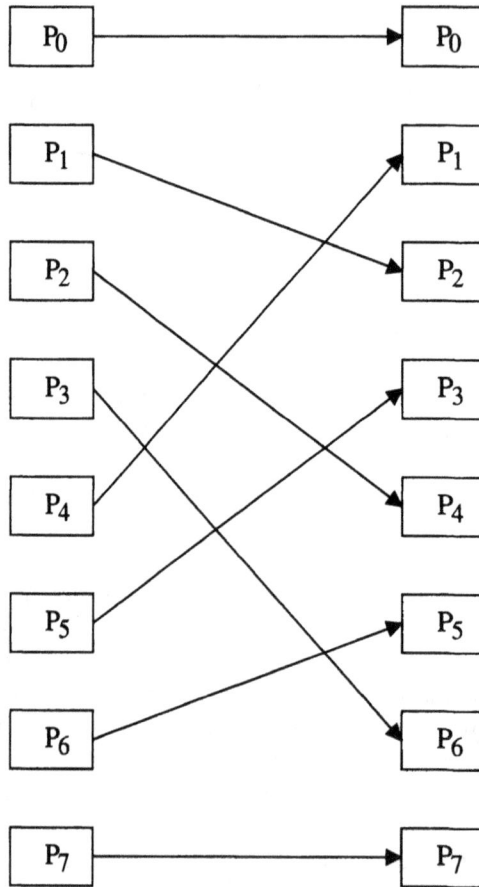

Abbildung 13.19: Perfect-Shuffle-Netzwerk mit separaten Ziel-Prozessoren.

darstellbar. (Man erinnere sich hier an die Addition zweier Dualzahlen im Zweierkomplement in Abschnitt 6.1.)

Dieses Netzwerk wird als *Perfect-Shuffle*-Verbindung bezeichnet. Dieser Name leitet sich aus folgender Analogie zum „perfekten Mischen" von Spielkarten ab: Ein Stapel von 2^m Karten werde zunächst in zwei gleich große Hälften geteilt und sodann so gemischt, dass jede Karte aus der unteren Hälfte im neuen Stapel an einer gradzahligen Stelle liegt. Karte 0 (entsprechend Prozessor P_0) liegt danach also an der Stelle 0, Karte 1 an der Stelle 2, Karte 2 an der Stelle 4, Karte 3 an der Stelle 6 usw. Die Karten der oberen Hälfte liegen dann an ungradzahligen Stellen (z. B. bei 2^3 Karten: 4 an Stelle 1, 5 an Stelle 3, 6 an Stelle 5 usw.). Offensichtlich erhält man so genau die Perfect-Shuffle-Permutation.

Werden die Prozessor-Adressen $0, 1, \ldots, 2^m - 1$ dual codiert, so entspricht eine einmalige Anwendung dieser Permutation einem zyklischen Linksshift um eine Bitposition, so dass eine m-malige Anwendung genau die identische Abbildung liefert.

Bei einer Perfect-Shuffle-Verbindung ist ein Datenaustausch zwischen Prozessoren nicht immer möglich (z. B. ist ein Vertauschen von Registerinhalten zwischen P_1 und

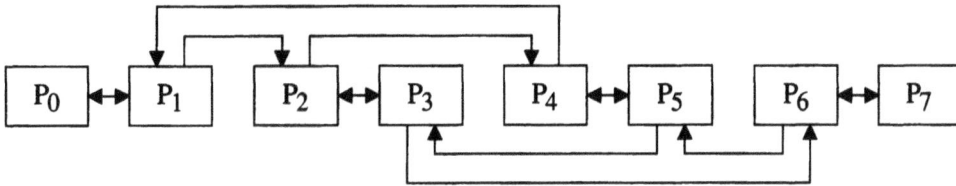

Abbildung 13.20: Shuffle-Exchange-Netzwerk.

P_5 in Abbildung 13.18 bzw. 13.19 nicht möglich). Man kann aber zeigen, dass eine solche Verbindung, falls sie überhaupt funktioniert, im Mittel in größenordnungsmäßig höchstens $m = \log_2 M$ Schritten möglich ist.

Die Möglichkeiten dieser Verbindungstruktur lassen sich erweitern, wenn man zulässt, dass Paare benachbarter Prozessoren auch untereinander Daten austauschen können (vgl. Abbildung 13.20). Betrachtet man wieder die Indizes der $M = 2^m$ Prozessoren als deren Adressen, und seien diese dual codiert, so lässt sich dieses *Shuffle-Exchange-Netzwerk* durch folgende zwei Permutationen $\pi_1 = S$, $\pi_2 = E$ formal beschreiben:

Shuffle: $S : B^m \rightarrow B^m$ mit
$$S((x_{m-1}, \ldots, x_0)_2) := (x_{m-2}, \ldots, x_0, x_{m-1})_2$$

Exchange: $E : B^m \rightarrow B^m$ mit
$$E((x_{m-1}, \ldots, x_1, x_0)_2) := (x_{m-1}, \ldots, x_1, \overline{x}_0)_2$$

Für $i = 0, 1, \ldots, 2^{m-1}$ ist also Prozessor P_i mit $P_{S(i)}$ und mit $P_{E(i)}$ verbunden. Benutzt man jetzt die Shuffle- bzw. die Exchange-Verbindungen in einer geeigneten Reihenfolge, so lassen sich eine Reihe von Aufgaben wie Sortieren oder Matrizentranspositionen parallel bearbeiten.

Das Shuffle-Exchange-Netzwerk kann Austausche zwischen zwei beliebigen Prozessoren realisieren. Es kommt zur Herstellung solcher Verbindungen im Mittel mit etwa $\frac{3}{2}m$ Schritten aus; es ist allerdings als Permutationsnetzwerk auch nicht universell.

Da Shuffle und Exchange insgesamt nur als ganzes (starr) geschaltet werden können, wird dieses Netzwerk noch nicht als programmierbar eingestuft (vgl. Abschnitt 13.6).

Die praktisch vorkommenden Verbindungsprobleme sind nicht nur Permutationsaufgaben: Es kann erforderlich sein, z. B. die Registerinhalte einzelner Prozessoren zu löschen oder die anderer zu vervielfachen. Eine solche Aufgabe kann gelöst werden durch „Aktivieren" gewisser Teilmengen $\mathcal{A}$ der Prozessormenge $\mathcal{M}$; dies bedeutet, dass nur solche Verbindungen hergestellt werden, welche in $\mathcal{A}$ ihren Ursprung haben.

Durch so genannte Prozessor-*Adressmasken* kann man solche aktiven Mengen $\mathcal{A}$ spezifizieren. Eine Maske ist dabei ein String der Länge m, bei welchem an jeder Stelle eine Null, eine Eins oder ein „Blank" („Don't Care") erlaubt ist. Vor Ausführung eines Schrittes vergleicht jeder Prozessor die Dualdarstellung seiner Adresse mit dieser Maske und wird aktiv, falls beide „übereinstimmen", wobei Blanks in der Maske stets als Übereinstimmung gedeutet werden. Ist z. B. 1_01 eine Maske, so werden die Prozessoren P_9 und P_{13} aktiviert. (Man kann also nur solche Mengen $\mathcal{A}$ spezifizieren, deren Mächtigkeit eine Zweierpotenz ist; die nur aus Blanks bestehende Maske liefert dann die gewöhnliche Permutationsverbindung.)

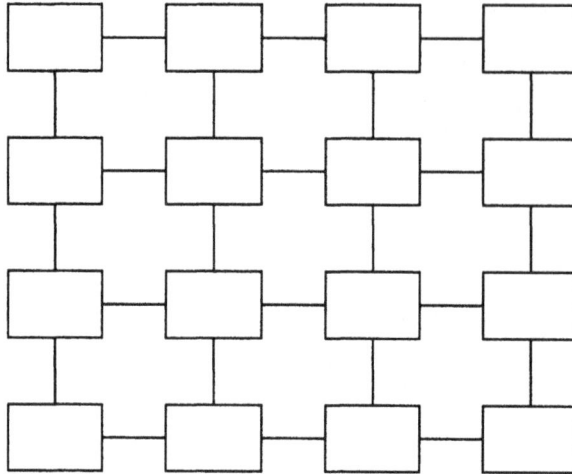

Abbildung 13.21: Array-Netzwerk.

Wir werden in Abschnitt 13.6 auf die Shuffle-Exchange-Verbindung noch einmal zurückkommen und erläutern, wie sie durch eine einfache Modifikation zu einer programmierbaren Verbindung gemacht werden kann.

Wir erwähnen abschließend noch einige weitere statische Netzwerke, welche für Parallel-, insbesondere SIMD-Rechner von Bedeutung sind: Eine sogenannte *Array*-Verbindungsstruktur liegt vor, wenn $M = n^2$ Prozessoren gemäß Abbildung 13.21 verbunden sind (hier $n = 4$). Ein derartiges Netzwerk liegt z. B. dem Rechner Illiac IV zugrunde, auf welchen wir im nächsten Kapitel noch eingehen werden. Das Array wird analog zur anfangs erwähnten Pipeline als *offen* bezeichnet, falls nur die nicht „auf dem Rand" liegenden Prozessoren mit ihren horizontalen bzw. vertikalen Nachbarn verbunden sind. Anderenfalls heißt das Array *geschlossen* oder *Torus*. Arrays werden in der Literatur auch als Maschen-Verbindung (*Mesh Connection*) bezeichnet.

Geschlossene Arrays, bestehend aus $M = n^2$ Prozessoren, lassen sich durch die folgenden 4 Verbindungsfunktionen beschreiben:

$$
\begin{aligned}
\mathcal{A}_{+1}(i) &= i + 1 \bmod n \\
\mathcal{A}_{-1}(i) &= i - 1 \bmod n \\
\mathcal{A}_{+n}(i) &= i + n \bmod M \\
\mathcal{A}_{-n}(i) &= i - n \bmod M
\end{aligned}
$$

mit $0 \le i \le M - 1$. Als Beispiel seien die in Abbildung 13.21 gezeigten $M = 16$ Prozessoren beginnend mit 0 oben links fortlaufend nummeriert (d. h. erste Zeile 0, 1, 2, 3, zweite Zeile 4, 5, 6, 7 usw.). Für $i = 5$ gilt dann $\mathcal{A}_{+1}(5) = 6$, $\mathcal{A}_{-1}(5) = 4$, $\mathcal{A}_{+4}(5) = 9$, $\mathcal{A}_{-4}(5) = 1$, d. h. Prozessor P_5 ist mit P_6, P_4, P_9 und P_1 verbunden. Analog ist P_1 mit P_2, P_0, P_5 und P_{13} verbunden usw.

Eine *m-dimensionale Hypercube*-Verbindungsstruktur liegt vor, falls $M = 2^m$ Prozessoren so miteinander verbunden werden, dass jeder Prozessor mit all denen verbunden ist, deren Adress-Binärdarstellung sich von der eigenen in genau einem Bit unterscheidet. Anschaulich denke man sich die Prozessoren als Ecken eines m-dimensionalen

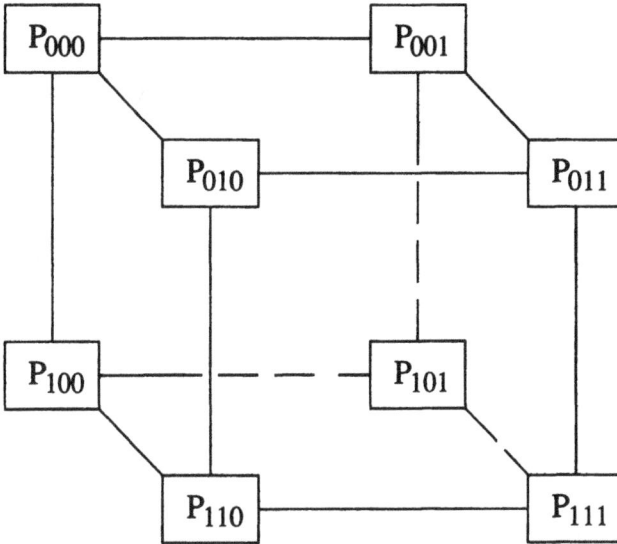

Abbildung 13.22: Hypercube der Dimension $m = 3$.

Würfels; die Verbindungen sind dann die Kanten des Würfels. Für $m = 3$ ergibt sich die in Abbildung 13.22 gezeigte typische Würfelstruktur (Cube), für $m = 4$ die in Abbildung 13.15 gezeigte Situation.

Wie die Perfect-Shuffle-Verbindung ist dieses Netzwerk nicht universell; es lassen sich sogar nur gerade Permutationen realisieren. Formal ist es durch die m Verbindungsfunktionen

$$C_i(x_{m-1}, \ldots, x_{i+1}, x_i, x_{i-1}, \ldots, x_0) = (x_{m-1}, \ldots, x_{i+1}, \bar{x}_i, x_{i-1}, \ldots, x_0) \,,$$

$0 \leq i \leq m - 1$, beschreibbar. Für das in Abbildung 13.22 gezeigte Beispiel $m = 3$ ergibt sich hieraus z. B. $C_0(101) = 100$, $C_1(101) = 111$, $C_2(101) = 001$. Für das in Abbildung 13.23 gezeigte Beispiel $m = 4$ ergibt sich analog z. B. $C_0(1010) = 1011$, $C_1(1010) = 1000$, $C_2(1010) = 1110$, $C_3(1010) = 0010$.

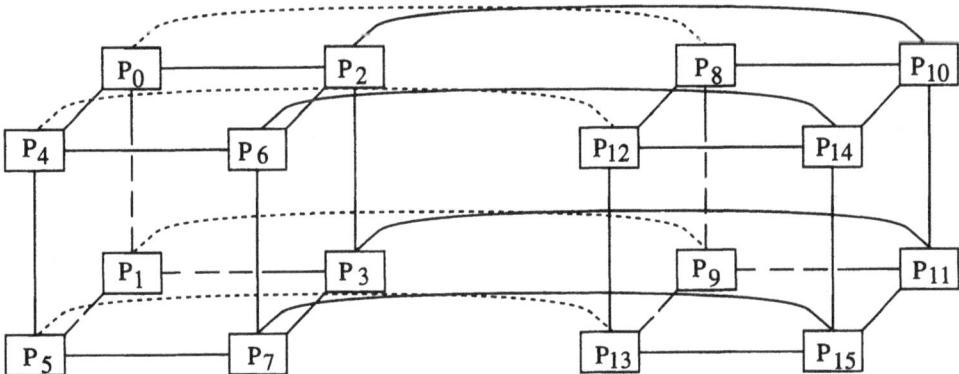

Abbildung 13.23: Hypercube der Dimension $m = 4$.

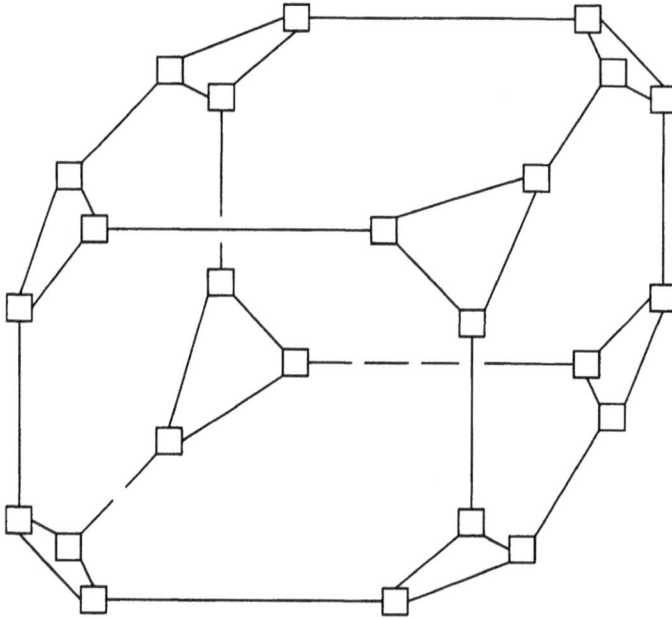

Abbildung 13.24: Cube-Connected Cycles.

Schließlich erwähnen wir noch die *Cube-Connected Cycles* (CCC), welche mit dem Hypercube verwandt sind. Dabei werden $M = m \cdot 2^m$ Prozessoren mit jeweils *konstant drei* Nachbarn verbunden, für $m = 3$ z. B. gemäß Abbildung 13.24. Der Nachteil des Hypercube, dass die Anzahl der Verbindungen pro Prozessor mit der „Dimension" m wächst, wird hier vermieden. Dies ist insbesondere für die Verdrahtung solcher Verbindungen auf VLSI-Chips von Bedeutung.

Wir bemerken noch, dass sich jede m-dimensionale Hypercube-Verbindung für $m = s + 2^s$ bzw. ein darauf basierender Datentransport durch einen CCC mit $M = 2^m$ Prozessoren besonders günstig „simulieren" lässt. Weitere Aussagen bezüglich der gegenseitigen Simulation von Hypercube-, Array-, Perfect-Shuffle- und WPM2I-Verbindungen findet man in der weiter unten angegebenen Literatur. Diese zeigen, dass auch starre Verbindungen vielseitige Aufgaben zu lösen im Stande sind.

13.5   Beispiel: Matrix-Multiplikation auf dem Hypercube

In diesem Abschnitt wollen wir darauf eingehen, in welcher Weise statische Verbindungsnetzwerke in parallelen Algorithmen Verwendung finden können. Wir wollen dies exemplarisch beschreiben am Beispiel der Matrix-Multiplikation und geben einen Algorithmus an, welcher sich der Hypercube-Verbindungsstruktur bedient und welcher auf der dem Buch beiliegenden DVD visualisiert ist. E. Dekel, D. Nassimi und S. Sahni haben erstmals ein ähnliches Verfahren entwickelt.

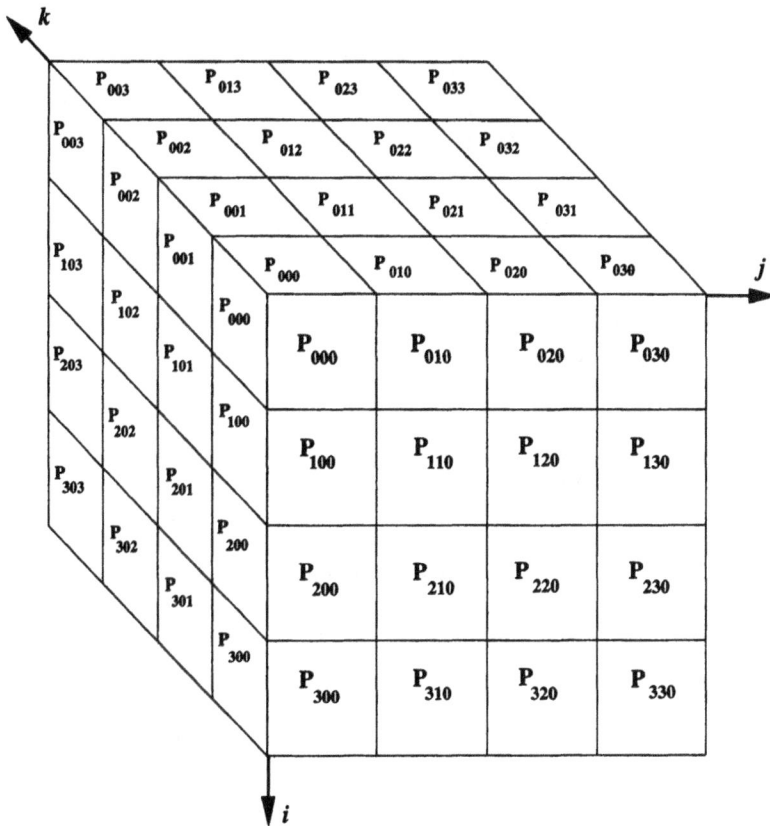

Abbildung 13.25: Anordnung der 64 Hypercube-Prozessoren zur Multiplikation von (4×4)-Matrizen (dezimale Indizierung).

Es sollen zwei $(n \times n)$-Matrizen $\mathcal{A}$ und $\mathcal{B}$ multipliziert werden, wobei $n = 2^q$ eine Zweierpotenz sei. Zur Verfügung stehe ein Hypercube-Netzwerk mit $N = n^3 = 2^{3q}$ Prozessoren. Es wird eine Laufzeit erreicht, welche proportional zu $\log_2 n$ ist. Ist z. B. $q = 1$, so werden 8 Prozessoren, für $q = 2$ bereits 64 verwendet.

Die n^3 Prozessoren P_{ijk} werden in einem $(n \times n \times n)$-Würfel gedanklich so angeordnet, dass Prozessor P_{ijk} die Position (i, j, k) einnimmt. Ist z. B. $q = 2$ und daher $n = 4$ und $N = 64$, so werden die Prozessoren wie in Abbildung 13.25 gezeigt angeordnet.

Wie sind die Prozessoren gemäß der Hypercube-Struktur verbunden? Jeder der drei Indizes i, j und k lässt sich wegen $0 \leq i, j, k < n = 2^q$ als q-stellige Dualzahl schreiben. Damit lässt sich das Tripel (i, j, k) als $3q$-stellige Dualzahl darstellen. Prozessoren sind im *Hypercube* verbunden („H-benachbart"), falls sich die entsprechenden Dualzahlen in genau einem Bit unterscheiden. Jeder Prozessor hat also $3q$ H-Nachbarn, im Falle $q = 2$ also 6 Nachbarn. Diese H-Nachbarschaften sind leichter zu erkennen, wenn man bei der räumlichen Anordnung der Prozessoren im dreidimensionalen (i, j, k)-Würfel eine duale Indizierung vornimmt (vgl. Abbildung 13.26).

Man beachte, dass die Nachbarschaft im *Würfel* („W-Nachbarschaft") im Allgemeinen nicht mit der H-Nachbarschaft übereinstimmt. Jeder Prozessor hat aber in

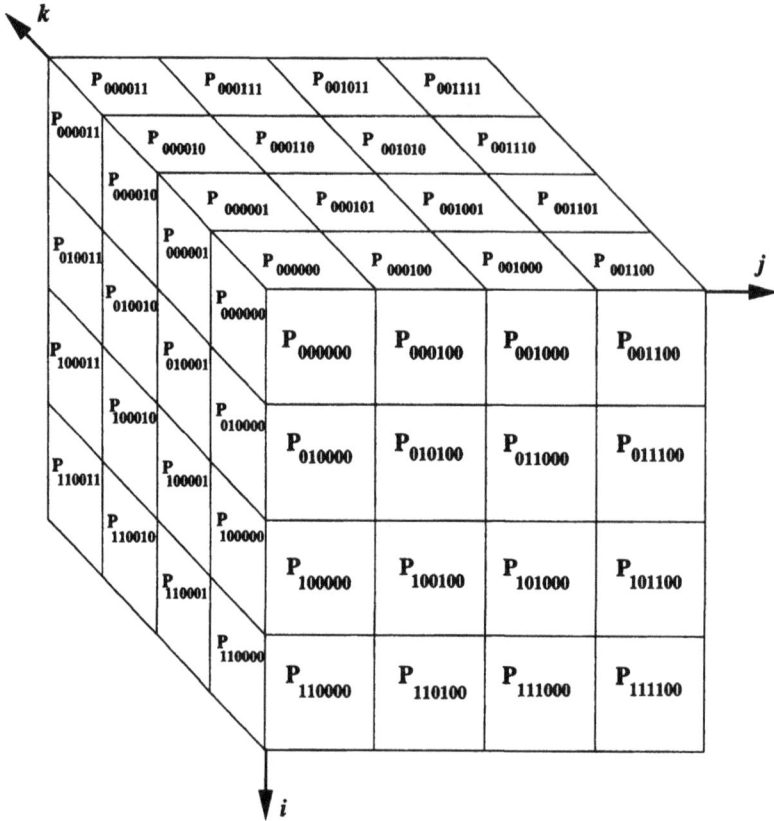

Abbildung 13.26: Anordnung der 64 Hypercube-Prozessoren zur Multiplikation von
(4×4)-Matrizen (duale Indizierung).

jeder der drei Raumrichtungen i (nach unten), j (nach rechts) und k (nach hinten)
genau q H-Nachbarn.

Jeder Prozessor P_{ijk} verfügt über drei ausgezeichnete Register mit den Inhalten
A_{ijk}, B_{ijk} und C_{ijk}. Diese Register dienen zur Aufnahme der Koeffizienten von $\mathcal{A}$, $\mathcal{B}$
bzw. $\mathcal{C} = \mathcal{A} \cdot \mathcal{B}$ mit

$$c_{ik} = \sum_{j=0}^{n-1} a_{ij} \cdot b_{jk} \ .$$

Die Register werden wie folgt initialisiert (alle anderen Inhalte sind Null):

$$A_{ij0} = a_{ij} \ , \ B_{0jk} = b_{jk} \ ,$$

d. h. auf die *Vorderseite* des Gesamtwürfels wird die Matrix $\mathcal{A}$ in den A-Registern
aufgebracht, auf die *Oberseite* die Matrix $\mathcal{B}$ in den B-Registern. Ist z. B.

$$\mathcal{A} = \begin{pmatrix} 2 & 0 & 4 & -2 \\ -2 & 4 & 0 & 2 \\ 0 & 2 & -2 & 4 \\ 4 & -2 & 2 & 0 \end{pmatrix} \quad \text{und } \mathcal{B} = \begin{pmatrix} 1 & -1 & 5 & 3 \\ -1 & 1 & 3 & 5 \\ 5 & 3 & 1 & -1 \\ 3 & 5 & -1 & 1 \end{pmatrix}$$

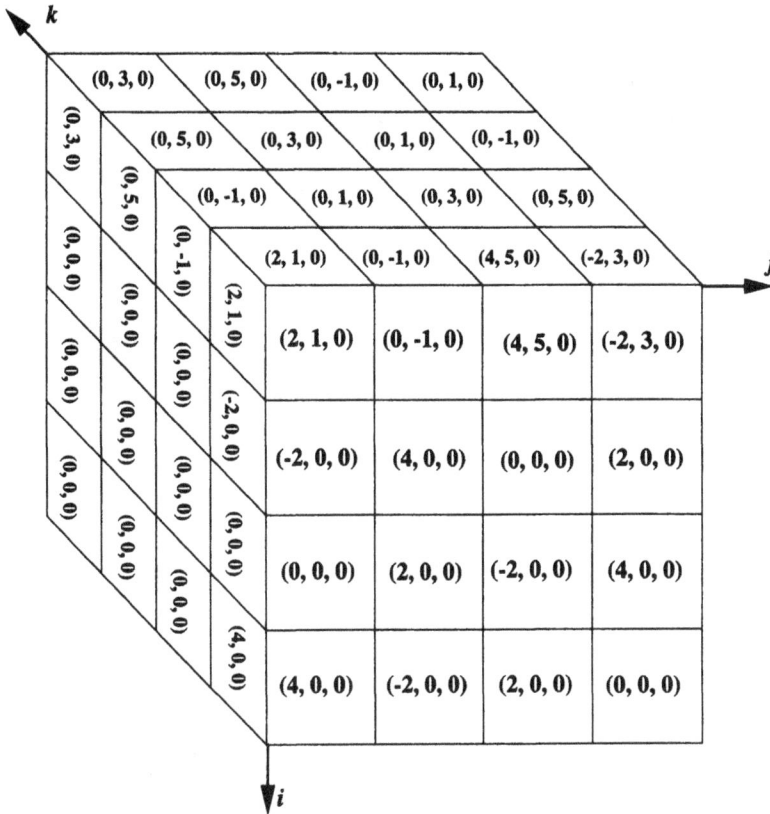

Abbildung 13.27: Beispiel: Initialisierung der Hypercube-Prozessoren zur Multiplikation von (4×4)-Matrizen.

und stellt man die Register-Inhalte des Prozessors P_{ijk} als Tripel $(A_{ijk}, B_{ijk}, C_{ijk})$ dar, so hat der Hypercube nach der Initialisierung die in Abbildung 13.27 angegebene Speicherbelegung.

Das Ziel der Rechnung besteht darin, am Ende in Prozessor P_{i0k} den Koeffizienten c_{ik} im C-Register vorzufinden. Damit kann die Produkt-Matrix C am linken Würfelrand parallel entnommen werden.

Der Algorithmus verläuft wie folgt:

1. Durch einen parallelen Broadcast werden die vorderen A-Werte in k-Richtung (nach hinten) durchgeschoben. Dies ist auf Grund der Verbindungsstruktur in q Schritten möglich: Während sich im Beispiel am Anfang die A-Werte nur in der Ebene $k = 0$ (dual $= 00$) befinden, sind sie nach einem Schritt auch in der Ebene $k = 1$ (dual $= 01$) und werden im zweiten Schritt

   von $k = 0$ (dual $= 00$) nach $k = 2$ (dual $= 10$) und
   von $k = 1$ (dual $= 01$) nach $k = 3$ (dual $= 11$),

   also hier bereits überall hin, durchgeschoben.

   Allgemein erfolgt im Schritt x $(1 \leq x \leq q)$ eine Kommunikation zwischen Pro-

k

(2, 1, 0)	(0, -1, 0)	(4, 5, 0)	(-2, 3, 0)
(-2, 1, 0)	(4, -1, 0)	(0, 5, 0)	(2, 3, 0)
(0, 1, 0)	(2, -1, 0)	(-2, 5, 0)	(4, 3, 0)
(4, 1, 0)	(-2, -1, 0)	(2, 5, 0)	(0, 3, 0)

Top-face labels:
(2, 3, 0) (0, 5, 0) (4, -1, 0) (-2, 1, 0)
(2, 5, 0) (0, 3, 0) (4, 1, 0) (-2, -1, 0)
(2, -1, 0) (0, 1, 0) (4, 3, 0) (-2, 5, 0)
(2, 1, 0) (0, -1, 0) (4, 5, 0) (-2, 3, 0)

Side-face labels:
(2,3,0) (2,5,0) (2,-1,0) (2,1,0)
(-2,3,0) (-2,5,0) (-2,-1,0) (-2,1,0)
(0,3,0) (0,5,0) (0,-1,0) (0,1,0)
(4,3,0) (4,5,0) (4,-1,0) (4,1,0)

j

i

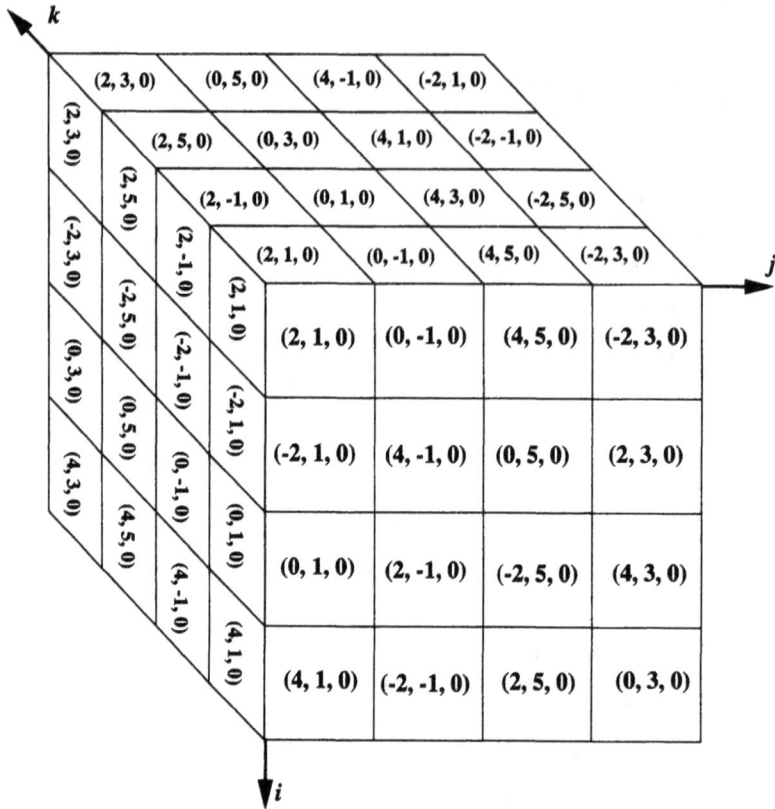

Abbildung 13.28: Beispiel: Speicherbelegung der Prozessoren nach Beendigung der Phase 2.

zessoren in der Weise, dass für alle k in der Dualdarstellung

$$k = (b_{q-1} b_{q-2} \ldots b_x \ldots b_2 b_1 b_0)_2$$

jeder Prozessor mit $b_{x-1} = 0$ seinen A-Wert zum Nachbarprozessor mit $b_{x-1} = 1$ schickt. Dabei besteht anfangs für alle k, die links von b_{x-1} noch ein nicht verschwindendes Bit haben, diese Kommunikation in einer sich überflüssigen Scheinaktivität, nämlich der Übertragung von Nullwerten. Nach q Schritten haben alle Prozessoren P_{ijk} also im A-Register A_{ijk} den Wert a_{ij}.

2. Sodann werden durch einen analogen Broadcast die oberen b-Werte in i-Richtung (nach unten) durchgeschoben. Dies ist ebenfalls in q Schritten möglich. Nach weiteren q Schritten hat P_{ijk} also $B_{ijk} = b_{jk}$. Die Speicherbelegung nach Phase 2 ist in Abbildung 13.28 angegeben.

3. Alle Prozessoren bilden parallel in *einem* Schritt das Produkt $a_{ij} \cdot b_{jk}$ und speichern es in C_{ijk}. (Die Faktoren stehen zu diesem Zeitpunkt im A-Register bzw. im B-Register zur Verfügung!) Die Speicherbelegung danach wird in Abbildung 13.29 gezeigt.

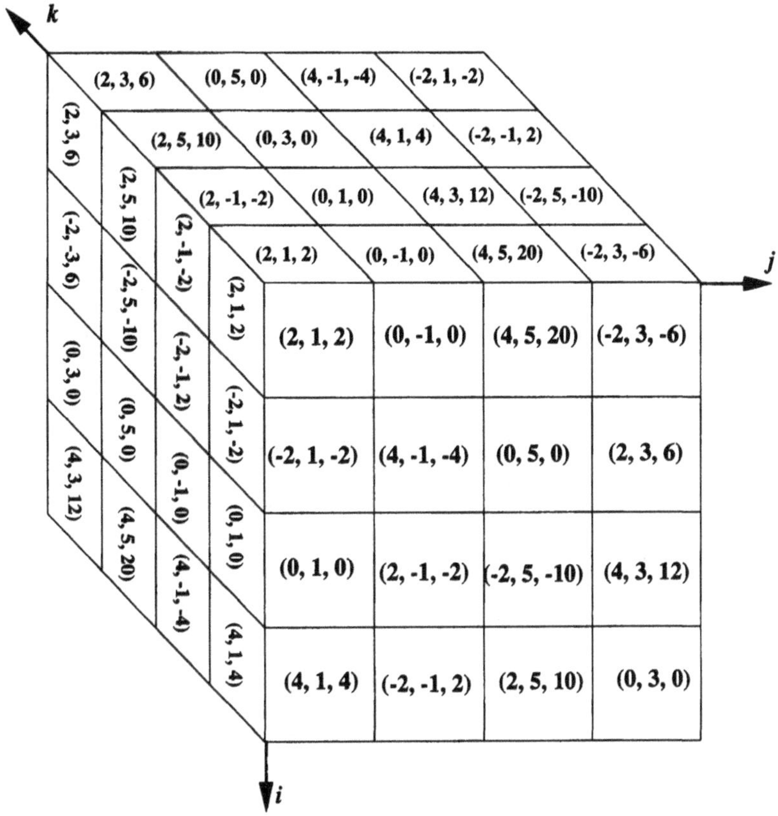
k
j
i
(2, 3, 6) (0, 5, 0) (4, -1, -4) (-2, 1, -2)
(2, 5, 10) (0, 3, 0) (4, 1, 4) (-2, -1, 2)
(2, -1, -2) (0, 1, 0) (4, 3, 12) (-2, 5, -10)
(2, 1, 2) (0, -1, 0) (4, 5, 20) (-2, 3, -6)
(2, 1, 2) (0, -1, 0) (4, 5, 20) (-2, 3, -6)
(-2, 1, -2) (4, -1, -4) (0, 5, 0) (2, 3, 6)
(0, 1, 0) (2, -1, -2) (-2, 5, -10) (4, 3, 12)
(4, 1, 4) (-2, -1, 2) (2, 5, 10) (0, 3, 0)
(2, 3, 6) (-2, -3, 6) (0, 3, 0) (4, 3, 12)
(2, 5, 10) (-2, 5, -10) (0, 5, 0) (4, 5, 20)
(2, -1, -2) (-2, -1, 2) (0, -1, 0) (4, -1, -4)
(2, 1, 2) (-2, 1, -2) (0, 1, 0) (4, 1, 4)

Abbildung 13.29: Beispiel: Speicherbelegung der Prozessoren nach Durchführung des Schrittes 3.

4. Schließlich werden die n^2 Summen c_{ik}, welche die Ergebnismatrix C bilden, in allen j-Ebenen, insbesondere in der Ebene $j = 0$, berechnet. Hierzu sind wiederum q Schritte erforderlich: Im ersten Schritt werden im Beispiel die Inhalte der C-Register

   in der Ebene $j = 0$ und der Ebene $j = 1$ sowie
   in der Ebene $j = 2$ und der Ebene $j = 3$

   addiert und gegenseitig ausgetauscht. Im zweiten Schritt geschieht das gleiche zwischen Ebene $j = 0$ und $j = 2$ sowie zwischen Ebene $j = 1$ und $j = 3$.

   Es handelt sich auch hier um einen parallelen Broadcast, bei dem nunmehr die Art der Kommunikation (bei gleichem Partnermuster wie vorher) darin besteht, dass die C-Inhalte der beiden Partner addiert und gespeichert werden. Damit ist hier nach q Schritten in jeder j-Ebene die Summe

$$\sum_j C_{ijk} = \sum_j a_{ij} \cdot b_{jk} = c_{ik}$$

   im C-Register vorhanden, und die Ergebnismatrix C kann insbesondere in der Ebene $j = 0$, also an der linken Fläche des Würfels, entnommen werden. Wir

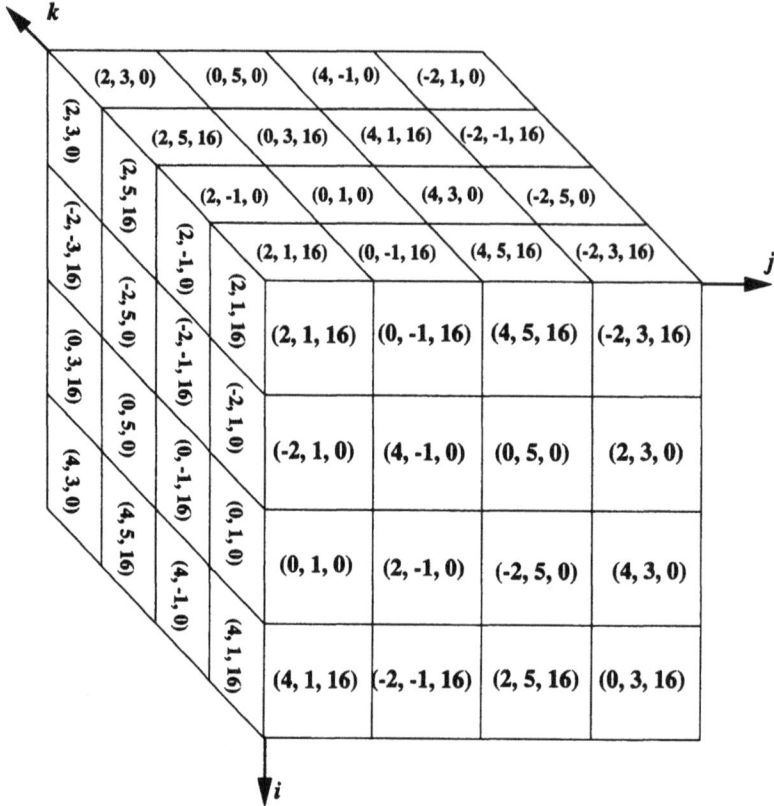

Abbildung 13.30: Beispiel: Speicherbelegung der Prozessoren am Ende der Rechnung.

erhalten im Beispiel die Ergebnismatrix

$$C = \begin{pmatrix} 16 & 0 & 16 & 0 \\ 0 & 16 & 0 & 16 \\ 0 & 16 & 0 & 16 \\ 16 & 0 & 16 & 0 \end{pmatrix}$$

(vgl. Abbildung 13.30).

Die Gesamt-Schrittzahl beträgt

$$3q + 1 = 3\log_2 n + 1 ,$$

die Gesamtkosten haben also, da n^3 Prozessoren vorliegen, die Größenordnung $O(n^3 \log n)$. Der Algorithmus ist also im Vergleich zum Schul-Algorithmus zwar nicht kostenoptimal, er hat aber eine logarithmische Laufzeit.

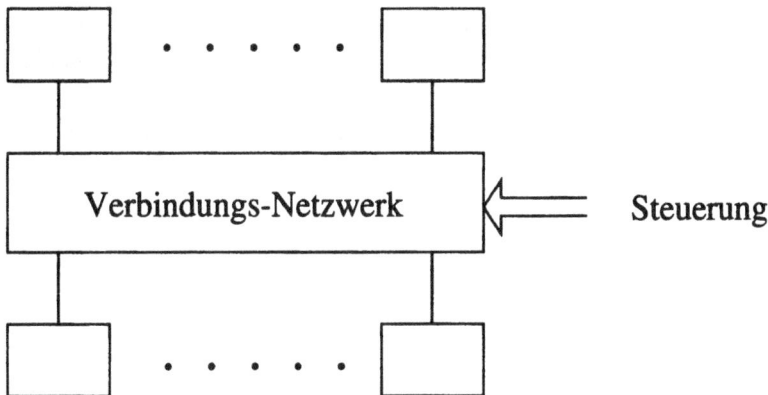

Abbildung 13.31: Prinzip der programmierbaren Vernetzung.

13.6 Routing in programmierbaren Permutations-netzen. Das Ω-Netz als Bidelta-Netz

Programmierbare Netzwerke können — wie in Abschnitt 13.2 bereits erwähnt — über Schalter Verbindungen zwischen einzelnen Prozessoren je nach Bedarf herstellen. Schematisch sind sie wie in Abbildung 13.31 gezeigt darstellbar. Wir verallgemeinern unsere Interpretation nun dahingehend, dass die zu verbindenden Elemente nicht mehr notwendig Prozessoren sind; stattdessen werden wir allgemeiner von Inputs bzw. Outputs des Netzwerks reden und gegebenenfalls nahe liegende Interpretationen dafür geben. Im Unterschied zu starren Verbindungen verfügen programmierbare Verbindungen über eine *Steuerung*, welche die vorhandenen Schalter geeignet zu setzen hat.

Die mathematische Behandlung programmierbarer Netze geht bereits auf V. Beneš zurück (vgl. bibliographische Hinweise), der sich insbesondere mit dem Problem des Telefonverkehrs befasst hat. Bei dieser wichtigen Anwendung geht es darum, zwei Teilnehmer miteinander zu verbinden, falls das möglich ist. Dies ist insbesondere dann problematisch, wenn bereits viele Teilnehmer telefonieren und ein weiterer hinzu kommt, für den jetzt dynamisch eine neue Verbindung gefunden werden muss.

In diesem Zusammenhang sei erwähnt, dass man programmierbare Verbindungsnetzwerke nach verschiedenen Gesichtspunkten klassifizieren kann:

(1) Einerseits kann die Steuerung, d. h. das Setzen der Schalter, wie oben angedeutet, von außen erfolgen. Diese muss dann über einen geeigneten *Routing-Algorithmus* (vgl. auch Kapitel 15 im Zusammenhang mit Rechner-Netzen) verfügen, der zu einer gegebenen Verbindungsaufgabe die nötigen „Schalterzustände" berechnet. Andererseits kann man die Schalter mit einer Logik versehen, durch welche sie sich in Abhängigkeit vom anliegenden Input selbst setzen können. Derartige Verbindungen heißen auch *Selfrouting-Netzwerke*. Beispiele dafür sind das Sortier-Netzwerk von Batcher und das ursprünglich für den Telefonverkehr entwickelte Netzwerk von Beneš (vgl. Abbildung 13.37).

(2) Gegeben sei ein Verbindungsnetzwerk $\mathcal{N}$ mit der Menge V der durch $\mathcal{N}$ (statisch) lösbaren Verbindungsaufgaben. Jedes Element $v \in V$ kann als Menge von ge-

ordneten Paaren (Input, Output) angesehen werden. Eine Teilaufgabe v' von v ist demnach eine Teilmenge $v' \subseteq v$. Offenbar ist mit $v \in V$ auch jede Teilaufgabe $v' \subseteq v$ Element von V.

Ein Verbindungsnetzwerk $(\mathcal{N}, V)$ heißt *nicht-blockierend*, falls für je zwei Aufgaben v', v mit $v' \subseteq v \in V$ gilt: Ist eine Realisierung von v' gegeben, so läßt sich diese fortsetzen zu einer Realisierung von v.

Anderenfalls — und dieser Fall kann tatsächlich auftreten — heißt das Netzwerk *blockierend*. In blockierenden Netzwerken müssen im Allgemeinen Realisierungen von Teilaufgaben aufgelöst (rearrangiert) werden, bevor größere Aufgaben realisiert werden können. Man bezeichnet die Klasse *aller* universellen Netzwerke deshalb als rearrangierbar bzgl. V bzw. kurz als *rearrangierbar*, und niemals blockierende Netze als *dynamisch*. Von den rearrangierbaren Netzwerken sind die blockierenden für den Telefonverkehr nicht brauchbar, da man einen neuen Verbindungswunsch nicht durch Auflösung bereits bestehender Gespräche erfüllen darf.

Man kann zeigen, dass mit wachsender Anzahl von Verbindungen in einem dynamischen Telefonnetz die Anzahl der Schalter, welche pro Anruf zu setzen sind, wenigstens logarithmisch in der Anzahl der Anrufe wächst. Jedoch kennt man bis heute kein Netzwerk, welches dieses theoretische Ergebnis realisiert. In dieser Stituation hat man sich mit so genannten *selten-blockierenden* Netzwerken beholfen. Diese sind dadurch gekennzeichnet, dass Verbindungen für *fast alle* Anrufe hergestellt werden können. N. Pippenger hat dazu gezeigt, dass es zu jedem $\epsilon > 0$ ein Netzwerk mit einer Schalterzahl in der Größenordnung $n \cdot \log_2 n$ so gibt, dass die Wahrscheinlichkeit dafür, dass ein neu hinzugekommener Anrufer nicht verbunden werden kann, höchstens ϵ beträgt.

Für solche selten-blockierenden Netzwerke mit größenordnungsmäßig

$$n \cdot \log_2 n$$

Schaltern (bei n Inputs) gibt es sogar eine *explizite* Möglichkeit, sie zu konstruieren. Daher scheinen sie für praktische Belange besonders geeignet zu sein.

Ein einfaches Beispiel für ein programmierbares und dynamisches Netz ist der so genannte *Kreuzschienenschalter* (Crossbar Switch, vgl. Abschnitt 13.3), welcher z. B. für je vier Inputs bzw. Outputs den in Abbildung 13.32 (oben) gezeigten Aufbau hat. Jeder Input ist direkt mit jedem Output verbunden, und jede Verbindungskante besitzt einen Schalter, welcher zur Realisierung einer speziellen Permutation entsprechend gesetzt wird. So wird z. B. (03)(12) wie in Abbildung 13.32 (unten) gezeigt geschaltet (diese Darstellung soll deutlich machen, woher der Name stammt). Dieses Verbindungsnetzwerk ist dynamisch, universell (d. h. V ist die Menge aller Permutationen über $\{0, 1, 2, 3\}$) und leicht zu steuern, da das Setzen der Schalter unmittelbar gemäß der gewünschten Verbindung erfolgen kann. Andererseits sind für M Inputs bzw. Outputs M^2 Verbindungen und M^2 Schalter erforderlich. Wir werden weiter unten Verbindungen kennen lernen, deren Hardwareaufwand geringer ist.

Zuvor wollen wir eine „programmierbare Variante" des Shuffle-Exchange-Netzwerkes vorstellen sowie deren Verallgemeinerung zum so genannten Ω-Netzwerk: Gegeben seien je $M = 2^m$ Inputs und Outputs $0, 1, \dots, M - 1$. Die Inputs werden paarweise an 2^{m-1} Exchange-Module angeschlossen, welche diese entweder durchschalten oder vertauschen (in Abhängigkeit von der Steuerung; vgl. Abbildung 13.33). Sodann werden

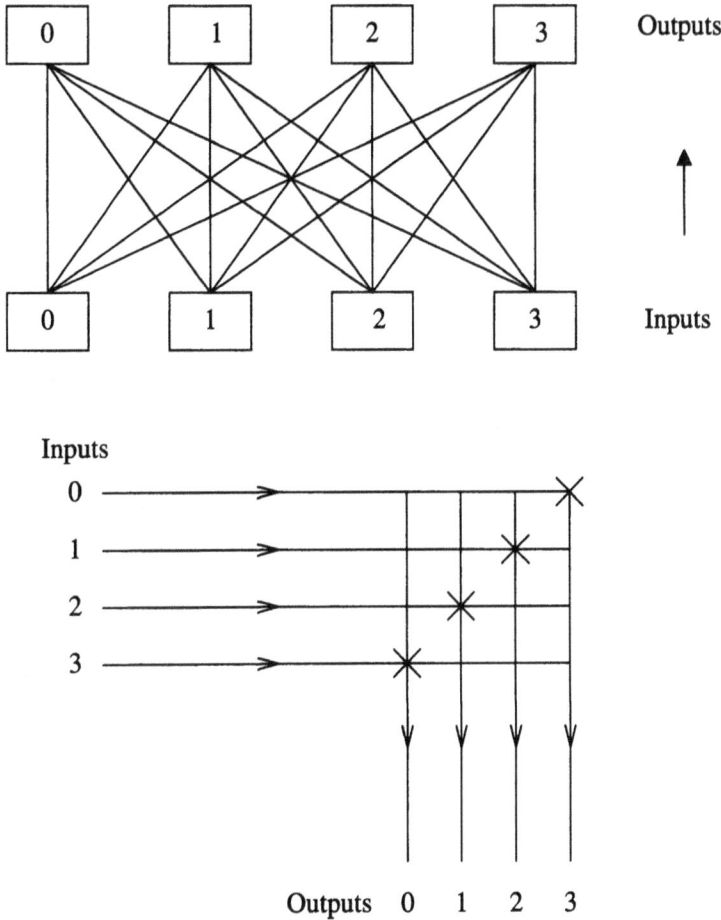

Abbildung 13.32: Kreuzschienenschalter (Crossbar Switch).

sie in Perfect-Shuffle-Manier verbunden, so dass man insgesamt den in Abbildung 13.34 (oben) gezeigten Aufbau erhält (für $M = 8$). Vereinfacht kann diese Verbindungsstruktur auch wie in Abbildung 13.34 (unten) dargestellt werden.

Durch Hintereinanderschaltung dieser Verbindungsstruktur erhält man hieraus das Ω-*Netzwerk*, welches für 2^m Inputs aus genau m Stufen besteht, die jeweils eine Shuffle-Exchange-Verbindung darstellen. Abbildung 13.35 zeigt ein Ω-Netzwerk für $m = 3$: Die Eintragungen in die Exchange-Module sollen dabei andeuten, dass $\log_2 M = m$ Stufen gerade die identische Permutation liefern, falls alle Module durchschalten. Offensichtlich verwendet diese Verbindungsstruktur $\frac{M}{2} \cdot m$ solcher Exchange-Module und hat damit einen vergleichsweise geringen Hardwareaufwand.

Wir werden zeigen, dass jeder Output von jedem Input aus erreichbar ist. Andererseits sind nicht alle Permutationen der M Inputs schaltbar; z. B. kann das oben gezeigte Netzwerk mit 12 Schaltern 2^{12} „Zustände" annehmen und also 4096 verschiedene Verbindungen herstellen. Für 8 Inputs lassen sich andererseits $8! = 40.320$ Permutationen angeben. Diese Überlegung deutet bereits die begrenzte Leistungsfähigkeit der Ω-Verbindung an. Allerdings ist dazu anzumerken, dass es Varianten hiervon gibt,

Abbildung 13.33: „Exchange-Modul".

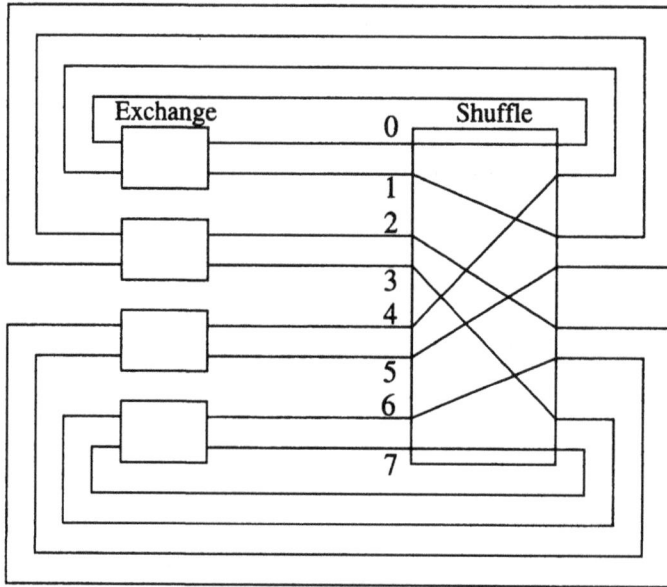

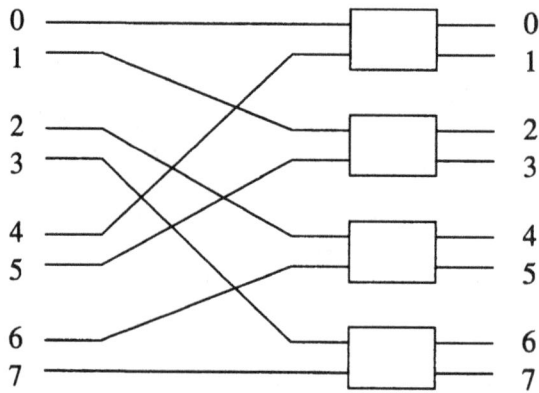

Inputs   Outputs

Abbildung 13.34: Programmierbares Shuffle-Exchange-Netzwerk.

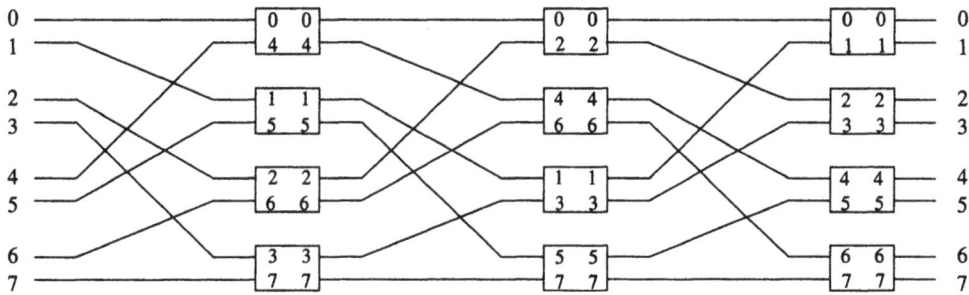

Abbildung 13.35: (Dreistufiges) Ω-Netzwerk.

welche z. B. durch Erhöhung der möglichen Zustandszahl der verwendeten Exchange-Box diesen Nachteil vermeiden.

Man kann das Routing im Ω-Netz auf sehr übersichtliche Weise gestalten: Ausgehend von der Beobachtung, dass die Shuffle-Permutation hinsichtlich der Adresse einen zyklischen Linksshift bewirkt, die Tauschpermutation hingegen eine Invertierung in der hintersten Bitstelle, kann man für das Routen von einer Adresse s (source) zur Adresse d (destination) wie folgt vorgehen: Hat das Ω-Netz $N = 2^n$ Inputs und Outputs, so wird beim Durchgang von s nach d genau n-mal geshuffelt und zwischendurch entweder getauscht oder durchgeschaltet. *Jede* binäre Adresse s lässt sich so auf eindeutige Weise in eine beliebige Adresse d umwandeln, wenn man die jeweils hinterste Bitstelle als „Änderungsfenster" benutzt: Um z. B. die Adresse $s = 22 = (10110)_2$ nach $d = 27 = (11011)_2$ zu routen, ist folgendes eindeutige Vorgehen zu wählen (wir verwenden die Abkürzungen S, T und $\emptyset$ für Shuffle, Tausch und Durchschalten):

$$S \; \emptyset \; S \; T \; S \; T \; S \; \emptyset \; S \; T$$

mit den Ergebnissen

$$\begin{aligned} s = \quad & 10110 \;\; 01101 \;\; 01101 \;\; 11010 \;\; 11011 \\ & 10111 \;\; 10110 \;\; 01101 \;\; 01101 \;\; 11010 \;\; 11011 = d. \end{aligned}$$

Offenbar hat man im Rahmen der Möglichkeiten, die das Ω-Netz mit $n = 5$ bietet, gar keine Alternative, um d von s aus zu erreichen. Damit sieht man, dass jede s-d-Verbindung auf genau eine Weise geschaltet werden kann.

Nun findet man aber auch direkte Beispiele für *nicht* realisierbare Permutationen. Um z. B. im Ω-Netz mit $n = 3$ die Permutation mit $\pi(0) = 0$ und $\pi(4) = 3$ zu schalten, muss man einerseits von $s = 000$ nach $d = 000$ durch die Folge $S \; \emptyset \; S \; \emptyset \; S \; \emptyset$, andererseits von $s_1 = 100$ nach $d_1 = 011$ durch $S \; T \; S \; T \; S \; T$. Damit kollidieren beide Wege auf der obersten Horizontalen zwischen dem linken und dem mittleren Tauscher-Level (vgl. Abbildung 13.35).

Es ist leicht zu sehen, dass man das Ω-Netz auch in umgekehrter Richtung (Inputs rechts, Outputs links) benutzen könnte. Dieses inverse Ω-Netz ist ebenfalls in analoger Weise eindeutig routbar, aber ebenfalls nicht universell. Man sagt, dass ein solches Netz, welches in beiden Richtungen eindeutig routbar ist, die so genannte *Bidelta-Eigenschaft* besitzt.

Es sind in den letzten Jahren eine Anzahl ähnlicher Bidelta-Netze mit vergleichbarer Tauscherebenen-Hierarchie entwickelt und studiert worden. Hierzu gehören insbesondere das so genannte *Butterfly-Netz* (vgl. Abbildung 13.36), das *Baseline-*, das *de Bruijn-* und das *Flip-Netz*. Man hat sich erfolgreich bemüht, spezifische Eigenschaften und Anwendungsbereiche für diese Netze zu finden. Dass beim Studium solcher Bidelta-Netze aber keine absoluten Sensationen zu erwarten sind, zeigt ein Ergebnis von C.P. Kruskal und M. Snir, welches die topologische Äquivalenz *aller* (gleichdimensionierten) Bidelta-Netze aussagt. Trotz ihres häufig recht unterschiedlichen Aussehens sind also letztlich alle Bidelta-Netze strukturell gleichwertig, so dass man sich im Prinzip auf die Untersuchung eines einzigen Typs, z. B. auf das Ω-Netz, beschränken kann.

Es sei abschließend bemerkt, dass man als Variante beim Ω-Netz (und bei allen Bidelta-Netzen) sogar noch eine Shuffle-Stufe einsparen kann. Dies beruht auf der Tatsache, dass man beim systematischen Überführen der Adresse s nach d die rechte Bitstelle von s gar nicht zyklisch wieder in sich zurückführen muss, sondern diese nur bis an den linken Rand geführt werden muss. Man muss dann allerdings gegebenenfalls *vor* dem ersten Shuffle mit dem Tauschen beginnen.

In der Literatur wird häufig zwischen Tauschern und bloßen Verbindungspunkten nicht klar unterschieden. Wir machen gelegentlich diese „Unsitte" mit und weisen insbesondere darauf hin, dass in Abbildung 13.36 die rechte Ebene (Level 3) das Butterfly-Netzes nicht mehr aus Tauschern besteht.

13.7   Universalität von Permutationsnetzen. Die Netze von Beneš und Clos

Die fehlende Universalität der Bidelta-Netze führt zu der Frage, ob man durch Erweiterung dieser Netze (ohne Änderungen an den Eigenschaften der Tauscher-Schaltbausteine) universelle Permutationsnetze konstruieren kann. In der Tat ist dies bereits Beneš 1965 bei der Entwicklung von Entwurfstechniken für Telefonnetze gelungen. Aus heutiger Sicht lässt sich ein solches Beneš-Netz wie folgt gewinnen: Man spiegelt ein Bidelta-Netz, z. B. den Butterfly, an der rechten Tauscher-Ebene. Damit entsteht ein Netz, welches bei $N = 2^n$ Inputs und Outputs $2n$ Tauscher-Ebenen mit jeweils $N/2$ Tauschern besitzt. (Entsprechend der Bemerkung am Ende des vorigen Abschnitts enthält das rechts stehende Level 6 keine Tauscher mehr. Es gibt auch Varianten des Beneš-Netzes mit $2n-1$ Ebenen, bei denen die mittleren Ebenen verschmolzen sind.) Es erscheint nun nicht unplausibel, dass man so ein *universelles* Permutationsnetz erhalten kann: Die Anzahl der Zustände des Netzes ist nunmehr nämlich (bei insgesamt $n \cdot N$ Tauschern [= binären Schaltern]) durch

$$s(N) = 2^{n \cdot N}$$

gegeben, und diese Zahl ist größer als die Zahl $t(N) = N!$ der insgesamt zu schaltenden Permutationen. So gilt z. B.

$$s(8) = 16.777.216 \qquad t(8) = 40.320$$
$$s(16) = 1{,}84 \cdot 10^{19} \qquad t(16) = 2{,}09 \cdot 10^{13}$$

In der Tat kann man beweisen, dass *jede* Permutation im Beneš-Netz routbar ist, und zwar ist dies immer auf mehrere Weisen möglich.

Level 0   Level 1   Level 2   Level 3

000

001

010

011

100

101

110

111

Inputs

Outputs

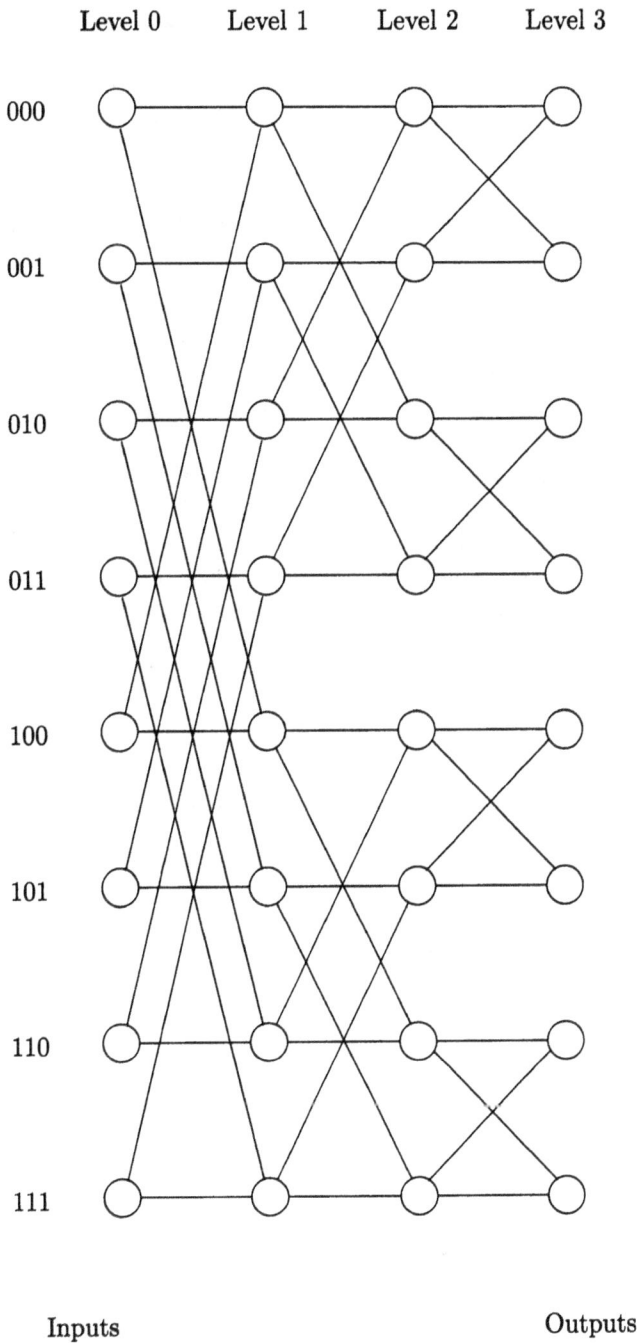

Abbildung 13.36: Das Butterfly-Netzwerk.

Dennoch haben die Beneš-Netze noch ein gravierendes Manko: Es kann passieren, dass beim schrittweisen Aufbau einer Permutation eine Blockade eintritt. Hat man z. B. in dem in Abbildung 13.37 gezeigten Beneš-Netz die Verbindungen

$$\pi(010) = 011; \quad \pi(011) = 010; \quad \pi(101) = 110;$$
$$\pi(110) = 101; \quad \pi(100) = 111; \quad \pi(111) = 100$$

durch die Schaltfolgen (0 bedeutet hier *horizontales* Durchschalten)

$$001000; \ 001000; \ 101011; \ 111001; \ 011000; \ 011000$$

realisiert, so ist jeder der 8 möglichen Wege von 000 nach 000 blockiert. Abhilfe erzielt man hier durch Auflösung bisher geschalteter Verbindungen, also durch Re-Arrangierung. Wählt man z. B. für $\pi(101) = 110$ die Schaltfolge 011000, so kann man $\pi(000) = 000$ durch die Schaltfolge 000000 realisieren.

In vielen Anwendungen, z. B. im Telefonverkehr, ist ein solches Rearrangieren unzumutbar. Es erhebt sich deshalb die Frage, ob dynamische universelle Netze existieren, die (unter vertretbarem Hardwareaufwand) *jede* bisher realisierte *Teil*-Permutation zu erweitern gestatten. Eine solche Lösung stellt das *Clos-Netz* dar, welches bereits 1953 gefunden wurde. Hierbei handelt es sich um ein dreistufiges Netz von niedrig dimensionierten Crossbar-Schaltungen: In der (linken) Input-Ebene stehen r Crossbars mit je n Eingängen und m Ausgängen, welche auf m in der Mittelebene positionierte $(r \times r)$-Crossbars geschaltet werden. Die rechte Seite der Schaltung ist spiegelbildlich zur linken. Abbildung 13.38 zeigt das Clos-Netz für den Fall $n = 3$, $m = 5$ und $r = 2$. Die Güte des Netzes hinsichtlich seiner Blockierungseigenschaften ist natürlich einerseits durch die Anzahl $N = n \cdot r$ der Inputs und Outputs bestimmt, andererseits durch die Höhe m der Mittelebene. Es kann recht leicht gezeigt werden, dass für $m \geq 2n - 1$ das Clos-Netz universell und dynamisch erweiterbar (niemals blockierend) ist:

Satz 13.1 Ist $m \geq 2n - 1$ (und $m, n, r \geq 2$), so ist das Clos-Netz ein dynamisches universelles Permutations-Netz.

Zum Beweis nehmen wir an, dass $k < N$ Verbindungen einer vorgegebenen Permutation π bereits geschaltet seien und dass o.B.d.A. $m = 2n - 1$ ist. Sei $\pi(s_1) = d_1, \ldots,$ $\pi(s_k) = d_k$. Es soll $\pi(s_{k+1}) = d_{k+1}$ als nächste der durch π geforderten Verbindungen geschaltet werden. A sei der Input-Crossbar zu s_{k+1}, B der Output-Crossbar zu d_{k+1}. M_q sei irgendein Crossbar der Mittelebene ($1 \leq q \leq 2n - 1$). A und B sind durch je genau eine Leitung mit M_q verbunden. Wir unterscheiden vier Fälle im Hinblick auf die bisherige Benutzung der Leitungen AM_q und M_qB:

1. Beide Leitungen bereits benutzt,

2. AM_q benutzt, M_qB nicht benutzt,

3. AM_q nicht benutzt, M_qB benutzt,

4. beide Leitungen nicht benutzt.

Ist μ_j die Anzahl der Mittel-Crossbars, auf die der Fall j zutrifft ($1 \leq j \leq 4$), so gilt natürlich $\mu_1 + \mu_2 + \mu_3 + \mu_4 = m = 2n - 1$. Wenn wir zeigen können, dass $\mu_4 \geq 1$ ist, so ist die fehlende Verbindung über wenigstens einen der Mittel-Crossbars (vom Typ

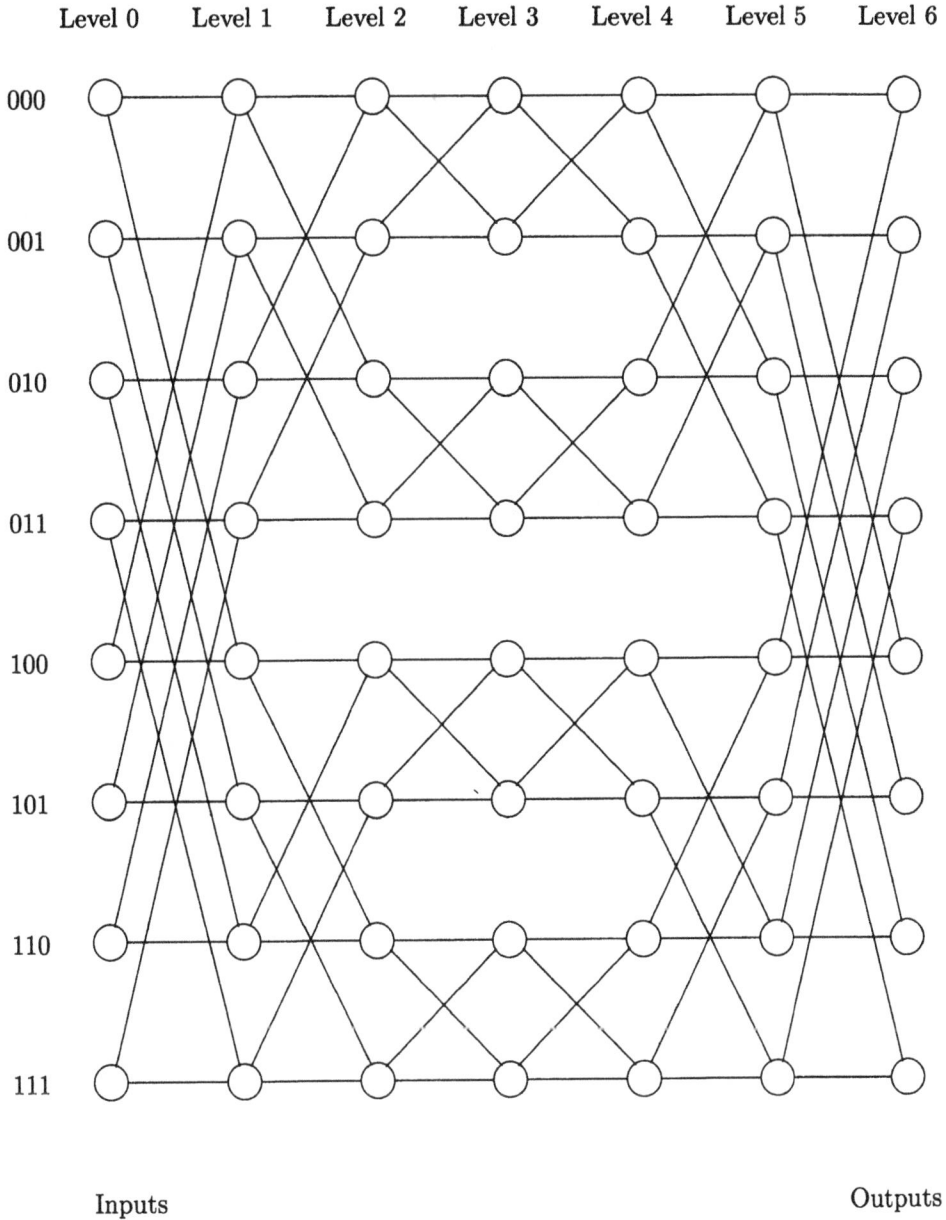

Abbildung 13.37: Das Beneš-Netz als universelles Permutationsnetz.

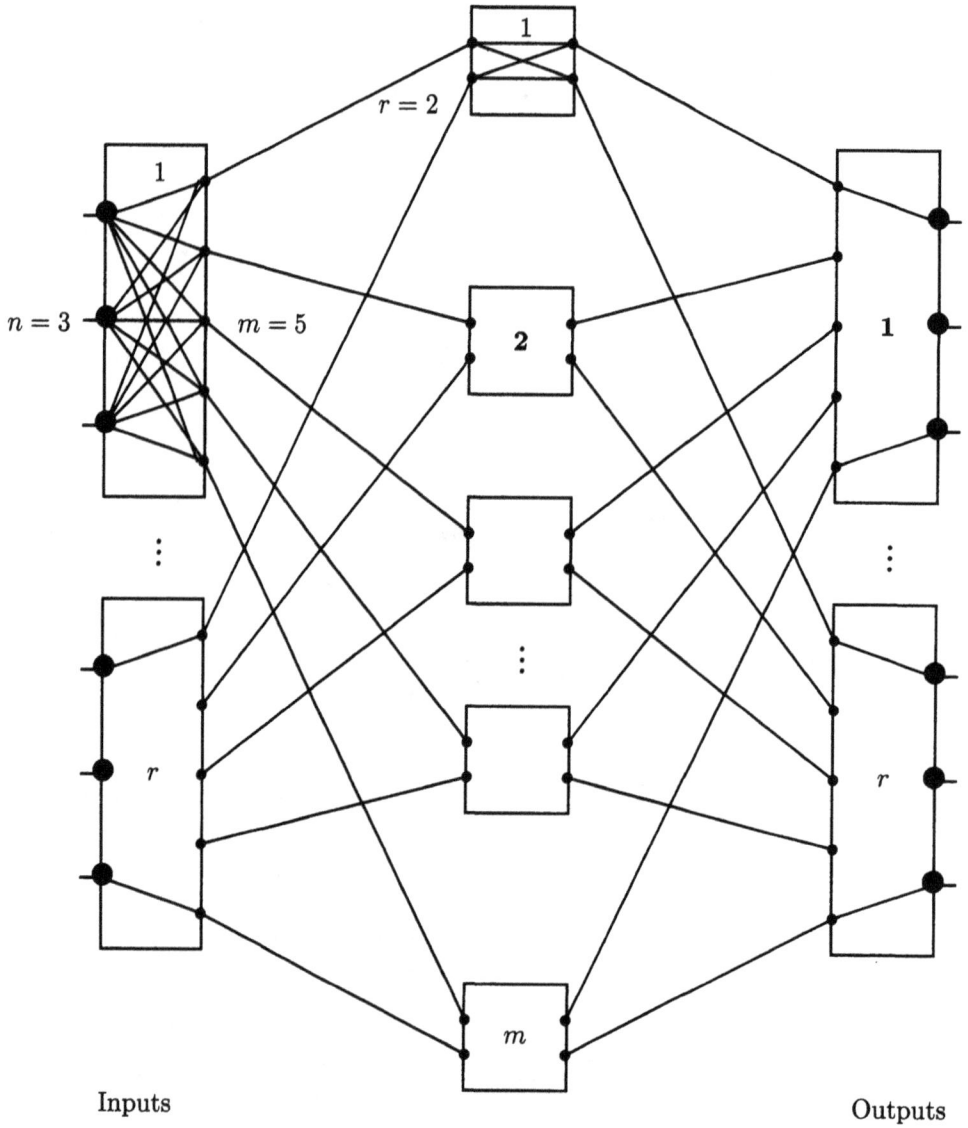

Abbildung 13.38: Clos-Netz als dynamisches Permutations-Netz.

4) schaltbar. Nun sind aber von den je $2n - 1$ Leitungen, die A und auch B mit der mittleren Ebene verbinden, je höchstens $n - 1$ bereits belegt, weil s_{k+1} ein noch freier Input von A und d_{k+1} ein noch freier Output von B ist. Damit trifft auf höchstens $2(n - 1) < 2n - 1$ mittlere Crossbars einer der Fälle 1 bis 3 zu, d. h. $\mu_4 \geq 1$.

Das Ergebnis unseres Satzes ist nicht mehr verbesserbar: Ist $m < 2n - 1$, so kann man eine Permutation π finden, die bei ungeschickter bzw. böswilliger Verbindung eines bestimmten Anfangsteiles nicht mehr fortgesetzt werden kann und die deshalb ein Rearrangement erforderlich macht.

Der Begriff der dynamischen Erweiterbarkeit eines Permutations-Netzes besitzt eine interessante Variante: Das von uns bisher vertretene Konzept kann dahingehend interpretiert werden, dass eine teilweise bereits geroutete Permutation in *jedem* Falle ohne Re-Arrangieren fortgesetzt werden kann, auch dann, wenn ein böswilliger Gegenspieler den Anfang der Permutation so ungünstig wie möglich geroutet haben mag. Die Variante „geplant dynamisch" besagt, dass der Routende selbst jeden Permutationsanfang derart routen kann, dass eine Erweiterung stets möglich ist. Ein Gegenspieler ist also nicht vorhanden. Man kann zeigen, dass für das Clos-Netz (im Wesentlichen) wenigstens $m \geq \frac{3}{2}n$ gelten muss, damit eine geplante Dynamizität garantiert werden kann.

Während das Beneš-Netz mit seiner eventuell rearrangierungsbedürftigen Dynamizität mit $O(N \log N)$ Schaltern und Drähten noch in die gleiche Aufwandsklasse wie die Bidelta-Netze gehört, ist dies für die Clos-Netze nicht mehr der Fall. Betrachten wir etwa die Anzahl der erforderlichen *Drähte*. Wir unterscheiden hier einen *inneren* Aufwand (Anzahl der Drähte *in* den Crossbars) und einen *äußeren* Aufwand (Anzahl der Drähte *zwischen* den Crossbars). Die Analyse wird schwieriger als bei Bidelta-Netzen, welche nur durch *einen* Größenparameter N bzw. $n = \log_2 N$ gekennzeichnet sind; beim Clos-Netz haben wir aber, selbst wenn wir $m = 2n - 1$ setzen, mit n und r immer noch *zwei* unabhängige Dimensionierungsparameter, aus denen sich $N = n \cdot r$ ergibt. Wählt man nun etwa n und r gleich groß, also $n = r = \sqrt{N}$, so ergibt für den inneren Aufwand eine Größenordnung $O(N \cdot \sqrt{N})$ und für den äußeren Aufwand $O(N)$, also insgesamt $O(N \cdot \sqrt{N})$. Man kann zeigen, dass auch durch eine anderweitige Festlegung des Verhältnisses von n und r ein entscheidend günstigerer Gesamtaufwand nicht erreichbar ist. Damit kennen wir den Preis für die dynamische Universalität: Der Aufwand steigt — zumindest bei Verwendung des Clos-Netzes — von $O(N \log N)$ auf $O(N \cdot \sqrt{N})$.

13.8 Übungen

13.1 A und B seien dreielementige Mengen von Tripeln über $\mathbf{N}$. Man betrachte ein systolisches Netz, welches neben dem in Abbildung 13.39 gezeigten Oder-Gatter den in Abbildung 13.40 gezeigten arithmetischen Komparator mit $A = a$, $B = b$,

$$X := \begin{cases} x & \text{falls } a = b \\ 0 & \text{falls } a \neq b \text{ oder kein neuer Input anliegt} \end{cases}$$

enthält und gemäß Abbildung 13.41 zusammengesetzt ist. Wir nehmen an, dass die Tripel aus A zeitlich um 45 Grad (d. h. im Gegenuhrzeigersinn) versetzt auf die a-Kanäle auftreffen, die Tripel aus B zeitlich um -45 Grad versetzt

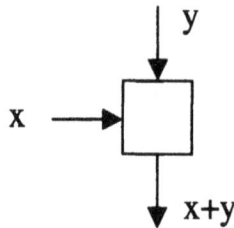

Abbildung 13.39: Oder-Gatter zu Aufgabe 13.1.

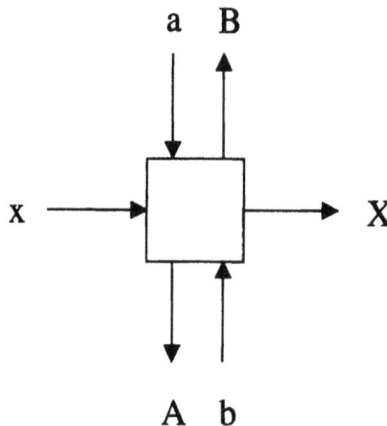

Abbildung 13.40: Arithmetischer Komparator zu Aufgabe 13.1.

auf die b-Kanäle auftreffen, und dass ferner beide Mengen gleichzeitig in das Array eintreten. Ein Datennachschub erfolge nur in jedem zweiten Takt. Man erläutere, inwiefern die Ausgabe des Feldes die Tripelmenge $A \cap B$ codiert; man gebe an, nach welchen Takten Ergebnisentscheidungen vorliegen. Lassen sich mit diesem Prozessorfeld auch Tripelmengen A, B mit mehr als drei Elementen und $|A| \neq |B|$ schneiden?

13.2 (a) Man entwerfe ein Schaltnetz C, welches zwei 3-stellige Dualzahlen gemäß Abbildung 13.42 verarbeitet, wobei $z_2 = x_2, z_1 = x_1, z_0 = x_0, y_2 = z_2', y_1 = z_1', y_0 = z_0'$, falls $(x_2 x_1 x_0)_2 \geq (y_2 y_1 y_0)_2$ bzw. $z_2' = x_2, z_1' = x_1, z_0' = x_0, y_2 = z_2, y_1 = z_1, y_0 = z_0$, falls $(x_2 x_1 x_0)_2 < (y_2 y_1 y_0)_2$ gelten soll.

(b) Das in (a) entwickelte Schaltnetz wird durch Vorschalten von Delays direkt vor die Ausgänge zu einem getakteten Schaltwerk erweitert (vgl. Abbildung 13.43). (Dabei soll die Kennung t bedeuten, dass es sich um ein getaktetes Schaltwerk handelt; der Index 3 gibt die Länge der Dualzahlen an.) Zu welchen Taktzeiten $T \in \mathbb{N}$ muss man die Eingänge X_1, X_2, X_3, X_4 des in Abbildung 13.44 gezeigten Schaltwerkes mit vier k-stelligen Dualzahlen belegen, damit es diese sortiert an den Ausgängen Y_1, Y_2, Y_3, Y_4 wieder ausgibt? Man zeige die Sortiereigenschaft des Schaltwerkes und gebe die Anzahl der Takte an, ab welcher die Ergebnisse zur Verfügung stehen.

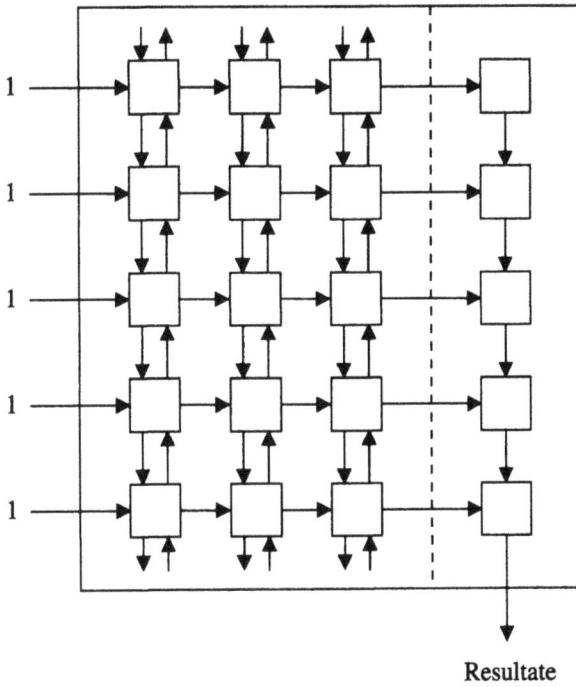

Abbildung 13.41: Schaltplan zu Aufgabe 13.1.

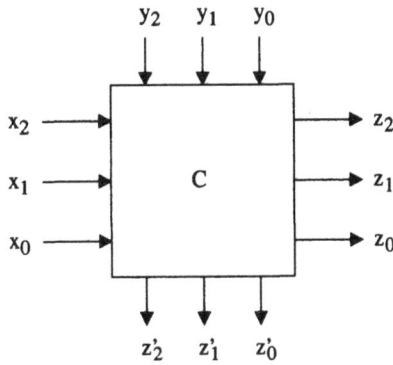

Abbildung 13.42: Schaltnetz zu Aufgabe 13.2 (a).

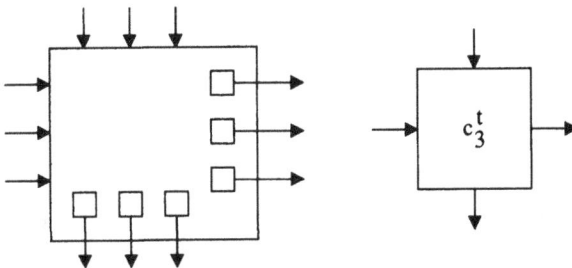

Abbildung 13.43: Schaltwerk zu Aufgabe 13.2 (b).

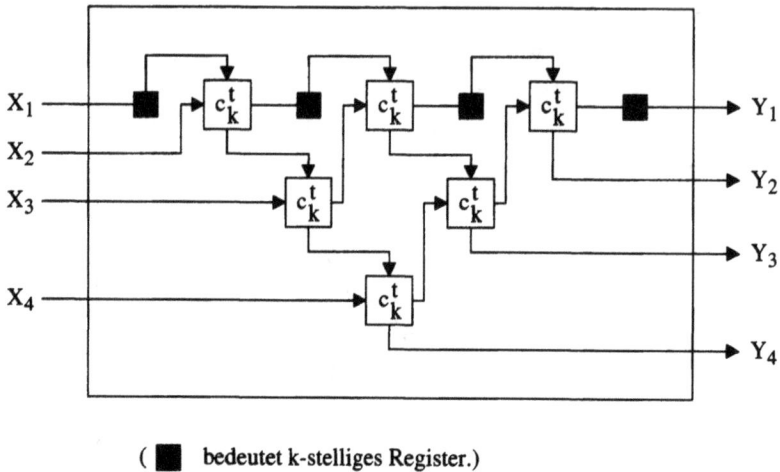

(■ bedeutet k-stelliges Register.)

Abbildung 13.44: Sortier-Schaltwerk zu Aufgabe 13.2 (b) und (c).

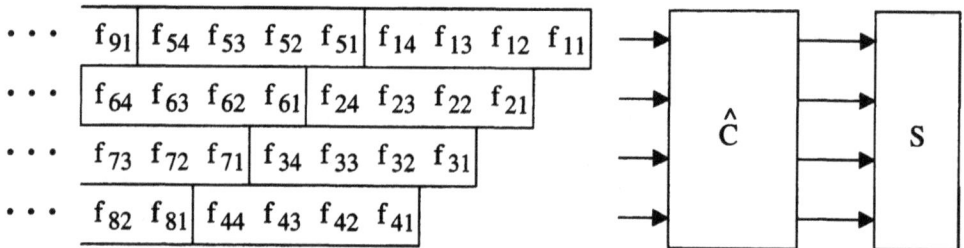

Abbildung 13.45: Eingabestrom zu Aufgabe 13.2 (d).

(c) Mit welchem Eingabe-Schedule kann man n Zahlenfolgen von je 4 Dualzahlen der Länge k mit dem Schaltwerk aus Abbildung 13.44 so schnell wie möglich sortieren?

(d) Das Schaltwerk aus Abbildung 13.44 soll m Zahlenfolgen f_m von je 4 Zahlen der Länge k sortieren. Der Eingabestrom sehe dabei wie in Abbildung 13.45 gezeigt aus. Wie muss die Schaltung $\hat{C}$ die Eingaben in Abhängigkeit von der Zeit permutieren, damit S seine Aufgabe ordnungsgemäß erfüllen kann?

13.3 Für $M = 8$ Prozessoren gebe man das durch W_{+1} bzw. W_{-2} definierte Verbindungsnetzwerk an.

13.4 Man beschreibe eine fünfdimensionale Hypercube-Verbindung durch Angabe der 5 Verbindungsfunktionen.

13.5 In einem SIMD-Rechner sei eine Hypercube-Verbindung für acht Prozessoren implementiert. Für eine bestimmte Anwendung wird vorübergehend eine Shuffle-Exchange-Verbindung benötigt. Man überlege, ob die Hypercube-Verbindung in der Lage ist, ein Shuffle-Exchange-Netzwerk zu „simulieren" und, falls ja, wie viel Datentransfers zwischen Prozessoren für diese Simulation mindestens bzw. höchstens notwendig sind.

13.6 Man zeige, dass sich Hypercube-, Array- und Shuffle-Exchange-Verbindung durch ein WPM2I-Netzwerk simulieren lassen, und schätze den jeweiligen Aufwand ab.

13.7 Ein *perfektes Matching* eines Graphen mit M Punkten ist eine Menge von $M/2$ Ecken-disjunkten Kanten. Man zeige, dass in einem Hypercube der Dimension m (d. h. mit $M = 2^m$ Prozessoren) die Kanten der Dimension k ein perfektes Matching bilden für jedes k, $1 \leq k \leq m$.

13.8 Der *Durchmesser* (*diameter*) eines Verbindungsnetzwerkes ist die maximale Entfernung zwischen Paaren von Prozessoren. Man zeige, dass ein Hypercube mit $M = 2^m$ Prozessoren den Durchmesser m hat.

13.9 Die *Schnittweite* (*bisection width*) eines Verbindungsnetzwerkes bezeichnet die minimale Anzahl von Verbindungen, welche entfernt werden müssen, um das Netzwerk in zwei Hälften mit gleichen Prozessoranzahlen (bis auf 1) zu zerlegen. Man zeige, dass ein Hypercube mit M Prozessoren eine Schnittweite von $M/2$ besitzt.

13.10 Man überlege, wie viele disjunkte Hypercubes der Dimension n in einem Hypercube der Dimension $m \geq n$ enthalten sind (z. B. enthält ein zweidimensionaler Hypercube zwei eindimensionale Hypercubes).

13.11 Man führe die in Abschnitt 13.7 genannte Re-Arrangierung des Beneš-Netzes durch.

13.9 Bibliographische Hinweise und Ergänzungen

Die Natur wirkt parallel! Die Naturwissenschaft ist der Grundüberzeugung, dass an allen Stellen der Welt zu jeder Zeit die gleichen Naturgesetze (parallel) befolgt werden. Dabei ist der Begriff der Gleichzeitigkeit durch Einstein relativiert worden: Kommunikation zwischen verschiedenen Orten der Welt erfolgt nicht verzögerungsfrei, sondern (höchstens) mit Lichtgeschwindigkeit; das Weltall hat kein Zentrum.

Das klassische Rechnerkonzept geht dagegen von einem *zentralen* Prozessor aus, die Verarbeitung der Daten erfolgt schrittweise nacheinander (seriell), *nicht* parallel. Es liegt nahe, die Rechnerressourcen durch Parallelisierung zu verstärken. Im täglichen Leben hatte man dies schon immer getan; man denke nur an die Heere von Arbeitern, die durch ihr gleichzeitiges Schaffen die Erde verändert haben. In gewissem Sinne wurde hier die Natur imitiert — allerdings war das Wirken einer zentralen Befehlsinstanz wesentlich.

Viele Parallelrechnerkonzepte bauen auf einem Vorbildmodell auf. Man kann aber in noch allgemeinerer Weise versuchen, die Natur nachzuahmen, indem man die Kommunikation zwischen den einzelnen Arbeitern — Prozessoren — dezentralisiert: Man gibt eine räumliche, sogar zweidimensionale regelmäßige Anordnung der Prozessoren vor und gestattet lediglich eine Kommunikation unter Nachbarn. In diesem Modell „zellularer" Automaten breiten sich dann Erregungen, die an einem Prozessor erfolgen, (analog zur Lichtgeschwindigkeit) nur mit einer endlichen Verzögerung auf die anderen Prozessoren aus. Dieser zellulare Automat als ein gedanklich vereinfachtes Modell der Wirkung der Natur wurde schon von J. von Neumann konzipiert. In einem zweidimensionalen Gitter mit (im Allgemeinen gleichartigen) Prozessoren in jeder Gitterzelle können diese gemäß einem in den Prozessoren angelegten Programm miteinander interagieren. Man nimmt im Allgemeinen eine synchrone Taktung der Prozessoren an — eine diskrete Simulation der Zeit.

Die gewaltige Fülle von möglichen Verhaltensweisen des zellularen Automaten schon bei nur punktuellen Erregungen in einem anfangs leeren Gitter und selbst bei äußerst einfacher Schaltstruktur der Prozessoren hat die Informatiker seit über 50 Jahren intensiv beschäftigt. Bekannt geworden ist die Frage, wie man die „Lebendigkeit" eines zellularen Automaten garantieren kann, und in diesem Zusammenhang das „Game of Life". Philosophische Spekulationen, ob für zellulare Automaten eine völlig neue Art von Wissenschaft entwickelt werden muss (vgl. Wolfram (2002)), sind zumindest anregende Gedankenspiele, welche das Nachdenken über die Nutzung von Parallelität fördern können.

Das systolische Schaltwerksnetz und seine Verwendung bei der Matrix-Multiplikation wurde zuerst von Kung und Leiserson (1978) beschrieben. Weitere Algorithmen für systolische Netze, welche auch kurz als „systolische Algorithmen" bezeichnet werden, existieren für eine Vielzahl von Problemen; so hängt z. B. die in Aufgabe 13.1 behandelte systolische Berechnung von Mengendurchschnitten, welche sich auf andere Mengenoperationen erweitern lässt, eng zusammen mit gewissen Operationen auf *relationalen Datenbanken*. Der interessierte Leser sei z. B. auf Brent et al. (1983), Kung (1979), Navarro et al. (1987) oder Ullman (1984) verwiesen. Bei Mead und Conway (1980) findet man darüber hinaus parallele Lösungsverfahren für zwei Probleme, welche zu der in Kapitel 4 beschriebenen Klasse der NP-vollständigen Probleme gehören. Diese lassen sich — wie in Kapitel 4 erläutert — sequentiell (bisher) nur durch Algorithmen mit nicht polynomialer Laufzeit lösen. Durch Verwendung paralleler Algorithmen kann man polynomielle Laufzeit erreichen, wobei jedoch exponentiell viele Prozessoren eingesetzt werden.

Eine gute Übersicht über Algorithmen auf der PRAM wird bei Gibbons und Rytter (1988) sowie von Leighton (1992) oder Jájá (1992) gegeben; zum PRAM-Modell vergleiche man ferner Savage (1998). Zellulare Automaten werden z. B. von Burks (1970) oder Vollmar (1979) ausführlich behandelt. Eine neuere Übersicht über die verschiedenen Arten von Verbindungsnetzwerken geben Carpinelli (2001) sowie Schwederski und Jurczyk (1996).

Zu Superkonzentratoren vergleiche man insbesondere Pippenger (1990). Ein Beweis für die Existenz von Superkonzentratoren mit linearer Kantenzahl wurde von Pippenger (1977) gegeben; man vergleiche auch Pippenger (1990). Allerdings ist zu dieser Konstruktion anzumerken, dass sie ein nicht konstruktives Argument benutzt. Eine explizite Konstruktion von n-Superkonzentratoren findet man erstmals bei Gabber und Galil (1981). Resultate über das Pebble-Game sowie Anwendungen hiervon findet man z. B. bei Savage (1998), Pippenger (1982), Hopcroft et al. (1977), Paul (1978) oder Lengauer und Tarjan (1982).

Das in Abschnitt 13.4 erwähnte WPM2I-Netzwerk, das Array, das Shuffle-Exchange-Netzwerk sowie der Hypercube werden von Siegel (1985) genauer untersucht; dort wird auch die Verwendung von Prozessor-Adress-masken ausführlicher behandelt, und es werden Aussagen zur gegenseitigen Simulation der verschiedenen (statischen) Netzwerke gemacht (vgl. Aufgaben 13.5 und 13.6). Zum Hypercube und zu anderen Verbindungsnetzwerken vergleiche man ferner Moldovan (1993), Leighton (1992) und Valiant (1990); daneben sei auf den Zusammenhang dieser Verbindungsstruktur zum Aufbau des Gray-Codes (vgl. Abschnitt 3.1) hingewiesen. Anwendungen des Shuffle-Exchange-Netzwerkes werden etwa von Stone (1971) beschrieben; Die Cube-Connected Cycles gehen auf Preparata und Vuillemin (1981) zurück. Eine Simulation von m-dimensionalen Hypercubes durch geeignete CCCs wird von Galil und Paul (1983) beschrieben.

Hypercube-Algorithmen zur Matrizen-Multiplikation wurden u.a. von Dekel et al. (1981) beschrieben; man vergleiche hierzu auch Akl (1989). Zu parallelen Algorithmen verweisen wir ferner auf Leighton (1992), Moldovan (1993), Jájá (1992) sowie Quinn und Deo (1984).

Beneš (1965) behandelt dynamische Netzwerke speziell für den Telefonverkehr aus mathematischer Sicht; hierzu vergleiche man auch Pippenger (1978a). Selfrouting-Netzwerke werden z. B. von Batcher (1968) oder Beneš (1965) beschrieben. Rearrangierbare und nicht-blockierende Netzwerke werden von Pippenger (1978b) genauer untersucht; hierzu vergleiche man auch Pippenger (1990). Für selten-blockierende Netzwerke sei weiter auf Pippenger (1976, 1978a) verwiesen; in der ersten dieser beiden Arbeiten wird eine explizite Konstruktionsmöglichkeit für derartige Netzwerke angegeben.

Der Übersichtsartikel von Broomell und Heath (1983) schlägt verschiedene Klassifikationen für Verbindungsnetzwerke vor und beschreibt wichtige Vertreter aller Klassen. Es wird z. B. das auf Lawrie (1975) zurückgehende Ω-Netzwerk mit einer Reihe anderer Typen hinsichtlich seiner Komplexität und seiner Leistungsfähigkeit verglichen. Varianten des Ω-Netzwerks werden z. B. auch von Stone (1980) beschrieben. Die topologische Äquivalenz der Bidelta-Netze wird von Kruskal und Snir (1986) gezeigt. Die Tragweite dieses Ergebnisses wird künftig sicher noch deutlicher werden. Theorien veralten im Allgemeinen langsamer als kommerzielle Produkte! Erstaunlich ist die lange Zeitspanne zwischen der erstmaligen Entdeckung dynamischer universeller Permutations-Netze durch Beneš (1965) und Clos (1953) und deren Anwendung in realen Rechnerverbundsystemen. Eine Analyse verschiedener Varianten der Dynamizität mit einer Darstellung von Anwendungsperspektiven wird von Klingler (1993) gegeben. Man vergleiche hierzu auch Penner (1992).

Kapitel 14

Parallelrechner-Architekturen

14.1 Übersicht

In diesem Kapitel geben wir eine Übersicht über grundlegende Parallelrechner-Architekturen, wobei es uns wie bereits in Teil II hauptsächlich darauf ankommt, wichtige allgemeine Architekturprinzipien sowie einige aktuelle Entwicklungslinien aufzuzeigen; hingegen erhebt unsere Beschreibung keinen Anspruch auf Vollständigkeit. Außerdem ist darauf hinzuweisen, dass wir uns in diesem Kapitel nur mit Hardware-Strukturen befassen und daher z. B. nicht auf spezielle Algorithmen oder den Einfluss von Compilern auf Architekturen für Parallelrechner eingehen werden. Wir vernachlässigen hier ferner die — ebenfalls wichtigen — Aspekte von Betriebssystemen für Parallelrechner sowie die der Programmierung von Parallelrechnern.

Wir haben in Kapitel 8 bereits erwähnt, dass insbesondere der von Neumannsche Flaschenhals Anlass zur Entwicklung alternativer Rechnerarchitekturen gegeben hat. Modelle für Rechner, welche Parallelverarbeitung ermöglichen, haben wir ferner in Kapitel 13 in Form der systolischen Arrays und in Form verschiedener Verbindungsnetzwerke kennen gelernt. In diesem Kapitel beschreiben wir Parallelrechner-Architekturen, welche zum Teil auch kommerziell verfügbar sind. Wir orientieren uns dabei zunächst an der in Kapitel 8 bereits angegebenen Klassifikation von Flynn, welche lediglich auf einer Zählung paralleler Instruktions- bzw. Daten-Ströme basiert:

Single Instruction — Single Data:	SISD
Single Instruction — Multiple Data:	SIMD
Multiple Instruction — Single Data:	MISD
Multiple Instruction — Multiple Data:	MIMD

Wie in Kapitel 8 bereits erwähnt, ist diese Einteilung umstritten (das Operationsprinzip einer Rechnerarchitektur wird nicht berücksichtigt, die MISD-Klasse ist de facto leer, und die einzelnen Klassen sind keineswegs disjunkt). Dennoch stellt diese „klassische" Einteilung eine gute erste Näherung dar, und sie ist die nach wie vor am häufigsten verwendete.

Da wir SISD-Rechner bereits besprochen haben, konzentrieren wir uns hier auf SIMD- sowie MIMD-Architekturen aus der Flynn-Klassifikation (und gehen darüber hinaus auch auf so genannte *Netzwerk-Architekturen* ein). Bei allen diesen Typen

Parallelrechner

SIMD   MIMD   Netzwerke

Shared   Distributed   Shared   Distributed   Cluster   Grid
Memory   Memory   Memory   Memory

Virtuell   Real   NOW   Beowulf
NUMA   UMA

ccNUMA   COMA

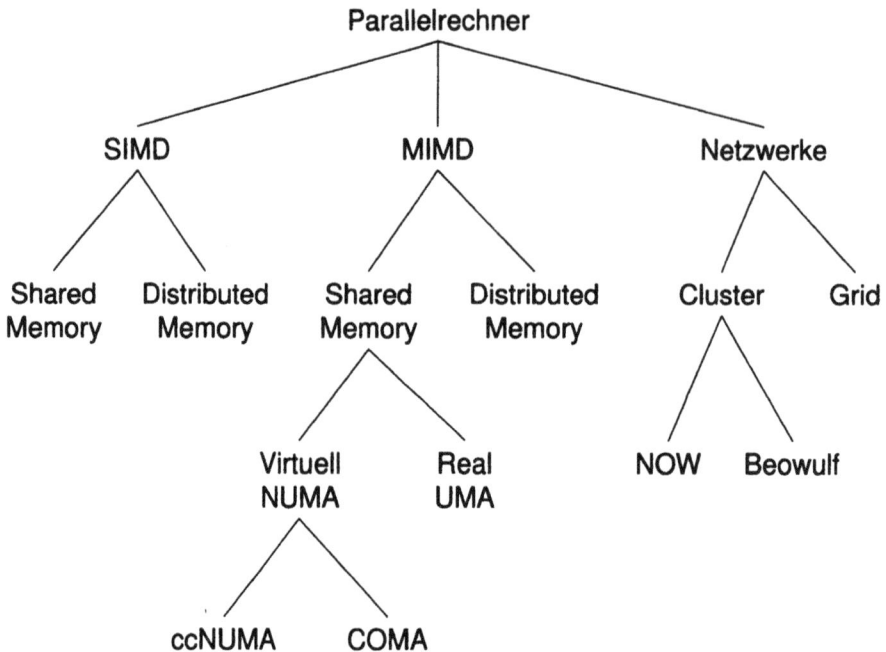

Abbildung 14.1: In diesem Kapitel verwendete Klassifikation von Parallelrechnern.

spricht man heute speziell bei Rechnern mit mehr als 100 Prozessoren auch von *massivem Parallelismus*, und zur genaueren Unterteilung der diversen Architekturen, auf denen moderne Parallelrechner basieren, klassifiziert man in den Fällen SIMD und MIMD weiter danach, ob sich der jeweilige Rechner eines gemeinsam benutzten Speichers („Shared Memory") oder eines verteilten Speichers („Distributed Memory") bedient.

Abbildung 14.1 zeigt die von uns zu Grunde gelegte und im Folgenden näher erläuterte Klassifikation von Parallelrechnern. Bei Rechnern, welche sich eines gemeinsamen Speichers bedienen, spricht man auch von speichergekoppelten Systemen; bei Rechnern, bei denen jeder Prozessor über einen lokalen Speicher verfügt, spricht man auch von nachrichtengekoppelten Systemen, da Prozessoren jetzt untereinander über einen Nachrichten-Austausch (*Message Passing*) kommunizieren. Bei beiden Formen können sich weitere Unterscheidungsmöglichkeiten anhand des Kopplungsmediums ergeben; hierbei kann es sich um einen einfachen Bus oder um eines der aus Kapitel 13 bekannten (statischen oder programmierbaren) Verbindungsnetzwerke handeln.

Die heute bedeutsamste Klasse der MIMD-Rechner kennt bei Systemen mit gemeinsamem Speicher die weitere Unterteilung in *realen* und *virtuellen* gemeinsamen Speicher: Im ersteren Fall bedienen sich mehrere Prozessoren eines einzigen globalen Speichers, auf welchem alle in einheitlicher Weise und mit einheitlicher Zugriffszeit operieren; man spricht auch von *symmetrischen Multiprozessoren* (SMPs) oder von einer Architektur mit *Uniform Memory Access* (UMA-Architektur). Im zweiten Fall bedienen sich die vorhandenen Prozessoren lediglich eines gemeinsamen Adressraums,

d. h. physikalische getrennte Speicher werden von sämtlichen Prozessoren in einheitlicher Weise adressiert. Eine Adresse in unterschiedlichen Prozessoren bezieht sich damit stets auf denselben Speicherplatz; da jedoch die Zugriffszeit jetzt davon abhängt, wo sich ein Datum de facto im Speicher befindet, spricht man hierbei auch von *Non-Uniform Memory Access* oder einer NUMA-Architektur.

Bei Netzwerken schließlich unterscheidet man *Cluster* und *Grid-Computing*: Als ein Cluster von Rechnern bezeichnet man die koordinierte Benutzung von weitgehend gleichartigen und vernetzten Rechnern, was wir am Beispiel Google erläutern werden. Beim Grid-Computing werden eine Vielzahl von unterschiedlichen Rechnern (Supercomputer, Workstations, Server, PCs) vernetzt, um ihre Rechenleistung für eine gemeinsam bearbeitete Anwendung einzusetzen.

Es sei an dieser Stelle auch erwähnt, dass es in der Vergangenheit eine Reihe von Alternativ-Vorschlägen zum Klassifikationsschema von Flynn gegeben hat, von denen ein bekannter das *Erlanger Klassifikations-System* (ECS) ist. Dieses auf W. Händler zurückgehende System klassifizierte Rechenanlagen z. B. nach der Anzahl der vorhandenen Daten- oder Befehlsprozessoren oder auch nach dem Grad des möglichen Parallelismus. Wenngleich das ECS wesentlich genauer klassifizierte als das Flynnsche System, hat es sich nicht durchsetzen können, so dass es auch hier nicht weiter verwendet wird.

14.2 SIMD-Architekturen

Das SIMD-Modell war historisch eines der ersten Modelle des parallelen Rechnens. Die wesentliche Idee besteht darin, eine einzelne Instruktion gleichzeitig auf viele Daten anzuwenden, und zwar unter Einsatz vieler Funktionseinheiten oder Prozessoren. Wir beschreiben in diesem Abschnitt einige SIMD-Erscheinungsformen, bemerken allerdings, dass die Bedeutung dieser Form des Parallelrechners durchaus abgenommen hat.

Feldrechner

Eine der bekanntesten SIMD-Architekturen ist der so genannte *Feldrechner* (engl. *Array Computer* oder *Array Processor*): Ein solcher besteht aus einem Feld identischer Processing Elements (PEs), welche mindestens je über eine eigene ALU verfügen und unter der zentralen Steuerung *eines* Kontrollprozessors parallel dieselbe Maschineninstruktion auf unterschiedlichen Daten ausführen. Die einzelnen PEs sind dabei linear oder (häufiger) matrixförmig angeordnet, und sie kommunizieren miteinander über ein Verbindungsnetzwerk, welches im Allgemeinen einen flexiblen Datenaustausch ermöglicht. Meist liegt einem Feldrechner eine der in den Abbildungen 14.2 bzw. 14.3 gezeigten Konfigurationen zugrunde. Diese allgemeinen Strukturen wurden in Abschnitt 13.4 bereits erläutert; neu ist jetzt lediglich das Vorhandensein der zentralen Steuerung der Rechner. Eine matrixförmige Anordnung der Prozessoren liegt z. B. dann vor, wenn das Verbindungsnetzwerk eine Maschen-Verbindung (Mesh Connection, vgl. Kapitel 13) realisiert.

Der Kontrollprozessor steuert die Ausführung der einzelnen Befehle eines Programms. Dabei kann es sich um Vektorbefehle handeln, welche auf Vektoren von

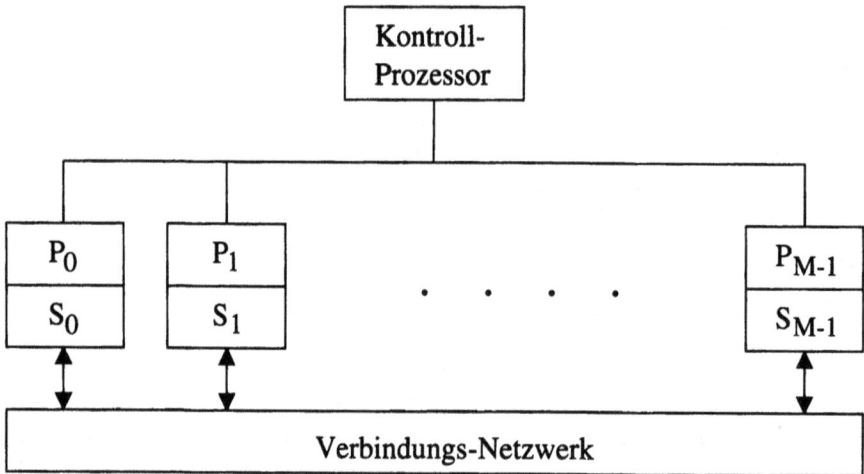

Abbildung 14.2: Feldrechner mit lokalen Speichern (Distributed Memory SIMD).

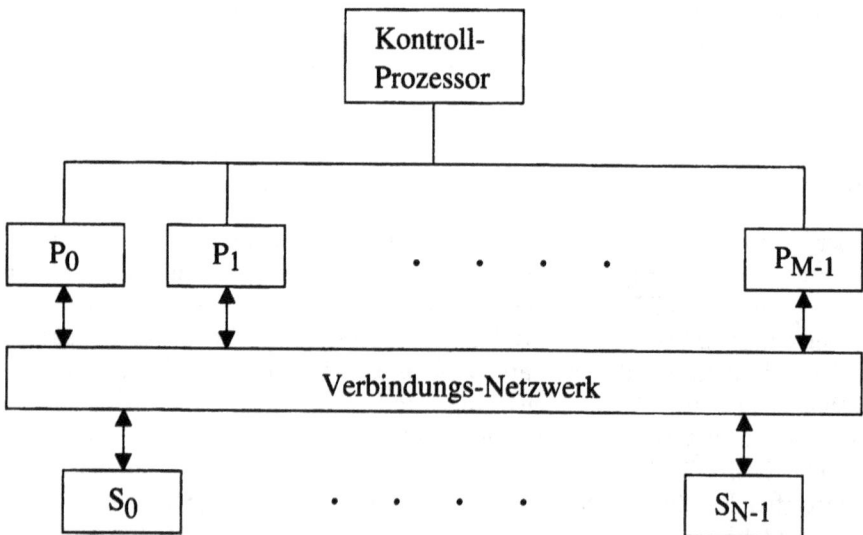

Abbildung 14.3: Feldrechner mit globalen Speichern (Shared Memory SIMD).

Daten wirken. Andererseits befindet sich, wie bereits erwähnt, aufgrund der Existenz von nur *einer* Steuerung zu jedem Zeitpunkt immer nur eine Instruktion in Bearbeitung, unter Umständen jedoch von mehreren Prozessoren an verschiedenen Daten ausgeführt. Dabei ist durch Maskierung ein variables Verhalten von Prozessoren erzielbar.

Im Hinblick auf die im letzten Kapitel erwähnten zellularen Automaten sei bemerkt, dass sich ein Feldrechner durch die Existenz einer *zentralen Kontrolle* von einem zellularen Automaten im von Neumannschen Sinne unterscheidet; Zellularautomaten werden im Allgemeinen *nicht* zentral gesteuert, sondern die Steuerung ist auf das Feld verteilt. Der Unterschied liegt damit nicht im Verbindungsnetzwerk, sondern im SIMD- (Feldrechner) bzw. MIMD- (zellularer Automat) Organisations- und Operationsprinzip.

Beispiel: Illiac IV

Wir wollen als nächstes eine kurze Beschreibung des historisch prominentesten Vertreters dieser Rechnerklasse, des Illiac IV, geben. Der Feldrechner Illiac IV wurde Mitte der 60er Jahre von D. Slotnick an der Universität von Illinois entworfen. (Illiac ist eine Kurzform für <u>Ill</u>inois <u>A</u>rray <u>C</u>omputer.) Sein Entwicklungsziel war eine Steigerung der Rechengeschwindigkeit durch „expliziten" Parallelismus anstatt durch Pipelining. Dazu wurde er konzipiert als Feldrechner mit 4 Feldern zu je 64 Prozessoren, von denen aus Kostengründen allerdings nur ein Feld realisiert wurde. Der Illiac IV wurde von Burroughs als Einzelstück gebaut und Anfang 1972 im Ames Research Center der NASA bei San Francisco installiert. Er arbeitete jedoch erst ab 1975 relativ zuverlässig und wurde dann z. B. zur Berechnung aerodynamischer Probleme eingesetzt. Illiac IV wurde im September 1981 stillgelegt.

Die Organisation dieses Rechners zeigt Abbildung 14.4. Das Prozessor-Feld besteht aus 64 Processing Elements $P_0, \ldots, P_{63}$, von denen jedes mit 4 Nachbarn kommunizieren kann. (Insofern kann die in Abbildung 14.4 als Ring gezeichnete Struktur auch als geschlossene Mesh Connection angesehen werden.) Jeder Prozessor P_i bearbeitet den gleichen Befehl, jedoch auf verschiedenen Daten; er besitzt dazu im Wesentlichen eine ALU und vier 64-Bit-Register. Ferner verfügt jedes Element P_i über einen lokalen Arbeitsspeicher PM_i, welcher jeweils 2 K 64-Bit-Worte umfasst. Neben dieser Gesamtkapazität von 1 MB steht als „globaler" Arbeitsspeicher eine Magnettrommel zur Verfügung, welche logisch in 52 Bänder $S_0, \ldots, S_{51}$ zu je 300 Pages unterteilt ist. Jede Page umfasst 1 K 64-Bit-Worte, so dass insgesamt rund 122 MB Sekundärspeicher verfügbar sind.

Vektorrechner

Generell arbeitet ein SIMD-Rechner auf einzelnen Daten (SISD) oder auf Vektoren von Daten (bzw. auf Kombinationen von beiden Formen). Werden z. B. in einer einzigen SIMD-Instruktion 64 Zahlen addiert, so sendet die Hardware 64 Datenströme an 64 ALUs zur Bildung von 64 Summen in einem einzigen Taktzyklus. Dabei werden alle parallelen Ausführungseinheiten synchronisiert, und alle reagieren auf eine einzige Instruktion, welche vor der Ausführung von einem *einzelnen* Program Counter referenziert wird. Allerdings verfügt jede Ausführungseinheit über eigene Adressregister,

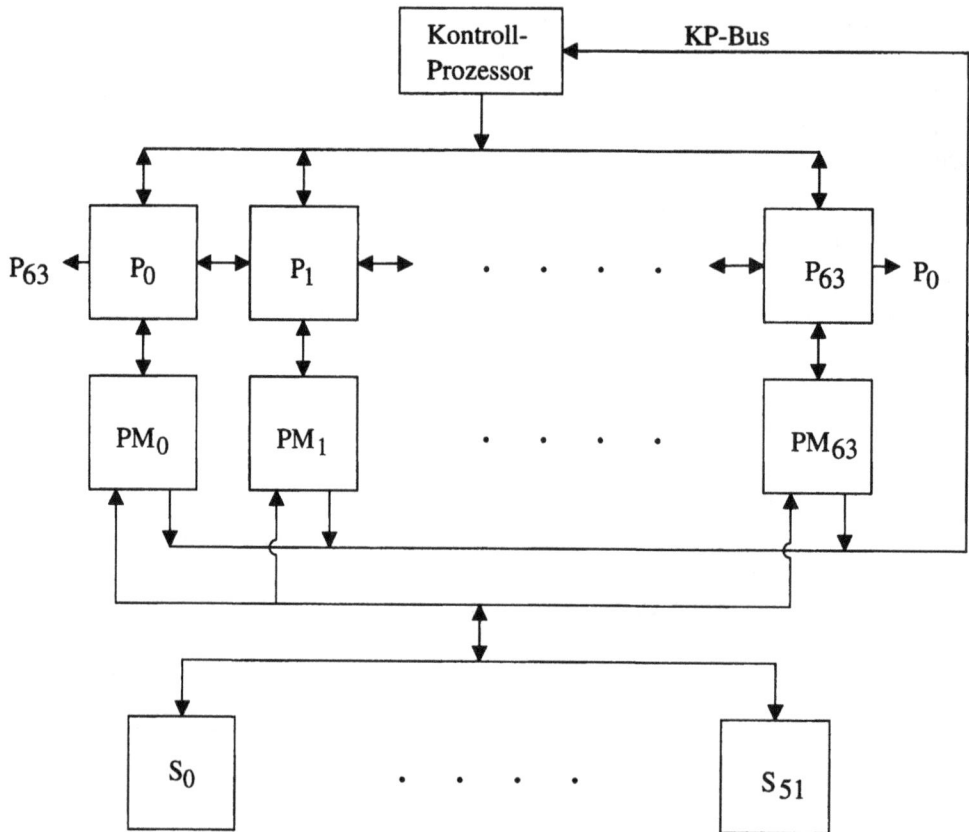

Abbildung 14.4: Organisation des Illiac IV.

so dass jede solche Einheit ihre Daten unter eigenen Adressen ansprechen kann.

Bei einem *Vektorrechner* werden insbesondere arithmetische (Vektor-) Operationen in mehreren Ausführungseinheiten nach dem Pipeline-Prinzip verarbeitet. Unter dem bisher schon mehrfach erwähnten Begriff des *Pipelining* (Fließbandverarbeitung) versteht man allgemein die Zerlegung einer bestimmten Aufgabe oder eines Prozesses in mehrere Teilaufgaben bzw. Teilprozesse, welche dann in einer (im Allgemeinen linearen) Anordnung spezialisierter Prozessoren taktsynchron bearbeitet werden. Wir erinnern z. B. an die Matrix-Vektor-Multiplikation in einem linearen systolischen Array (Kapitel 13) oder an das in Kapitel 11 erläuterte Befehlsphasen-Pipelining: Im ersten Fall werden Daten (eine Matrix bzw. ein Vektor) sukzessiv in die Pipeline „geschoben", jedes Element in der Pipeline erledigt eine Teilaufgabe und reicht das Ergebnis an einen Nachbarn weiter. Im zweiten Fall besteht das Pipelining z. B. darin, dass während der Ausführung eines Befehls der nächste auszuführende Befehl bereits in einer Befehlswarteschlange abgelegt wird (vgl. Kapitel 11).

Auf einer „höheren" Stufe als der der Maschinenbefehle kann sich das Pipelining-Prinzip auch auf die Bearbeitung komplexerer Operationen beziehen: Man spricht von *arithmetischem Pipelining*, wenn die Ausführung arithmetischer Operationen wie z. B. einer Gleitkommamultiplikation in Teilschritte zerlegbar ist, welche durch verschiedene Teile der betreffenden ALU unter Umständen zeitlich überlappt bearbeitet werden. Typischerweise verfügt die ALU dann über mehrere Addierwerke, Shifter und Ähnliches, welche in Form einer Pipeline angeordnet sind; es können aber auch getrennte ALUs für Addition, Multiplikation usw. vorhanden sein.

Pipelining ist im Allgemeinen nur realisierbar, wenn die vorhandene Hardware bestimmten Voraussetzungen genügt: So ist z. B. das räumlich getrennte Vorkommen von „Processing Elements" (im Sinne von Kapitel 13) unabdingbar, denn die Existenz z. B. *eines* universellen Prozessors, welcher unterschiedliche Prozesse gemäß einer Steuerung von außen vollziehen kann, lässt noch kein Pipelining zu. Entsprechend solchen Voraussetzungen über die Form oder Anordnung der physisch vorhandenen Hardware lassen sich Pipeline-Rechner wie folgt klassifizieren:

Eine *Einfunktions-Pipeline* kann auf verschiedenen Input-Daten immer nur dieselbe Folge von Operationen ausführen. Demgegenüber ist eine *Multifunktions-Pipeline* in der Lage, in Abhängigkeit von einer Steuerung, welche z. B. die jeweils vorliegenden Daten abfragen kann, verschiedene Operationsfolgen durchzuführen. Die Häufigkeit, mit welcher Änderungen an der Funktion einer solchen Pipeline vorgenommen werden, führt auf eine weitere Differenzierung:

Statisch konfigurierte oder kurz *statische Pipelines* unterliegen nur relativ selten einer Funktionsänderung, welche häufig nur von einem Programmierer veranlaßt werden kann. In dieser Klasse sind die Vektorrechner anzusiedeln. Die Hardware ist in diesem Falle so beschaffen, dass ein Programmierer durch *einen* Befehl sowohl die Operation als auch die Operanden, bei denen es sich jetzt um vektorartige Datenmengen handelt, wie bei Skalaren spezifizieren kann. Zur Ausführungszeit wird dann eine geeignete Pipeline einmal konfiguriert, und die gesamte Datenmenge strömt durch sie hindurch. Ist die Vektoroperation vollständig abgeschlossen, kann eine neue gestartet werden.

Neben dieser Form erlauben andere Multifunktions-Pipelines einen Wechsel der auszuführenden Funktion z. B. für jeden neuen skalaren Input. Man spricht dann von *dynamisch konfigurierten Pipelines*. Sie finden z. B. bei der hardwaremäßigen Unterstützung von Maschinenbefehlen Anwendung.

Tabelle 14.4 (vgl. bibliographische Hinweise) gibt eine Übersicht über verschiedene historische Pipeline- sowie Vektorrechner. Wir wollen uns im weiteren Verlauf dieses Abschnitts exemplarisch mit Rechnern des Produzenten Cray näher beschäftigen und dabei besonders das historisch erste Modell Cray-1 betrachten, in welchem die grundlegenden Architektur-Ideen bereits alle vorlagen.

Beispiel: Cray-1

Der Rechner *Cray-1* der Firma Cray Research, Inc., wurde erstmals 1976 im Los Alamos Scientific Laboratory im US-Bundesstaat New Mexiko in Betrieb genommen. Es handelt sich dabei um einen Vektorrechner mit parallel arbeitenden, jeweils als Pipeline organisierten Funktionseinheiten. Sein Entwicklungsziel war die Bereitstellung größtmöglicher Verarbeitungsgeschwindigkeit; dieses wird primär dadurch erreicht, dass zu verarbeitende Datenströme nicht dem Weg Hauptspeicher-Pipeline-Hauptspeicher folgen, sondern von einer Registerbank durch die Pipeline zurück zu einer Registerbank fließen, die Taktzeit sehr kurz ist und umfassender Gebrauch von Pipeline- und Parallelverarbeitung gemacht wird. Die Literatur zu diesem Rechner ist

Tabelle 14.1: Funktionseinheiten der Cray-1.

(1) Adress-Einheiten für	(a) Adress-Addition
	(b) Adress-Multiplikation
(2) Skalar-Einheiten für	(a) Skalar-Addition
	(b) Skalar-Shift
	(c) Logische Verknüpfung von Skalaren
	(d) Skalar-Population-Count
(3) Gleitkomma-Einheiten für	(a) Addition
	(b) Multiplikation
	(c) Reziproke Approximation
(4) Vektor-Einheiten für	(a) Vektor-Addition
	(b) Vektor-Shift
	(c) Logische Verknüpfung von Vektoren

Tabelle 14.2: Register der Cray-1.

Bezeichnung	Anzahl	Länge in Bits
A-Register	8	24
B-Register	64	24
S-Register	8	64
T-Register	64	64
V-Register	8 × 64	64
Vektor-Längen-Register VL	1	7
Vektor-Masken-Register VM	1	64
Instruction Buffer IB	4 × 64	16

inzwischen sehr umfangreich (vgl. Tabelle 14.4); wir beschränken uns daher hier auf eine Beschreibung der wesentlichen Charakteristika seiner Organisation und seiner Arbeitsweise.

Die Cray-1 besteht grob aus drei Teilen: Zentraleinheit, Hauptspeicher und E/A-Einheit. Die *Zentraleinheit* enthält zwölf unabhängige Funktionseinheiten, deren Unterteilung in vier Gruppen in Tabelle 14.1 gezeigt ist, sowie rund 1000 Register, von denen die wichtigsten in Tabelle 14.2 zusammengefasst sind. Die wesentliche Organisation lässt sich damit wie in Abbildung 14.5 gezeigt darstellen.

Die fünf Registerblöcke sind unterteilt in Primär-Register (A, S und V) und Zwischenregister (B und T). Die acht 24-Bit-*A-Register* werden hauptsächlich als Adressregister für Speicherzugriffe sowie als Indexregister verwendet. Die vierundsechzig 24-Bit-*B-Register* dienen als Hilfsspeicher für die A-Register im Sinne eines Cache-Speichers; Daten aus dem Hauptspeicher können direkt in A-Register übertragen werden oder in B-Registern gepuffert werden. Außerdem kann der Inhalt eines

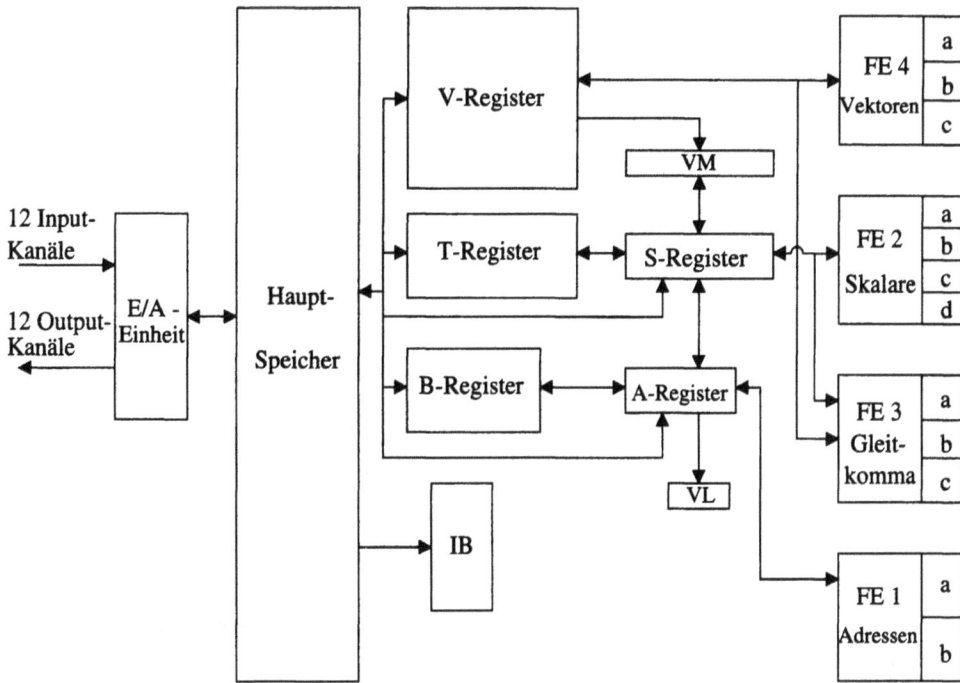

Abbildung 14.5: Organisation der Cray-1.

Registers im A-Block an das Vektorlängen-Register VL weitergegeben werden. Daten können auch zwischen dem A- und dem S-Block ausgetauscht werden. Die acht 64-Bit-*S-Register* sind die Quell- bzw. Ziel-Operandenregister für arithmetische und logische Operationen auf Skalaren. Außerdem werden bei Vektor-Operationen eventuell beteiligte skalare Größen in ihnen abgelegt. Die vierundsechzig 64-Bit-*T-Register* dienen als Pufferspeicher für die S-Register, insbesondere auch zur Aufnahme von Zwischenergebnissen. Die acht Blöcke von je vierundsechzig 64-Bit-*V-Registern* schließlich sind für Vektor-Operationen vorgesehen. Werden die Register eines der acht Blöcke sukzessiv mit Daten geladen, so werden diese als Vektor betrachtet. Die Ausnutzung eines Blockes ist damit also optimal, falls der betreffende Vektor genau 64 Komponenten besitzt; andere Vektorlängen sind möglich unter Benutzung von VL. VM erlaubt das Ausblenden einzelner Vektorkomponenten z. B. bei Misch- oder Test-Befehlen.

Der *Instruction Buffer* IB besteht aus vier Bänken zu je vierundsechzig 16-Bit-Registern. Diese Wortlänge erlaubt gerade die Aufnahme einer so genannten „Befehls-Parzelle": Die Cray-1 verfügt über 128 Maschinenbefehle, welche jeweils aus einer oder zwei 16-Bit-Parzellen bestehen. 16 Bits reichen z. B. aus für arithmetische, logische oder Shift-Befehle; dagegen benötigen z. B. Lese-, Schreib- oder Sprungbefehle $2 \times$ 16 Bits.

Die Funktionseinheiten beziehen Operanden nur aus V-, S- oder A-Registern, und sie liefern Ergebnisse nur an diese. Alle zwölf Funktionseinheiten arbeiten unabhängig voneinander und können somit prinzipiell gleichzeitig aktiv sein. Jede für sich arbeitet mit Pipelining und ist intern in mehrere Stufen aufgeteilt. Die Gesamtzahl der Stufen

Tabelle 14.3: Takt-Perioden und -Dauern der Cray-1.

FE	Takt-Periode	Dauer in nsec
1a	2	25
b	6	75
2a	3	37,5
b	2 oder 3	25 oder 37,5
c	1	12,5
d	3 oder 4	37,5 oder 50
3a	6	75
b	7	87,5
c	14	175
4a	3	37,5
b	4	50
c	2	25

hat dabei Einfluss auf die Zeit, welche für die gesamte Ausführung einer Operation benötigt wird, die so genannte *Takt-Periode*.

Die Takt-Perioden der einzelnen Funktionseinheiten FE sind in Tabelle 14.3 angegeben; sie sind jeweils ein Vielfaches vom Grundtakt der Cray-1, welcher 12,5 nsec ($= 12,5 \times 10^{-9}$sec) beträgt. Man kann grob davon ausgehen, dass jede Funktionseinheit soviele Stufen umfasst, wie ihre Taktperiode lang ist; daher kann jede dieser Einheiten nach jedem Grundtakt mit neuen Daten versorgt werden, welche dann die betreffende Pipeline durchlaufen. Somit werden Ergebnisse alle 12,5 nsec geliefert. Soll also z. B. eine Gleitkomma-Addition von zwei 64-elementigen Vektoren ausgeführt werden, welche sich in den im Folgenden mit V_0 und V_1 bezeichneten Bänken des V-Blocks befinden, so wird zunächst die Funktionseinheit 3a für (mindestens) 64×6 Taktperioden reserviert; sie kann während dieser Zeit von keiner anderen Instruktion benutzt werden. Sodann werden die Inhalte von V_0 und V_1 paarweise sequentiell an FE 3a geliefert; diese Funktionseinheit gibt nach jedem 6. Takt ein Element des Ergebnisvektors aus.

Darüber hinaus besteht die Möglichkeit, einzelne Funktionseinheiten — etwa bei aufeinander folgenden Vektoroperationen — zu verketten. Dieser Prozess des *Chaining* kann z. B. für drei 64-elementige Vektoren V_0, V_1 und V_2, für welche $V_0 + V_1 * V_2$ zu berechnen ist, schematisch wie in Abbildung 14.6 dargestellt aussehen. V_3 dient dabei zur vorüber gehenden Aufnahme des Multiplikationsergebnisses, und in V_4 wird das Resultat abgelegt.

Weitere Einzelheiten hierzu entnehme man der unten angegebenen Literatur zur Cray-1. Es sei noch bemerkt, dass dieser Rechner nicht über eine eigene Funktionseinheit für die Gleitkomma-Division verfügt; diese Operation wird nach der Methode der reziproken Approximation durchgeführt (FE 3c).

Der *Hauptspeicher* einer Cray-1 ist in 16 Bänke unterteilt. Jede Bank besteht aus 72 1-Bit-breiten Modulen der Länge 65.536 Bit. Von dieser physikalischen Wortbreite von 72 Bits stehen nur 64 zur Aufnahme von Daten zur Verfügung; 64 Bits werden hier auch als ein *Wort* bezeichnet. Die restlichen 8 Bits sind für Fehler-Testzwecke

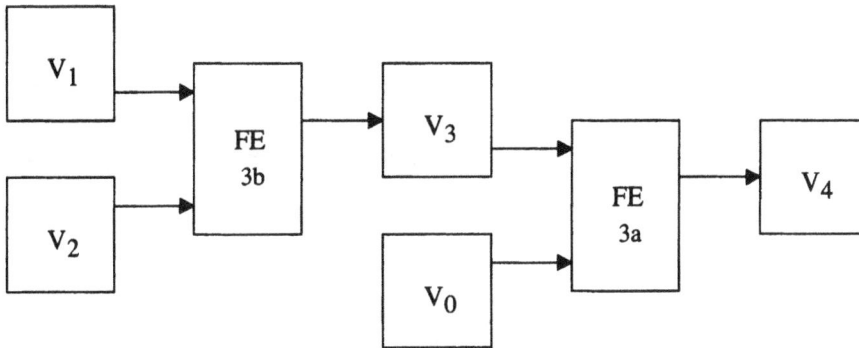

Abbildung 14.6: Beispiel zum Chaining von Funktionseinheiten der Cray-1.

reserviert. Es können 1-Bit-Fehler korrigiert und 2-Bit-Fehler erkannt werden (vgl. Kapitel 5). Insgesamt umfasst der Hauptspeicher damit also $16 \times 65.536 = 1.048.576 = 1$ M 64-Bit-Worte, welche dem Programmierer zur Verfügung stehen, bzw. physikalisch insgesamt 9 MB.

Wie aus Abbildung 14.5 bereits erkennbar ist, steht zur Kommunikation der Register mit dem Arbeitsspeicher nur *ein* so genannter „Memory-Port" zur Verfügung. Der daran angeschlossene Datenbus hat eine Breite von einem Wort ($= 64$ Bits) und eine Übertragungsrate von 80 M Worten pro Sekunde. Letztere ergibt sich aus der Tatsache, dass der Zugriff zu einem Speicherwort 50 nsec erfordert, also die vierfache Länge des Grundtaktes, so dass von bzw. zu *einer* Speicherbank in einer Sekunde $\frac{1}{50} \times 10^9 = 20$ M Worte transportiert werden können. Da die einzelnen Bänke andererseits parallel aktiv sein und im Grundtakt-Abstand angesprochen werden können, beträgt die Transferrate das Vierfache dieses Wertes, falls mindestens vier verschiedene Bänke abwechselnd aktiviert werden.

Die vier Bänke des Instruction Buffers verfügen jeweils über separate, 64-Bit-breite Busse zum Empfang von Daten aus dem Speicher. Da diese ebenfalls gleichzeitig arbeiten können, beträgt die maximale Transferrate an dieser Stelle 4×80 M $= 320$ M Worte pro Sekunde.

Die *E/A-Einheit* besteht aus vier Gruppen von je sechs Kanälen, von denen zwei Gruppen allein für Eingabe und zwei für Ausgabe reserviert sind. An diese Einheit muss über einen Kanal ein so genannter *Vorrechner* („Front-End-Computer") angeschlossen werden, welcher die Cray mit der Außenwelt verbindet, denn sie ist nicht für den „stand alone"-Betrieb gedacht. Als Vorrechner kann dabei schon ein Minicomputer, eine Workstation, aber auch ein (oder sogar mehrere) Mainframe(s) je nach Anwendung dienen.

Der seinerzeit extrem kurze Grundtakt der Cray-1 von 12,5 nsec, welcher zu einer maximalen Verarbeitungsgeschwindigkeit von 160 MFLOPS führt, hat eine Reihe von Konsequenzen auch für das Äußere dieses Rechners. Da die von einem elektrischen Impuls mit Lichtgeschwindigkeit in 12,5 nsec durchlaufene Strecke nur 3,75 m beträgt, ist die physische Anordnung der einzelnen Elemente des Rechners besonders wichtig, damit interne Kabelwege nicht zu lang werden. Die Cray besteht daher aus 12 kreisförmig angeordneten Einzelschränken, welche 1,9 m hoch sind. Der von ihnen gebildete Kreis hat einen Durchmesser von rund 1,4 m. Der Rechner ist also vergleichsweise klein, benötigt aber eine Freon-Flüssigkeitskühlung und hat einen hohen Stromverbrauch. Kühlung und Stromversorgung waren bei der Cray-1 in Form einer „Sitzbank" rund um den Rechner untergebracht, wodurch der Gesamtdurchmesser auf knapp 3 m anwuchs. Die Cray-1 ist das erste Beispiel eines Rechners, bei dem eine hohe Taktrate Vorkehrungen zur Verkleinerung der Dimensionierung des Rechners erforderlich machte (man vergleiche hierzu die Analyse in Abschnitt 5.1).

Nachfolger der Cray-1

Von der Cray-1 wurden bis Ende 1981 35 Systeme installiert. 1979 wurde die verbesserte Version 1/S vorgestellt, welche sich von der Cray-1 im Wesentlichen durch das Vorhandensein einer weiteren Funktionseinheit für die Vektorverarbeitung und durch die Ausbaufähigkeit des Hauptspeichers auf 4M Worte unterscheidet. Weitere Nachfolger der Cray-1 waren z. B. die Cray-1/M, die Cray X-MP (1982), die Cray Y-MP (1988), die Cray-2 (1985), die Cray-3 (1993), die Cray J90 (1994) oder der Cray T90 (1995). Wesentlicher Unterschied der 1/M-Serie zur 1/S-Serie war die Verwendung von MOS-Technologie für den Arbeitsspeicher (gegenüber schnellerer, aber teurerer Bipolar-Technologie bei der 1/S); sie wurde in 3 Versionen gebaut, welche sich im Wesentlichen im Hauptspeicher-Ausbau unterschieden. Aktuell in dieser Kategorie ist das Modell Cray X1E, die zwischen 16 und 8.192 Prozessoren haben kann. Auf die anderen genannten Nachfolger der Cray-1 sowie neuere Rechner dieses Herstellers werden wir erst weiter unten eingehen, da es sich bei diesen de facto um speichergekoppelte Mehrprozessorsysteme handelt.

14.3   MIMD-Architekturen

Die zentrale Idee einer MIMD-Architektur besteht darin, durch Zusammenschaltung vieler existierender Rechner einen neuen, leistungsfähigeren zu schaffen. Für Anwender ist dies aufgrund der *Skalierbarkeit* von MIMD-Maschinen interessant, da Hard- und Software überlicherweise so ausgelegt sind, dass sie für unterschiedliche Prozessoranzahlen funktionieren. Außerdem bieten MIMD-Rechner im Allgemeinen einen gewissen Grad an Fehlertoleranz; falls einer der Prozessoren ausfällt, bleibt das restliche System funktionstüchtig. MIMD-Architekturen sind heute in unterschiedlichen Leistungs- und Preisklassen kommerziell verfügbar. Während früher überwiegend Spezialprozessoren als einzelne Processing Elements eingesetzt wurden, kommen heute fast nur noch gängige Mikroprozessoren in MIMD-Rechnern zum Einsatz.

Der Entwurf eines MIMD-Rechners wird im Wesentlichen von zwei zentralen Aspekten bestimmt:

1. Die Art und Weise, wie die parallelen Prozessoren auf gemeinsam benutzte Daten zugreifen, und

2. die Vorgehensweise zur Koordination der Parallelarbeit der einzelnen Prozessoren.

Hinsichtlich des Datenzugriffs werden heute zwei Konzepte unterschieden (vgl. Abbildung 14.1), das speichergekoppelte System, bei welchem sich die Prozessoren eines gemeinsamen Speichers bedienen, und das nachrichtengekoppelte System, bei welchem der verwendete Speicher verteilt ist. Bei einem *speichergekoppelten* (*Shared Memory-*) MIMD-Rechner greifen, wie in Abschnitt 14.1 bereits erwähnt, alle Prozessoren physisch auf einen gemeinsamen Speicher zu und verwenden logisch einen einzigen Adressraum. Die einzelnen Prozessoren kommunizieren über gemeinsame Variablen im Speicher und können über Load- und Store-Befehle auf jeden Speicherplatz zugreifen. Der Zugriff auf gemeinsame Daten bedarf dabei einer Koordination bzw. Synchronisation.

Bei einem *nachrichtengekoppelten* System, bei welchem der zur Verfügung stehende Speicher über das System verteilt ist, kommunizieren die einzelnen Prozessoren über einen Austausch von Nachrichten (*Message Passing*) miteinander. Jeder Prozessor muss jetzt über Routinen zum Senden und Empfangen von Nachrichten verfügen; eine auch bei solchen Systemen notwendige Koordination wird durch spezielle Nachrichten und Versandprotokolle erzielt.

Für beide Klassen von MIMD-Rechnern lassen sich weitere Unterscheidungen anhand der verwendeten Verbindungsstruktur treffen: Speichergekoppelte bzw. Shared-Memory-MIMD-Systeme verwenden einen Kreuzschienenschalter, ein Ω-Netzwerk oder einen Bus zur Verbindung der Prozessoren mit dem globalen Speicher; man unterscheidet also die *Broadcast-Topologie* und *Punkt-zu-Punkt-Verbindungen* (vgl. Kapitel 15). Im ersten Fall sind sämtliche Prozessoren und der Speicher an den Bus angeschlossen ("busgekoppeltes System"); eine solche Organisation ist in Abbildung 14.7 gezeigt für den Fall, dass lediglich *ein* Bus verwendet wird. Da ein Bus zwar vergleichsweise billig zu realisieren, jedoch stets der Gefahr einer Verstopfung bzw. eines Mangels an Bandbreite ausgesetzt ist, wird in zunehmendem Maße durch Cache-Speicher versucht, die Anzahl der über den Bus zu versendenden Zugriffswünsche zu reduzieren. Wird ein solches System aus leistungsfähigen Mikroprozessoren aufgebaut, erlauben es die lokal vorhandenen Cache-Speicher, den Verkehr auf dem Bus zu reduzieren.

Die auch in Abbildung 14.7 gezeigten Cache-Speicher der einzelnen Prozessoren enthalten lokal benötigte Daten häufig repliziert (wiederholt), insbesondere dann, wenn mehrere Prozessoren Kopien derselben Daten in einer Rechnung benötigen. Dabei kann es zu Inkonsistenzen in Datenwerten zwischen der Version im globalen Speicher und der Version in einem oder mehreren Cache-Speichern kommen. Man spricht vom Problem der *Cache-Kohärenz* (engl. *Cache Coherency Problem*): Cache-Kohärenz bezeichnet die Eigenschaft, dass nach einem Schreibzugriff eines Prozessors auf ein Datum, von welchem im System (insbesondere also in lokalen Caches) mehrere Kopien existieren, alle Replikate unmittelbar aktualisiert (oder für ungültig erklärt) werden. Ein busgekoppelter MIMD-Rechner muss also in der Lage sein, Cache-Kohärenz zu gewährleisten. Diesem Zwecke dienen spezielle Protokolle, welche im Wesentlichen Folgendes sicherstellen müssen:

- Jeder lokale Cache muss feststellen können, ob er Kopien von gemeinsam benutzten Daten speichert;

- zum Schreiben derartiger Daten muss ein Prozessor exklusiven Zugriff erhalten;

- jeder Prozessor muss zum Lesen auf die zuletzt geschriebene Version eines Datums zugreifen können.

Bei Punkt-zu-Punkt-Verbindungen werden, wie erwähnt, Verbindungsnetzwerke der aus Kapitel 13 bekannten Art, insbesondere Kreuzschienenschalter sowie Ω-Netzwerke, verwendet, über welche bilaterale Verbindungen herstellbar sind, die je nach

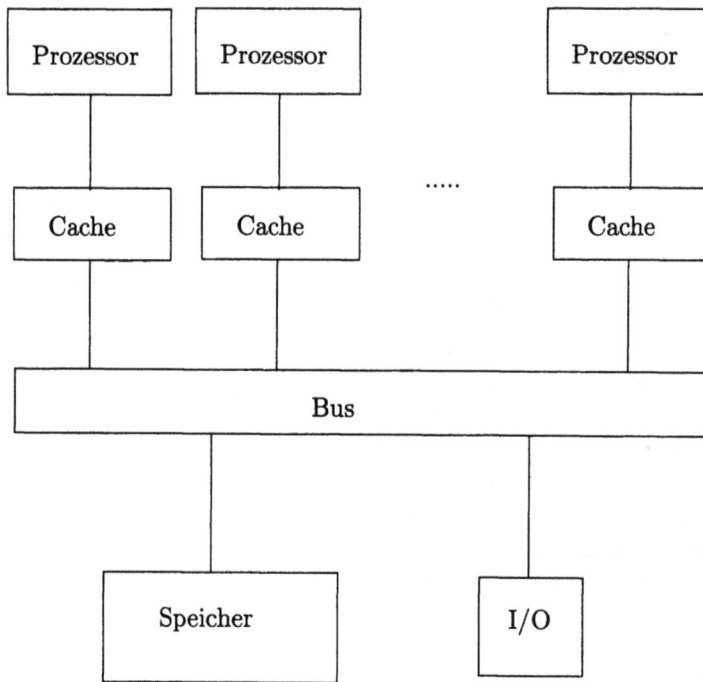

Abbildung 14.7: MIMD-Organisation mit einem Bus.

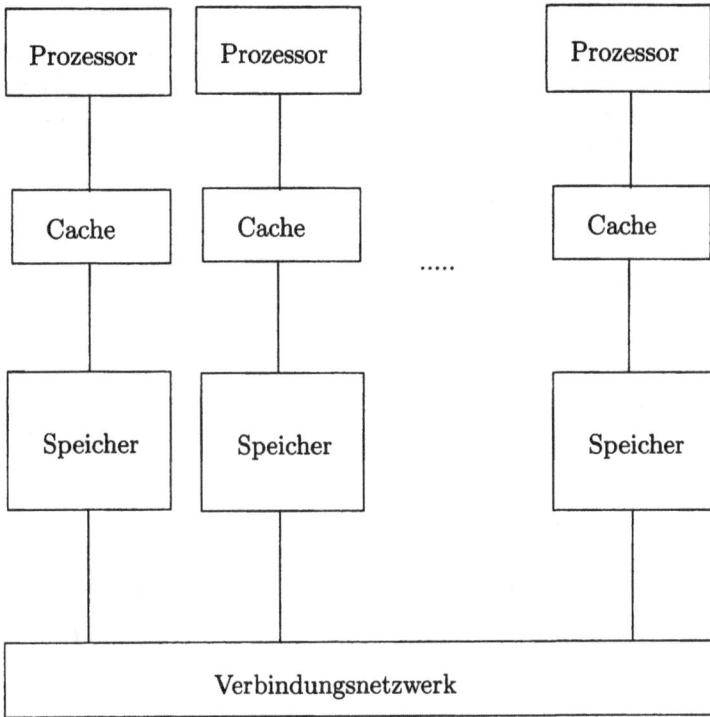

Abbildung 14.8: Organisation eines netzwerkgekoppelten MIMD-Rechners.

Bedarf Daten oder Steuerungsinformationen transportieren; man spricht auch von *netzwerkgekoppelten* Systemen. Abbildung 14.8 zeigt die allgemeine Organisation eines netzwerkgekoppelten MIMD-Rechners.

Bei nachrichtengekoppelten bzw. Distributed-Memory-MIMD-Rechnern, welche heute den am stärksten wachsenden Anteil bei den Parallelrechnern darstellen, wird das Problem mangelnder Bandbreite bei der Kommunikation vermieden; dafür ist die Kommunikation zwischen den Prozessoren im Allgemeinen langsamer. Man unterscheidet hier insbesondere *statische* und *programmierbare* Verbindungsstrukturen. Im ersten Fall sind die möglichen direkten Kommunikationsverbindungen durch das zugrunde liegende Netzwerk fest vorgegeben, im zweiten Fall sind diese variabel (vgl. Kapitel 13). In der Praxis kommen vor allem Hypercubes, Kreuzschienenschalter sowie so genannte *Fat Trees* als Verbindungsstrukturen zum Einsatz. Über diese lassen sich andere Verbindungen (wie z. B. der Torus, der Ring oder der Baum) zum Teil simulieren.

Es sei bemerkt, dass sich in der Literatur verschiedene andere Ansätze zur Klassifikation von MIMD-Rechnern finden. So kann man z. B. *homogene* und *heterogene* Systeme unterscheiden, bei welchen alle Prozessoren gleichartig sind bzw. es nicht zu sein brauchen. Ferner spricht man von einem eng-gekoppelten (engl. *tightly coupled*) System, falls eine Speicherkopplung vorliegt *und* alle Komponenten des Systems von *einem* Betriebssystem gemeinsam verwaltet werden. Im Unterschied dazu bezeichnet man ein System als lose-gekoppelt (engl. *loosely coupled*), falls es aus weitgehend autonomen Rechnern mit eigenen Betriebssystemen zur selbständigen Bearbeitung spezieller Klassen von Aufgaben besteht; die Zusammenarbeit der Rechner beschränkt sich hier etwa auf die gemeinsame Nutzung von Sekundärspeichern oder auf den Austausch von Daten. Tauschen die einzelnen Rechner über ein Kommunikationssystem nur Daten (und keine Steuerungsinformationen) aus, spricht man auch von einem *verteilten* System.

Bezüglich der oben genannten Klasseneinteilung ist ferner zu bemerken, dass Überschneidungen zwischen den einzelnen Klassen möglich sind, da sich reale Systeme häufig nicht nur einer von diesen zuordnen lassen. Das gleiche gilt, wie bereits erwähnt, für die hier getroffene Unterteilung in Vektor-, Feld- und MIMD-Rechner. (So ist z. B. die weiter unten beschriebene Cray X-MP nach dem gerade Gesagten ein enggekoppeltes Multiprozessorsystem und gleichzeitig ein Vektorrechner; ebenso lassen sich strenggenommen auch Rechner mit intelligenten E/A-Kanälen [„E/A-Prozessoren"] als Multiprozessorsysteme bezeichnen.)

Es sei abschließend darauf hingewiesen, dass der oben bereits erwähnten Synchronisation parallel arbeitender Prozessoren oder — allgemeiner — parallel ablaufender Prozesse speziell in MIMD-Rechnern besondere Bedeutung zukommt. Als Beispiel sei die Ausführung eines (sequentiellen) Programms auf einem eng-gekoppelten Multiprozessor mit zwei CPUs genannt: Im Allgemeinen wird es dem betreffenden Compiler des Systems überlassen sein, geeigneten Code so zu erzeugen, dass unabhängige Programmteile auf beiden Prozessoren parallel bearbeitet werden. Als einfaches Beispiel betrachten wir folgenden Programmausschnitt:

$$
\begin{array}{ll}
1: & \text{X} \leftarrow \text{X} * \text{Y} \\
2: & \text{Z} \leftarrow \text{A} + \text{B} \\
3: & \text{X} \leftarrow \text{X} + \text{Z}
\end{array}
$$

Die Befehle 1 und 2 können offensichtlich gleichzeitig von jeweils einem Prozessor bearbeitet werden. Unterstellt man nun, dass beide Prozessoren gleichartig sind und dass eine Multiplikation länger dauert als eine Addition, so muss der addierende Prozessor mit der Ausführung des dritten Befehls warten, bis der Wert X * Y auf Platz X abgelegt wird, da er sonst ein falsches Ergebnis berechnet.

Zur Behandlung derartiger Probleme ist es meist sinnvoll, sich zunächst ein geeignetes Modell zu verschaffen und sodann das Problem durch eine Untersuchung des Modells zu lösen. Ein bekanntes Modell zur Darstellung und Untersuchung parallel ablaufender Prozesse ist das *Petri-Netz*. Dieses Modell hat inzwischen eine weite Verbreitung und zahlreiche Variationen und Erweiterungen erfahren und ist damit zum Ausgangspunkt einer weit verzweigten Netztheorie geworden. Eine einführende Darstellung geht jedoch über den hier gesteckten Rahmen hinaus; wir verweisen daher auf die weiter unten angegebene Literatur.

14.3.1   Shared-Memory-MIMD-Rechner

Shared-Memory-MIMD-Rechner benutzen einen gemeinsamen globalen Speicher, wobei dieser, wie eingangs erwähnt, *real* oder *virtuell* sein kann. Bei realem gemeinsamem Speicher greifen alle Prozessoren in einheitlicher Weise und mit einheitlicher Zugriffszeit auf den Speicher zu, und man spricht von *uniformem* Speicherzugriff (*Uniform*

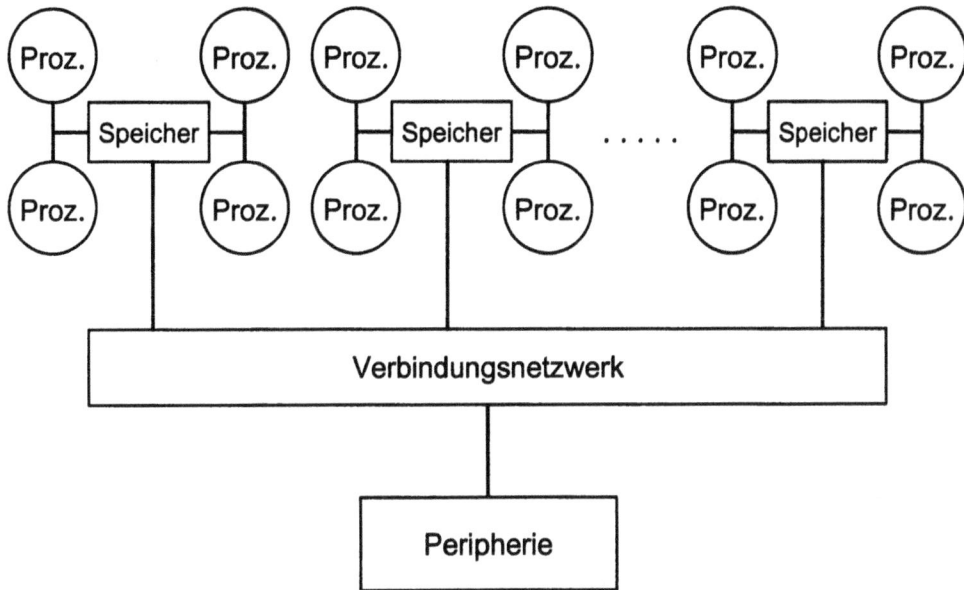

Abbildung 14.9: MIMD-Rechner, bestehend aus Prozessor-Clustern.

Memory Access, UMA-Architektur). Bei virtuellem gemeinsamem Speicher bedienen sich die vorhandenen Prozessoren lediglich eines gemeinsamen Adressraums, so dass die Zugriffszeit davon abhängt, wo sich ein Datum de facto im Speicher befindet (*Non-Uniform Memory Access*, NUMA-Architektur).

Ein aktueller Trend bei MIMD-Rechnern besteht in einem hybriden Aufbau eines solchen Systems, bei welchem RISC-Prozessoren eng gekoppelt werden zu einem Cluster oder SMP-Knoten; die Prozessoren eines Clusters sind typischerweise durch einen Crossbar-Switch verbunden, so dass eine schnelle Kommunikation möglich ist. Die Cluster wiederum sind untereinander durch ein einfacher zu realisierendes Netzwerk verbunden. Ein derartiges System kann wie in Abbildung 14.9 gezeigt aussehen.

Bei einer solchen Anordnung verwendet man im Allgemeinen einen einheitlichen Adressraum, jedoch unterscheidet man zwei Arten des Zugriffs auf die lokalen Cluster-Speicher durch die Prozessoren (vgl. Abbildung 14.1):

1. Bei einem *Cache Coherent Non-Uniform Memory Access* (ccNUMA) können Datenelemente physisch verteilt sein und der Zugriff erfolgt nicht uniform, allerdings haben alle Variablen, die von mehreren Prozessoren gemeinsam benutzt werden, stets konsistente Werte (vgl. das bereits erwähnte Problem der Cache-Kohärenz).

2. Bei einer *Cache-Only Memory Architecture* (COMA) wird der gesamte verfügbare Speicher als ein großer Cache betrachtet, so dass es nicht möglich ist, einzelne Speicherblöcke bestimmten Prozessor-Knoten zuzuordnen.

Es sei bemerkt, dass das COMA-Konzept ein komplexes Speicherverwaltungsprotokoll erfordert, so dass es nur in vereinfachten Formen realisiert wird; Einzelheiten entneh-

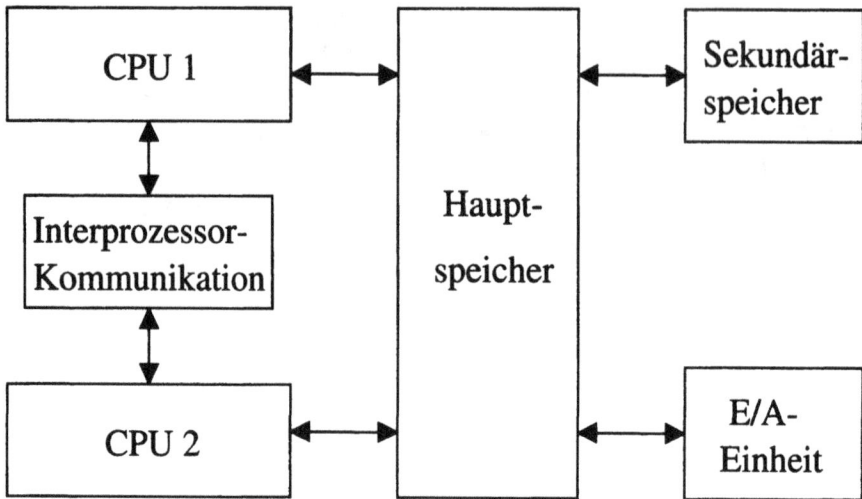

Abbildung 14.10: Organisation einer Cray X-MP/2.

me man der Literatur. Wir gehen im Rest dieses Abschnittes auf einige Beispiele von
SIMD-Rechnern mit gemeinsamem Speicher ein.

Beispiel: Cray X-MP

Als erstes Beispiel für einen speichergekoppelten MIMD-Rechner wollen wir kurz auf
weitere Cray-Rechner eingehen, welche als Nachfolger der in Abschnitt 14.2 beschriebenen Cray-1 entwickelt wurden und in praktischen Anwendungen (speziell im Bereich
des so genannten *Number Crunching*) häufig eingesetzt wurden. Die 1982 vorgestellte
Cray X-MP war ein Mehrprozessor-System mit maximal 4 Prozessoren und der in
Abbildung 14.10 gezeigten Organisation (bei zwei Prozessoren). Die CPUs waren jeweils wie eine Cray-1 organisiert, jedoch wie eine Cray-1/S mit 13 Funktionseinheiten
ausgestattet. Der Grundtakt betrug 8,5 nsec, wodurch (theoretisch) ein maximaler
Durchsatz von 1412 MFLOPS möglich war. Ferner wurde die Speicher-Zugriffszeit
auf 34 nsec reduziert; der von den CPUs gemeinsam benutzte (bipolare) Hauptspeicher war bis auf 16 M 64-Bit-Worte (128 MB) ausbaubar. Eine wichtige Verbesserung
gegenüber der Cray-1 bestand in der Erhöhung der Anzahl der Hauptspeicher-Ports
auf *vier* (pro CPU) sowie der Möglichkeit, das oben erwähnte Chaining gegebenenfalls automatisch durchzuführen. (Bei der Cray-1 musste dies vom Programmierer
initiiert werden.) Ferner wurde die Kapazität des Instruction Buffers auf 4×128
16-Bit-Register erweitert.

Der (optionale) Sekundärspeicher, im Cray-Jargon SSD (Solid-State Storage Device) genannt, war ein zusätzlicher Halbleiter-Speicher in MOS-Technologie, welcher in
den Größen 64, 128, 256 oder 512 M Worte verfügbar war (die Maximalgröße betrug
also bereits 4 GB). Er war wie der Hauptspeicher der X-MP in Bänke unterteilt und
hatte eine Wortlänge von 72 Bits, von denen ebenfalls nur 64 verfügbar waren. Er
wurde über einen oder zwei spezielle Kanäle, welche eine Transferrate von maximal
1000 MB/sec hatten, an die X-MP angeschlossen. Die E/A-Einheit diente zum Anschluss weiterer Sekundärspeicher wie z. B. Magnetplatten bzw. -bänder, Front-End-

Rechnern sowie System-Konsolen. Sie bestand je nach Ausbaustufe aus zwei bis vier E/A-Prozessoren, welche insgesamt über 8, 32 oder 64 MB Puffer-Speicher verfügten und bis zu 48,6 GB Platten-Peripherie verwalten konnten.

Die Cray X-MP wurde in verschiedenen Ausbaustufen angeboten. Wie die Cray-1 war sie Assembler- oder FORTRAN-programmierbar; es gab ferner Compiler für weitere höhere Programmiersprachen, insbesondere C und Pascal. Das Betriebssystem COS („Cray Operating System") wurde auf die Möglichkeit der Verwaltung mehrerer Prozessoren hin erweitert; es unterstützte nicht ein virtuelles, sondern ein Realspeicher-Konzept. Neben diesem konnte eine X-MP auch mit dem von UNIX System V abgeleiteten Betriebssystem UNICOS gefahren werden.

Weitere Multiprozessorsysteme, welche hier erwähnt seien, sind die Systeme Cray Y-MP und Cray-2. Bei der Y-MP, welche etwa die 30fache Leistung einer Cray-1 liefert, standen acht Prozessoren zur Verfügung, welche sich einen gemeinsamen Speicher teilten. Jeder Prozessor hatte im Wesentlichen eine Cray-1-Architektur, wobei im Unterschied auch zur X-MP die A- und die B-Register (vgl. Tabelle 14.2) auf eine Länge von 32 Bits erweitert wurden. Bei der Cray-2 wurde zwischen einem *Foreground*-Prozessor und zwei oder vier *Background*-Prozessoren unterschieden. Letztere hatten jeweils eine Cray-1-Architektur, verfügten jedoch auch über einen *lokalen* Speicher (für Daten), so dass dieses System über eine reine Speicher-Kopplung hinausging. Der Foreground-Prozessor diente zur Steuerung aller Aktivitäten im System. Der (globale) Hauptspeicher war bis auf 2 GB (256 M 64-Bit-Worte) ausbaubar und konnte aus DRAM-Chips (Dynamic RAM) oder schnelleren SRAM-Chips (Static RAM) aufgebaut werden. Durch die auf 4,1 nsec reduzierte Taktzeit war bei diesem Rechner ein Maximaldurchsatz von 2 GFLOPS (bei 4 Prozessoren) erzielbar.

Weitere Beispiele

Als Beispiel eines busgekoppelten MIMD-Rechners sei die Sequent Symmetry genannt, bei welcher an den zentralen 64-Bit-Systembus zwischen 2 und 30 Exemplare des Intel 80386 Mikroprozessors angeschlossen werden können; jeder dieser ist mit einem Cache-Speicher der Größe 64 KB ausgestattet. An den Bus können ferner bis zu sechs Memory Controller angeschlossen werden und an jeden dieser Controller zwischen 8 und 40 MB Speicher (d. h. bis zu 240 MB Hauptspeicher).

Ein älteres Beispiel für einen netzwerkgekoppelten MIMD-Rechner ist die Carnegie-Mellon University-Entwicklung C.mmp, welche aus 16 PDP-11/20- bzw. -11/40-Rechnern bestand, die über einen Kreuzschienenschalter (vgl. Kapitel 13) an 16 Speichermodule gekoppelt wurden. Ein modernerer Vertreter dieser Kategorie ist der Butterfly Parallel Processor von BBN, bei welchem zwischen 128 und 256 Motorola 68000 Mikroprozessoren und ebensoviele Speichereinheiten der Größe 256 KB bis 4 MB verwendet wurden, welche über ein Bidelta-Verbindungsnetzwerk so verbunden wurden, dass jeder Prozessor auf jede Speichereinheit zugreifen konnte.

Als modernes Beispiel für ein Shared-Memory-SIMD-System sei die Rechnerserie SX des japanischen Herstellers NEC genannt. Rechner dieser Serie (derzeit SX-6) besitzen nicht selten mehrere hundert Knoten, bestehend aus jeweils mehreren Prozessoren, welche einen Hauptspeicher von mehreren GB sowie einen Sekundärspeicher von mehreren TB gemeinsam benutzen und welche über einen Kreuzschienenschalter miteinander kommunizieren. Als Beispiel hat der japanische *Earth Simulator* aktuell (Ende 2005) 639 Knoten mit je 8 Prozessoren.

14.3.2   Distributed-Memory-MIMD-Rechner

Während ein wesentliches Kennzeichen der im letzten Abschnitt behandelten MIMD-Rechner eine *Speicher*kopplung, d. h. die gemeinsame Benutzung *eines* Hauptspeichers durch *alle* Prozessoren, ist, besteht ein *nachrichten*gekoppelter MIMD-Rechner aus Processing Elements (Prozessoren oder lokale Prozessor-Cluster) mit folgenden Charakteristika:

- lokaler Speicher in jedem PE,

- Kommunikation der PEs über ein Verbindungsnetzwerk (vgl. Kapitel 13) mittels Austausch von Nachrichten,

- lokales Betriebssystem.

Die allgemeine Organisation eines solches Systems wurde in Abbildung 14.8 bereits gezeigt. Insbesondere der Speicher ist über das Gesamt-System verteilt; jedes PE arbeitet insbesondere auf seinem privaten Adressraum. Das lokale Betriebssystem unterstützt ferner im Allgemeinen ein *Prozesskonzept*, wobei die Anzahl der parallel zur Durchführung einer „Berechnung" ablaufenden Prozesse durch (lokales) Multiprogramming größer als die Anzahl vorhandener PEs sein kann. Zur optimalen Nutzung eines derartigen „Multicomputers" ist offensichtlich eine Unterstützung des Programmierers von Seiten des Programmier-Systems erforderlich.

Bei einer *statischen* Kopplung sind, wie bereits erwähnt, die direkten Kommunikationsmöglichkeiten der einzelnen Prozessoren durch das betreffende Verbindungsnetzwerk fest vorgegeben. Bei Rechnersystemen dieser Kategorie kommen heute im Wesentlichen drei Topologien zum Einsatz, der Hypercube, der Baum (Tree) und der Torus. Als Beispiele für MIMD-Rechner, welche auf einer *Hypercube*-Verbindungsstruktur basieren, seien der 1985 von Intel vorgestellte iPSC/1 (Intel Parallel Supercomputer) sowie der 1987 eingeführte iPSC/2 genannt. Der iPSC/1 war aus 16, 32, 64 oder 128 PEs aufgebaut, von denen jedes aus einem Intel 80286 Mikroprozessor, einem Intel 80287 Coprozessor, zwischen 512 KB und 4,5 MB lokalem Speicher und 8 Kommunikations-Coprozessoren bestand. Der iPSC/2 verwendet demgegenüber den Intel 80386 als Grundbaustein. Eine frühere vergleichbare Maschinenklasse waren verschiedene Versionen der *Connection Machine*.

Als letztes Beispiel der hier betrachteten Rechnerkategorie erwähnen wir das 1994 vorgestellte System Cray T3D, welches ebenfalls auf der Verwendung moderner RISC-Mikroprozessoren basiert. Bei der T3D wird für jedes PE der DEC Alpha-Prozessor 21064 verwendet, welcher bis zu 64 MB lokalen Speicher haben kann. Die einzelnen PEs werden durch eine Torus-Verbindungsstruktur vernetzt, deren Aufbau schematisch in Abbildung 14.11 gezeigt ist. In der Sprechweise von Kapitel 13 handelt es sich bei einem Torus um ein geschlossenes Array. Eine T3D besteht aus 128 bis 2.048 PEs mit insgesamt 2 bis 128 GB Speicher und erreicht damit eine maximale Leistung von über 300 GFLOPS.

1996 wurde der T3D-Nachfolger Cray T3E vorgestellt. Aktuelle Nachfolger dieser Rechner sind die Cray XT3, ebenfalls mit Torus-Verbindungsstruktur, bei welcher

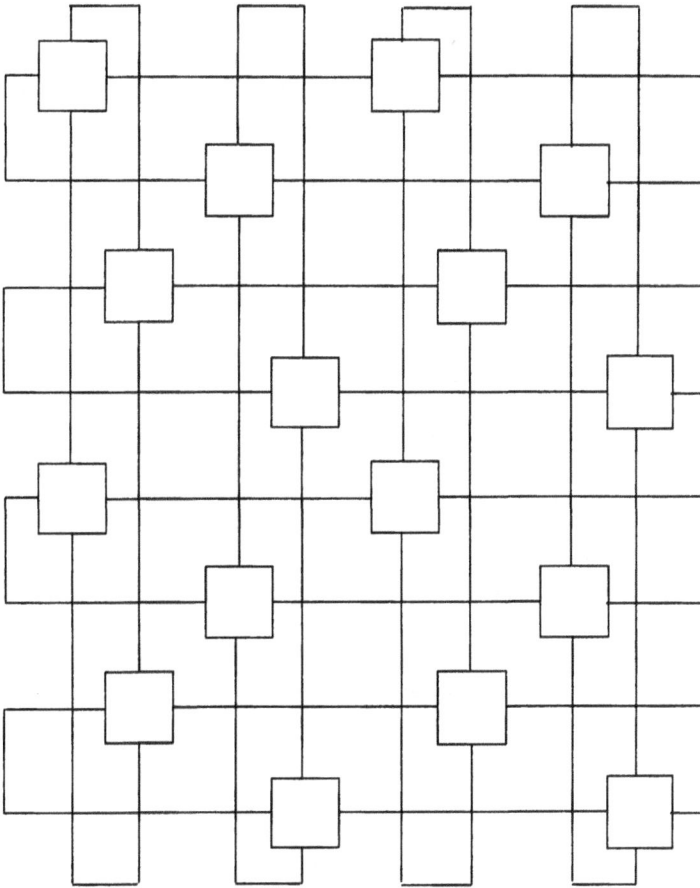

Abbildung 14.11: Eine 4 × 4-Torus-Verbindung.

AMD Opteron-Prozessoren zum Einsatz kommen, sowie die Cray XD1, welche der unten beschriebenen Klasse der Rechner-Cluster zuzurechnen ist. Einzelheiten findet man unter http://www.cray.com.

Nicht mehr verwendet werden die Rechner der *Transputer*-Klasse, die besonders in Europa eine gewisse Bedeutung erlangt hatten.

Als Alternative zur statischen Kopplung kann, wie bereits erwähnt, eine programmierbare oder auch eine dynamische Kopplung verwendet werden. Hierbei werden Verbindungen zwischen einzelnen PEs des betreffenden MIMD-Rechners gemäß einer Strategie für das Routing oder nach aktuellem Bedarf (z. B. Selfrouting) hergestellt. Dazu ist eine hardwaremäßige Unterstützung durch den in der PE verwendeten Prozessor nützlich.

14.4   Netzwerk-Architekturen

Wie zu Beginn dieses Kapitels bereits erwähnt, unterscheidet man bei Netzwerk-Computern bzw. Netzwerk-Systemen die *Cluster* und das *Grid-Computing*: Als ein Cluster von Rechnern bezeichnet man die koordinierte Benutzung von weitgehend gleichartigen und vernetzten Rechnern; beim Grid-Computing wird Rechenleistung aus zahlreichen vernetzten Rechnern bezogen, um damit eine größere Anwendung bearbeiten zu können. Auf diese beiden modernen Formen des Parallelrechnens gehen wir abschließend ein.

14.4.1   Cluster

Die Idee des Clusters haben wir oben in Abbildung 14.9 bereits gesehen: Mehrere Prozessoren werden zu einem Rechnerknoten zusammen gefasst, welcher dann nach außen wie ein einzelner Prozessor auftritt bzw. verwendet wird. Zur Herstellung von Rechnersystemen großer Leistung geht man heute immer mehr dazu über, anstelle von Spezialprozessoren so genannte *COTS-Systeme* (*Commercial Of The Shelf*-Systeme) zu konfigurieren. Dabei wird kommerziell verfügbare Hardware und Software geeignet zusammen geschaltet. Wenngleich die Idee des Clusters als Mehrrechnersystem mit hoher Ausfallsicherheit bereits in den 70er erstmals realisiert wurde, wurde erst 1994 im Rahmen des *Beowulf-Projekts* erstmals ein Cluster zum wissenschaftlichen Rechnen eingesetzt. Das Ziel dieses Projekts war die Bereitstellung eines Rechners mit einer Gesamtleistung von 1 GFLOPS für weniger als 50.000 US-Dollar. Die Bezeichnung „Beowulf-Cluster" wurde in der Folgezeit für PC- oder Workstation-Cluster, die über ein Hochgeschwindigkeitsnetz verbunden sind und gemeinsam rechenintensive Aufgaben bewältigen, beibehalten. Eine andere Bezeichnung ist die des „NOW-Clusters", was für *Network of Workstations* steht und im Wesentlichen dasselbe meint.

   Wir wollen das „Cluster-Computing" hier lediglich an einem prominenten Beispiel beschreiben, welches wir auch im nächsten Kapitel zur Erläuterung einer typischen Fragestellung im Zusammenhang mit dem World-Wide Web (kurz: WWW oder Web) heranziehen werden, der Suchmaschine Google. Diese an der Stanford University in Palo Alto, Kalifornien entwickelte Suchmaschine diente zunächst lediglich dem schnellen Auffinden von Information im Web (inzwischen leistet Google weitaus mehr). Dazu baut das Google-System, wie im nächsten Kapitel erläutert werden wird, einerseits eine große Datenbank von Web-Seiten auf, die geeignet indexiert wird; andererseits werden geeignete Mechanismen bereit gestellt, diese Datenbank als Reaktion auf eine Suchanfrage effizient zu durchsuchen.

   Die von Google zu diesen Zwecken verwendete Hardware ist auf hohe Skalierbarkeit ausgelegt, da das Web nach wie vor schnell wächst, ferner auf hohe Zuverlässigkeit des Systems, da es von Benutzern aus der ganzen Welt rund um die Uhr verwendet wird; weitere Entwurfsziele waren eine hohe Präzision der von Google gelieferten Antworten sowie extrem kurze Antwortzeiten; in der Tat beantwortet Google eine Anfrage im Mittel in weniger als einer halben Sekunde, wobei Netzwerkverzögerungen bereits eingerechnet sind.

   Die Google-Architektur besteht aus drei größeren Rechner-Clustern, von denen der Aufbau eines einzelnen in Abbildung 14.12 angedeutet ist. Dieses Cluster, welches hier in der Draufsicht gezeigt ist, umfasst eine Konfiguration aus $4 \times 10 = 40$ Racks

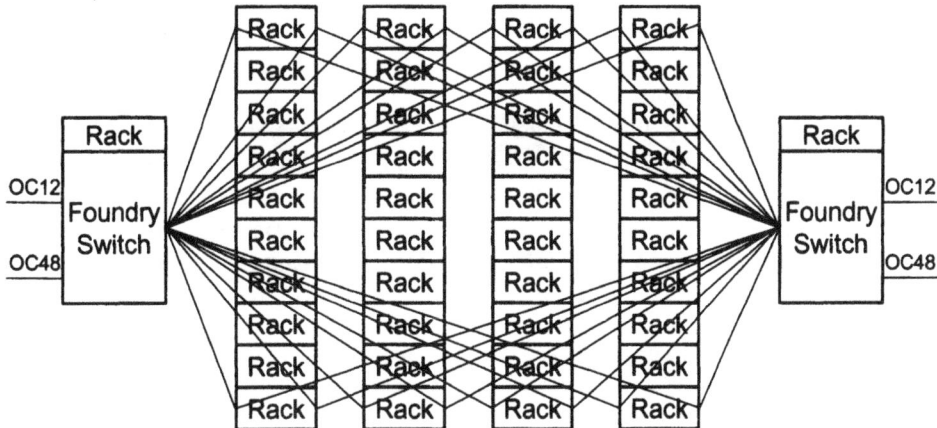

Abbildung 14.12: Google-Cluster in der Draufsicht.

(Einschubsystemen), von denen jedes 80 PCs als Einschubsysteme enthält; die gezeigte Konfiguration (aus dem Jahr 2000) enthält also in einem einzelnen der drei Cluster bereits rund 3.200 PCs. Die 40 Racks sind mit zwei 128×128-Switches der Firma Foundry Networks untereinander verbunden, wobei zur Vereinfachung der Darstellung in Abbildung 14.12 nur jeweils die beiden äußeren Racks mit den Switches verbunden sind. Jedem Switch ist ein weiteres Rack mit einigen PCs unmittelbar zugeordnet, um Aufgaben wie Lastverteilung und Überwachung zu erledigen.

Die drei Google-Cluster, die an sich unterschiedlichen Orten befinden, dienen der Erhöhung der Verfügbarkeit: Falls ein Cluster ausfällt, können die beiden anderen den Google-Betrieb aufrecht erhalten. Jeder der beiden Switches eines Clusters ist mit dem Internet (und damit insbesondere mit den Nachbar-Clustern) über einen OC48-Glasfaser-Link der Bandbreite 2,45 Gbps verbunden. Man beachte, dass auch diese Links redundant ausgelegt sind: Falls einer der beiden Switches ausfällt, ist das Cluster noch immer am Netz. Als weitere Sicherung gegen Systemausfälle steht pro Switch ein OC12-Link zum „Nachbar-Cluster" zur Verfügung, welcher eine Netz-Kommunikation mit einer Bandbreite von bis zu 622 Mbps erlaubt, so dass notfalls die Internet-Verbindung des Nachbarn benutzt werden kann.

Bei den in den einzelnen Racks verwendeten PCs handelt es sich um handelsübliche Konfigurationen. Im Jahr 2000 waren dies Intel-Mikroprozessoren von bis zu 800 MHz Takrate, jeweils mit 256 MB und etwa 40 bis 80 GB Plattenplatz.

Ein anderes Beispiel für einen Cluster-Computer ist der *MareNostrum* genannte Rechner des Barcelona Supercomputer Center, bei welchem es sich um ein IBM JS20 Cluster handelt, welches aus 4.812 PowerPC 970 FX besteht, die zusammen eine maximale Leistung von 42,35 TFLOPS erreichen. Die Prozessoren verfügen zusammen über 9,6 TB Haupt- und 236 TB Plattenspeicher.

14.4.2   Grid-Computing

Die im letzten Unterabschnitt beschriebenen Cluster, insbesondere Beowulf-Cluster sind im Allgemeinen von vorne herein für einen bestimmten Zweck entworfen, nicht selten für Anwendungen, bei denen nicht notwendig ein großer gemeinsamer Speicher benötigt wird. Außerdem arbeiten sie stets unter einer zentralen Verwaltung; Rechenoperationen finden im Wesentlichen lokal statt, und Ergebnisse werden aus Einzelrechnungen zusammen gesetzt.

Beim *Grid-Computing* wird diese Idee in gewisser Weise perfektioniert, und gleichzeitig wird auf die zentrale Kontrolle verzichtet: Ein Grid ist ein paralleles und verteiltes System, welches die gemeinsame Nutzung, Auswahl und Aggregation von Ressourcen ermöglicht, welche auf unterschiedliche administrative Bereiche verteilt sind; die Auswahl erfolgt gemäß der Verfügbarkeit, Kapazität, Leistung und von einem Benutzer vorgegebener Qualitätsanforderungen. Die generelle Vorstellung ist, insbesondere Rechenleistung in ähnlicher Weise wie Strom aus dem Grid so beziehen zu können, wie eine Anwendung es aktuell erfordert. Man unterscheidet mittlerweile *Rechen-Grids*, bei den es um dynamischen Zugriff auf Rechenleistung geht, von *Daten-Grids*, bei denen verteilter Datenzugriff im Vordergrund steht.

Als Beispiel für eine Anwendung, die sich der Idee des Grid-Computing bedient, erwähnen wir das von der University of California in Berkeley aus betriebene Projekt *SETI@home*, ein wissenschaftliches Experiment, welches per Internet verbundene Rechner zur Suche nach außerirdischer Intelligenz (*Search for Extraterrestrial Intelligence*, kurz SETI) verwendet. An diesem Experiment kann jeder teilnehmen durch Installation eines Programms, welches seinerseits Daten von Radioteleskopen herunter lädt und analysiert. Das Programm präsentiert sich wie ein Bildschirmschoner: Es wird aktiv, wenn der Rechner, auf dem es installiert ist, nicht benutzt wird, und nimmt dann an der Datenanalyse teil; es stoppt, sobald der Benutzer des betreffenden Rechners seine Arbeit wieder aufnimmt. Anfang Oktober 2002 hatte das Projekt 4 Millionen registrierte Teilnehmer.

Eine dem Grid-Computing vergleichbare Idee wird bei heutigen *Peer-to-Peer-Ansätzen* (P2P) verfolgt, denn auch hierbei geht es um Anwendungen, welche die Verfügbarkeit von Rechnerressourcen im Internet — Speicher, Rechenleistung, Taktzyklen, Daten — für ihre Zwecke nutzen. Es gibt heute Prognosen, die besagen, dass Grid-Computing und P2P (zusammen mit dem in der Entwicklung befindlichen Internet II) bis auf Weiteres der leistungsfähigste Supercomputer der Welt bleiben werden.

14.5   Übungen

14.1 Man gebe die wesentlichen Unterschiede zwischen einem SISD-, einem SIMD- und einem MIMD-Rechner an.

14.2 Man beschreibe Vor- und Nachteile eines Multiprozessor-Systems mit gemeinsamem Hauptspeicher im Vergleich zu einem solchen mit lokalen Speichern für jeden Prozessor.

14.3 Man überlege, welche der in Kapitel 8 erwähnten Typen von I/O-Controllern zur Verwendung in einem speichergekoppelten MIMD-Rechner geeignet sind.

14.4 Man wiederhole Aufgabe 14.3 für nachrichtengekoppelte MIMD-Rechner.

14.5 Man stelle allgemeine Anforderungen an ein *verteiltes* Betriebssystem zur Steuerung mehrerer, voneinander unabhängiger CPUs zusammen.

14.6 Man überlege, wie die in Kapitel 11 beschriebenen Verfahren zur Speicherverwaltung auf MIMD-Rechner erweitert werden können.

14.7 Gegeben sei ein speichergekoppeltes Multiprozessorsystem, bei welchem jede CPU lesend oder schreibend auf den Hauptspeicher zugreifen kann. Vor jedem derartigen Zugriff werde das betreffende Datum *gesperrt*, d. h. für gleichzeitige Zugriffe durch andere unzugänglich gemacht. Gegeben sei weiter die folgende, als *Deadlock* bezeichnete Situation: CPU A sperre Datum x, sodann sperre CPU B das Datum y. Bevor beide CPUs die von ihnen gesperrten Daten wieder freigeben, verlangt jede von ihnen nach einem Zugriff auf das jeweils andere Datum, welcher offensichtlich nicht durchgeführt werden kann.

Man überlege, wie diese Situation *erkennbar*, sodann *behebbar* oder sogar grundsätzlich *vermeidbar* ist.

14.8 Gegeben sei ein Rechnersystem mit 8 PEs, welche jeweils über eine 1-Bit-ALU verfügen und über eine dreidimensionale Würfelverbindung miteinander kommunizieren können. Man überlege, wie dieses System zur Addition von zwei 8-Bit-Zahlen verwendet werden kann.

14.9 Man entwerfe ein Protokoll zur Gewährleistung von Cache-Kohärenz in einem busgekoppelten MIMD-Rechner.

14.10 Bei einem nachrichtengekoppelten MIMD-Rechner kann die Kommunikation zwischen PEs erheblich mehr Taktzyklen verbrauchen als die Ausführung von Operationen. Man überlege, welche Hard- bzw. Software-Techniken zur Verringerung dieses Missverhältnisses beitragen können.

14.6 Bibliographische Hinweise und Ergänzungen

Alternative Vorschläge zur Klassifikation von Rechnersystemen findet man z. B. bei Hockney und Jesshope (1988); Einzelheiten zum Erlanger Klassifikationssystem entnehme man Händler (1975) sowie Bode und Händler (1983).

SIMD- und MIMD-Rechner werden ausführlich von Hennessy und Patterson (2003) behandelt; dort findet man auch weiter gehende Erläuterungen zum Google-Cluster, das auch von Barroso et al. (2003) beschrieben wird. Ebenso sei auch hier auf Hamacher et al. (2002) verwiesen. Den aktuellen Stand bei Parallelrechnern und Supercomputern findet der Leser im Internet unter

http://www.top500.org/.

Unter dieser Adresse findet man die von H. Meuer, E. Strohmaier, J. Dongarra und H.D. Simon herausgegebene jeweils gültige Liste der 500 schnellsten Rechner der Welt, welche zweimal pro Jahr aktualisiert wird. Rechnerleistung wird dabei mit dem Linpack-Benchmark gemessen (was dazu führt, dass z. B. Projekte wie SETI@home in der Liste nicht berücksichtigt sind, obwohl hier zum Teil höhere Leistungen als bei Systemen auf den vorderen Plätzen der Liste erreicht werden); der Spitzenreiter der 26. Ausgabe dieser Liste (erschienen am 15. November 2005), ein IBM BlueGene/L mit 131.072 Prozessoren, bringt es auf 280,6 TFLOPS. Der im Text genannte Earth Simulator belegt in dieser Liste Platz 7, der Rechner MareNostrum Platz 8.

Tabelle 14.4: Historische Parallelrechnersysteme.

Entwickler	Typ	Literatur
Cray Research, Inc.	Cray-1 (1/S, 1/M, X-MP, Y-MP, 2)	Baskett und Keller (1977), Bode und Händler (1983), Cray (1983, 1987a,b, 1988), Engeln-Müllges (1980), Giloi (1993), Gorsline (1986), Hockney und Jesshope (1988), Hwang et al. (1981), Kogge (1981), Ramamoorthy und Li (1977), Russell (1978), Levine (1982), van der Vorst (1985), Zakharov (1984), August et al. (1989), Cheng (1989), Robbins und Robbins (1989)
Fujitsu	VP-100/200, VP-400	Hockney und Jesshope (1988)
IBM	360/91	Kogge (1981), Ramamoorthy und Li (1977), Siewiorek et al. (1982), Kap. 18
	360/195	Ramamoorthy und Li (1977), Siewiorek et al. (1982), Kap. 52
	2938, 3838, 3033	Kogge (1981), Gorsline (1986)
	3081, 3083, 3084	Gorsline (1986)
	3090 VF	Cheng (1989), Padegs et al. (1988)
NEC	SX1/SX2	Hockney und Jesshope (1988)
Texas Instruments	ASC	Ramamoorthy und Li (1977), Siewiorek et al. (1982), Kap. 45, Watson (1972), Cragon und Watson (1989)
Univ. of Illinois/ Burroughs	Illiac IV	Bode und Händler (1983), Giloi (1993), Gorsline (1986), Hord (1982), Levine (1982), Siewiorek et al. (1982), Kap. 20

Bell und Gray (2002) untersuchen aktuelle Entwicklungen im Bereich des Höchstleistungsrechnens. Einzelheiten zu SETI@home findet man im Internet unter

http://setiathome.ssl.berkeley.edu/.

Eine Literaturübersicht zu speziellen Parallelrechnern, welche vor allem aus historischer Sicht bedeutsam waren, ist in Tabelle 14.4 zusammengefasst.

Parallelrechner werden in zahlreichen Übersichtsartikeln und Lehrbüchern zur Rechnerarchitektur behandelt; wir verweisen insbesondere auf Duncan (1990), Giloi (1993), Patterson und Hennessy (2005), Ungerer (1989) sowie Waldschmidt (1995); in diesen Werken finden sich zum Teil weitere Einzelheiten zu den hier beschriebenen Architekturbeispielen. Stone (1993) oder Moldovan (1993) gehen auch auf Verbindungsnetzwerke und ihre Verwendung in Algorithmen für Parallelrechner ein. Der an *Algorithmen* für Parallelrechner interessierte Leser sei ferner für Algorithmen der linearen Algebra auf Hoßfeld (1983) oder für parallele Algorithmen in der Graphentheorie auf Quinn und Deo (1984) verwiesen; man vergleiche hierzu auch die bibliographischen Hinweise zu Kapitel 13.

Die im Text erwähnten Petri-Netze gehen auf Petri (1962) zurück; einführende Darstellungen der Netztheorie geben Peterson (1977), Reisig (1986) und Herzog et al.

(1984). Zu verteilten Betriebssystemen sei auf Tanenbaum (1995) hingewiesen.

Zum Problem der Cache-Kohärenz verweisen wir auf Tomasevic und Milutino-vic (1993). Einzelheiten zum Multiprozessorsystem C.mmp entnehme man Mashburn (1982). Weitere Alternativen zum Von-Neumann-Konzept, welche wir nicht behandeln, sind Datenstruktur-, Sprach- sowie Datenfluss-Architekturen; man vergleiche hierzu Moldovan (1993), Ungerer (1989) und insbesondere Giloi (1993).

Kapitel 15

Grundlagen der Rechnernetz-Technik

15.1 Einführung

In diesem letzten Kapitel knüpfen wir an eine Bemerkung aus Kapitel 14 an: Ein *verteiltes System* ist ein System lose-gekoppelter, weitgehend autonomer Rechner, welche durch Austausch von Daten oder Nachrichten (*„Messages"*) miteinander kommunizieren. Die Kommunikation erfolgt dabei über ein *Netzwerk*, welches die beteiligten Rechner (oder auch nur bestimmte Teile von ihnen) über Leitungen verbindet; man spricht dann von einem *Rechnernetz*. Es sei angemerkt, dass wir hier zur Vereinfachung der Darstellung nicht zwischen *verteilten Systemen* („Distributed Systems") und *Rechnernetzen* („Computer Networks") unterscheiden, wenngleich diese Unterscheidung grundsätzlich und aus Anwendungssicht sinnvoll ist; nach einer in diesem Zusammenhang verwendeten „Faustregel" heißt ein System *verteilt*, falls es für jeden Benutzer in dem Sinne transparent ist, dass es ihm verborgen bleibt, welchen Einzelrechner des Systems er de facto benutzt. Wir betrachten hier lediglich die „Kommunikationsinfrastruktur" eines verteilten Systems.

Die Entwicklung von Rechnernetzen ist eng verbunden mit der historischen Entwicklung der technologischen Möglichkeiten, welcher wir auf logischer Ebene auch in den vorangegangenen Kapiteln gefolgt sind: Bis gegen Ende der sechziger Jahre waren Rechenanlagen ausschließlich *zentralisierte Systeme. Eine* Zentraleinheit — bestehend aus CPU und Hauptspeicher — wurde dabei mit geeigneter und hinreichend dimensionierter Peripherie verbunden, und typischerweise füllte eine solches System (z. B. IBM /370) einen ganzen Raum („Maschinenhalle") in einem Rechenzentrum aus. Wichtigstes Kennzeichen eines solchen Systems war lange Zeit die serielle Verarbeitung gemäß den von Neumanschen Prinzipien. Mit fortschreitendem Sinken der Hardware-Preise und mit dem Vormarsch der Mikroprozessoren war dann eine ständige Erhöhung der Verarbeitungsleistung erreichbar, insbesondere durch Parallelverarbeitung. Dies führte auf Rechnerarchitekturen, wie wir sie z. B. in Kapitel 14 kennen gelernt haben, welche aber immer noch logisch zentralisiert sind, solange sie unter *einer* zentralen Kontrolle arbeiten. Hauptproblem eines solchen Systems ist die Anfälligkeit gegen einen Ausfall oder eine Fehlfunktion der Kontrolle: In diesem Fall erleidet das gesamte System einen „Zusammenbruch"; auch Teile, welche noch intakt sind, können nicht mehr benutzt werden. Wir erwähnen nur ein konkretes Beispiel: Wird ein großer Datenbestand (eine *Datenbank*) von *einem* Rechner verwaltet und physikalisch auf einer Magnetplatte gehalten, so ist bei Ausfall dieser Platte (z. B. durch fehlerhaft arbeitende Schreib/Lese-Köpfe) und in Abwesenheit geeigneter Sicherungsmaßnahmen der *gesamte* Datenbestand verloren.

Diese und ähnliche Probleme haben zur Entwicklung von dezentralen oder verteilten Systemen bzw. von Rechnernetzen geführt. Die wesentlichen Ziele eines solchen Netzes lassen sich wie folgt zusammenfassen:

1. *Leistungsverbund*: Rechenleistung ist an denjenigen Stellen verfügbar, an denen sie benötigt wird. Die Leistung einzelner Rechner lässt sich erhöhen durch „Hinzuschalten" weiterer Rechner, welche an das Netz bereits angeschlossen sind.

2. *Erhöhte Zuverlässigkeit*: Bei Ausfall eines oder mehrerer Rechner im Netz kann auf andere zurückgegriffen werden, falls diese vom gleichen oder von einem vergleichbaren Typ sind (oder zumindest die gleiche „Systemumgebung", d. h. das gleiche Betriebssystem, bereitstellen).

3. *Erhöhte Verfügbarkeit*: Das gleiche wie unter (2) gilt, wenn ein einzelner Rechner zu Wartungszwecken vorübergehend aus dem Netz-Verbund (logisch) entfernt wird.

4. *Gleichmäßige Lastverteilung*: Momentan überlastete Rechner können entlastet werden durch eine Übertragung von Aufgaben auf andere, momentan schwach ausgelastete Rechner.

5. *Verbreitertes Dienstleistungsangebot*: Die Benutzer eines Netzes können auf ein erweitertes Spektrum von Dienstleistungen hinsichtlich Hard- und Software-Ressourcen (Programme für spezielle Anwendungen, Datenbanken, Graphik-Systeme, multimediale Anwendungen, Laser-Drucker, Möglichkeiten des File-Transfers, der elektronischen Post, des „Remote Login" usw.) zurückgreifen, da im Prinzip die Funktionen aller Netzkomponenten zur Verfügung stehen.

6. *Verbesserte Kommunikationsmöglichkeiten*: Rechner-Benutzer an physikalisch verschiedenen Orten können sich über ein Rechnernetz im Allgemeinen schneller und zeitsparender als über herkömmliche Wege (z.B. Telefon) verständigen.

Zum Erreichen dieser Ziele wird es im Allgemeinen nötig sein, eine Vielzahl gleichartiger und auch verschiedenartiger Rechner bzw. Komponenten zu „vernetzen". Dem kommt nach wie vor der Preisrückgang im Hardware-Bereich entgegen. Während noch um 1970 Computer teuer waren im Vergleich zu den Einrichtungen, welche eine Kommunikation ermöglichen, ist heute das Gegenteil der Fall. Dies gilt in besonderem Maße im Personal-Computer-Bereich, wenngleich heute auch der Zugang zu einem Netz auch im privaten Bereich finanziell erschwinglich geworden ist. (Eine Voraussetzung für das zufrieden stellende Funktionieren eines Rechennetzes ist, dass das Kommunikationsmedium selbst, d. h. das eigentliche Netzwerk, zuverlässig arbeitet; diesen Punkt werden wir hier weitgehend vernachlässigen.)

Die allgemeine Situation, welche in einem Rechnernetz vorliegt, ist in Abbildung 15.1 dargestellt. „Außerhalb" des Netzwerkes befinden sich die so genannten *Endkno-*

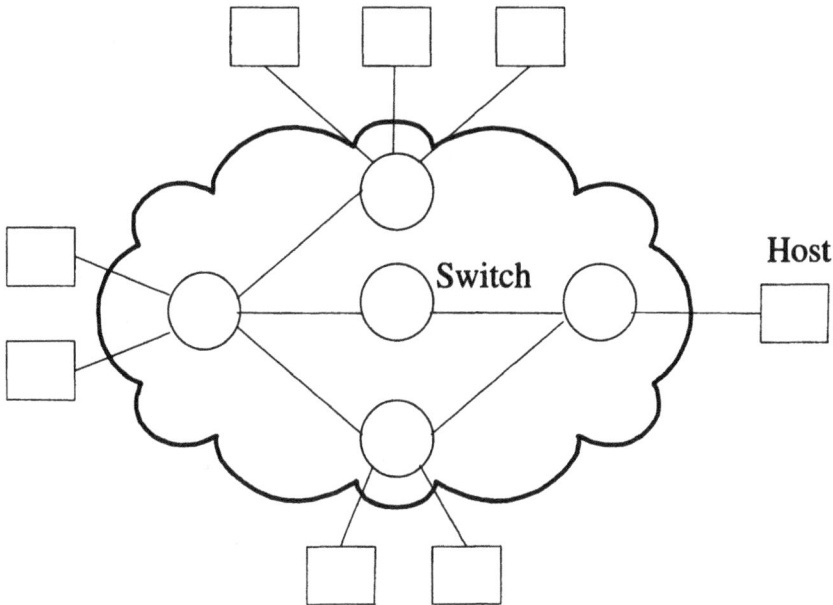

Abbildung 15.1: Grobarchitektur eines Rechnernetzes.

ten oder *Hosts*, welche zu verbinden sind bzw. miteinander kommunizieren wollen; dabei handelt es sich um universelle Rechner oder auch um solche für spezielle Aufgaben. Für Endknoten, die spezielle Aufgaben erledigen oder Dienste erbringen können, ist dabei die Bezeichnung *Server* üblich.

Die Aufgabe des Netzwerkes besteht darin, Daten von einem Host zu einem anderen zu übertragen. Dazu verfügt es hardwareseitig über zwei wesentliche Komponenten: Spezialisierte Prozessoren, deren Aufgabe darin besteht, bestimmte Verbindungen zu schalten, und Übertragungsleitungen. Ein solcher Spezialprozessor wird im Allgemeinen kurz als *Switch* (Schalter) (früher häufig auch als *Interface Message Processor*, oder *IMP*) bezeichnet; die Leitungen heißen auch *Kanäle*. Jeder Verkehr zwischen zwei Hosts wird über die zugeordneten Switches gesteuert. Er wird durch spezielle Software abgewickelt, welche die Schnittstellen der Hosts zum Netz durch wohldefinierte, einheitliche Kommunikationsalgorithmen, so genannte *Protokolle*, verbinden. Ein solches Protokoll lässt sich grob „definieren" als die Gesamtheit aller Vereinbarungen zwischen zwei Anwendungsprozessen hinsichtlich Format, Interpretation und zeitlichem Ablauf der auszutauschenden Daten- und Kontroll-Einheiten; es umfasst daneben Vorkehrungen für die Behandlung von Fehlern sowie den Austausch von Bestätigungen. Es sei bemerkt, dass ein Protokoll formal durch die bereits mehrfach erwähnten endlichen Automaten beschrieben werden kann.

Rechnernetze lassen sich nach einer Vielzahl von Kriterien unterscheiden. Ein wesentliches dieser Kriterien, welches in diesem Kapitel als grobe Richtschnur dienen soll, ist die größenordnungsmäßige *Länge* der einzelnen Verbindungsleitungen: Beträgt diese Länge höchstens 10 km, so spricht man von einem *lokalen Netz*, anderenfalls von einem *globalen Netz*. Auf weitere Unterscheidungen werden wir weiter unten noch zu sprechen kommen; insbesondere die *Anzahl* vorhandener Kanäle (*einer* bei einem *Broadcast*-Subnetz, *mehrere* bei einem *Punkt-zu-Punkt-Netz*) oder die *Topologie* des Subnetzes sind in diesem Zusammenhang zu nennen. Gemeinsam ist allen Netz-Typen jedoch eine gewisse Komplexität der verwendeten Protokolle. Letztere hat dazu geführt, Netzwerke aus logischer Sicht in verschiedene (Funktions-) *Ebenen* (Layers) zu gliedern und jeder Ebene ein spezielles Protokoll zuzuordnen. Einheitliche Schnittstellen sind gerade für ein Rechnernetz, an welches im Allgemeinen Komponenten verschiedener Hersteller angeschlossen werden, besonders wichtig. Historisch wurde zur Beschreibung der Architektur eines Netzes lange Zeit das *ISO-Referenz-Modell* herangezogen, was sich jedoch als de facto zu komplex erwiesen hat. Wir erläutern daher im nächsten Abschnitt lediglich die wesentlichen Ideen, welche in diesem Standard realisiert wurden; das ISO-Modell kann auch heute noch als Möglichkeit angesehen werden, komplexe Abläufe in einem Netzwerk zu strukturieren.

Sodann werden wir uns mit *lokalen* Netzen näher beschäftigen und am Beispiel dieses Netz-Typs gebräuchliche Topologien, Übertragungsmedien und Netzzugangsverfahren beschreiben. Schließlich werden wir auf *globale* Netze eingehen, wobei es uns einerseits darauf ankommen wird, die Unterschiede zu den lokalen zu verdeutlichen. Andererseits stellen wir anhand des *Internets* eine heute verbreitete Abwandlung des ISO-Modells vor.

15.2   Das ISO-Referenz-Modell

In jedem Rechnersystem lässt sich — wie wir inzwischen wissen — eine Hierarchie von Ebenen bzgl. *Funktion* und *Service* erkennen. Auf der untersten Ebene befindet sich die CPU, welche nur in der Lage ist, Bitfolgen zu verarbeiten. Auf der zweiten Ebene lässt sich z. B. die Assemblersprache des speziellen Rechners einordnen, welche den Benutzer der CPU davon befreit, Programme als Bitfolgen abzufassen. Stattdessen kann sich der Programmierer eines mnemonischen Befehlssatzes bedienen, welcher durch einen Assembler in Bitfolgen überführt wird. Auf der dritten Ebene befindet sich das Betriebssystem. Dieses befreit den Benutzer von der im Allgemeinen recht umständlichen Assemblerprogrammierung dadurch, dass es Übersetzer (Compiler) für höhere Programmiersprachen bereithält. Darüber hinaus ermöglicht es z. B. die Bearbeitung von Dateien mit Hilfe spezieller Befehle der Steuersprache. Auf der vierten Ebene kann z. B. ein Datenbanksystem angeordnet sein, welches dem Benutzer für ad hoc-Manipulationen an Dateien, die in spezieller Form organisiert sind, eine eigene Anfragesprache zur Verfügung stellt; Anfragen an eine Datenbank werden von diesem System dann z. B. in Kommandos der Steuersprache des Betriebssystems automatisch übersetzt.

In völlig analoger Weise lassen sich auch bei der *Kommunikation* von Rechnern verschiedene „Abstraktionsebenen" unterscheiden. Will z. B. der Benutzer eines Rechners Daten verarbeiten, welche auf der Magnetplatte eines anderen Rechners gespeichert sind, so wird er seinem eigenen Rechner vor einem Start des entsprechenden Programms den Befehl geben, diese Daten (über das verfügbare Netz) zu holen. Dazu wird er angeben müssen, von welchem Rechner welche Daten zu holen sind. Im Allgemeinen wird der Benutzer sich aber nicht dafür interessieren, wie dieses Holen tatsächlich abläuft. Daher ist es Aufgabe des von ihm benutzten Rechners, die verfügbare Kommunikationssoftware, also die betreffenden Protokolle, aufzurufen und zu starten. Der Rechner wiederum hat im Allgemeinen kein „Wissen" über das physikalische Medium, über welches die zu holenden Daten letztlich transportiert werden: Der ihm zugeordnete IMP muss daher insbesondere die Übertragung kontrollieren. Dies kann z. B. bedeuten, dass die Daten vor der Übertragung geeignet zu codieren sind, um sie gegen Fehler bei der Übertragung (z. B. Blitzeinschlag in eine Leitung) zu schützen, und dass die Daten nach erfolgter Übertragung decodiert werden müssen.

Diese Bemerkungen sollen einen kleinen Eindruck davon vermitteln, dass es sich bei der Kommunikation zwischen Rechnern im Allgemeinen um eine komplexe Angelegenheit handelt, bei welcher verschiedene Aspekte zu berücksichtigen sind. Dieser Problematik trägt das im Folgenden beschriebene Modell Rechnung, welches in der ersten Hälfte der 80er Jahre von der International Standards Organization (ISO) als ein erster Schritt in Richtung auf eine internationale Vereinheitlichung verschiedener Protokolle bzw. Protokollebenen vorgeschlagen wurde. Dieses Referenz-Modell für „Open Systems Interconnection" (OSI) zerlegt ein Netz in eine Hierarchie von insgesamt sieben Ebenen. Die zugrunde liegende Idee ist dabei, datenverarbeitungsorientierte Funktionen, transportorientierte Funktionen und physikalische Übertragung getrennt voneinander zu betrachten und zu realisieren. Die Unterteilung in verschiedene Ebenen wird dabei bestimmt von einem „von unten nach oben" zunehmenden Abstraktionsgrad, welcher sich aus der Vorstellung ableitet, dass jede Ebene eine wohl-definierte Funktion ausführen soll, welche von der Aufgabe einer benachbarten Ebene klar abgegrenzt ist, so dass ein möglichst geringer Informationsaustausch zwischen den Ebenen erforderlich ist. Jede Ebene „sieht" lediglich *ihr* Pendant am anderen Ende einer Kommunikationslinie; sie benutzt gewisse Dienste der nächst tieferen Ebene und leistet solche für die nächst höhere.

Abbildung 15.2 gibt einen Überblick über den Aufbau des ISO-Referenz-Modells. Zur Erläuterung dieses Bildes bemerken wir zunächst, dass hier unterstellt wird, dass *genau zwei* Hosts zu verbinden sind. Jedoch lässt sich dieser Fall offensichtlich leicht auf mehr als zwei beteiligte Hosts verallgemeinern. Des Weiteren ist — im Hinblick auf die allgemeine, oben skizzierte Situation — hier auch ausgeschlossen, dass mehrere Hosts an einen IMP oder Switch angeschlossen sind. Eine entsprechende Erweiterung ist ebenfalls leicht möglich.

Die oben erwähnte klare Trennung eines Kommunikationsvorganges zwischen zwei Hosts A und B in verschiedene Funktionen bzw. Aufgaben wird — wie bereits angedeutet — in diesem Modell dadurch präzisiert, dass nur die Partner auf gleicher Ebene einander verstehen können. Sie tauschen jeweils ebenenspezifische Steuer- und Nutzdaten über so genannte *Schichtenprotokolle* aus. Die im ISO-Modell verwendeten Bezeichnungen für die einzelnen Ebenen sind in Abbildung 15.2 für Host A in Deutsch und für Host B in Englisch angegeben. Jede Ebene mit Ausnahme der physikalischen empfängt darüber hinaus Dienstleistungen von der darunter liegenden Ebene; der entsprechende Datenaustausch wird über so genannte *Dienst-* oder *Serviceprotokolle* abgewickelt. Wesentlich ist dabei, dass für jede einzelne Ebene lokal gesehen die Aufteilung und Durchführung der Kommunikationsfunktionen in den unteren Bereichen völlig unsichtbar ist. (In Analogie zum virtuellen bzw. physikalischen Speicher spricht man auch bei einem auf diesem Modell basierenden Netzwerk auf der untersten Ebene von *physikalischer*, auf allen höheren Ebenen von *virtueller Kommunikation*.)

Ebene
(Layer)

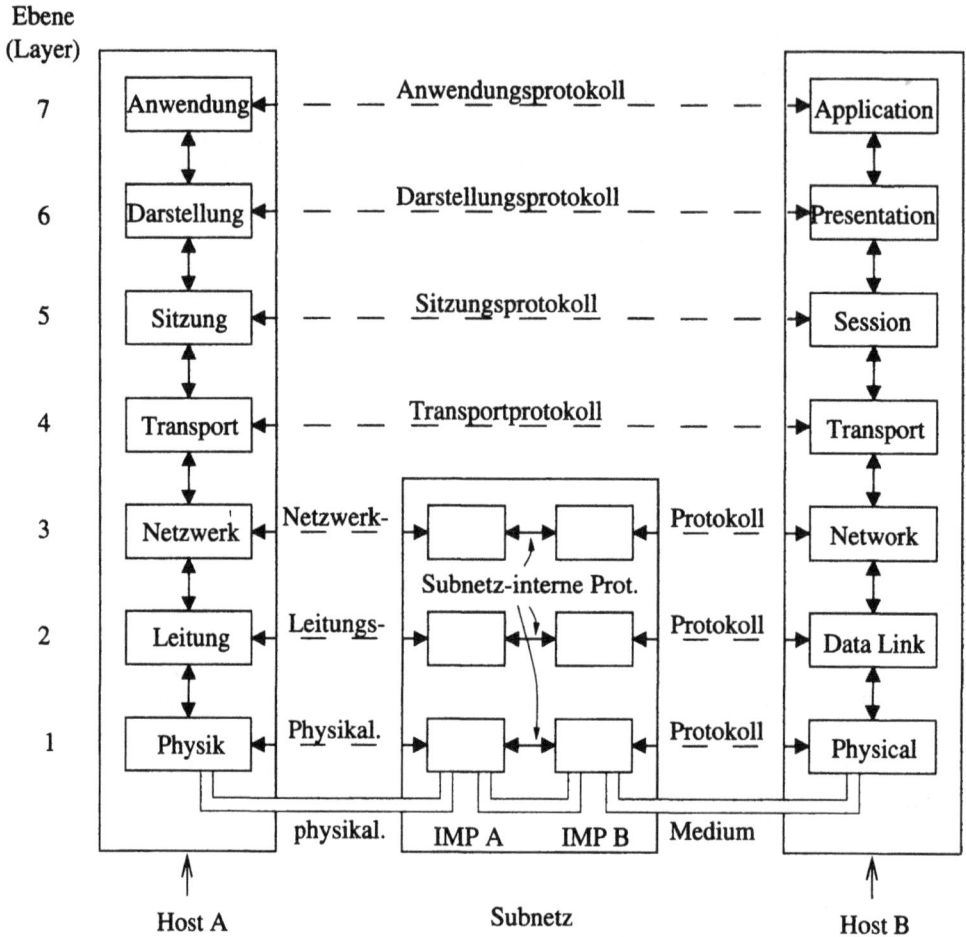

Abbildung 15.2: Das ISO-Referenz-Modell.

Grundsätzlich unterscheidet man bei jeder Kommunikation die drei Phasen

1. Verbindungsaufbau,

2. Übertragung,

3. Verbindungsabbau.

Bei einer Schichtenarchitektur werden diese Phasen in *jeder* Schicht unterschieden, da
— wie bereits mehrfach erwähnt — aus logischer Sicht nur die Partner auf gleicher
Ebene miteinander kommunizieren. Für jede Ebene sieht der allgemeine Ablauf damit
wie in Tabelle 15.1 gezeigt aus; die von jeder Seite abgesetzten Kommandos speziell in
der ersten und der dritten Phase müssen daher vom von der jeweils darunter liegenden
Ebene angebotenen Dienst „realisiert" werden. In Tabelle 15.1 ist unterstellt, dass
Service-Benutzer A einen Verbindungs*aufbau* und B einen -*abbau* initiiert.

Der Ablauf eines Transfers von z. B. Daten von Host A zu Host B insgesamt
kann dann prinzipiell wie folgt beschrieben werden: Ein Senden beginnt auf Ebene

Tabelle 15.1: Drei Phasen einer Kommunikation.

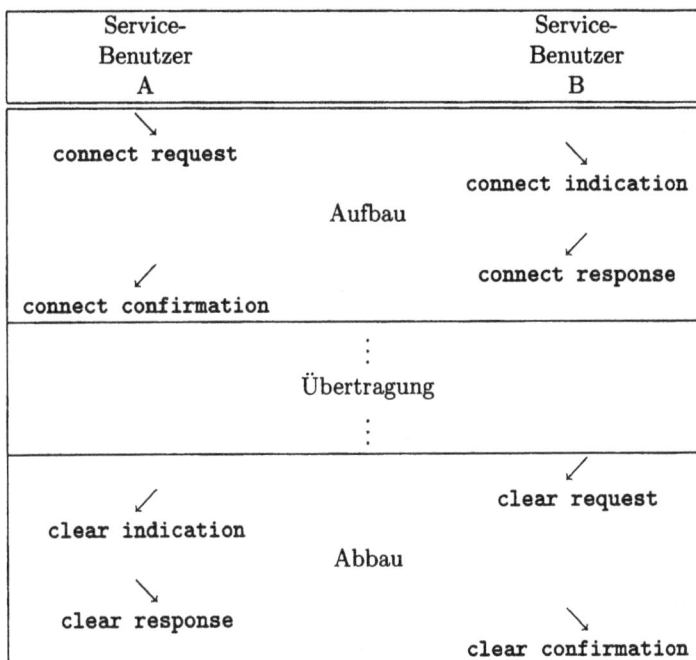

Service-Benutzer A		Service-Benutzer B
connect request		
		connect indication
	Aufbau	
		connect response
connect confirmation		
	⋮ Übertragung ⋮	
		clear request
clear indication		
	Abbau	
clear response		
		clear confirmation

7 bei A und durchläuft von dort die Ebenen 6, 5 usw. Erst auf Ebene 1 findet die physikalische Übertragung an Host B statt, in welchem sodann die Ebenen 2 bis 7 zu durchlaufen sind. Wesentlich ist, dass jede Ebene die zu übertragende Einheit mit speziellen Kontroll-Informationen, einem so genannten *Header* versieht, welche in A top-down hinzugefügt und in B bottom-up wieder entfernt werden.

Allgemein sind beim Entwurf einer Ebene bzw. eines Ebenen-spezifischen Protokolls z. B. folgende Aspekte zu berücksichtigen:

- Mechanismen zum Auf- bzw. Abbau einer Verbindung,

- Mechanismen für Adressierung und gegebenenfalls Routing,

- Regeln für den Transfer,

- Regeln für Fehlererkennung bzw. -korrektur,

- Mechanismen zum Erhalt der Ordnung von Übertragungseinheiten, in welche eine gegebene Nachricht zerlegt wird,

- Geschwindigkeits-Synchronisation.

Da das ISO-Referenz-Modell heute lediglich noch von historischer Bedeutung ist, werden wir im Folgenden nur kurz auf seine Ebenen (und zwar gemäß Abbildung 15.2 von unten nach oben) eingehen. Allerdings sind die seinerzeit im Rahmen dieses Modells entwickelten Prinzipien auch auf andere Netz-Modelle (wie z.B. das weiter unten

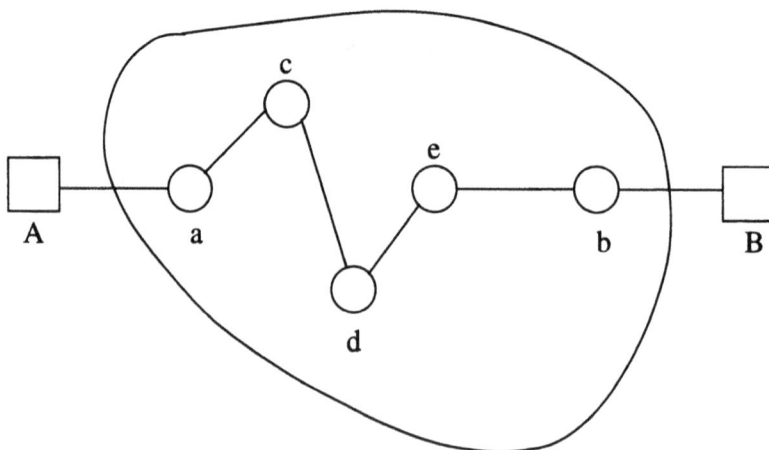

Abbildung 15.3: Punkt zu Punkt-Netzwerk.

beschriebene TCP/IP-Modell) übertragbar, so dass wir diese allgemeinen Aspekte bereits in diesem Abschnitt vorstellen. Dazu seien noch einige Begriffe erwähnt, welche zum Verständnis wichtig sind:

Gemäß der in Abbildung 15.1 gezeigten allgemeinen Situation bildet all das, was sich *innerhalb* der Begrenzungslinie befindet — also die den einzelnen Hosts zugeordneten Switches und die Verbindungsleitungen —, das so genannte Kommunikations-*Subnetz* (vgl. Abbildung 15.2). Es gibt grundsätzlich zwei Typen derartiger Subnetze: In einem *Punkt-zu-Punkt-Subnetz* werden bestimmte Paare von Schaltern direkt durch Leitungen miteinander verbunden; typische derartige Netztopologien werden wir im Zusammenhang mit lokalen Netzen noch vorstellen. Falls dann zwei Hosts A und B kommunizieren möchten, deren Switches a bzw. b nicht direkt verbunden sind, so muss die Verbindung indirekt, d. h. über andere IMPs c, d, ... aufgebaut werden, wie z. B. in der in Abbildung 15.3 gezeigten Situation. Die Zwischenstationen müssen dann in der Lage sein, die weiter zu reichenden Daten gegebenenfalls zwischen zu speichern und nach Freiwerden der benötigten Leitung abzusetzen. Aufgrund dieser Eigenschaft werden Punkt-zu-Punkt-Verbindungen auch als *Store-and-Forward*-Subnetze bezeichnet.

Der andere Typ ist das so genannte *Broadcast-Subnetz*. Dabei teilen sich alle Schalter *einen* Kommunikations-Kanal; werden Daten von einem Switch ausgesandt, so stehen diese *allen* anderen angeschlossenen Switches zur Verfügung, und die Daten müssen ihren Adressaten selbst spezifizieren. Insbesondere bei der Satellitenkommunikation findet diese Form des Subnetzes Anwendung.

Zur Herstellung physikalischer Verbindungen bedient man sich so genannter *Vermittlungstechniken*: In der Praxis verwendet man fast ausschließlich zwei solcher Techniken: Bei einer *Leitungsvermittlung* werden zwei Stationen für die Dauer einer Übertragung fest miteinander verbunden. Dagegen werden zwei Endknoten bei einer *Paketvermittlung* während der Kommunikation nur virtuell miteinander verbunden; Teile („Pakete") der insgesamt zu übertragenden Daten können dann im Netz zwischengespeichert werden.

Ebene 1 im ISO-Modell, die so genannte *physikalische Ebene* (Physical Layer), sorgt für die Übertragung von *Bits* über eine physikalische Verbindungsleitung. Dies beinhaltet (wie auch bei den Ebenen 2 und 3) die beiden Aspekte Host-IMP-Kommunikation und (Subnetz-interne) Kommunikation zwischen IMPs. In beiden Fällen hat man sich jedoch mit physikalischen Problemen wie z. B.

- wie viel Volt werden zur (elektrischen) Darstellung einer (dualen) Eins bzw. Null benötigt,

- welches Verbindungskabel wird verwendet,

- wie lang ist dieses Kabel,

- erfolgt die Bitübertragung gleichzeitig in beide Richtungen (*duplex*) oder nur abwechselnd in eine Richtung (*half-duplex*),

- welche Steckerverbindungen werden benutzt,

- welche zusätzlichen Übertragungseinrichtungen sind nötig

zu beschäftigen. Ein typischer, häufig anzutreffender Fall ist der, dass *Telefon*leitungen zur Datenübertragung benutzt werden. Dabei sind *digitale* Daten vom Rechner in *analoge* Signale der Leitung zu konvertieren bzw. umgekehrt, was durch ein so genanntes *Modem* geschieht. Ein physikalisches Medium wird im Allgemeinen in logische Subkanäle unterteilt, wodurch es für mehrfache Übertragungen zur gleichen Zeit brauchbar wird („Multiplexing"). Auf heute verwendete Multiplexverfahren werden wir weiter unten im Zusammenhang mit lokalen Netzen kurz eingehen.

Telefonleitungen haben für mehr als ein Jahrhundert die primäre internationale Kommunikations-Infrastruktur dargestellt (man spricht heute auch von „POTS" oder dem *Plain Old Telephone Service*); sie wurden entworfen für analoge Sprachübertragung und sind generell weniger geeignet für eine schnelle Übertragung hoher Datenvolumina, wie sie etwa bei Video-Bildern auftreten. Das zunehmende Interesse von Anwendern an Medien, welche zur Übertragung multimedialer Information geeignet sind, hat dazu geführt, dass analoge Telefonleitungen heute in vielen Ländern durch digitale ersetzt werden. Das Resultat ist ISDN (*Integrated Services Digital Network*), bei welchem nicht nur digitale Leitungen zwischen Vermittlungsstationen, sondern auch digitale Anschlussleitungen zwischen Endteilnehmern bzw. -geräten und den ihnen unmittelbar zugeordneten Vermittlern, also voll-digitale End-zu-End-Verbindungen verwendet werden. Dadurch wird es möglich, Sprache *und* eine Reihe von anderen „Daten-Arten" bzw. Diensten, welche sehr unterschiedliche Anforderungen an die Qualität und vor allem an die Kapazität des Übertragungskanals stellen, über *dieselben* Telefonanschlüsse zu übertragen bzw. verfügbar zu machen. ISDN wird derzeit vielerorts durch DSL (*Digital Subscriber Line*), in einigen Ländern auch bereits durch *Kabelmodems* (CATV) abgelöst. DSL ermöglicht eine Übertragung von Daten mit einer hohen Rate über gewöhnliche Telefonleitungen, wohingegen sich CATV der Infrastruktur des Kabelfernsehens (meistens Glasfaserkabel) bedient. Schließlich sei erwähnt, dass sich die *drahtlose* (Wireless) Kommunikation immer stärkerer (und schnellerer) Verbreitung erfreut. Die am Draht-Paradigma orientierte Verbindungslogik dient aber auch im Wesentlichen als Modell für die drahtlose Kommunikation;

deren Hauptproblem ist die begrenzte Reichweite, eine höhere Störanfälligkeit sowie Sicherheitsprobleme.

Die Aufgabe der ISO-*Ebene 2*, der so genannten *Leitungsebene* (Data Link Layer), ist der Aufbau einer Datenverbindung (Data Link) zwischen zwei benachbarten Kommunikationseinheiten sowie die Durchführung und Überwachung der Datenübertragung, wobei jetzt bereits das Vorhandensein der physikalischen Verbindung (Ebene 1) vorausgesetzt wird. Wesentlich ist dabei, dass diese Aufgabe so zu erledigen ist, dass aus der Sicht der nächsthöheren Ebene 3 ein *fehlerfreier* logischer Kanal zur Verfügung steht. Die Leitungsebene hat also insbesondere dafür zu sorgen, dass Übertragungsfehler erkannt und gegebenenfalls korrigiert werden; daneben hat sie eine so genannte *Flußkontrolle* durchzuführen, durch welche unterschiedliche (Schreib- bzw. Lese-) Geschwindigkeiten auf Seite des Senders bzw. des Empfängers ausgeglichen werden. Dazu werden die zu übertragenden Daten zunächst in Blöcke oder *Frames* unterteilt, welche individuell codiert und übertragen werden können. Ein *Leitungsprotokoll* („Netzzugangsverfahren") muss dazu unter anderem folgende Teilaufgaben behandeln:

- Ausstattung eines jeden Frames mit einem geeigneten Header, welcher z. B. über Art und Folgenummer des Frames Auskunft gibt,

- Angabe von Anfang und Ende eines Datenblockes,

- Erkennung und Behandlung von Übertragungsfehlern (z. B. durch Verwendung fehlererkennender Techniken und Wiederholung von fehlerhaften Blöcken),

- Senden und Empfangen einzelner Blöcke in der richtigen Reihenfolge ihrer Folgenummern,

- richtige Adressierung einer zusammengehörenden Menge von Blöcken,

- Synchronisation der blockweisen Übertragung verschiedener Daten über eine Leitung (bei mehreren beteiligten Rechnern).

Wesentlich ist auf dieser Ebene bereits, dass eine Kommunikation zwischen einem Sender und einem Empfänger neben dem Austauschen von „Nutzdaten" auch das von Kontrolldaten und insbesondere von Empfangsbestätigungen (*Acknowledgements*) beinhaltet.

Ein bekanntes Protokoll für die Ebene 2 ist HDLC (High-level Data Link Control); das von diesem Protokoll verwendete Frame-Format hat den folgenden Aufbau:

Flag	*Address*	*Control*	*Data*	*Checksum*	*Flag*

Die ersten drei dieser Felder sowie das letzte sind jeweils 8 Bits lang, das Checksum-Feld hat die Länge 16 Bits, die Länge des Datenfeldes wird durch die nächst höhere Ebene 3 bestimmt. Auf das Prinzip der Berechnung einer solchen Prüfsumme zur Fehlerkontrolle werden wir im nächsten Abschnitt kurz eingehen.

Es sei bemerkt, dass auf dieser Kommunikationsebene heute zunehmend das Protokoll ATM (*Asynchronous Transfer Mode*) verwendet wird. Bei diesem wird Information in so genannten *Zellen* übertragen, bei welchen es sich um kurze Pakete fester

Länge (insgesamt 53 Bytes) mit einem Header handelt. Der Header dient im Wesentlichen zur Identifikation und Adressierung der Zelle, so dass Zellen im Netz geroutet und Verbindungen zwischen beliebigen Endsystemen vermittelt werden können. Zellen können sehr schnell transportiert werden, da insbesondere auf Fehlersicherung verzichtet wird (unter der Annahme, dass bei digitaler Übertragung über Glasfaserkabel die Bitfehlerrate gering ist, so dass Fehlersicherung — in Abweichung vom ISO-Modell — dem Endgerät überlassen werden kann).

Auf der *Ebene 3*, der *Netzwerkebene* (Network Layer), wird das gesamte Netzwerk aus logischer oder virtueller Sicht betrachtet. Es wird der Transport von Daten zwischen Quelle und Ziel, gegebenenfalls über Zwischenstationen, bewerkstelligt, wobei jetzt unterstellt wird, dass mit den Data-Link-Protokollen (Ebene 2) einzelne Frames über eine unter Umständen fehlerbehaftete Leitung *fehlerfrei* ausgetauscht werden. Auf der Ebene 3 werden unter anderem die wesentlichen Charakteristika der Schnittstelle zwischen *End-Systemen* festgelegt, während sich Ebene 2 mit der *Host-Imp*-Verbindung und Ebene 4 mit der Kommunikation zwischen *Prozessen* befasst. Ferner wird bestimmt, welchem Weg die zu übermittelnden Daten im Netz zu folgen haben (*Routing*). Grundsätzlich empfängt das Netzwerkprotokoll Daten von einem Host A, wandelt diese in *Pakete* um und sorgt dafür, dass mit Hilfe der Wegsteuerung die Pakete zu Host B gelangen.

Bezüglich der Dienstleistungen der Netzwerkebene für die darüber liegende Transportebene (Ebene 4) lassen sich 2 Arten von Services unterscheiden:

(a) Beim *Virtual Circuit Service* wird dem Host vom Subnetz ein „perfekter" logischer Kanal zur Verfügung gestellt; dieser sorgt für Verbindungs-Auf- und Abbau und garantiert eine fehlerfreie, vollständige Übertragung. Pakete kommen in der Reihenfolge des Absendens an; die Wegwahl erfolgt einmalig während des Verbindungsaufbaus, danach bleibt der Übertragungsweg unverändert.

(b) Der alternativ dazu mögliche *Datagram Service* („Connectionless Service") nimmt Datenpakete von einem Host (bzw. dessen Transportebene) an und versucht, diese einzeln als isolierte Einheiten zu übertragen. Insbesondere wird also für jedes Einzelpaket gegebenenfalls eine neue Route gewählt, so dass die Pakete einer Nachricht zu unterschiedlichen Zeiten und ungeordnet beim Empfänger eintreffen können; außerdem können Pakete verloren gehen.

Der Unterschied dieser Dienstleistungen wird deutlicher durch eine Analogie zu bekannten Post-Diensten: Eine Netzwerk-Ebene mit Virtual Circuit Service hat ihre Entsprechung im *Telefondienst*, bei welchem der Anrufer zuerst wählt (Aufbau der „virtuellen" Verbindung), dann spricht (Datenübermittlung) und schließlich auflegt (Abbau der Verbindung). Alle Abläufe im Telefon-(Sub-)Netz sind für ihn transparent, er hat es (scheinbar) mit einer fehlerfreien Punkt-zu-Punkt-Verbindung zu tun. Dem Datagram-Service entspricht dagegen der *Briefverkehr*. Jeder Brief wird als isolierte Einheit befördert und muss als solche eine vollständige Adresse enthalten. Bei Verlust eines Briefes verschickt die Post nicht automatisch ein Duplikat, und Briefe kommen nicht notwendig in der Reihenfolge des Absendens an.

Ein heute weit verbreitetes Netzwerkprotokoll, welches im Zusammenhang mit dem unten erwähnten Arpanet entwickelt wurde, ist IP (*Internet Protocol*); dieses wird typischerweise in Verbindung mit dem Transportprotokoll TCP eingesetzt, auf welches wir weiter unten eingehen werden.

Auf der *vierten Ebene*, der so genannten *Transportebene* (Transport Layer), treten zum ersten Mal Programme zweier Host-Rechner A und B direkt in Verbindung. Die Aufgabe dieser Ebene besteht darin, einen zuverlässigen und effizienten End-zu-End-Transportservice zwischen Benutzer*prozessen* zu gewährleisten. Sie ist damit der Prozess-Kommunikationskomponente eines Betriebssystems vergleichbar. Sie unterscheidet sich also wie auch die höheren Ebenen 5-7 wesentlich von den Ebenen 1-3 dadurch, dass die Kommunikation nicht mehr die (maschinennahe) Host-IMP-Host-Beziehung betrachtet. Die Transportebene empfängt Daten aus der Ebene 5, unterteilt diese in kleinere Einheiten, versieht sie gegebenenfalls mit Kontrolldaten sowie geeigneten Identifikatoren (Headern) und überträgt sie (mittels des Subnetzes) unter Umständen über mehrere Netzwerke hinweg zur Transportebene eines anderen Hosts. Ihre Funktionen umfassen damit unter anderem

- Benennen von Hosts („Naming"),

- Adressierung,

- Auf- bzw. Abbau der Transportverbindung,

- Multiplexen mehrerer Datenströme auf einem physikalischen Kanal,

- Fehlerbehandlung und Flußkontrolle,

- Zwischenspeicherung von Nachrichten,

- Synchronisation der Hosts,

- Wiederherstellung einer Verbindung nach einem Host- oder Subnetz-Zusammenbruch,

- Internetworking.

Bei der Adressierung und beim Verbindungsaufbau wird dabei unterstellt, dass der Transportservice den höheren Ebenen an so genannten *Service Access Points* (SAPs) angeboten wird; jeder SAP hat einen eigenen Namen sowie eine Adresse. Ein sendewilliger Prozess kann den Empfänger damit über einen Namen ansprechen, welcher von der Ebene 4 in eine Adresse umgewandelt wird; ist dies geschehen, kann die Verbindung aufgebaut werden.

Die Aufgabe des Internetworking, also die Möglichkeit, Daten von einem Host A an einem Subnetz 1 zu einem Host B an einem Subnetz 2 (oder einem Host C in Subnetz 3) zu transportieren, lässt sich dann realisieren, wenn beide Netze einen Berührungspunkt haben. An dieser Stelle ist dann ein so genanntes *Gateway* bzw. ein *Router* einzusetzen, welcher die im Allgemeinen unterschiedlichen Protokolle der Netze 1 und 2 geeignet umwandelt, prinzipiell gemäß Abbildung 15.4. Die miteinander verbundenen Subnetze zeichnen sich meist durch unterschiedliche Topologien sowie die Verwendung verschiedener Protokolle auf den unteren Ebenen aus; ferner kann nicht davon ausgegangen werden, dass die Hosts in den einzelnen Subnetzen einer global eindeutigen Benennung folgen, so dass ein Gateway unterschiedliche Aufgaben

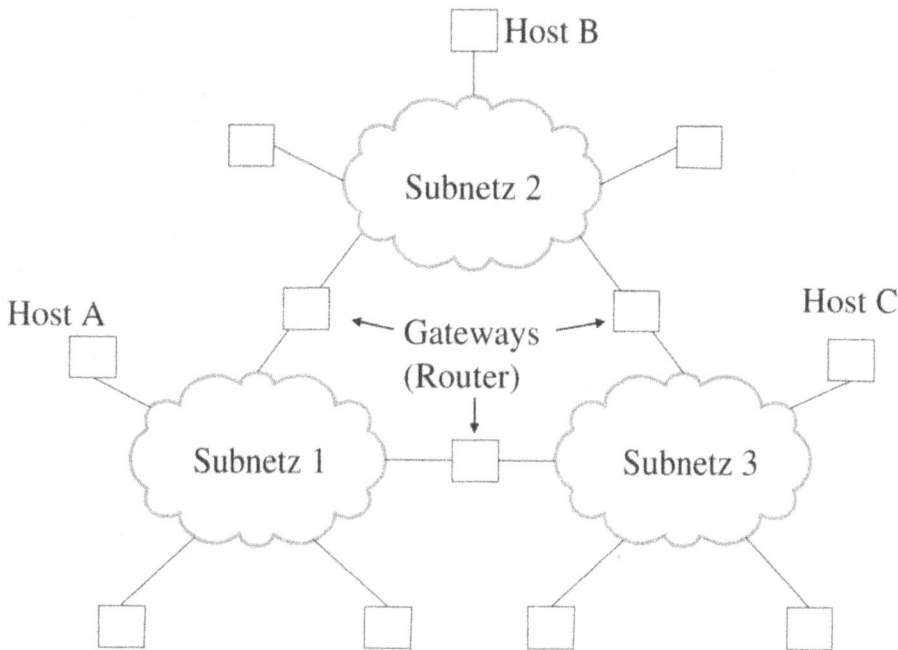

Abbildung 15.4: Prinzip des Internetworking mittels Gateway.

zu erfüllen hat, worauf wir weiter unten im Zusammenhang mit dem IP-Protokoll noch eingehen werden.

Die ISO-Ebenen 1-4 werden zusammen als *Transportsystem* bezeichnet (entsprechend die höheren Ebenen 5-7 zusammen als das *Anwendersystem*). Insgesamt wird durch die Ebenen 1-4 erreicht, dass ein Host-Programm mit seinem „Gegenüber" kommunizieren kann wie mit einem räumlich unmittelbar benachbarten Partner. Alle darüber liegenden Ebenen werden von der Beschäftigung mit Hardware-, Software- oder topologischen Details befreit. Es sei an dieser Stelle bemerkt, dass sich heutzutage verwendete Netz-Modelle meist auf ein Transportsystem beschränken, welchem unmittelbar eine Anwendungsebene aufgesetzt wird (vgl. Abbildung 15.16).

Ein heute weit verbreitetes Transportprotokoll ist das ursprünglich im Rahmen des Arpanet entwickelte Protokoll TCP (*Transmission Control Protocol*); es wurde so entworfen, dass es ein unzuverlässiges Subnetz tolerieren kann. Wir werden auf dieses Protokoll in Abschnitt 15.5 näher eingehen. Es sei erwähnt, dass die Protokoll-Kombination TCP/IP für die OSI-Schichten 3 und 4 heute in vielen kommerziellen Netzen verwendet wird.

Ebene 5, die so genannte *Sitzungsebene* (Session Layer), standardisiert Formalia, welche mit dem Aufbau und mit der Beendigung einer Sitzung, d. h. einer Benutzung des Transport-Systems, zusammenhängen, wobei ein Ziel in der Hinzufügung weiterer benutzer-orientierter Dienste zu den vom Transport-System angebotenen besteht. Zu den Aufgaben dieser Ebene zählt daher die Synchronisation einer Kommunikation zwischen zwei Partnern sowie die Zerlegung eines Kommunikationsvorgangs in logische Einheiten, deren Anfang und Ende jeweils von beiden Seiten verstanden werden kann.

Die *Darstellungsebene* (Presentation Layer, *Ebene 6*) umfasst Funktionen, welche den verwendeten Zeichensatz, die Codierung zu übertragender Daten sowie die Darstellung der Daten auf einem Bildschirm oder einem Drucker betreffen; allgemeiner besteht das Hauptziel auf dieser Ebene in einer Darstellung zu übertragender Daten in einer gemeinsamen Sprache des offenen Systems. Auch Datenschutzaspekte (vgl. nächster Abschnitt) wurden ursprünglich dieser Ebene zugeordnet.

Ebene 7 des ISO-Modells, die so genannte *Anwendungsebene* (Application Layer), beschäftigt sich mit solchen Kommunikationsfunktionen, welche direkt aus der Sicht des Benutzers bzw. des Netzanwenders relevant sind. Hierzu zählen insbesondere die Folgenden:

1. Elektronische Post (*Electronic Mail*, kurz E-Mail),

2. File-Transfer zwischen verschiedenen Hosts,

3. Netzwerk-Management,

4. *Domain Name Service* (DNS), d. h. die Übersetzung von symbolischen Rechner- bzw. Host-Namen in global eindeutige Netzadressen,

5. *Remote Login*, d. h. die Möglichkeit, von einem Rechner aus auf einem anderen zu arbeiten,

6. im Kontext verteilter Dienste der *Remote Procedure Call* (RPC).

Speziell für die erstgenannte Anwendung sei X.400 erwähnt, der erste weithin akzeptierte Standard für Ebene 7, welcher insbesondere die Realisierung elektronischer Post in heterogenen Rechnernetzen ermöglicht. Die Empfehlung X.400 unterteilt die Ebene 7 in einen *User Agent Layer*, welcher *genau einen* Benutzer bedient, sowie einen (darunterliegenden) *Message Transfer Layer*. Für den File-Transfer zwischen netzwerk-verbundenen Rechnern existieren z.B. die Protokolle FTAM (*File Transfer, Access, and Management*) und FTP (*File Transfer Protocol*).

Neben der Behandlung dieser allgemeinen Anwendungen werden auf dieser Ebene Funktionen bereitgestellt, welche in speziellen Anwendungen, in denen das Vorhandensein des Netzes aus der Sicht des Benutzers transparent ist, benötigt werden. Ein typisches solches Anwendungsgebiet sind so genannte *verteilte Datenbanken*. Dabei wird ein logisch zusammengehörender Datenbestand auf geographisch verstreute Rechner, welche über ein Netz kommunizieren können, verteilt. Die beteiligten Rechner verfügen jeweils über einen Teil des Gesamtbestandes, mit welchem Benutzer „vor Ort" autonom arbeiten können; Benutzer an verschiedenen Orten arbeiten somit parallel mit *einer* logischen Datenbank. Das *Anwendungsprotokoll* der Ebene 7 hat jetzt z. B. *Ortstransparenz* zu gewährleisten: Der Benutzer kennt nur die logische Konzeption der gesamten Datenbank, nicht aber die genaue physikalische Verteilung der Daten. Bezüglich möglicher Anfragen bedeutet dies, dass, falls ein Benutzer Daten anspricht, welche nicht in „seinem" Rechner gespeichert sind, diese Daten über das Netz beschafft werden müssen, und zwar ohne dass der Benutzer dies bemerkt.

Verteilte Datenbanken sind ein anschauliches Beispiel für parallele, verteilte Verarbeitung mit ihren in Abschnitt 15.1 bereits genannten Zielen bzw. Vorteilen wie erhöhte Zuverlässigkeit und Verfügbarkeit gegenüber zentralisierten Systemen, leichte Erweiterbarkeit und Flexibilität hinsichtlich Veränderungen in den Anwendungen.

Probleme, welche vielen solchen Anwendungen gemeinsam sind, sind z. B. die Synchronisation parallel ablaufender Prozesse oder die Wiederherstellung einer konsistenten Situation nach einem Hard- oder Software-Fehler. In diesem Zusammenhang ist insbesondere der CASE (*Common Application Service Elements*) genannte Standard zu erwähnen, welcher eine Reihe derartiger gemeinsamer Funktionen für verschiedene Anwendungen enthält. Diese stellen zum Teil dieselbe Funktionalität wie die Sitzungsebene zur Verfügung und werden unter anderem von Anwendungsprotokollen für die Architektur von *MAP* (*Manufacturing Automation Protocol*) verwendet. MAP bezeichnet eine unter Leitung von General Motors entwickelte Kommunikationsarchitektur für die industrielle Fertigung und Produktion, welche das Ziel verfolgt, einen Datenaustausch zwischen den in der automatisierten Fertigung und Produktion eingesetzten Systemen (wie z. B. Roboter oder NC-Maschinen) und Rechnern verschiedener Hersteller zu ermöglichen.

Wie bereits betont, ist das ISO-Referenzmodell heute nur noch von historischer Bedeutung, denn es wird in keinem heute verbreiteten Netz in vollständig implementierter Form verwendet. In den 80er Jahren war dieses Modell populär, weil es die komplexen Vorgänge einer Kommunikation zwischen Rechnern und über diverse Protokolle erstmalig in überschaubare und verständliche Einheiten zerlegte. Allerdings hat sich die Aufteilung in 7 Ebenen als zu detailliert erwiesen. Daher existieren heute alternative „Protokoll-Suiten", von denen wir auf *eine* weiter unten noch eingehen werden. Bei diesen kommen im Allgemeinen manche ISO-Ebenen nicht mehr vor, und für andere wurde die ihnen ursprünglich zugeordneten Dienste verlagert.

15.3   Codierung von Daten in Netzen

Am Beispiel des oben erwähnten HDLC-Protokolls wollen wir kurz auf einen weiteren Aufgabenbereich der Ebene 2, die Fehlerkontrolle, eingehen. Dazu erinnern wir zunächst an die in Kapitel 5 behandelten Grundlagen der Codierungstheorie und insbesondere der zyklischen Codes: Wie wir dort erläutert haben, entspricht in diesem Zusammenhang das Codieren einer (als Polynom aufgefassten) Folge von Elementen eines Körpers (in der Regel des Körpers mit den zwei Elementen 0 und 1) der Multiplikation mit einem vorgegebenen *Generatorpolynom*:

$$f(x) = a(x) \cdot g(x).$$

Falls $a(x)$ bzw. $g(x)$ vom Grad $k-1$ bzw. $n-k$ ist, so ist $f(x)$ vom Grad $(k-1)$ + $(n-k) = n-1$. Eine zu codierende Nachricht besteht jetzt konkret aus $k-1$ *Bits*, welche von Ebene 3 an Ebene 2 übergeben werden. Dieser werden $n-k$ Bits einer *Prüfsumme* angehängt, welche wie folgt berechnet wird:

1. Berechne $a'(x) = a(x) \cdot x^{n-k}$; hierdurch werden $n-k$ Nullen an $a(x)$ angehängt;

2. berechne $c(x)$ als Rest der Division von $a'(x)$ durch $g(x)$;

3. $f(x) = a'(x) + c(x)$.

Als Erzeugerpolynom $g(x)$ wird von HDLC das Polynom

$$g(x) = x^{16} + x^{12} + x^5 + 1$$

verwendet. Dieses allgemeine Verfahren zur Bestimmung einer Prüfsumme wird ferner zur Berechnung der *Frame Checking Sequence* wie folgt modifiziert: Es sei $\text{grad}(a(x))$ $= k - 1$:

1. $a'(x) = x^{16} \cdot a(x) + x^{k-1} \cdot (x^{15} + x^{14} + \ldots + 1)$;

2. berechne den Rest $c(x)$ der Division von $a'(x)$ durch $g(x)$;

3. berechne $\text{FCS}(x) = c(x) + x^{15} + x^{14} + \ldots + 1$;

Übertragen wird dann die dem Polynom $f(x) = a(x) \cdot x^{16} + \text{FCS}(x)$ entsprechende Koeffizientenfolge.

Zur *sicheren* Übertragung von Daten im Sinne eines Schutzes von Daten gegen unberechtigtes Lesen (z. B. durch „Anzapfen" eines Netzes durch einen „Hacker") wird in Rechnernetzen meist eine Verschlüsselung (*Data Encryption*) verwendet, welche über die Codierung von Daten zum Zwecke der Fehlererkennung oder -korrektur hinaus geht. Speziell in Broadcast-Netzen kann eine gesendete Nachricht zwar von vielen empfangen werden, sie ist im Allgemeinen aber nur an einen bestimmten Adressaten gerichtet. Zur Gewährleistung dieser so genannten *Datensicherheit* (Data Security) und dem Schutz von Mitteilungen privaten Charakters (Privacy) existieren eine Reihe von Techniken, welche unter der Bezeichnung „*Kryptographie*" zusammengefasst werden. Die jeweils verwendete Technik ist vom Benutzer zu wählen; die Verschlüsselung wird im Host-Rechner vorgenommen. Ursprünglich war dies der ISO-Ebene 6 zugedacht, jedoch wird eine Verschlüsselung heutzutage durch entsprechende Programme bereits auf der Anwendungsebene erledigt. Die Kryptographie, d. h. die Wissenschaft der offenen, also als solche erkennbaren Geheimschriften, und ihr „Gegner", die Kryptoanalysis (die Lehre von der nicht autorisierten Entzifferung), werden auch unter dem Begriff *Kryptologie* zusammengefasst.

Wir wollen auf dieses Problem etwas näher eingehen und beschreiben dazu zunächst die allgemeine Situation. Ein *kryptographisches System* umfasst fünf Komponenten: Zu verschlüsselnde Nachrichten („Klartext"), bei welchen es sich insbesondere um Bit-Folgen handeln kann, entstammen einem *Nachrichtenraum* (engl. *plaintext message space*) $\mathcal{M}$. Durch eine *Verschlüsselungsmethode* werden diese in einen *Chiffreraum* (engl. *ciphertext message space*) abgebildet; eine solche Methode stellt eine (durch einen dem *Schlüsselraum* entnommenen Schlüssel k) parametrisierte Abbildung

$$E_k : \mathcal{M} \to \mathcal{C}$$

dar, welche auch als *Chiffre* bezeichnet wird, und welche jedem $P \in \mathcal{M}$ einen Chiffretext $C = E_k(P) \in \mathcal{C}$ zuordnet. C ist der zu übertragende Text, welcher schließlich unter Verwendung einer *Entschlüsselungsmethode*

$$D_k : \mathcal{C} \to \mathcal{M}$$

so in einen Klartext $D_k(C) = P'$ zurück transformiert wird, dass (hoffentlich) $P = P'$ gilt.

Ein einfaches Beispiel für eine Klasse von Verschlüsselungsmethoden bilden die *Substitutions-Chiffren*: Die Idee besteht darin, einen Buchstaben bzw. eine Gruppe von Buchstaben des Klartextes durch einen anderen Buchstaben bzw. eine Gruppe anderer Buchstaben zu ersetzen. Im einfachsten Fall wird eine Substitution durch eine (zyklische) Verschiebung des Klartext-Alphabets gewonnen: Man nummeriere die Buchstaben von A bis Z mit 0 bis 25 und ersetze jeden Klartext-Buchstaben a durch

$$f(a) = (a + k) \bmod 25$$

Der Schlüssel k gibt hierbei lediglich an, um wie viel Buchstaben verschoben wird. Die so genannte *Caesar-Chiffre* etwa benutzt $k = 3$ und bildet damit z. B. den Klartext

$$P = \text{RENAISSANCE}$$

auf den Schlüsseltext

$$E_3(P) = \text{UHQDLVVDQFH}$$

ab. Selbstverständlich ist diese primitive Chiffre sehr leicht zu brechen.

Eine andere Klasse von Verschlüsselungsmethoden bilden die *Transpositions-Chiffren*, bei welchen die Buchstaben des Klartextes so rearrangiert werden, dass die Ordnung innerhalb des Klartext-Alphabets *nicht* erhalten bleibt. Als Beispiel sei folgende *Matrix-Transposition* genannt: Die Buchstaben des Klartextes werden in einer bestimmten Ordnung in eine Matrix vorgegebener Größe geschrieben und in anderer Ordnung aus dieser wieder ausgelesen. Wird z. B. der Text RENAISSANCE fortlaufend von oben links beginnend wie folgt in einer (3×4)-Matrix notiert

1	2	3	4
R	E	N	A
I	S	S	A
N	C	E	

und anschließend in Spalten-Ordnung 2-4-1-3 ausgelesen, so erhält man den Schlüsseltext ESCAARINNSE.

Ein häufig verwendetes Schema zur Nachrichtenverschlüsselung war lange Zeit der *Data Encryption Standard* (DES), welcher Substitution und Transposition kombiniert. Dieser verschlüsselt Daten-Blöcke der Länge 64 Bits unter Verwendung eines Schlüssels der Länge 64 Bits (56 Nutz-Bits mit jeweils einem Paritätsbit pro Byte) in vier Schritten, welche wie folgt beschrieben werden können: Gegeben sei ein „Klartext" $T = t_1 t_2 t_3 \ldots t_{63} t_{64}$. Im *ersten* Schritt wird eine Permutation π auf T angewendet, welche jedem einzelnen Bit eine neue Position zuordnet; insbesondere gilt $\pi(T) = t_{58} t_{50} t_{42} t_{34} t_{26} \ldots$. Im *zweiten* Schritt wird folgende Berechnung durchgeführt:

$$\texttt{for } i := 1 \texttt{ to } 16 \texttt{ do } T_i := (L_i, R_i);$$

mit

$$L_i = R_{i-1} \text{ und } R_i = L_{i-1} \oplus f(R_{i-1}, K_i)$$

und

$$T_0 = \pi(T)$$

Hierbei bezeichnet R_i [L_i] die rechte [linke] Hälfte des jeweiligen 64-Bit-Wortes. In jeder Iteration wird also die rechte Hälfte der vorhergehenden zur neuen linken Hälfte, und die rechte Hälfte wird neu berechnet. Die Berechnung der dabei verwendeten Funktion f verläuft wie folgt: R_{i-1} wird zunächst unter Verwendung einer

Transpositions-Tabelle auf 48 Bits erweitert, wobei 16 der gegebenen Bits an verschiedenen Stellen wiederholt werden. Das Ergebnis $E(R_{i-1})$ wird durch $\oplus$ mit einem Schlüssel K_i verknüpft, wobei in jeder Iteration ein anderer, aus dem vorgegebenen 56-Bit-Schlüssel abgeleiteter Schlüssel der Länge 48 Bit verwendet wird. Die resultierenden 48 Bits werden in 8 Blöcke der Länge 6 Bit zerlegt, welche einzeln durch eine Substitution auf 4 Bits abgebildet werden. Die hieraus entstehenden 32 Bits werden einer abschließenden Transposition unterzogen, woraus sich $f(R_{i-1}, K_i)$ ergibt.

Im *dritten* Schritt werden linke und rechte Hälfte des Resultats T_{16} vertauscht; im *vierten* Schritt wird hierauf eine zu π inverse Permutation angewendet.

Zur Decodierung einer DES-verschlüsselten Nachricht kann das gleiche Verfahren angewendet werden, wobei die Schlüssel K_1 bis K_{16} in umgekehrter Reihenfolge angewendet werden. Weitere Einzelheiten hierzu entnehme man der unten angegebenen Literatur. Es sei bemerkt, dass der ursprüngliche DES inzwischen gebrochen wurde, so dass das Verfahren mittlerweile nur noch mit doppelter Schlüssellänge (128 Bits) oder als „Triple DES" eingesetzt wird. Weitere Entwicklungen, welche die gleiche Philosophie verfolgen, sind im Gespräch.

Bei den bisher beschriebenen Ansätzen und insbesondere beim DES wird davon ausgegangen, dass Sender und Empfänger sich vor einer Übertragung über den zu verwendenden Schlüssel verständigen bzw. diesen über einen gesicherten Kanal austauschen („Single-Key-Kryptosysteme"). Ist dem Empfänger der Schlüssel bekannt, so kann er aus diesem das Entschlüsselungsverfahren ableiten. Ein anderer Ansatz besteht darin, diese Herleitung schwierig zu machen sogar dann, wenn der Schlüssel (öffentlich) bekannt ist. Dieser wird in einem *Public-Key-Kryptosystem* prinzipiell wie folgt realisiert: Benutzer A verwendet eine öffentlich bekannte (d. h. in einem allgemein zugänglichen File abgelegte) Verschlüsselungsmethode E_A sowie eine „private" Entschlüsselungsmethode D_A, wobei E_A als „Public Key" bezeichnet wird. Falls dann B an A eine Nachricht P senden will, berechnet er $E_A(P)$; A kann hieraus $D_A(E_A(P)) = P$ berechnen. Entsprechend geht A bei einer Sendung an B vor. Für weitere Einzelheiten zu diesem Ansatz sei auf die Literatur verwiesen. Es werden insbesondere so genannte *Einweg-Funktionen* benutzt, welche die unterschiedliche Schwierigkeit ausnutzen, eine Zahl in ihre Primfaktoren zu zerlegen (schwierig) bzw. ein Produkt aus zwei Primfaktoren zu berechnen (leicht). Es muss erwähnt werden, dass staatliche Instanzen — insbesondere in den USA — Interesse daran haben, auch diese sicher scheinende Verschlüsselungstechnik unter Kontrolle zu halten. Zu diesem Zweck wurde der PGP-Standard (Pretty Good Privacy) entwickelt, welcher es ermöglicht, die entscheidenden Informationen für die Entschlüsselung dieses Public-Key-Systems unter einer zentralen Kontrolle zu halten.

15.4   Lokale Netze

Nach der oben gegebenen allgemeinen Einführung in den logischen Aufbau eines Rechnernetzes mit seinen verschiedenen Abstraktionsebenen wollen wir uns in diesem Abschnitt mit einer Klasse von Netzen beschäftigen, welche in den letzten 20 Jahren stark an Bedeutung gewonnen hat. Dabei handelt es sich um die so genannten *lokalen Netze*, welche im englischen Sprachgebrauch auch <u>L</u>ocal <u>A</u>rea <u>N</u>etworks, kurz LANs, heißen.

15.4.1 Charakteristika

Wir geben zunächst eine „Definition" eines lokalen Netzes anhand seiner wichtigsten technischen Merkmale. Diese lassen sich wie folgt zusammenfassen:

1. Das Netz ermöglicht eine Kommunikation zwischen unabhängigen Stationen (Rechner, Terminal, Workstation, Drucker, Fileserver, Gateway usw.).

2. Das Netz ist in seiner räumlichen Ausdehnung auf ein bestimmtes, geographisch zusammenhängendes Gebiet begrenzt; typischerweise verläuft es innerhalb eines Hauses („In-House-System") bzw. auf einem privaten Gelände, auf welchem keine postalischen Vorschriften zu beachten sind. Physikalische Leitungen sind höchstens 10 km, meist jedoch weniger als 2 km lang.

3. Das physikalische Übertragungsmedium besitzt eine kurze Signallaufzeit sowie eine hohe Bandbreite, welche durch Verwendung von z. B. Koaxial- oder Glasfaserkabeln heute mehrere hundert Mbps (Megabit pro Sekunde) betragen kann. (Um eine solche Geschwindigkeitsanforderung realisieren zu können, ist es bei der verfügbaren Technologie wesentlich, dass die unter (2) genannte Längenbeschränkung erfüllt ist.)

4. Kurze Antwortzeiten für den einzelnen Benutzer durch die unter (3) genannte hohe Übertragungsrate, typischerweise unter 10 msec.

5. Die Kommunikation zwischen einzelnen Komponenten im Netz ist billig und sehr ausfallsicher. Kosten entstehen nur für Installation oder Wartung, nicht aber für die Netzbenutzung.

6. Die Anzahl der an das Netz angeschlossenen Hosts bzw. Endgeräte ist zeitlich im Wesentlichen konstant; sie kann sich verringern z. B. durch Ausfall oder Wartung eines Hosts oder eines Servers, während nach Beendigung einer Übertragung Geräte im Allgemeinen angeschlossen bleiben, da keine zusätzlichen Kosten entstehen.

7. Der gerade erwähnte Aufbau eines Netzes hat eine Offenheit der Netzarchitektur im technischen Sinne zur Folge: Erweiterungen oder Veränderungen sind praktisch ohne eine Unterbrechung des laufenden Betriebs möglich, denn sie geschehen sehr selten und können selbst in kritischen Fällen z. B. in einer Betriebspause durchgeführt werden.

8. Das Netz mit allen Hard- und Software-Komponenten gehört *einer* (im Allgemeinen privaten) Institution, welche bei der Installation des Netzes nicht an postalische Vorschriften gebunden ist.

Neben diesen Charakteristika lokaler Netze, welche sie insbesondere gegen die globalen Netze abgrenzen, gibt es inzwischen einen umfangreichen Katalog von Anforderungen an die Leistungsfähigkeit derartiger Netze z. B. im Hinblick auf ihren Einsatz in einer Büroumgebung oder auf die Verwendung von Personal Computern (PCs).

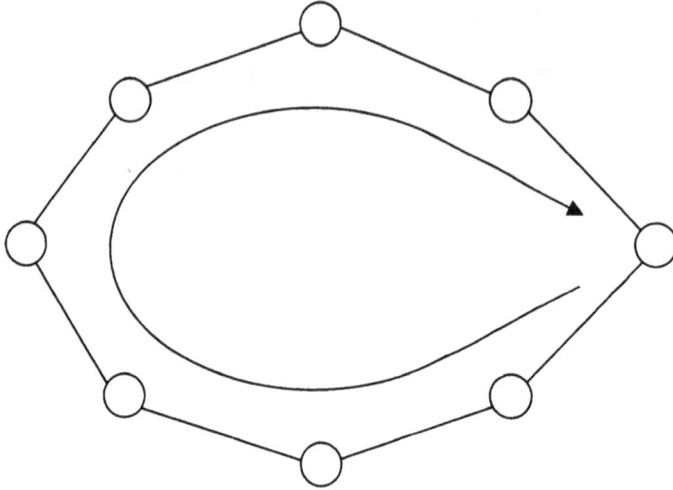

Abbildung 15.5: Ring-Topologie.

15.4.2   Topologien und Übertragungsmedien

Im Gegensatz zu Netzen, welche geographisch weit auseinander liegende Stationen verbinden, weisen lokale Netze aus logischer Sicht eine einfache, regelmäßige Struktur auf. Wir werden in diesem Abschnitt gebräuchliche Topologien kurz vorstellen und sodann einige Bemerkungen zu heute verwendeten Übertragungsmedien machen. Die wichtigsten Topologien, auf welchen lokale Netze basieren können, sind die im Folgenden beschriebenen Strukturen; es sei bereits vorweg erwähnt, dass von diesen Ring und Bus heute dominieren.

Punkt-zu-Punkt-Topologien:

(1) *Ring* (vgl. Abbildung 15.5): In einem ringförmigen Netz verläuft der Datenaustausch im Allgemeinen nur in einer Richtung. Eine Kommunikation verläuft dann über mehrere Zwischenstationen, wobei jetzt deren Store-and-Forward-Fähigkeit zum Einsatz kommt. Ein Ring kommt mit vergleichsweise wenig Verbindungsleitungen aus und ist leicht erweiterbar. Andererseits ist er sehr anfällig gegen Störungen: Bereits der Ausfall *einer* Leitung legt den gesamten Ring lahm; aus diesem Grunde werden die einzelnen Leitungen häufig doppelt (und in jeweils entgegengesetzte Richtungen) realisiert.

(2) *Stern* (vgl. Abbildung 15.6): In einem sternförmigen Netz laufen alle auszutauschenden Daten über einen zentralen Schalterknoten, welcher als einziger die Store-and-Forward-Fähigkeit besitzen muss. Diese Zentrale muss ferner eine hohe Verfügbarkeit aufweisen, da sie über das Funktionieren des gesamten Netzes bestimmt.

Der Stern wird de facto kaum verwendet, da ein zentraler Vermittler der Idee der Dezentralisierung des Gesamtsystems widerspricht. Eine Ausnahme bilden z.B. kleinere Büro- oder auch häusliche Anwendungen, bei denen die Sternenmitte ein Switch ist, welcher unterschiedliche Rechner etwa auf gemeinsame Ressourcen (wie

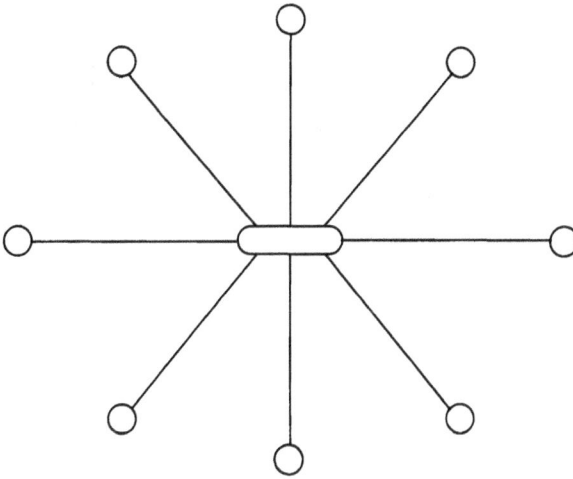

Abbildung 15.6: Stern-Topologie.

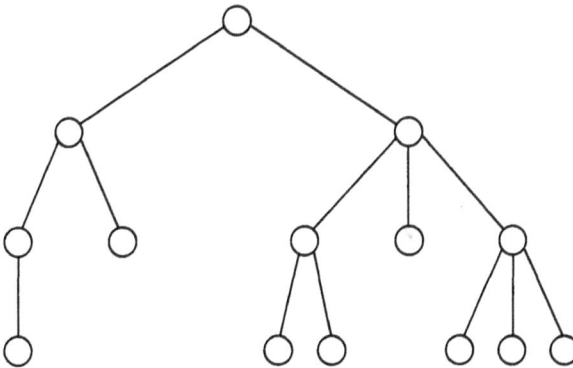

Abbildung 15.7: Baum-Topologie.

einen Internet-Zugang an einer Stelle oder einen Drucker an einer anderen) zugreifen lässt. Logisch liegt eine sternförmige Verbindung auch bei Fileserver-Workstation-Konfigurationen vor, da dabei der zentrale Server einerseits alle im Netz benutzten Daten und Programme verwaltet und andererseits alle Kommunikation über diesen abgewickelt werden muss.

(3) *Baum* (vgl. Abbildung 15.7): Eine Baumtopologie wird bei Anwendungen eingesetzt, welche von ihrer Natur her hierarchisch sind, wie z. B. eine Prozesssteuerung. Der Ausfall einer Verbindung bewirkt das „Abkoppeln" eines Teilbaumes vom übrigen Netz, jedoch bleiben der Teilbaum selbst und das Restnetz funktionsfähig.

Broadcast-Topologie:

(4) *Bus* (vgl. Abbildung 15.8): Im Fall lokaler Netze ist als Topologie der *Bus* besonders wichtig. Bei einem Bussystem steht allen Netzstationen ein globales Übertra-

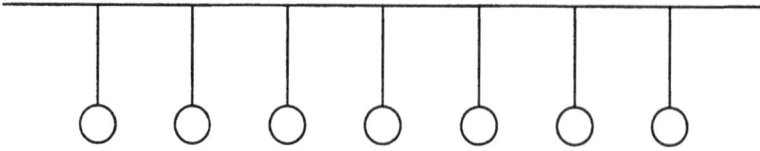

Abbildung 15.8: Bus-Topologie.

gungsmedium zur Verfügung; gesendete Daten können prinzipiell von allen angeschlossenen Geräten empfangen werden (man spricht auch von einem „passiven" Transport). (Das Arbeitsprinzip einer Bus-Topologie ist also konzeptionell vergleichbar mit dem der in Teil II sowie in Kapitel 14 aufgetretenen Busse von Mikroprozessoren oder dem eines busgekoppelten MIMD-Rechners.) Jedoch muss die Benutzung des Busses bei mehreren Sendern durch geeignete Protokolle geregelt werden. Den Vorteilen der sehr einfachen Erweiterbarkeit und der Unempfindlichkeit gegen den Ausfall von Endknoten steht der Nachteil des Totalausfalls bei „Zusammenbruch" des Mediums gegenüber.

Schließlich sei noch erwähnt, dass die gerade vorgestellten Topologien in der Praxis auch kombiniert werden, z. B. bei der Zusammenschaltung mehrerer Busse mit Hilfe von Store-and-Forward-Knoten, Gateways oder Routern.

Bei allen genannten Topologien lassen sich die Verbindungen physikalisch mit verschiedenen Kabel-Typen realisieren, die wir hier der Vollständigkeit halber erwähnen: Verdrilltes Kabel, Koaxialkabel und („optisches") Glasfaserkabel. Üblicherweise werden dabei jeweils mehrere „logische" Übertragungskanäle durch einen Multiplexer gleichzeitig über *ein* physikalisches Medium realisiert. Bekannte Multiplexverfahren sind das *Frequenzmultiplexen*, welches so genannten *Breitbandnetzen* zugrunde liegt, sowie das (asynchrone) *Zeitmultiplexen*, welches bei so genannten *Basisbandnetzen* verwendet wird. Bei ersterem wird das zur Verfügung stehende Frequenzband in mehrere Teilbänder zerlegt, welche parallel benutzt werden können; bei letzterem steht sendewilligen Stationen das gesamte Band für eine bestimmte Zeit zur Verfügung.

15.4.3 Netzzugangsverfahren

Die gerade behandelte Topologie eines lokalen Netzes betrifft das Verbinden von Endpunkten eines Netzes aus rein logischer Sicht. Im Hinblick auf das ISO-Referenz-Modell steht dabei also das Subnetz zur Diskussion, und die Betrachtungen bewegen sich noch „unterhalb" der Ebene 1. Ist nun in einem konkreten Fall die Frage der zu verwendenden Topologie geklärt, so sind durch die Protokolle der Ebene 1 wie erläutert z. B. die im Zusammenhang mit dem benutzten Kabel auftretenden physikalischen Aufgaben der Übertragung zu regeln. In diesem Abschnitt bewegen wir uns dagegen auf der ISO-Ebene 2, wobei allerdings einzuschränken ist, dass Netzzugangsverfahren lediglich einen Teilaspekt der Protokolle dieser Ebene betreffen. Aufgrund der zunehmenden Verbreitung lokaler Netze werden für diesen „Spezialfall" eines verteilten Systems über das allgemeine ISO-Modell hinaus gehende Standardisierungsbemühungen unternommen. Speziell beschäftigen sich das Projekt 802 des *Institute of Electrical and Electronics Engineers* (IEEE) und das Technical Commit-

höhere Ebenen

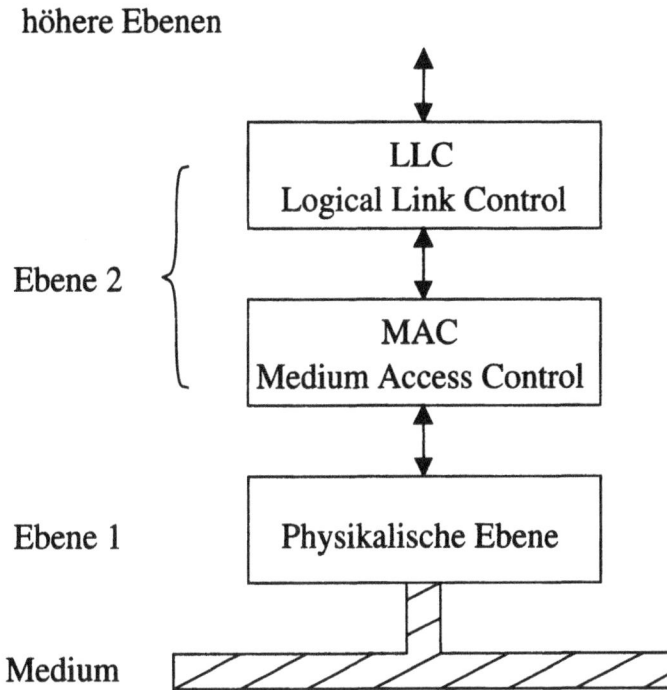

Abbildung 15.9: Modifikation von ISO-Ebene 2 für lokale Netze.

tee (TC) 24 der *European Computer Manufacturers Association* (ECMA) mit der LAN-Standardisierung. Das von diesen Gremien erarbeitete LAN-Modell, unter der Abkürzung IEEE 802 bekannt, sieht eine Aufteilung der ISO-Ebene 2 gemäß Abbildung 15.9 vor; Ebene 1 wird in diesem Zusammenhang auch als *Medium Attachment Unit* (MAU) bezeichnet. Die Leitungsebene 2 wird in die beiden Subebenen LLC (*Logical Link Control*) und MAC (*Medium Access Control*) unterteilt, von welchen nur die letztere vom verwendeten Übertragungsmedium abhängt. Oberhalb von LLC befindet sich ferner die optionale *Multi-Point*-Subebene, welche zur Unterstützung von Multiplexing und Virtual-Circuit-Service aus mehreren logischen Adressen innerhalb einer Station (*Service Access Points*, SAPs) besteht. Man erkennt also hier bereits Abweichungen vom ursprünglichen ISO-Modell. Grundsätzlich kann jeder SAP ein eigenes Data-Link-Protokoll benutzen; bei Verwendung von IEEE 802 jedoch wird der Ebene 3 nur einer der folgenden beiden Dienste angeboten:

1. Klasse A: *Unacknowledged Connectionless Service*, ein gewöhnlicher Datagram-Service zum Senden und Empfangen;

2. Klasse B: *Connection-oriented Service*, ein Dienst zwischen SAPs im Stile der Virtual Circuits.

Für LLC beschreibt IEEE 802 ein HDLC-ähnliches Data-Link-Protokoll mit dem Namen LNDLC (*Local Network Data Link Control*). Die speziellen Eigenschaften und Ausprägungen lokaler Netze verschiedener Hersteller werden durch diese Aufteilung in zwei bzw. drei Subebenen auf das Medium, die Ebene 1 und auf den MAC-Anteil der

Ebene 2 beschränkt. Genau diesem Anteil obliegt nun die Bereitstellung geeigneter Protokolle, durch welche Endknoten Zugang zum Medium erhalten.

Wir werden in diesem Abschnitt einige bekannte Vertreter solcher MAC-Verfahren kurz vorstellen, wobei wir uns auf die gebräuchlisten Topologien beschränken: Für Punkt-zu-Punkt-Netze stellen wir lediglich Zugangsmethoden bei *Ringsystemen*, für Broadcast-Netze solche bei *Bussystemen* vor.

Das prominenteste Zugangsverfahren bei Ringsystemen ist der so genannte *Token-Ring*: Die an das Netz angeschlossenen Stationen sind ringförmig verbunden; eine Kommunikation kann nur in einer Richtung verlaufen. Auf diesem Ring kreist nun ein so genanntes *Token*; dabei handelt es sich um ein Signal (eine spezielle Bitfolge), welches von einer sendebereiten Station als Sendeberechtigung interpretiert wird. Diese Station wandelt dann das (Frei-) Token in ein belegtes Token um und hängt die zu übertragenden Daten daran an.

Schematisch ist der Ablauf in den Abbildungen 15.10 – 15.13 gezeigt:

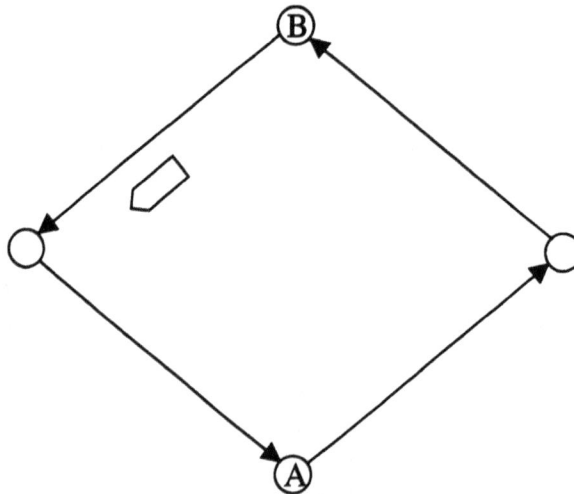

Abbildung 15.10: Token-Ring Phase 1.

- Phase 1: A will Daten nach B übertragen; hierzu wird das Frei-Token in ein Belegt-Token verwandelt.

- Phase 2: B schickt die empfangene Nachricht als Quittung an A zurück.

- Phase 3: A vergleicht die Quittung mit der ausgesandten Nachricht und zieht beide aus dem Ringverkehr; unabhängig davon wird die Sendung fortgesetzt.

- Phase 4: Nach Abschluss der Sendung generiert A ein neues Frei-Token. Dadurch erhält der Nachfolger von A im Ring als erster das Senderecht.

Das gerade beschriebene Verfahren kann auf verschiedene Weisen variiert werden: Der Sender kann z. B. ein neues Frei-Token unmittelbar an das Ende seiner Nachricht anhängen, so dass sich mehrere Belegt-Token und damit mehrere Nachrichten

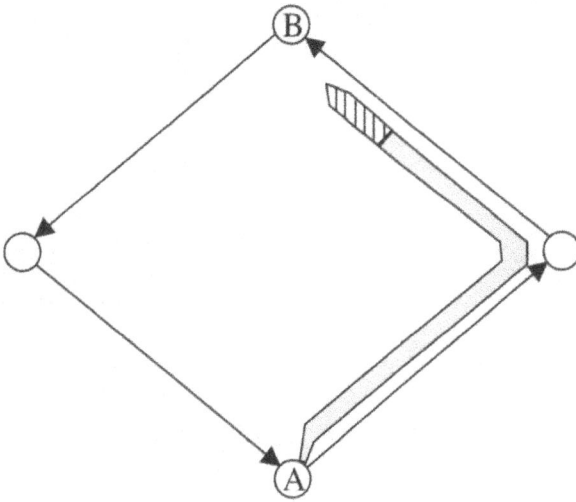

Abbildung 15.11: Token-Ring Phase 2.

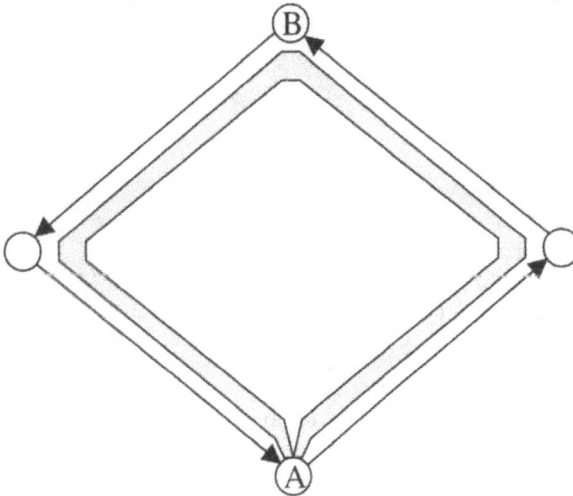

Abbildung 15.12: Token-Ring Phase 3.

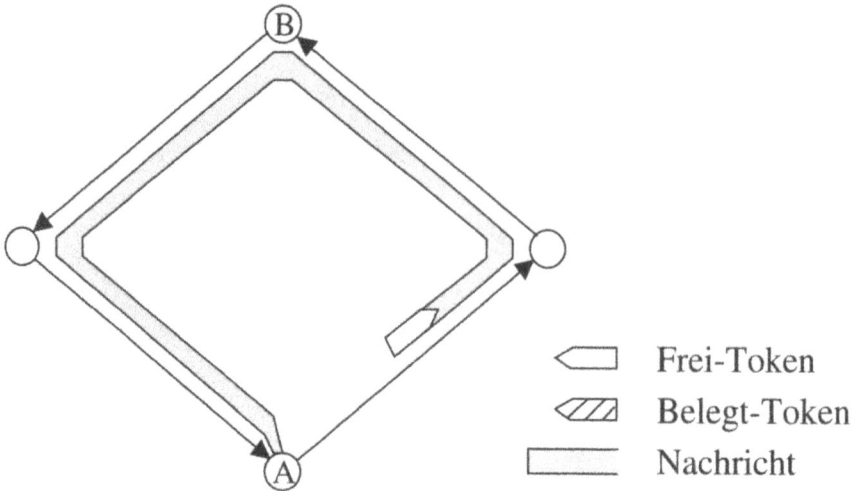

Abbildung 15.13: Token-Ring Phase 4.

gleichzeitig auf dem Ring befinden können. Der Sender kann ferner ein Frei-Token erzeugen, sobald er (als Quittung) den Kopf seiner Nachricht zurück erhalten hat. Ein typischerweise verwendetes Frei-Token [Belegt-Token] ist die Bitfolge 11111111 [11111110]. Diese unterscheiden sich nur in der letzten Stelle; um ein Frei- in ein Belegt-Token umwandeln zu können, benötigt jede Station daher eine Verzögerung von (mindestens) 1 Bit. Die Verwaltung von Token muss ferner auf verschiedene Ausnahmesituationen vorbereitet sein. Ein Token kann z. B. „verlorengehen" in dem Sinne, dass es durch eine Störung in eine nicht einem Token entsprechende Bit-Folge verwandelt wird. Eine solche Situation muss erkannt werden, etwa durch die Verwendung eines Timers, durch den die Tokenverwaltung beobachtet, wie lange kein Token mehr „gesehen" wurde. Läuft der Timer ab, so wird angenommen, dass das Token verloren ist, und es wird ein neues generiert (und der Verkehr auf den Ring neu initiiert).

Beim so genannten *Slotted Ring* wird unterstellt, dass eine Station als zentraler Monitor fungiert. Dieser schickt ständig leere Pakete („Slots") im Ring herum, welche von sendewilligen Stationen aufgefüllt werden können. Wie beim Token-Ring ist auch hier der Empfang einer Sendung zu quittieren, und der Sender ersetzt schließlich das von ihm geschickte Datenpaket wieder durch ein leeres.

Es sei bemerkt, dass diese Zugangsverfahren nicht auf solche Netztopologien beschränkt sind, welche im *physikalischen* Sinne Ringe darstellen. Sie sind auch bei so genannten *logischen Ringstrukturen* anwendbar. Ein Beispiel für eine derartige Struktur ist der *sternförmige Ring*, bei welchem sich ein „logischer Stern" eines physikalischen Ringes als logischen Mittelpunktes bedient, etwa wie in Abbildung 15.14 gezeigt.

Bei *Bussystemen*, bei welchen im Unterschied zu seriell arbeitenden Ringen alle angeschlossenen Stationen *parallel* auf das Übertragungsmedium zugreifen können, lassen sich Netzzugangsverfahren in die Klassen Auswahltechniken, Random-Access-Methoden und Reservierungsverfahren einteilen.

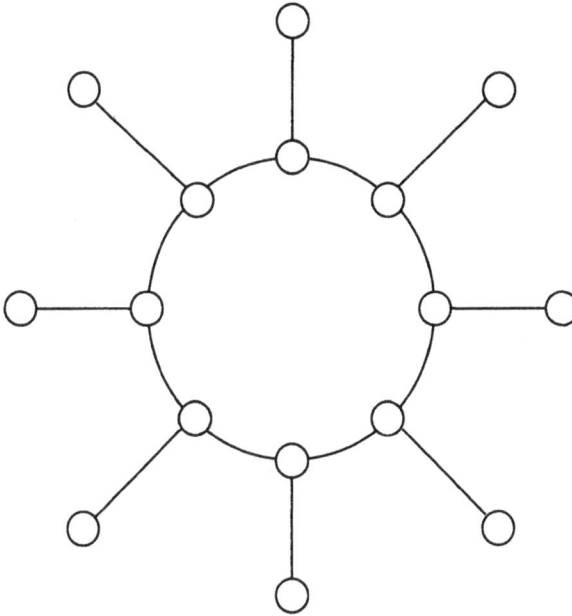

Abbildung 15.14: Sternförmiger Ring.

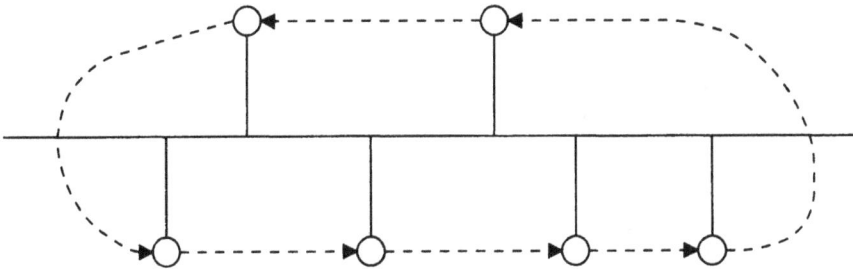

Abbildung 15.15: Token-Bus.

Bei Verwendung einer *Auswahltechnik* wird nach Beendigung einer Übertragung der nächste sendeberechtigte Benutzer ausgewählt, und zwar von einem zentralen Monitor oder dezentral von der Station, welche gerade eine Übertragung beendet hat. Ein typischer Vertreter dieser Klasse ist der so genannte *Token-Bus*, bei welchem physikalisch ein Bus, logisch aber wieder ein Ring vorliegt (vgl. Abbildung 15.15). Die Arbeitsweise des Token-Busses ist der des Token-Rings analog; wir können daher auf ihre Beschreibung verzichten. Der wesentliche Unterschied zum Token-Ring besteht darin, dass hier keine Ordnung auf den angeschlossenen Stationen a priori (durch die physikalischen Verbindungen) vorgegeben ist, sondern dass prinzipiell frei festlegbar ist, wer für jede einzelne Station deren (logischer) Vorgänger bzw. Nachfolger sein soll.

Die ältesten *Random-Access-Methoden* sind die so genannten *Aloha-Verfahren*, bei welchen jede an den Bus angeschlossene Station Daten überträgt wann immer sie möchte. Senden zwei Stationen gleichzeitig, so kommt es zu einer Kollision, für deren

Behebung geeignete Strategien bereitgestellt werden müssen. Je nach dem, ob der Netzzugang zu beliebigen Zeitpunkten oder getaktet erfolgt, unterscheidet man *Pure Aloha* bzw. *Slotted Aloha*. Beide Verfahren arbeiten nur solange zufriedenstellend, wie der Verkehr auf dem Bus gering ist. Bereits aus diesem Grund sind sie für lokale Netze ungeeignet. Es sei angemerkt, dass diese Methode ursprünglich für das die Inseln von Hawaii verbindende Rundfunkübertragungssystem *Alohanet* verwendet wurde; der Name dieses Netzes wurde später für diese Verfahren übernommen. Die mit Pure bzw. Slotted Aloha erzielte Kanalauslastung betrug dabei 18,4% bzw. 36,8%, d. h. nur dieser Prozentsatz der Zeit wurde für eine erfolgreiche Übertragung genutzt.

Wesentlich besser ist der Bus-Durchsatz z. B. bei Verwendung einer der zahlreichen Varianten des *Carrier-Sense-Multiple-Access-Verfahrens (CSMA)*, dessen Prinzip sich kurz durch „listen before talk" beschreiben lässt: Jede übertragungswillige Station prüft zunächst, ob der Bus belegt ist („Carrier Sensing"). Ist das nicht der Fall, so kann sie senden; anderenfalls muss sie warten. Konflikte können offensichtlich dadurch auftreten, dass zwei oder mehr Stationen den Bus praktisch gleichzeitig abhören, als frei erkennen und mit der Übertragung beginnen („Multiple Access"). Ein solcher Konflikt kann z. B. durch das *CSMA/CD-Verfahren* (Collision Detection) erkannt werden, bei welchem jede angeschlossene Station aus dem Erkennen einer unzulässigen Signalform darauf schließen kann, dass eine Kollision aufgetreten ist. Sobald ein Netzknoten auf diese Weise eine fehlerbehaftete Situation aufdeckt, sendet er ein Störsignal („jam signal") aus, durch welches alle noch aktiven Sender ihre Übertragung abbrechen und zu einem späteren Zeitpunkt neu starten. Durch das Störsignal wird erreicht, dass der Bus schon kurz nach dem Erkennen eines Konflikts wieder frei ist. Damit sich beim Wiederholen der einzelnen Übertragungen nicht die gleiche Situation wie beim ersten Mal wiederholt, sollten erneute Konflikte vermieden werden, z. B. durch *CSMA/CA* (Collision Avoidance). Dieses Verfahren vergibt Prioritäten an die beteiligten Stationen und ermöglicht den Netzzugang gemäß diesen Prioritäten.

Findet eine sendewillige Station während der „Sensing-Phase" den Bus belegt vor, muss sie ihren Übertragungswunsch zurückstellen und das Sensing nach einer bestimmten Zeit wiederholen; die dazu verwendeten CSMA-Varianten sind:

- *non-persistent*: Die sendewillige Station wartet eine zufällig gewählte Anzahl von Zeitintervallen (Slots), bis sie das Medium erneut abhört.

- *p-persistent*: Die Station wartet, falls sie das Medium belegt vorfindet. Wird es frei, so überträgt sie im nächsten freien Slot mit der Wahrscheinlichkeit p.

- *1-persistent*: Im Spezialfall $p = 1$ beginnt die Station unmittelbar nach Freiwerden des Mediums mit der Übertragung.

Bei Verwendung eines *Reservierungsverfahrens* steht einer (sendewilligen) Station das Medium für die Dauer einer bestimmten Zeitscheibe exclusiv zur Verfügung. Das bekannteste Verfahren dieser Klasse ist die *Time-Division-Multiple-Access-Methode* (TDMA); diese verteilt Zeitscheiben in Round-Robin-Manier unabhängig davon, ob eine Station senden will oder nicht. Sie wird insbesondere in der Satellitenkommunikation verwendet.

Es sei bemerkt, dass IEEE 802 für die MAC-Ebene im Wesentlichen die drei Alternativen CSMA/CD (802.3), Token-Ring (802.5) oder Token-Bus (802.4) vorsieht. Der

Standard IEEE 802.3 dient speziell für 1-persistente CSMA/CD-LANs und ist unter anderem in dem heute weit verbreiteten *Ethernet* implementiert. Dieses Netz wurde in der zweiten Hälfte der 70er Jahre am Xerox Palo Alto Research Center in Kalifornien entwickelt und ist bereits seit 1979 kommerziell verfügbar. Ethernet ist ein Broadcast-Netz mit einer bidirektionalen Bus-Topologie. Das physikalische Übertragungsmedium ist ein Koaxial-Kabel; Netz-Endknoten werden über so genannte *Transceiver* daran angeschlossen. Das Ethernet-Konzept wird heute von zahlreichen Herstellern unterstützt. Daneben wird von der IEEE unter der Bezeichnung 802.11 heute die drahtlose Kommunikation standardisiert.

15.4.4 Hochgeschwindigkeitsnetze

Während in früheren Jahren hauptsächlich verdrillte Kupferkabel und Koaxialkabel als physikalisches Übertragungsmedium verwendet wurden, kommen heute vorwiegend Glasfaserkabel sowie Lichtwellenleiter zum Einsatz. Hierdurch wurde insbesondere eine enorme Steigerung der Übertragungsleistung speziell im Bereich der lokalen Netze möglich; man rechnet heute damit, dass sogar mehrere tausend Gbps (Gigabit pro Sekunde) erreichbar sind. Insbesondere sind in den letzten Jahren auch Hochgeschwindigkeits-LANs (*High-Speed Local Area Networks*, HSLANs) verfügbar geworden, bei welchen Datenübertragungsraten jenseits von 100 Mbps möglich sind. Derartige Netze finden z. B. in Rechenzentrums-Umgebungen und bei Campus-weiten Vernetzungen Anwendung.

Wesentlich ist, dass HSLANs neue Entwurfsprobleme aufwerfen, da Protokolle wie CSMA/CD, welche ursprünglich für „langsame" Netze entwickelt wurden, häufig nicht ohne weiteres auf HSLANs übertragen werden können. Modifikationen an existierenden Protokollen bzw. neue Protokolle sind also erforderlich, wenn von der durch das physikalische Medium bereitgestellten hohen Übertragungsrate effizienter Gebrauch gemacht werden soll. In diesem Zusammenhang wurden in den letzten Jahren insbesondere die Protokolle

- FDDI (*Fiber Distributed Data Interface*),

- FDDI-II und

- DQDB (*Distributed Queue Dual Bus*, IEEE 802.6)

- SMDS (*Switched Multimegabit Data Service*)

entwickelt. Bei konkreten Netzkonfigurationen, in welchen diese Protokolle eingesetzt werden, sind die zu Beginn dieses Abschnitts genannten Charakteristika lokaler Netze, insbesondere die Längenbegrenzung, nicht mehr streng bindend. Speziell sind heute die Übergänge zwischen einem LAN und einem so genannten MAN (Metropolitan Area Network) teilweise fließend. Sogar der Übergang von einem LAN in ein Weitverkehrsnetz (siehe nächster Abschnitt) ist durch die Anwendung von Internet-Techniken (siehe ebenfalls nächster Abschnitt) auf lokale Gegebenheiten im Rahmen so genannter *Intranets* auf logischer Ebene oft nicht mehr erkennbar.

15.5   Globale Netze. Das Internet

Zum Abschluss dieses Kapitels gehen wir auf globale Netze (Fernübertragungsnetze; engl. *Remote Networks* oder *Wide Area Networks*, manchmal auch *Long Haul Networks*) sowie deren heute wichtigste Erscheinungsform, das *Internet*, ein. Wir wollen dabei auch andeuten, dass gerade im Kontext des Internets in den vergangenen Jahren diverse neue Dienste entwickelt wurden, über welche der Umgang mit dieser Netzform für breite Bevölkerungsschichten ermöglicht wird.

15.5.1   Charakteristika

Globale Netze lassen sich von lokalen Kommunikationseinrichtungen abgrenzen, allerdings sind die Grenzen hier fließend. Die Abgrenzung wird durch folgende Charakteristika globaler Netze verdeutlicht:

1. Das Netz ist in seiner räumlichen Ausdehnung nicht beschränkt, d. h. kommunikationswillige Endknoten dürfen im wahrsten Sinne des Wortes „global" verteilt sein.

2. Antwortzeiten sind im globalen Netz im Allgemeinen länger als im lokalen.

3. Kommunikation zwischen Netzkomponenten ist im Allgemeinen mit hohen Kosten verbunden, welche jetzt erheblich höher als die Installations- und Wartungskosten bei lokalen Netzen sind. Sie sind an den Betreiber des Netzes (z. B. die Telekom oder einen privaten Provider) zu entrichten.

4. Die Anzahl angeschlossener Hosts bzw. Endknoten ist zeitlich nicht konstant; Verbindungen werden im Allgemeinen für jede Datenkommunikation neu aufgebaut.

5. Es werden unterschiedliche Adressbereiche verwendet; insbesondere gibt es für private LANs gesonderte IP-Adrssbereiche, die nicht für ein Routing in ein globales Netz vorgesehen sind.

6. Die Netzarchitektur ist nicht nur im technischen, sondern auch im rechtlichen Sinne offen; so darf z. B. ein öffentliches Netz von jedem benutzt werden, der die technischen Voraussetzungen für einen Netzanschluss erfüllt und die Gebühren bezahlt.

Der früher bedeutsame Unterschied zu einem LAN hinsichtlich der Kapazität des physikalischen Übertragungsmediums spielt heute keine Rolle mehr, da sich beide Arten von Netzen inzwischen mindestens im Gbps-Bereich bewegen.

Punkt 1 dieser Charakterisierung impliziert, dass eine Kommunikation in einem globalen Netz unter Umständen nicht nur über Leitungen, sondern auch über geostationäre Satelliten erfolgen kann. Punkt 4 besagt, dass es sich bei einem globalen Netz im Allgemeinen um ein Wählnetz handelt, welches auf feste Verbindungen (Standleitungen) völlig verzichtet.

Weltweit werden globale Netze in zunehmendem Maße von privaten Gesellschaften entwickelt und betrieben. In diesem Zusammenhang sind insbesondere die *Forschungsnetze* zu erwähnen, welche ursprünglich für die Kommunikation zwischen verschiedenen Forschungseinrichtungen wie z. B. Hochschulen gedacht waren. Prominentester

Vertreter dieser Klasse ist das amerikanische *Arpanet*, welches unter Federführung der Defense Advanced Research Projects Agency (DARPA) des US-Verteidigungsministeriums entwickelt wurde. Es wurde bereits seit 1969 betrieben und umfasste speziell innerhalb der USA weit über hundert Netzknoten. Über Gateways waren schon bald vom Arpanet aus andere Netze erreichbar, und bereits in den 70er Jahren wurde darüber nachgedacht, welche Protokolle zur Vereinheitlichung speziell von „Internetworking" herangezogen werden konnten. Ein Durchbruch wurde erzielt durch die Forderung des US-Verteidigungsministeriums, dass alle Hostrechner im Arpanet das TCP/IP-Protokoll zu „fahren" hatten. Hierdurch wurde ein Rahmen geschaffen, aus welchem sich das heutige *Internet* entwickeln konnte.

15.5.2 Das Internet

Allgemein kann man das Internet charakterisieren als einen Zusammenschluss aller Netzwerke, welche das TCP/IP-Protokoll verwenden, welche über Gateways miteinander verbunden sind, und welche sich der gleichen Namens- sowie Adressstruktur bedienen. Das Internet umfasst heute zehntausende lokaler Netze weltweit, welche durch ein WAN als so genannten „Backbone" verbunden sind.

Anwender können sich im Wesentlichen auf zwei Arten Zugang zum Internet verschaffen: entweder durch den Anschluss eines Rechners an ein LAN mit Internet-Zugang oder durch Einwählen (per Telefonleitung, Kabelmodem oder auch Powerline-Anschluss) in den Rechner eines Providers, der seinerseits einen Internet-Zugang bietet. Das Internet hatte bereits 1995 rund 30 Millionen Nutzer weltweit und ist nach wie vor durch rasante Zuwachsraten gekennzeichnet. Hierfür sind verschiedene Aspekte maßgebend: Einerseits hat die Verbreitung von Rechnern insbesondere im privaten Bereich in den letzten Jahren enorm zugenommen, und die für einen Netzanschluss notwendige Hardware ist heute bereits bei PCs häufig eingebaut. Durch die zunehmende Konkurrenz unter den Providern sind auch die Netzbenutzungsgebühren inzwischen für eine breite Nutzerschaft erschwinglich. Außerdem sind auf dem Internet neben traditionellen Anwendungen wie E-Mail, File-Transfer und Remote Login heute vor allem Dienste wie das *World-Wide Web* (WWW) verfügbar, welche z. B. die Suche nach im Netz verfügbarer Information durch Browser und Suchmaschinen unterstützen. Hierauf gehen wir weiter unten ein.

15.5.3 TCP/IP-Protokolle

Das Internet ist ein weltweiter Verbund von Rechnernetzen; es umfasst ein Backbone-Netzwerk von Punkt-zu-Punkt-Verbindungen, welches die regionalen Gateways miteinander verbindet. Lokaler Zugang wird über so genannte *Router* bereitgestellt, an welche die einzelnen Computer über ihr jeweiliges LAN angeschlossen sind.

Abbildung 15.16 zeigt die 5 Protokollebenen des Internet; da im Internet einheitlich TCP/IP verwendet wird, kann man diese Ebenen auch als das *TCP/IP-Modell* bezeichnen. Man erkennt an diesem Bild die Gemeinsamkeiten, aber auch einige wesentliche Unterschiede zum ISO-Referenzmodell:

- Die unteren Ebenen 1 und 2 entsprechen weitgehend denen des ISO-Modells; es kommen speziell auf Ebene 2 Ethernet, FDDI, Token Ring, ATM, ISDN, DSL oder andere Protokolle zur Anwendung.

Application	◀─── *Layer 5*
Transport	◀─── *Layer 4*
Internet	◀─── *Layer 3*
Network Interface	◀─── *Layer 2*
Physical	◀─── *Layer 1*

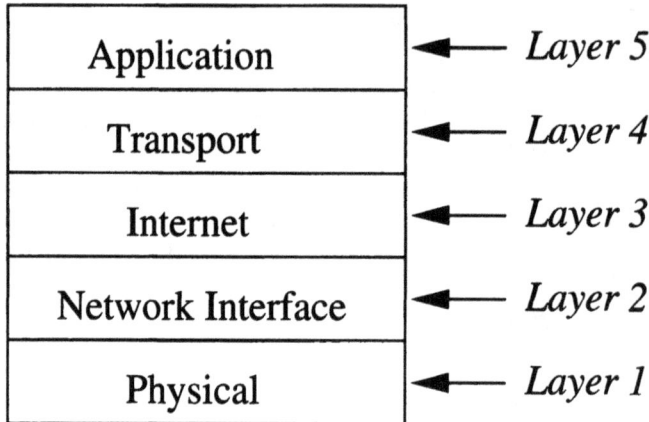

Abbildung 15.16: Die 5 Ebenen des TCP/IP-Modells.

- Die Ebene 3 hat im ursprünglichen ISO-Modell keine Entsprechung, da Internetworking zunächst nicht vorgesehen war.

- Ebene 4 ist wie bei ISO die Transportebene.

- Ebene 5 ist eine Zusammenfassung der ISO-Ebenen 5–7 und besteht aus den Anwendungen wie FTP, WWW, `rcp`, `rlogin` usw.

Wie bereits erwähnt, wird auf der Internet-Ebene 3 das IP-Protokoll verwendet. IP ist verbindungslos, d. h. es stellt einen Datagram Service zur Verfügung. Dabei wird unterstellt, dass Internet-Datagramme zwar transparent, aber nicht notwendig zuverlässig von einem Quell- zu einem Ziel-Host transportiert werden. Mechanismen zur Gewährleistung zuverlässiger Übertragung werden bei IP als durch die Transportebene (insbesondere das TCP-Protokoll) gewährleistet betrachtet. Ein IP-Datagram kann bis zu 64 KB lang sein und besteht aus einem Header und einem Text-Teil; die derzeit noch überwiegend verwendete Version ist IPv4 (Internet Protocol Version 4), auf welche wir als nächstes eingehen.

Ein IPv4-Header hat eine Länge von mindestens 20 Bytes und besteht aus einem festen und einem variablen Anteil wie in Abbildung 15.17 gezeigt. Er beschreibt unter anderem Quell- und Zieladresse der betreffenden Nachricht, die verwendete Protokollversion, die Länge des Headers (IHL), die Art des Dienstes (*low delay, high throughput, very reliable*), Nettodatenlänge und Optionen. Die *Time to live* gibt die Lebenserwartung des betreffenden Pakets an; ihr Wert wird von jedem Router, der das Paket erhält, um 1 vermindert, und das Paket wird vernichtet, wenn der Wert 0 erreicht ist. Der Header spezifiziert ferner das für die Übertragung gewünschte Protokoll, so dass der Empfänger die Nachricht verarbeiten kann. Unter den optionalen Diensten befindet sich z. B. eine Protokollierung der Route, auf der ein Paket transportiert wird; wird dies gewünscht, werden die Adressen aller Zwischenknoten nach und nach im Header vermerkt.

Einzelne Rechner, im Kontext des IP-Headers also Sender (Source) und Empfänger (Destination), sind über ihre Internet-Protokoll-Adresse (IP-Adresse) eindeutig identifizierbar. Eine solche Adresse ist 32 Bit lang und aus einer Netz- sowie einer End-

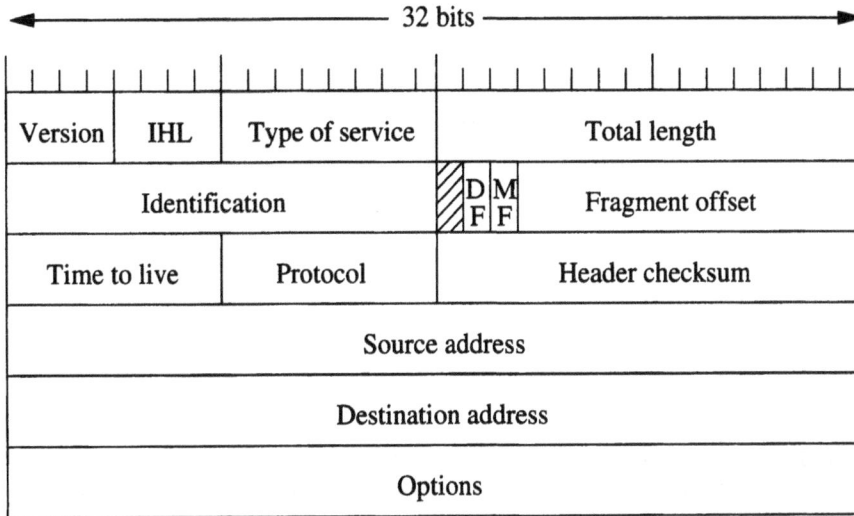

Abbildung 15.17: Format des IPv4-Headers.

systemkennung zusammengesetzt. Die Aufteilung zwischen diesen beiden Kennungen orientiert sich an Bytegrenzen; abhängig von der Länge der Kennungen werden die in Abbildung 15.18 gezeigten Klassen A–C unterschieden. Netze mit mehr als 2^{16} angeschlossenen Rechnern benötigen Klasse-A-Adressen, kleinere Netze kommen mit Klasse-B- oder sogar Klasse-C-Adressen aus. Klasse-D-Adressen, ebenfalls in Abbildung 15.18 gezeigt, sind unabhängig von der Netzgröße für Gruppenkommunikation vorgesehen. Die übliche Schreibweise für IP-Adressen hat die Form z. B.

$$128.176.184.86$$

bzw. binär

$$10000000.10110000.10111000.01010110$$

und wird über einen Verzeichnisdienst mit dem Namen des betreffenden Rechners in Verbindung gesetzt, in diesem Fall dem Rechner

`helios.uni-muenster.de ,`

auf welchem der Zweitautor dieses Buches seine Email empfängt (Klasse B). Hierzu sei bemerkt, dass das Internet nicht zentral verwaltet wird, so dass es keine „Kataloge" über vorhandene Rechner und deren Nummern gibt: Über den *Domain Name Service* (DNS) wird die Nummernvergabe gesteuert, so dass Eindeutigkeit zwar gewährleistet wird, aber eine Zuordnung in umgekehrter Richtung nicht möglich ist.

Ein zentrales Problem des IPv4-Protokolls ist die limitierte Anzahl von Netzadressen, denn durch die oben beschriebene Aufteilung stehen ja keineswegs 2^{32} verschiedene Adressen zur Verfügung, und die Zahl der zu adressierenden Rechner wächst noch immer sehr schnell. Außerdem wird der Header inzwischen als zu komplex und zu inflexibel für Optionen und Erweiterungen angesehen, so dass in zunehmendem Maße die Nachfolgeversion IPv6 (Version 6, auch *Internet Protocol next Generation* oder

	0		8		16		24		31 [Bit]

Klasse A | 0 | Netz-kennung | Endsystemkennung |

Klasse B | 1 | 0 | Netz-kennung | Endsystemkennung |

Klasse C | 1 | 1 | 0 | Netzkennung | Endsystem-kennung |

Klasse D | 1 | 1 | 1 | 0 | Multicastadresse |

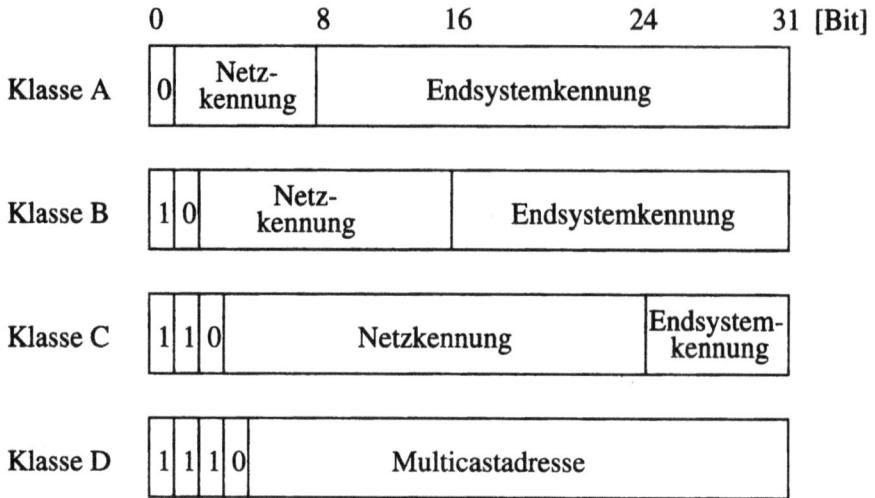

Abbildung 15.18: Aufbau einer IP-Adresse (Klassen A–D).

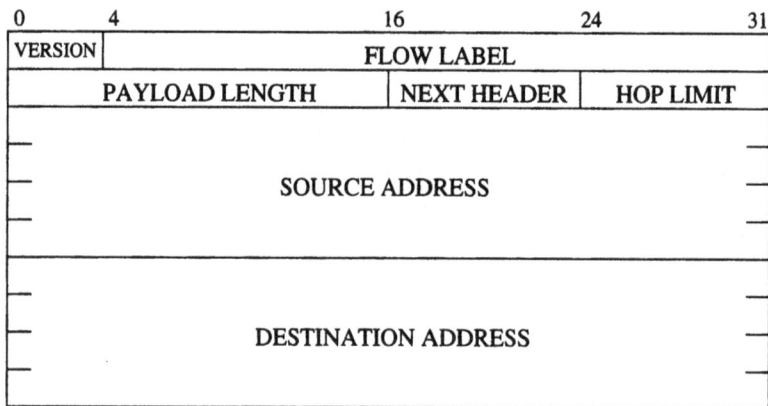

0	4	16	24	31

VERSION	FLOW LABEL			
PAYLOAD LENGTH		NEXT HEADER	HOP LIMIT	
SOURCE ADDRESS				
DESTINATION ADDRESS				

Abbildung 15.19: Format des IPv6-Headers.

kurz IPnG genannt) eingesetzt wird. Der Aufbau eines IPv6-Headers ist in Abbildung 15.19 gezeigt. Wie man an dieser Abbildung erkennt, ist der neue Header zwar doppelt so lang wie der alte, enthält jedoch weniger Information und ist erheblich einfacher aufgebaut. Insbesondere können IP-Adressen jetzt 16 Byte lang sein. Ein IPv6-Header kann durch bis zu 6 Folgeheader erweitert werden. Ein Router kann das *Priority*-Feld zur Feststellung der Dringlichkeit des betreffenden Pakets verwenden. Das *Flow Label* kann zur Beschreibung der Charakteristika der Übertragung, zu welcher das Paket gehört, benutzt werden. Die *Payload Length* gibt die Anzahl der Bytes im Paket nach dem Header an. Das *Hop Limit* wird in ähnlicher Weise wie die *Time to live* bei IPv4 verwendet.

Über das IP-Protokoll (aktuell noch IPv4) wird seit einiger Zeit auch Sprache übertragen, so dass man über das Internet *telefonieren* kann. Man spricht in diesem Zusammenhang von *Voice over IP* (VoIP), weniger technisch auch von Internet-

Telefonie. Sprachinformation wird dabei also nicht mehr über eine fest geschaltete Verbindung in einem Telefonnetz übertragen, sondern mit Hilfe von IP-Paketen übermittelt. Diese werden auf die gleiche Weise wie alle anderen Datenpakete transportiert (insbesondere also auf nicht festgelegten Wegen zu Ihrem Ziel gesendet). Derzeit lässt die Sprachqualität bei VoIP häufig noch zu wünschen übrig, da sich mit IPv4 keine Dienstgüte festlegen lässt; Abhilfe wird auch hier von IPv6 erwartet. Während man ursprünglich nur dann von Internet-Telefonie sprach, wenn beide Kommunikationspartner über das Internet miteinander verbunden waren, ist dies heute nicht mehr erforderlich, da man inzwischen Daten(pakete) vom Internet in das Telefonnetz bzw. umgekehrt übertragen kann.

Auf der Ebene oberhalb der IP-Ebene liegt das eigentliche Transportprotokoll, im Fall des Internet, wie erwähnt, das *Transfer Control Protocol* (TCP). Die Aufgabe von TCP besteht allgemein in der Herstellung gesicherter End-zu-End-Verbindungen zwischen zwei Netzteilnehmern. TCP stellt seine Dienste in Form von *Primitiven* zur Verfügung, wobei *Anfrageprimitive* (wie z. B. Unspecified Passive Open, Fully Specified Passive Open, Active Open, Active Open With Data, Send, Close, Abort) und *Antwortprimitive* (wie z. B. Open ID, Open Failure, Open Success, Deliver, Closing, Terminate, Error) unterschieden werden. Die Adressierung erfolgt auch hier in der Form „Subnetz.Host:Port". (Ein Port bezeichnet in diesem Zusammenhang die Aufteilung einer IP-Adresse in eine Reihe von Kontaktpunkten für unterschiedliche Dienste, z. B. Port 80 für den Dienst HTTP.) Zur Fehlererkennung wird ein Prüfsummen-Verfahren verwendet.

15.5.4 Das World-Wide Web

Erst durch die verschiedenen, heute verfügbaren und oft kostenlos bereitgestellten *Dienste* wird das Internet intensiv genutzt. Hierzu zählen die bereits erwähnten Dienste Telnet sowie SSH zum Arbeiten auf entfernten Rechnern, FTP oder Email mittels SMTP (*Simple Mail Transfer Protocol*). Allgemein versteht man unter *Internet-Diensten* Anwendungen (also Programme oder allgemeiner „Dienstleistungen"), welche oberhalb der Transportschicht liegen (Ebene 5 im Sinne von Abbildung 15.16).

Durch den populärsten Internet-Dienst, das WWW, hat die Vernetzung ein ungeahntes Wachstum erfahren, und zwar sowohl hinsichtlich der Anzahl im Internet verbundener Rechner als auch hinsichtlich der Anzahl von WWW-Servern. Durch das World-Wide Web (auch kurz Web) ist es einerseits möglich, auf einfache Art Zugang zu Informationen zu erhalten, die über das ganze Internet verteilt sind. Andererseits können ebenso einfach Informationen bereitgestellt werden, auf die andere Benutzer über das Internet zugreifen können. Da das Web (und auch die Zahl seiner Benutzer) immer noch in hohem Tempo anwächst, benötigt man geeignete Werkzeuge zum Umgang mit der angebotenen Information. Auf der Anbieterseite ist dies insbesondere die Sprache HTML (Hypertext Markup Language) zur Beschreibung von Informationen; auf der Benutzerseite sind dies in erster Linie *Browser* und *Suchmaschinen*. Browser können HTML-Dokumente anzeigen; mit Hilfe von Suchmaschinen lassen sich Web-Seiten nach unterschiedlichen Suchkriterien lokalisieren.

Beim Web handelt es sich um einen so genannten *Client/Server-Dienst*: Auf Dienstanbietern oder *Servern* werden Daten vorgehalten, die von Diensterfragern oder

Clients, in diesem speziellen Fall den WWW-Browsern, abgerufen werden können. Jeder Internetnutzer kann selbst Server einrichten (und auch wieder entfernen) und so zum globalen Informationsangebot beitragen. Es ist (bisher) nicht geregelt, in welcher Form die Dateien bereitgestellt werden sollten. Meistens handelt es sich um HTML-Dateien, welche mittels des *Hypertext Transfer Protocol* (HTTP) übertragen und sodann von einem Browser verarbeitet werden können.

Eine wichtige Eigenschaft der Sprache HTML ist die Möglichkeit der Definition so genannter *Hyperlinks*, welche im Browser sichtbar gemacht werden und auf andere Dateien verweisen; diese können an beliebiger Stelle im Internet, also weltweit verteilt liegen und werden durch Anwählen im Browser (Maus-Klick) geladen. Das Nachverfolgen solcher Hyperlinks („Surfen") stellt eine Form *navigierenden* Zugriffs auf Information dar, wie er auch in bestimmten Typen von Datenbanksystemen verwendet wird.

Alle bereitgestellten Dateien sind durch ihren jeweiligen *Uniform Resource Locator* (URL) eindeutig identifizierbar. Zwei Beispiele für derartige „Adressen" haben wir in Teil II bereits kennen gelernt:

```
http://www.sun.com/processors/index.html
http://www.motorola.com/semiconductors
```

Eine solche Adresse beginnt im Allgemeinen mit der Angabe des Übertragungsprotokolls (hier `http`), so dass auch andere Internet-Dienste wie z. B. `ftp` von einem WWW-Client genutzt werden können. Dem Protokoll folgt die IP-Adresse des betreffenden Servers (hier `www.sun.com` bzw. `www.motorola.com`), während im letzten Teil der Pfad sowie der Dateiname des bereitgestellten bzw. gewünschten Dokuments zu finden sind; dieser letzte Teil kann entfallen, sofern es sich um die Adresse einer *Startseite* („Home Page") handelt, von der aus weiter verzweigt wird. Es sei bemerkt, dass wir uns in diesem Buch bewusst auf die Angabe weniger URLs beschränken. Einerseits ist URL-Information erfahrungsgemäß einer schnellen Veränderung unterworfen; hier gemachte spezifische Angaben könnten also bei Drucklegung des Buches bereits veraltet sein. Andererseits kann man sich zum Auffinden von Information der Suchmaschinen bedienen, auf welche wir unten eingehen.

Für eine Interaktion mit Benutzern ist es häufig notwendig, Teile von Web-Seiten dynamisch zum Zeitpunkt einer Anfrage zu generieren. Als Beispiel denke man an die Web-Seiten von Online-Händlern, die beim Aufruf jeweils eine Benutzer-spezifische Willkommensnachricht anzeigen, oder an Formulare, aus deren Feldern Daten ausgelesen und verarbeitet werden müssen. Grundsätzlich ist eine dynamische Verarbeitung sowohl auf der Seite des Clients, welcher eine Web-Seite anfordert, als auch auf der Seite des Servers, welcher das betreffende Web-Angebot vorhält, möglich.

Auf der *Client*-Seite kommt häufig *JavaScript* zum Einsatz, eine von Netscape entwickelte Skriptsprache, deren Quellcode in HTML-Code eingebaut werden kann und dann von dem Web-Browser, der diesen HTML-Code interpretiert, auf dem betreffenden Client ausgeführt wird. JavaScript ermöglicht eine Interaktion zwischen einer Web-Seite und einem Benutzer ohne Zugriff auf den Server; die Skripte sind nicht in der Lage, Netzwerk-Operationen durchzuführen, mit Ausnahme des Ladens von Web-Seiten. Die Funktionalität der Sprache ist beschränkt, etwa auf das Validieren von Formularfeldern, die Generierung von HTML-Seiten oder die Änderung der Browser-Umgebung. Es sei noch bemerkt, dass es sich bei JavaScript trotz der

Namensähnlichkeit *nicht* um eine Version der von Sun Microsystems entwickelten Sprache Java handelt.

Für die dynamische Generierung von HTML-Seiten auf der *Server*-Seite gibt es mehrere Möglichkeiten. Außer der Eigenschaft, durch statische Verknüpfungen bereits vorhandene Dokumente zu laden, bietet das WWW die Möglichkeit, durch Hyperlinks *Common Gateway Interface*-Programme (CGI-Skripte) auf dem jeweiligen Server ausführen zu lassen. Dabei kann es sich um beliebige Skripte und Programme handeln, welche über eine normierte Schnittstelle sowohl Parameter und Daten übergeben bekommen als auch HTML-Dokumente zurückgeben. Die Eingabedaten können interaktiv vom Benutzer über in HTML definierte Formulare angegeben werden. Auf diese Weise können dynamische HTML-Seiten (einschließlich Hyperlinks) generiert werden, welche aktuelle Informationen wie Statistiken enthalten oder Daten aus anderen Informationssystemen (z. B. Wetterdaten) für das Web aufbereiten.

Als weitere Entwicklung seien abschließend auch *Java Server Pages* erwähnt. Diese Entwicklung basiert auf einer Unterscheidung zwischen statischen und dynamischen Teilen im HTML-Code: In statischen HTML-Code können dynamische Teile dadurch eingebunden werden, dass sie durch bestimmte, in HTML nicht enthaltene Tags gekennzeichnet werden. Bei Java Server Pages enthalten die dynamischen Teile beliebigen Java-Quellcode, der z. B. Formularfelder auslesen, Auswertungen durchführen oder auf eine Datenbank zugreifen kann. Von solchem Programmcode ausgegebene Textmeldungen werden in HTML transformiert. Fordert dann ein Client eine Seite an, so wird seitens des Servers überprüft, ob diese Seite Tags enthält, welche dynamische Teile kennzeichnen. Ist dies der Fall, werden die dynamischen Abschnitte auf dem Server ausgeführt; der ursprüngliche Java-Quelltext im HTML-Code der Seite wird sodann durch die Programmausgaben ersetzt. Anschließend wird die Seite, die jetzt nur noch reine HTML-Anweisungen enthält, an den Client gesendet, für den die gerade beschriebene Verarbeitung somit verborgen bleibt. Es sei erwähnt, dass PHP oder z. B. Java Servlets vergleichbare Ansätze darstellen.

15.5.5 Die Arbeitsweise einer Suchmaschine am Beispiel Google

Wie erwähnt werden zur Informationsauffindung im Web heute *Suchmaschinen* verwendet, mit welchen man Anfragen an den global verfügbaren Datenbestand stellen kann, ohne die dezentrale Verwaltung zu beeinflussen. Ein Benutzer kann auf einen solchen Dienst per HTML-Formular zugreifen, um dort Suchbegriffe oder Selektionskriterien anzugeben. Als Antwort erhält man eine Liste von URLs, also Adressen von Dokumenten im Web, welche diese Begriffe enthalten oder auf welche diese Kriterien zutreffen. Allen Suchmaschinen liegt die gleiche Arbeitsweise zu Grunde: Durch ein spezielles Programm, welches in diesem Zusammenhang auch als *Robot*, *Spider* oder *Worm* bezeichnet wird, werden verschiedenste WWW-Server erfasst sowie die dort bereitgestellten Dateien katalogisiert und analysiert. Ein Anwender kann diese Kataloge wie den Index eines Buches nutzen, jedoch werden anstelle einer Seitenzahl für das betreffende Schlagwort eine oder mehrere URLs in Form von Links zurückgegeben. Anders als ein Buch verhält sich die bereitgestellte Information jedoch dynamisch, d. h. neue Server entstehen, andere stellen ihren Betrieb ein oder werden umstrukturiert, so dass derartige Indexlisten immer wieder aktualisiert werden müssen.

Für die Arbeit mit Suchmaschinen ist es wichtig zu wissen, dass verschiedene Suchsysteme bei der gleichen Anfrage im Allgemeinen unterschiedliche URL-Listen zurückgeben, da die jeweils verwendeten Suchstrategien trotz grundsätzlich gleicher Arbeitsweise sehr verschieden sind. Zu den verwendeten Optionen gehören z. B.:

- Besuchen möglichst vieler Server und Registrierung jeweils nur weniger Dokumente;

- Besuchen nur weniger Server und vollständiges Katalogisieren von deren jeweiligem Dokumentenbaum;

- Betrachtung von lediglich Titel und „Überschriften" bei der Analyse lokaler Dokumente;

- Registrierung sämtlicher HTML-markierter Teile (einschließlich Hyperlinks);

- Untersuchung des vollständigen Textes pro Dokument.

Auch beim Aktualisieren gibt es verschiedene Vorgehensweisen. Es ist hier auf absehbare Zeit keine Vereinheitlichung zu erwarten, allerdings erweisen sich inzwischen manche Strategien als besonders effektiv.

In diesem Abschnitt wollen wir exemplarisch auf die Arbeitsweise einer speziellen Suchmaschine eingehen. Auf Grund der hohen Popularität, die sie in den letzten Jahren gewonnen hat, sowie der spezifischen Techniken, die sie verwendet, betrachten wir die an der Stanford University in Palo Alto, Kalifornien entwickelte Suchmaschine *Google*. Im Herbst 2005 hatte Google über 8 Milliarden Adressen von Internetseiten in seiner Datenbank gespeichert; Suchergebnisse werden meist in weniger als einer halben Sekunde geliefert. Im Folgenden beschreiben wir zunächst, wie Google Seiten bzw. Dokumente aus dem Internet sammelt, indiziert und klassifiziert; dabei gehen wir auch auf die zentralen Komponenten der Architektur von Google ein. Sodann wird der Ablauf der Bearbeitung einer einfachen Suchanfrage, die von einem Benutzer gestellt wird, erläutert.

Abbildung 15.20 zeigt die Architektur von Google, welche wir hier nicht in allen Einzelheiten erläutern wollen. Der wesentliche Ansatz von Google ist (wie auch bei anderen Suchmaschinen), Informationen aus dem Web *a priori*, also unabhängig von bereits gestellten Suchanfragen, zusammen zu tragen und diese so aufzubereiten, dass Anfragen effizient beantwortet werden können. Allerdings kommen bei Google spezielle Techniken zum Einsatz, deren wesentliche sind:

- Laufende Speicherung ganzer Web-Seiten, also vollständiger Dokumente, in einer von Google verwalteten Datenbank (mit geeigneten Vorkehrungen zur Aktualisierung der Datenbank nach Änderungen an einer Seite),

- Aufbau eines Index für einen Großteil der in einem Dokument vorkommenden Begriffe,

- Bewertung der gespeicherten Seiten mit einem anfrageunabhängigen Maß, das nach einem seiner Autoren als „PageRank" bezeichnet wird.

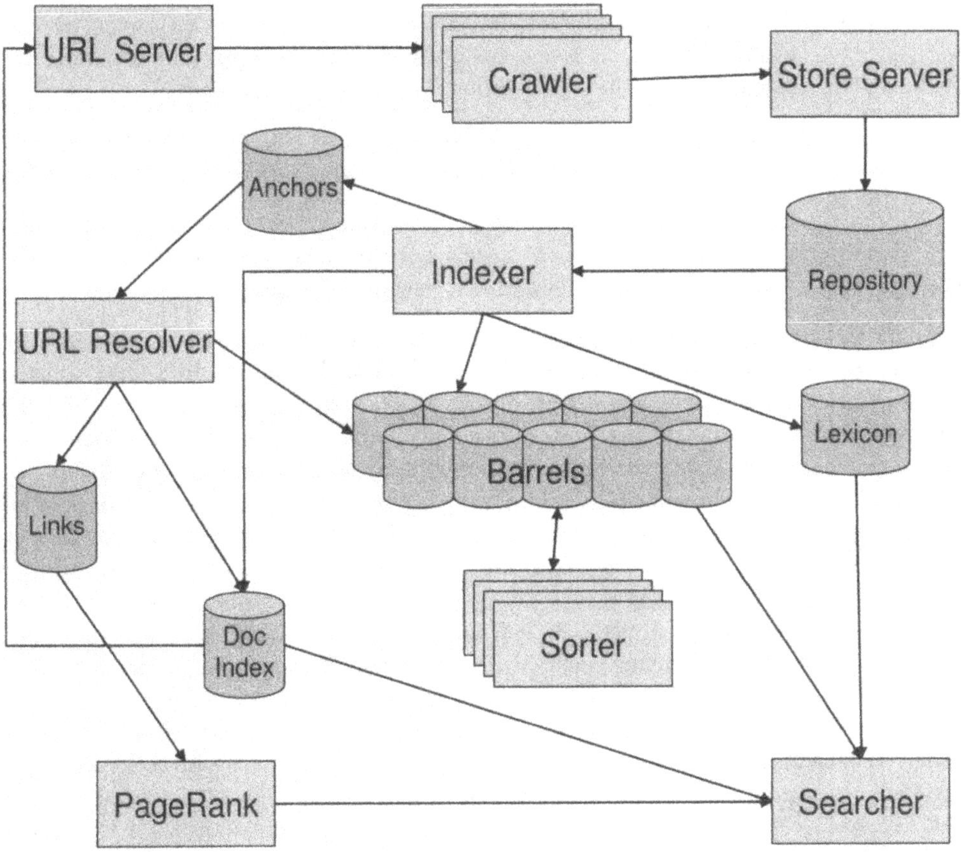

Abbildung 15.20: Google-Architektur.

Abbildung 15.20 zeigt am oberen Rand die zentralen Informationssammler von Google, die so genannten *Crawler*. Ein Crawler lädt Seiten bzw. Dokumente aus dem Web. Bei Google sind mehrere Crawler gleichzeitig aktiv, wodurch große Anzahlen von Webseiten pro Sekunde gespeichert werden können. Jeder Crawler kann mehrere hundert Verbindungen zu Web-Servern gleichzeitig geöffnet haben, die sich in unterschiedlichen Zuständen befinden können (DNS look-up, connection to host, sending request, receiving response), und er verfügt über einen eigenen DNS-Cache, so dass nicht vor jedem Besuch einer neuen Seite ein Lookup im Internet-DNS-Verzeichnis erforderlich ist. Die Crawler sammeln Information nicht zufällig, sondern erhalten zu bearbeitende URLs von Googles zentralem *URL-Server*. Dieser sortiert die zur Bearbeitung anstehenden Adressen zum Zwecke einer Lastverteilung in unterschiedliche Schlangen (Queues), wobei alle Seitenadressen, die von demselben Web-Server verwaltet werden, in derselben Queue gespeichert werden. Fordert ein Crawler dann neue Adressen an, so erhält er diese aus verschiedenen Schlangen, damit er unterschiedliche Server besucht.

Die Qualität der von einem Crawler generierten Ergebnisse und damit die Qualität der Datenbank, auf welche sich eine Suchmaschine zur Beantwortung von Anfragen stützen kann, hängt unter anderem davon ab, welche Seiten vom Crawler besucht werden, in welcher Reihenfolge diese Seiten besucht werden und wie oft sie erneut besucht werden, um Aktualisierungen zu erkennen. Google nutzt die Hyperlink-Struktur des Web zur Klassifikation von Seiten gemäß den folgenden Annahmen:

1. Ein Link (Verweis) von einer Seite A auf eine Seite B kann verstanden werden als eine „Empfehlung" der Seite B durch den Autor der Seite A.

2. Sind die Seiten A und B über einen Hyperlink verbunden, so ist die Wahrscheinlichkeit dafür, dass sie sich auf den gleichen thematischen Inhalt beziehen, größer, als wenn die beiden Seiten nicht verbunden wären.

Aus der ersten Annahme ergibt sich bereits ein einfaches Bewertungskriterium für Web-Seiten: Je höher die Anzahl der Hyperlinks ist, die auf eine Seite verweisen, desto „besser" ist die Seite. Es sei an dieser Stelle bemerkt, dass man das Web als einen *gerichteten Graphen* (vgl. Abschnitt 1.4) auffassen kann, bei welchem Web-Seiten die Knoten und Hyperlinks die Kanten darstellen; natürlich ist dieser Graph, im Unterschied etwa zu einem Schaltnetz (vgl. Definition 1.7), nicht zykelfrei. Das gerade skizzierte Kriterium zählt damit den *Innengrad* eines Knotens, d. h. die Anzahl der in einem Knoten einlaufenden Kanten (im Kontext von Google werden diese Kanten auch als *Backlinks* bezeichnet).

Google verwendet ein gegenüber dem gerade beschriebenen modifiziertes Kriterium, denn ein offensichtlicher Nachteil des einfachen Zählens von in einen Knoten einlaufenden Kanten ist die Möglichkeit des Täuschens: Da die einzelnen einlaufenden Kanten nicht weiter differenziert, sondern sämtlich gleich gewertet werden, wäre es für einen „Wichtigtuer" einfach, die Bewertung seiner Seite A zu verbessern: Man lege lediglich viele andere Seiten an, die auf A verweisen. Das von Google verwendete Maß des *PageRank* löst dieses Problem dadurch, dass jeder in Frage kommende Hyperlink proportional zur Qualität der Seite, die ihn enthält, bewertet wird; zur Bestimmung der Qualität einer verweisenden Seite wird rekursiv deren PageRank benutzt. Formal berechnet sich der PageRank $R(A)$ einer Seite A nach folgender Formel:

$$R(A) = (1-d) + d \cdot \left(\frac{R(T_1)}{\text{outdegree}(T_1)} + \frac{R(T_2)}{\text{outdegree}(T_2)} + \dots + \frac{R(T_n)}{\text{outdegree}(T_n)} \right)$$

Der Außengrad outdegree(P) einer Seite P ist dabei die Anzahl von Kanten, die P verlassen. Der Faktor d stellt hier die Wahrscheinlichkeit dafür dar, dass ein Benutzer auf einen Link auf der Seite klickt, auf der er sich momentan befindet. $(1-d)$ bezeichnet die Wahrscheinlichkeit dafür, dass der Benutzer zufällig eine neue Adresse eingibt, also nicht weiter der vorhandenen Link-Struktur folgt. Dividiert man die erhaltenen PageRanks durch die Anzahl n der untersuchten Seiten, so ergibt deren Summe 1. In diesem Fall kann der PageRank als Wahrscheinlichkeitsverteilung über das gesamte (untersuchte) Internet angesehen werden. Eine Seite mit einem PageRank von 0,01 wird also mit einer Wahrscheinlichkeit von 1% von einem beliebigen Nutzer aufgerufen. Die PageRank-Formel kann in gewisser Weise also auch als ein Modell zum Nutzerverhalten gesehen werden; sie simuliert einen Benutzer, der niemals auf „Zurück" klickt und sich statt dessen von einer zufällig gewählten Startseite immer nur an den Links entlang hangelt.

Man beachte, dass die Berechnung von PageRanks unabhängig von gestellten Suchanfragen erfolgt, so dass die Ergebnisse dieser Form der Link-Analyse für alle nachfolgenden Anfragen verwendet werden können. Die eigentliche Berechnung muss in mehreren Iterationen durchgeführt werden: Im ersten Berechnungsdurchgang wird jeweils ein fester Wert für alle Seiten angenommen; bei jeder weiteren Iteration wird von den Werten des letzten Durchgangs ausgegangen. Obwohl offensichtlich zahlreiche Durchläufe nötig sind, bis sich die PageRanks der einzelnen Seiten stabilisieren, und die Zahl der von Google insgesamt indizierten Seiten sehr groß ist, haben empirische Untersuchungen gezeigt, dass 100 Iterationen im Allgemeinen ausreichen, um zu brauchbaren Ergebnissen zu kommen.

Nachdem der URL-Server von Google zu besuchende Seiten ausgewählt und diese einem Crawler mitgeteilt hat, lädt dieser die betreffenden Seiten und übergibt sie an den *Store-Server* (vgl. Abbildung 15.20), der die Seiten komprimiert und mit einer von einem *URL-Resolver* eindeutig generierten Identifikation, der „docID", in der zentralen Datenbank (dem *Repository*) ablegt. Dabei wird stets die gesamte HTML-Seite gespeichert. Das Repository wird sodann von einem *Indexer* ausgelesen, der die gespeicherten Dokumente dekomprimiert und analysiert. Dabei wird ein Dokument in eine Menge von Wort-Vorkommen, die als „Hits" bezeichnet werden, zerlegt; ein solcher Hit beschreibt das betreffende Wort, seine Position im Dokument sowie eine Approximation der Schriftgröße und einen Hinweis auf Groß- bzw. Kleinschreibung. Da ein Wort in einem Dokument mehrfach auftreten kann, wird jedem Wort ein „wordID" genannter eindeutiger Identifikator zugeordnet; zu einer wordID kann es also mehrere Hits geben. Der Indexer verteilt die aus einem Dokument abgeleiteten Hits auf *Barrels* genannte Speicherbereiche, in denen ein Index aufgebaut wird. Darüber hinaus extrahiert der Indexer sämtliche Hyperlinks aus einer Web-Seite und speichert diese in *Anchor-Files*, auf welche der URL-Resolver zugreift und URLs in docIDs konvertiert. Der URL-Resolver erzeugt ferner eine Datenbank von Links, bei welchen es sich um Paare von docIDs handelt; diese Datenbank bildet die Grundlage der Berechnung von PageRanks.

Die einzelnen Barrels enthalten jeweils bestimmte Bereiche von wordIDs, wobei zu jeder wordID eine Liste der zugehöriger docIDs sowie die Anzahl der Hits in dem betreffenden Dokument und eine Liste dieser Hits gespeichert wird. Daneben wird ein invertierter Index aufgebaut, bei welchem der Einstieg über wordIDs erfolgt. Es ist damit möglich, nach einem bestimmten Dokument über dessen docID oder über die wordID eines in dem Dokument vorkommenden Begriffes zu suchen. Bei der Beantwortung von Suchanfragen erfolgt der Einstieg stets über ein *Lexicon* (und damit über wordIDs), das ständig im Hauptspeicher des die Suchanfrage auswertenden Google-Rechners gehalten wird; dieses ist so kompakt, dass für 14 Millionen Wörter bereits 256 MB Hauptspeicher ausreichen. Jeder gültige Eintrag des Lexicons (also jedes gespeicherte Wort) verweist in das Barrel, in das die „wordID" des entsprechenden Eintrags fällt. Hierfür zeigt ein Pointer auf eine Liste von „docIDs", welche im invertierten Index zusammen mit den zugehörigen Treffern (Hits) gespeichert sind; dies ist in Abbildung 15.21 exemplarisch dargestellt. Diese Liste repräsentiert alle Vorkommen dieses Wortes in sämtlichen Dokumenten. Die in Abbildung 15.21 kursiv geschriebene „wordID" (erste Zeile) repräsentiert ein Wort, das in insgesamt zwei Dokumenten vorkommt. Im ersten davon tritt es viermal an unterschiedlichen Stellen (fett dargestellt), im zweiten dreimal (unterstrichen dargestellt) auf. In Abbildung 15.21 besteht im Fall des fett dargestellten Dokuments die Liste der zugehörigen Hits aus vier Einträgen, einem für jedes Vorkommen des gesuchten Wortes in diesem Dokument.

Lexicon		
wordID	*Anzahl Dokumente: 2*	
wordID	Anzahl Dokumente: 1	
wordID	Anzahl Dokumente: 3	

Inverted Index						
docID	**Anzahl hits: 4**	**hit1**	**hit2**	**hit3**	**hit4**
docID	Anzahl hits: 3	hit1	hit2	hit3	
docID	Anzahl hits: 2	hit1	hit2		
docID	Anzahl hits: 3	hit1	hit2	hit3	
	.....				
	.....				
	.....				

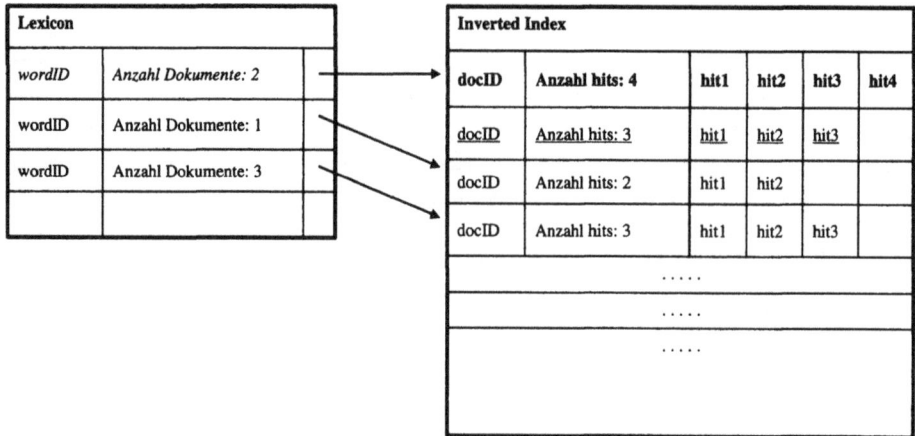

Abbildung 15.21: Google-interne Speicherung von Dokumenten.

Ein Benutzer, der mit Hilfe der Google-Suchmaschine (http://www.google.com oder http://www.google.de) ein Dokument oder eine Internet-Seite sucht, gibt im einfachsten Fall einen einzelnen Suchbegriff in das dafür vorgesehene Textfeld ein und bestätigt die Eingabe (auf die Möglichkeit der gleichzeitigen Eingabe mehrerer Suchbegriffe sowie deren geschickte Verknüpfung z. B. durch Boolesche Operationen gehen wir hier nicht ein). Er erhält als Antwort eine Trefferliste, deren Länge unter anderem davon abhängt, wie genau er seine Anfrage spezifiziert hat. Wichtigster Bestandteil eines jeden Treffers ist dessen erste Zeile. Sie ist der Link auf die gefundene Webseite und enthält deren Titelzeile. Der Suchbegriff ist dabei hervorgehoben. Wird statt des Seitentitels eine URL angezeigt, befindet sich die Seite entweder noch nicht im Google-Index oder sie besitzt keinen Seitentitel. In den nachfolgenden Zeilen werden ein oder mehrere Textausschnitte angezeigt, in denen die gefundenen Wörter (wiederum fett dargestellt) in ihrem Kontext zu sehen sind. Dieser Ausschnitt kann von einer beliebigen Stelle des Dokuments stammen und muss insbesondere nicht der Seitenbeginn sein. Zusätzlich wird eine Beschreibungszeile angezeigt, in der zusammengefasst ist, um was für eine Art von Web-Seite es sich handelt. Es folgen weitere Informationen zum gefundenen Dokument: Ist es im Google-Katalog verzeichnet, so wird die Kategorie, in der sich das Dokument befindet, als *Link* angezeigt. Dadurch kann der Nutzer jederzeit von der Suchmaschine in ein passendes Verzeichnis des von Google ebenfalls unterhaltenen Web-Katalogs wechseln. Darüber hinaus werden der Link im Klartext (also nicht anklickbar) sowie die Größe der Datei in Kilobyte angegeben. Fehlen diese Werte, ist die Seite noch nicht indiziert und wurde über einen Link von einer anderen Seite aus gefunden.

Der vom Benutzer eingegebene Suchbegriff wird durch einen Parser ausgewertet, und die weitere Verarbeitung der Anfrage verläuft im Wesentlichen wie folgt: Das vom Parser erkannte Wort (bzw. allgemein die erkannten Wörter) wird mit Hilfe des Lexicons in die zugehörige „wordID" umgewandelt. Diese liefert eine entsprechende Liste von docIDs, deren zugeordnete Dokumente daraufhin durchsucht werden, ob sie den gegebenen Suchbegriff (bzw. im Falle mehrerer *alle* Suchbegriffe) enthalten. Für jedes so gefundene Dokument wird dessen *Rang* berechnet; die bewerteten Dokumente werden (nach fallendem Rang) sortiert, und ein Anfangstück der resultierenden Liste von Dokumenten wird als Antwort auf die Anfrage ausgegeben.

Für die Berechnung des Rangs eines Ergebnisdokuments, der nicht gleich dem PageRank für dieses Dokument ist, werden eine Reihe von Faktoren berücksichtigt, die sich nach der Anzahl der eingegebenen Suchbegriffe unterscheiden. Dabei besitzt kein einzelner dieser Faktoren einen derart großen Einfluss auf die Bewertung der Ergebnisse, dass Manipulationen der Autoren der durchsuchten Webseiten möglich sind (da z. B. allein das häufige Verwenden eines Begriffs in den Meta-Tags der Seiten nicht zu einem hohen Rang führt). Wir betrachten hinsichtlich des Rangs hier lediglich den Fall *eines* Suchbegriffs: Zur Bestimmung des Rangs eines Dokuments bzgl. eines gegebenen Suchbegriffs betrachtet Google zunächst die Hits des Begriffs im Dokument. Diese werden unterschiedlich typisiert (z. B. in Treffer im Titel des Dokuments, in Anker-Texten, in URLs sowie in kleinen oder großen Schriftarten) und nach Typen unterschieden gezählt. Jeder Treffertyp und jede Anzahl wird gewichtet; aus diesen beiden Gewichten wird eine Bewertung errechnet, welche dann zusammen mit dem oben beschriebenen PageRank des Dokuments dessen Rang liefert. Einzelheiten hierzu entnehme man der unten angegebenen Literatur, wobei bereits hier darauf hingewiesen sei, dass auf Grund der inzwischen entstandenen kommerziellen Verwertung von Google nicht alle algorithmischen Einzelheiten dieser Suchmaschine veröffentlicht sind.

15.5.6 Ausblick

Die nahe Zukunft des Internets ist durch einen weiterhin ungebremsten Nutzerzustrom gekennzeichnet sowie durch eine weitere Verbreitung von Anwendungen (wie dem WWW), die gegen Verzögerungen auf dem Netz einigermaßen unempfindlich sind. Daneben wird intensiv am weiteren Ausbau der Netzkapazität und der Übertragungsraten gearbeitet. Des Weiteren werden die kommenden Jahre eine zunehmende Verbreitung drahtloser Netze und Netzzugänge sehen; man spricht bereits heute vom kommenden *Evernet*, mit dem man ständig verbunden und in dem man als Nutzer ständig angemeldet ist, und zwar unabhängig von Aufenthaltsort, Fortbewegungsmedium oder Fortbewegungstempo.

Grundsätzlich muss ein globales Netz wie das Internet die folgenden sechs Eigenschaften aufweisen:

1. *Heterogenität:* die Fähigkeit zum Umgang mit einer großen Vielzahl von Transport- und Endbenutzertechnologien und -anwendungen;

2. *Dienstqualität* (Quality of Service): die Fähigkeit, innerhalb des Netzes Ressourcen *reservieren* zu können und dadurch für eine bestimmte Anwendung sowie einen wohl-definierten Zeitraum vorgegebene Leistungsanforderungen garantieren zu können;

3. *Mobilität:* die Fähigkeit der Unterstützung von mobilem Zugriff auf das Netz (etwa von einem in ein Mobiltelefon eingebauten Browser oder einem mit Wireless LAN-Zugang ausgestatteten Laptop aus);

4. *Erweiterbarkeit:* Skalierbarkeit bei weiter wachsenden Benutzerzahlen und steigenden Anwendungsanforderungen sowie Anpassbarkeit an neue Technologien;

5. *Sicherheit und Zuverlässigkeit:* Gewährleistung von abhörfreier, nicht-lokalisier-
barer Kommunikation sowie hohe Verfügbarkeit aller angebotenen Dienste.

6. *Kosten-Transparenz:* Gewährleistung einer kostengerechten Gebühren-Abrech-
nung und Transparenz der zu erwartenden Kosten für den Benutzer.

Speziell die unzureichende Dienstqualität, insbesondere die fehlende Möglichkeit des
Reservierens von Bandbreite im Netz, wird nach wie vor als ein Haupthinderungs-
grund für die Umsetzung zahlreicher Anwendungen angesehen, für welche das Internet
ansonsten prädestiniert ist (z. B. multimediale Telemedizin). Für die Zukunft sind hier
dramatische Fortentwicklungen zu erwarten, welche unter anderem auf einem virtuellen Netzwerk „oberhalb" des Internets, dem *Multicast Backbone* (MBone), basieren
werden, der z. B. Audio- und Video-Daten in über längere Zeitintervalle hinweg gleich
bleibender Qualität zu übertragen gestattet.

Das Protokoll TCP/IP sieht keine Ermittlung der Entfernungen, welche von den
Datenpaketen im Netz zurückgelegt werden, vor. Dieses Manko führt zu einer gewissen Pauschalisierung der Gebühren, die sich nur noch an der Übertragungszeit und an
der übertragenen Datenmenge orientieren kann, aber nicht mehr an der Benutzungs-
Intensität der Backbones. In der Tat sind die wirklich anfallenden Kosten ja auch weitgehend Fixkosten. Ob diese Abrechnungsphilosophie aber langfristig durchgehalten
werden wird, bleibt abzuwarten. Man stelle sich eine Abrechnung von Fluggebühren
vor, welche allein am Gewicht des Passagiers und an dessen Verweilzeit auf dem Flug-
hafengelände orientiert ist.

15.6   Übungen

15.1 Man gebe eine kurze „Definition" der folgenden Begriffe an:

Broadcast-Subnetz	Punkt zu Punkt-Subnetz
Store-and-Forward-Subnetz	Protokoll
Leitungsvermittlung	Paketvermittlung
CSMA/CD	Token Ring
TCP/IP-Modell	Internet
Suchmaschine	WWW
PageRank (bei Google)	

15.2 Gegeben sei die Nachricht $a = 1101011011$. Mit dem in Abschnitt 15.3 angegebenen allgemeinen Verfahren zur Berechnung einer Prüfsumme bestimme man
unter Verwendung von $g(x) = x^4 + x + 1$ als Erzeuger die übertragene Bitfolge,
welche dem Polynom $f(x)$ entspricht.

15.3 Für die Nachricht $a = 101$ bestimme man die 16 Bits lange Frame Checking
Sequence, welche durch das von HDLC verwendete Prüfsummen-Verfahren bestimmt wird.

15.4 Man gebe ein Verfahren zur *Decodierung* einer mit einer Prüfsumme versehenen
Nachricht an und überlege, auf welche Weise Fehler erkannt werden können.

15.5 Bei einer Paketvermittlung können Pakete den Empfänger ungeordnet erreichen. Zur Rekonstruktion der gesendeten Nachricht muss dieser die Pakete zwischenspeichern und sodann ihre ursprüngliche Ordnung wiederherstellen. Man beschreibe ein Verfahren, welches dieses leistet. Dabei unterstelle man
(a) eine beliebige Puffer-Größe,
(b) eine Puffer-Größe, welche zur Aufnahme einer vollständigen Nachricht nicht ausreicht.

15.6 Welche Funktionen muss die ISO-Ebene 3 in einem LAN mit Bus-Topologie (Ring-Topologie, Stern-Topologie) umfassen?

15.7 In welchem Sinne sind ein Slotted-Ring und ein Token-Ring zueinander komplementär?

15.7 Bibliographische Hinweise

Die Ziele des Einsatzes von Rechnernetzen wurden bereits von Händler (1976) diskutiert. Eine aktuelle Darstellung aus technologischer sowie aus konzeptioneller Sicht findet man bei Walrand und Varaiya (2000) oder bei Peterson und Davie (2003). Eine ausführliche Darstellung des ISO-Referenzmodells und seiner sieben Schichten findet man z. B. bei Tanenbaum (2003). Weitere Informationen zu diesem Modell und den daran orientierten Protokollstandards entnehme man Stallings (2004). Eine Einführung in ATM-basierte Netzwerke geben Peterson und Davie (2003) oder Sultan und Basso (1995). Einzelheiten zu ISDN entnehme man Stallings (1999) oder Tanenbaum (2003). Zur Satellitenkommunikation vergleiche man Gagliardi (1984) oder Spaniol (1983). Die zu Beginn des Kapitels erwähnten verteilten Systeme werden z. B. von Coulouris et al. (2005) behandelt.

Zur Kryptographie sei auf Beutelspacher (2005), auf Buchmann (2004), auf Tanenbaum (2003), der eine ausführlichere Darstellung des DES gibt, sowie auf Schneier (1996) verwiesen, zur Kryptologie ferner auf Bauer (2000) und Kippenhahn (1999). Eine Einführung in das Gebiet der Public-Key-Kryptosysteme geben Rivest et al. (1978) und Horster (1985) sowie auch das ausgezeichnete Buch von Singh (2001). Ein klassischer Text ist Kahn (1997).

Informationen zum IEEE-Standard 802 für lokale Netze findet man sinnvollerweise im Internet, etwa unter

http://grouper.ieee.org/groups/802/index.html

Man vergleiche hierzu auch Dittmann et al. (1993). Zu LANs vergleiche man ferner Stallings (2000) oder Walrand und Varaiya (2000). Zu CSMA-Verfahren vergleiche man Spaniol (1982). Die Grundlagen von Ethernet werden von Metcalfe und Boggs (1976) oder Thurber (1981) beschrieben. Christensen et al. (1995) beschreiben die Evolution von LANs über mittlerweile vier Generationen hinweg.

Die Literatur zum Arpanet und zu anderen speziellen Netzen (wie z. B. CSnet) ist sehr umfangreich; der Leser sei z. B. auf Comer (1983), Händler (1976), Roberts und Wessler (1973), Tanenbaum (2003) verwiesen. Eine vergleichende Darstellung von CSnet, Bitnet, Earn, UUCP und anderer WANs geben Quarterman und Hoskins (1986). Eine ausführliche Darstellung des Einsatzes von TCP/IP geben Comer (2006) sowie Comer und Stevens (1999); man vergleiche auch Comer (2004). Britton et al. (1995) behandeln TCP/IP in der aktuellen sowie der kommenden Version.

Eine Einführung in das Internet geben Hinden et al. (1983) oder Walrand und Varaiya (2000); in dessen Benutzung führen Krol (1994) oder Gilster (1996) ein. Das World-Wide Web geht auf eine Entwicklung am CERN zurück, vgl. Berners-Lee et al. (1994) oder auch Vetter et al. (1994). Hall und Brown (2005) geben eine Einführung in Java Server Pages und verwandte Technologien. Den im Text erwähnten MBone beschreiben z. B. Eriksson (1994) oder Macedonia und Brutzman (1994). Die Entwicklung von Google wurde, wie erwähnt, an der Stanford University betrieben. Henzinger (2000) gibt eine allgemeine Einführung in die Thematik der Link-Analyse im Web und motiviert dabei das PageRank-Verfahren. Das Verfahren selbst stammt von Brin und Page (1998); man vergleiche auch Page et al. (1999). Cho et al. (1998) beschreiben die Technik, nach welcher Google-Crawler Seiten im Web besuchen. Die (noch junge) Geschichte von Google beschreiben Vise und Malseed (2005).

Literaturverzeichnis

Abke, J., J. Küter (2000): FPGAs: Architekturen, Systeme und Schaltungsparti-
tionierung; Informationstechnik und Technische Informatik (it + ti) 42 (2),
20 - 26

Abramovici, M., M.A. Breuer, A.D. Friedman (1995): *Digital Systems Testing and
Testable Design*; IEEE Computer Society Press, Los Alamitos, CA, revidierte
Auflage

Aho, A.V., J.D. Ullman (1992): *Foundations of Computer Science*; Computer
Science Press, New York

Akl, S.G. (1989): *The Design and Analysis of Parallel Algorithms*; Prentice-Hall,
Inc., Englewood-Cliffs, NJ

Aliprand, J. et al. (2004): *The Unicode Standard Version 4.0*; Addison-Wesley
Publ. Co., Boston, MA

Alon, N., Z. Galil, V.D. Milman (1987): Better Expanders and Superconcentrators; Journal of Algorithms 8, 337 - 347

Andersen, H.R. (1997): *An Introduction to Binary Decision Diagrams*; Technical
Report, Department of Information Technology, Technical University of Den-
mark, Lyngby, Dänemark; verfügbar unter
`http://www.itu.dk/people/hra/notes-index.html`

Ashenden, P.J. (1998): *The Student's Guide to VHDL*; Morgan Kaufmann Publishers, San Francisco, CA

Ashenden, P.J. (2002): *The Designer's Guide to VHDL*; Morgan Kaufmann Publishers, San Francisco, CA, 2. Auflage

AT&T Technologies, Inc. (1985): *WE32100 Microprocessor Information Manual
— Maxicomputing in Microspace*; Morristown, NJ

AT&T Technologies, Inc. (1986): *AT&T 3B2/3B5/3B15 Computers Assembly Language Programming Manual*; Morristown, NJ

Augarten, S. (1984): *Bit by Bit — An Illustrated History of Computers*; Ticknor
& Fields, New York

August, M.C., G.M. Brost, C.C. Hsiung, A.J. Schiffleger (1989): Cray X-MP: The
Birth of a Supercomputer; IEEE Computer 22 (1), 45 - 52

Baase, S. (1992): *VAX-11 Assembly Language Programming*; Prentice-Hall, Inc.,
Englewood Cliffs, NJ, 2. Auflage

Bach, M.J. (1986): *The Design of the UNIX Operating System*; Prentice-Hall, Inc., Englewood Cliffs, NJ

Backus, J. (1978): Can Programming be Liberated from the von Neumann Style? A Functional Style and its Algebra of Programs; Communications of the ACM 21, 613 - 641

Barroso, L.A., J. Dean, U. Hölzle (2003): Web Search for a Planet: The Google Cluster Architecture; IEEE Micro, March-April 2003, 22 - 28

Baskett, F., T.W. Keller (1977): An Evaluation of the Cray-1 Computer; in: D.J. Kuck, D.H. Lawrie, A.H. Sameh (Hrsg.): *High-Speed Computer and Algorithm Design*; Academic Press, Inc., Orlando, FL, 71 - 84

Batcher, K.E. (1968): Sorting Networks and their Applications; AFIPS Conference Proceedings Vol. 32, 307 - 314

Batcher, K.E. (1980): Design of a Massively Parallel Processor; IEEE Transactions on Computers 29, 836 - 840

Batcher, K.E. (1985): MPP: A High-Speed Image Processor; in: L. Snyder, L.H. Jamieson, D.B. Gannon, H.J. Siegel (Hrsg.): *Algorithmically Specialized Parallel Computers*; Academic Press, Inc., Orlando, Florida, 59 - 68

Bauer, F.L. (2000): *Entzifferte Geheimnisse — Methoden und Maximen der Kryptologie*; Springer-Verlag, Berlin, 3. Auflage

Becker, B., R. Drechsler, P. Molitor (2005): *Technische Informatik — Eine Einführung*; Pearson Studium, München

Beierlein, T., O. Hagenbruch (2004): *Taschenbuch Mikroprozessortechnik*; Fachbuchverlag Leipzig, 3. Auflage

Bell, G., J. Gray (2002): What's Next in High-Performance Computing? Communications of the ACM 45, 2, 91 - 95

Bell, C.G., A. Newell (1971): *Computer Structures: Readings and Examples*; McGraw-Hill Book Company, New York

Beneš, V.E. (1965): *Mathematical Theory of Connecting Networks and Telephone Traffic*; Academic Press, Inc., Orlando, FL

Bermond, R. (1986): Transputer; Informatik-Spektrum 9, 359 - 361

Berners-Lee, T., R. Cailliau, A. Luotonen, H.F. Nielsen, A. Secret (1994): The World-Wide Web; Communications of the ACM 37 (8), 76 - 82

Beutelspacher, A. (2005): *Kryptologie — Eine Einführung in die Wissenschaft vom Verschlüsseln, Verbergen und Verheimlichen*; Vieweg-Verlag, Wiesbaden, 7. Auflage

Blum, M., H. Wasserman (1996): Reflections on the Pentium Division Bug; IEEE Transactions on Computers 45, 385 - 393

Bode, A. (Hrsg.) (1990): *RISC-Architekturen*; Reihe Informatik Band 60, BI Wissenschaftsverlag, Mannheim, 2. Auflage

Bode, A., W. Händler (1983): *Rechnerarchitektur II*; Springer-Verlag, Berlin

Bollig, B., I. Wegener (1996): Improving the variable ordering of OBDDs is NP-complete; IEEE Transactions on Computers C-45 (9), 993 - 1002

Boole, G. (1854): *An Investigation of* The Laws of Thought *on which are founded the Mathematical Theories of Logic and Probabilities*; Walton und Maberly, London

Bourne, S.R. (1982): *The UNIX System*; Addison-Wesley Publ. Co., Reading, MA

Brayton, R.K., G.D. Hachtel, C.T. McMullen, A.L. Sangiovanni-Vincentelli (1984): *Logic Minimization Algorithms for VLSI Synthesis*; Kluwer Academic Publishers, Boston, MA

Brent, R.P., H.T. Kung (1981): The Area-Time Complexity of Binary Multiplication; Journal of the ACM 28, 521 - 534

Brent, R.P., H.T. Kung, F.T. Luk (1983): Some Linear-Time Algorithms for Systolic Arrays; in: R.E.A. Mason (Hrsg.): *Information Processing 83*; North-Holland, Amsterdam, 865 - 876

Brey, B.B. (2005): *The Intel Microprocessors 8086/8088, 80186/80188, 80286, 80386, 80486, Pentium, and Pentium Pro Processor, Pentium II, Pentium III, Pentium 4*; Prentice-Hall, Englewood Cliffs, NJ, 7. Auflage

Brin, S., L. Page (1998): The Anatomy of a Large-Scale Hypertextual Web Search Engine; Computer Networks 30, 107 - 117

Brinkschulte, U., T. Ungerer (2002): *Mikrocontroller und Mikroprozessoren*; Springer-Verlag, Berlin

Britton, E.G., J. Tavs, R. Bournas (1995): TCP/IP: The Next Generation; IBM Systems Journal 34, 452 - 471

Broomell, G., J.R. Heath (1983): Classification Categories and Historical Development of Circuit Switching Topologies; ACM Computing Surveys 15, 95 - 133

Brown, S., Z. Vranesic (2005): *Fundamentals of Digital Logic with VHDL Design*; McGraw-Hill, Boston, MA, 2. Auflage

Bryant, R.E. (1986): Symbolic Boolean Manipulation with Ordered Binary Decision Diagrams; ACM Computing Surveys 24 (2), 293 - 318

Bryant, R.E. (1992): Graph-Based Algorithms for Boolean Function Manipulation; IEEE Transactions on Computers C-35 (8), 677 - 691

Buchmann, J. (2004): *Einführung in die Kryptographie*; Springer-Verlage, Berlin, 3. Auflage

Burger, D. et al. (2004): Scaling to the Edge of Silicon with EDGE Architectures; IEEE Computer 37 (7), 44 - 55

Burks, A.W. (1970): *Essays on Cellular Automata*; University of Illinois Press

Burks, A.W., H.H. Goldstine, J. von Neumann (1946): Preliminary Discussion of the Logical Design of an Electronic Computing Instrument; U.S. Army Ordonance Dept. Report; nachgedruckt in Bell und Newell (1971), 92 - 119, sowie in Randell (1973), 371 - 385

Carpinelli, J.D. (2001): *Computer Systems Organization & Architecture*; Addison-Wesley, Boston, MA

Carrano, F.M. (1988): *Assembler Language Programming for the IBM 370*; Benjamin Cummings Publ. Co., Menlo Park, CA

Cheng, H. (1989): Vector Pipelining, Chaining, and Speed on the IBM 3090 and Cray X-MP; IEEE Computer 22 (9), 31 - 46

Cho, J., H. Garcia-Molina, L. Page (1998): Efficient Crawling Through URL Ordering; Proceedings of 7th International World Wide Web Conference, Brisbane, Australien; verfügbar unter http://www7.scu.edu.au/00/index.htm

Christensen, K.J., L.C. Haas, F.E. Noel, N.C. Strole (1995): Local Area Networks — Evolving from Shared to Switched Access; IBM Systems Journal 34, 347 - 374

Christian, K., S. Richter (1993): *The Unix Operating System*; Wiley & Sons, New York, 3. Auflage

Chvatal, V. (1979): A Greedy Heuristic for the Set-Covering Problem; Mathematics of Operations Research 4, 233 - 235

Claus, V. (1973): Die mittlere Additionsdauer eines Paralleladdierwerks; Acta Informatica 2, 278 - 291

Clarke, E.M., O. Grumberg, S. Jha, Y. Lu, H. Veith (2001): Progress on the State Explosion Problem in Model Checking; in: R. Wilhelm (Ed.): *Informatics — 10 Years Back, 10 Years Ahead*, LNCS 2000, Springer-Verlag, Berlin, 176 - 194

Clarke, E.M., O. Grumberg, D.A. Peled (2000): *Model Checking*; The MIT Press, Boston, MA

Clos, C. (1953): A Study of Non-Blocking Switching Networks; Bell System Technical Journal 32, 406 - 424

Coffman, K. (2000): *Real World FPGA Design with Verilog*; Prentice-Hall, Englewood Cliffs, NJ

Comer, D. (1983): The Computer Science Research Network CSNET: A History and Status Report; Communications of the ACM 26, 747 - 753

Comer, D. (2004): *Computer Networks and Internets with Internet Applications*; Prentice-Hall, Inc., Upper Saddle River, NJ, 4. Auflage

Comer, D. (2006): *Internetworking with TCP/IP*, Volume I: *Principles, Protocols and Architecture*; Prentice-Hall, Inc., Englewood-Cliffs, NJ, 5. Auflage

Comer, D., D.L. Stevens (1999): *Internetworking with TCP/IP*, Volume II: *Design, Implementation and Internals*; Prentice-Hall, Inc., Englewood-Cliffs, NJ, 3. Auflage

Coulouris, G., J. Dollimore, T. Kindberg (2005): *Distributed Systems — Concepts and Design*; Pearson Education, UK, 4. Auflage

Cragon, H.G., W.J. Watson (1989): The TI Advanced Scientific Computer; IEEE Computer 22 (1), 55 - 64

Crawford, J.H. (1990): The i486 CPU: Executing Instructions in One Clock Cycle; IEEE Micro 10 (2), 27 - 36

Cray Research, Inc. (1983): *The Cray X-MP Series of Computers*; Publication No. MP-0001A, Minneapolis, Minnesota

Cray Research, Inc. (1987a): *The Cray X-MP Series of Computer Systems*; Publication No. MP-0102B, Minneapolis, Minnesota

Cray Research, Inc. (1987b): *The Cray-2 Series of Computer Systems*; Publication No. CCMP-0201D, Minneapolis, Minnesota

Cray Research, Inc. (1988): *The Cray Y-MP Computer System*; Publication No. CCMP-0301, Minneapolis, Minnesota

Davio, M., J.P. Deschamps, A. Thayse (1978): *Discrete and Switching Functions*; McGraw-Hill Book Company, New York

Dekel, E., D. Nassimi, S. Sahni (1981): Parallel Matrix and Graph Algorithms; SIAM Journal on Computing 10, 657 - 675

Denning, P.J. (1968): The Working Set Model for Program Behaviour; Communications of the ACM 11, 323 - 333

Denning, P.J., S.C. Schwartz (1972): Properties of the Working Set Model; Communications of the ACM 15, 191 - 198

Diaz, M. et al. (2005): An Open Platform for Developing Multiprocessor SoCs; IEEE Computer 38 (7), 60 - 67

Diefendorff, K., M. Allen (1992): Organization of the Motorola 88110 Superscalar RISC Microprocessor; IEEE Micro 12 (4), 40 - 63

Dittmann, R., T. Stock, P. Tran-Gia (1993): Das DQDB-Zugriffsprotokoll in Hochgeschwindigkeitsnetzen und der IEEE-Standard 802.6. Ein Überblick; Informatik-Spektrum 16, 143 - 158

Donovan, J.J. (1972): *Systems Programming*; McGraw-Hill Book Co., New York

Duncan, R. (1990): A Survey of Parallel Computer Architectures; IEEE Computer 23 (2), 5 - 16

Edenfield, R.W., M.G. Gallup, W.B. Ledbetter, R.C. McGarity, E.E. Quintana, R.A. Reiniger (1990a): The 68040 Processor: Part 1, Design and Implementation; IEEE Micro 10 (2), 66 - 78

Edenfield, R.W., M.G. Gallup, W.B. Ledbetter, R.C. McGarity, E.E. Quintana, R.A. Reiniger (1990b): The 68040 Processor: Part 2, Memory Design and Chip Verification; IEEE Micro 10 (6), 22 - 35

Eichelberger, E.B. (1965): Hazard Detection in Combinational and Sequential Switching Circuits; IBM Journal of Research and Development, Vol. 9 (2), 90 - 99

Engeln-Müllges, G. (1980): *Systemuntersuchungen zur Vektormaschine Cray-1*; Bericht des Rechenzentrums der RWTH Aachen

Ercegovac, M.D., T. Lang (2004): *Digital Arithmetic*; Morgan Kaufmann Publishers, San Francisco, CA

Eriksson, H. (1994): MBone: The Multicast Backbone; Communications of the ACM 37 (8), 54 - 60

Flik, T. (2005): *Mikroprozessortechnik und Rechnerstrukturen*; Springer-Verlag, Berlin, 7. Auflage

Flynn, M.J. (1972): Some Computer Organizations and Their Effectiveness; IEEE Transactions on Computers 21, 948 - 960

Gabber, O., Z. Galil (1981): Explicit Constructions of Linear-Sized Superconcentrators; JCSS 22, 407 - 420

Gagliardi, R.M. (1984): *Satellite Communications*; van Nostrand Reinhold, New York

Gajski, D.D., N.D. Dutt, A.C. Wu, S.Y. Lin (1992): *High-Level Synthesis: Introduction to Chip and System Design*; Kluwer Academic Publishers, Boston, MA

Gajski, D.D., D.E. Thomas (1988): Introduction to Silicon Compilation; in: D.D. Gajski (Hrsg.): *Silicon Compilation*; Addison-Wesley Publ. Co., Reading, MA, 1 - 48

Galil, Z., W.J. Paul (1983): An Efficient General-Purpose Parallel Computer; Journal of the ACM 30, 360 - 387

Garey, M.R., D.S. Johnson (1979): *Computers and Intractability — A Guide to the Theory of NP-Completeness*; Freeman, San Francisco, CA

Gerner, M., W. Görke, M. Marhöfer (1986): Prüfgerechter Entwurf von IC; Informatik-Spektrum 9, 235 - 246

Gibbons, A., W. Rytter (1988): *Efficient Parallel Algorithms*; Cambridge University Press

Giese, J. (1976): *Informatik III*; Schriften zur Informatik und angewandten Mathematik, RWTH Aachen, Bericht Nr. 27

Giloi, W. (1993): *Rechnerarchitektur*; Springer-Verlag, Berlin, 2. Auflage

Gilster, P. (1996): *Finding It On the Internet: The Internet Navigator's Guide to Search Tools and Techniques*; John Wiley & Sons, Inc., New York, 2. Auflage

Glasser, L.A., D.W. Dobberpuhl (1985): *The Design and Analysis of VLSI Circuits*; Addison-Wesley Publ. Co., Reading, MA

Graham, R. (1969): Bounds on Multiprocessor Timing Anomalies; SIAM Journal on Applied Mathematics 17, 416 - 429

Griffin, P.B., J.D. Plummer, M.D. Deal (2001): *Silicon VLSI Technology: Fundamentals, Practice, and Modeling*; Prentice-Hall, Inc., Englewood Cliffs, NJ

Händler, W. (1975): On Classification Schemes for Computer Systems in the Post-von Neumann-Era; Proceedings der 4. GI-Jahrestagung 1974, Springer-Verlag, Berlin, Lecture Notes in Computer Science 26, 439 - 452

Händler, W. (1976): Rechnerverbund: Motivation, Möglichkeiten und Gefahren; Proceedings der GI/NTG-Fachtagung über Rechnernetze und Datenfernverarbeitung, Aachen, Informatik-Fachbericht Nr. 3, Springer-Verlag, Berlin, 3 - 17

Hall, M., L. Brown (2005): *Core Servlets und Java Server Pages*; Markt + Technik Verlag, München, 2. Auflage

Hamacher, V.C., Z.G. Vranesic, S.G. Zaky (2002): *Computer Organization*; McGraw-Hill, Boston, MA, 5. Auflage

Hayes, J.P. (1998): *Computer Architecture and Organization*; McGraw-Hill Book Company, New York, 3. Auflage

Hennessy, J.L., N.P. Jouppi (1991): Computer Technology and Architecture: An Evolving Interaction; IEEE Computer 24 (9), 18 - 29

Hennessy, J.L., D.A. Patterson (2003): *Computer Architecture – A Quantitative Approach*; Morgan Kaufmann Publishers, San Francisco, CA, 3. Auflage

Henzinger, M. (2000): Link Analysis in Web Information Retrieval; Bulletin of the IEEE Technical Committee on Data Engineering 23 (3), 3 - 8

Herzog, O., W. Reisig, R. Valk (1984): Petri-Netze: Ein Abriß ihrer Grundlagen und Anwendungen; Informatik-Spektrum 7, 20 - 27

Hinden, R., J. Haverty, A. Sheltzer (1983): The DARPA Internet: Interconnecting Heterogeneous Computer Networks with Gateways; IEEE Computer 16 (9), 38 - 48

Hockney, R.W., C.R. Jesshope (1988): *Parallel Computers 2*; Adam Hilger Ltd., Bristol, 2. Auflage

Hopcroft, J., W. Paul, L. Valiant (1977): On Time Versus Space; Journal of the ACM 24, 332 - 337

Hopcroft, J.E., R. Motwani, J.D. Ullman (2001): *Introduction to Automata Theory, Languages, and Computation*, 2. Auflage; Addison-Wesley Publ. Co., Reading, MA

Hord, R.M. (1982): *The ILLIAC IV — The First Supercomputer*; Springer-Verlag, Berlin

Horster, P. (1985): *Kryptologie*; Reihe Informatik Band 47, BI Wissenschaftsverlag, Mannheim

Hoskins, J. (1993): *IBM ES/9000 — A Business Perspective*; J. Wiley & Sons, Inc., New York, 2. Auflage

Hoßfeld, F. (1983): *Parallele Algorithmen*; Informatik-Fachbericht Nr. 64, Springer-Verlag, Berlin

Husson, S.S. (1970): *Microprogramming, Principles and Practices*; Prentice-Hall, Inc., Englewood-Cliffs, NJ

Hwang, K. (1979): *Computer Arithmetic — Principles, Architecture, and Design*; Wiley & Sons, Inc., New York

Hwang, K., J. Ghosh, R. Chowkwanyun (1987): Computer Architectures for Artificial Intelligence Processing; IEEE Computer 20 (1), 19 - 27

Hwang, K., S.P. Su, L.M. Ni (1981): Vector Computer Architecture and Processing Techniques; Advances in Computers 20, Academic Press, Inc., Orlando, FL, 115 - 197

IBM (1994): *The PowerPC Architecture: A Specification for a New Family of RISC Processors*; Morgan Kaufmann Publishers, San Francisco, CA, 2. Auflage

Jacobs, H. (1986): Verification of a Second-Generation 32-Bit Microprocessor; IEEE Computer 19 (4), 64 - 70

Jájá, J. (1992): *An Introduction to Parallel Algorithms*; Addison-Wesley Publ. Co., Reading, MA

Jerraya, A., H. Tenhunen, W. Wolf (2005): Multiprocessor Systems-on-Chips; IEEE Computer 38 (7), 36 - 40

Kacmar, C.J. (1988): *IBM 370 Assembly Language with ASSIST, Structured Concepts, and Advanced Topics*; Prentice-Hall, Inc., Englewood Cliffs, NJ

Kahn, D. (1997): *The Codebreakers — The Comprehensive History of Secret Communication from Ancient Times to the Internet*; Simon & Schuster, New York, 2. Auflage

Kain, R.Y. (1996) *Advanced Computer Architecture — A Systems Design Approach*; Prentice-Hall, Inc., Englewood Cliffs, NJ

Kameda, T., K. Weihrauch (1973): *Einführung in die Codierungstheorie*; Reihe Informatik Band 7, BI Wissenschaftsverlag, Mannheim

Katz, R.H., G. Borriello (2005): *Contemporary Logic Design*; Prentice-Hall, Englewood Cliffs, NJ, 2. Auflage

Keller, J., W. Paul (2005): *Hardware Design — Formaler Entwurf digitaler Schaltungen*; Teuber-Verlag, Stuttgart, 3. Auflage

Kippenhahn, R. (1999): *Verschlüsselte Botschaften. Geheimschrift, Enigma und Chipkarte*; Rowohlt Taschenbuch

Klenke, R.H., R.P. Williams, J.H. Aylor (1992): Parallel-Processing Techniques for Automatic Test Pattern Generation; IEEE Computer 25 (1), 71 - 84

Klingler, A. (1993): *Datenparallele Auswertung rekursiver logischer Programme*; Dissertation, RWTH Aachen

Knuth, D.E. (1997): *The Art of Computer Programming, Volume 2: Seminumerical Algorithms*; Addison-Wesley, Reading, MA, 3. Auflage

Könemann, B., B. Bennetts, N. Jarwala, B. Nadeau-Dostie (1996): Built-In Self-Test: Assuring System Integrity; IEEE Computer 29 (11), 39 - 45

Kogge, P.M. (1981): *The Architecture of Pipelined Computers*; McGraw-Hill Book Company, New York

Kolla, R., P. Molitor, H.G. Osthof (1989): *Einführung in den VLSI-Entwurf*; Teubner-Verlag, Stuttgart

Korneev, V., A. Kiselev (2004): *Modern Microprocessors*; Charles River Media, Inc., Hingham, MA, 3. Auflage

Kowalik, J.S. (1985): *Parallel MIMD Computation: The HEP Supercomputer and its Applications*; The MIT Press, Cambridge, MA

Kramer, M.R., J. van Leeuwen (1983): The VLSI Complexity of Boolean Functions; in: E. Börger, G. Hasenjäger, D. Rödding (Hrsg.): *Logic and Machines: Decision Problems and Complexity*; Springer Lecture Notes in Computer Science 171, 397 - 407

Krick, R.F., A. Dollas (1991): The Evolution of Instruction Sequencing; IEEE Computer 24 (4), 5 - 15

Krol, E. (1994): *The Whole Internet — User's Guide & Catalog*; O'Reilly & Associates, Inc., Sebastopol, CA, 2. Auflage

Krstic, A., K.-T. Cheng (1998): *Delay Fault Testing for VLSI Circuits*; Kluwer Academic Publishers, Boston, MA

Kruskal, C.P., M. Snir (1986): A Unified Theory of Interconnection Network Structure; Theoretical Computer Science 48, 75 - 94

Kung, H.T. (1979): Let's Design Algorithms for VLSI Systems; Proc. Caltech Conference on VLSI, 66 - 90

Kung, H.T., C.E. Leiserson (1978): Systolic Arrays (for VLSI); in: J.S. Duff, G.W. Stewart (Hrsg.): *Sparse Matrix Proceedings*; 256 - 282

Lawrie, D.H. (1975): Access and Alignment of Data in an Array Processor; IEEE Transactions on Computers 24, 1145 - 1155

Leeser, M. (2004): Digital Logic; Kapitel 16 in: A.B. Tucker, Jr. (Hrsg.): *Computer Science Handbook*; Chapman & Hall/CRC & ACM, New York, 2. Auflage

Leibson, S., J. Kim (2005): Configurable Processors: A New Era in Chip Design; IEEE Computer 38 (7), 51 - 59

Leighton, F.T. (1992): *Introduction to Parallel Algorithms and Architectures: Arrays, Trees, Hypercubes*; Morgan Kaufmann Publishers, San Francisco, CA

Leiserson, C.E. (1980): Area-Efficient Graph Layouts (for VLSI); Proc. 21st IEEE Symposium on Foundations of Computer Science, Syracuse, 270 - 281

Lengauer, T. (1990a): VLSI Theory; in: J. Van Leeuwen (Hrsg.), *Handbook of Theoretical Computer Science, Volume A: Algorithms and Complexity*, North-Holland, Amsterdam, 835 - 868

Lengauer, T. (1990b): *Combinatorial Algorithms for Integrated Circuit Layout*; Teubner/Wiley, Stuttgart/New York

Lengauer, T., R.E. Tarjan (1982): Asymptotically Tight Bounds on Time-Space Trade-offs in a Pebble Game; Journal of the ACM 29, 1087 - 1130

Levine, R.D. (1982): Supercomputers; Scientific American 246 (1), 118 - 135; deutsche Übersetzung erschienen in Spektrum der Wissenschaft 1982 (3), 26 - 43

Lidl, R., H. Niederreiter (1994): *Introduction to Finite Fields and their Applications*; Cambridge University Press, revidierte Auflage

Louden, K.C.V. (2002): *Programming Languages – Principles and Practice*; PWS-Kent Publ. Co., Boston, MA, 2. Auflage

Lyndon, R.C. (1964): *Notes on Logic*; van Nostrand Publ. Co., Princeton, NJ

Macedonia, M.R., D.P. Brutzman (1994): MBone Provides Audio and Video Across the Internet; IEEE Computer 27 (4), 30 - 37

Maly, W., D. Greve, A. Strojwas, M. Syrzycki, J. Ruzyllo (Hrsg.) (1987): *Atlas of IC Technologies: An Introduction to VLSI Processes*; Benjamin Cummings Publ. Co., Menlo Park, CA

Mashburn, H.M. (1982): The C.mmp/Hydra Project: An Architectural Overview; in Siewiorek et al. (1982), Kapitel 22

McCluskey, E.J. (1986): *Logic Design Principles with Emphasis on Testable Semicustom Circuits*; Prentice-Hall, Inc., Englewood-Cliffs, NJ

McMillan, K.L. (1993): *Symbolic Model Checking*; Kluwer Academic Publishers, Amsterdam

Mead, C., L. Conway (1980): *Introduction to VLSI Systems*; Addison-Wesley Publ. Co,, Reading, MA

Meinel, C., T. Theobald (1998): *Algorithmen und Datenstrukturen im VLSI-Design — OBDD - Grundlagen und Anwendungen*; Springer-Verlag, Berlin

Messmer, H.-P., K. Dembowski (2003): *PC-Hardwarebuch. Aufbau, Funktionsweise, Programmierung*; Addison-Wesley Publ. Co., München, 7. Auflage

Metcalfe, R.M., D.R. Boggs (1976): Ethernet: Distributed Packet Switching for Local Computer Networks; Communications of the ACM 19, 395 - 404; nachgedruckt in Siewiorek et al. (1982), Kapitel 26

Mitchell, H.J. (Hrsg.) (1991): *32-Bit Microprocessors*; Blackwell Science, Inc., Oxford, 2. Auflage

Möhring, R.H. (1990): Graph Problems Related to Gate Matrix Layout and PLA Folding; in: G. Tinhofer et al. (Hrsg.), *Computational Graph Theory*, Computing Supplement 7, Springer-Verlag, Wien, 17 - 51

Möhring, R.H., D. Wagner, F. Wagner (1994): VLSI Network Design; in: M. Ball, T.L. Magnanti, C.L. Monma, G.L. Nemhauser (Hrsg.), *Handbooks in Operations Research and Management Science, Volume "Networks"*, North-Holland, Amsterdam

Moldovan, D.I. (1993): *Parallel Processing – From Applications to Systems*; Morgan Kaufmann Publishers, San Francisco, CA

Motorola (1993): *PowerPC 601 RISC Microprocessor User's Manual*; Document No. MPC601UM/AD, Motorola Inc.

Mudge, T. (1996): Strategic Directions in Computer Architecture; ACM Computing Surveys 28, 671 - 678

Mueller, S.M., W.J. Paul (2000): *Computer Architecture — Complexity and Correctness*; Springer-Verlag, Berlin

Muroga, S. (1982): *VLSI System Design*; John Wiley & Sons, Inc., New York

Murray, B.T., J.P. Hayes (1996): Testing ICs: Getting to the Core of the Problem; IEEE Computer 29 (11), 32 - 38

Navarro, J.J., J.M. Llaberia, M. Valero (1987): Partitioning: An Essential Step in Mapping Algorithms into Systolic Array Processors; IEEE Computer 20 (7), 77 - 89

Noergaard, T. (2005): *Embedded Systems Architecture: A Comprehensive Guide for Engineers and Programmers*; Newnes Elsevier Inc., Burlington, MA

Noor, A. (1994): *System Design with the MC68020, MC68030, and MC68040 32-Bit Microprocessors*; van Nostrand Reinhold, New York

Oberman, S.F., M.J. Flynn (1997a): Design Issues in Division and Other Floating-Point Operations; IEEE Transactions on Computers 46, 154 - 161

Oberman, S.F., M.J. Flynn (1997b): Division Algorithms and Implementations; IEEE Transactions on Computers 46, 833 - 854

Padegs, A., B.B. Moore, R.M. Smith, W. Buchholz (1988): The IBM System/370 Vector Architecture: Design Considerations; IEEE Transactions on Computers 37, 509 - 520

Page, L., S. Brin, R. Motwani, T. Winograd (1999): *The PageRank Citation Ranking: Bringing Order to the Web*; Technical Report, Stanford University, Palo Alto, CA

Pankratius, V. (2002): *Mikroprozessorarchitekturkonzepte*; Bachelor-Arbeit am Institut für Wirtschaftsinformatik der Universität Münster

Papadimitriou, C.H. (1994): *Computational Complexity*; Addison-Wesley Publ. Co., Inc., Reading, MA

Patterson, D.A., J.L. Hennessy (2005): *Computer Organization & Design: The Hardware/Software Interface*; Morgan Kaufmann Publishers, San Francisco, CA, 3. Auflage; deutsche Übersetzung erschienen unter dem Titel *Rechnerorganisation und -entwurf*, Elsevier, München

Paul, W. (1978): *Komplexitätstheorie*; Teubner-Verlag, Stuttgart

Peek, J., G. Todino, J. Strang (2001): *Learning the Unix Operating System*; O'Reilly, Sebastopol, CA, 5. Auflage

Peleg, A., S. Wilkie, U. Weiser (1997): Intel MMX for Multimedia PCs; Communications of the ACM 40 (1), 25 - 38

Penner, V. (1992): *Parallelität und Transputer*; Vieweg-Verlag, Wiesbaden

Peterson, J.L. (1977): Petri Nets; ACM Computing Surveys 9, 223 - 252

Peterson L.L., B. Davie (2003): *Computer Networks — A Systems Approach*; Morgan Kaufmann Publishers, San Francisco, CA, 3. Auflage

Peterson, W.W., E.J. Weldon (1972): *Error-Correcting Codes*; The MIT Press, Cambridge, MA, 2. Auflage

Petri, C.A. (1962): *Kommunikation mit Automaten*; Schriften des Rheinisch-Westfälischen Instituts für Instrumentelle Mathematik an der Universität Bonn, Heft 2

Pippenger, N. (1976): The Complexity of Seldom-Blocking Networks; Conference Record of the IEEE International Conference on Communication, Philadelphia, PA, 7.8 - 7.12

Pippenger, N. (1977): Superconcentrators; SIAM Journal on Computing 6, 298 - 304

Pippenger, N. (1978a): Complexity Theory; Scientific American 238 (6), 90 - 100

Pippenger, N. (1978b): On Rearrangeable and Non-Blocking Networks; Journal of Computer and System Sciences 17, 145 - 162

Pippenger, N. (1982): Advances in Pebbling; Proc. 9th ICALP Conference, Springer-Verlag, Berlin, Lecture Notes in Computer Science 140, 407 - 417

Pippenger, N. (1990): Communication Networks; in: J. Van Leeuwen (Hrsg.), *Handbook of Theoretical Computer Science, Volume A: Algorithms and Complexity*; North-Holland, Amsterdam, 805 - 833

Potter, J.L. (Hrsg.) (1985): *The Massively Parallel Processor*; The MIT Press, Cambride, MA

Preas, B., M. Lorenzetti (Hrsg.) (1988): *Physical Design Automation of VLSI Systems*; Addison-Wesley Publ. Co., Reading, MA

Preparata, F.P., J. Vuillemin (1981): The Cube-Connected Cycles: A Versatile Network for Parallel Computation; Communications of the ACM 25, 300 - 309

Protopapas, D.A. (1988): *Microcomputer Hardware Design*; Prentice-Hall, Inc., Englewood-Cliffs, NJ

Purcell, C.J.(1985): An Internal View of the Cyber 205 Operating System; in: J. Van Leeuwen, J.K. Lenstra (Hrsg.): *Parallel Computers and Computations*; CWI Syllabus 9, Centrum voor Wiskunde en Informatica, Amsterdam, 81 - 90

Quarterman, J.S., J.C. Hoskins (1986): Notable Computer Networks; Communications of the ACM 29, 932 - 971

Quinn, M.J., N. Deo (1984): Parallel Algorithms and Data Structures in Graph Theory; ACM Computing Surveys 16, 319 - 348

Ramamoorthy, C.V., H.F. Li (1977): Pipeline Architecture; ACM Computing Surveys 9, 61 - 102

Randell, B. (Hrsg.) (1973): *The Origins of Digital Computers — Selected Papers*; Springer-Verlag, Berlin

Raymond, E.S. (2001): *The Cathedral & the Bazaar — Musings on Linux and Open Source by an Accidental Revolutionary*; O'Reilly, Sebastopol, CA

Reichardt, J., B. Schwarz (2003): *VHDL-Synthese — Entwurf digitaler Schaltungen und Systeme*; R. Oldenbourg-Verlag, München, 3. Auflage

Reisig, W. (1986): *Petrinetze — eine Einführung*; Springer-Verlag, Berlin, 2. Auflage

Ritchie, D.M., K. Thompson (1974): The UNIX Time-Sharing System; Communications of the ACM 17, 365 - 375

Rivest, R.L., A. Shamir, L. Adleman (1978): A Method for Obtaining Digital Signatures and Public-Key Cryptosystems, Communications of the ACM 21, 120 - 126

Robbins, K.A., S. Robbins (1989): *The Cray X-MP/Model 24 — A Case Study in Pipeline Architecture and Vector Processing*; Springer-Verlag, Berlin, Lecture Notes in Computer Scicncc 374

Roberts, L.G., B.D. Wessler (1973): The ARPA Network; in: N. Abramson, F.F. Kuo (Hrsg.): *Computer-Communication Networks*; Prentice-Hall, Inc., Englewood-Cliffs, NJ, 485 - 500

Rubin, S.M. (1987): *Computer Aids for VLSI Design*; Addison-Wesley Publ. Co., Reading, MA

Russell, R.M. (1978): The Cray-1 Computer System; Communications of the ACM 21, 63 - 72

Salisbury, A.B. (1976): *Microprogrammable Computer Architecture*; American Elsevier Publ. Co.

Sandweg, G., C.H. Séquin (1986): Entwurfsautomatisierung bei höchstintegrierten Schaltungen; Informatik-Spektrum 9, 247 - 252

Savage, J.E. (1987): *The Complexity of Computing*; Krieger Publishing Corp., Melbourne, Florida

Savage, J.E. (1998): *Models of Computation — Exploring the Power of Computing*; Addison-Wesley, Reading, MA

Schneider, G.M. (1985): *The Principles of Computer Organization*; John Wiley & Sons, Inc., New York

Schneider, G.M., R. Davis, T. Mertz (1987): *Computer Organization and Assembly Language Programming for the VAX*; John Wiley & Sons, Inc., New York

Schneier, B. (1996): *Applied Cryptography*; John Wiley & Sons, New York, 2. Auflage

Schütt, D. (1980): Parallelverarbeitende Maschinen; Informatik-Spektrum 3, 71 - 78

Schütt, D., S. Meine (2005): On Karnaugh maps and magic squares; Informatik-Spektrum 28, 120–123

Schwederski, T., M. Jurczyk (1996): *Verbindungsnetze — Strukturen und Eigenschaften*; Teubner-Verlag, Stuttgart

Siegel, H.J. (1985): *Interconnection Networks for Large-Scale Parallel Processing — Theory and Case Studies*; Lexington Books, Lexington, MA

Siemers, C. (2002): *Logikbausteine*; Vogel-Verlag, Würzburg

Siever, E., S. Spainhour, J.P. Hekman, S. Figgins (2005): *Linux in a Nutshell*; O'Reilly, Sebastopol, CA, 5. Auflage

Siewiorek, D.P., C.G. Bell, A. Newell (1982): *Computer Structures: Principles and Examples*; McGraw-Hill Book Company, New York

Silberschatz, A., P.B. Galvin, G. Gagne (2005): *Operating System Concepts*; John Wiley & Sons, New York, 7. Auflage

Silc, J., B. Robic, T. Ungerer (1999): *Processor Architecture — From Dataflow to Superscalar and Beyond*; Springer-Verlag, Berlin

Silc, J., T. Ungerer, B. Robic (2000): A Survey of New Research Directions in Microprocessors; Microprocessors and Microsystems 24, 175 - 190

Singh, S. (2001): *Geheime Botschaften — Die Kunst der Verschlüsselung von der Antike bis in die Zeiten des Internet*; Hanser-Verlag, Wiesbaden

Smith, J.E., R. Nair (2005): The Architecture of Virtual Machines; IEEE Computer 38 (5), 32 - 38

Smith, J.E., S. Weiss (1994): PowerPC 601 and Alpha 21064: A Tale of Two RISCs; IEEE Computer 27 (6), 46 - 58

Sohi, G.S. (2001): Microprocessors — 10 Years Back, 10 Years Ahead; in: in: R. Wilhelm (Ed.): *Informatics — 10 Years Back, 10 Years Ahead*, LNCS 2000, Springer-Verlag, Berlin, 209 - 218

Spaniol, O. (1976): *Arithmetik in Rechenanlagen*; Teubner-Verlag, Stuttgart

Spaniol, O. (1982): Konzepte und Bewertungsmethoden für lokale Rechnernetze; Informatik-Spektrum 5, 152 - 170

Spaniol, O. (1983): Satellitenkommunikation; Informatik-Spektrum 6, 124 - 141

Stallings, W. (1999): *ISDN and Broadband ISDN with Frame Relay and ATM*; Prentice-Hall, Inc., Englewood-Cliffs, NJ, 4. Auflage

Stallings, W. (2000): *Local and Metropolitan Area Networks*; Prentice-Hall, Inc., Englewood-Cliffs, NJ, 6. Auflage

Stallings, W. (2004): *Data and Computer Communications*; Prentice-Hall, Inc., Englewood-Cliffs, NJ, 7. Auflage

Staudt, H.M. von (1994): *Das professionelle PowerPC-Buch*; Franzis-Verlag, Poing

Stone, H.S. (1971): Parallel Processing with the Perfect Shuffle; IEEE Transactions on Computers 20, 153 - 161

Stone, H.S. (Hrsg.) (1980): *Introduction to Computer Architecture*; SRA Inc., Chicago, IL, 2. Auflage

Stone, H.S. (1993): *High-Performance Computer Architecture*; Addison-Wesley Publ. Co., Reading, MA, 3. Auflage

Stone, H.S., J. Cocke (1991): Computer Architecture in the 1990s; IEEE Computer 24 (9), 30 - 38

Stritter, E., T. Gunter (1979): A Microprocessor Architecture for a Changing World: The Motorola 68000; IEEE Computer 12 (12), 43 - 52

Sultan, R.A., C. Basso (1995): ATM: Paving the Information Superhighway; IBM Systems Journal 34, 375 - 389

Swartzlander, E.E., Jr. (1997): High-Speed Computer Arithmetic; in: A.B. Tucker, Jr. (Hrsg.): *The Computer Science and Engineering Handbook*; CRC Press & ACM, New York, 462 - 481

Tabak, D. (1995): *Advanced Microprocessors*; McGraw-Hill, Inc., New York, 2. Auflage

Tanenbaum, A.S. (1995): *Distributed Operating Systems*; Prentice-Hall, Inc., Englewood-Cliffs, NJ

Tanenbaum, A.S. (2001): *Modern Operating Systems*; Prentice-Hall, Inc., Englewood-Cliffs, NJ, 2. Auflage

Tanenbaum, A.S. (2003): *Computer Networks*; Prentice-Hall, Inc., Englewood-Cliffs, NJ, 4. Auflage

Tanenbaum, A.S. (2006): *Structured Computer Organization*; Pearson Prentice-Hall, Inc., Upper Saddle River, NJ, 5. Auflage

Tanenbaum, A.S., A. Woodhull (2006): *Operating Systems — Design and Implementation*; Prentice-Hall, Inc., Englewood-Cliffs, NJ, 3. Auflage

Thompson, C.D. (1980): *A Complexity Theory for VLSI*; Ph. D. Dissertation, Carnegie-Mellon University

Thompson, C.D. (1983): The VLSI Complexity of Sorting; IEEE Transactions on Computers 32, 1171 - 1184

Thurber, K.J. (1981): Architecture and Strategies for Local Networks: Examples and Important Systems; Advances in Computers 20, 83 - 114

Tomasevic, M., V. Milutinovic (Hrsg.) (1993): *The Cache Coherence Problem in Shared-Memory Multiprocessors: Hardware Solutions*; IEEE Computer Society Press, Los Alamitos, CA

Tomasulo, R.M. (1967): An Efficient Algorithm for Exploiting Multiple Arithmetic Units; IBM Journal of Research and Development 11, 25 - 33

Uhlig, R. et al. (2005): Intel Virtualization Technology; IEEE Computer 38 (5), 48 - 56

Ullah, N., P.K. Brownfield (Hrsg.) (1994): The Making of the PowerPC; Special Section of Communications of the ACM 37 (6), 22 - 69

Ullman, J.D. (1984): *Computational Aspects of VLSI*; Computer Science Press, Rockville, MD

Ungerer, T. (1989): *Innovative Rechnerarchitekturen — Bestandsaufnahme, Trends, Möglichkeiten*; McGraw-Hill Book Company GmbH, Hamburg

Ungerer, T. (2001): Mikroprozessoren — Stand der Technik und Forschungstrends; Informatik-Spektrum 24, 3 - 15

Valiant, L.G. (1990): General Purpose Parallel Architectures; in: J. Van Leeuwen (Hrsg.), *Handbook of Theoretical Computer Science, Volume A: Algorithms and Complexity*; North-Holland, Amsterdam, 943 - 971

Vetter, R.J., C. Spell, C. Ward (1994): Mosaic and the World-Wide Web; IEEE Computer 27 (10), 49 - 57

Vise, D., M. Malseed (2005): *The Google Story*; Macmillan, London, UK

Vitanyi, P. (2001): The Quantum Computing Challenge; in: R. Wilhelm (Ed.): *Informatics — 10 Years Back, 10 Years Ahead*, LNCS 2000, Springer-Verlag, Berlin, 219 - 233

Vollmar, R. (1979): *Algorithmen in Zellularautomaten*; Teubner-Verlag, Stuttgart

van der Vorst, H.A. (1985): Comparative Performance Tests of Fortran Codes on the Cray-1 and Cyber 205; in: J. Van Leeuwen, J.K. Lenstra (Hrsg.): *Parallel Computers and Computations*; CWI Syllabus 9, Centrum voor Wiskunde en Informatica, Amsterdam, 33 - 54

Waldschmidt, K. (Hrsg.) (1995): *Parallelrechner: Architekturen — Systeme — Werkzeuge*; Teubner-Verlag, Stuttgart

Wallace, C.S. (1964): A Suggestion for a Fast Multiplier; IEEE Transactions on Electronic Computers 13, 14 - 17

Walrand, J., P. Varaiya (2000): *High-Performance Communication Networks*; Morgan Kaufmann Publishers, San Francisco, CA, 2. Auflage

Wakerly, J.F. (1981): *Microcomputer Architecture and Programming*; John Wiley & Sons, Inc., New York

Waltz, D.L. (1987): Applications of the Connection Machine; IEEE Computer 20 (1), 85 - 97

Watson, W.J. (1972): The TI ASC — A Highly Modular and Flexible Super Computer Architecture; AFIPS Conference Proceedings 41, Part I, 221 - 228

Wegener, I. (1987): *The Complexity of Boolean Functions*; John Wiley & Sons, Inc., New York

Weicker, R.P. (1990): An Overview of Common Benchmarks; IEEE Computer 23 (12), 65 - 75

Weiss, S., J.E. Smith (1994): *POWER and PowerPC: Principles, Architecture, Implementation*; Morgan Kaufmann Publishers, San Francisco, CA

Weste, N., K. Eshraghian (1993): *Principles of CMOS VLSI Design — A Systems Perspective*; Addison-Wesley Publ. Co., Reading, MA, 2. Auflage

Wilkes, M.V. (1951): The Best Way to Design an Automatic Calculating Machine; Report of the Manchester University Computer Inaugural Conference, Electrical Engineering Department of Manchester University, 16 - 18

Williams, R. (2001): *Computer Systems Architecture — A Networking Approach*; Addison-Wesley, Harlow, UK

Wolf, W. (2001): *Computers as Components — Principles of Embedded Computing System Design*; Morgan Kaufmann Publishers, San Francisco, CA

Wolfram, S. (2002): *A New Kind of Science*; Wolfram Media, Inc., Champaign, Illinois

Wunderlich, H.-J., M.H. Schulz (1992): Prüfgerechter Entwurf und Test hochintegrierter Schaltungen; Informatik-Spektrum 15, 23 - 32

Yau, S.S., H.S. Fung (1977): Associative Processor Architecture — A Survey; ACM Computing Surveys 9, 3 - 27

Zakharov, V. (1984): Parallelism and Array Processing; IEEE Transactions on Computers 33, 45 - 78

Zargham, M.R. (1996): *Computer Architecture — Single and Parallel Systems*; Prentice-Hall, Inc., Upper Saddle River, NJ

Zolnowsky, J., N. Tredennick (1979): Design and Implementation of System Features for the MC 68000; Proceedings of the IEEE COMPCON Fall Conference,
2 - 9

Index